诗经缵绎

马飞骧 著

图书在版编目(CIP)数据

诗经缵绎 / 马飞骧著 . —北京 ：中央编译出版社，2019.2
ISBN 978-7-5117-3722-9

I.①诗… II.①马… III.①古体诗-诗集-中国-春秋时代 ②《诗经》-注释 ③《诗经》-译文 IV.① I222.2

中国版本图书馆 CIP 数据核字 (2019) 第 010728 号

诗经缵绎

出 版 人：	葛海彦
责任编辑：	谭 伟
责任印制：	刘 慧
出版发行：	中央编译出版社
地　　址：	北京西城区车公庄大街乙 5 号鸿儒大厦 B 座 (100044)
电　　话：	(010) 52612345（总编室）　　(010) 52612342（编辑室）
	(010) 52612316（发行部）　　(010) 52612346（馆配部）
传　　真：	(010) 66515838
经　　销：	全国新华书店
印　　刷：	河北下花园光华印刷有限责任公司
开　　本：	710 毫米 ×1000 毫米　1/16
字　　数：	440 千字
印　　张：	28.75
版　　次：	2019 年 2 月第 1 版
印　　次：	2019 年 2 月第 1 次印刷
定　　价：	88.00 元

网　　址：	www.cctphome.com　　邮　　箱：cctp@cctphome.com
新浪微博：	@ 中央编译社　　微　　信：中央编译出版社 (ID：cctphome)
淘宝网店：	编译出版社书店（http://shop108367160.taobao.com/）(010) 55626985

本社常年法律顾问：北京市吴栾赵阎律师事务所律师　闫军　梁勤
凡有印装质量问题，本社负责调换。电话：(010) 55626985

凡例

一、全书以缵续诗教传统为己任，抽绎前贤时修之说以成文，故定书名为缵绎，以志述而不作之意。

二、通变之谓文，辞诚之谓言，言简义丰，辞约质腴谓之文言，古以之载道，别于口语，故全书以文言述之。

三、《风》《雅》《颂》之编首皆简述其体例、篇数。十五国《风》篇首各论其地域、编次；三《颂》篇首各论其总旨。十五国《风》与小、大《雅》各什，三《颂》篇末各有小结，或引或发各什编旨、编次及未竟之义，辨析疑问，以启读者窥斑知豹，明编者之心、诗教之旨。

四、诸诗依正文有集释，释字词音义。综前人之注，力求简洁，必要时标明出处。有缵绎，阐释诗旨，先引《毛诗序》，次引前修时贤代表性观点，以时代为序，精简为尚，再呈笔者观点，以见其来有次。正文阐述诗之章节、大意，力求综罗诸说。然囿于所知，引述亦不过三千之一瓢。或全文引之，或裁而引之，优悠其间，不以考据辩说为尚，而以开显诗旨为宗。间或称引文法，点明诗艺；但不标诗韵，惟对无韵诗稍作说明。凡所引白话著作，为统一文风，转为文言述之。

自序

余为学之年,耽于吟咏,殆二十载,自谓于风雅一道,略有所得,忽忽已届不惑。及南徙而玄览,北游而向明,出入于老庄之域,优游乎佛禅之理,闲观六艺,感通一贯,由户知津,始知诗不可以等闲而作,《诗》亦不可以寻常而论,乃有愧于昨非。

诗言志,感于云物之变,发乎心意之诚,形于情动之言。故凡天地之大,草虫之微,节候之变,世运之移,与夫山河烟霞之状,盛衰悲喜之理,莫不可以诗为之。《诗》则政教典章,声教之渊薮,六经之先用也。《毛序》曰:"正得失,动天地,感鬼神,莫近于《诗》。先王以是经夫妇,成孝敬,厚人伦,美教化,移风俗。"故《诗》具政教宗教之功,兼德育美育之长,不惟博物广识,授政专对,亦可致中和之美,达礼乐之原,臻内圣外王之道。诚中外文化之奇观,华夏文苑之瑰宝也。

古来论《诗》者沧海横流,逮及当代,人但知有文学之《诗》,不知有经学之《诗》;但知有诗学,不知有《诗》教;但知有言情诗,不知《风》《雅》为何物。甚者,知《风》不知《雅》,无论诸《颂》矣。《诗》教不传,则六艺不兴;六艺浸衰,则道统澌灭。是以缘起一时之兴,笔载千祀之绪,第以公务之暇,理旧箧,会昔哲,对时贤,于汗牛栋下,遗象罔,觅玄珠,缵前哲之遗绪,绎时贤之嘉泽,不惮以下愚之智,覆篑以进,欲以萤火之光,显扬《诗》教之微旨也。

呕心数载,斯业将竣。瞻顾来路,亦孔之疚。《诗》旨幽微,未免囿智于蠡测;高山无量,或恐贻笑于大方。文言为之,不惟时风在所不尚,或令读者望而却步。然草木不怨于秋风,风云无碍乎长空,得以时势之所适,暂留鸿迹耳。所幸大雅凋零，知音尚在；白发若新，青山如故；大道剥复，万流必东。《诗》曰："不忮不求，何用不臧！"勉夫！

丁酉立秋后马飞骧自叙于京华近湖庐

引言

"诗三百"乃我国最早诗集,战国时始称《诗经》,与《书》《礼》《易》《乐》《春秋》合称"六艺"、"六经"(《乐》今不传)。"六经皆先王之政典。"(章学诚《文史通义·易教》)而《诗》为声教。朱彝尊《经义考》曰:"《诗》者,掌之王朝,颁之侯服,小学大学之所讽颂,冬夏之所教。"汉代四家传《诗》,三家云亡,《毛诗》独标。其后千年间,或尊《毛诗》,或攻《毛诗》,而经史之道未绝。近世西学浸凌,不唯风雅沦丧,亦使《诗》教之旨晦而不明。故溯《诗》根源,明其大体,发其微旨以为斯作。兹列《诗》之大关捩,以为引言云。

一、《诗》之编旨

六经既列于有司,则肄业存于掌故,其所习者,修齐治平之道,而所师者,守官典法之人。《诗》亦其一。《尚书·虞书·舜典》:"帝曰:'夔!命汝典乐,教胄子。直而温,宽而栗,刚而无虐,简而无傲。诗言志,歌永言,声依永,律和声。八音克谐,无相夺伦,神人以和。'"此其证也。"诗言志",此千古说诗之祖。孔颖达《毛诗正义》:"诗有三训:承也、志也、持也。作者承君政之善恶,述己志而作诗,为诗所以持人之行,使不失坠,故一名而三训也。"则官司典守,以诗为声教,合乐舞,正性命,和天人,一政教也。惜古诗逸者甚多,《三百篇》特其盛焉者耳。《诗》之来源,自古诗有采、献二说。天子听政,使公卿至于列士献诗,有邪而正之,此献诗之常制,公卿列士之职守,讽谏政事所以知得失也。道人以木铎徇于路,求童谣歌戏之类，行人润色，太师订乐，方入朝廷用诗，此采诗也。故天子"命太师陈诗，以观民风"，则太师所陈之诗，已非所采诗之本然。列国之风最殊，必能现诸篇什，今所见者十五国风，文辞之雅训，句式之齐一，非迥然而异者，则师官雅而化之，使入于乐，其旨不离论功颂德以顺其美，刺过讥失以匡其恶，察治乱兴废之由，佐国家政教之用，亦可知矣。故太师陈诗，亦献诗也。司马迁《史记·序》云："诗三百篇，大抵圣贤发愤之所为作也。"诚不刊之论。《毛诗序》所谓"经夫妇，成孝敬，厚人伦，美教化，移风俗"者，固《诗》之所由编。要之，《诗》不唯我国最早之诗歌总集，亦最早之诗教总纂也。

二、《诗》之编者

"古未尝有著述之事也，官师守其典章，史臣录其职载。文字之道，百官以之治，而万民以之察，而其用已备矣。是故圣王书同文以平天下，未有不用之于政教典章，而以文字为一人之著述者也。"（章学诚《文史通义·诗教上》）考诸《三百篇》，作者亦有可确立者，如许穆夫人《载驰》，尹吉甫《崧高》、《烝民》等。然《诗》即为"政教典章"，则作者不著亦明矣。至若编者，旧谓或为周公，或为孔子。第《诗》始自商太甲，下迄陈灵，在周定王初，其时周公已殁数百年，谓周公制礼作乐、奠诗教之基则可，谓《诗》为周公编定则妄矣。《诗》非一时一人所编，吴季札来鲁观乐，孔子年甫八岁，《诗》之编次，惟《豳》次《齐》，《秦》次《豳》，余悉同今，虽其时篇数未详，已为今本前身，编之者，盖亦在官师之列。考之典籍，列国皆有《诗》，所辑者有别，所本者不一。司马迁《史记·孔子世家》谓"古者《诗》三千余篇，及至孔子，去其重。"又曰："陪臣执国政，是以鲁自大夫以下皆僭离于正道，故孔子不仕，退而修《诗》《书》《礼》《乐》。"则时《诗》本不一，篇目又杂，故孔子去其重而删定之。今人考之，其时盖在孔子三十五岁聚徒讲学之初。《论语》孔子恒言"诗三百"，则其删定必在早年。至若孔子晚年"自卫返鲁，使《雅》《颂》各得其所"，则是最后订《诗》及其乐矣。故《墨子·公孟》有云："诵诗三百，弦诗三百，歌诗三百，舞诗三百。"查今本《诗》之体例，十五《国风》首尊《二南》，系于周、召二公。而《国风》以《豳风》为殿，系之周公；《雅》以《召旻》作结，系之召公。显有"祖述尧舜，宪章文武"，推重周、召二公之义。祖述尧舜，周公之志；宪章文武，周公之业。周公集群圣之大成，孔子平生尽学周公之道，有德无位，无以得制作之权，故崇周公之道以明其教，则《诗》之编定，非圣智如孔子者不能为也。

三、《诗经》之名

三代以上无经名。《易》掌于《春官》太卜，《书》在外史，《诗》领大师，《礼》自宗伯，乐有司成，《春秋》各有国史。治教无二，官师合一，古人不著书，六艺皆为政教典章。六艺初不言经，及王纲解纽，治教既分，诸子立说，孔子殁后，儒家者流，乃尊六艺为经，《诗经》之名，首见于《庄子》。章学诚《文史通义·经解》曰："《易》曰：'上古结绳而治，后世圣人易之以书契，百官以治，万民以察。'夫为治为察，所以宣幽隐而达形名，布政教而齐法度也，未有以文字为一家私言者也。《易》曰：'云雷屯，君子以经纶。'经纶之言，纲纪世宙之谓也。郑氏注谓'论撰书礼乐，施政事。'经之命名，所由昉乎！然犹经纬、经纪云尔，未尝明指《诗》、《书》六艺为经也。三代之衰，治教既分，夫子生于东周，有德无位，惧先圣王法积道备，至于成周，无以续且继者，而至于沦失也。于是取周公之典章，所以体天人之撰而存治化之迹者，独与其徒，相与申而明之。此六艺之所以虽失官守，而犹赖有师教也。然夫子之时，犹不名经也。逮夫子既殁，微言绝而大义将乖，于是弟子门人，各以所见、所闻、所传闻者，或取简毕，或授口耳，录其文而起义。左氏《春秋》，子夏《丧服》诸篇，皆名为传，而前代逸文，不出于六艺者，称述皆谓之传，如孟子所对汤武及文王之囿是也。则因传而有经之名，犹之因子而立父之号矣。至于官师既分，处士横议，诸子纷纷，著书立说，而文字始有私家之言，不尽出于典章政教也。儒家者流，乃尊六艺而奉以为经，则又不独对传为名也。荀子曰：'夫学始于诵经，终于习礼。'庄子曰：'孔子言治《诗》、《书》、《礼》、《乐》、《易》、《春秋》六经。'又曰：'繙十二经，以见老子。'荀、庄皆出子夏门人，而所言如是，六经之名，起于孔门弟子亦明矣。然所指专言六经，则以先王政教典章，纲维天下，故《经解》疏别六经，以为入国可知其教也。……古之所谓经，乃三代盛时，典章法度，见于政教行事之实，而非圣人有意作为文字以传后世也。"此论《诗》何以谓之经与《诗》之所为用，亦详而明矣。

四、《诗》之编次

《诗》之编必有次序，不唯体分风、雅、颂，即各篇什之内，篇章亦当有次。十五《国风》，今本编次：周南、召南、邶、鄘、卫、王、郑、齐、魏、唐、秦、陈、桧、曹、豳（按：孔子未删之前，周大师乐歌之次第，豳、秦在齐后魏前；郑玄《诗谱》次第，桧在卫后，王在豳后，余皆同）。《二南》为《风》之首古来无异议，余篇何以有今之编次，亦莫衷一是，聚讼纷纭。孔颖达以"迹其先封善否，参其诗之美恶，验其时政得失，详其国之大小，斟酌所宜，以为其次。"欧阳修"以两而合之，分其次以为比"为论，程颐以人伦发端，王道盛衰，政教失得，风俗变化为论，皆有一定之理。笔者以为，十五国风，以周、召之正，固当为首，周较召为醇，故召次之。邶、鄘为殷故都，后为卫并，首见变风所由始。邶之《绿衣》夫妇伦废，《击鼓》君臣道绝，故先邶而后鄘、卫。卫为纣都，而纣不能有之，周幽东迁，王政所由衰，王城与之无异，故王次之。郑为西周畿内地，故郑次之。齐为霸首，故齐次之。晋继齐而霸，魏入晋地，唐诗多曲沃并晋之时，故魏、唐次之。秦继晋而霸，故秦次之。陈、桧、曹皆小国，陈为帝舜后裔，故在二国前。桧亡，东周之始；曹亡，春秋之终。豳殿诸国之末，盖既漓又当返淳，则农业为本，周公其人，寓志焉。至若《雅》，由《鹿鸣》而至《召旻》，始以君臣之情通，终以昊天疾威，世道丧乱，而篇末慨然有怀召公，亦以见乱极思治之理。故《诗》以周、召始，《风》《雅》以周、召收。《颂》则先周为正，次变为鲁，末结以商，其有法前王、殷鉴不远之义乎？天道往复，正变之思，剥复之义，此《诗》之大旨也。至若各篇什之内诗之次序，张载曰："《诗》固有次叙，然不可一例。……一国之诗，其首尾固有先后，其中未必然，当删定之时，只取得者置于其间。"首尾固有先后，其中之次序，则难以尽明。姑置诸各什之内概而论之，读者可参，此不赘述矣。

五、《诗》之三体

《诗》体风、雅、颂。体之为别，有腔调不同说、词气不同说、体制不同说；或以地分、以时分，或以乐分，或以所作之人分，千古争讼，迄今无定论。笔者以为，章潢《诗经原体》所论最具灼识、最为精妙，其辞云：诗各有体也，《风》《雅》《颂》直古人作诗之体耳。《风》之体轻扬和婉，微讽谲谏，托物而不著于物，指事而不滞于事；义虽寓于音律之间，意尝超于言词之表。《雅》体较之于《风》，则整肃而显明；较之于《颂》，则昌大而畅达。唯彝伦政亨之间，尚有讽喻之意，皆《小雅》之体也；天人应感之际，一皆性命道德之精，皆《大雅》之体也。《颂》之体，其词简而洁，其旨沉而静，其音疏越而隽永，宗庙朝廷均有《颂》也。大约主于祭祀而交神明，《颂》之道也；敷扬先王之盛德成功，固不如《雅》诗之详尽。如后世之作诗者，有律有古，有歌有引，体制不同而名亦异也。自《风》之体观之，大率三章四章，一章之中，每每数句而词多重复，《樛木》、《芣苢》三章唯六字不同，风之体多类此，盖以数字咏叹成章。《小雅》大率多述其事，道其情，犹未若《大雅》之浑涵也。如"穆穆文王，于缉熙敬止"，"上天之载，无声无臭"，"予怀明德，不大声以色，不长夏以革"，"不识不知，顺帝之则"，"天生烝民，有物有则。民之秉彝，好是懿德"之类，涵蓄渊微，则《大雅》也。以此观《雅》之小、大，而其体裁自殊。虽大、小《雅》多道乎人君政事之得失，然犹有美有刺，而《颂》则无有讽刺，要皆铺张其功德焉。后儒以《风》为被上之化，《小雅》为宴飨之乐，《大雅》为朝会之乐，《颂》为宗庙之乐，其果然欤？夫既以《风》为诸侯矣，乃以《周南》为王者之风，后妃之德何耶？若谓文王当时尚为诸侯，故谓之《风》，而《豳》诗为成王之诗、周公之事，亦列之《风》何耶？况《黍离》既降为《国风》矣，而《豳》诗列于《国风》，不谓之降又何耶？夫既以《小雅》《蓼萧》为泽及四海，《湛露》为燕诸侯，《六月》《采芑》为南征北伐，王者之政莫此为大，而《小雅》果为政之小乎？吾不知《常武》之征伐，何以大于《六月》；《卷阿》之求贤，何以加于《鹿鸣》；《采薇》《出车》何为燕享；《既醉》《凫鹥》何为专于朝会也。《颂》谓其称君之功德则有然矣，若谓专于宗庙告神明焉，则《闵予小子》《敬之》《小毖》何有于神明之告？《载芟》《良耜》何与于宗庙之乐也？《七月》之诗不有类于《雅》乎？而其体则《风》也。《瓠叶》《凫鹥》不有类于《风》乎？而其体则《雅》也。《泮水》不有类于《雅》，《有駜》不有类于《风》乎？而其体则《颂》也。审如是也，王国、侯国各有《风》，天子、诸侯各有《颂》。周平王诗列于《国风》，不害为天子之尊；鲁僖诗列于《颂》，不失为诸侯之卑。彼谓圣人降王国，尊诸侯者，陋亦甚矣。自卫武公一人观之，《淇澳》列诸《风》，固诸侯也；《宾筵》列之《小雅》，《抑》列之《大雅》（按：《淇澳》《宾筵》《抑》皆卫武公之诗），果以诸侯为政之小而列诸《风》，王朝为政之大是以列诸《雅》？与若不论其体裁，则以《淇澳》列之《雅》，《宾筵》与《抑》列之《风》亦无别欤？以《抑》而置之《小雅》，以《宾筵》而置之《大雅》，果以政而分之欤？噫，何于诗之体裁无所辨哉？又曰："大约《风》多主乎情，《小雅》多主乎事，《大雅》多主乎理，《颂》多主乎德。非谓《大雅》之遗德，《小雅》之无情，然《小雅》则情寓于一事之中，《大雅》则德见于一篇之内，各就其多者见之也。"辨《诗》之体可谓无余蕴矣。严粲《诗缉》："纯乎《雅》之体为《雅》之大，杂乎《风》之体为《雅》之小。太史公称'《国风》好色而不淫，《小雅》怨诽而不乱，若《离骚》可谓兼之'。言《离骚》兼《国风》《小雅》，而不兼《大雅》，见《小雅》与《风》《骚》相类，而《大雅》不可与《风》《骚》并言也。"辨大、小雅亦为有见。

六、《诗》体之正变

《诗》有正体，亦有变体。章潢《诗经原体》："《风》首《关雎》，而夫妇之伦正；《小雅》首《鹿鸣》，而君臣之情通；《大雅》首《文王》，而天人之道著；《颂》首《清庙》，而幽明之感孚。"揭"四始"之义，明《诗》体之正者。《国风》中"二南"较诸国之风为正，章潢《诗经原体》曰："《国风》不曰正风而曰《周南》《召南》，盖南为离明之正方，故风为太和之正气，取其长养万物而不伤也。唯诗之在《二南》者，浑融含蓄，委婉舒徐，本之以平易之心，出之以温柔之气，如南风之触物而物皆畅茂，凡人之听其言者，不觉其入之深而咸化育于其中也。知《二南》之体，则知正风之义矣。唯以时之盛衰论正变，既不识体之正，又何有于体之变耶？盖体合乎正者，虽衰世所作，不得不归之于《二南》。体异乎正者，虽盛时圣人之所作，不得不归之于变风。是正变各以体分，亦非以正变评品诗之高下也。知风以南长养万物为正，则凡各方稍异乎正南者，即为变风，可见正南一出于和柔，余风未免涉于劲直也。试即《柏舟》为变风之首者观之，'我心匪石'六句，此《雅》体也；风中杂有《雅》体谓之为正南可乎？"又曰："盖卦爻有正变，而变卦不出乎正卦之外；乐音有正变，而变音不离乎正音之中。……而正中之变，变中之正，或一于正，或一于变，惟以意逆志，当自得之也。若以《风》《雅》之正变，拘拘于时之盛衰焉，岂深于诗者哉？"此以《诗》体论正变也。郑樵《诗辨妄》曰："正变之说，盖言事虽变常而终合乎正也。《河广》之诗，欲往而不往；《大车》之诗，畏之而不敢；《氓》之诗，反之而自悔，此所谓变之正也。《序》谓变风出乎情性，止乎礼义，此言得之。"此以诗意别正变也。《诗》虽分三体，而一体之正变，或因时异，或因事别，或因人殊，词气亦因而变焉。要之，先知体，而后能知体之正变。而体之正变，在声之正变，声之正变，在词气之轻重、音节之丰杀。声之充融和婉者为正体，声之哀怨噍杀者为变体。

七、《诗》之三法

《诗》法赋、比、兴，《周礼》列入"六诗"，《毛诗序》归之"六义"。孔颖达《毛诗正义》："风、雅、颂者，诗篇之异体；赋、比、兴者，诗文之异辞耳。……赋、比、兴是《诗》之所用，风、雅、颂是《诗》之成形。用彼三事，成此三事，是故同称为义。"则风、雅、颂为体，赋、兴、比为用，其义甚明。梁益《诗传旁通》："《诗》有六义，三经而三纬之。风雅颂为经，赋比兴为纬，三纬之中，又复错综焉，如兴而比，赋而兴之类，六义之旨，粲然明矣。"吕祖谦《吕氏家塾读诗记》曰："得风之体多者为《国风》,得雅之体多者为《二雅》,得颂之体多者为《颂》,《风》非无《雅》,《雅》非无《颂》。"即《风》不可为《雅》,《小雅》不可为《大雅》,《雅》不可为《颂》,正风不可为变风,二雅三颂正变亦然。盖经有互摄而不夺,纬则错综以为用故也。然赋、比、兴之义,古来解者纷纭:铺陈善恶,叙物言情,直言其事,皆赋也;取类以言,切类指事,因物喻志,索物托情,以物比物,皆比也;取善喻劝,起情以立,文尽意余,触物起情,言物起咏,皆兴也。晋代挚虞《艺文类聚》:"赋者,敷陈之称也;比者,喻类之言也;兴者,有感之辞也。"实较诸说简要。钟嵘《诗品》:"文已尽而意有余,兴也;因物喻志,比也;直书其事,寓言写物,赋也。"实较诸说深切。窃谓兴,生也,起也,心感而动也;赋,铺也,事之叙也;比,匹也,理之喻。夫诗,心兴而生,寄志而起,事叙而陈,理比而明。兴者,赋比之机括;赋者,兴比之所寓;比者,兴赋之所托。三位一体,不离于心,而系之于志也。故三者又以兴为体,以赋、比为用。此就三者分而言之。实一篇之内,或三义具备,或有赋而无比兴,或赋中寓兴比,或三者互摄,自于意会中求之可也。如《关雎》首篇云"窈窕淑女,君子好逑",赋也。关雎、荇菜,皆因物起兴;雎鸠之和鸣,荇菜之柔顺,则比也。《甘棠》,赋也;蔽芾二字双比也;《葛覃》首章本是直陈其事,而中涵许多兴味;《君子于役》"鸡栖于埘,日之夕矣,羊牛下来",则是赋中观物兴思。《卷耳》《桃夭》《草虫》,皆即所赋以为兴;《下泉》,兴中含比;《北门》《北风》,赋其事以为比;《伐木》则兴兼比与赋。"习习谷风"在《风》以为比兴,在《雅》则兴。《芣苢》"采采"句兴而比,"薄言"句,又赋而比。《谷风》与《氓》,假弃妇之词以致怨;《芣苢》与《摽有梅》,假采摽之义以求贤,属风之体而在比之列。大约《国风》用比兴最多,若《雅》、《颂》则以赋为主。章潢《诗经原体》:"《小雅》八十篇,用比兴者,尚四十六篇;《大雅》三十一篇,用比兴者止八篇;《颂》总四十篇,用比兴者止四篇;盖《小雅》得《风》体最多,《大雅》与《颂》则多质言,故鲜讽喻之词矣。"此论盖以兴附于比,非以兴为诗志之始末也。故诗可以不比,而不可以不兴;可以不比,而不可以不赋。即比亦有显隐多少之别,岂物比而为比,事比而不为比乎?故显比物比以《风》为著,而隐比事比以《雅》《颂》为多。故赋、比、兴之为用，在辨其体而会其义，触类而通，不可拘执而论也。

八、《诗》之用韵

《诗》，声教也。古者《诗》《乐》一体。孔子曰："吾自卫反鲁，然后乐正，《雅》《颂》各得其所。"时《诗三百》已难乎弦而歌之，可以推知矣。而古乐既亡，后人无复考证其得失，是以先儒言诗，主于乐者少，而发其义者多，诚无奈之事。然《诗》必有韵，既便于诵记，又臻于和声克谐之理。朱熹曰："旧人作诗皆押韵，与今人歌曲一般。"又曰："音韵相叶好，吟哦讽诵，易见道理。"明代陈第《毛诗古音考》云："士人篇章，必有音节；田野俚曲，亦各谐声。岂有古人之诗而独无韵乎？盖时有古今，地有南北，字有更革，音有转移，亦势所必至。故以今之音读古之作，不免乖剌而不入。"盖《诗》韵为上古韵，古今、地域之变，则《诗》韵难叶于今人之口。自宋吴棫《韵补》以来，经明陈第《毛诗古音考》，清顾炎武《音学五书》、江有诰《诗经韵读》而至于今，使古韵分部，日臻完善。则《诗经》之韵，归而纳之，有句尾韵。如《关雎》一章、三章，《静女》全诗及《硕鼠》全诗。句中韵，如《关雎》二章"流""求"押韵，四章之"采"、"友"押韵；《伐檀》全诗。一韵到底，如《静女》与《猗嗟》首章（包括邻韵通押）。换韵，如《静女》第二章"娈""管"押，"炜""美"押。句句押韵，如《静女》第二章与《硕鼠》第一章。隔句押韵，其中有奇句不押而偶句押者，如《关雎》第二四五章，皆第二句与第四句押；有首句入韵，奇句不押而偶句押者，如《关雎》一三章及《静女》第一章。交韵，奇句与奇句押，偶句与偶句押。如《静女》第三章第一句"荑"与第三句"美"押，第二句"异"和第四句"贻"押。《诗经》之押韵大率如此，或犹有未尽也。陈第曰："《毛诗》之韵，不可一律齐也。其韵律自然，动乎天机，不费雕刻，所谓天籁也。"要之，隔句押韵之句尾韵，如《卷耳》首章之"筐"与"行"押，首句入韵而后隔句押韵之句尾韵，如《蒹葭》全诗，为《诗经》押韵基本格式，亦为后世诗押韵之臬圭。至若《周颂》多一章而无韵，姚际恒《诗经通论》曰：

"《颂》为奏乐所歌,尤当有韵;今多无韵者,旧谓一句为一章,一人歌此句,三人和之,所谓'一唱三叹'则成四韵。愚谓此说是已,然'一唱三叹'恐不必如是泥解,即一人唱,一人和,便已成韵,未为不可也。"亦甚合理。上古韵距今世已远,语言大变,非专研难以会通,故本著不标,有意者可参阅前人专著,兹不繁叙矣。

九、《诗》之郑卫诗

章潢《诗经原体》曰:"司马迁谓太师藏诗三千余篇,孔子删之存三百余篇,止十之一也,盖亦存其可以垂世立教者,皆纲常道义风教之所系也,即孔子所谓《诗三百》,一言以蔽之曰:'思无邪'是矣。"然自朱熹以降,而以"淫奔词"论《诗》,后之继者,又大肆为说,使《诗》教之旨不彰,故不可不辩也。方玉润《诗经原始》:"盖郑、卫之风虽淫,而郑、卫之诗则非淫,何也?夫使郑风不淫,则《溱洧》无所刺;卫风不淫,则《桑中》何所讽?……要知其风虽淫,而所收之诗则皆刺淫作,非淫奔词,不可不辩也。不然,夫子论乐必曰'放郑声',岂有正乐时又反收淫词乎?盖放者,放其声之淫者耳,非尽郑声而悉放之也。使尽郑声而悉放之,则《缁衣》好贤,《风雨》怀友诸诗,均在所删之列,何以尚存为经?"又曰:"盖删《诗》与陈诗不同,陈诗无妨贞淫并见,乃可观一国之风尚,删《诗》则将以垂训万世,岂可邪正兼收?纵云不没其实,亦不过采一二有关风化之作,如《溱洧》之刺淫,《将仲子》之畏人言,及《桑中》之讽世,以见一国风俗向来如是足矣。何必定采淫奔者所自作之诗以著之经,然后谓之可以观,可以听哉?且编《诗》又与修史不同。史以纪事,有治不能无乱,固不容录文、武而弃幽、厉。《诗》则将以厚人伦,美教化,移风俗也,曾是淫哇并著,而可以移风俗,美教化,厚人伦乎?必不然之事矣。"朱子所论,盖求于诗之源,方氏所论,盖本于《诗》之教。究朱子所谓"淫奔"之诗,求其辞气与《诗》之言此意彼,质诸《诗》教之旨,诚为未当。郑、卫声纵淫,非其声尽皆为淫;郑、卫声纵淫,非郑、卫之诗亦皆淫也。《乐记》曰:"郑音好滥淫志,宋音燕女溺志,卫音趋数烦志,齐音敖辟乔志,此四者皆淫于色而害于德,是以祭祀弗用也。"又曰："郑、卫之音，乱世之音也，比于慢矣！桑间濮上之音，亡国之音也，其政散，其民流，诬上行私而不可止也。"一指其音不可用于祭祀，一指其音皆乱，则所谓郑、卫之音声者，郑卫之乐也。盖郑卫为王畿内地，其风奢而侈，其志淫而靡，有以也。而《诗》为政教典则，非以彰其淫，实有以刺之，使发乎情而止乎礼义，思无邪也。陈祥道《论语全解·为政》曰："无邪者，天之道。思无邪者，人之道。《诗》言性情而束之于法度，其言虽多，一言可以蔽之者，'思无邪'而已。观变《风》变《雅》作于王道陵夷之后犹止乎礼义，则诗之'思无邪'者，于此可见矣。"马一浮《诗教绪论》亦云："六艺之教，莫先于《诗》。于此感发兴起，乃可识仁。故曰兴于诗。心之所之莫不仁，则其形于言者莫不仁。仁者，心之全德。人心须是无一毫私系时，斯能感而遂通，无不得其正。于此会得，乃可以言《诗》教。"

十、《诗》与礼乐

《礼记》曰："诗言其志也，歌咏其声也，舞动其容也，三者本于心然后乐器从之，是故情深而文明，气盛而化神。"古者诗、乐、舞一体，而为政教礼乐之用，故《汉书·食货志》云："孟春之月，群居者将散。行人振木铎徇于路，以采诗，献之太师，比其音律，以闻于天子。"《周礼》亦曰："瞽蒙掌九德，六诗之歌，以役大师。"则太师所呈之《诗》，皆入于乐。故《墨子·公孟》云："诵《诗三百》，弦《诗三百》，歌《诗三百》，舞《诗三百》。"《史记·孔子世家》亦云："三百五篇，孔子皆弦歌之，以求合《韶》《武》《雅》《颂》之音。"郑樵《通志》："《三百篇》之诗，皆可被之弦歌……古之达乐三，一曰风，二曰雅，三曰颂。所谓金石丝竹匏土革木，皆主此三者以成乐。礼乐相须以为用，礼非乐不行，乐非礼不举。自后夔以来，乐以诗为本，诗以声为用，八音六律为之羽翼耳。仲尼编诗，燕享祭祀之时用以歌，而非用以说义也。古之诗，今之词曲也。若不能歌之。但能诵其文而说其义可乎？……得诗而得声者《三百篇》，则系于《风》《雅》《颂》，得诗而不得声者则置之。"故《诗》为声教，亦礼乐教也。诗体既异，乐音亦殊。郑康成曰："《周南》《召南》为《风》之正经，周公作乐，用之乡人焉，用之邦国焉，或谓之房中之乐者，女史歌之故耳。小大《雅》正经，其用于乐，国君以《小雅》，天子以《大雅》，然而飨宾或上取，燕或下就。"兹不论其所语之乐当否，则《风》《雅》《颂》各有其所用，明矣。故《乐记》云："宽而静，柔而正者宜歌《颂》，广大而静，疏达而信者宜歌《大雅》，恭俭而好礼者宜歌《小雅》，正直而静，廉而谦者宜歌《风》。"各有所用，各有所适，以礼节之之故也。故《礼记·乐记》云："知乐则几于礼矣。"又曰："礼乐刑政，其极一也，所以同民心而治道也……先王之制礼乐也，非以极口腹耳目之欲也，将以教民平好恶，而反人道之正也。"则诗与礼乐，盖同为一教化之用，亦明矣。《礼记·孔子闲居》载孔子云："志之所至，诗亦至焉。诗之所至，礼亦至焉。礼之所至，乐亦至焉。乐之所至，哀亦至焉。哀乐相生。是故，正明目而视之，不可得而见也；倾耳而听之，不可得而闻也；志气塞乎天地，此之谓五至。"所谓五至者，一统于志之所至，归于礼乐之正。马一浮《诗教绪论》曰："《诗》既摄《书》，《礼》亦摄《乐》，合《礼》与《乐》是《易》，合《诗》与《书》是《春秋》，又《春秋》为礼义大宗，《春秋》即《礼》也。……五至之相，亦即六艺之所由兴也。五至始于志，故六艺莫先于《诗》。"又《礼教绪论》曰："六艺之教，莫先于《诗》，莫急于《礼》。礼者，履也。在心为志，发言为诗。在心为德，行之为礼。故敦诗说礼，即是蹈德履仁。"又曰："心之专直为志，言之精纯为诗，行之节为礼，德之和为乐。"斯诗教之义，六艺一贯之道也。故孔子曰："兴于诗，立于礼，成于乐。"

十一、《诗》之大小序

汉有四家传《诗》：齐人辕固生传《齐诗》，鲁人申培传《鲁诗》，燕人韩婴传《韩诗》，赵人毛苌传《毛诗》。齐鲁韩三家为今文经学，毛为古文经学，四家皆曾立为官学。《毛诗》晚出，三家攻之尤烈。东汉后，三家寝微，《齐诗》亡于魏，《鲁诗》亡于晋，《韩诗》宋元以降，仅存《外传》十卷；《毛诗》得郑众、贾逵等传授，后马融作《毛诗注》，郑玄作《毛诗笺》，大行于世。《毛诗》于三百篇均有小序,而首篇《关雎》题下小序后,另有一大段文,世称《诗大序》。刘知几《史通·序例》:"孔安国有云:序者所以叙作者之意也。窃以《书》列典谟,诗含比兴,若不先叙其意,难以曲得其情。故每篇有序,敷畅厥义。"王礼卿《诗序辨》:"盖采诗者必知诗之所为作,而后可以其实状致之大师;大师必悉其事义之本然,而后可依其义类,决其为正乐、散乐、房中、燕射、聘祭之乐章,而上之国史;国史必序其所为作之事义,以垂诗教,而教国子;传诗者亦必本之于《序》,以讲明其本意,而推衍其微旨。是自采诗以至传诗,皆不得离于《诗序》所述之要领。"则小序叙作者之义,大序论《诗》之纲领,序之用明矣。然自唐陆德明以来,并《毛序》之小序,又分为大、小、古、续、前、后、首、下等等,"综其名称,约有六说,共为八名。"(张西堂《毛诗序略说》)至于《毛序》之作者,亦"纷如聚讼,以为大序子夏作,小序子夏毛公合作者,郑玄《诗谱》也;以为子夏所序诗,即今《毛诗序》者,王肃《家语》注也。以为卫宏受学谢曼卿作《诗序》者,《后汉书·儒林传》也。以为子夏所创,毛公及卫宏又加润益,《隋书·经籍志》也。以为子夏不序诗者,韩愈也。以为子夏惟裁初句,以下出于毛公者,成伯玙也。以为诗人所自创者,王安石也。以小序为国史之旧文,以大序为孔子作者,明道程子也。以首句即为孔子所题者,王得臣也。以为《毛传》初行,尚未有序,其后门人互相传授,各记其师说者,曹粹中也。以为村野妄人所作,昌言排击而不顾者,则倡之者郑樵王质,和之者朱子也。"(《四库全书总目提要》)然溯其源,"三家《诗》与《毛诗》各有家法,实为异流同原。"(马瑞辰《毛诗传笺通释例言》)四家均出于子夏——荀卿一派。戴维《诗经史研究》以为《诗序》为子夏诗学派观点荟萃,后经毛公诸人完成,东汉卫宏定制迄今,初溯子夏,亦非虚言。考诸《毛序》,自有其统序,以其言志美刺,颂德顺美,匡恶察治,醇风美俗,不失《诗》乃声教之旨。而其论纯驳相杂,要之皆得大意,或有后人添入者。纵《毛序》之作者与所作之年尚无定论,后之说《诗》者尊之攻之不休,然无《毛序》,三百篇殆无人知其然,犹欲入室而不由户也。

十二、《诗》之读解

自来论《诗》者不可量数。《尚书》曰:"诗言志。"孔子曰:"《诗三百》，一言以蔽之，曰'思无邪。'"又曰："《诗》可以兴，可以观，可以群，可以怨，迩之事父，远之事君，多识于鸟兽草木之名。"《礼记·经解》云："温柔敦厚，《诗》教也。"孟子："说《诗》者不以文害辞，不以辞害志，以意逆志，是为得之。"此数论，诚为后世论《诗》立极。《毛诗正义》（汉毛亨传、东汉郑玄笺、唐孔颖达疏）、《诗集传》（宋朱熹著）、《毛郑诗考证》（清戴震著）、《诗毛氏传疏》（清陈奂著）、《毛诗传笺通释》（清马瑞辰著），皆为后世解《诗》名作。然古之论者，或重经传，或求史实，或张文艺，或据训诂，要之不离于经史。"五四"以降，西学东渐，美学论、文学本体论、语言学论、精神分析论、文化人类学论各擅胜场，至今则经史之学浸衰，诗教统序凋零，人但知《诗》之流而不知其源，洵可叹焉。《诗》固是希世宝藏，百科全书，研究自可多元，取用亦可万端，然必先明《诗》乃声教，六艺一体，方不致盲人摸象，梦话自说。故斯作有推源之志，而无抑人之意。上述种种，不过读《诗》大端，明乎此，虽不准，不远矣。然学《诗》首在善读。章潢《诗经原体》曰："《诗》，声教也。言之不足故长言之，性情心术之微，悉寓于声歌。咏叹之表，言若有限，意则无穷也。读诗者先自和夷其性情，于以仰窥其志，从容吟哦，优游讽咏，玩而味之久，当自得之也。"《诗》教既为礼乐而设，则学《诗》必以经世致用。孔子云："诵诗三百，授之以政，不达；使于四方，不能专对，虽多，亦奚以为？"（《论语·子路》）故郑樵《六经奥论》云："善观《诗》者，当推诗外之意，如孔子、子思；善论《诗》者，当达诗中之理，如子贡、子夏；善学《诗》者，当取一二言为立身之本，如南容、子路；善引《诗》者，不必分别所作之人、所采之诗，如诸经所举之诗可也。'绵蛮黄鸟，止于丘隅'，不过喻小臣之择卿大夫有仁者依之，夫子推而至于为人君止于仁，与国人交止于信。'鸢飞戾天，鱼跃于渊'，不过喻恶人远去，而民之吉得其所，子思推之，上察乎天，下察乎地。观《诗》如此，尚何疑乎？'如切如磋，如琢如磨'，而子贡能达于贫富之间。'巧笑倩兮，美目盼兮'，而子夏能悟于礼后之说。论《诗》若此，尚何疑乎？南容三复，不过'白圭'；子路终身所诵，不过'不忮不求'，学《诗》至此，奚以多为？'维岳降神，生甫及申'，宣王诗也，夫子以为文武之德。'夙夜匪懈，以事一人'，仲山甫诗也，左氏以为孟明之功。引《诗》

若此,奚必分别所作之人,所采之诗乎?达是,然后可以言《诗》也。"有会心则可由此及彼,触类而旁通也。朱熹《诗集传》云:"本之《二南》以求其端,参之列国以尽其变,正之于《雅》以大其规,和之于《颂》以要其止,此学《诗》之大旨也。于是乎章句以纲之,训诂以纪之,讽咏以昌之,涵濡以体之,察之性情隐微之间,审之言行枢机之始,则修身及家,平均天下之道,亦不待他求而得之于此矣。"明乎此,始可谓善学《诗》矣。

丁酉兰月马飞骧于京华近湖庐

目录

国 风

国风·周南 …………………… 2
关雎 …………………………… 3
葛覃 …………………………… 5
卷耳 …………………………… 6
樛木 …………………………… 8
螽斯 …………………………… 8
桃夭 …………………………… 9
兔罝 …………………………… 10
芣苢 …………………………… 11
汉广 …………………………… 12
汝坟 …………………………… 14
麟之趾 ………………………… 15
国风·召南 …………………… 17
鹊巢 …………………………… 17
采蘩 …………………………… 18
草虫 …………………………… 19
采蘋 …………………………… 20
甘棠 …………………………… 21
行露 …………………………… 22

羔羊 …………………………… 23
殷其雷 ………………………… 24
摽有梅 ………………………… 25
小星 …………………………… 26
江有汜 ………………………… 27
野有死麕 ……………………… 28
何彼襛矣 ……………………… 29
驺虞 …………………………… 30
国风·邶风 …………………… 33
柏舟 …………………………… 33
绿衣 …………………………… 35
燕燕 …………………………… 36
日月 …………………………… 37
终风 …………………………… 38
击鼓 …………………………… 39
凯风 …………………………… 40
雄雉 …………………………… 41
匏有苦叶 ……………………… 42
谷风 …………………………… 44
式微 …………………………… 46
旄丘 …………………………… 46
简兮 …………………………… 47

泉水	49	君子于役	84
北门	50	君子阳阳	85
北风	51	扬之水	86
静女	52	中谷有蓷	87
新台	53	兔爰	88
二子乘舟	54	葛藟	89

国风·鄘风 …… 56　　采葛 …… 90

柏舟	56	大车	91
墙有茨	57	丘中有麻	92

　　　　　　　　　　国风·郑风 …… 94

君子偕老	58	缁衣	94
桑中	59	将仲子	95
鹑之奔奔	60	叔于田	96
定之方中	61	大叔于田	97
蝃蝀	62	清人	99
相鼠	63	羔裘	100
干旄	64	遵大路	101
载驰	65	女曰鸡鸣	101

国风·卫风 …… 68　　有女同车 …… 103

淇奥	68	山有扶苏	104
考槃	69	萚兮	104
硕人	71	狡童	105
氓	72	褰裳	106
竹竿	74	丰	107
芄兰	75	东门之墠	108
河广	76	风雨	109
伯兮	77	子衿	110
有狐	78	扬之水	111
木瓜	79	出其东门	112

国风·王风 …… 82　　野有蔓草 …… 113

黍离 …… 82

溱洧	114	无衣	144
国风·齐风	116	有杕之杜	145
鸡鸣	116	葛生	146
还	117	采苓	147
著	118	**国风·秦风**	149
东方之日	119	车邻	149
东方未明	120	驷驖	150
南山	121	小戎	152
甫田	122	蒹葭	153
卢令	123	终南	155
敝笱	124	黄鸟	156
载驱	125	晨风	157
猗嗟	126	无衣	158
国风·魏风	128	渭阳	159
葛屦	128	权舆	160
汾沮洳	129	**国风·陈风**	162
园有桃	130	宛丘	162
陟岵	131	东门之枌	163
十亩之间	132	衡门	164
伐檀	133	东门之池	165
硕鼠	134	东门之杨	166
国风·唐风	136	墓门	167
蟋蟀	136	防有鹊巢	168
山有枢	137	月出	169
扬之水	139	株林	170
椒聊	140	泽陂	171
绸缪	140	**国风·桧风**	174
杕杜	141	羔裘	174
羔裘	142	素冠	175
鸨羽	143	隰有苌楚	176

| 匪风 …………………… 177
| **国风·曹风** ………… 179
| 蜉蝣 …………………… 179
| 候人 …………………… 180
| 鸤鸠 …………………… 181
| 下泉 …………………… 182
| **国风·豳风** ………… 185
| 七月 …………………… 185
| 鸱鸮 …………………… 189
| 东山 …………………… 190
| 破斧 …………………… 192
| 伐柯 …………………… 193
| 九罭 …………………… 194
| 狼跋 …………………… 195

小 雅

小雅·鹿鸣之什 ………… 198
鹿鸣 …………………… 198
四牡 …………………… 199
皇皇者华 ……………… 201
常棣 …………………… 202
伐木 …………………… 204
天保 …………………… 205
采薇 …………………… 207
出车 …………………… 209
杕杜 …………………… 211
鱼丽 …………………… 212
小雅·南陔之什 ………… 214
南陔 …………………… 214

白华 …………………… 214
华黍 …………………… 214
南有嘉鱼 ……………… 215
南山有台 ……………… 215
由庚 …………………… 217
崇丘 …………………… 217
由仪 …………………… 217
蓼萧 …………………… 218
湛露 …………………… 219
小雅·彤弓之什 ………… 221
彤弓 …………………… 221
菁菁者莪 ……………… 222
六月 …………………… 223
采芑 …………………… 225
车攻 …………………… 227
吉日 …………………… 228
鸿雁 …………………… 229
庭燎 …………………… 231
沔水 …………………… 232
鹤鸣 …………………… 233
小雅·祈父之什 ………… 235
祈父 …………………… 235
白驹 …………………… 236
黄鸟 …………………… 237
我行其野 ……………… 238
斯干 …………………… 239
无羊 …………………… 241
节南山 ………………… 243
正月 …………………… 245
十月之交 ……………… 247

| 雨无正 | 249 |
| 鱼藻 | 290 |

小雅·小旻之什 252
小旻 252
小宛 254
小弁 255
巧言 257
何人斯 259
巷伯 260
谷风 262
蓼莪 262
大东 264
四月 266

小雅·北山之什 268
北山 268
无将大车 269
小明 270
鼓钟 272
楚茨 273
信南山 275
甫田 277
大田 278
瞻彼洛矣 280
裳裳者华 281

小雅·桑扈之什 283
桑扈 283
鸳鸯 284
頍弁 285
车舝 286
青蝇 287
宾之初筵 288

鱼藻 290
采菽 291
角弓 293
菀柳 294

小雅·都人士之什 296
都人士 296
采绿 297
黍苗 298
隰桑 299
白华 300
绵蛮 302
瓠叶 303
渐渐之石 304
苕之华 305
何草不黄 306

大 雅

大雅·文王之什 310
文王 310
大明 312
绵 314
棫朴 317
旱麓 318
思齐 319
皇矣 321
灵台 324
下武 326
文王有声 327

大雅·生民之什 330

生民	330	烈文		378
行苇	332	天作		379
既醉	334	昊天有成命		380
凫鹥	335	我将		381
假乐	336	时迈		382
公刘	337	执竞		383
泂酌	339	思文		384
卷阿	340	**周颂·臣工之什**		386
民劳	342	臣工		386
板	344	噫嘻		387
大雅·荡之什	347	振鹭		388
荡	347	丰年		389
抑	349	有瞽		390
桑柔	351	潜		391
云汉	354	雝		391
崧高	356	载见		392
烝民	359	有客		393
韩奕	361	武		394
江汉	364	**周颂·闵予小子之什**		396
常武	366	闵予小子		396
瞻卬	368	访落		397
召旻	370	敬之		398
		小毖		399

颂

		载芟		400
		良耜		401
周 颂	374	丝衣		402
周颂·清庙之什	375	酌		403
清庙	375	桓		404
维天之命	376	赉		405
维清	377	般		406

鲁　颂 ················· 409
駉 ························· 410
有駜 ······················ 411
泮水 ······················ 413
閟宫 ······················ 415

商　颂 ················· 419
那 ························· 420
烈祖 ······················ 421
玄鸟 ······················ 422
长发 ······················ 424
殷武 ······················ 426

国　风

　　《诗》有风、雅、颂三体，风何以居首？成伯玙《毛诗指说》云："诸侯之诗谓之国风。"又云："诸侯禀王政，风化一国谓之为风。"范处义《诗补传》："风以化为义，言人君之风化也。"章潢《诗经原体》："天地嘘育万物，莫疾乎风，所以节宣阴阳之气，而万物之生机赖之以宣畅也。然吹万不同，一皆随其窍之所感，而声亦因以异焉。是本之气而形之声，气和则声徐，气劲则声肃，和则物触之欣欣向荣，劲则物触之而挠折者多矣。"又云："而各国之风土不齐，则各国之风气不一，故各国之风化因之，善者矫其偏而归之中，不善者循其流习而莫之返也。《记》曰'郑声好滥淫志，卫音促数烦志，齐音傲僻骄志'，是列国之音亦不同。天子巡狩，列国太史陈诗以观民风者此也。但列国之风化不齐，声气不类，而体则一焉。是故风之体轻扬和婉，微讽谲谏，托物而不著于物，指事而不滞于事，义虽寓于音律之间，意尝超于言词之表，虽使人兴起，而人不自觉。"则《风》庶几为诸侯国之诗，盖其鲜有涉于天子庙堂之事者也。然《风》自有其体也。《引言》已详论之于前，各什小结综述于后，可并而参之，此不赘也。然则何以仅有十五国风？盖编者删存。诗存则国存，诗删则国亦不得不删也。

　　《国风》有《周南》《召南》《邶风》《鄘风》《卫风》《王风》《郑风》《齐风》《魏风》《唐风》《秦风》《陈风》《桧风》《曹风》《豳风》共十五国风，百六十篇。

国风·周南

"周，地名，在《禹贡》雍州岐山之阳。周太王始居之，故国号曰周。至武王有天下，又分其以为弟旦采邑，故旦亦曰周公。"（朱熹《诗集传》）周地古来多歧，或谓周初地名，或谓周、召二公分治后之地，"夫陕以东，周公主之；陕以西，召公主之。陕之东，自东而南也；陕之西，自西而南也；故曰'二南'。系之以'周南'，则是隐括乎东之南、西之南也。"（廖元度《楚风补·旧序》）"周南"即周公采邑之南，包括楚国和巴国部分疆域；"召南"即召公采邑之南，包括蜀国和巴国大部分地域。盖即今宝鸡、西安、洛阳以南至汉中、巴蜀，河南南阳，湖北襄阳、宜昌、江陵、武汉一带，皆"二南"之地也。

何谓"南"？古来有六说。一为南化说，《毛诗·关雎序》："南，言化自北而南也。"二为南乐说，王质《诗总闻》："南，乐歌名也。"三为南土说，方玉润《诗经原始》："周之西为犬戎，北为豳，东则列国，唯南最广，而及乎江汉之间。"四为南面说，章潢《诗经原体》："南为离明之正方，故风为太和之正气，取其长养万物而不伤也。"五为诗体说，崔述《读风偶识》："《南》者诗之一体，盖其体本起于南方，而北人效之，故名曰《南》。"六为乐器说，《诗·小雅·鼓钟》："以雅以南。"南乐器之名，后代南方乐调之名。迄无定论。笔者以为"南面说"最优，颇可宗之。吕柟《毛诗说序》："南，和也，明也，房中之乐也。万物至夏而始和，万象至南而皆明。故房中和而天下乐，家道明而万国理。"又曰："其以长养万物者惟南风乎！故曰：《风》之始也，所以风天下而正夫妇也。"

至其编次，虽以宗周，更在其诗之精醇。"惟诗之在《二南》者，浑融含蓄，委婉舒徐，本之以平易之心，出之以温柔之气，如南风之触物而物皆畅茂，凡人之听其言者，不觉其入之深，而咸化育于其中也。"（章潢《诗经原体》）

关 雎

关关雎鸠①，在河之洲。窈窕淑女②，君子好逑③。
参差荇菜④，左右流之⑤。窈窕淑女，寤寐求之⑥。
求之不得，寤寐思服⑦。悠哉悠哉⑧，辗转反侧⑨。
参差荇菜，左右采之。窈窕淑女，琴瑟友之⑩。
参差荇菜，左右芼之⑪。窈窕淑女，钟鼓乐之。

【集释】

①关关：鸟鸣声。雎鸠（jū jiū）：水鸟，一名王雎，状类凫鹥，生有定偶，常并游。②窈窕（yǎo tiǎo）：娴静美好。淑：善，好。③君子：一指在位者，与民庶相对；一指有德者，与小人相对。此处兼言之。好逑（hǎo qiú）：良配。逑，配偶。④参差：长短不齐。荇（xìng）菜：水中植物，叶浮水面，嫩叶可食。⑤流：择取。⑥寤寐（wù mèi）：犹言日夜。寤，睡醒；寐，睡着。⑦思：语助词。服：思念。⑧悠：长久。⑨辗：半转。反侧：反身，侧身。⑩琴瑟：乐器名。代指礼仪。下钟鼓意同。友：亲近。⑪芼（mào）：采摘。

【缵绎】

《毛诗序》："《关雎》，后妃之德也，《风》之始也，所以风天下而正夫妇也。……是以《关雎》乐得淑女以配君子，忧在进贤，不淫其色；哀窈窕，思贤才，而无伤善之心焉。是《关雎》之义也。"韩婴《韩诗故》："刺时也。"朱熹《诗集传》："周之文王生有圣德，又得圣女姒氏以为之配，宫中之人于其始至，见其有幽闲贞静之德，故作是诗。"范处义《诗补传》："作于康王之时，乃毕公追咏文王太姒之事，以为规谏。"郝懿行《诗问》："成妇德也。"姚际恒《诗经通论》："美世子娶妃初婚之作，以见嘉偶之合初非偶然，为周家发祥之兆，自此可以正邦国，风天下，不必实指太姒、文王。"今人多持恋歌说、婚姻说。笔者以为乐得淑女以配君子之诗。

诗五章，章四句。首章以关雎和鸣起兴，喻淑女配君子，同气相求，则同声相应，实天地之德，阴阳之理，感而遂通。次章以采荇菜作比，喻此佳配，须立志以求。三章写求之不可即得，亦应至诚不倦，则寤寐横竖有此一念相关。

四五章写求之之方，在"琴瑟友之"、"钟鼓乐之"（"钟鼓"谐音"终古"），至死不渝。"此诗盖周邑之咏初婚者，故以为房中乐（亦首作'房乐'，人君燕息时所奏之乐），用之乡人，用之邦国而无不宜焉。……圣人取之，以冠三百篇首，非独以其为夫妇之始，可以风天下而厚人伦也，盖将见周家发祥之兆，未尝不自宫闱始耳。"（方玉润《诗经原始》）

《关雎》为《风》之始，且冠三百篇之首，地位非凡。《周易·巽卦·象》辞云："风，巽；君子以申命行事。""巽"，同"逊"，表风，有谦让恭顺义。《象》辞谓风行则无所不入，无物不顺，有德之君应效此理施政。风化即上行下效之社会风习，故观民风可察王化。《关雎》写人道大伦，关纲纪王教。《史记·外戚世家》："《易》基乾坤，《诗》始《关雎》，《书》美厘降……夫妇之际，人道之大伦也。"《汉书·匡衡传》载匡衡疏："匹配之际，生民之始，万福之原。婚姻之礼正，然后品物遂而天命全。孔子论《诗》，以《关雎》为始。……此纲纪之首，王教之端也。""子夏问曰：'《关雎》何以为《国风》始也？'孔子曰：'《关雎》至矣乎！夫《关雎》之人，仰则天，俯则地，幽幽冥冥，德之所藏，纷纷沸沸，道之所行，如神龙变化，斐斐文章。大哉《关雎》之道也，万物之所系，群生之所悬命也，河洛出图书，麟凤翔乎郊。不由《关雎》之道，则《关雎》之事将奚由至矣哉！夫六经之策，皆归论汲汲，盖取之乎《关雎》。《关雎》之事大矣哉！冯冯翊翊，自东自西，自南自北，无思不服。子其勉强之，思服之。天地之间，生民之属，王道之原，不外此矣。'子夏喟然叹曰：'大哉《关雎》，乃天地之基也。'诗曰：'钟鼓乐之。'"（《韩诗外传》）

全诗喻人当发乎情，依乎礼，坚其志，臻于和。《周易·序卦传》："有天地然后有万物，有万物然后有男女，有男女然后有夫妇，有夫妇然后有父子，有父子然后有君臣，有君臣然后有上下，有上下然后礼义有所错。"《关雎》乃天地间"人之大伦"发端图，仰观俯察，生机盎然，和谐畅达，所绘天地万物和谐，人类自然和谐，情感志趣和谐，天地人统一而臻"中庸"之美，太极之境。全诗彻上彻下，一"求"相贯，"乐而不淫，哀而不伤"。虚实互济，天人合一，情志一体，格高味淳，妙不可言。方玉润《诗经原始》曰："此诗佳人处，全在首四句，多少和平中正之音，细咏自见。取冠《三百》，真绝唱也。"姚荧《二南解症》谓《关雎》有"七胜"：格局之胜、运笔之胜、文法之胜、字法之胜、造词之胜、用韵之胜和音节之胜。"擅上七胜，情文并茂，所以独有千古。"

葛　覃

葛之覃兮①，施于中谷②，维叶萋萋③。黄鸟于飞④，集于灌木，其鸣喈喈⑤。葛之覃兮，施于中谷，维叶莫莫⑥。是刈是濩⑦，为絺为绤⑧，服之无斁⑨。言告师氏⑩，言告言归⑪。薄污我私⑫，薄浣我衣⑬。害浣害否⑭，归宁父母⑮。

【集释】

①葛：多年生蔓草，纤维可织布。覃（tán）：长。②施（yì）：蔓延。中谷：谷中。③维：发语词。萋萋：茂盛貌。④黄鸟：黄莺，一说黄雀。于：语助词。⑤喈喈（jiē）：鸟鸣声。⑥莫莫：茂密貌。⑦刈（yì）：割。濩（huò）：煮。⑧絺（chī）：细葛布。绤（xì）：粗葛布。⑨服：穿着。斁（yì）：厌。"服之无斁"，穿着絺绤之衣而无厌憎。⑩言：语助词。师氏：女师。古者女师教以妇德、妇言、妇容、女功。⑪告归：请示回父母家。告，请示。⑫薄：语助词。污（wù）：洗去污垢。私：内衣。⑬浣（huàn）：同"浣"，洗。衣：外衣，一说礼服。⑭害（hé）：通"曷"，何。否：不。⑮归宁：回家探望父母。宁：安慰。

【缵绎】

《毛诗序》："《葛覃》，后妃之本也。后妃在母家，则志在女工之事，躬俭节用，服澣濯之衣，尊敬师傅，则可以归安父母，化天下之妇道也。"欧阳修《诗本义》："诗人言后妃为女时，勤于女事。"朱熹《诗集传》："此诗后妃所自作，故无赞美之词。然于此可以见其已贵而能勤，已富而能俭，已长而敬，不弛于师傅，已嫁而孝，不衰于父母，是皆德之厚，而人所难也。《小序》以为后妃之本，庶几近之。"郑樵《诗辨妄》："此妇人急于成妇功之诗也。"李光地《诗所》："后妃所自作，以训嫔御者。"陈乔枞《鲁诗遗说考》："为妇人恐嫁失时之诗。"牟庭《诗切》："去妇词也。"姚际恒《诗经通论》："此亦诗人指后妃治葛之事而已，以见后妃富贵不忘勤俭也。"方玉润《诗经原始》："因归宁而敦妇本也。"今人有村姑出嫁、女奴告假或回家、贵妇哀怨、少女受训、被迫服役、情诗恋歌诸说。笔者以为敦妇本之诗。

诗三章，章六句。一章闻黄鸟而思采葛，勤职不暇，闻声而儆，欲及时趋事也。二章谷中葛成，割而煮之，治为絺绤；服之不厌者，以亲执其劳，知为之不易，故有尊节爱养之意也。三章告女师归宁。污私澣衣，洁且俭也，妇功既成，为时已久，恐父母思切，故归而安之也。为事之勤，持身之俭，尊师之敬，思亲之切，与天地草木飞禽一片化机，人心若此，可谓敦德知本矣。"此诗盖后妃已成絺绤之服，将归宁而追赋之也。春葛方盛，未刈濩之时，后妃已念念于此；黄鸟飞集和鸣于丛木之上，于以见和气熏蒸，物各得所之，意及葛之成也；即刈之濩之以为絺绤，既成服而服之，可见勤于女事，不失其时；及将归宁，则必谋之姆师，告之夫君，至于澣濯微事，亦且咨询而不置，其勤俭恭敬之德，备见于词气之间，则文王'刑于寡妻'之效，尤著于此矣。"（许谦《诗集传名物钞》）"与《关雎》同为房中乐，前咏初婚，此赋归宁耳。……可见周家王业，勤俭为本，以故民间妇道亦观感成风。圣人取之以次《关雎》，亦欲为万世妇德立之范耳。"（方玉润《诗经原始》）《毛诗序》以为"后妃之本"，母仪天下，舍此何有？天下一人，王化为大，为言后妃，教之所在，必然之理。故欧阳修《诗本义》谓"诗人言后妃为女时，勤于女事。"允为的论。姚际恒《诗经通论》："此诗不重末章，而余波若联若断；一篇精神生动处则在末章也。"牛运震《诗志》："飞、集、鸣略一点逗，物色节候，宛然如画。"

卷　耳

采采卷耳①，不盈顷筐②。嗟我怀人③，寘彼周行④。
陟彼崔嵬⑤，我马虺隤⑥。我姑酌彼金罍⑦，维以不永怀⑧。
陟彼高冈，我马玄黄⑨。我姑酌彼兕觥⑩，维以不永伤⑪。
陟彼砠矣⑫，我马瘏矣⑬！我仆痡矣⑭，云何吁矣⑮。

【集释】

①采采：一采又采。卷耳：又名"苍耳"，嫩苗可食，亦可入药。②盈：满。顷筐：斜口筐，簸箕之类。③嗟：叹词。怀：思念。④寘（zhì）：即"置"，搁。周行（háng）：大路。⑤陟（zhì）：登。崔嵬（wéi）：高处。⑥虺隤（huī tuí）：又作"瘣（huī）颓"，腿软。⑦姑：姑且。金罍（léi）：酒器。

⑧维：发语词。永怀：犹言"长相思"。⑨玄黄：病。此指眼花。⑩兕觥（sì gōng）：野牛角制酒器。⑪永伤：犹"永怀"。⑫砠（jū）：有土之石山。⑬瘏（tú）：劳病。⑭痡（pú）：劳病。⑮云：语助词。吁（xū）：忧叹。

【缵绎】

　　《毛诗序》："《卷耳》，后妃之志也，又当辅佐君子，求贤审官，知臣下之勤劳。内有进贤之志，而无险诐私谒之心，朝夕思念，至於忧勤也。"朱熹《诗集传》："后妃以君子不在而思念之，故赋此诗。"王质《诗总闻》："嫔御祝史之属归宁而有怀，故劳苦之，使各安其位，以待其归。"季本《诗说解颐》："文王怀贤臣远役，而不得置之左右以论大道也。"范家相《诗渖》："文王因于羑里七年，后妃无日不切怀思，此遣使臣于纣所作，以劳使臣之诗也。"吴懋清《毛诗复古录》："文王遇崇侯之谗，被囚七年，河南诸侯往来奔救。"陈奂《诗毛氏传疏》：文王劳成役还也。姚际恒《诗经通论》："文王求贤官人，以其道远未至，悯其在途劳苦而作。"方玉润《诗经原始》："念行役而知妇情之笃也。"马持盈《诗经今注今译》：役者思家也。笔者以为文王怀思求贤之诗。

　　诗四章，章四句。首章"嗟我怀人，寘彼周行"是诗眼，后三章皆因此章而起。首章以采卷耳兴比怀思求贤之念。卷耳而采之又采，不满顷筐者，盖如求贤而贤不可尽求也。怀思贤人而使我嗟叹，何则？求贤而欲置之大道也。后三章皆言求贤苦辛之情状，故陟崔嵬、陟高冈、陟彼砠，以致马瘏仆痡，既写求贤行役之苦，亦见思贤之切。求之又求，而贤亦不能尽得，故酌金罍、酌兕觥，释愁以自慰也。后三章一层强似一层，"云何吁矣"，应首章"嗟"字，故一"嗟"而贯穿首尾，见怀思之情笃也。"以为后妃思文王而作，则采卷耳而寘道路，酌罍尊而解忧伤，似与后妃贞静端居，表率宫人之德不类，故直以为文王怀贤耳。然亦初为西伯德化未行于纣之叛国时所作也。"（季本《诗说解颐》）《关雎》写夫妇之道，《葛覃》写女子敦本，《卷耳》写男子志笃。戴君恩《读诗臆评》："情中之景，景中之情，宛转关生，摹写曲致。"陈继揆《读诗臆补》："首章'嗟'字，末章'吁'字，诗家前后照应法。"牛运震《诗志》："七'我'字婉而挚。""四'矣'字急调促节。""中间叠二长调，竟兴玲珑，咏叹尽致。"朱守亮《诗经评释》："思愁苦，情恍惚，意念含蓄，缠绵无限也。"

樛　木

南有樛木①，葛藟累之②。乐只君子③，福履绥之④。
南有樛木，葛藟荒之⑤。乐只君子，福履将之⑥。
南有樛木，葛藟萦之⑦。乐只君子，福履成之⑧。

【集释】

①樛（jiū）：树木向下弯曲。②藟（lěi）：葛类。累：系。③只：助词。④履：禄。绥：安。⑤荒：掩覆。⑥将：扶助。⑦萦：回旋，缠绕。⑧成：成就。

【缵绎】

《毛诗序》："《樛木》，后妃逮下也。言能逮下，而无嫉妒之心焉。"王质《诗总闻》："木曲易引蔓，人卑易引福。"季本《诗说解颐》："南国美文王屈己下人之德也。"何楷《诗经世本古义》："南国诸侯归心文王也。"吴懋清《毛诗复古录》："诸侯一娶九人，文王老而艰于嗣，媵随太姒来者，皆称愿焉。"牟庭《诗切》："刺周南夫人专妒也。"戴震《诗经补注》："下美其上之诗。"朱守亮《诗经评释》："妇人祝福丈夫之诗。"闻一多《诗经类钞》：贺新婚也。今人有颂劳动者、祝福他人诸说。笔者以为美文王厚德能让之诗。

诗三章，章四句。诗以"南有樛木，葛藟累之"起兴，以樛木比君子，以葛藟比福禄，反复咏唱，逐层推进。樛木本曲，愈曲而葛藟愈可累之、荒之、萦之。屈于人者德必厚，德之厚者福必至；屈下而能让，能让则得众，得众则事成。故愈屈愈下，而福履愈隆，事业愈大。诗人以是三颂而叹美之，重德也。"此诗三章以文王能屈己下人，故以樛木起兴，而言其为福禄之所归也。人心之归，即是福禄。"（季本《诗说解颐》）《卷耳》写文王之志笃，《樛木》见文王之德厚，志笃而德厚，所以能绥之斯来，将之斯立，成之斯兴而为百世业。刘玉汝《诗缵绪》："三章一意，无浅深，无次序，惟意韵以致殷勤再三不能自已之意，盖《诗》之一体，咏歌之妙者也。"

螽　斯

螽斯羽①，诜诜兮②。宜尔子孙③，振振兮④。

螽斯羽，薨薨兮⑤。宜尔子孙。绳绳兮⑥。
螽斯羽，揖揖兮⑦。宜尔子孙，蛰蛰兮⑧。

【集释】

①螽（zhōng）斯：或名斯螽，一种蝗虫。一说"斯"为语词。②诜诜（shēn）：同莘莘，众多。③宜：多。④振振（zhēn）：盛貌。⑤薨薨（hōng）：众多。一说群飞声。⑥绳绳：绵延不绝。⑦揖揖（jí）：和聚貌。⑧蛰蛰（zhé）：安和得所。

【缵绎】

《毛诗序》："《螽斯》，后妃子孙众多也。言若螽斯不妒忌，则子孙众多也。"朱郁仪《诗故》："众妾相安相乐之词。"牟庭《诗切》："刺周南公子美衣服也。"魏源《诗古微》："颂后妃所生皆贤，非媵妾多子之谓。"方玉润《诗经原始》："美多男也"。今人有颂螽斯、颂团结、刺剥削者诸说。笔者以为颂勉众妾相安以宜子孙之诗。

诗三章，章四句。螽斯，飞蝗也，宜子，年生二或三代。诗以螽斯作比，前两句描写，喻众妾揖然相安以和乐；后两句颂勉，惟其众妾相安，则其子孙不惟若螽斯之众，且振然以绵延。诗叠章重唱，末尾则意有层递：首言多子兴旺，次言世代隆昌，末言聚集欢乐。"螽斯"一语双关，诗眼在"宜"。"宜"字微言大义，似承似转，若颂若勉。意谓宗族所以兴盛，子孙所以繁昌者，必首赖闺闱和睦，揖然以礼，相安相乐也。牛运震《诗志》："叠字为调，节短韵长。"陈继揆《读诗臆补》："丰神秀逸，音韵铿锵。此种情境，当让风人独步。"

桃 夭

桃之夭夭①，灼灼其华②。之子于归③，宜其室家④。
桃之夭夭，有蕡其实⑤。之子于归，宜其家室。
桃之夭夭，其叶蓁蓁⑥。之子于归，宜其家人。

【集释】

①夭夭：茂盛貌。②灼灼：鲜明貌。华：同"花"。③之子：这个人。归：

女子出嫁。④宜：和顺，和善。室家：与下二章家室、家人均指家庭。⑤有：语助词。蕡（fén）：果实繁盛貌。⑥蓁蓁（zhēn）：草木茂盛貌。

【缵绎】

《毛诗序》："《桃夭》，后妃之所致也。不妒忌，则男女以正，婚姻以时，国无鳏民也。"朱熹《诗集传》："文王之化自家而国，男女以正，婚姻以时。故诗人因所见以起兴，而叹其女子之贤，知其必有以宜其室家也。"朱郁仪《诗故》："后妃答《樛木》也。"何楷《诗经世本古义》："美太姒能修妇道也。"陈乔枞《齐诗遗说考》："似是武王娶邑姜事。"牟庭《诗切》："不纳奔女也。"方玉润《诗经原始》："喜之子能宜室家也。"吴闿生《诗意会通》："因于归而以宜其室家为祝，诗意止此也。"笔者以为贺淑女出嫁之诗。

诗三章，章四句。各章前二句亦兴亦比，后二句祝福。诗以桃开花、结实、叶茂之时季变化，喻女子如花之年出嫁，怀孕生子，继而儿孙满堂，反复叹其宜家、宜室、宜人。"夭夭"明写其貌，实喻其德，所谓柔以顺，温以淑也，故反复颂之。宜其室家，不唯因时而嫁，更历年岁而子孙绵昌，家族兴旺，可叶百代，皆因其"夭夭"之德也。"丈夫生而愿为之有室，女子生而愿为之有家。"（《孟子·滕文公》）夫妇为五伦之首，家齐国治，所赖之德。《礼记·大学》云："宜其家人，而后可以教国人。"其意大矣。姚际恒《诗经通论》："桃花色最艳，故以喻女子，开千古词赋咏美人之祖。"方玉润《诗经原始》评其首章"艳绝。开千古词赋香奁之祖"。

兔罝

肃肃兔罝①，椓之丁丁②。赳赳武夫③，公侯干城④。
肃肃兔罝，施于中逵⑤。赳赳武夫，公侯好仇⑥。
肃肃兔罝，施于中林⑦。赳赳武夫，公侯腹心⑧。

【集释】

①肃肃：严密整饬貌。兔（tù）：兔子，一说於菟，指虎。罝（jū）：捕兽之网。②椓（zhuó）：敲。丁丁（zhēng）：击打声。③赳赳：勇武矫健貌。④公侯：周封列国爵位（公、侯、伯、子、男）之尊者。干：通"捍"。干城，御敌

捍卫之城。⑤施（yì）：布置。逵（kuí）：九达之道曰"逵"。中逵，四通八达之路叉口。⑥仇（qíu）：同"逑"，匹。⑦林：《尔雅》："邑外谓之郊，郊外谓之牧，牧外谓之野，野外谓之林"。⑧腹心：心腹，最可信赖之人。

【缵绎】

《毛诗序》："《兔罝》，后妃之化也。《关雎》之化行，则莫不好德，贤人众多也。"欧阳修《诗本义》："周南之君，好德乐善，得贤众多。"朱熹《诗集传》："化行俗美，贤才众多，虽罝兔之野人，而其才之可用犹如此。故诗人因其所事以起兴而美之，而文王德化之盛因可见矣。"杨简《慈湖诗传》："周德化之盛，至于《兔罝》之武夫，赳赳肃肃，德容如此。"丰坊《诗说》："文王闻太颠、闳夭、散宜生皆贤人而举之，国史咏其事而美之。"吴闿生《诗义会通》："诸侯之略武夫以为心腹爪牙者也。"牟庭《诗切》："刺周南君私养士也。"方玉润《诗经原始》："美猎士为王气所钟。"陈延杰《诗序解》："殷纣时，贤人隐居山林，网禽兽而食之，故《兔罝》之诗作。"闻一多《诗经类钞》："美猎士之英武也。"笔者以为美周家贤才众多之诗。

诗三章，章四句。诗前二句起兴，亦比亦赋，以"肃肃兔罝"比"赳赳武夫"。以"兔罝"之"肃肃"，严整有序，比"武夫"之"赳赳"，勇武威猛。"兔罝"既可"椓之丁丁"，亦可置于"中逵""中林"要地，"赳赳武夫"，则亦可为公侯"干城""好仇""腹心"之栋梁。武夫起自山林，罝罝虽小事，而肃肃之能，赳赳之勇，忠于此而亦可见于彼，故为之干城心腹，何其不然哉？则周家贤才之众，奇杰魁梧，英姿伟抱，忠肝义胆，于焉可见。全诗三章叠唱，闻声见景，睹形知神，动静结合，神采飞扬。牛运震《诗志》："读之有深穆雄武之气。"方玉润《诗经原始》："落落数语，可贱《上林》《羽猎》《长扬》诸赋。"

芣 苢

采采芣苢①，薄言采之②。采采芣苢，薄言有之③。
采采芣苢，薄言掇之④。采采芣苢，薄言捋之⑤。
采采芣苢，薄言袺之⑥。采采芣苢，薄言襭之⑦。

【集释】

①采采：繁盛貌。芣苢（fú yǐ）：植物名，即车前子，种子和全草可入药。②薄言：语助词。③有：采取，指已采取。④掇（duō）：拾取。⑤捋（luō）：顺枝条抹。⑥袺（jié）：提起衣襟兜东西。⑦襭（xié）：翻转衣襟插于腰带以兜东西。

【缵绎】

《毛诗序》："《芣苢》，后妃之美也。和平则妇人乐有子矣。"韩婴《韩诗故》："伤夫有恶疾也。"朱熹《诗集传》："化行俗美，家室和平，妇人无事，相与采此芣苢而赋其事以相乐也。"丰坊《诗说》："童儿斗草嬉戏歌谣之词。"朱郁仪《诗故》："周民室家乐完聚也。"牛运震《诗志》："此诗为妇人乐有子也。"李光地《诗所》："诗之次在于《兔罝》之后，殆以文王求才之殷，取才之尽，作者因芣苢以起兴。"袁宝泉等《诗经探微》："贵族妇女祈子求福之歌。"笔者以为假采芣苢以喻周家用贤殷尽之诗。

诗三章，章四句。车前多生于轮辙，以采车前喻求贤而效命王前之意。开头"采采"以芣苢之盛喻贤才之多。全诗连用采、有、掇、捋、袺、襭六动词，节奏促迫，显见求贤若渴之情。闻一多《诗经通义》谓"芣苢"古本作"不以"，乃今"胚胎"本字。古谓芣苢可治妇女不孕。以采车前喻求多子，亦合其理。袺、襭是用衣襟兜物，则腰部丰隆，似有身状。诗明写求子，借喻求贤。《诗》本王化之迹，寄治平之志，言在此而意在彼。李光地之说，诚为有见之论。王夫之《姜斋诗话》："即五言中，《十九首》犹得此意者，陶令差能仿佛，下此绝矣。"全诗六词单出，其余皆重，洵为奇文。

汉 广

南有乔木①，不可休思②。汉有游女③，不可求思。汉之广矣，不可泳思。江之永矣④，不可方思⑤。

翘翘错薪⑥，言刈其楚⑦。之子于归⑧，言秣其马⑨。汉之广矣，不可泳思。江之永矣，不可方思。

翘翘错薪，言刈其蒌⑩。之子于归。言秣其驹⑪。汉之广矣，不可泳思。江之永矣，不可方思。

【集释】

①乔木：高耸之树。②休：庥（xiū）荫之"庥"，"休"与"庥"本一字。"不可庥"言不能得其覆荫。思：语尾助词。下同。③汉：水名。源出今陕西宁羌县北，东流入今湖北省，至汉阳入长江。游：潜水为"游"。④江：长江，长江古时专称江，或江水。⑤方：桴，筏。此处动用，意谓坐木筏渡江。⑥翘翘（qiáo）：高大貌。错薪：乱柴草。刈（yì）：割。⑦楚：落叶灌木，又名荆。⑧之子：犹言"那人"，指彼女。于：往。归：女子出嫁曰"归"。⑨秣（mò）：喂牲口。⑩蒌（lóu）：蒌蒿，菊科植物。一说"蒌"为"芦"假借。⑪驹：五尺至六尺小马。

【缵绎】

《毛诗序》："《汉广》，德广所及也。文王之道被于南国，美化行乎江汉之域，无思犯礼，求而不可得也。"季本《诗说解颐》："美文王使人及时嫁女以绝其游戏之端也。"牟庭《诗切》："刺周南君不能求贤也。"方玉润《诗经原始》："江干樵唱，验德化之广被也。"闻一多《诗经通义》："诗之游女为神女，三家并同，必有所据。"今人多以为男慕女不得相思之作。笔者以为周家欲广德江汉之诗。

诗三章，章八句。首章以乔木兴比，其高不可庇荫，游女缥缈不可追求，以江汉之不可泳方也，盖言周德欲远化江汉之外，而时似不可及之也。化出闺闱，游女虽有，而不可得之，故后二章"汉之广矣，不可泳思。江之永矣，不可方思"，反复咏叹之。后二章皆假托之辞。"刈楚""刈蒌"去荒芜也，喻行德化也。若"之子于归"，必为之秣驹马，以成闺闱之礼乐，以就周家之德化，"家道明而万国理"，其此之谓乎？每章后四句反复咏叹，见思慕之深切，渴望之炽烈。浩淼江水，既写其域之宽广，亦喻思化之深长；然"泳""方"皆不可行，时不可及也，故唯徘徊瞻望，长歌以浩叹之。"前三诗化成国中，此诗方及南国，故曰广。"（陈启源《毛诗稽古编》）"故取之以况游女不可求之意也可，即以之比文王德广洋洋亦无不可。……言外别有会心，不可以迹相求。"（方玉润《诗经原始》）戴君恩《读诗臆评》："此篇正意只'不可求思'自了，却生出'汉之广矣'四句来，比拟咏叹，便觉精神百倍，情致无穷。"方玉润

《诗经原始》:"文在雅俗之间,而音节则自然天籁也。当其佳处,往往入神,有学士大夫所不能及者。"

汝 坟

遵彼汝坟①,伐其条枚②。未见君子,惄如调饥③。
遵彼汝坟,伐其条肄④。既见君子,不我遐弃⑤。
鲂鱼赪尾⑥,王室如燬⑦。虽则如燬,父母孔迩⑧。

【集释】
①遵:循,沿。汝:汝河,源出河南,流入淮河。坟(fén):水涯,大堤。②条:树枝。枚:树干。③惄(nì):饥,一说忧愁。调(zhōu):通"朝",早晨。调饥,早上挨饿。④肄(yì):树砍后再生小枝。⑤遐(xiá):远。⑥鲂(fáng)鱼:鳊鱼。赪(chéng):赤色。⑦燬(huǐ):烈火。⑧孔:甚。迩(ér):近。

【缵绎】
《毛诗序》:"《汝坟》,道化行也。文王之化行乎汝坟之国,妇人能闵其君子,犹勉之以正也。"韩婴《韩诗故》:"辞家也。"(按:王先谦《诗三家义集疏》:"云'辞家'者,此大夫以父母之故,不得已而出仕。")丰坊《诗说》:"商人苦纣之虐,归心文王而作是诗。"季本《诗说解颐》:"妇人因其夫免于征役,而以得遂室家之愿,归德于文王也。"闻一多《诗经通义》:男女会汝水所唱之歌。另有颂周平王,女子怀念征夫、喜夫归来,反战情绪诸说。笔者以为商人归心文王之诗。

诗三章,章四句。全诗倒叙,从"鲂鱼赪尾,王室如燬"一句着笔。首章借"调饥"写渴望文王仁政;二章借"不我弃"写果见文王君子之风,欣然自喜;末章借"父母孔迩",写文王实民之父母,即将亲附,以为欣慰。"商辛无道,王室内久如焚燬,天下臣民皇皇无定,莫不欲得明主而事之矣。及闻西伯发仁政,视民如伤,莫不引领延伫,若大旱之望云霓,所谓'惄如调饥'是也。汝旁诸国,去周尤近,故首先响化,归心愈急,唯恐其弃予如遗耳。一旦得晤君侯,见其阔达大度,爱民若子,实能容众而不弃我,乃知帝王自有真也,不觉欣欣然有喜色，而群相慰劳，曰父老苦商久矣，王室其如燬乎？嗟我劳人，赪如魴尾，然亦将有所归也。……然而商政虽虐，天命未改，诗人不敢显言，故托为妇人喜见其夫之词，曰'王室'，曰'父母'，则又情不自禁，其辞且罗然纸上矣。"（方玉润《诗经原始》）陈震《读诗识小录》："单行直走，一变排比之格。"朱守亮《诗经评释》："语极回环，笔亦曲折。"

麟之趾

麟之趾①，振振公子②，于嗟麟兮③。
麟之定④，振振公姓⑤，于嗟麟兮。
麟之角，振振公族，于嗟麟兮。

【集释】

①麟：麒麟，仁兽。趾：足。有趾为足，无趾为蹄。②振振（zhēn）：信实仁厚貌。③于（xū）：通吁，叹词。④定：通"颠"，额头。⑤公姓：诸侯之子为公子，公子之孙为公姓。或曰与公子、公族近义，均指贵族子孙。

【缵绎】

《毛诗序》："《麟之趾》，《关雎》之应也。《关雎》之化行，则天下无犯非礼，虽衰世之公子，皆信厚如麟趾之时也。"朱熹《诗集传》："文王后妃德修于身，而子孙宗族皆化于善。"何楷《诗经世本古义》："美文王子孙贤且多也。"方玉润《诗经原始》："美公族龙种尽非常人也。"王先谦《诗三家义集疏》："美公族之盛也。"牟庭《诗切》："刺以世胄自矜也。"另有祝纳征婚、赞他人子孙、赞麒麟、获麟歌诸说。笔者以为美文王子孙贤且多之诗。

诗三章，章三句。刘向《说苑》："麒麟，麕身牛尾，圜头一角，含信怀义，音中律吕，步中规矩，择土而践，彬彬然动则有容仪。"古以麟为仁兽，诗写麟则趾、定、角，由下及上，以比子、姓、族，由近及疏，由小及大，反复叹美王公贵族，修身而善，灵而且仁，振然德厚，则宗族必隆昌也。"盖麟为神兽，世不常出，王之子孙亦各非常人，所以兴比而叹美之耳！"（姚际恒《诗经通论》）"夫文王为开国圣主，其子若孙即武王、周公、郕叔、康叔辈，当时在'振振公子'中，德虽未显，而器宇自异。诗人窥之，早有以卜其后之必昌，故欲作诗以叹美其人。"（方玉润《诗经原始》）"《序》以《关雎》之应，得之。"（朱熹《诗集传》）牛运震《诗志》："三句三折，简峭而深永。"

【周南小结】

《周南》十一篇。《关雎》《葛覃》咏妇德，见风化起自家庭。《卷耳》怀贤，《樛木》颂德，《螽斯》宜子孙，《桃夭》兴室家，《兔罝》美多贤，《芣苢》乐用贤，《汉广》思化远，《汝坟》，天下渐归心，《麟之趾》叹美公族贤才，乃周家发祥所自始。编《诗》之意，大略如此。风系乎一国之政，显乎一国之教，故俗见乎下而风实始乎上，政发乎上而教实应乎下，见政化之得失，显教化之明用，此必然之理也。至若《周南》之什，周所以兴，化所以广，历如其编，俗之醇，音之和，所以能为诸风之圭臬也。"至其章节优柔和顺，中正温敦，得天地太和翔洽气，所以为《风》之正。唯《汉广》气体差阔而肆，《汝坟》兴中有怨，与前后诸诗小异。即谓之正风之变也亦宜。"（方玉润《诗经原始》）

国风·召南

"召,地名,与周邑皆在岐山阳。武王得天下后,封姬奭于召,以为采邑,周、召二公之号由此起。其所采民间歌谣,有与公涉者,有与公无涉者,均谓之《召南》,盖皆召以南之诗,故亦《南》之而已。召与周近,地同俗同,故诗之音亦略同,且先天下而被文王之化者,又莫不同,此所以与《周南》同为《国风》之正,而居《三百》之首者也。"(方玉润《诗经原始》)

鹊 巢

维鹊有巢①,维鸠居之②。之子于归,百两御之③。
维鹊有巢,维鸠方之④。之子于归,百两将之⑤。
维鹊有巢,维鸠盈之⑥。之子于归,百两成之⑦。

【集释】

①维:发语词。鹊:喜鹊,善筑巢。②鸠:祝鸠(斑鸠),性慈,谨愨孝顺之鸟。二句以鹊喻男善立业,以鸠喻女善持家。③两:同"辆"。御(yà):同"迓",迎接。④方:并,比。⑤将(jiāng):送。⑥盈:满。⑦成:完成婚礼。

【缵绎】

《毛诗序》:"《鹊巢》,夫人之德也。国君积行累功以致爵位,夫人起家而居有之,德如鸤鸠,乃可以配焉。"朱熹《诗集传》:"南国诸侯被文王之化,……其女子亦被后妃之化,故嫁于诸侯,而其家人美之。"丰坊《诗说》:"诸侯嫁女。"钱澄之《田间诗学》:"此南国诸侯被文王之化,亦以亲迎为重,而盛其礼若此。"姚际恒《诗经通论》:"大抵为文王公族之女,往嫁于诸大夫之家,诗人见而美之。"方玉润《诗经原始》:"婚礼告庙词也。"牟庭《诗切》:

"刺召南君以妾为妻也。"崔述《读风偶识》:"教女子使不自私也。"高亨《诗经今注》:刺召南君弃旧图新也。蓝菊荪《诗经今译》:刺小姐出嫁也。程俊英《诗经译注》:赞美新娘之诗。笔者以为美诸侯婚姻之诗。

　　诗三章,章四句。三章皆以鸠居鹊巢起兴作比。各章第二句写鸠住鹊巢用"居""方""盈"三字,数量递进。"百两御之"写迎亲,以车多衬新娘高贵;"百两将之"写迎回;"百两成之"写礼成。"御""将""成"三字概括成婚全貌。"之子于归",点明主题。"鹊巢自喻他人成室耳,鸠乃取譬新婚人也;鸠则性慈而多子……凡娶妇者,未有不祝其多男,而又冀其肯堂肯构也。"(方玉润《诗经原始》)"古人嫁娶在霜降后,冰泮前,故诗人以鹊巢设喻。"(陈奂《诗毛氏传疏》)《毛诗序》以为国君婚礼,《诗集传》以为诸侯婚礼,以送迎车辆之盛,谅非民间婚礼,非公族诸侯莫属。诗写"之子于归",时当而礼隆,位尊而德配,惟如鸠之慈,乃可居如鹊之巢,是谓天作之合,赞美之意,自于言外可得。陈震《读诗识小录》:"百两处,恍然见之,妙如画家写意法。"

采　蘩

　　于以采蘩①,于沼于沚②。于以用之,公侯之事③。
　　于以采蘩,于涧之中④。于以用之,公侯之宫⑤。
　　被之僮僮⑥,夙夜在公⑦。被之祁祁⑧,薄言还归⑨。

【集释】

　　①于以:问词,往哪儿。一说语助。蘩(fán):白蒿。生泽中,叶似嫩艾,茎或赤或白,根茎可食,古代常用以祭祀。②沼:沼泽。沚(zhǐ):水中小洲。③事:指祭祀。④涧:山涧。⑤宫:大房子,指宗庙。汉代以后专指皇宫。⑥被(bì):通"髲",假发。僮僮(tóng):首饰盛貌,一说高而蓬松,又说光洁不坏貌。⑦夙:早。公:公庙。⑧祁祁(qí):首饰盛貌,一说舒迟貌。⑨归:归寝。

【缵绎】

　　《毛诗序》:"《采蘩》,夫人不失职也。夫人可以奉祭祀,则不失职矣。"(郑玄《毛诗传笺》:"奉祭祀者,采蘩之事也。不失职者,夙夜在公也。")朱熹《诗集传》:"或曰蘩所以生蚕,盖古者后夫人有亲蚕之礼。"王符《潜夫论·班禄篇》:"背宗族而《采蘩》怨。"牟庭《诗切》:"刺蚕室夫人不奉职也。"崔述《读风偶识》:"教女子使重宗庙也。"方玉润《诗经原始》:"夫人亲蚕事于公宫也。"蓝菊荪《诗经译注》:女子为公侯采蘩供祭也。程俊英《诗经译注》:女子为公侯采蘩养蚕也。蒋立甫《诗经选注》:劳工采蘩之歌。笔者以为美夫人奉蚕事于公室之诗。

诗三章,章四句。一二章以问答体写采蘩蚕事之始。第三章写蚕事既了。"《礼·祭义》:'古者天子诸侯必有公桑蚕室,近川而为之筑宫,仞有三尺,棘墙而外闭之。及大昕之朝,君皮弁素积,卜三宫之夫人、世妇之吉者,使入蚕于蚕室,奉种浴于川,桑于公桑,风戾以食之。世妇卒蚕,奉茧以示于君,遂献茧于夫人。夫人始副袆而受之。及良日,夫人缫,三盆手。遂布于三宫,夫人、世妇之吉者使缫。遂朱绿之,玄黄之,以黼黻文章。服既成,君服以祀先王先公。'此诗正为此赋。……盖蚕事之始,仆妇众多,来来往往,于沼于沚,于涧之中;蚕事方兴,三宫夫人、世妇皆入于室,熙熙不辨其人,但见首饰招摇。及三月蚕事已了,则祁祁然徐徐而归。……《周》有《葛覃》,《召》有《采蘩》,均之蚕桑为本,女工是重。"(方玉润《诗经原始》)女工采蘩蚕事,奉职之勤,益见为礼之慎重,而美其德也。牛运震《诗志》:"连用'于以',调法灵脱。"陈继揆《读风臆补》:"四'于以'字,一气读之,是古诗之排调。"方玉润《诗经原始》:"末章事烦,偏虚摹之,此文法虚实之妙,与《葛覃》可谓异曲同工。"

草　虫

喓喓草虫①,趯趯阜螽②。未见君子,忧心忡忡③。亦既见止④,亦既觏止⑤,我心则降⑥。

陟彼南山,言采其蕨⑦。未见君子,忧心惙惙⑧。亦既见止,亦既觏止,我心则说⑨。

陟彼南山,言采其薇⑩。未见君子,我心伤悲。亦既见止,亦既觏止,我心则夷⑪。

【集释】

①喓喓（yāo）：虫鸣声。草虫：蝈蝈。②趯趯（tì）：昆虫跳跃。阜螽（zhōng）：蚱蜢。③忡忡（chōng）：心跳，心神不定。④亦：发语词。止：之、他，一说语助。⑤觏（gòu）：相遇，遇见。⑥降：放下，安定。⑦言：语助词。蕨：一种野菜，可食。⑧惙惙（chuò）：忧愁貌。⑨说（yuè）：同"悦"，高兴。⑩薇：草本植物，又名巢菜，或野豌豆。可食。⑪夷：平静，安定。

【缵绎】

《毛诗序》："《草虫》，大夫妻能以礼自防也。"朱熹《诗集传》："南国被文王之化，诸侯大夫行役在外，其妻独居，感时物之变而思其君子如此。"丰坊《诗传》："南国之大夫聘于京师，睹召公而归心焉，赋《草虫》。"何楷《诗经世本古义》："思南仲也。"牟庭《诗切》："夫宦游置妾不归也。"刘沅《诗经恒解》："南国被文王之化，诸侯夫人亦如后妃，相君以礼而欲其求贤自辅。"方玉润《诗经原始》："思君念切也。"黄焯《诗疏平议》："女至婿家尚未成婚之时，忧不当君子之意而被弃，以为父母辱耳。"笔者以为思君寄志之诗。

诗三章，章七句。诗前二句以草虫鸣叫、阜螽蹦跳起兴，喻心动不安，比思人之忧。后五句反复写未得之忧与既得之慰。三章时序变换，登高远望，以写心中思切。南山向明，欲申其志也；蕨、薇微物，聊足以充饥，然不足以达其志而展其才，故特思君子耳。"始因秋虫以寄托，继历春景而忧思。既未能见，则更设为既见情形，以自慰其幽思无已之心。此善言情作也。然皆虚想，非真实觏。《古诗十九首》'行行重行行''蟋蟀夕鸣悲''明月何皎皎'等篇，皆是此意。"（方玉润《诗经原始》）方玉润《诗经原始》："本说'未见'，却想及既见情景，此透过一层法。"牛运震《诗志》："连用'亦既'，柔滑浓致。只是空摹虚拟，却自亹亹有神。"

采 蘋

于以采蘋①？南涧之滨。于以采藻②？于彼行潦③。
于以盛之？维筐及筥④。于以湘之⑤？维锜及釜⑥。
于以奠之⑦？宗室牖下⑧。谁其尸之⑨？有齐季女⑩。

【集释】

①蘋：多年生水草，可食。②藻：水生植物。一说水豆。③行潦（háng lǎo）：沟水。行，水沟；潦，积水。④筥（jǔ）：圆形筐。方称筐，圆称筥。⑤湘：烹煮。⑥锜（qí）：有足锅。釜：无足锅。⑦奠：放置。⑧宗室：宗庙、祠堂。牖（yǒu）：天窗。⑨尸：主持。古人祭祀用人充当神，称尸。⑩有：语首助词。齐（zhāi）：亦作"斋"，美好而恭敬。季：少、小。

【缵绎】

《毛诗序》："《采蘋》，大夫妻能循法度也。能循法度，则可以承先祖，共祭祀矣。"毛亨《毛诗故训传》："古之将嫁女者，必先礼之于宗庙，牲用鱼，芼用蘋藻。"何楷《诗经世本古义》："武王之元妃邑姜，教成能修此礼，诗人美之。"牟庭《诗切》："刺蚕室夫人不奉职也。"傅恒、孙嘉淦等《诗义折中》："理阴教也。……勤俭孝敬，《采蘋》有焉。"吴懋清《毛诗复古录》："太姒初归，求得宗女为妇赞者，当时最有名者曰季兰，嫁终南大夫，入仕西周，歌以美之。"今人另有祭祀说、采蘋之歌说。笔者以为大夫女将嫁而告宗庙之诗。

诗三章，章四句。全诗问答结构，各章皆两问两答。首章写采蘋、采藻地，次章写盛放、烹煮祭品之器皿，末章写祭地、主祭人。《毛传》："古之将嫁女者，必先礼之于宗室，牲用鱼，芼之以蘋藻。"郑玄《毛诗传笺》："祭礼主妇设羹，教成之祭，更使季女者，成其妇礼也。"故《毛诗序》谓大夫妻能循法度以承先祖，共祭祀，亦其意也。戴君恩《读风臆评》："一篇章法大奇。""前面是虚衍，是铺叙法。末句是实点，是关锁法。""诗本美季女，若俗笔定从季女说起。此恰先叙事，后点季女。只用二语便宜了，尤是奇绝。"陈震《读诗识小录》："凌空起峭，笔格俱奇。"吴闿生《诗意会通》："五用'于以'字，有'群山万壑赴荆门'之势。"陈继揆《读风臆补》："作问答语结束，奇绝妙绝。"

甘 棠

蔽芾甘棠①，勿翦勿伐②，召伯所茇③。
蔽芾甘棠，勿翦勿败④，召伯所憩⑤。
蔽芾甘棠，勿翦勿拜⑥，召伯所说⑦。

【集释】

①蔽芾（fèi）：树木茂盛貌。甘棠：棠梨树，落叶乔木，开白花，果实圆小，味甜。②翦：即剪。③召（shào）伯：即召公，名奭（shì），姬姓，西周开国元勋，封于燕。茇（bá）：草舍，此指居草屋。④败：破坏，毁坏。⑤憩：休息。⑥拜：折，一说拔。⑦说（shuì）：通"税"，止息，休息。

【缵绎】

《毛诗序》："《甘棠》，美召伯也。召伯之教，明于南国。"朱熹《诗集传》："召伯循行南国，以布文王之政，或舍甘棠之下。其后人思其德，故爱其树而不忍伤也。"笔者以为美召伯之诗。

诗三章，章三句。全诗由睹物而思人，由思人而爱物，托物以见意。人对甘棠，由勿伐、勿毁而勿折，由重及轻；怀召公之德之情由轻及重。召公以德，教民人以礼。"道之以德，齐之以礼，有耻且格。"此之谓也。"召公之治西方，甚得兆民和。召公巡行乡邑，有棠树，决狱政事其下，自侯伯至庶人，各得其所，无失职者。召公卒，而民人思召公之政，怀棠树，不敢伐，歌咏之，作《甘棠》之诗。"（《史记·燕召公世家》）"丕言爱其人，而言爱其所茇之树，则其感戴者益深；不言当时之爱，而言事后之爱，则怀其思者尤远。"（顾广誉《学诗详说》）方玉润《诗经原始》："此诗一层轻一层，然以轻愈见其珍重耳。"陈震《读诗识小录》："突将爱慕意说在甘棠上，末将召伯一点，是运实于虚法。缠绵笃挚，隐跃言外。"吴闿生《诗义会通》："千古去思之祖"。

行　露

厌浥行露①，岂不夙夜②？谓行多露③。

谁谓雀无角④？何以穿我屋！谁谓女无家⑤？何以速我狱⑥！虽速我狱，室家不足⑦。

谁谓鼠无牙？何以穿我墉⑧！谁谓女无家⑨？何以速我讼！虽速我讼，亦不女从。

【集释】

①厌浥（yè yì）：潮湿貌。行（háng）：道路。②夙夜：早夜，天未明时。

③谓：同"畏"，与下文"谁谓"之谓不同。④角：鸟嘴。⑤女：《韩诗》作"尔"。女与尔古通，今作汝。⑥速：招致。狱：讼，打官司。⑦室家：犹"夫妇"，男子有妻为"有室"，女子有夫为"有家"。⑧墉（yōng）：墙。"穿屋""穿墉"喻害人之行。⑨女（rǔ）：通"汝"。

【缵绎】

《毛诗序》："《行露》，召伯听讼也。衰乱之俗微，贞信之教兴，强暴之男不能侵凌贞女也。"郑玄《毛诗传笺》："谓媒妁之言不和，六礼之来强委之。"朱熹《诗集传》："女子有能以礼自守，而不为强暴所污者，自述己志，作此诗以绝其人。"朱郁仪《诗故》："嫠妇执节不二之词也。"方玉润《诗经原始》："贫士却婚以远嫌也。"高亨《诗经今注》：女嫌夫贫不回，夫讼于有司也。余冠英《诗经选》：父答强男逼娶其女也。陈子展《诗经直解》：女子拒有室者也。笔者以为洁士以礼自守之诗。

诗三章，首章章三句，二、三章章六句。首章借行露为比，惧其玷污而辱身；后二章直明己志以绝之。雀无角而可以穿屋，鼠无牙而可以穿墉，岂有是哉？必谓有为无，颠倒是非，必不以无理为非礼也。此二语比女有家而速我狱，以室家相胁迫，亦必谓有为无，必非礼以相侵也。身修者不逾礼，家齐者必守礼，今既借以无角无牙无家而欺讼于我，是无礼而相伪，此吾所以守礼而必不从也。诗言在此而意在彼，其以无礼相侵而吾以礼相抗，有见洁士之志，故不可以迹求也。牛运震《诗志》评首章："得力在两叠'行露'字，婉绝峭绝。"姚际恒《诗经通论》评二章："奇想，奇语。"戴君恩《读风臆评》："妙于用反，若正说则索然。""下文正意，只'虽速我狱'二语便了，却先反振'谁谓雀无角'四语，遂觉精神耸动，笔力遒整。"

羔羊

羔羊之皮，素丝五紽①。退食自公②，委蛇委蛇③！
羔羊之革④，素丝五緎⑤。委蛇委蛇，自公退食！
羔羊之缝⑥，素丝五总⑦。委蛇委蛇，退食自公！

【集释】

①五紽（tuó）：指缝制细密。紽，丝结、丝钮。②食（sì）：公家供卿大夫

之常膳。③委蛇（wěi yí）：同"逶迤"，悠闲自得。④革：犹皮。⑤緎（yù）：同纰。⑥缝：缝合。⑦总（zōng）：纽结。

【缵绎】

《毛诗序》："《羔羊》，《鹊巢》之功致也。召南之国化文王之政，在位皆节俭正直，德如羔羊也。"朱熹《诗集传》："诗人美其衣服有常，而从容自得。"薛汉《韩诗薛君章句》："诗人贤仕为大夫者，其德能称，有洁白之性，屈柔之行，进退有度数也。"方玉润《诗经原始》："美召伯俭而能久也。"牟庭《诗切》："刺饩廪（按：膳食待遇）俭薄也。"闻一多《风诗类钞》："大夫受享于诸侯。"袁梅《诗经译注》：刺官吏安闲素餐也。笔者以为美召伯道纯德懋之诗。

诗三章，章四句。三章前二语写其服，后二语皆写其态。"诗人适见其服羔裘而退食，即其服饰步履之间以叹美之。而大夫之贤不益一字，自可于言外想见。此风人之妙致也。"（姚际恒《诗经通论》）"此诗所咏，必有其人在，非泛然。观'五紽''五緎''五总'之言，明是一裘而五缝之矣。夫一裘百五缝之，仍不肯弃，非节俭何？……至于'委蛇委蛇'，则雍容自得之貌。……久见之其服与貌仍无不如是：无所矜，亦无所掩；不矫强，亦不虚饰，但觉其舒容安度而自有余裕焉。……夫道纯德懋而臻乎自然境者，不足以语此。……其召公之谓欤！"（方玉润《诗经原始》）陈继揆《读诗臆补》："'退食'二句，随意变化，妙绝奇绝。"

殷其雷

殷其雷①，在南山之阳②。何斯违斯③，莫敢或遑④？振振君子⑤，归哉归哉！
殷其雷，在南山之侧。何斯违斯，莫敢遑息？振振君子，归哉归哉！
殷其雷，在南山之下。何斯违斯，莫或遑处⑥？振振君子，归哉归哉！

【集释】

①殷（yǐn）：犹"殷殷"，雷声。一说喻车声。②阳：山南为阳。③斯：此。上斯字指时间，下斯字指地点。违：远。离去。④或：有。遑（huáng）：闲暇。⑤振振：兴起貌，一说信厚貌。⑥处：居住，停留。

【缵绎】

《毛诗序》："《殷其雷》，劝以义也。召南之大夫远行从政，不遑宁处。其室家能悯其勤劳，劝以义也。"朱熹《诗序辨说》："南国被文王之化，妇人以其君子从役在外而思念之，故作此诗。"何楷《诗经世本古义》："忧文王也。"吴懋清《毛诗复古录》："自文王受专征之命，大邦畏其力，小邦怀其德，又得五臣奔走劝化，如雷轰耳，莫不服从，相劝归来，因作是歌。"丰坊《诗传》："召公宣布王命，诸侯服焉，赋《殷其雷》。"丰坊《诗说》："武王克商，诸侯受命于周庙，出就终南之馆，故作此诗。"方玉润《诗经原始》："讽众士以归周也。"牟庭《诗切》："刺召南君好微行也。"或谓役者逃亡之歌。笔者以为喻士归周之诗。

诗三章，章六句。各章前二句皆以南山雷声起兴，云雷之兴，喻王者号令；南山，歧周之地，向明之地也。次二句言何必淹留，应急响应。后二句劝君子振作，急与归去。"当时文王下令方新，天上闻声响慕，有似雷发殷殷，群蛰启户。故诗人借以起兴，而其振兴起舞之意，则有不胜其来归恐后之心焉。……盖此诗必伯夷、太公辈作耳。……是避难来归之辞。"（方玉润《诗经原始》）陈继揆《读诗臆补》："'违'字与'在'字相呼应，'归'字与'违'字相呼应，一步紧一步也。"朱守亮《诗经评释》："唐人诗'雷声傍太白'，似从此化出。"

摽有梅

摽有梅①，其实七兮②！求我庶士③，迨其吉兮④！
摽有梅，其实三兮！求我庶士，迨其今兮⑤！
摽有梅，顷筐塈之⑥！求我庶士，迨其谓之⑦！

【集释】

①摽（biào）：落。有：语助词。②实：梅果。七：一说非实数，古人以七到十表示多，三以下表示少。兮：语助词。③庶：众。士：未婚男子。④迨（dài）：及，趁着。吉：吉日。⑤今：现在。⑥顷筐：斜口浅筐，犹今之簸箕。塈（jì）：拾取。⑦谓：说话。

【缵绎】

《毛诗序》:"《摽有梅》,男女及时也。召南之国,被文王之化,男女得以及时也。"朱熹《诗集传》:"女子知以贞信自守,惧其嫁不及时,而有强暴之辱也。"朱郁仪《诗故》:"处士乐及明时效用也。"牟庭《诗切》:"刺嫁女愆期也。"丰坊《诗说》:"女父择婿之诗。"李光地《诗所》:"女子自言归期将近,伤离父母之家,如梅之离其本根也。"吴懋清《毛诗复古录》:"山南风俗,咸遵礼教,婚者必待其递行六礼以渐而进,乃肯许之,因作是歌。"姚际恒《诗经通论》:"卿大夫为君求庶士之诗。"今人有伤青春易逝、采梅者之歌诸说。笔者以为讽君及时求贤之诗。

诗三章,章四句。三章重唱,假男女得以及时,喻求贤勿失其时也。首章"七兮",言尚多有;"迨其吉兮",言正当其时。次章"三兮",言已见少;"迨其今兮",言勿失时。末章"塈之",言已凋零;"迨其谓之",言莫再失。梅实由多而少,心思由缓而急,有时不我待之慨。"盐梅和羹,《书》之喻贤也,非摽梅之谓乎?硕果不食,《易》之象《剥》也,非'非其实七''其实三'之谓乎?庶常吉士,则《周官》众职之称,故曰求士,而又曰'我庶士',亲之乃所以近之耳。'枚卜,曰吉',左氏卜吉之语。今既迨吉,岂不可择而用之?至于'今兮''谓之',则又欲其及时而延访之矣。"(方玉润《诗经原始》)"诗人伤贤哲之凋谢,故寓言摽梅,使求贤者及时延访耳。"(章潢《诗经原体》)牛运震《诗志》:"开后世闺怨之祖。"裴溥言:"可称为后世春思诗之祖。""花开堪折直须折,莫待无花空折枝"似脱胎于此。

小 星

嘒彼小星①,三五在东②。肃肃宵征③,夙夜在公④。寔命不同⑤!
嘒彼小星,维参与昴⑥。肃肃宵征,抱衾与裯⑦。寔命不犹⑧!

【集释】

①嘒(huì):一作"暳",微光闪烁。②三五:一说参三星,昴五星,指参昴。一说举天上星数。③肃肃:疾行貌。宵征:夜行。④夙夜:早晨和夜晚。公:指公事。⑤寔:即"实",此。⑥维:是。参(shēn):星名,二十八宿之

一。昴（mǎo）：星名，二十八宿之一。参、昴相近，同为西方白虎七宿之一。⑦抱：古"抛"字，抛弃。衾（qīn）：被子。裯（chóu）：床帐。⑧不犹：不如。

【缵绎】

《毛诗序》："《小星》，惠及下也。夫人无妒忌之行，惠及贱妾，进御于君，知其命有贵贱，能尽其心矣。"韩婴《韩诗外传》："家贫亲老，不择官而仕。"王质《诗总闻》："妇人送君子以夜而行。"朱郁仪《诗故》：近侍小臣"入直居寝之词。"郝懿行《诗问》："安命也。"丰坊《诗传》："小臣奉使而勤劳于公"。王先谦《诗三家义集疏》："旁多小星喻君侧有小人，故使臣虽劳无功。"胡适《谈谈诗经》：妓女生活最古记载。袁梅《诗经译注》：小臣行役怨愤之词。笔者以为小臣行役自释之诗。

诗两章，章五句。各章前两句写征人行役之状。"山川原隰之间，仰头见星，东西历历可指，所谓戴星而行也。"（姚际恒《诗经通论》）每章后三句言行役之情：首章言征人天不明即行，不暇启处，忙于王事；二章凌晨上道，弃室家之好。前章"夙夜在公"是因，后章"抱（抛）衾与裯"是果，勤于正事而抛却室家之安逸。文心极细，章序分明。"寔命"二叹，聊以自释，"虽以命自委，而循分自安，毫无怨怼词，不失敦厚遗旨。"（方玉润《诗经原始》）牛运震《诗志》："'三五在东'，写得历历如画。"陈震《读诗识小录》："情景逼真。"陈延杰《诗序解》："此诗写征行夜景，寥落可念，后代诗人，莫不宗之矣。"

江有汜

江有汜①，之子归，不我以②！不我以，其后也悔。
江有渚③，之子归，不我与④！不我与，其后也处⑤。
江有沱⑥，之子归，不我过⑦！不我过，其啸也歌⑧。

【集释】

①汜（sì）：主流分出而复合之水。②以：用，需要。③渚（zhǔ）：水中小洲。④与：交往。⑤处：忧愁。⑥沱（tuó）：江水之支流。⑦过：至。一说度。

⑧啸歌：号哭。

【缵绎】

《毛诗序》："《江有汜》，美媵也。勤而无怨，嫡能悔过也。文王之时，江沱之间，有嫡不以媵备数，媵遇劳而无怨，嫡亦自悔也。"牟庭《诗切》："召南夫人幽怨也。"崔述《读风偶识》："在上者不能惠恤其下，而在下者能以义命自安之诗。"方玉润《诗经原始》："商妇为夫所弃而无怼也。"程俊英《诗经译注》：弃妇哀怨自慰也。另有男子或女子失恋自解说。笔者以为失意者自慰之诗。

诗三章，章五句。各从江"汜""渚""沱"陈其事，引出"之子归"，赋兼比兴。意谓江虽有浩浩之流，而亦有回环渟潴之波。故"之子"去时尚好，归而"不我以"，不联系；"不我与"，不相好；"不我过"，有意回避。何为若此？诗终未说。其"后也悔"、"后也处"、"啸也歌"，则是吾无失礼于彼，而彼无意于我，此心之必信耳。虽有回流，江流必东；虽有幽怨，此理在我，故亦可以自慰也。人生际遇，自有一段失意无奈，而在当事者何以自处耳。"在上者不能惠恤其下，而在下者能以义命自安。"（崔述《读风偶识》）唯此语能见其大。陈继揆《读诗臆补》："每章以跌笔作收笔，句法神品。"邓翔《诗经绎参》："第四句连叠三字句成章调始于此。此《阳关三叠》第四声也。唐诗盖祖此。"

野有死麇

野有死麇①，白茅包之②。有女怀春③，吉士诱之④。
林有朴樕⑤，野有死鹿。白茅纯束⑥，有女如玉。
"舒而脱脱兮⑦，无感我帨兮⑧，无使尨也吠⑨！"

【集释】

①麇（jūn）：獐子。比鹿小，无角。②白茅：草名。③怀春：正当年。④吉士：古时对男子美称。诱：求，指求婚。⑤朴樕（sù）：低矮灌木。⑥纯束：捆扎，包裹。"纯"为"稛（kǔn）"假借。⑦舒：舒缓。脱脱（tuì）：舒缓貌。⑧感（hàn）：通"撼"，动摇。帨（shuì）：佩巾。⑨尨（máng）：多毛狗。

【缵绎】

《毛诗序》:"《野有死麕》,恶无礼也。天下大乱,强暴相凌,遂成淫风。被文王之化,虽当乱世,犹恶无礼也。"王质《诗总闻》:"女至春而思有所归,吉士以礼通情而思有所偶,人道之常。"朱熹《诗集传》:"南国被文王之化,女子有贞洁自守,不为强暴所污者,故诗人因所见以兴其事而美之。"黄焯《诗经集解》:"诗人刺淫奔之辞"。朱郁仪《诗故》:"嘉其亦犹行古道也。"方玉润《诗经原始》:"拒招隐也。"马持盈《诗经今注今译》:男女幽会也。程俊英《诗经译注》:猎手获爱。笔者以为喻求贤当以礼之诗。

诗三章,一二章章四句,三章章三句。首章白茅裹麕,吉士以诱怀春之女,示好也。次章束麕以白茅,示其慎而见其诚也;有女如玉,赞其洁而美其德也。"言林有朴樕,仅供樵薪之需,野有死鹿,亦非贵重之物,然我取以归,亦须以白茅总聚而束之,防其坠失。今有女如无瑕之玉,顾不思自爱乎?"(王先谦《三家诗义集疏》)三章女以缓行见喻,示其宜舒尔有节,无以非礼之行,近狎我身,犯我威仪(无感我帨);亦勿使闲杂人等,毫无禁忌,肆意起哄(无使尨也吠)。吉士,玉女相当;女怀,士诱及时。而诱之非礼,不足以成两情之好。婚姻如此,在上者求贤宜应如此。此其言外之意乎?玉女喻贤士,吉士喻君子。君子求贤,必以礼也;不以礼求,是所恶也。故《毛序》"恶无礼"说,亦宜耳。朱守亮《诗经评释》:"诗则妙在一'诱'字。……此诗关键,亦在一诱字。世多知男子以麕鹿之猎物诱女,少知女以三事戒止之言语诱男也。循循善诱,得之于此矣。"糜文开、裴普贤《诗经欣赏与研究》:"第三章三句,写女子心理,出之以白描,最为传神。"牛运震《诗志》:"'怀春'二字最蕴藉,写闺情最雅相。"又曰:"古诗'鸡鸣犬吠,兄嫂当知之'与'无使尨也吠'同旨。"

何彼襛矣

何彼襛矣①!唐棣之华②!曷不肃雝③?王姬之车④。
何彼襛矣!华如桃李!平王之孙⑤,齐侯之子。
其钓维何⑥?维丝伊缗⑦。齐侯之子,平王之孙。

【集释】

①襛（nóng）：花木繁盛貌。②唐棣（dì）：木名，似白杨，又作棠棣、常棣。一说指车帷。③曷（hé）：何。肃：庄严肃静。雝（yōng）：雍容安详。④王姬：周王之女，姬姓，故称王姬；一说美女代称。⑤平王、齐侯：无定说，或谓夸美之词。⑥其钓维何：用什么来钓鱼？以鱼喻配偶。⑦维、伊：语助词。缗（mín）：合股丝绳，喻男女合婚；一说钓绳。

【缵绎】

《毛诗序》："《何彼襛矣》，美王姬也。虽则王姬亦下嫁于诸侯，车服不系其夫，下王后一等，犹执妇道，以成肃雝之德也。"郑玄《笺膏肓》："言齐侯嫁女，以其母王姬之车远送之。"季本《诗说解颐》："刺鲁使单伯为齐襄公迎王姬也。"方玉润《诗经原始》："讽王姬车服渐侈也。"高亨《诗经今注》：王姬求陪嫁媵妾也。袁梅《诗经译注》：男女情诗。笔者以为讽王姬不肃雝之诗。

诗三章，章四句。首章以唐棣花起兴，写王姬出嫁车辆华贵。次章以桃李为比，写新郎、新娘光彩照人。末章以钓具为兴，写王侯世胄互联姻缔，门当户对。"此以唐棣之襛兴王姬之不肃雝也。不说王姬不肃雝，而说王姬之车曷为不肃雝，离合其词，讽意深婉。……后二章不更提肃雝，只将平王孙、齐侯子颠倒咏叹，言如此贵胄而不肃雝乎？讽意悠然，高远之极。"（牛运震《诗志》）"此诗所咏，虽未必即于淫泆，然以视周初全盛时，则德意亦渐侈矣。编《诗》微意，故有在欤！"（方玉润《诗经原始》）陈继揆《读诗臆补》："通篇俱在诗人观望中着想。""前后上下，分配成类，是诗家合锦体。"陈子展《诗经直解》："诗每章首二句，一若以设谜为问，一若以破谜为答，谐讔之类也。此于《采蘩》《采蘋》之外，又创一格。"

驺　虞

彼茁者葭①，壹发五豝②，于嗟乎驺虞③！
彼茁者蓬④，壹发五豵⑤，于嗟乎驺虞！

【集释】

①茁（zhuó）：草初生貌。葭（jiā）：芦苇。②壹：发语词。发：拨，开。

五：虚数，表多。犯（bā）：小母猪。③于嗟乎：感叹词，表惊异、赞美。驺虞（zōu yú）：当时兽官名。④蓬（péng）：草名，蒿。⑤豵（zōng）：一岁小猪。

【缵绎】

《毛诗序》："《驺虞》，《鹊巢》之应也。《鹊巢》之化行，人伦既正，朝廷既治，天下纯被文王之化，则庶类蕃殖，搜田以时，仁如驺虞，则王道成也。"郑玄《三礼注》："乐官备也。"蔡邕《琴操》：邵女伤所悦不逢时也。季本《诗解颐》："此诗美虞官之仁，以见文王之化能及禽兽也。"丰坊《诗说》："虞人克举其职，国史美之，赋《驺虞》。"戴震《诗经补注》："春蒐之礼也，除田豕也。"袁梅《诗经译注》：奴隶惧恨驺虞也。程俊英《诗经译注》：赞美猎人也。笔者以为赞驺虞能而，美王道之成之诗。

诗两章，章三句。首章前二句写当春之时，草木秀发，小猪藏匿苇中，虞人拨草而见"五犯"，所获不菲。二章前二句写当秋之季，蓬蒿遍生，虞人拨蒿而见"五豵"，则庶类繁殖，驺虞能仁而称职，由此可见。故末句反复叹美驺虞，寄意颇深。"《射义》曰《驺虞》者，乐官备也。其诗有壹发五犯、五豵，于嗟驺虞之言，乐得贤者众多，叹思至仁之人以充其官。"（郑玄《三礼注》）诗首章为春，次章为秋，盖春秋时变，而王道之化，应于虞人，则王道所成，亦其微旨。"末句不美国君而美虞人，……指在虞人，而神注国君与文王。故曰泽及昆虫草木，而以见化育之广，为王道之成也。"（方玉润《诗经原始》）刘沅《诗经恒解》："美时物之盛，武备之修，仁惠之修，止三句耳，而其中含许多意义，咏叹有余情，真至文也。"陈震《读诗识小录》："偶然指点，浑然咏叹，语未道破，意已恍然。"

【召南小结】

《召南》十四篇。《鹊巢》，美新娘德行。《采蘩》，奉蚕公室。《草虫》，思君寄志。《采蘋》，将嫁告庙。《甘棠》，美召伯之德。《行露》，以礼自守。《羔羊》，美召伯懋德。《殷其雷》，喻士归周。《摽有梅》，及时求贤。《小星》，行役自释。《江有汜》，失意自慰。《野有死麕》，求贤以礼。《何彼襛矣》，讽不肃雍。《驺虞》，美文王化行。其间有关乎文王者，有关乎召伯者，然无非文王之化与召伯之功，重在德，亦在礼。"至其音节，较之《周南》稍迫而直，无轻飏和缓之致，

故又为《周南》亚也。"(方玉润《诗经原始》)

孔子谓不学"二南"则犹正墙面而立。盖"二南"多关乎夫妇婚姻之道，礼乐之节，道德之源，此人伦之基，为人之本，无此则身不修，家不齐，国不治，遑论平天下？一步不可行，岂非正墙面而立乎？写夫妇之道，以"二南"为最纯，礼乐道德，端出乎此，周家之兴，良有以也。诗中或有兴托男女见怨见讽，其义尤婉，实若虚，意在言语之表，不可以迹求也。

国风·邶风

"周武王伐纣,以其京师封纣子武庚为殷后。庶民顽民被纣化日久,未可以建诸侯,乃三分其地,置三监,使管叔、蔡叔、霍叔尹而教之。自纣城而北谓之邶,南谓之鄘,东谓之卫。"(郑玄《诗谱·邶鄘卫谱》)"武王克商,分自纣城,朝歌而北谓之邶,南谓之鄘,东谓之卫,以封诸侯。邶、鄘不详其始封,卫则武王弟康叔之国也。……其后不知何时并得邶、鄘之地。……但邶、鄘地既入卫,其诗皆为卫事,而犹系其故国之名,则不可晓。"(朱熹《诗集传》)旧谓邶故址在今河南淇县北,王国维谓在今河北南及河南北部一带,迄无定论。

"至其编次在《卫》前,刘氏元城曰:'以其地本商之畿内,故在《王·黍离》上。'范氏处义曰:'先《邶》而后《鄘》者,岂以其亡之先后欤?'然皆无确论,姑仍之以存其旧云。"(方玉润《诗经原始》)

柏 舟

汎彼柏舟①,亦汎其流②。耿耿不寐③,如有隐忧④。微我无酒⑤,以敖以游⑥。

我心匪鉴⑦,不可以茹⑧。亦有兄弟,不可以据⑨。薄言往愬⑩,逢彼之怒。

我心匪石,不可转也。我心匪席,不可卷也。威仪棣棣⑪,不可选也⑫。

忧心悄悄⑬,愠于群小⑭。觏闵既多⑮,受侮不少。静言思之⑯,寤辟有摽⑰。

日居月诸⑱,胡迭而微⑲?心之忧矣,如匪澣衣⑳。静言思之,不能奋飞。

【集释】

①汎(fàn):同"泛",漂流貌。柏舟:柏木制小船,喻国家。②亦:语助词。③耿耿:不安貌。④如:犹"而"。隐:深。⑤微:非。⑥以:于此。敖:

通"遂"。⑦匪：非。鉴：镜子。⑧茹（rú）：含，容纳。⑨据：依靠。⑩愬（sù）：同"诉"。⑪威仪：尊严、礼容。棣棣：雍容娴雅。⑫选：屈挠退让。⑬悄悄：苦愁状。⑭愠（yùn）：怒。群小：众小人。⑮覯（gòu）：通"遘"，遭遇。闵（mǐn）：痛。⑯静言：犹"静然"，仔细地。⑰辟：《玉篇》引作"擗"，用手拍胸。摽（biào）：捶击。⑱居、诸：语助词。⑲迭：更迭。微：隐微无光。⑳澣（huàn）：洗。

【缵绎】

《毛诗序》："《柏舟》，言仁而不遇也。卫顷公之时，仁人不遇，小人在侧。"韩婴《韩诗故》："卫宣姜自誓所作也。"朱熹《诗集传》："妇人不得于其夫，故以柏舟自比。……岂亦庄姜之诗也欤？"丰坊《诗说》："康叔因管叔欲害周公，挟武庚以叛，忧之而作。"牟庭《诗切》："宣夫人夷姜忧愤也。"方玉润《诗经原始》："贤臣忧谗悯乱，而莫能自远也。"顾广誉《学诗详说》："宗臣疏废，托缱绻之辞以抒无聊之感。"蓝菊荪《诗经今译》：寡妇怨词。闻一多《诗经类钞》："嫡见侮于众妾也"。另有贞女悼亡、女子诉苦等说。笔者以为宗臣忧谗悯乱之诗。

诗五章，章六句。首章以"汎彼柏舟，亦汎其流"起兴作比。柏舟喻国家，其流喻时势。柏舟虽坚固，却随水飘荡，无所依傍，风雨飘摇，国事蜩螗可知。次言心有隐忧而不寐，饮酒、遨游亦不足解之，足见忧深。二章言心洁不能纳垢，手足无靠而雪上加霜。三章言心坚志贞，不失风度，不为退让。四章言群小发难，既已为病，复屡受侮，对付无力，抑郁捶胸。末章作结，时光更迭，日月不明，国事日促，忧不可解，无力回天。"全诗紧扣一个'忧'字，忧之深，无以诉，无以泻，无以解，环环相扣。"（伏俊连《先秦诗鉴赏辞典》）"欲观诸《柏舟》，当观屈原之《离骚》。其言忧国之将亡不忍去之辞，使用权人读之者皆有忧戚之容，知《离骚》则知《柏舟》矣。"（李樗《毛诗集解》）"故作为是诗，以写其一腔忠愤，不忍弃君，不能远祸之心。古圣编《诗》，既悯其国之亡，而又不忍臣之终没而不彰，乃序此诗于一国之首，以存忠良于灰烬。亦将使后之读《诗》者知人论世，虽不能尽悉邶事，犹幸此诗之存，可以想见其国未尝无人，所谓寓存亡继绝之心者，此也。而无如说《诗》诸家不察其意，乃以为卫诗，且以为妇人作，则邶真亡矣！"（方玉润《诗经原始》）。唐文治

《诗经大义》:"《离骚》忧愤之作,始权舆于此。"朱守亮《诗经评释》:"全诗笔极屈曲,意甚含蓄,而情又何等缠绵也,三百篇中,此等诗不多。"

绿 衣

绿兮衣兮,绿衣黄里①。心之忧矣,曷维其已②!
绿兮衣兮,绿衣黄裳。心之忧矣,曷维其亡③!
绿兮丝兮,女所治兮④。我思古人⑤,俾无訧兮⑥!
絺兮绤兮⑦,凄其以风⑧。我思古人,实获我心!

【集释】

①里:在里之衣,似即指下章"黄裳"之"裳"。衣在裳外,衣短裳长。②曷:同"何",何时。维:助词。已:止。③亡:通"忘",忘记。④治:理。⑤古人:古制礼者。⑥俾(bǐ):使。訧(yóu):过失。⑦絺(chī):细葛布。绤(xì):粗葛布。⑧凄:寒意,凉意。

【缵绎】

《毛诗序》:"《绿衣》,卫庄姜伤己也。妾上僭,夫人失位而作是诗也。"王质《诗总闻》:"其为夫人哀怨之辞无疑,但其人未可知。"黄櫄《毛诗集解》:"庄姜此诗,亦是忧国之辞,非但伤己而已。"丰坊《诗传》:"卫庄公之嬖人生州吁,有宠而好兵,庄姜忧之而作。"牟庭《诗切》:"夫人定姜刺敬姒无礼,献公不孝也。"闻一多《诗经类钞》:思前妻也。余冠英《诗经选注》:悼故妻也。笔者以为庄姜伤己忧国之诗。

诗四章,章四句。首章绿衣黄里,喻显微之别,二章以上下喻尊卑之判。"绿衣黄里""绿衣黄裳"不合礼制,"绿间色,黄正色,以绿为衣而黄为里,言妾上僭而夫人失位也。"(苏辙《诗集传》)绿衣以邪干正,犹妾以贱陵贵,故心忧之矣。三章言丝染而成绿,乃庄公所为;因思古制旧法,则绿不能夺正位。既怨而伤己,又思而忧国。末章言絺绤暑服,今当凄然寒风,并绿衣而不能,则是恩情绝矣。失位之伤,思古不返;伤礼之废,伤时不已。刺庄公不能正嫡妾之分,亦刺庄公不守古之礼制,而词风殊为敦厚。"《诗》可以怨",盖若此也。姚际恒《诗经通论》:"先从绿衣言黄里,又从绿衣言丝,又从丝言絺绎，似乎无头无绪，却又若断若连，最足令人寻绎。"牛运震《诗志》："清新柔厚。"吴闿生《诗义会通》："哀艳，《离骚》所祖。"

燕　燕

燕燕于飞①，差池其羽②。之子于归③，远送于野。瞻望弗及，泣涕如雨。
燕燕于飞，颉之颃之④。之子于归，远于将之⑤。瞻望弗及，伫立以泣。
燕燕于飞，下上其音。之子于归，远送于南。瞻望弗及，实劳我心⑥。
仲氏任只⑦，其心塞渊⑧。终温且惠⑨，淑慎其身。先君之思，以勖寡人⑩。

【集释】

①燕燕：燕子。②差池（cī chí）：参差不齐。羽：指翅。③归：大归。指归而不返。④颉（xié）：上飞。颃（háng）：下飞。⑤将：送。⑥劳：忧伤。⑦仲氏：弟。任：信托。只：语助词。⑧塞：实。渊：深。塞渊：诚实厚道。⑨终：既。⑩勖（xù）：勉励。寡人：国君自称。

【缵绎】

《毛诗序》："《燕燕》，卫庄姜送归妾也。"牟庭《诗切》："夫人定姜送归妾。"魏源《古诗微》："卫庄姜送完妇大归也。"王先谦《诗三家义集疏》：定姜送子妇大归也。崔述《读风偶识》："卫女嫁于南国，其兄送之之诗。"闻一多《诗经类钞》："任姓国君送妹出适于卫也。"马盈持《诗经今译今注》："卫君送女弟远嫁之诗。"高亨《诗经今注》：卫君送情人远嫁也。蓝菊荪《诗经今译》：贫家子见情人他嫁感而所作。笔者以为卫庄姜送归妾之诗。

诗四章，章六句。前三章写送别之情。双燕翻飞，反衬别离之愁。"瞻望弗及"，则相送一程又一程，惜别依依。而一二章写其身影，三章写其语音，亦是曲笔。第四章追念其贤，更添惆怅；且以先君相勖，而竟不能长相保，尤为可悲。"庄姜无子，陈女戴妫生子，名完，庄姜以为己子。庄公薨，完立，而州吁杀之。戴妫于是大归，庄姜远送之于野，作诗见己志。"（郑玄《毛诗传笺》）故所送者戴妫。"前三章历叙送别之情，凄然兴感。末章眷眷于戴妫之贤，而首列一'任'字，可见庄姜戴妫相谋定乱，戴之归陈，必有诉于陈侯者。石碏（què）密赞其议，遂成讨贼之功。则当日之临歧握别，涕泣赠言，实关系国家大计，非仅寻常妇人女子离别之情所可比也。"（唐文治《诗经大义》）方玉润《诗经原始》："语意沉痛，不忍卒读。"陈震《读诗识小录》："哀在音节，使读者泪落如豆，竿头进步，在'瞻望弗及'一语。"陈继揆《读诗臆补》："'瞻望弗及''伫立以泣'，送别情景，二语尽之，是真可泣鬼神矣。"王士禛《带经堂诗话》："合本事观之，家国兴亡之感，伤逝怀旧之情，尽在阿堵中，《黍离》《麦秀》未足喻其悲也，宜为万古送别诗之祖。"

日　月

日居月诸①，照临下土。乃如之人兮②，逝不古处③。胡能有定④？宁不我顾⑤。

日居月诸，下土是冒⑥。乃如之人兮，逝不相好。胡能有定？宁不我报⑦。

日居月诸，出自东方。乃如之人兮，德音无良⑧。胡能有定？俾也可忘⑨。

日居月诸，东方自出。父兮母兮，畜我不卒⑩。胡能有定？报我不述⑪。

【集释】

①居、诸：语气词。②乃：竟然。③逝：语气词。古处：像从前那样相处。④胡：何、怎么。定：止，停止，止息。⑤宁：岂，难道。顾：顾念，顾怜。⑥冒：覆盖，普照。⑦报：理会，搭理。⑧德音：好言词。⑨俾：使。⑩畜：养。卒：终，到底。⑪述：说。

【缵绎】

《毛诗序》："《日月》，卫庄姜伤己也。遭州吁之难（按：指庄姜遭庄公宠妾之子州吁欺侮），伤己不见答于先君，以至困穷之诗也。"朱熹《诗集传》："庄姜不见答于庄公，故呼日月而告之"。王质《诗总闻》："此效力为国而有所间也。"姚舜牧《重订诗经疑问》：庄姜"伤己归齐之诗。"傅恒、孙嘉淦等《诗义折中》："庄姜恶州吁也。"陈乔枞《鲁诗遗说考》："伤宣公之听谗也。"崔述《读风偶识》："妇人不得志于夫者所作。"笔者以为庄姜伤己不见答于庄公之诗。

诗四章，章六句。以"日居月诸"起兴作比，反复咏叹，日月出自东方、照临大地有定则，而"之人"心志回惑无定，言语无良，不与我以古道相处，亦不顾惜念旧日之情，故深可怨也。"一诉不已，乃再诉之，再诉不已，更三诉之"（方玉润《诗经原始》），至四章无奈呼父母，怆天怛地，可谓沉痛至切。"庄姜，贤妃也，庄公惑于嬖妾而不礼焉，及完立而不能终。"（苏辙《诗集传》）诗既怨对方"德音无良"，仍望"畜我"以"卒"，"见弃如此，而犹有望之之意焉。此诗之所以为厚也。"（朱熹《诗集传》）"盖君虽报我以无礼，我不敢以无礼咎君，我惟以古夫妇之道相处而已。若庄姜者，可谓善处人伦之变，而不失为性情之正者也。"（方玉润《诗经原始》）牛运震《诗志》："说'日月照临'，正是责望之深，'胡能有定'自以其诚祈请于日月也。哀怯激切，此即骚人九天为正之旨。"

终　风

终风且暴①，顾我则笑。谑浪笑敖②，中心是悼③。
终风且霾④，惠然肯来⑤。莫往莫来⑥，悠悠我思。
终风且曀⑦，不日有曀⑧。寤言不寐⑨，愿言则嚏⑩。
曀曀其阴⑪，虺虺其雷⑫。寤言不寐，愿言则怀⑬。

【集释】

①终风：整日刮风。暴：疾。②谑：调戏。浪：放荡。敖：放纵。谑浪笑敖：放纵地调戏取笑。③悼：伤心。④霾（mái）：阴霾。⑤惠：顺。⑥莫往莫来：不往来。⑦曀（yì）：阴沉有风。⑧不日：不到一天。有，同"又"。⑨寤：醒。言：助词。寐：睡。⑩愿言：犹愿然，沉思貌。嚏（tì）：打喷嚏。⑪曀曀：天阴暗貌。⑫虺虺（huǐ）：打雷声。⑬怀：思。

【缵绎】

《毛诗序》："《终风》，卫庄姜伤己也。遭州吁之暴，见侮慢而不能正也。"王质《诗总闻》：天灾不惧反傲，君子忧之。黄櫄《毛诗集解》："州吁虽暴，庄姜之慈爱自若也。"傅恒、孙嘉淦等《诗义折中》："庄姜怀庄公也。"郝懿行《诗问》："卫庄姜思戴妫也。"牟庭《诗切》："贤妇人嫁狂夫也。"方玉润《诗经原始》："卫庄姜伤所遇不淑也。"袁梅《诗经译注》：女子既气且爱其狂夫也。高亨《诗经今注》：女子见侮于强男而无奈也。笔者以为卫庄姜伤所遇不淑之诗。

诗四章，章四句。首二章言庄公终日似狂风疾暴，言笑狂荡无常，令我心伤悼；而其往来亦无定时，又似狂风阴晦，令我忧思不已。后二章言暴风迅雷，阴曀无尽，而天曀曀，雷虺虺，令我寤寐难眠，则此忧抑之情，无日可解也。天象之异，乃庄公无常之喻。天不佑人，人何以堪？"愿言则怀"，几多无奈，几多期盼，温厚之怨也。"篇中取喻非一，曰终风曰暴，曰霾曰曀，曰阴曰雷，其昏惑乱常，狂易失心之态，难与一朝居。"（陈启源《毛诗稽古编》）"朱子以为详味诗辞，有夫妇之情，无见母子之意，仍定为为庄公作。其说良是。"（方玉润《诗经原始》）朱熹《诗集传》谓此诗与《日月》当在《燕燕》前，良是。牛运震《诗志》："夫婿轻薄儿，写无情狂态如画。""思则气塞而逆，嚏字写得妙。"

击 鼓

击鼓其镗①，踊跃用兵②。土国城漕③，我独南行。
从孙子仲④，平陈与宋⑤。不我以归⑥，忧心有忡⑦。
爰居爰处⑧？爰丧其马⑨？于以求之？于林之下。
死生契阔⑩，与子成说⑪。执子之手，与子偕老。
于嗟阔兮⑫，不我活兮⑬！于嗟洵兮⑭，不我信兮⑮！

【集释】

①镗（tāng）：鼓声。②兵：武器。③土国：在国内服役土工。城漕：在漕邑筑城。④孙子仲：时卫国南征统帅，卫国世卿。⑤平：调停。陈与宋，陈国与宋国。⑥不我以归：即"不以我归"，不让我回。⑦有忡（chōng）：犹"忡忡"，心不宁貌。⑧爰（yuán）：与"于以""于以"同义，在何处。⑨丧：丢失。⑩契：合。阔：离。即生契死阔，犹言不分离。⑪子：指作者妻。成说：犹"成言"，定约、结誓。⑫于嗟：叹词。阔：别离。⑬活：读"佸（huó）"。佸，相会。与上句契同义。⑭洵（xún）：《韩诗》作"敻（xiòng）"，久远。⑮信：守约。指上句"成说"。

【缵绎】

《毛诗序》："《击鼓》，怨州吁也。卫州吁用兵暴乱，使公孙文仲将而平陈与宋。国人怨其勇而无礼也。"牟庭《诗切》:"迎丧也。"方玉润《诗经原始》:"卫戍卒思归不得也。"今人有士卒反战说。笔者以为卫戍卒思归不得而嗟怨之诗。

诗五章,章四句。首章总言之卫救陈,平陈宋之难。"独"字为全诗主线。二章承"我独南行"为说。"不我以归,忧心有忡",言战事不利,叙卫人之怨。三章写失马安营,战事徊徨。四章忧思远宕,追忆室家叙别之盟,信誓铮铮,为千古名句。五章承誓言,谓曩昔所云"与子偕老",今竟不能共申前盟,则此戍兵防隘,永无归期,绝望涕怆,痛怛呼告。全诗承接绵密,叙中抒情,由怨至泣至愤,层层相叠,若有神工。"州吁围郑,是要宋与陈、蔡同行,……围郑仅五日而还,……故姚氏疑为卫穆公背清丘之盟,救陈为宋所伐,平陈、宋之难,数兴军旅,其下怨之而作,言颇近似。然细玩诗意,乃戍卒嗟怨之辞,非军行劳苦之诗。当是救陈后晋、宋讨卫之时,不能不戍兵防隘,久而不归,故至嗟怨,发为诗歌。"(方玉润《诗经原始》)李黼平《毛诗紃义》:"此诗丧马求林,离散阔洵之状千载如见。"牛运震《诗志》:"叙其室家诀别之情,后世边塞征戍之诗,多同此旨。"陈继揆《读诗臆补》:"起句极豪,下文乃步步怨恨,声声决绝,不可知其故也。老杜《兵车行》全篇体格从此脱胎。"

凯 风

凯风自南①,吹彼棘心②。棘心夭夭③,母氏劬劳④。
凯风自南,吹彼棘薪⑤。母氏圣善⑥,我无令人⑦。
爰有寒泉⑧?在浚之下⑨。有子七人,母氏劳苦。
睍睆黄鸟⑩,载好其音⑪。有子七人,莫慰母心。

【集释】

①凯风:和风。一说南风,夏风。马瑞辰《毛传笺通释》"凯之义本为大,故《广雅》云:'凯,大也。'秋为敛而主愁,夏为大而主乐,大与乐义正相因。"②棘:落叶灌木,即酸枣。枝上多刺,开黄绿色小花,实小,味酸。心:指纤小尖刺。③夭夭:树木柔嫩貌。④劬(qú):辛苦。劬劳:操劳。⑤棘薪:酸枣树长到可当柴烧。⑥圣善:明达贤淑。⑦令:善。⑧爰(yuán):发语词。

⑨浚：卫国地名。⑩睍睆（xiàn huǎn）：美好貌。黄鸟：黄雀。⑪载：传载，载送。

【缵绎】

《毛诗序》："《凯风》，美孝子也。卫之淫风流行，虽有七子之母，犹不能安其室，故美七子能尽其孝道，以慰其母心，而成其志尔。"朱熹《诗集传》："卫之淫风流行，虽有七子之母，犹不能安其室。故其子作此诗，……本其始而言，以起自责之端也。"王质《诗总闻》："子伤其母而罪其室家也。"朱公迁《诗经疏义会通》："亲之过小者也。"牟庭《诗切》："孝子自责留后母也。"方玉润《诗经原始》："孝子自责以感母心也。"闻一多《诗经通义》：慰母谏父也。蒋立甫《诗经选注》：悼亡母也。另有念征夫说。笔者以为颂母德以自责之诗。

诗四章，章四句。前二章皆以凯风吹棘心、棘薪起兴作比，喻母养七子。凯风喻母，棘心喻儿初生。棘薪，喻儿已成长。棘多刺，以喻子之不材。后两句既状母养儿之辛劳与美德，又状兄弟无令名之材，反躬自责。后二章以寒泉、黄鸟比兴，言寒泉在浚之下，犹能有所滋益于浚，而有子七人，反不能事母，而使母至于劳苦；黄鸟犹能好其音以悦人，而我七子独不能慰悦母心，以鸟比人，"其自责也深矣。"（朱熹《诗集传》）后二句反复叠唱不孝，躬自惭省，哀音袅袅。陈继揆《读诗臆补》："'棘心夭夭，母氏劬劳'。孟东野《游子吟》'谁言寸草心，报得三春晖。'意出于此。"刘沅《诗经恒解》："悱恻哀鸣，如闻其声，如见其人，与《蓼莪》皆千秋绝调。"

雄　雉

雄雉于飞，泄泄其羽①。我之怀矣，自诒伊阻②。
雄雉于飞，下上其音。展矣君子③，实劳我心。
瞻彼日月，悠悠我思。道之云远④，曷云能来？
百尔君子⑤，不知德行。不忮不求⑥，何用不臧⑦？

【集释】

①泄泄（yì yì）：徐飞貌。②诒（yí）：同"贻"，遗留。伊：语助词。阻：

阻隔。一说忧患。③展：诚实。④云：语助词。⑤百尔：所有。⑥忮（zhì）：忌妒。求：贪求。⑦臧（zāng）：善。

【缵绎】

《毛诗序》："《雄雉》，刺卫宣公也。淫乱不恤国事，军旅数起，大夫久役，男女怨旷，国人患之，而作是诗。"朱熹《诗集传》：妇思夫从役于外也。王质《诗总闻》：妇怨君子使其夫从役于外也。季本《诗说解颐》：夫远游不得志，妇劝其全身以归也。丰坊《诗说》："邶之臣谏管叔而作此诗。"郝懿行《诗问》：居者思危难而戒僚友也。钱澄之《田间诗学》：贤者欲去适有道之邦而不能也。牟庭《诗切》："贤妇人刺其夫远宦不归也。"吴懋清《毛诗复古录》：劝隐者出仕也。吴闿生《诗义会通》："征夫思归，以道自慰之词。"方玉润《诗经原始》："期友不归，思而共勖也"。另有民怨上、责官商诸说。笔者以为居者思危诚僚友之诗。

诗四章，章四句。首二章言友人文采斐然，如雄雉远飞，以展其才，而其令闻远播，亦如雄雉之高鸣，然世路险阻，因致我之忧思。三章言其人久宦未归，日月更替，其志恐难实现，令人徒添惆怅。"道之云远"，似为双关语。卒章谓世人皆贪求于名利之中，而不修于德性之内，故"展矣君子"，恐终难酬素愿也，岂不忧之哉？"百尔君子"，盖泛言时俗人情之普遍耳。"人情以忮害故，兢于名宠；以贪求故，没于利禄。仕宦不止，皆忮求使之然耳。假令颇知德行，如见人富贵而不忮害，己虽贫贱亦不贪求，恬退自足，何用而不善乎！"（牟庭《诗切》）此弦外之意乎？朱守亮《诗经评释》："首章'自诒伊阻'，怨不得他人，有'悔教夫婿觅封侯'之意。"牛运震《诗志》："'实劳我心''悠悠我思'，从'自诒伊阻'生来，却为末章含蓄起势，此通篇结构贯串处。"陈震《读诗识小录》："篇法上虚下实，前三章曼声长吟，愁叹之音也；后一章心惧语急，悚切之旨也。全诗皆为'不臧'而言，文阵单行直走。"

匏有苦叶

匏有苦叶①，济有深涉②。深则厉③，浅则揭④。
有瀰济盈⑤，有鷕雉鸣⑥。济盈不濡轨⑦，雉鸣求其牡⑧。

雝雝鸣雁⑨，旭日始旦⑩。士如归妻⑪，迨冰未泮⑫。
招招舟子⑬，人涉卬否⑭。人涉卬否，卬须我友⑮。

【集释】

①匏（páo）：葫芦。性善浮，腰之可以涉水。②济：渡处。涉：步行过河谓"涉"，涉水渡口亦谓"涉"。③厉：以衣涉水。④揭（qì）：褰衣渡水。⑤有瀰（mí）：犹"瀰瀰"，水茫茫貌。有：发语词。⑥有鷕（yǎo）：犹"鷕鷕"，雌雉声。⑦濡：湿。轨：车轴两端。⑧求牡：《尔雅·释兽》：飞曰雌雄，走曰牝牡。诗中以雌求牡，是雌鸟求公兽，失伦甚也。⑨雝雝（yōng）：群雁声。⑩旦：明。⑪归妻：娶妻。⑫迨：及、趁。泮（pàn）：合。古人婚嫁必于秋冬农隙之际，故云"迨冰未泮"。⑬招招：号招貌。舟子：船夫。⑭卬（áng）：我。否（pǐ）：不。⑮须：等待。

【缵绎】

《毛诗序》："《匏有苦叶》，刺卫宣公也。公与夫人并为淫乱。"（郑玄《毛诗传笺》："夫人，谓夷姜。"）朱熹《诗集传》："刺淫之诗。"季本《诗说解颐》："女子守正不妄从人者所作。"王先谦《诗三家义集疏》："贤者不遇时而作也。"李光地《诗所》："贤人自重者刺时之诗。"吴闿生《诗义会通》："隐君子所作。"傅恒、孙嘉淦等《诗义折中》："审出处也。"丰坊《诗说》："邶人刺管叔之诗。"方玉润《诗经原始》："刺世礼义渐灭也。"高亨《诗经今注》：入赘者看望未婚妻也。余冠英《诗经选》：女子盼亲迎也。蓝菊荪《诗经今译》：情人赴约也。笔者以为贤人自重刺世礼义泯灭之诗。

诗四章，章四句。"首章借涉水以喻涉世，提出深浅二字作主，以见涉世需当有识量，度时务，知其浅深而后行，是全诗总冒。次章反承不识浅深，明明济盈濡轨矣，而自以为不濡，并带出鸣雉求非其类而自以为偶，以喻反常乱伦肆无忌惮之人，为其不度世道浅深，故至越礼犯分而意亦不知自检也。'雉鸣'句引起鸣雁归妻意，'济盈'句引起'人涉卬否'意。一反一正，大开大合，章法脉络，原自井然，一丝不乱。意以为吾人处世，伦行为重。夫妇之初不以礼合，他可想知。士人应世，干济为先。同舟之内苟无良朋，覆可立待。……此虽刺世乎，实自警耳。"（方玉润《诗经原始》）（按：季本、王先谦、李光地、吴闿生、《诗义折中》诸说亦皆有见，可互参）。戴君恩《读诗臆评》："藻丽缤纷，云蒸霞蔚。"牛运震《诗志》："通体意思俱灵，用笔有石火电光之妙。"方玉润《诗经原始》："词旨隐约，局阵离奇，忽断忽连，若归若讽，极风人之意趣。"

谷 风

习习谷风①，以阴以雨②。黾勉同心③，不宜有怒④。采葑采菲⑤，无以下体⑥？德音莫违⑦，及尔同死⑧。

行道迟迟⑨，中心有违⑩。不远伊迩⑪，薄送我畿⑫。谁谓荼苦⑬，其甘如荠。宴尔新婚⑭，如兄如弟。

泾以渭浊⑮，湜湜其沚⑯。宴尔新婚，不我屑以⑰。毋逝我梁⑱，毋发我笱⑲。我躬不阅⑳，遑恤我后㉑。

就其深矣，方之舟之㉒。就其浅矣，泳之游之。何有何亡㉓，黾勉求之。凡民有丧，匍匐救之㉔。

不我能慉㉕，反以我为雠㉖。既阻我德㉗，贾用不售㉘。昔育恐育鞫㉙，及尔颠覆㉚。既生既育，比予于毒㉛。

我有旨蓄㉜，亦以御冬㉝。宴尔新婚，以我御穷。有洸有溃㉞，既诒我肄㉟。不念昔者，伊余来墍㊱。

【集释】

①习习：犹"飒飒"，风声。谷风：来自山谷之大风。②以：又。③黾（mǐn）勉：努力。④有：犹"又"。⑤葑（fēng）：蔓菁。菲（fēi）：芦菔。⑥以：用。下体：指根茎，喻人内在本质。⑦德音：兼指道义和恩意。违：反。⑧及尔同死：至死不分。⑨迟迟：慢慢。⑩违：相背。⑪伊：语助词，犹"维"。迩（ěr）：近。⑫薄：发语词。畿（jī）：门槛。⑬荼（tú）：苦菜。⑭宴：乐。新婚：娶新人，喻得新宠。⑮泾、渭：皆系水名，源出甘肃，在陕西高陵县合流。⑯湜湜（shí）：水清见底貌。沚（zhǐ）：止。⑰不我屑以：即不以我屑，不重视我。屑：重视。⑱逝：往。梁：石堰，拦阻水流留缺口以便捕鱼。⑲发：打开。笱（gǒu）：竹器。⑳躬：纳身。阅：容自。㉑遑：何。恤：爱惜。

㉒方：筏子。㉓亡：同"无"。㉔匍匐（pú fú）：伏地手足并进，指尽力。㉕不我能慉（xù）：即能不慉我。能：而。慉：爱。㉖雠（chóu）：同"仇"。㉗既：尽。阻：犹"拒"。㉘贾（gǔ）：卖。用：货物。㉙育恐：生活恐慌。育鞠（jū）：生活困穷。㉚颠覆：患难。㉛于毒：如毒虫。㉜旨：美。蓄：腌菜。指蓄藏物。㉝御冬：抵御严冬。指危难。㉞有洸（guāng）有溃（kuì）：同"洸洸溃溃"，本指水激怒溃决之貌，此喻暴戾刚狠。㉟既诒我肄（yì）：既：尽。诒：给。肄：劳苦之事。㊱来：语词，犹"是"。塈（jì）：息。

【缵绎】

《毛诗序》："《谷风》，刺幽王也。天下俗薄，朋友道绝焉。"朱熹《诗集传》："妇人为夫所弃，故作此诗，以抒其悲怨之情。"今之学者多从此说。王质《诗总闻》："此非绝也，特以劳役之事苦之。"牟庭《诗切》："妒妇怒也。"方玉润《诗经原始》："逐臣自伤也。"笔者以为逐臣托弃妇以自伤之诗。

诗六章，章八句。首章言当初黾勉同心，和气重德，相守及老。二章见弃，从辞别着笔，新欢见爱，旧爱见疏。三章写见弃之由，遭谗而弃，非己德失。四章再言勤劳之状，扶危济困，极尽心力。五章言好意见疏，绝爱为仇；困穷已解，视我如毒。六章言因其谋之长远，奠定基础，故其生于安乐，另结新欢，无虞困穷；而我为逐弃，远行苦役，当初情义，已决绝矣。"此诗通篇皆弃妇辞，自无异议。然'凡民有丧，匍匐救之'，非急公向义，胞与为怀之士，未可与言，而岂一妇人所能言哉？'昔育恐育鞠，及尔颠覆'，亦非有扶危济倾、患难相恤之人，未能自任，而岂一妇人所能任哉？是语虽巾帼，而志则丈夫。故知其为托辞耳。大凡忠臣义士不见谅于其君，或遭谗间远逐殊方，必有一番冤抑难于显诉，不得不托为夫妇词，以写其无罪见逐之状，则虽卑词巽语中，时露忠贞郁勃气。汉、魏以降，此种尤多。"（方玉润《诗经原始》）陈子展《诗经直解》引孙鑛语："道情事实切，意浅境妙。末两句道出受病根由，正是诗骨。"陈震《读诗识小录》："如入武彝，一步一曲，凄恻芊眠，语断意续，呜咽动人，惟'就其深矣'一章用直笔，然亦承上作转，而跌起下章，则仍曲势也。"辅广《诗童子问》："观此一诗，比物连类，因事兴辞，条理秩然。"顾广誉《学诗详说》："此诗反复低回，叨叨细细，极凄切又极缠绵，觉庐江小吏妻诗（按：指《孔雀东南飞》），殊浅俗也。"

式 微

式微式微①！胡不归②？微君之故③，胡为乎中露④！
式微式微！胡不归？微君之躬⑤，胡为乎泥中⑥！

【集释】

①式：发语词。微：衰。《尔雅》：式微式微，微乎微者也。②胡：何。③微：非。微君：要不是君主。④中露：即露中，雨露之中。⑤躬：身体。⑥泥中：犹言泥途。

【缵绎】

《毛诗序》："《式微》，黎侯寓于卫，其臣劝以归也。"刘向《列女传·贞顺篇》：卫侯之女嫁黎国庄公，不为所纳，人劝其归，贞一不违妇道以俟君命也。牟庭《诗切》："傅母悯黎庄夫人不得志也。"吴懋清《毛诗复古录》："公子晋为州吁之乱出奔邢邱，其臣劝以归。"林义光《诗经通解》："黎侯寓于卫，其臣疲苦相从，不忍弃之而归。"祝敏彻《诗经译注》：民怨差役繁重也。蓝菊荪《诗经今译》：女子遭辱呼告丈夫也。另有情人夜晚幽会、刺统治者无能诸说。笔者以为黎臣劝君以归之诗。

诗二章，章四句。起首亦叹亦问，亦问亦答，亦答亦劝。末二句更翻一层，言吾之所以身陷雨露泥途之中者，乃为君之故也。"此必黎侯被逐后，不久狄亦自退，故可归不归，其臣因以劝也。"（方玉润《诗经原始》）故起首二句急言时世式微，当早归也。次二句既无奈以今，亦怨黎侯昔为所逐也，盖"黎侯平素必优游顽懦以至被逐，迨至狄退而仍无远志，徒望人怜而人又不我怜。其臣忧之，故作此以劝其归。"（方玉润《诗经原始》）诗人言辞温厚委婉之至。陈子展《诗经直解》："短短两章，寥寥几句，别具风格，耐人玩索。"方玉润《诗经原始》："语浅意深，中藏无限义理，未许粗心人卤莽读过。"

旄 丘

旄丘之葛兮①，何诞之节兮②！叔兮伯兮③，何多日也？

何其处也④？必有与也⑤！何其久也？必有以也！
狐裘蒙戎⑥，匪车不东⑦。叔兮伯兮，靡所与同⑧。
琐兮尾兮⑨，流离之子⑩。叔兮伯兮，褎如充耳⑪。

【集释】

①旄（mào）丘：前高后低土丘。②诞：延，长。节：节巴。③叔、伯：谓卫国诸臣。④处：居住。⑤与：交好。⑥蒙戎：乱貌。⑦不东：黎在卫西，入卫必向东。言非我君之车不东来。⑧靡：没有。同：同情。⑨琐：细。尾：末、小。⑩流离：漂散流亡。⑪褎（yòu）：服饰华丽繁盛。充耳：塞耳。

【缵绎】

《毛诗序》："《旄丘》，责卫伯也。狄人迫逐黎侯，黎侯寓于卫。卫不能修方伯连率之职，黎之臣子以责于卫也。"王质《诗总闻》："卑者责尊者也。"方玉润《诗经原始》："黎臣劝君勿望救于卫也。"魏源《诗古微》："悯黎庄夫人不见答之诗。"吴懋清《毛诗复古录》：责卫不迎公子晋也。高亨《诗经今注》：黎君臣责晋不救也。陈白介《诗经选译》：责卫君臣不求救东方也。邓荃《诗经译注》：兵士登高怀乡也。金启华《诗经全译》：流亡者盼救济也。袁梅《诗经译注》：女子思念爱人也。笔者以为黎臣劝君勿望救于卫之诗。

诗四章，章四句。一章言节外生枝，卫人久不来救；二章言卫不来救必有所由；三章言我已不堪而卫犹不同情相救；四章言我流离猥琐若此，故卫人充耳不闻。"一章怪，二章疑，三章微讽，四章直责。"（朱公迁《诗经疏义会通》）脉络清晰，递进有序。"己不自振，人又何咎？但望救之心至无可望，不能不以此劝君早归耳。……词若责人，意实劝君。"（方玉润《诗经原始》）牛运震《诗志》："写尽久客苦况。"陈震《读诗识小录》："前半哀音曼响，后半变徵流商。"陈继揆《读诗臆补》："言婉而多讽。"邓翔《诗经绎参》："诗人体物之工，后来莫及。"

简 兮

简兮简兮①，方将万舞②。日之方中，在前上处③。
硕人俣俣④，公庭万舞⑤。有力如虎，执辔如组⑥。

左手执龠⑦，右手秉翟⑧。赫如渥赭⑨，公言锡爵⑩。

山有榛⑪，隰有苓⑫。云谁之思⑬？西方美人⑭。彼美人兮，西方之人兮。

【集释】

①简：择。②方：正。将：率领。万舞：舞之总名，有文舞与武舞。武用干戚，文用羽龠。③在前上处：在前列打头。④硕：大。俣俣（yǔ）：大貌。⑤公庭：公堂前庭院。⑥辔：马缰绳。组：丝线。万舞中或有模拟战车御法。一车四马，一马两缰，四马共有八条缰，除两条系车上外，御者手中有六条。⑦龠（yuè）：古吹奏乐器，似笛。⑧秉：拿。翟（dí）：野鸡尾。⑨赫：红而有光。渥：浸湿。赭（zhě）：红土。⑩公：指卫君。锡：赐。爵：酒杯。锡爵：舞停后用酒赏赐。⑪榛：木名，榛栗。⑫隰（xí）：低湿之地。苓：草名，即卷耳。⑬云：发语词。之：语中助词，与"是"同。谁之思：言所思者为谁。⑭西方：指周。周在卫西。美人：指周天子。

【缵绎】

《毛诗序》："《简兮》，刺不用贤也。卫之贤者，仕于伶官，皆可以承事王者也。"苏辙《诗集传》："贤者不见用而思诉之天子。"朱熹《诗集传》："贤者不得志而仕于伶官，有轻世肆志之心焉。"何楷《诗经世本古义》："卫人贤者仕于伶官，而作此诗，刺庄公废教也。"吴懋清《毛诗复古录》："卫能乐舞教国子弟，多可用之才，歌以美之。"朱守亮《诗经评释》："美卫庭舞之诗。"金启华《诗经全译》：钦怀舞师也。蓝菊荪《诗经今译》：写宫女也。高亨《诗经今注》：恋歌也。笔者以为刺不用贤之诗。

诗四章，前三章章四句，末章章六句。前三章极写万舞盛况，硕人喻贤者，失位而为伶人之列。一章言方将万舞，择时择处。二章硕人武舞有力如法。三章文舞操持如仪，容色赫如，公乃嘉赐其爵。爵，双关语，明指酒杯，暗喻爵位。第四章承爵字，忧思"西京盛世，而慨然想慕文武成康之至治不复见于今日，因借美人以喻圣王，而独寄其遐思焉。"（方玉润《诗经原始》）故贤者失位，虽受爵赐，尤为伶人，是所叹焉。吴闿生《诗义会通》："词微意远，缥缈无端。"牛运震《诗志》："细媚淡远之笔作结，神韵绝佳。"陈震《读诗识小录》："含蓄中有针锋，企望中有涕泪，令人味之不尽。"

泉 水

毖彼泉水①，亦流于淇②。有怀于卫，靡日不思。娈彼诸姬③，聊与之谋。

出宿于泲④，饮饯于祢⑤。女子有行⑥，远父母兄弟。问我诸姑⑦，遂及伯姊⑧。

出宿于干⑨，饮饯于言⑩。载脂载舝⑪，还车言迈⑫。遄臻于卫⑬，不瑕有害⑭？

我思肥泉⑮，兹之永叹。思须与漕⑯，我心悠悠。驾言出游，以写我忧⑰。

【集释】

①毖（bì）：泉水流貌。②淇：水名，源出河南林县，流至淇县入卫河。③娈（luán）：美好。诸姬：卫姓姬，卫女出嫁时有娣侄陪嫁亦姓姬。④泲（jǐ）：水名。泲水，即济水，发源河北赞皇县西南，东流经高邑县南，至宁晋县南，注入泜（zhì）水。⑤祢（mí）：水名。⑥有行：出嫁。⑦诸姑：一些未嫁姐妹。⑧伯姊：大姊。⑨干：地名。⑩言：地名。⑪舝（xiá）：车轴两头金属键。⑫还：旋。言：助词。迈：行。⑬遄（chuán）：迅疾。臻（zhēn）：至。⑭不瑕：不无，疑问词。⑮肥泉：地名。一说同出异归之泉。⑯须、漕：皆卫国城邑。⑰写（xiè）：通"泻"，宣泄。

【缵绎】

《毛诗序》："《泉水》卫女思归也。嫁于诸侯，父母终，思归宁而不得，故作是诗以自见也。"王质《诗总闻》："卫女适他国，而他国女复适卫，交相为婚姻送别之辞。"丰坊《诗传》："宋桓姬悯卫之破也。"何楷《诗经世本古义》："许穆夫人伤己力不能救卫，思控于他国也。"方玉润《诗经原始》："卫媵女和《载驰》作也。"吴懋清《毛诗复古录》：邶女归省不得也。牟庭《诗切》："卫女为须句夫人思归也。"马盈持《诗经今译今注》：卫女思乡也。笔者以为许穆夫人悯宗国之诗。

诗四章，章六句。首章总写思归。开头两句以泉流入淇兴思归之端，为全篇总冒。次四句写思归之切，场景历历。二章设想远嫁离卫之时，饯别亲人。三章设想归卫情景，"不瑕有害"，托出思归之由。二三章纯属臆想，由远及近，曲折婉妙。四章写思归不成，出游消忧。"篇中有'思须与漕'一语，明是为戴公庐曹而作，今但取《载驰》《竹竿》二诗合此诗咏之，语气绝类，了然出于一人之手无疑。"（何楷《诗经世本古义》）故可定为许穆夫人悯宗国之作。陈震《读诗识小录》："全诗皆以冥想幻出奇文，谋与问皆非实有其事。"陈继揆《读诗臆补》："全诗皆虚景也。因想成幻，构出许多问答，许多路途，又想到出游写忧，其实未出中门半步也。"贺贻孙《诗经触义》："思力所结，恍若梦寐。"戴君恩《读诗臆评》："波澜横生，峰峦叠出，可谓千古奇观。"牛运震《诗志》："'永叹'作结，缱绻含蓄，婉淡入神。"

北　门

出自北门，忧心殷殷①。终窭且贫②，莫知我艰。已焉哉③！天实为之，谓之何哉！

王事适我⑤，政事一埤益我⑥。我人自外，室人交徧讁我⑦。已焉哉！天实为之，谓之何哉！

王事敦我⑧，政事一埤遗我⑨。我人自外，室人交徧摧我⑩。已焉哉！天实为之，谓之何哉！

【集释】

①殷殷：忧貌。②终窭且贫：犹言"既窭且贫"。窭（jù）：房屋迫窄简陋，不合礼数，引申为鄙陋。③已焉哉：犹"罢了！"④王事：与周天子有关之事。⑤适：同擿，即"掷"，扔。⑥政事：诸侯国内之事。一：犹"皆"。埤（pí）益：堆积。⑦室人：指家中亲属。交：犹"俱"。徧：同"遍"。讁（zhé）：同"谪"，谴责。⑧敦：逼迫。⑨埤遗：犹埤益。遗：加。⑩摧：逼迫。

【缱绻】

《毛诗序》："《北门》，刺仕不得志也。言卫之忠臣不得其志尔。"王符《潜夫论·赞学》："不忧贫也。"方玉润《诗经原始》："贤者安于贫仕也。"朱朝瑛《读诗略记》：臣子自刺也。刘沅《诗经恒解》："邶之贤者勤劳奉职，忧其国之将危而作。"高亨《诗经今注》：小吏怨诉也。笔者以为贤者忧国之作。

诗三章，章七句。每章前四句叙事，后三句感慨。首章以"出自北门"起兴。北言背明向阴,"北"谐"背",不顺,喻"处乱世,事暗君,不得其志。"(朱熹《诗集传》)首章以人不知其忧提挈全篇,后二章将"我"置于王事、政事、家事交谪之中,以我之小,对周遭之大;以我之弱,见周遭之强,益见其忧其艰。每章末尾三句重复,言世运若此,无可奈何矣。"盖世之衰也,朝野上下咸相安于逸惰,贤者既莫之知,而反相消辱,君子不忧其身之困,而忧其国之危,是以呼天而告,不尤人也。"(刘沅《诗经恒解》)邓翔《诗经绎参》:"三章共八'我'字,无所控诉,一腔热血,一掬苦泪。"方玉润《诗经原始》:"室家势利之情如画,可谓摹写殆尽。"

北 风

北风其凉,雨雪其雱①。惠而好我②,携手同行。其虚其邪③?既亟只且④!
北风其喈⑤,雨雪其霏⑥。惠而好我,携手同归。其虚其邪?既亟只且!
莫赤匪狐⑦,莫黑匪乌。惠而好我,携手同车。其虚其邪?既亟只且!

【集释】

①雨雪:下雪。雱(pāng):雪盛貌。②惠:爱。③虚:"舒"假借,缓。邪:"徐"假借,慢。其虚其邪:还犹豫什么?④既:已。亟:同"急"。只且(jū):语尾助词。既亟只且:已很急了。⑤喈:湝(jiē)之借字,寒。⑥霏:雪密貌。⑦莫:无。匪:非。

【缵绎】

《毛诗序》:"《北风》,刺虐也。卫国并为威虐,百姓不亲,莫不相携持而去焉。"王质《诗总闻》:"离本邦适他国,又不安而归也。"何楷《诗经世本古义》:"贤者去国也。"朱郁仪《诗故》:"非刺虐也,异姓之臣违乱也。"闻一多《诗经通义》:"新妇赠婿之辞也。"今人或谓情诗恋歌、夫妇始合终离、征人战后归家。笔者以为贤者相率去国之诗。

诗三章,章六句。前二章以北风雨雪起兴,兴中有比,喻国家危乱将至,强调出走之意。第三章转天象为物象,比中有兴,狐为妖兽,乌为不祥之鸟,狐乌遍野,祸乱将至之象。各章末二句相同,问句语缓,答句语促,一抑一扬,跌宕变化,如出奇兵。风雪形愁惨之状,狐乌实危乱之征。"始则气象惨愁,继则怪异频兴，率皆不祥之兆，所谓国家将亡，必有妖孽是也。赤狐黑乌，当时或有其怪，或闻是谣，皆不可知，总之败亡兆耳。故贤者相率而去其国也。"（方玉润《诗经原始》）辅广《诗童子问》："一章曰'同行'，二章曰'同归'，三章曰'同车'，一节紧一节，此诗人之法度也。"糜文开、裴普贤《诗经欣赏与研究》："字简意深，比喻奇幻，堪称绝妙之笔。"

静 女

静女其姝①，俟我于城隅②。爱而不见③，搔首踟蹰④。
静女其娈⑤，贻我彤管⑥。彤管有炜⑦，说怿女美⑧。
自牧归荑⑨，洵美且异⑩。匪女之为美，美人之贻。

【集释】

①静：安详。姝（shū）：美好貌。②俟（sì）：等待。城隅：城上角楼。③爱：慕怜。一说通"薆"，隐蔽。④踟蹰（chíchú）：徘徊不定。⑤娈：与"姝"同义。⑥贻：赠送。彤（tóng）：红色。彤管：《毛传》：古者后夫人必有女史彤管之法。……事无大小，记以成法。⑦炜（wěi）：鲜明貌。⑧说怿（yuè yì）：心喜。女：通"汝"，指彤管。⑨牧：野外。归（kuì）：通"馈"，赠贻。荑（tí）：初生茅。⑩洵（xún）：诚然，确实。异：奇特，别致。

【缵绎】

《毛诗序》："《静女》，刺时也。卫君无道，夫人无德。"王质《诗总闻》："夫外出为役，妇思而候之也，此是其夫辞。"朱熹《诗集传》："淫奔期会之诗。"朱郁仪《诗故》："刺淫奔也。"朱朝瑛《读诗略记》："感嚚俗而思贞士。"韦调鼎《诗经备考》："民间男女相赠之辞。"王先谦《诗三家义集疏》："此媵俟迎而嫡作诗也。"魏源《诗古微》："此以贤者及时思遇，托于盛年思偶者之词。"方玉润《诗经原始》："刺卫宣公纳伋妻也"。傅恒、孙嘉淦等《诗义折中》："刺迷也。"陈子展《诗经直解》："诗人热爱卫宫女史之作。"笔者以为刺迷之诗。

诗三章，章四句。"一章未见之时，二章胥会之时，三章既会而归之时。"（朱公迁《诗经疏义会通》）首章期会城隅而以为静女者，爱其色美，忘其行丑也。二章静女解所佩而贻所私,管无光而以为有光者,悦女之美,觉管亦美也。三章既会之后,静女又自野而贻我以荑,见之而信以为美;不止于美而且异者,非荑之果美也,以其为美人之所贻,则不美者亦美耳。爱憎之极,则美恶易位,迷之过也。"《静女》,刺迷也。管本无炜,荑何足异,而以为炜且异者,溺爱则不明也。……故曰:'好而知其恶,恶而知其美者,天下鲜矣'。"(傅恒、孙嘉淦等《诗义折中》)陈继揆《读诗臆补》:"通诗以'爱'字为主,管与荑无所谓美,曰有炜曰且异,以所爱及所不爱也,皆从一爱字生出。然其传神处,尤在'搔首踟蹰'四字耳。"万时华《诗经偶笺》:"'搔首踟蹰',自写光景似肖;'匪女之为美',情致婉然可掬。"陈震《读诗识小录》:"有写形写神之妙。"张戒《岁寒堂诗话》:"其词婉,其词微,不迫不露。"顾广誉《学诗详说》:"辞旨缥缈,开骚人之先。"牛运震《诗志》:"自是诗家高品。"

新 台

新台有泚①,河水弥弥②。燕婉之求③,蘧篨不鲜④。
新台有洒⑤,河水浼浼⑥。燕婉之求,蘧篨不殄⑦。
鱼网之设,鸿则离之⑧。燕婉之求,得此戚施⑨。

【集释】

①新台:卫宣公所筑台。宣公为子伋(jí)聘齐女为妻,闻妇貌美,据为己有,于河边筑台迎之。有泚(cǐ):犹"泚泚",鲜明貌。②瀰瀰(mí):水盛满貌。③燕婉:或作"宴婉",安乐美好貌。④蘧篨(qú chú):本指粗竹席,其状如人臃肿不能俯,喻丑疾,即鸡胸。鲜:美。⑤洒(cuǐ):鲜貌。⑥浼浼(měi):盛貌。⑥殄(tiǎn):美丽。⑧鸿:大雁。离:去。⑨戚施:丑疾,即驼背。

【缵绎】

《毛诗序》:"《新台》,刺卫宣公也。纳伋之妻,作新台于河上而要之。国人恶之,而作是诗也。"王质《诗总闻》:"此地之人娶妻不如始言,而下不悦之辞。"牟庭《诗切》:"宫怨也,贤妇不见答于夫君而作诗也。"方玉润《诗经原始》:"刺齐女之从卫宣公也。"闻一多《风诗类钞》:新郎变蟾故事,流传欧亚。蓝菊荪《诗经今译》：女怨嫁丑男也。笔者以为刺齐女之从卫宣公之诗。

诗三章，章四句。前两章叠咏，以水流亦兴亦比，水流之盛，新台之造，巍然于水畔，昭然于天下，而此中所谓各顺燕婉之求，使人疾其丑也。三章设网捕鱼，而大雁离之，盖其有高翔之羽也，而所谓燕婉和美之求，实令人厌恶也。《晋语》云："蘧篨不可使俯，戚施不可使仰。"则新台之丑，不可以俯仰也。"此刺宣姜之作，非但宣公也。《静女》篇以刺宣公为主而带及夫人，此篇以刺夫人为主而愈丑宣公。……当其初聘，本为伋也妻；迨至新台，乃为伋之母。此稍有廉耻者所不忍闻，尚腆然立于人世乎？使其执意不从，宣公虽暴亦无如何。而乃柔情懦志将顺其恶，以至逆理乱伦为千古笑。虽曰非其本意，亦岂能辞咎哉？故国人明指其台与地，直指厥非。"（方玉润《诗经原始》）邓翔《诗经绎参》："'鱼网'二句忽抛空咏叹，声调高朗，笔仗奇超。"陈震《读诗识小录》："'得此戚施'承上文两'不'字转落，令读者绝倒。"糜文开、裴普贤《诗经欣赏与研究》："为后世打油诗所宗。"

二子乘舟

二子乘舟，汎汎其景①。愿言思子②，中心养养③。
二子乘舟，汎汎其逝④。愿言思子，不瑕有害⑤？

【集释】

①汎汎（fàn）：漂浮貌。景：通"影"。②愿：每。③养养：忧虑不安貌。④逝：往。⑤不瑕：该不会。

【缵绎】

《毛诗序》："《二子乘舟》，思伋、寿也。卫宣公之二子，争相为死，国人伤而思之，作是诗也。"（毛亨《毛诗故训传》："宣公为伋取于齐女而美，公夺之，生寿及朔。朔与其母诉伋于公，公令伋使齐，使贼先待于隘而杀之。寿知之，以告伋，使去之。伋曰：'君命也，不可以逃。'寿窃其节而先往，贼杀之。伋至，曰：'君命杀我，寿有何罪？'又杀之。"）刘向《新序》：傅母悯伋、寿也。王质《诗总闻》：送女伴出嫁也。方玉润《诗经原始》："讽卫伋、寿以远行也。"程俊英《诗经译注》：念流亡异国者也。闻一多《风诗类钞》：母念子也。或谓父母别子也。笔者以为讽伋、寿以远行之诗。

诗二章，章四句。叠章起兴，易字显情。二子乘舟，泛泛于茫茫长河，渺无所归。似有无穷感念，寄于滔滔之流。诗"讽二子以行耳。意以为孝子事亲，当先揆理，苟有当于理，虽违亲命，亦于天理人情无伤；若沾沾固守小节，不达权变，非徒有害于身，亦且陷亲不义。……使二子能见及此，必乘舟同往，泛然远逝，共适他邦以避祸。"（方玉润《诗经原始》）故"愿言思子，不瑕有害"，以为惋惜，显诗微旨。牛运震《诗志》："孤帆远影，凝望生怜，暗针怅然，看不得，读不得。"方玉润《诗经原始》："情迫意切，无限事理包孕其中。指点情形，音流简外。"吴闿生《诗义会通》引《六帖》："含蓄悲伤，寥寥数言，有千言万言不能尽者。此风人之致也。"

【邶风小结】

《邶风》十九篇。《柏舟》宗臣忧国，次《绿衣》庄姜失位，后涉之者三，皆庄公时事。《击鼓》作在州吁篡后，春秋弑君自此，乱之为甚，无过夫妇伦废，君臣道绝。其间虽亦有智者义士良臣孝子，而宣公为淫，二子命丧，乱象重重，故以庄公为变风之首，此编者之意乎？而诗大半卫诗，何以归《邶风》而存其名，则不可解。

国风·鄘风

说见《邶风》。旧谓鄘在纣都朝歌之南，即今河南新乡、汲县一带，王国维《北伯鼎跋》谓"鄘即鲁"，其址在今山东境内，亦无定论。

柏 舟

汎彼柏舟，在彼中河。髧彼两髦①，实维我仪②，之死矢靡它③。母也天只④！不谅人只⑤！

汎彼柏舟，在彼河侧。髧彼两髦，实维我特⑥，之死矢靡慝⑦。母也天只！不谅人只！

【集释】

①髧（dàn）：发下垂貌。髦（máo）：古代未冠之前披发，长齐眉毛，分两边梳，称"髦"。②维：犹"为"。仪：匹配。③之：到。矢：誓。靡它：犹言"无二志"。靡：无。它：其他。④母也天只：唤母且呼天，表痛心。也、只：语助词。⑤谅：谅解。⑥特：匹配。⑦慝（tè）："忒"借字。邪恶，恶念，引申为变心。靡慝：无所改变。

【缵绎】

《毛诗序》："《柏舟》，共姜自誓也。卫世子共伯早死，其妻守义，父母欲夺而嫁之，誓而弗许，故作是诗以绝之。"王质《诗总闻》："女愿事母不欲去家。"方玉润《诗经原始》："贞妇自誓也。"傅恒、孙嘉淦等《诗义折中》："美节妇也。"牟庭《诗切》："贞妇被遣还，而不嫁也。"高亨《诗经今注》：女誓不从母迫其他嫁也。笔者以为贞妇自誓之诗。

诗两章，章七句。开首以坚固耐久之"柏舟"起兴作比，引出誓言。"它"

"靡"一字之易，由实入虚，以小转大。尾二语重复，言婉而挚："两髦则实我之匹，虽至于死，誓无它心，母之于我，覆育之恩，如天罔极，而何其不谅我之心乎？"（朱熹《诗集传》）柏舟之坚，如贞妇志士之心，而父母不谅，世情未允，志不可遂，是可痛也。牛运震《诗志》："突作誓词，妙！单一句峭决之至。""质实清警，结语柔恳有韵。"陈震《读诗识小录》："含涕茹悲，芊绵婉转，读其词者，如闻其声，如见其人，所谓下笔有神者也。"

墙有茨

墙有茨①，不可扫也②。中冓之言③，不可道也④。所可道也，言之丑也。
墙有茨，不可襄也⑤。中冓之言，不可详也⑥。所可详也，言之长也。
墙有茨，不可束也⑦。中冓之言，不可读也⑧。所可读也，言之辱也。

【集释】

①茨（cí）：蒺藜。②扫：扫除。③中冓（gòu）：宫闱，宫廷内。④道：说。⑤襄：同"攘"，除掉。⑥详：细说。⑦束：捆扎。⑧读：宣扬。

【缵绎】

《毛诗序》："《墙有茨》，卫人刺其上，公子顽通乎君母，国人疾之，而不可道也"。王质《诗总闻》：恶内外交乱也。戴溪《续吕氏家塾读诗记》：刺内丑不可外扬也。丰坊《诗传》："三叔冓周公，鄘人风之。"方玉润《诗经原始》："刺卫宫淫乱无检也。"魏源《诗古微》："刺卫宣公也。"闻一多《风诗类钞》："刺人不能防闲其妻也。"邓荃《诗经译注》：女子遭辱哭诉也。笔者以为刺卫宫淫乱之诗。

诗三章，章六句。叠章层进，头两句起兴含比，以墙茨起兴，茨即恶，以茨之不可除，喻恶之终不隐。只不欲道而已。若道之，则是言之丑辱，故不忍道、不忍详、不忍读也。欲言还止，所以厌之深也。卫宫淫乱，宣姜为甚，既失节于宣公，又失身于公子顽，廉耻尽丧。"杨氏时曰：'自古淫乱之君，自以为秘于闺门之中，世无得而知者，故自肆而不反，圣人所以著之于经，使后世为恶者，知虽闺中之言，亦无隐而不彰也。其为训戒深矣。'斯言不独为此发，凡淫乱之诗均可作如是观。"（方玉润《诗经原始》）牛运震《诗志》："正申明不可道之义，却用转语，意味便自深长。"全诗十二"也"字，以俚语出之，有意拿腔捏调，自成风味。陈子展《诗经直解》："诗之为刺，较之蒺藜尤为尖锐。"

君子偕老

君子偕老，副笄六珈①。委委佗佗②，如山如河，象服是宜③。子之不淑④，云如之何⑤？

玼兮玼兮⑥，其之翟也⑦。鬒发如云⑧，不屑髢也⑨。玉之瑱也⑩，象之揥也⑪，扬且之晳也⑫。胡然而天也⑬？胡然而帝也？

瑳兮瑳兮⑭，其之展也⑮。蒙彼绉絺⑯，是绁袢也⑰。子之清扬⑱，扬且之颜也⑲。展如之人兮⑳，邦之媛也㉑！

【集释】

①副：覆，又称步摇，一种头饰。笄（jī）：簪。珈（jiā）：饰玉。②委委佗佗（tuó）：雍容自得。③象服：华丽礼服。宜：合身。④子：指宣姜。淑：善。⑤云：语首助词。如之何：即"奈之何"。⑥玼（cǐ）：玉色鲜貌，此处指花纹绚丽。⑦翟（dí）：翟衣，祭服。⑧鬒（zhěn）：黑发密而长。⑨不屑：不用。髢（dí）：假发。⑩瑱（tiàn）：古人冠冕上分垂于两耳侧之玉饰。⑪象之揥（tì）：象牙制簪。揥：簪。⑫扬：眉目以疏秀为美，故以扬见称。且（jū）：语助词。晳：白嫩光泽。⑬胡：何。然：这样。而：如。⑭"瑳（cuō）：与"玼"同。⑮展：展衣，亦作襢衣，白纱制单衣，夏天见君主或宾客时所穿。⑯蒙：罩。绉絺（chī）：细夏布，今名绉纱。⑰绁袢（xiè fán）：称衷衣，内衣。⑱清扬：眉清目秀。⑲颜：额角丰满。⑳展：乃，又训为"诚"。㉑媛：美女，犹国色。

【缵绎】

《毛诗序》："《君子偕老》，刺卫夫人也。夫人淫乱，失事君子之道，故陈人君之德，服饰之盛，宜与君子偕老也。"朱熹《诗集传》："言夫人当与君子偕老，故其服饰之盛如此……今宣姜之不善乃如此，虽有是服，亦将如之何哉！言不称也。"魏源《诗古微》："哀贤夫人也。"袁梅《诗经译注》：刺贵妇人也。

祝敏彻《诗经译注》：美妇人也。笔者以为刺卫夫人宣姜之诗。

诗三章，首章七句，二章九句，三章八句。首章纲领全篇，"君子偕老"劈空而来，是全诗题眼。先从象服说起，映照山河，何其庄重。末乃落到"不淑"，与首句暗自缀合，并起下二章。二三章用赋，一写宣姜祭服严妆，俨然天神；一写宣姜见宾淡妆，无非国色。"与'君子偕老'，则当与君子同德；与君子同德，乃可与君子同服天子命服，以为一国母仪。今宣姜之于君子也何如乎？其始也，为伋之妻；其继也，为宣公妾；及其终也，又为公子顽配。则其所与为偕老之人尚不知谁属，其不淑也亦甚矣。又将如此法服何哉？而奉祭祀也，副笄以饰其首，阙翟以章之身，发如云而眉益秀，象作揥则玉为瑱，不啻天人之下降，而帝子之来临，何其盛也？望之者不俨然一国之母仪乎？及其靓妆以见宾客也，则襢衣而蒙以绉絺，绁袢而为之束素，目以清而愈朗，额加广而弥丰，又不啻倾人城而倾人国，何其媚也？望之又非复前日母仪之重矣。则即此服饰之间，一转移而轻重不同也如是，则其人亦可知也。岂尚堪可与'君子偕老'乎？"（方玉润《诗经原始》）吕祖谦《吕氏家塾读诗记》："一章之末，责之也；二章之末，问之也；三章之末，惜之也。辞益婉而意益深矣。"郝懿行、王照圆《诗说》："通篇止'子之不淑'二句，明露讽刺，余均叹美之词，含蓄不露。至笔法之妙，尤在首末二句。首云'君子偕老'，忽然凭空下此一语，上无缘起，下无连缀，乃所谓声罪致伐，义正词严，是《春秋》笔法。末云'邦之媛也'，诎然而止，悠然不尽。一'也'字如游丝袅空，余韵绕梁，言外含蓄无穷，是文章歇后法。"姚际恒《诗经通论》："为《神女》《感甄》之滥觞，山河天帝，广揽遐观，惊心动魄，传神写意，有非言词所能释。"

桑　中

爰采唐矣①？沬之乡矣②。云谁之思？美孟姜矣③。期我乎桑中④，要我乎上宫⑤，送我乎淇之上矣⑥。

爰采麦矣？沬之北矣。云谁之思？美孟弋矣⑦。期我乎桑中，要我乎上宫，送我乎淇之上矣。

爰采葑矣⑧？沬之东矣。云谁之思？美孟庸矣⑨。期我乎桑中，要我乎上宫，送我乎淇之上矣。

【集释】

①爰（yuán）：于何，在哪里。唐：菟丝子，寄生蔓草。②沫（mèi）：卫邑名，即牧野，在今河南淇县。乡：郊外。③孟：排行居长。姜：姓。孟姜：孟家大姑娘。④期：约会。桑中：卫地名，亦名桑间，在今河南滑县东北。一说泛指桑树林中。⑤要：通"邀"。上宫：楼名。⑥淇：卫水名。⑦弋（yì）：姓。⑧葑：蔓菁。⑨庸：姓。古与"鄘"通。

【缵绎】

《毛诗序》："《桑中》，刺奔也。卫之公室淫乱，男女相奔，至于世族在位，相窃妻妾，期于幽远，政散民流而不可止。"朱熹《诗序辨说》："淫奔者所自作"。王质《诗总闻》："当是国君微行，以采茹为辞，期诸某所，要之某所。"丰坊《诗说》："宣姜召公子顽于公桑，久处而远送之。"牟庭《诗切》："刺丑夫得美妻而不谐也。"今人有情人幽期密约说、情歌说等。笔者以为刺淫之诗。

诗三章，章七句。三章复叠。首二句言于沫之郊野采茹，一问一答，似含言外之意。次二句忽转入思美女，亦一问一答，由隐至显。故知此采之心，即此思之事。后三句"期""要""送"之情，桑中、上宫、淇上之地，即思之注解，由显复隐。思为缘起，采为借口，期约于桑中上宫，送别于淇水之上，驰骋广野，臆想淫思，三"矣"煞尾，神往情荡之思，垂涎回味之意，寡廉鲜耻之态，写尽无余，所以为刺矣。"夫音由心生，诗随时变。故必有是心而后成是俗，亦心因是俗而为是诗。诗与风为转移，时因心为隆替。闻其音而知政治之得失，读其诗尚不知其国之将亡乎？古来亡国之音，桑间濮上动辄并称，虽未必专指此诗，而此诗亦其类也。"（方玉润《诗经原始》）牛运震《诗志》："三叠一字不换，低徊往复，亹亹有神。"

鹑之奔奔

鹑之奔奔①，鹊之彊彊②。人之无良③，我以为兄。
鹊之彊彊，鹑之奔奔。人之无良，我以为君。

【集释】

①鹑（chún）：鹌鹑。奔奔：居有常匹，飞则相随貌。②彊彊（qiáng）：同

"奔奔"。③无良：不善。

【缵绎】

《毛诗序》："《鹑之奔奔》，刺卫宣姜也。卫人以为宣姜鹑鹊之不如也。"朱熹《诗集传》："宣姜与顽非匹偶而相从也，故为惠公之言而刺之。"王质《诗总闻》："女御之愤辞。"丰坊《诗传》："卫昭伯无礼于宣姜，国人恶之。"牟庭《诗切》："子鲜刺卫献公也。"（按：子鲜为卫献公之弟。）姚际恒《诗经通论》："刺宣公也。"马盈持《诗经今译今注》：刺宣公与公子顽也。另有责卫君、斥负心丈夫诸说。笔者以为刺卫宣公之诗。

诗两章，章四句。全诗两章只换"兄""君"二字，均以"鹑奔""鹊疆"起兴。鹑，奔奔然斗而不乱其匹；鹊，疆疆然刚而不淫其匹，此人则非奔然如鹑，疆然若鹊，不守其常伦也。后二句言其人无善，而吾不得不以兄、君事之。兄以天合，君以义合。盖言其不良无义，而行一国之政，是可叹也。其人若此，其政可知，是以为刺也。所刺何人？"以兄为顽，则君无所指；以君为惠，则兄将谁属？以人指宣公，而我为君之弟。兄与君似无疑，而君之弟又何人？……且当作代卫公子刺宣公作，庶几有合于诗耳。"（方玉润《诗经原始》）刘玉汝《诗缵绪》："取二物为兴，二章皆用而互言之，又是一体。"陈震《读诗识小录》："用意用笔，深婉无迹。"

定之方中

定之方中①，作于楚宫②。揆之以日③，作于楚室④。树之榛栗⑤，椅桐梓漆⑥，爰伐琴瑟。

升彼虚矣⑦，以望楚矣。望楚与堂⑧，景山与京⑨。降观于桑，卜云其吉，终焉允臧⑩。

灵雨既零⑪，命彼倌人⑫。星言夙驾⑬，说于桑田⑭。匪直也人⑮，秉心塞渊⑯，騋牝三千⑰。

【集释】

①定：营室星。古时建城观星象，此星谓之定星。方中：正中。②楚：楚丘，地名，在今河南滑县东、濮阳西。楚宫：楚丘之宫庙。③揆（kuí）：测度。

日：日影。④楚室：楚丘之住房。⑤树：种植。榛、栗：皆树名。⑥椅：树名，如梧桐，青色。桐：梧桐。梓（zǐ）：楸树。漆：漆树。四木皆可制琴。⑦虚：同"墟"，丘。⑧堂：楚丘旁邑。⑨景山：大山。京：高丘。⑩允：诚然。臧：好。⑪灵：善。零：落。⑫倌：驾车小臣。⑬星：晴。夙：早上。夙驾：早晨驾车。⑭说（shuì）：通"税"，歇息。⑮匪直：不仅。直：特。⑯秉：操。塞：实。渊：深。⑰騋（lái）：马七尺以上曰騋。牝（pìn）：母马。三千：约数，表众多。

【缵绎】

《毛诗序》："《定之方中》，美卫文公也。卫为狄所灭，东徙渡河，野处漕邑。齐桓公攘夷狄而封之，文公徙居楚丘，始建城市而营卫室，得其时制，百姓悦之，国家殷富焉。"丰坊《诗说》："僖公城楚丘以备戎，太史克美之。"牟庭《诗切》："成公宫人迁帝丘而思楚丘也。"蓝菊荪《诗经今译》：刺卫文公也。笔者以为美卫文公再造公室之诗。

诗三章，章七句。首章述楚丘营建宫室，从揆度至植树，足见深谋。二章追叙卜筑楚丘。从登到降，从望到观，场面宏远；由卜至允，贯通人天，才称吉臧。可谓尽人事，敬天命，审之又慎。三章写躬劝农桑。零雨命倌，凤驾说桑，劳瘁国事之情，悠然可见。最末三句是全诗主脑。"秉心塞渊"，涵盖三章，末句"騋牝三千"，看似倏然宕开，实承前文而邈其悠想，车马之盛，则国势浸强可期矣。"卫文公亦宣姜子，乃能于流离播迁后痛自损抑，与民同劳，共图恢复。史称其大布之衣，大帛之冠，务材训农，通商惠工，敬教劝学，授方任能。元年革车三十乘，季年乃三百乘。……不数年而戎马浸强，蚕桑尤盛，为河北巨邦。其后孔子适卫犹有庶哉之叹，则再造之功不可泯也。"（《诗经原始》）陈继揆《读诗臆补》："末章'秉心'句，一篇之主，恰点得如许超忽，可悟得文家以撇为补之法。"牛运震《诗志》："有伦有体，不板不乱，章法精绝。"戴君恩《读诗臆评》："章法句法字法，错综申缩，各极妙境。"

蝃蝀

蝃蝀在东①，莫之敢指②。女子有行③，远父母兄弟④。

朝隮于西⑤，崇朝其雨⑥。女子有行，远兄弟父母。

乃如之人也⑦，怀昏姻也⑧。大无信也⑨，不知命也⑩！

【集释】

①蝃蝀（dì dōng）：虹。《释名》："虹又曰美人。阴阳不和，婚姻错乱，淫风流行，男美于女，女美于男，互相奔随之时，则此气盛。"②指：用手指点。《毛传》："夫妇过礼则虹气盛，君子见戒而惧，讳之莫敢指。"③有行：出嫁。④远：疏离。⑤隮（jī）：一说升云，一说虹。⑥崇朝：终朝，一上午。也指整天。⑦乃如之人：若此人也。⑧怀：思。一说坏。昏姻：婚姻。⑨大：太。信：贞洁。一说专一。⑩命：父母之命，天命。

【缵绎】

《毛诗序》："《蝃蝀》，止淫奔也。卫文公能以道化其民，淫奔之耻，国人不齿也。"朱熹《诗集传》："此刺淫奔之诗。"何楷《诗经世本古义》："刺卫宣公夺太子伋妇也。"丰坊《诗说》："卫灵公为南子召宋朝，国人讥之。"方玉润《诗经原始》："代卫宣姜答《新台》也。"魏源《诗古微》："专主刺宣姜。"另有颂（或刺）婚姻自由说、责男（或女）变心说等。笔者以为刺灵公夫人南子之诗。

诗三章，章四句。首二句起兴兼比。蝃蝀即彩虹，古人以为系阴阳不和之淫邪之气。诗一二章"为三章立案。"（戴君恩《读诗臆评》）以淫邪之气忽东忽西，忽云忽雨，喻女子无行而有悖人伦之道（明言有行，实指其无行；明言远离父母兄弟，实指其有背离人伦）。人莫敢指者，以其地位显赫也。第三章点题，前二句责其私怀婚姻，后二句谓其有失贞信，背逆天理。"人，指南子。灵公为夫人召宋朝，谓其公族为兄弟，固不知其私怀。诗人言此人召兄弟，实怀婚姻之欲也。女子守身曰贞信，且以其欺灵公而言，故曰无信。命，天理。言其背人道而逆天理，无所畏忌，深恶而深叹之也。"（刘沅《诗经恒解》）朱守亮《诗经评释》："或婉讽，或直刺，语无不自在庄雅，意亦不失厚道，真代书圣手也。"

相　鼠

相鼠有皮①，人而无仪②！人而无仪，不死何为？

相鼠有齿,人而无止③!人而无止,不死何俟④?

相鼠有体,人而无礼!人而无礼,胡不遄死⑤?

【集释】

①相:察看。②仪:礼仪。③止:节制。④俟(sì):等待。⑤遄(chuán):速。

【缵绎】

《毛诗序》:"《相鼠》,刺无礼也。卫文公能正其群臣,而刺其在位,承先君之化,无礼仪也。"王质《诗总闻》:"在上而遇下无状,故有不乐生之心,无诅其人速死也。"戴溪《续吕氏家塾读诗记》:"群臣相戒之辞。"朱郁仪《诗故》:"文公劝学也。"张次仲《待轩诗记》:"夷姜见烝于卫宣,及卫宣要夺子妇,失宠自缢,诗人快其死,又恨其晚。"丰坊《诗说》:"刺三叔之诗。"(按:三叔指周武王弟管叔、蔡叔、霍叔)王先谦《诗三家义集疏》:"鲁说曰:妻谏夫也。"魏源《诗古微》:"夷姜谪宣公之诗"。今人有刺统治者、揭露礼仪虚伪、宣扬维护周礼诸说。笔者以为刺无礼之诗。

诗三章,章四句。三章重叠,以相鼠起兴,反复类比。一章"无仪"指外表,言容色衣冠也。二章"无止"指内心,言七情六欲也。三章"无礼"指行为,言言行规矩也。盖人之立于世,不可无此三事,容色衣冠而当正,七情六欲而宜止,言行规矩而有度,反之则犹行尸走肉,曾鼠之不如也。谓之讽世可也,谓之劝学亦未尝不可,千载读之,而理无稍异。全诗重章成璧,"'有''无'二字,紧相照应"(陈百先《诗经备旨啫凤详解》),"意在笔先,一波三折。"(陈震《读诗识小录》)每句押韵,一气贯注,感情强烈,"痛呵之词,几于裂眦。"(牛运震《诗志》)

干 旄

孑孑干旄①,在浚之郊②。素丝纰之③,良马四之。彼姝者子④,何以畀之⑤?

孑孑干旟⑥,在浚之都⑦。素丝组之⑧,良马五之。彼姝者子,何以予之?

孑孑干旌⑨,在浚之城。素丝祝之⑩,良马六之。彼姝者子,何以告之?

【集释】

①孑孑（jié）：高扬貌。干旄（máo）：以牦牛尾饰旗杆，树于车后，以壮威仪。干通竿、杆。旄，同"牦"，牦牛尾。②浚：地名。③纰（pí）：连缀。在衣冠或旗帜上镶边。④姝（shū）：顺从貌。⑤畀（bì）：给予。⑥旟（yú）：旗画有鸟隼。⑦都：城郊。⑧组：编织。⑨旌（jīng）：旗。挂牦牛尾于竿头，下有五彩鸟羽。⑩祝："属"假借，编织。

【缵绎】

《毛诗序》："《干旄》，美好善也。卫文公臣子多好善，贤者乐告以善道也。"王质《诗总闻》："国君出野亲迎。"丰坊《诗说》："美卫武公好贤。"何楷《诗经世本古义》："卫求援也。"魏源《诗古微》："悯伋、寿使齐见杀也。"牟庭《诗切》："咏宁子（按：指宁俞）以忠功受宠礼，而惜其不让也。"王先谦《诗三家义集疏》："良辅求材，贤人抱道，未适邂逅之愿，但怀忠告之诚者。"朱守亮《诗经评释》："美卫大夫夫妇出游之诗。"今人有刺好淫好奢、行聘礼豪奢、贵族乘车探情人诸说。笔者以为美好贤之诗。

诗三章，章六句。通用赋体，重章叠句，陈述有次，在浚之郊、之都、之城，由远及近；良马四之、五之、六之，由少而多；何以畀之、予之、告之，由疏至密。"彼姝者子"，三叠其语，称贤者也。三章结句，以问代述，即问已答，摇曳生姿，踌躇有神。当其时也，贤者或伏处城郭，或远在郊外，大夫则乘车马，建节旄而访之，谘诹政事，其所道者为何而不可知，即其上之励精图治，孜孜不倦，亦由此可知也。"史称文公敬教劝学，授方任能，则以此诗属之亦无不宜。"（方玉润《诗经原始》）"盛称其仪文则中心之好可知，欲姝子有以相报则求贤之意可见，皆透过一层写法也。"（刘沅《诗经恒解》）陈震《读诗识小录》："乍见惊喜，转念珍重，神情毕出。"

载　驰

载驰载驱①，归唁卫侯②。驱马悠悠③，言至于漕④。大夫跋涉⑤，我心则忧。既不我嘉⑥，不能旋反⑦。视尔不臧⑧，我思不远。既不我嘉，不能旋济⑩？视尔不臧，我思不閟⑪。

陟彼阿丘⑫，言采其蝱⑬。女子善怀⑭，亦各有行⑮。许人尤之⑯，众稚且狂⑰。

我行其野，芃芃其麦⑱。控于大邦⑲，谁因谁极⑳？大夫君子，无我有尤㉑。百尔所思，不如我所之㉒。

【集释】

①载：犹"乃"，发语词。②唁（yàn）：吊问有丧者家属曰"唁"，吊人失国亦曰"唁"。卫侯：指卫文公。③悠悠：路远貌。④漕：卫地名，《毛传》："漕，卫东邑。"⑤大夫：指来卫国诸臣。⑥既：尽。嘉：善。⑦反：同"返"。⑧视：比。臧：善。⑨不远：不深远，不成熟。⑩济：渡。⑪閟（bì）：闭塞，不通。⑫阿丘：山丘。一说丘名。⑬蝱（méng）："莔（méng）"假借，贝母草，可入药。⑭善怀：多愁易感。⑮行：道路。有行：有理。⑯许人：许国人。尤：埋怨，责备。⑰众：众人。稚（zhì）："同稚"，幼稚。⑱芃芃（péng）：草木茂盛貌。⑲控：赴告。⑳因：亲，依靠。极：至。㉑无：同"毋"。㉒之：往，指思虑。

【缵绎】

《毛诗序》："《载驰》，许穆夫人作也。闵其宗国颠覆，自伤不能救也。卫懿公为狄人所灭，国人分散，露于漕邑。许穆夫人悯卫之亡，伤许之小，力不能救，思归唁其兄，又义不得，故赋是诗也。"朱熹《诗集传》同上，唯以为许穆夫人未至漕邑而为许大夫所追还，作此诗以言其志也。王先谦《诗三家义集疏》引鲁说，以为许穆夫人为卫懿公之女，"当败之时，许夫人驰驱而吊唁卫侯，因疾之而作诗。"王锡荣《鄘风载驰正解》：许穆夫人至卫而图复国，不为卫君臣采纳也。笔者从毛《序》，以为许穆夫人悯其宗国颠覆，自伤不能救之诗。

诗四章，一三章章六句，二四章章八句。首章"归唁卫侯"交代本事，写至漕所见及所忧。二章写复国之计不为卫君臣所采纳。三章以"采蝱"起兴，写其所思虑亦为许国人所责，"众稚且狂"示愤懑之情。四章以"芃芃"兴内心沉重，言意见不为采纳，而遭责难，乃为卫君臣欲"控于大邦"之故。末二句再显己所思之深与他人之短视，哀其不幸，怒其不争，戛然作结。"控于大邦，以报亡国之仇，此一篇本意，妙在卒章说出，而前则吞吐摇曳，后则低回缭绕，笔底言下，真有千百折也。"（牛运震《诗志》）朱守亮《诗经释评》："时而语意吞吐含蓄，时而情词迫切异常。或激怒，或愤恨，或哀恳，或责骂，无不低徊无尽，温婉入神。"方玉润《诗经原始》："沉郁顿挫，感慨唏嘘，实出众音上。"陈延杰《诗序解》："苦语真情，颇微婉动听，千载下读之，亦不觉悲怆生于心矣。"

【鄘风小结】

《鄘风》十篇。"此册大半皆卫诗，即《载驰》虽作自许，而亦为卫发，何以谓之鄘乎？或者事虽卫事，诗则鄘诗。除《载驰》一篇外，余皆鄘人作也。观《桑中》盛称孟庸之族，与姜、弋并列，则其诗为鄘诗也无疑。且同咏卫事，而宣、惠以前多《邶风》，宣、惠以后多《鄘风》。盖文公庐漕城楚，地近于鄘，故鄘作较多，其诗尚嫌厉而寡文，不及《邶风》远甚，惟《君子偕老》差可奇丽，而又开后人繁缛一派。《定之方中》甚典质不佻，《干旄》亦雍容大雅，其变风之正乎？至《载驰》沉郁顿挫，感慨唏嘘，实出众音上。然自许诗，非关鄘俗，附载《定中》后耳。"（方玉润《诗经原始》）

《左传·襄公二十九年》载，吴公子季札来鲁观乐，"为之歌《邶》《鄘》《卫》，曰：'美哉，渊乎！忧而不困者也。吾闻卫康叔、武公之德如是，是其《卫风》乎？'"虽存《邶》《鄘》，而似已将二者并入《卫风》，或径言《卫》而不及《邶》《鄘》，皆不可知也。而以"美渊"评卫诗，观《邶》《鄘》之诗，似不尽然。今鄘诗大半皆卫事，何以存《鄘》，岂鄘人之作？若此，则《邶》诗亦邶人所作？或言当以三地乐分，尤不可考，故为千古之谜。

国风·卫风

"卫则武王弟康叔之国也。卫本都河北朝歌之东,淇水之北,百泉之南。其后不知何时并得邶、鄘之地。至懿公为狄所灭,戴公东徙渡河,野处漕邑,文王又徙居于楚丘。朝歌故城,在今卫州卫县西二十二里,所谓殷墟。卫故都,即今卫县。漕、楚丘皆在滑州。大抵今怀卫、澶相、滑濮等州,开封大名府界皆卫境也。"(朱熹《诗集传》)"秦并天下,犹独置卫君。凡九百年,最后绝。"(方玉润《诗经原始》)旧谓卫故址在殷都朝歌以东,即今河北南及河南北部一带,王国维谓在河南、山东交界地带,亦无定论。

淇 奥

瞻彼淇奥①,绿竹猗猗②。有匪君子③,如切如磋④,如琢如磨⑤。瑟兮僩兮⑥,赫兮咺兮⑦。有匪君子,终不可谖兮⑧。

瞻彼淇奥,绿竹青青。有匪君子,充耳琇莹⑨,会弁如星⑩。瑟兮僩兮,赫兮咺兮,有匪君子,终不可谖兮。

瞻彼淇奥,绿竹如箦⑪。有匪君子,如金如锡,如圭如璧⑫。宽兮绰兮⑬,猗重较兮⑭。善戏谑兮⑮,不为虐兮⑯。

【集释】

①奥(yù):"澳"或"隩"假借,水岸曲深处。②猗猗(yī):长美貌。③匪:通"斐",文采貌。④切:切制。磋:锉平。⑤琢:雕刻。磨:磨光。《尔雅·释器》:"骨谓之切,象谓之磋,玉谓之琢,石谓之磨。"此处喻人学问与品德修养精益求精。⑥瑟:庄重貌。僩(xiàn):宽大貌。⑦赫:光明貌。咺(xuān):"宣"假借,坦诚貌。⑧终:永久。谖(xuān):忘。⑨充耳:古人冠

冕上垂两侧以塞耳之玉，装饰品，亦名瑱。琇：宝石。莹：光泽貌。⑩会（kuài）：皮帽两缝相合处。弁（biàn）：皮帽。如星：玉石装饰，如星光泽。⑪箦（zé）：丛积貌。⑫圭：玉器，长方形，上端尖。璧：圆形玉器，正中有小圆孔。意谓武公德器已百炼成精如金锡，道业既就，琢磨如圭璧。⑬宽：宽宏。绰：温和。⑭猗（yī）：通作"倚"，依靠。重较：卿士所乘车。古人立乘而难久，故置横木以手扶，低者曰式，高者曰较，较在式上，故曰重较。⑮戏谑（xuè）：开玩笑。⑯虐：刻薄伤人。

【缵绎】

《毛诗序》："《淇奥》，美武公之德也。有文章，又能听其规谏，以礼自防，故能入相于周，美而作是诗也。"牟庭《诗切》："怀旧都人物之美也。"王质《诗总闻》：美人有修养文采也。袁梅《诗经译注》：贵族女思夫美夫也。高亨《诗经今注》：颂卫贵族也。今人另有女慕男说。笔者以为美卫武公德范之诗。

　　诗三章，章九句。均借淇奥绿竹起兴兼比，"猗猗"喻修养，"青青"喻仪表，"如箦"喻德泽。瑟僩赫咺，二章重复，指内美修能，表里相彰，威仪棣棣。三章后四句道行为，温良宽惠，良有所寄。"有匪君子，终不可谖兮！"反复咏叹，赞颂追怀，情深意长。全诗九"如"字比句连珠，赞美之意，无以复加。"以竹之至盛，兴其德之成就，而又言其宽广而自如，和易而中节也。盖宽绰无敛束之意，戏谑非庄厉之时，皆常情所忽，而易致过差之地也。然犹可观而必有节焉，则其动容周旋之间，无适而非礼，亦可见矣。"（朱熹《诗集传》）"诗之摹写有道气象可谓至矣。……史称武公修康叔之政，百姓和集，佐周平戎，有勋王室。《国语》又称其耄而咨儆于朝，受戒不怠。今观诗词，宁不信然？"（方玉润《诗经原始》）吴闿生《诗义会通》："通篇无一字腐，得法在用兴用比，用形容咏叹。末章就宽绰戏谑处写，尤妙！"刘禹昌《说卫风淇奥》："'以少总多，情貌无遗'；'辞约而旨丰，事近而喻远'，'惊心魂魄，一字千金'""三百篇中罕见杰作，第一流妙品。"

考 槃

考槃在涧①，硕人之宽②。独寐寤言③，永矢弗谖④。

考槃在阿⑤，硕人之薖⑥。独寐寤歌，永矢弗过⑦。
考槃在陆⑧，硕人之轴⑨。独寐寤宿，永矢弗告⑩。

【集释】

①考：成。槃（pán）：盘结。考槃：架木为屋。②硕人：指道德高尚者。宽：心宽。③寤：睡醒；寐：睡着。寤寐：指生活。④矢：同"誓"。谖（xuān）：忘。⑤阿：山阿，山隅。⑥薖（kē）："窠"假借。《说文》："窠，空也。"宽大貌。⑦过：越，过度。⑧陆：高平曰陆。⑨轴：旋转无穷，自由自在。⑩告：说。

【缵绎】

《毛诗序》："《考槃》，刺庄公也。不能继先公之业，使贤者退而言处。"欧阳修《诗本义》："述贤者退而穷处。"朱熹《诗集传》："美贤者隐处涧谷之间。"王质《诗总闻》："言妇人弃置幽独之状也。"牟庭《诗切》："刺仕宦不止也。"闻一多《风诗类钞》：梦境恋歌也。笔者以为赞贤者隐居自乐之诗。

诗三章，章四句。"一章其志坚，二章其愿足，三章其乐深。"（朱公迁《诗经疏义会通》）各章前二句喻其不论居于何处，皆能安时处顺，不为外物所转，自得其乐；后二句喻其不论昼夜，行走坐卧，不忘初心，天趣充和。"'考槃'之乐，亦自人观之，硕人不知也。硕人胸中自具一天地，自觉此一涧中，山高泉香，云霞舒卷，日月光华，无限旷洒，故曰'宽'。至独寐而寤，寤而言，言而又歌，歌而又宿，无往不独，无往不乐，则魂清梦稳，几不知世有魏晋，无论轩绂矣。'永'字有若将终意；'弗谖'，泉石之盟也；'弗过'，烟霞之癖也。'但得醉中意，勿为醒者传'，'弗告'之意也。"（万时华《诗经偶笺》）"硕人之轴盘旋不过数亩之宫，运行实仅一室之内，其或游心象外，亦只息辙环中，总不出此在涧、在阿、在陆之际。故或独寐而寤言，或独寐而寤歌，更或独寐而寤宿，均有以乐其天也。所乐在是，所安在是，虽终其身弗忘也，虽有他好弗逾也，虽有所得亦弗告也。非不欲告，乃无可与告者耳。"（方玉润《诗经原始》）"《淇奥》者，达而在上者之好学不倦也；《考槃》者，穷而在下者之自乐难忘也。穷则独善其身，达则兼善天下，穷与达均不外学。盖唯学斯能善天下，亦唯学乃能善一身。能善其身，然后能乐其乐。"（方玉润《诗经原始》）戴君恩《读诗臆评》："细读一过，居然觉山月窥人，涧芳袭袂，那得不作人外想?"牛运震《诗志》:"泠泠清清,读之有出世之想。"

硕 人

　　硕人其颀①,衣锦褧衣②。齐侯之子③,卫侯之妻④。东宫之妹⑤,邢侯之姨⑥,谭公维私⑦。

　　手如柔荑⑧,肤如凝脂⑨,领如蝤蛴⑩,齿如瓠犀⑪,螓首蛾眉⑫。巧笑倩兮⑬,美目盼兮⑭。

　　硕人敖敖⑮,说于农郊⑯。四牡有骄⑰,朱幩镳镳⑱,翟茀以朝⑲。大夫夙退⑳,无使君劳。

　　河水洋洋㉑,北流活活㉒。施罛濊濊㉓,鱣鲔发发㉔,葭菼揭揭㉕。庶姜孽孽㉖,庶士有朅㉗。

【集释】

①硕:大。颀(qí):长貌。②衣(yì):穿。锦:锦制衣。褧衣(jiǒng yī):麻布罩衣,以遮灰尘。③齐侯:指齐庄公。子:女儿。④卫侯:指卫庄公。⑤东宫:太子。⑥邢:国名,在今河北省邢台县。姨:妻之姊妹。⑦谭:国名,在今山东省历城县东南。维:犹"其"。女子称姊或妹夫为"私"。⑧荑(tí):初生嫩茅。⑨凝脂:凝冻之脂油,既白且滑。⑩领:颈。蝤蛴(qiú qí):天牛幼虫,身长而白。⑪瓠(hù):葫芦类。犀(xī):瓠籽叫"犀",洁白整齐。⑫螓(qín):虫名,似蝉而小,额宽广而方正。蛾眉:如蚕蛾触角细长而曲之眉。⑬倩:脸颊酒窝。⑭盼:黑白分明。⑮敖敖:高貌。⑯说(shuì):通"税",停驾休息。农郊:近郊。⑰四牡:驾车之四匹牡马。有骄:即骄骄,健壮貌。⑱朱幩(fén):马口铁上用红绸缠缚做装饰。镳镳(biāo):盛多貌。⑲翟(dí):长尾野鸡。茀(fú):蔽车竹席或苇席。朝:与卫君相会。⑳夙退:早点退朝。㉑河:黄河。洋洋:水盛大貌。㉒活活(guō):水流声。㉓施:撒。罛(gū):大鱼网。濊濊(huò):拟声词,撒网入水声。㉔鱣(zhān):黄鱼。鲔(wěi):鳝鱼。发发(bō):亦作"泼泼",鱼尾动声。㉕葭(jiā):芦。菼(tǎn):荻草。揭揭:高貌。㉖庶:众。庶姜:陪嫁姜姓众女子。孽孽(niè):修长貌。㉗庶士:齐国护送庄姜诸臣。朅(qiè):一作杰。有朅:即朅朅,威

武壮健貌。

【缵绎】

《毛诗序》："《硕人》，悯庄姜也。庄公惑于嬖妾，使骄上僭。庄姜贤而不答，终以无子，国人悯而忧之。"王质《诗总闻》："国君之贤女与邻邦为配偶者，道不同志不合，故遭弃也。"何楷《诗经世本古义》："庄姜始嫁，至卫先容后礼，傅母做此以励之。"方玉润《诗经原始》："颂卫庄姜美而贤也。"蓝菊荪《诗经今译》：刺卫庄姜也。笔者以为颂卫庄姜美而贤之诗。

诗四章，章七句。首章言其身份之尊，二章言其仪容之美，三章言其车服之盛，四章言其邦国之富，随从之众。诗颂庄姜美而且贵，亦见其贤。"硕人其颀，衣锦褧衣"，微言大义。不惟德硕而身修，且内美（衣锦）而外素（褧衣）。"夫所谓硕人者，有德之尊称也。曾谓妇之不贤而可谓之硕人乎？故题眼既标，下可从旁摹写，极意铺陈，无非为此硕人增色。……不然，庄姜亦不过一富贵美人耳，诗又何必浪费笔墨而为之写照耶？至不见答于庄公，皆后日事，非初来情。诗盖咏其新婚时耳，安知其不见答而为人所悯欤？"（方玉润《诗经原始》）孙联奎《诗品臆说》："《卫风》之咏硕人也，曰'手如柔荑'云云，犹是以物比物，未见其神。至曰'巧笑倩兮，美目盼兮'，则传神写照，正在阿堵，直把个绝世美人，活活地请出来，在书本上滉漾。千载而下，犹亲见其笑貌。"陈继揆《读诗臆补》："诗用叠字最难。顾亭林曰：此诗连用六叠字，可谓复而不厌，赜而不乱矣。"方玉润《诗经原始》："千古颂美人者，无出'巧笑倩兮，美目盼兮'二语。"姚际恒《诗经通论》："千古颂美人者，无出其右，是为绝唱。"吴闿生《诗义会通》："生动处，《洛神》之蓝本也。"

氓

氓之蚩蚩①，抱布贸丝②。匪来贸丝，来即我谋③。送子涉淇，至于顿丘④。匪我愆期⑤，子无良媒。将子无怒⑥，秋以为期。

乘彼垝垣⑦，以望复关⑧。不见复关，泣涕涟涟⑨。既见复关，载笑载言。尔卜尔筮⑩，体无咎言⑪。以尔车来，以我贿迁⑫。

桑之未落，其叶沃若⑬。于嗟鸠兮！无食桑葚。于嗟女兮！无与士耽⑭。士之耽兮，犹可说也⑮。女之耽兮，不可说也。

桑之落矣，其黄而陨⑯。自我徂尔⑰，三岁食贫⑱。淇水汤汤⑲，渐车帷裳⑳。女也不爽㉑，士贰其行㉒。士也罔极㉓，二三其德㉔。

三岁为妇，靡室劳矣㉕。夙兴夜寐㉖，靡有朝矣㉗。言既遂矣㉘，至于暴矣㉙。兄弟不知，咥其笑矣㉚。静言思之，躬自悼矣㉛。

及尔偕老㉜，老使我怨。淇则有岸，隰则有泮㉝。总角之宴㉞，言笑晏晏㉟。信誓旦旦㊱，不思其反㊲。反是不思，亦已焉哉㊳！

【集释】

①氓（méng）：民，男子代称。蚩蚩（chī）：同"嗤嗤"，戏笑貌。②贸：交易。③即：就。谋：商议，指商谈婚事。④顿丘：地名，在今河南清丰县。⑤愆（qiān）期：过期。⑥将（qiāng）：愿。⑦垝垣（guǐ yuán）：二字同义，墙。⑧复关：地名，文中男子居处。⑨涟涟：涕泪下流貌。⑩卜筮（shì）：烧灼龟甲据裂纹以判吉凶，叫"卜"。用蓍（shī）草占卦叫"筮"。⑪体：卦体。咎言：不吉之言。⑫贿：财物，指妆奁。⑬沃若：润泽貌。⑭耽（dān）：沉溺，贪乐太甚。⑮说：同"脱"，解脱。⑯陨（yǔn）：落下。⑰徂（cú）：往。⑱食贫：过穷日子。⑲汤汤（shāng）：水盛大貌。⑳渐：浸湿。帷裳：车旁布幔。㉑爽：差错。㉒贰：不一。一说"貣（tè）"之误。"貣"同"忒（tè）"，差错。㉓罔极：无常，没定准。㉔二三其德：行为前后不一。㉕靡：无。室劳：家务劳动。㉖兴：起。夙兴夜寐：早起晚睡。㉗靡有朝矣：没有一天不这样，天天如此。㉘言：语助词。既：已经。遂：安定无忧。㉙暴：暴虐。㉚咥（xì）：笑貌。㉛躬：自己。悼：伤心。㉜及：同。偕老：同到老。㉝隰（xí）：低湿地。泮（pàn）：水边。㉞总角：男女未成年时结发成两角，称总角。宴：乐。㉟晏晏（yàn）：和悦貌。㊱旦旦：即怛怛，诚恳貌。㊲不思：想不到。反：反复，变心。㊳已：止。已焉哉：算了吧。

【缵绎】

《毛诗序》："《氓》，刺时也。宣公之时，礼义消亡，淫风大行。男女无别，遂相奔诱。华落色衰，变相背弃。或乃困而自悔，丧其妃偶。故叙事以风焉。美反正，刺淫佚也。"朱熹《诗集传》："此淫妇为人所弃，而自叙其事以道悔恨之意也。"朱朝瑛《读诗略记》："此诗皆寓言也。枉己以徇人者，必有所斥辱之患，故借弃妇以深儆之。"钱澄之《田间诗学》："此改适之妇，挟资适人而失身奸诈之徒，贿尽爱弛，追叙为其所愚，而转念故夫也。"余冠英《诗经选》：弃妇叙其不幸，悔恨与决绝也。笔者以为悔所遇不淑之诗。

诗六章，章十句。一、二章私约成婚，三章追悔自陷情网，四、五章男方负情背德，六章抒自怨与无奈。全诗主赋以叙事，比兴以抒情，借淇水构筑全篇，"送子涉淇，至于顿丘"，写相恋时之依依；"淇水汤汤，渐车帷裳"，写弃后返家之怅怅；"淇则有岸，隰则有泮"，喻无奈追忆之盈盈，可谓水为心流，命随淇转，悲喜缠绵，萦回不息。篇首"氓之蚩蚩"，篇中"咥其笑矣"，结尾"言笑晏晏"，可谓笑以终始，而无限悲怆，蕴于其间。总角信誓，私订终身，相奔为妇，夙兴夜寐，色衰爱弛，至暴见弃，"此女始终为情误，固非私奔失节者比，特其一念之差，所托非人，以至不终，徒为世笑。士之无识而失身以事人者何以异？是故可以为戒也。"（方玉润《诗经原始》）"枉己以徇人者，必有所斥辱之患，故借弃妇以深儆之。"（朱朝瑛《读诗略记》）皆言外之意也。牛运震《诗志》："称之曰氓，鄙之也；曰子曰尔，亲之也；曰复关，讳之也；曰士，欲深斥之而谬为贵之也。称为变换，俱有用意。""末章将始末情事通身打摺一番，无情不集，无笔不转，缭绕惝恍，催心动魄，古骚怨诗之绝调也。"扬之水《诗经别裁》："论'三百篇'之'赋'，《氓》总可以归入上乘。"袁玉姎、唐莫尧《诗经全译》："为后世《琵琶行》《长恨歌》以及《孔雀东南飞》等名篇之所本。"

竹　竿

籊籊竹竿①，以钓于淇。岂不尔思②？远莫致之③。
泉源在左④，淇水在右。女子有行⑤，远兄弟父母。
淇水在右，泉源在左。巧笑之瑳⑥，佩玉之傩⑦。
淇水滺滺⑧，桧楫松舟⑨。驾言出游⑩，以写我忧⑪。

【集释】

①籊籊（tì）：竹长而锐。②尔思：想念你。③致：到达。④泉源：即百泉，在卫之西北，东南流入淇水。⑤有行：出嫁。⑥瑳（cuō）：玉色鲜白，此指露

齿巧笑状。⑦傩（nuó）：通"娜"。婀娜。一说行动有节奏貌。⑧滺滺（yōu）：水荡漾貌。⑨桧：木名，柏科。楫：船桨。⑩言：语助词。⑪写：通"泻"，排解。

【缵绎】

《毛诗序》："《竹竿》，卫女思归也。适异国而不见答，思而能以礼者也。"季本《诗说解颐》："卫之男子因所私之女既嫁，思之而不可得，故作此诗。"何楷《诗经世本古义》："许穆夫人念卫也。"丰坊《诗说》："宋桓夫人之媵和《泉水》而作。"吴懋清《毛诗复古录》：卫之贤者仕于异国，卫国招之，托女子远嫁以达不忘之义。牟庭《诗切》："卫姬自请和亲。"杨任之《诗经译注》：已嫁女思归也。袁梅《诗经译注》：妻思夫也。笔者以为卫女思归之诗。

诗四章，章四句。首章忆淇水垂钓，因以思亲，而路途遥远，追之难及。次章忆远嫁异国他乡，而淇水犹恍若目前。三章忆淇水游乐，环佩盈耳，宛若人在；四章泛舟淇水，悠悠不尽思念之情，无以泻之，出游消忧。盖持竿钓淇，则人在此间，钓之者，欲致之也，而阻于远，故嗟于长竿之难及。而源泉淇水之间，尚念兹在兹，而时不待人，远嫁有行，已远父母兄弟矣。回想当初之游淇水，笑貌瑳佩宛在，而逝者如斯。如今唯念扁舟往迎于茫茫淇水烟波之上，而终无处可觅旧迹矣。聊以此写心中之忧，而忧岂能卒尽写哉？贺贻孙《诗触》："忽钓忽游，忽见泉源，忽对淇水，忽笑声与水声相间，忽玉色与波色相映，思方所结，惝恍迷离，甚妙甚妙。"方玉润《诗经原始》："盖其局度雍容，音节圆畅，而造语之工，风致嫣然，自足以擅美一时。""仙骨姗姗，风韵欲绝。"

芄 兰

芄兰之支①，童子佩觿②。虽则佩觿，能不我知③。容兮遂兮④，垂带悸兮⑤。芄兰之叶，童子佩韘⑥。虽则佩韘，能不我甲⑦。容兮遂兮，垂带悸兮。

【集释】

①芄（wán）兰：亦名女青，学名萝藦，荚实倒垂如锥形。支：通"枝"。②觿（xī）：象骨制解结用具，形同锥，可作装饰品，成人佩饰。③能：而。

知：智。④容：佩刀。遂：通"璲（suì）"，佩玉。一说容、遂，舒缓悠闲之貌。⑤悸：惊惧。带摆动貌。⑥韘（shè）：象骨制钩弦用具，著于右手拇指，射箭时用于钩弦，俗称"扳指"。⑦甲（xiá）：同"狎"，亲昵。

【缵绎】

《毛诗序》："《芄兰》，刺惠公也。骄而无礼，大夫刺之。"辅广《诗童子问》："刺其上之人童孺无知。"刘玉汝《诗缵绪》："叹卫国小学之教不讲。"丰坊《诗说》："刺霍叔也，以童僭成人之服，比其不度德量力，而助武庚作乱。"季本《诗说解颐》："世俗父兄不能教童子习幼仪，而躐等以骛高远也。"吴懋清《毛诗复古录》："卫之国子弟有不循教者，作是歌以诲之。"方玉润《诗经原始》："讽童子以守分也。"徐绍桢《学寿堂诗说》："惠公初即位，以童子而佩成人之觿，行国君之礼，其大夫作诗美之，欲勉其进德耳。"高亨《诗经今注》：刺童子早婚也。朱东润《诗三百篇探故》："疑为女子戏所欢之词。"笔者以为刺惠公骄而无礼之诗。

诗两章，章六句。即景起兴，以芄兰之枝叶比觿、韘。《礼记·内则》：子事父母，左佩小觿，右佩大觿。《说苑·修文篇》亦云"能治烦决乱者佩觿"。《毛传》谓觿为"成人之佩"，佩韘则示"能射御"。故佩觿佩韘之男，内能主家，侍奉父母；外能从政，治事习武。前二句言惠公幼而即位，如芄兰之枝，柔弱而不能举其荚；次二句谓惠公虽当国任，而不能亲贤附下，骄而无礼；末二句摹其进退容遂无礼之状。君不可以明刺，故假童子躐等而婉言之。"'能不我知'，'能不我甲'，讽刺之旨已自明矣。末二语只就童子仪容咏叹一番，而讽意更自悠长。"（牛运震《诗志》）"两章末二句一样，指于人看，其像如此。二'兮'字哑然一笑，肖神语也。"（邓翔《诗经绎参》）戴君恩《读诗臆评》："妙在以赞叹为嘲谑。"

河　广

谁谓河广？一苇杭之①。谁谓宋远？跂予望之②。
谁谓河广？曾不容刀③。谁谓宋远？曾不崇朝④。

【集释】

①苇：芦苇所编之筏子。杭：通"航"，渡过。②跂（qì）：通"企"，踮起

脚尖。予：犹"而"。③曾：乃，竟。刀：舠，小舟。④崇：终。终朝：从天明到早饭时。

【缵绎】

《毛诗序》："《河广》，宋襄公母归于卫，思而不止，故作是诗也。"王质《诗总闻》："此宋人而侨居卫地者也。欲归必有嫌不可归。"陈奂《诗毛氏传疏》：宋桓夫人望宋救卫也。牟庭《诗切》："卫之遗民喜宋桓公逆诸河也。"崔述《读风偶识》："宋女嫁于卫，思归宗国，而以义自闲之诗。"陈子展《诗经直解》："流行卫宋民间，言两相去不远，水陆密迩之歌谣。"笔者以为宋桓夫人望宋救卫之诗。

诗二章，章四句。两问两答，一问河广，二问宋远。以河广比宋远。一答河易渡，二答宋极近。总是盼宋桓公渡河来救之意，跂望、崇朝，既写望来救之情益烈，又写来救之时益近，慰人自慰，造语微妙。"当时卫有狄人之难，宋襄公母归在卫，见其宗国颠覆，君灭国破，忧思不已，故篇内皆叙其望宋渡河救卫，辞甚急也。未几，而宋桓公逆诸河，立戴公以处曹。则此诗之作，自在逆河之前。《河广》作而宋立戴公矣，《载驰》赋而齐立文公矣。《载驰》许诗，《河广》宋诗，而系于鄘卫之风，以二夫人于其宗国，皆有存亡继绝之思，故录之。"（陈奂《诗毛氏传疏》）（按：郑玄《毛诗传笺》："宋桓公夫人，卫文公之妹，生襄而出。襄公即位，夫人思宋，义不可往，故作诗以自止。"此说亦通，见人伦亲情，而陈奂说见家国大义，故特取其说。）方玉润《诗经原始》："飘忽而来，起最得势，语亦奇秀可歌。"吴闿生《诗义会通》："笔势空灵，意在言外。"陈震《读诗识小录》："意在笔先，悲寄言外。"邓翔《诗经绎参》："古诗'盈盈一水间，脉脉不得语'，唐诗'本来银汉是红墙，隔断卢家白玉堂'，俱从此翻出。"

伯 兮

伯兮朅兮①，邦之桀兮②。伯也执殳③，为王前驱④。
自伯之东⑤，首如飞蓬⑥。岂无膏沐⑦？谁适为容⑧！
其雨其雨⑨，杲杲出日⑩。愿言思伯⑪，甘心首疾⑫。

焉得谖草⑬？言树之背⑭。愿言思伯，使我心痗⑮。

【集释】

①伯：老大，或女子称丈夫。朅（qiè）：勇武貌。②桀（jié）：同"杰"，英杰。③也：语助词。殳（shū）：古兵器，杖类。竹制，长丈二无刃。④前驱：先锋。⑤之：往。⑥首：头。蓬：草名。飞蓬：喻头发散乱。⑦膏：润发油。沐：洗头。膏沐：化妆用之油脂。⑧适（dí）：悦。为容：修饰容貌。⑨其：语助词。此处有祈求意。⑩杲杲（gǎo）：明貌。⑪愿言：犹"愿然"，沉思貌。⑫甘心：情愿。首疾：头痛。⑬焉：何，哪里。谖（xuān）：忘。谖草：萱草，忘忧草（笔者按：旧谓谖草即萱草，非也。谖，忘也。萱何忘之有？今人因之者，讹久成俗也。）。⑭树：种植。背：古同"北"。指屋子北面，北堂，或称后庭。⑮痗（mèi）：病。

【缵绎】

《毛诗序》："《伯兮》，刺时也。言君子行役，为王前驱，过时而不反焉。"朱熹《诗集传》："妇人以夫久从征役而作是诗。"今之学者多从此说。傅恒、孙嘉淦等《诗义折中》："美思妇也。"方玉润《诗经原始》："思妇寄出征夫以词也。"笔者以为妇人思夫久役之诗。

诗四章，章四句。"通篇以思伯二字为主，一章念夫之才，二章明己之志，三四章则极其忧思之苦而言之。"（陈百先《诗经备旨嗜凤详解》）"始则首如飞蓬，发已乱矣，然犹未至于病也。继则甘心首疾，头已痛矣，而心尚无恙也。至于使我心痗，则心更病矣。其忧思之苦何如哉！"（方玉润《诗经原始》）"忧思之极，不信世间有忘忧之草可树北堂。前章甘心首疾，此章即心痗亦所不辞。盖思之不能解，亦竟不欲解也。宁愿己以思伯之故至于生病，而祈祝伯之无恙，意在言外。"（钱澄之《田间诗学》）征夫久役不归，妇人思以怨时也。姚舜牧《重订诗经疑问》："曲尽人情，语亦次第。"陈继揆《读诗臆补》："'谖草'二句，奇思妙绪，起灭无端。"陈震《读诗识小录》："语直而味深，唐人闺怨诸名作，逊此一格。"

有　狐

有狐绥绥①，在彼淇梁②。心之忧矣，之子无裳。

有狐绥绥，在彼淇厉③。心之忧矣，之子无带。
有狐绥绥，在彼淇侧。心之忧矣，之子无服。

【集释】

①绥绥：慢走貌。②梁：桥。③厉：水边浅滩。

【缵绎】

《毛诗序》："《有狐》，刺时也。卫之男女失时，丧其妃偶焉。古者国有凶荒，则杀礼而多婚，会男女之无夫家者，所以育人民也。"朱熹《诗集传》："国乱民散，丧其妃偶，有寡妇见鳏夫而欲嫁之，故托言有狐独行而忧其无裳也。"季本《诗说解颐》：妇人拒淫也。丰坊《诗说》："国乱民贫，君子伤之。"何楷《诗经世本古义》："齐桓公思恤卫也。"张次仲《待轩诗记》：忧征夫无衣也。钱澄之《田间诗学》：伤逃散之卫遗民也。牟庭《诗切》："童子宦学于卫，盖其母寄诗戒之也，以卫多女闾也。"吴懋清《毛诗复古录》：忧卫妖狐当道也。陈子展《诗经直解》："民间旷男怨女之作。"另有猎夫见狐思情人说。笔者以为伤乱悯贫之诗。

诗三章，章四句。三章皆以"有狐绥绥"起兴兼比。"首言有狐而不言其人，此藏头语也。末言无裳，而不言愿为缝裳，此盖脚语也。"（陈继揆《读诗臆补》）人情一日不再食则饥，终岁不制衣则寒，无匹则不能久安其处。盖狐涉在大寒之时，古人婚嫁必于秋冬农隙之际，民乃无衣无服，怨女旷夫，各失配偶，无以家室，遭丧乱也，故诗人为之心忧而三叹之。"言难言之意者，莫妙于托辞，首二句托辞也。文气一咽，然'有'字'在'字已见心情，如世俗所云看在眼里者。已而萌于心而未萌于言，故下二句就所托之辞，而复言之。突下'忧'字，言若无端，意则已露矣。至随其所处之境，皆念其所无，而随其所无之物，皆关我之忧，不啻将本意全盘托出，而实轻妙无迹，以其为托辞也。"（陈震《读诗识小录》）牛运震《诗志》："托言无裳，语浅而意深。"

木 瓜

投我以木瓜①，报之以琼琚②。匪报也，永以为好也③。
投我以木桃④，报之以琼瑶。匪报也，永以为好也。

投我以木李⑤，报之以琼玖。匪报也，永以为好也。

【集释】

①投：投送。木瓜：落叶灌木，果实椭圆，色黄而香，蒸煮或蜜渍后食用，与今粤桂闽台等地所产番木瓜非一物。②琼琚（jū）：美玉，下"琼玖""琼瑶"同。③好：爱。④木桃：果名，即楂子，比木瓜小。⑤木李：果名，即榠楂，又名木梨。与木瓜相似，比木瓜大，色黄。

【缵绎】

《毛诗序》："《木瓜》，美齐桓公也。卫国有狄人之败，出处于漕，齐桓公救而封之，遗之车马器物焉。卫人思之，欲厚报之，而作是诗也。"朱熹《诗集传》："疑亦男女相赠答之词。"今人多从之。陈乔枞《鲁诗遗说考》："臣下思报礼而作。"牟庭《诗切》："刺贿也。"刘沅《诗经恒解》："朋友相赠之诗。"方玉润《诗经原始》："讽卫人以报齐也。"陈子展《诗经直解》："薄施厚报之诗。"笔者以为藏愿以泄愤之诗。

诗三章，章四句。语句重叠，意谓若人投我以木瓜之微，我必当以琼瑶之厚报之；非是以此为报，欲结永世之好也。则无人投我以微，故我不报以厚，是其弦外之音，此不得愿而泄愤之诗也。"厚施而薄偿之，有余怀焉；薄施而厚偿之，有余矜焉。故以琼琚絜木瓜，而木瓜之薄见矣；以木瓜絜琼琚，而琼琚之厚足以矜矣。见薄于彼，见厚于此，早已挟匪报之心而责其后。故天下之工于用薄者，未有不姑用其厚者也。而又从而矜之曰：'匪报也，永以为好也'，报之量则已逾矣。……恶仍之而无嫌，聊以塞夫人之口，则琼琚之用，持天下而反操其左契，险矣！"（王夫之《诗广传》）发诗旨无余韵矣。"《木瓜》，有藏愿而未得达也，因《木瓜》之报，以喻其悁者也。"（李学勤《〈诗论〉简的编联与复原》）此孔子论《木瓜》之语。悁，心不安而忧愤。"藏愿"，即抑人扬己之愿，明言"非报也，永以为好也"，实藏厚报于己之图谋也。《孔丛子·记义》：孔子读《诗》及《小雅》，喟然叹曰：吾于《木瓜》见苞苴之礼行也。"苞苴"本指包裹，后为送礼结好、贿赂之代称。孔子曰："放于利而行，多怨。"苞苴之礼，《木瓜》之愿，放于利而行者也。"《木瓜》得以为厚乎？以《木瓜》为厚，而人道之薄亟矣。"（王夫之《诗广传》）牛运震《诗志》："惠有大于木瓜者，却以木瓜为言，是降一格衬托法；琼瑶足以报矣，却说匪报，是进一层翻剥法。"陈继揆《读诗臆补》："末二句不更一字，今传奇合唱，犹本诸此。"邓翔《诗经绎参》："张平子《四愁诗》云：'美人赠我金错刀，何以报之英琼瑶'，直袭步邯郸于此。"

【卫风小结】

《卫风》十篇。"说者谓郑、卫之俗淫靡，今观卫诗十篇，无一淫者。首篇美武公之德，为列国所罕有。次赞隐者自乐，三颂庄姜之美且贤，皆极一时之秀。即宋桓夫人，虽被出归卫，而慈淑守礼，不可谓非贤妇人。他如《伯兮》寄远，《木瓜》报德，皆雅驯可歌，未见其为靡靡之音也。"（方玉润《诗经原始》）

《礼记·经解》："故婚姻之礼废，则夫妇之道苦，而淫辟之罪多矣。"《汉书·礼乐志》："郑卫之声兴则淫辟之化流。"《邶》《鄘》《卫》三风，《邶风》惟《日月》《终风》凄以诡，《静女》《新台》婉以谐，而《鄘风》半数刺淫之作，辞直而肆；以《卫风》最为雅正，无淫辟之词。论者以郑卫并举，谓之淫靡，岂以刺宣姜诸作及《桑中》数诗耶？然皆编入《邶》《鄘》。邶鄘既为卫并，岂以卫统而言之乎？然卫有宣姜，卫之大不幸也。

国风·王风

"王,谓周东都洛邑王城畿内方六百里之地。在《禹贡》豫州大华、外方之间。北得河阳,渐冀州之南也。周室之初,文王居丰,武王居镐。至成王、周公始营洛邑,为时会诸侯之所。以其土中,四方来者道里均故也。自是谓丰镐为西都,洛邑为东都。至幽王嬖褒姒,生伯服,废申后及太子宜臼。宜臼奔申,申侯怒,与犬戎攻宗周,弑幽王于戏。晋文侯、郑武侯迎宜臼于申而立之,是为平王。徙居东都王城。于是王室遂卑,与诸侯无异,故其诗不为雅而为风。然其王号未替也,故不曰周而曰王。其地则今河南府及怀孟等州是也。"(朱熹《诗集传》)约今河南洛阳、偃师、巩县、温县、沁阳、济源、孟津一带。

"《王》何不列于《二南》之后,而序于三卫之末?三卫者,殷故都也,首之见变风所由始。王城者,周东辙也,次之识王政所由衰。是二者皆变风之首,而世道之升降亦寓焉。"(方玉润《诗经原始》)

黍 离

彼黍离离①,彼稷之苗②。行迈靡靡③,中心摇摇④。知我者谓我心忧,不知我者谓我何求。悠悠苍天⑤!此何人哉?

彼黍离离,彼稷之穗。行迈靡靡,中心如醉。知我者谓我心忧,不知我者谓我何求。悠悠苍天!此何人哉?

彼黍离离,彼稷之实。行迈靡靡,中心如噎⑥。知我者谓我心忧,不知我者谓我何求。悠悠苍天!此何人哉?

【集释】

①黍:糜子。离离:行列貌。②稷:高粱。③迈:行远。靡靡:犹迟迟,

缓慢貌。④摇摇：同"愮愮"，心忧无定貌。⑤悠悠：犹"遥遥"。⑥噎（yē）：咽喉闭塞貌，言深忧也。

【缵绎】

　　《毛诗序》："《黍离》，闵宗周也。周大夫行役，至于宗周，过故宗庙宫室，尽为禾黍。闵周室之颠覆，彷徨不忍去，而作是诗也。"郑玄《毛诗传笺》："宗周，镐京也，谓之西周。周，王城也，谓之东周。幽王之乱而宗周灭，平王东迁，政遂微弱，下列于诸侯。"韩婴《韩诗故》：伯封忧伯奇也。申培《鲁诗故》："寿闵其兄伋之且见害，作忧思之诗。"朱郁仪《诗故》："闵东迁之失谋也。"牟庭《诗切》："咏公子寿与其兄伋争死以相让也。"吴懋清《毛诗复古录》："东周王室内骚动，不能自强以伸大义，惟使大夫并聘索贡于诸侯，行者苦之，因作是歌。"余冠英《诗经选译》：流浪者诉忧思也。程俊英《诗经译注》：迁都者难舍家园也。笔者以为闵宗周之诗。

　　诗三章，章八句。取黍稷为象，赋兼比兴。行役过镐京，见彼黍离离，不胜萋萋之情。感伤宗周昔日之盛，故行迈靡靡；睹彼稷苗与穗实，而心中摇摇，如醉如噎。"摇摇者，神魂之无主也；如醉者，意绪之俱迷也；如噎者，愤气之填满胸臆也。"（焦琳《诗蠲》）知我者，自知我何以心忧，而不知我者谓我将何以求。苍天悠悠，何人致今日之周衰，而何人可以复振当日之盛耶？"章首二句咏物，后六句写情，惟三、四句自肖形神，觉此时此身茫无着落处，深心国事，尚有斯人。"（邓翔《诗经绎参》）"周之王业，公刘开拓之于豳，太王创造之于岐，文王光大于丰，武王成就于镐，皆在西都八百里之内。其土地则先王之土地，其人民则先王之人民也。为子孙者，正当以死守之而不去，今乃无故举八百里之旧都弃之，而即安于东，平王亦可谓不君矣。行役之大夫，苟无所见则已，既已见之，而且忧之，且追怨之，岂容付之无可奈何而已邪？谓宜请于平王，泣血尝胆，号令诸侯，整师缉旅，克复旧业。"（朱善《诗解颐》）稷，其社稷之谓乎？睹其苗而穗而实，则是想国由兴至盛，而心中愮愮，如醉如噎，似寓微言。至若欲克复旧业，此或弦外意，亦揣度意，不可迹求也。王心敬《诗经说》："通篇不指一实事实地实人，而故国沦废之况，触目伤心之感与夫败国基祸之恨，一一于言表托出。"牛运震《诗志》："此诗纯以意胜，其沉痛处不当于文词求之。后人诗如'山川满目泪霑衣''六朝如梦鸟空啼'之类，徒伤代谢而已，固无此怀古深情也。'谓我何求'四字，说尽人世浅薄，一'求'字误人，直到君国之义漠不相关，可惧哉！"方玉润《诗经原始》："三章只换六字，而一往情深，低回无限。此专以描摹虚神擅长，凭吊诗中绝唱也。唐人刘沧、许浑怀古诸诗，往往迹袭其音调。"

君子于役

君子于役①，不知其期。曷至哉②？鸡栖于埘③，日之夕矣，羊牛下来。君子于役，如之何勿思！

君子于役，不日不月④。曷其有佸⑤？鸡栖于桀⑥，日之夕矣，羊牛下括⑦。君子于役，苟无饥渴⑧？

【集释】

①君子：古时妻敬称夫。于：往。役：戍边。②曷：何。至，归。③埘(shí)：凿墙成鸡窠。④不日不月：不可计算时日。亦即"不知其期"另一说法。⑤有：又。佸(huó)：相聚。⑥桀(jié)：亦作"榤""橜"，鸡所栖横木。⑦括：通"佸"，会。⑧苟：且，或许。

【缵绎】

《毛诗序》："《君子于役》，刺平王也。君子行役无期度，大夫思其危难以风焉。"孔颖达《毛诗注疏》："在家之大夫，思君子僚友在外之危难。"朱熹《诗集传》："大夫久役于外，其室家思而赋之。"朱郁仪《诗故》"伤周弱也。"丰坊《诗传》"戍者不归，室家思怨。"姚际恒《诗经通论》"此妇人思夫行役之作。"笔者以为怨行役无度之诗。

诗二章，章八句。纯用赋，开头二句引起本事，言君子久役于外，三句忽然问其何时能归。下三句写眼前夕阳西下，牛羊归圈，鸡栖于埘之景，似答非答，寄心中所思。末二句反诘，加重忧思之情：一章言不得不思，就己心着眼；二章细言饮食，就役者落笔。不知其期，故思之深。思之深，故怨之亦深也。全诗无一怨字，而无处不怨，此真所谓《诗》可以怨"也。陈震《读诗识小录》："语质而情深，言近而味深。"戴君恩《读诗臆评》："情景俱绝。"方玉润《诗经原始》："傍晚怀人，真情真境，描写如画。晋、唐人田家诸诗，恐无此真实自然。"胡绍曾《诗经胡传》："此诗关捩，句句幽析，字字绵邈。点叙景物处，疑阅仙摩诘，从此苗芽。每章两唤'君子'，真泣孤嫠之魂梦。'日之夕矣'，置上下句间，写景奇绝。前末句怀情，如行空天马，忽然顿足。后末句撇开千绪，更进一筹，抚臆添怀，无聊可奈。先辈有善读东坡《屈到嗜芰论》者，以为转折之妙，一生用之不尽。如此诗击节数过，为骚为赋，当极才情之致矣。"许瑶光《再读诗经四十二首》："鸡栖于桀下牛羊，饥渴萦怀对夕阳。已启唐人闺怨句，最难消遣是黄昏。"

君子阳阳

君子阳阳①，左执簧②，右招我由房③。其乐只且④！
君子陶陶⑤，左执翿⑥，右招我由敖⑦。其乐只且！

【集释】

①阳阳：通"洋洋"，得意貌。②簧：古乐器名，竹制，似笙而大。③由房：一种房中乐。《毛传》："由，用也。国君有房中之乐。"胡承珙《毛诗后笺》："由房者，房中，对庙朝言之。人君燕息时所奏之乐，非庙朝之乐，故曰房中。"一说由房即游放。④只且（jū）：语助词。⑤陶陶：快乐貌。⑥翿（dào）：羽旄制舞具，扇形。⑦由敖：舞曲名，即骜夏。马瑞辰《毛诗传笺通释》："敖，疑当读为骜夏之骜，《周官·钟师》：奏九夏，其九为骜夏。"朱熹《诗集传》："骜，舞位也。"一说"敖"同"遨"，游。

【缵绎】

《毛诗序》："《君子阳阳》，闵周也。君子遭乱，相招为禄仕，全身远害而已。"朱熹《诗集传》："疑亦前篇妇人所作。盖其夫既归，不以行役为劳，而安于贫贱以自乐，其家人又识其意而深叹美之。"丰坊《诗说》："景王好音而士遂习音，君子讽之。"何楷《诗经世本古义》："刺王子颓也。"朱郁仪《诗故》："君子为贫而仕卑官也。"邓元锡《诗绎》："贤隐也。"方玉润《诗经原始》："贤者自乐仕于伶官也。"吴懋清《毛诗复古录》：乐工讽平王忘不共戴之仇也。蓝菊荪《诗经今译》：妇人思征夫也。马盈持《诗经今译今注》：咏乐舞之诗。金启华《诗经全译》：情人乐相与游也。笔者以为闵周之诗。

诗二章，章四句。分别以君子阳阳、陶陶起兴。"阳阳，自得。陶陶，自乐之状。皆不任忧责，全身自乐而已。"（程颢《程子遗书》）二章各取歌舞画面，左、右重言奏"由房"、舞"由敖"房中之乐，"人君有房中之乐，此贱事耳。然君子居之，又且相招而乐之，则以贱为乐矣。君子以贱为乐，则其贵者不可居也。虽有贵位而君子不居，则周不可辅矣。此所以悯周也。"（苏辙《诗集传》）"诗有韵只三句，末一句在长哦之后，另缀一句，似不在吟韵中，而意之所归正在诗后之微旨。"（邓翔《诗经绎参》）牛运震《诗志》："读之有逸宕不群之概。"

扬之水

扬之水①，不流束薪②。彼其之子③，不与我戍申④。怀哉怀哉⑤！曷月予还归哉⑥？

扬之水，不流束楚⑦。彼其之子，不与我戍甫⑧。怀哉怀哉！曷月予还归哉？

扬之水，不流束蒲⑨。彼其之子，不与我戍许⑩。怀哉怀哉！曷月予还归哉？

【集释】

①扬：激扬。一说悠扬。②束薪：一捆柴。③彼其之子：那个人。④戍：守。申：古国名，在今河南唐河县南。⑤怀：思念。⑥曷：何。予：我。⑦楚：荆条。⑧甫：甫国，即吕国，在今河南南阳县西。⑨蒲：蒲柳。⑩许：古国名，在今河南许昌市。

【缵绎】

《毛诗序》："《扬之水》，刺平王也。不抚其民而远屯戍于母家（按：指申国)，周人怨思焉。"欧阳修《诗本义》："周人以出戍不得更代而怨思尔。"王质《诗总闻》：役夫远戍而数归期也。徐绍桢《学寿堂诗说》："戍者之家，思其征人。"笔者以为戍卒怨思之诗。

诗三章，章六句。均以"扬之水"起兴。薪、楚、蒲皆柴草之微物，申、甫、许皆姜姓之小国，首二句"曰激扬之水其力弱不能流移于束薪，犹东周政衰不能召发诸侯，独使国人远戍，久而不得代尔。"（欧阳修《毛诗本义》）二句言彼其之子，不与我戍申、戍甫、戍许，则是瓜代不来，归期无望，故末二句反复问归期而深怨叹之。其所以致戍卒怨诘，"以征调不均，瓜代又难必耳。夫征调不均则劳逸异势，瓜代难必则生聚无期，不惟小民怨咨，亦足见秉国者之措置乖方，筹谋未善。若宗周形胜，则岂谋是哉？"（方玉润《诗经原始》）"哀思厉响"（牛运震《诗志》），耐人寻味。

中谷有蓷

中谷有蓷①，暵其干矣②。有女仳离③，嘅其叹矣④。嘅其叹矣，遇人之艰难矣。

中谷有蓷，暵其脩矣⑤。有女仳离，条其歗矣⑥。条其歗矣，遇人之不淑矣⑦。

中谷有蓷，暵其湿矣⑧。有女仳离，啜其泣矣⑨。啜其泣矣，何嗟及矣。

【集释】

①蓷（tuī）：益母草。②暵（hàn）：干燥貌。③仳（pǐ）离：别离。④嘅（kǎi）：叹。⑤脩（xiū）：长，一说干枯。⑥条：长。歗（xiào）：同"啸"，号。⑦不淑：无善。⑧湿：指长于湿处之蓷。⑨啜：抽噎。

【缵绎】

《毛诗序》："《中谷有蓷》，闵周也。夫妇日以衰薄，凶年饥馑，室家相弃尔。"苏辙《诗集传》："旱之所难及也。"王质《诗总闻》："夫妇既无食，不难相有而相舍，指此物以寄意也。"朱熹《诗集传》："凶年饥馑，室家相弃，妇人览物起兴，而自述其悲叹之辞也。"许谦《诗集传名物钞》："以贫而仳妻，始怨而终悔也。"朱郁仪《诗故》："女子自伤不能赒其母家也。"方玉润《诗经原始》："悯嫠妇也。"吴懋清《毛诗复古录》：征夫妻怨王不恤也。牟庭《诗切》："丑妇弃其夫也。"余冠英《诗经选》：悯贫妇被弃也。笔者以为伤时之诗。

诗三章，章六句。张介宾《本草正》："益母草，性滑而利，善调女人胎产诸证，故有益母之号。"每章开头皆以谷中枯蓷（益母草）起兴；草枯可入药，而女子被弃，何益之有？谷中蓷干、脩、湿，仳离之女则叹、歗、泣，累章增尤，添其悲情。"此诗三章，言物之暵，一节急一节。女之怨恨者一节急一节。

始曰遇人之艰难，怜其穷也。中曰遇人之不淑，怜其遭凶祸也。终曰何嗟及矣，夫妇既已离别，虽怨嗟亦无及也。饥馑而相弃，有哀矜恻怛之意焉。"（谢枋得《传说汇纂》）"范氏曰：'世治则室家相保者，上之所养也。世乱则室家相弃者，上之所残也。其使之也勤，其取之也厚，则夫妇日以衰薄，而凶年不免于离散矣。伊尹曰：匹夫匹妇不获自尽，民主罔与成厥功。故读诗者于一物失所，而知王政之恶。一女见弃，而知人民之困。周之政荒民散，而将无以为国，于此亦可见矣。'"（朱熹《诗集传》）邓翔《诗经绎参》："相弃因饥馑，饥馑因旱，事不宜直叙，而倒追出之。见意在末句，妙于结构。"牛运震《诗志》："叠句促节，得欷歔之神。"

兔爰

有兔爰爰①，雉离于罗②。我生之初，尚无为③；我生之后，逢此百罹④。尚寐无吪⑤！

有兔爰爰，雉离于罦⑥。我生之初，尚无造⑦；我生之后，逢此百忧。尚寐无觉！

有兔爰爰，雉离于罿⑧。我生之初，尚无庸⑨；我生之后，逢此百凶。尚寐无聪⑩！

【集释】

①爰爰：犹"缓缓"，宽纵貌。②离：遭。罗：网。③为：指徭役。④罹：忧。⑤尚：犹"庶几"。无吪（é）：不说话。⑥罦（fú）：覆车网。⑦造：指兵役。⑧罿（tóng）：捕鸟网。⑨庸：用，指劳役。⑩聪：闻。

【缵绎】

《毛诗序》："《兔爰》，闵周也。桓王失信，诸侯背叛，构怨连祸，王师伤败，君子不乐其生焉。"朱熹《诗集传》："周室衰微，诸侯背叛，君子不乐其生，而作此诗。"丰坊《诗说》："赵鞅杀苌弘，周人伤之而作是诗。"牟庭《诗切》："成人刺平王也。"方玉润《诗经原始》："伤乱始也。"闻一多《风诗类钞》："苦于劳役而思死也。"陈白介《诗经选译》：恶暴政也。金启华《诗经全译》：叹乱世也。笔者以为伤乱之诗。

诗三章，章七句。各章首二句均以兔、雉作比。兔性狡猾，喻小人；雉性耿介，喻君子。罗、罦、罿，皆为捕鸟兽之网，既可罗雉，也可捕兔。诗云网雉纵兔，意小人逍遥，君子遭难。各章中间四句，以"我生之初"与"我生之后"作比：昔无徭役、劳役、兵役，今遭百罹、百忧、百凶，念旧厌时，溢于言表。各章尾句寓愤于哀：生于斯世，莫若长睡不醒。"'无吪''无觉''无聪'者，亦不过不欲言、不欲见、不欲闻已耳。……迨东都既迁……而王纲逾坠，天下乃从此多故。……故不如长睡不醒之为愈耳。迨至长睡不醒，一无闻见，而思逾苦。"（方玉润《诗经原始》）乱世之音，"可堪一哭。"（朱守亮《诗经评释》）牛运震《诗志》："读此诗，如闻老人说开元天宝年间事。"陈震《读诗识小录》："离合顿挫，哀音激节。"方玉润《诗经原始》："词意凄怆，声情激越，阮步兵专学此种。"谢无量《诗经研究》："此与宋人'安得山中千日醉，酩然直到太平时'同一心境。"

葛藟

绵绵葛藟①，在河之浒②。终远兄弟③，谓他人父④。谓他人父，亦莫我顾⑤。
绵绵葛藟，在河之涘⑥。终远兄弟，谓他人母。谓他人母，亦莫我有⑦。
绵绵葛藟，在河之漘⑧。终远兄弟，谓他人昆⑨。谓他人昆，亦莫我闻⑩。

【集释】

①葛藟（lěi）：野生藤蔓。②浒：水边。③终：既。远：弃。兄弟：指家人。④谓：喊。⑤顾：理睬。⑥涘（sì）：水边。⑦有：通"友"，友爱。⑧漘（chún）水边。⑨昆：兄。⑩闻：同"问"，问候。

【缵绎】

《毛诗序》："《葛藟》，刺平王也。周室道衰，弃其九族焉。"朱熹《诗集传》："世衰民散，有去其乡里家族，而流离失所者，作此诗以自叹。"崔灵恩《集注毛诗》："王族刺桓王也。"马瑞辰《毛诗传笺通释》："诗盖以葛藟能庇本根，兴王宜推恩族亲。"邓翔《诗经绎参》：拜干父母而不为所顾也。傅恒、孙嘉淦等《诗义折中》："刺不睦也。"牟庭《诗切》："赘子词也。"陈子展《诗经直解》：孤儿乞食之歌。笔者以为怨世衰民散无所依傍之诗。

诗三章，章六句。葛为藤本，附乔木则可与之具高，今绵绵而延于河边，本根虽在，而无所依傍。诗人以之比况身世，远离兄弟，漂泊异乡，举目无亲，莫可因依？即使腼颜谓他人为父母昆弟，亦莫人肯为顾念，处境艰难，则其穷也甚矣！民情如此，则世道之浇漓可知。"每章以物有所托，兴人失所依。三'终'字隐痛，三'亦'字微讽，流离之状，恍然在目。"（高朝璎《诗经体注图考大全》）牛运震《诗志》："乞儿声，孤儿泪，不可多读。"方玉润《诗经原始》："沉痛语，不忍卒读。"糜文开、裴普贤《诗经欣赏与研究》："虽非诗史，自属诗史。直可抵得杜工部《三吏》《三别》诸篇。"

采 葛

彼采葛兮①，一日不见，如三月兮。
彼采萧兮②，一日不见，如三秋兮③。
彼采艾兮④，一日不见，如三岁兮。

【集释】

①彼：那。葛：一种蔓生植物，块根可食，茎可制纤维。②萧：植物名，即青蒿。有香气，古时用于祭祀。③秋：通常一秋为一年，后又专指秋三月。此指九个月。④艾：菊科植物名，叶可供药用、针灸。

【缵绎】

《毛诗序》："《采葛》，惧谗也。"朱熹《诗集传》："盖淫奔者托以行也。"吴懋清《毛诗复古录》：喻平时蓄养人才，临进方获其用。牟庭《诗切》："刺人娶妻而不出也。"姚际恒《诗经通论》："当作怀友之诗可也。"徐绍桢《学寿堂诗说》"征夫在外，其家人不免望远相思耳。"郑方坤《经稗》："贤者见弃而思君之作也。"闻一多《风诗类钞》男子怀思女子也。陈子展《诗经直解》："极言相思迫切一种情绪之比喻诗。"笔者以为忧时之诗。

诗三章，章三句。各章只易二字，亦兴亦比。葛可以衣食，所以足衣养，尽民用也。萧可致祭，国之大事，在祀与戎，祭以备礼也。艾可以疗疾，治疾在信，民信而可治也。故一日不采葛，如逾三月之久，有饥也。一日不采萧，如逾三秋之长，失序也。一日不采艾，如逾三岁之远，无信也。三章层进，所谓信有大于礼,礼有大于食者。"子贡问政。子曰:'足食,足兵,民信之矣。'子贡曰:'必不得已而去,于斯三者何先?'曰:'去兵。'子贡曰:'必不得已而去,于斯二者何先?'曰:'去食。自古皆有死,民无信不立。'"(《论语·颜渊》)为国者衣养不济,祭礼不备,难为民信,则国事堪忧,是所深警戒耳。周蒙、冯宇《诗经百首译释》:"语言朴实,出于信口;感情率真,毫不做作。"袁梅《诗经译注》:"丝丝入微,回环宛转。"方玉润《诗经原始》:"雅韵欲流,遂成千秋佳语。"

大 车

大车槛槛①,毳衣如菼②。岂不尔思?畏子不敢③。
大车啍啍④,毳衣如璊⑤,岂不尔思?畏子不奔⑥。
穀则异室⑦,死则同穴⑧。谓予不信,有如皦日⑨!

【集释】

①槛槛:车行声。②毳(cuì)衣:兽毛所织衣,大夫之服。菼(tǎn):初生之荻。③畏:怕。子:所思之人。④啍啍(tūn):车行重缓貌。⑤璊(mén):红色玉。⑥奔:逃跑。⑦穀:生。⑧穴:墓穴。⑨皦(jiǎo):同"皎",明亮。

【缵绎】

《毛诗序》:"《大车》,刺周大夫也。礼仪陵迟,男女淫奔,故陈古以刺今,大夫不能听男女之讼焉。"刘向《烈女传·贞顺篇》:息夫人不事二夫之绝命词。朱熹《诗集传》:淫奔者畏大夫之诗。朱郁仪《诗故》:"商者之妇寄其夫也。"何楷《诗经世本古义》:"美息妫以丑楚子也。"丰坊《诗说》:"征人行役而讯其室外家。"张次仲《待轩诗记》"妻为夫所弃,誓死不嫁。"牟庭《诗切》"贞妇约与夫同死也。"方玉润《诗经原始》:"征夫叹也。"吴懋清《毛诗复古录》:女嫁必待亲迎也。徐绍桢《学寿堂诗说》:"大夫巡行在外,其家人不相见,能以礼自守,寄所思诗耳。"傅斯年《诗经讲议稿》:"男女相爱,不敢同奔,矢以同死。"袁梅《诗经译注》:男子誓忠贞也。笔者以为征夫叹时思家之诗。

诗三章,章四句。前两章先言征夫着红衣随大车缓缓而行,行路迈迈亦如思人之情,既悠且沉。次言如此沉重邈远之行,何不一逃了之?盖有所畏也。

何畏？畏子也。子者何？所思之人也。何以畏之？有室不欲弃而独逃也。周衰世乱，征伐不一，而军纪如铁，征夫一逃而使室家坐罪，故未可率然犯险也。三章自誓见志，千古名句：生不同罗帐死同坟，此情有如天上日，千秋万载不容污！然此行之后，或恐永无聚期，时势可知，是所叹焉。朱守亮《诗经评释》："末章四句，沉郁至切，真挚感人，可泣鬼神。"吴闿生《诗义会通》："末章沉郁至切，杜公《三吏》《三别》所本。"

丘中有麻

丘中有麻①，彼留子嗟②。彼留子嗟，将其来施施③。
丘中有麦，彼留子国④。彼留子国，将其来食⑤。
丘中有李，彼留之子⑥。彼留之子，贻我佩玖⑦。

【集释】

①丘：丘陵，土山。麻：植物，可以制衣。②留：遗留。一说通"刘"。子嗟：《集传》："子嗟，男子之字也。"③将（qiāng）：请。施施：徐行貌。一说喜悦貌。④子国：男子字。⑤来食：就我而食。⑥之子：并指前二人。⑦贻（yí）：赠。玖：黑色美石。

【缵绎】

《毛诗序》："《丘中有麻》，思贤也。庄王不明，贤人放逐，国人思之，而作是诗。"朱熹《诗集传》："淫奔者之词。"王质《诗总闻》："避难之人，为在野之家所匿，以佩玖赠之，言其恩可长感也。"朱郁仪《诗故》："商者答《大车》也。"何楷《诗经世本古义》：讽桓公处于留与桧君夫人通也。魏源《诗古微》：美郑桓公父子也。吴懋清《毛诗复古录》：宴子嗟兄弟也。牟庭《诗切》"遗民祭忠臣也。"方玉润《诗经原始》："招贤偕隐也。"闻一多《风诗类钞》：情人幽会也。程俊英《诗经译注》：女子述定情也。笔者以为招贤偕隐之诗。

诗三章，章四句。各章以丘中有麻、有麦、有李起兴，言彼贤者隐于丘中，"麻可以绩而衣，麦可以种而食，李可以相馈遗。"（方玉润《诗经原始》）首章末望贤者来偕隐，次章末望贤者来同食，三章"贻我佩玖"以显志。"佩玖"美饰也，亦喻美德。谓世虽乱，犹有此美德可久佩也。贤者见世之衰，以葆其风仪美度，所以乐其天年也。姜炳璋《诗序文义》："此诗传神在叠句，结穴在第三章末句。"

【王风小结】

《王风》十篇。皆乱离之作，室家相弃，戍卒怨作，征夫叹时，君子失位，小人得势，贤者隐遁，民人流离，国是日非，"东都一徙，王纲不复再振。国虽未亡，而下等列侯，其与覆亡者相去几何哉？无怪其音哀以思，不止怨而怒矣。后世杜甫遭天宝大乱，故其中有《无家别》《垂老别》《哀江头》《哀王孙》等篇，与此先后如出一辙。杜作人称'诗史'，而此册实开其先。读《王风》者，能无俯仰慨叹于其际哉？"（方玉润《诗经原始》）

国风·郑风

"郑,邑名。本在西都畿内咸林之地。宣王以封其弟友为采地。后为幽王司徒,而死犬戎之难,是为桓公。其子武公掘突,定平王于东都,亦为司徒。又得虢、桧之地。乃徙其封而施旧号于新邑,是为新郑。咸林,在今华州郑县;新郑,即今之郑州是也。"(朱熹《诗集传》)郑国原在今陕西华县西北,周室东迁,徙于河南新郑,即今郑州、荥阳、登封、新郑一带。

"郑初封固在西周圻内地,即新徙亦密迩东都,故观《风》首殷、周三都外,即次及于郑焉。"(方玉润《诗经原始》)

缁 衣

缁衣之宜兮①,敝予又改为兮②。适子之馆兮③,还予授子之粲兮④。
缁衣之好兮,敝予又改造兮。适子之馆兮,还予授子之粲兮。
缁衣之席兮⑤,敝予又改作兮。适子之馆兮,还予授子之粲兮。

【集释】

①缁(zī)衣:黑衣。《周礼·考工记》:"三入为纁,五入为緅,七入为缁。注:染纁者三入而成,又再染以黑则为緅,又复再染以黑乃成缁。"孔颖达曰:"缁衣,即《士冠礼》所云'玄冠,朝服、缁带、素韠'是也。卿士旦朝于王,服皮弁,不服缁衣,退适治事之馆,释皮弁而服以听其所朝之政也。"宜:合身。②敝:破旧。予:而。为:制。与下造、作同义。③适:往。馆:官舍。④还:回来。授:给。粲:餐。一说新。⑤席:宽舒。《毛传》:"席,大也。"

【缵绎】

《毛诗序》:"《缁衣》,美武公也,父子立为周司徒,善于其职。国人宜之,故美其德，以明有国善善之功也。"《孔子丛》："孔子曰：于《缁衣》见好贤之至。"牟庭《诗切》："刺待士无恩。"今人多谓为情诗。笔者以为美好贤之诗。

诗三章，章四句。复沓联章，直赋其事。"宜""好""席"示缁衣之合身，喻贤者堪当此任；敝，明指衣破旧，暗指事不当其才，故"改为""改造""改作"，授之以"粲"，喻上者量其才而奖赏。"始之厚者不能保其终之不薄，始之勤者不能保其终之不怠。惟《缁衣》之好贤不然。其'改造''改作'既始终之无间，而'适馆''授粲'复前后之如一。衣欲其常新，粟欲其常继，仪弄欲其常接乎目，议论欲其常接乎耳。殷勤缱绻，久而不厌，所以为'好贤之至'尔。"（季本《诗说解颐》）"罗贤以礼不以貌，亲贤以道尤以心。贤所以乐为用，而共面辅国宏猷。国人好之，形诸讴歌，写其好贤无倦之心，殆将与握发吐哺先后相映，为万世美谈，此《缁衣》之诗所由作也。"（方玉润《诗经原始》）牛运震《诗志》："两折两韵，婉曲风流。""妙于用转，叠复不厌。"陈继揆《读诗臆补》："短长杂奏，为后世杂言之祖"，"敝字一句，还字一句，诗家折腰句之祖。"

将仲子

将仲子兮①，无逾我里②，无折我树杞③。岂敢爱之④？畏我父母。仲可怀也，父母之言，亦可畏也。

将仲子兮，无逾我墙，无折我树桑。岂敢爱之？畏我诸兄。仲可怀也，诸兄之言，亦可畏也。

将仲子兮，无逾我园，无折我树檀。岂敢爱之？畏人之多言。仲可怀也，人之多言，亦可畏也。

【集释】

①将（qiāng）：请。仲子：犹言"老二"。②无：不要。逾：越过。里：五家为邻，五邻为里。里外有墙。"逾里"言越过里墙。③树杞：杞树，柜柳。④爱：吝惜。

【缵绎】

《毛诗序》："《将仲子》，刺庄公也。不胜其母，以害其弟。弟叔失道而公弗制，祭仲谏而公弗听，小不忍以致大乱焉。"郑樵《诗辨妄》："淫奔之诗，无与于庄公叔段之事。"王柏《诗疑》："此乃淫奔改行之诗也。"刘沅《诗经恒解》："叔段恃爱谋乱，庄公又纵而陷之，爱段者为此诗以谏也。"方玉润《诗经原始》："讽世以礼自持也。"吴懋清《毛诗复古录》：武公之妹拒仲任也。崔述《读风偶识》：拒恃势以强者也。今人多谓为情诗。笔者以为讽世以礼自持之诗。

诗三章，章八句。各章以呼告语"将"字引领，全是女子心语，纯写其心意耳。逾里折杞、逾墙折桑、逾园折檀，仲子赴约由远及近；畏父母、畏诸兄、畏人之多言，与女子血缘由近及远。"岂敢爱之""仲可怀也"各宕一笔，欲爱不能，欲弃不忍，而犹能以礼自持。此诗托意民间男女相爱慕之辞，然其义有合于圣贤守身大道……夫使人心无所畏，则富贵功名孰非可怀而可爱？惟一能以理制其心，斯能以礼慎其守。故或非义之当前，心虽不能无所动，而惕以人言可畏，即父母兄弟有所不敢欺，则欲念顿消，而天理自在，是善于守身法也。"（方玉润《诗经原始》）陈震《读诗识小录》："婀娜纵送，一波三折，然语不迫而意独至，则愈婉愈严矣，此风人妙境也。"牛运震《诗志》："妙于迭宕，委婉入神。"

叔于田

叔于田①，巷无居人。岂无居人？不如叔也。洵美且仁②。
叔于狩③，巷无饮酒。岂无饮酒？不如叔也。洵美且好。
叔适野④，巷无服马⑤。岂无服马？不如叔也。洵美且武⑥。

【集释】

①叔：古代兄弟次序为伯、仲、叔、季，年岁较小者统称为叔。此指郑庄公弟共叔段。于：去，往。田：同"畋"，打猎。②洵：确实。仁：仁爱谦让。③狩：冬猎曰狩。此处泛指田猎。④适：往。野：郊外。⑤服：乘。⑥武：勇武。

【缵绎】

《毛诗序》："《叔于田》，刺庄公也。叔处于京，缮甲治兵，以出于田，国人说而归之。"欧阳修《诗本义》："诗人言大叔得众，国人爱之。"陈子展《诗经直解》："赞美猎人之歌。"陈白介《诗经选译》："男女相悦之词。"笔者以为刺庄公纵弟田猎之诗。

诗三章，章五句。以赋开篇，次句否定，三句反诘，四句作答，五句述因，自问自答，余味曲包。诗极力摹写叔之游猎无度，骄纵无忌。"叔以国君介弟之亲，京城大叔之贵，其所好者，不应在驰骋弋猎地也，其所交者，更不宜近饮酒服马侪也。而何以日事田猎，至于巷无居人、饮酒、以及服马之不足相胜乎？曰'美且仁''美且好''美且武'者，诗人故为此夸大词以动庄公，使其早为之备。"（方玉润《诗经原始》）则庄公故纵其恶之意可见。陈震《读诗识小录》："平说安能警策，突翻突折，簸弄尽致，文笔最奇。""突奇峭快，《战国策》一派，从此开山。"吴闿生《诗义会通》："故撰奇句而自解释之，文章家之逸致也。"朱守亮《诗经评释》："一疑语，一注解，一回答，有态有式，何等笔法。"

大叔于田

叔于田，乘乘马①。执辔如组②，两骖如舞③。叔在薮④，火烈具举⑤。袒裼暴虎⑥，献于公所⑦。"将叔勿狃⑧，戒其伤女⑨！"

叔于田，乘乘黄⑩。两服上襄⑪，两骖雁行。叔在薮，火烈具扬。叔善射忌⑫，又良御忌⑬。抑磬控忌⑭，抑纵送忌⑮。

叔于田，乘乘鸨⑯。两服齐首，两骖如手。叔在薮，火烈具阜⑰。叔马慢忌，叔发罕忌⑰，抑释掤忌⑱，抑鬯弓忌⑲。

【集释】

①田：同"畋"，打猎。乘（chéng）乘（shèng）：前"乘"为动词，后者为名词。古时一车四马叫一乘。②组：织带平行排列。③骖（cān）：驾车四马，外侧两马。如舞：如跳舞行列齐整。④薮（sǒu）：低湿多草木沼泽地。⑤烈："迾"假借。火迾，打猎时放火烧草，遮断野兽逃路。具：同"俱"。举：起。⑥袒裼（tǎn tì）：脱衣袒身。暴：通"搏"。⑦公所：君王宫室。⑧将

（qiāng）：请，愿。狃（niǔ）：习、熟练。无狃：不要因为熟练而大意。⑨戒：警惕。女：通"汝"。⑩黄：黄马。⑪服：驾车四马，中间两马。襄：同"骧"，马头昂起。⑫忌：语尾助词。⑬良御：善驾马。⑭抑：发语词。磬（qìng）控：弯腰如磬，勒马使缓行或停步。⑮纵送：放马奔跑。一说骋马曰磬，止马曰控，发矢曰纵，纵禽曰送。⑯鸨（bǎo）：黑白杂毛马。其色如鸨，故以鸟名马。⑰阜：旺盛。⑱发：发箭。罕：稀少。⑲释：打开。掤（bīng）：箭筒盖。⑳鬯（chàng）：同"韔"，弓囊，此处做动词。鬯弓：将弓收入弓袋。

【缵绎】

《毛诗序》："《大叔于田》，刺庄公也。叔多才而好勇，不义而得众也。"朱熹《诗集传》："盖叔多才好勇，而郑人爱之如此。"牟庭《诗切》："刺滥驾君车也。"邓荃《诗经国风译注》：美武士田猎也。蒋立甫《诗经选注》：美猎夫也。笔者以为刺庄公纵弟恃勇之诗。

诗三章，章十句。纯用赋体。首章初猎搏虎，言其壮勇；次写驱车逐兽，状其善御；三章猎毕，摹其从容。"初猎之时，其火乍举；正猎之际，其火方扬；末章猎毕将归，持炬照路，火当更盛。"（胡承珙《毛诗后笺》）"陈其善射御之等是多才也，袒裼暴虎是好勇也，火烈具举是得众也。"（孔颖达《毛诗注疏》）"天下无全才也。善用才者，因其才而用之，使之各遂其才，而不至为恶，况骨肉之间乎！叔段武勇，射艺可以绝人，暴虎献公，非生而欲叛者。庄公不能善教之以成其材，又不能善用之以全其才，而使陷于恶，诗人流连咏叹，惜叔实刺公也。"（刘沅《诗经恒解》）"此诗与前篇同为刺庄公纵弟游猎之作，且前篇虚写私游，此篇从猎，而愈矜其勇也。诗曰：'袒裼暴虎，献于公所。'暴虎危事，太叔至亲，而叔以此骄其兄，则恃勇无君之心已可概见。庄公时不惟不怒其无礼，而且劳而慰之曰：'将叔勿狃，戒其伤女。'岂真爱之耶？实纵之以蹈于危耳！诗人窥破此隐，故特咏之，以为诛心之论。如《春秋》书法，微意所在也。"（方玉润《诗经原始》）戴君恩《读诗臆补》："炳琅雄骏，纵之则锦绣齐铺，按之则金针密度。又如淮阴将兵，虽复多多，纪律不爽。"孙鑛《批评诗经》："傲然有挟风霜意，便是战国后侠气发轫。诵之，想见其豪举自肆状。"姚际恒《诗经通论》："描摹工绝，铺张亦复淋漓尽致，便为《长扬》《羽猎》之祖。"

清 人

清人在彭①，驷介旁旁②。二矛重英③，河上乎翱翔④。
清人在消⑤，驷介麃麃⑥。二矛重乔⑦，河上乎逍遥。
清人在轴⑧，驷介陶陶⑨。左旋右抽⑩，中军作好⑪。

【集释】

①清：郑国城邑，在今河南中牟县西南。彭：郑国地名，在黄河边上。②驷：驾车之四马。介：甲。驷介：一车驾四马披甲。旁旁：同"彭彭"，强壮有力貌。③矛：酋矛、夷矛。英：即"缨"。重英：以朱羽为矛饰，二矛树车上，遥遥相对，重叠相见。④翱翔：指驾战车遨游。⑤消：黄河边郑国地名。⑥麃麃（biāo）：英勇威武貌。⑦乔：借为"鷮"（jiāo），长尾野鸡，此指以鷮羽为矛缨。⑧轴：黄河边郑国地名。⑨陶陶：驱驰貌。⑩左旋右抽：御者在车左，执辔御马；勇士在车右，执兵击刺。旋，转车。抽，拔刀。⑪中军：古三军为上军、中军、下军，中军之将为主帅。作好：作做。

【缵绎】

《毛诗序》："《清人》，刺文公也。高克好利而不顾其君，文公恶而欲远之，不能，使高克将兵而御狄于境。陈其师旅，翱翔河上，久而不召，众散而归，高克奔陈。公子素恶高克进之不以礼，文公退之不以道，危国忘师之本，故作是诗也。"牟庭《诗切》："刺弃师也。"蓝菊荪《诗经今译》：刺清邑之人也。邓荃《诗经国风译注》：讽士兵游荡也。蒋立甫《诗经选注》：赞清邑军训也。笔者以为刺郑文公弃其师之诗。

诗三章，章四句。纯用赋法，重叠铺陈。各章前三句略点清人在彭、在消、在轴，转而浓墨渲染操练场面。战马披甲，不可谓不雄壮；战车插矛，不可谓不威武，似凛然不可犯者。至末句，迅转笔头，言于河上逍遥游逛，耍弄刀枪；将帅无事，消磨时光。画龙点睛，揭出本相，"诗人之意微婉如此。"（姚际恒《诗经通论》）"胡氏曰：人君擅一国之名宠，生杀予夺，唯我所制耳。使高克不臣之罪已著，按而诛之可也。情状未明，黜而退之可也。爱惜其才，以礼驭之亦可也。乌可假以兵权，委诸境上，坐视其离散而莫之恤乎！《春秋》书曰：

'郑弃其师。'其责之深矣！"（朱熹《诗集传》）陈震《读诗识小录》："笔外有神，神味无穷。"

羔 裘

羔裘如濡①，洵直且侯②。彼其之子，舍命不渝③。
羔裘豹饰④，孔武有力⑤。彼其之子，邦之司直⑥。
羔裘晏兮⑦，三英粲兮⑧。彼其之子，邦之彦兮⑨。

【集释】

①羔裘：羔羊皮裘，古大夫朝服。濡（rú）：柔而有光泽。②洵：的确。直：顺。侯：美。③舍：处。渝：变。④豹饰：用豹皮装饰皮袄袖口。⑤孔：甚，很。⑥司直：官名。掌管劝谏君主过失。⑦晏（yàn）：鲜盛貌。⑧三英：豹皮镶袖口，有三道边。粲：显明。⑨彦：美士。

【缵绎】

《毛诗序》："《羔裘》，刺朝也。言古之君子，以风其朝焉。"朱熹《诗集传》："盖美其大夫之辞，然不知其所指矣。"何楷《诗经世本古义》：美郑大夫叔詹也。丰坊《诗传》：美郑相子皮也。姚舜牧《重订诗经疑问》：美郑相子产也。郝懿行《诗问》："美直也。"牟庭《诗切》："刺俗士得贵仕也。"蓝菊荪《诗经今译》：刺土皇帝也。笔者以为颂古君子以讽郑大夫之诗。

诗三章，章四句。前二句写衣，言羔皮朝服润泽鲜艳；后二句婉转，言衣斯服者，当具威武勇毅之才德。"舍命不渝"者，临利害而不变也；"邦之司直"者，刚毅有力而能独任国是也；"邦之彦兮"者，文采高标也。"《诗》所称'彼其之子'，如《王风·扬之水》《魏风·汾且洳》《唐风·椒聊》《曹风·侯人》，皆刺。则此诗恐非美之，三章末二句皆有责望之意，若曰彼其之子能称是服而无愧者乎？"（朱鹤龄《诗经通义》）"古代之君子皆称其服也。郑之大夫所服之裘非不粲然可观，而察看其为人琐琐碌碌，非所当服而服焉。诗人不显攻之，而思古人以寓规警之意，知彼之为优，则知此之为劣，所谓辞不迫切而意独至也。"（袁燮《洁斋毛诗经筵讲义》）牛运震《诗志》："似粘似脱，有神无迹。"

遵大路

遵大路兮①，掺执子之祛兮②。无我恶兮，不寁故也③！
遵大路兮，掺执子之手兮。无我魗兮④，不寁好也⑤！

【集释】

①遵：同"循"，沿着。②掺（shǎn）：拉。祛（qū）：衣袖。③寁（zǎn）：速离。故：故人。④魗（chǒu）：同"丑"，厌恶。⑤好：旧好。

【缵绎】

《毛诗序》："《遵大路》，思君子也。庄公失道，君子去之，国人思望焉。"朱熹《诗序辨说》："此淫乱之诗。"何楷《诗经世本古义》："周公卿欲留郑庄公也。"郝懿行《诗问》："民间夫妇反目，夫怒欲去，妇惧而挽之。"戴君恩《读诗臆评》：妻子送别丈夫之诗。姚际恒《诗经通论》："故旧于道左言情，相和好之辞"。今人或谓弃妇劝夫、情诗恋歌。笔者以为劝留君子之诗。

诗二章，章四句。"遵大道"三字挈领全篇，大路即大道、达道，赋中有兴，兴中有比。掺祛执手，无我恶丑，不寁故好，似以情语出之，于挽留声中戛然而止，深有言外之意。"武公之朝，盖多君子矣。至于庄公，尚权谋，专武力，气象一变。左右前后无非祭仲、高渠弥、祝聃之徒也。君子安得不去乎？'不寁故也'，'不寁好也'，诗人岂徒勉君子迟迟其行也？感于事变而怀其旧者亦深矣！"（吕祖谦《吕氏家塾读诗记》）"郑庄公失道，君子舍之而去，盖出于不得已。诗人思念君子，而望其留为国计。忠厚之意见之终篇，诚为恳切也。"（范处义《诗补传》）"遵大道"三字，含多少感叹！"而诗不言念先王，但曰'无我恶兮'者，词婉而意愈深耳！"（方玉润《诗经原始》）陈震《读诗识小录》："上二句有风萧水寒之气，下二句见倾心吐胆之情，音曼而悲，此《离骚》之开山也。"牛运震《诗志》："恩怨缠绵，意态中千回百折"，"相送还成泣，只三四语抵过江淹一篇《别赋》。"

女曰鸡鸣

女曰鸡鸣，士曰昧旦①。子兴视夜②，明星有烂③。将翱将翔④，弋凫与雁⑤。

弋言加之⑥，与子宜之⑦。宜言饮酒，与子偕老。琴瑟在御⑧，莫不静好⑨。

知子之来之⑩，杂佩以赠之⑪。知子之顺之⑫，杂佩以问之⑬。知子之好之⑭，杂佩以报之。

【集释】

①昧：黑。旦：亮。昧旦：天将亮未亮时。②兴：起。视夜：观察夜色。③明星：即金星、启明星。有烂：犹"烂烂"，明亮。④翱翔：鸟飞貌。⑤弋（yì）：缴射。以丝系矢以射。凫（fú）：野鸭。⑥言：语助词。加：射中。⑦与：犹"为"。宜：所宜。指烹调菜肴。⑧御：用。指弹奏。⑨静好：安静和乐。⑩子：指夫。来：劳，勤勉。⑪杂佩：《诗集传》："杂佩，左右佩玉也。上横曰珩，下系三组，贯以蠙珠。中组之半贯一大珠，曰瑀。末悬一玉，两端皆锐，曰冲牙。两旁组半各悬一玉，长博而方，曰琚。其末各悬一玉，如半璧而内向，曰璜。又以两组贯珠，上系珩，两端下交贯于瑀，而下系于两璜。行则冲牙触璜而有声也。吕氏曰：非独玉也。觹燧箴管，凡可佩者皆是也。"⑫顺：顺从，体贴。⑬问：赠送。⑭好：爱。

【缵绎】

《毛诗序》："《女曰鸡鸣》，刺不说德也。陈古义以刺今，不说德而好色也。"欧阳修《诗本义》："古贤夫妇相警戒以勤生之语。"王质《诗总闻》："君子喜结客，妇人又好客，惟恐君子不得良友也。"郝懿行《诗问》："美贤妇也。"牟庭《诗切》："思配而诔之也。"钱澄之《田间诗学》：劝夫偕隐也。姚际恒《诗经通论》：贤夫妇相敬爱也。闻一多《风诗类钞》："乐新婚也。"笔者以为美贤妇警夫成德之诗。

诗三章，章六句。"观其词义，'子兴视夜'以下，皆妇人之词。首章勉夫以勤劳，次章宜家以和乐，三章则佐夫以亲贤乐善而成其德。妇人之职于是乎尽，而可不谓之贤乎？"（方玉润《诗经原始》）"诗叙其勤职业，和家庭，亲贤善，凡所以相夫之美，无不备焉。"（刘沅《诗经恒解》）"家道兴于儆勤，妇职成于和敬，德业资于仁贤，兹三善也，又皆出妇人之意，述以美之。"（郝懿行《诗问》）"此诗不惟变风之正，直可与《关雎》《葛覃》鼎足而三。何者？《关雎》新婚，《葛覃》归宁，此则相夫以成内助之贤，房中雅乐，缺一不备也。"（方玉润《诗经原始》）刘瑾《诗传通释》："此诗意思甚好，读之使人有不知手舞足蹈者。"吴闿生《诗义会通》:"旧评云:脱口如生,传神之笔。"

有女同车

有女同车,颜如舜华①。将翱将翔②,佩玉琼琚③。彼美孟姜④,洵美且都⑤。有女同行,颜如舜英⑥。将翱将翔,佩玉将将⑦。彼美孟姜,德音不忘⑧。

【集释】

①舜:木槿。落叶灌木,五月开紫红或白色花。华:同"花"。②翱翔:飞貌。③琼琚:美玉。④孟姜:《毛传》:"齐之长女。"排行最大称孟,姜是齐国国姓。后世孟姜也作美女通称。此指文姜。⑤洵:确实。都:闲雅。⑥英:花。⑦将将(qiāng):同"锵锵",玉石碰击声。⑧德音:好品德与好声誉。

【缵绎】

《毛诗序》:"《有女同车》,刺忽也。太子忽尝有功于齐,齐侯请妻之;齐女贤而不娶,卒以无大国之助,至于见逐,故国人刺之。"欧阳修《诗本义》:"诗人极陈齐女之美如此,而忽不为美,反娶于他国,是所美非美也。"范处义《诗补传》:"诗人悯其(按:指郑忽)当立无助,咎其辞婚,盖专为无助而设。"朱熹《诗集传》:"此疑亦淫奔之诗。"钱澄之《田间诗学》:"国人因忽之见逐,惜其娶陈女而辞齐婚,失大国之援,故为此诗。"徐绍桢《学寿堂诗说》:"此诗明明言亲迎之礼,而忽实无亲迎之事,则非刺忽之不娶甚明。"傅恒、孙嘉淦等《诗义折中》:"劝好德也。"方玉润《诗经原始》:"讽郑太子忽以婚齐也。"闻一多《风诗类钞》:"记亲迎也。"朱守亮《诗经评释》:"婚者美其新妇之诗。"今人或谓情诗恋歌。笔者以为劝好德之诗。

诗二章,章六句。同车、同行,亦赋亦兴亦比,暗指可结秦晋之好,可同行百年。舜花佩玉,比女子外貌美丽,风度娴雅。"夫曰'同车',则有御轮之礼;曰'佩玉',则有距步之节;曰'孟姜',则本齐族之贵。"(方玉润《诗经原始》)而舜华朝荣暮落,喻色易衰老;"德音不忘",言德实长久,宜为所重。"女有妇德兼妇容,而夫之于妇则不可色与德并重。色与德并重,久则重色而忘其德矣。夫忘其德则妇不修德而以色为媚。上必以此荒于政,下必以此荒于业,非细故也。《同车》之诗,虽颜如舜华,而所不忘者专在德音,能轻色而重德,故圣人有取焉。"（傅恒、孙嘉淦等《诗义折中》）吴闿生《诗义会通》："'将翔'句，《神女》《洛神》诸赋所祖。"

山有扶苏

山有扶苏①，隰有荷华②。不见子都③，乃见狂且④。
山有桥松⑤，隰有游龙⑥，不见子充⑦，乃见狡童⑧。

【集释】

①扶苏：同扶疏，指大树枝叶茂盛貌。②隰（xí）：低洼湿地。荷华：荷花。③子都：古代美男子名。④狂：狂妄。且（jū）：助词，者。一说拙、钝也。狂且：狂行拙钝之人。⑤桥：通"乔"，高大。⑥游：枝叶舒展貌。龙："茏"假借。即水荭、红蓼。一年生草本，夏秋开白色或淡红色花。⑦子充：古代人名。代指良人。⑧狡童：狡狯少年。

【缵绎】

《毛诗序》："《山有扶苏》，刺忽也。所美非美然。"欧阳修《诗本义》："刺郑忽不能依托大国以自安全。"朱熹《诗集传》："淫女戏其所私者。"王质《诗总闻》：媒妁以美相欺妇人，相见仍不如所言，怨怒之辞。丰坊《诗说》：子良忧郑灵公任嬖人狂狡也。方玉润《诗经原始》："刺世美非所美也。"高亨《诗经今注》：女子适野见恋人，却遭恶少调戏。程俊英《诗经译注》：女怨无如意夫也。杨任之《诗经今译今注》：女子戏谑男子之词。笔者以为刺世美非美之诗。

诗二章，章四句。首二句皆亦兴亦比。山有大树，宜也；隰有花草，当也。世所谓"子都""子充"者，如山树隰花，皆足当称而为宜也。而今所见之所谓"子都""子充"者，乃狂且、狡童也。故世所谓美者未必真美，世所谓是者未必定是，名与实不称也。是非混则妍媸莫辨，真假淆则名实不符，世态人情，于焉可见。前二句寓理于景，后二句直陈轻蔑，亦庄亦谐，讽意宛然。牛运震《诗志》："比物点衬鲜泽。"

萚　兮

萚兮萚兮①，风其吹女②。叔兮伯兮，倡予和女③。

萚兮萚兮，风其漂女④。叔兮伯兮，倡予要女⑤。

【集释】

①萚（tuò）：草木脱落之皮叶。②女：同"汝"，指萚。③倡：带头唱。女：同"汝"，指叔伯。④漂：同"飘"，吹动。⑤要（yāo）：成，和。凡乐节一终为一成，故要亦和。

【缵绎】

《毛诗序》："《萚兮》，刺忽（按：指郑昭公）也。君弱臣强，不倡而和也。"严粲《诗缉》："此小臣有忧国之心，呼诸大夫而告之。"朱熹《诗集传》："此淫女之词。"何楷《诗经世本古义》："郑人思出突而纳忽也。"丰坊《诗说》："郑庄公卒，公子争立而齐楚交伐，忠臣忧之，欲相率献谋以救其国。"范家相《三家诗拾遗》：群臣结党避祸也。傅恒、孙嘉淦等《诗义折中》："劝晋急郑民也。"徐绍桢《学寿堂诗说》："忽自知国事危急，呼其臣子，共图挽救之耳。"牟庭《诗切》："刺老猾也。"吴懋清《毛诗复古录》："此喜其同声相应，同气相求，而作是歌。"今人或谓情歌、民间集体歌舞诗、落叶之歌、扬场之歌。笔者以为讽朝臣共扶国危之诗。

诗二章，章四句。只易二字，首句起兴兼比，重复呼告，其境已悲，及"风其吹（漂）女"，悲悼伤怀，无限感慨。后二句翻出一层，于风吹萚落中，呼唤倡者。"言此槁叶在柯，风将吹汝不能久矣。天大风则槁木无不落，喻国难则大夫皆不安。祸将及矣，岂可坐视以为无与于己，而不相与扶持之乎？叔伯诸大夫，其亟图之！汝倡我则我和汝矣。谓患无其倡，不患无和之者也。"（严粲《诗缉》）"盖小臣有忧国之心，而无救君之力；大臣有扶危之力，而无急难之心。当此国是日非，主忧臣辱之秋，而徒为袖手旁观者盈廷皆是。以故义奋忠贞不见诸大臣而激于下位也。"（方玉润《诗经原始》）牛运震《诗志》："悲壮苍凉，如闻鸡起舞，中流击楫。牢落痛哭，一片秋声商调。"

狡　童

彼狡童兮①，不与我言兮。维子之故②，使我不能餐兮。
彼狡童兮，不与我食兮。维子之故，使我不能息兮③。

【集释】

①狡童：狡猾少年。指郑昭公忽身边小人。②子：指郑昭公忽。维：因为。③息：安。

【缵绎】

《毛诗序》："《狡童》，刺忽也。不能与贤人共事，权臣擅命也。"王安石《诗义》：贤者不忍去忽也。范处义《诗补传》："狡童指祭仲。"严粲《诗缉》：狡童正指忽所用之人。何楷《诗经世本古义》："郑人忠于忽者之辞。"朱熹《诗集传》："此亦淫女见绝而戏其人之词。"朱郁仪《诗故》："刺突之与雍纠为谋以杀祭仲也。"牟庭《诗切》："刺贵人忘故友也。"吴懋清《毛诗复古录》："披猖为狡，稚幼为童。为师保者，伤辅导之无由。"今人或谓女子失恋、情人相谑词。笔者以为忧君为群小所弄之诗。

诗二章，章四句。纯用赋。首章彼"不与我言"，则"我不能餐"，是食之无味；次章彼"不与我食"，则"我不能息"，是寝之难安。叙事渐进，忧权臣擅命，君为宵小所弄之意加深。"忽所美非美，以狡童为贤而信用之，不与贤人图事。贤者忧之，不欲斥忽，而斥其所用之人也。为告忽方之，故指狡童为彼而称忽为子曰：彼狡狯之童，少不更事，恃权宠而侮老成，故不与我言也。彼狡童不足恤，吾惟忧君之故，恐为所误，至于不能餐也。"（严粲《诗缉》）陈继揆《读风臆补》："若忿，若憾，若谑，若真，情之至也。"

褰 裳

子惠思我①，褰裳涉溱②。子不我思③，岂无他人？狂童之狂也且④！
子惠思我，褰裳涉洧⑤。子不我思，岂无他士⑥？狂童之狂也且！

【集释】

①惠：爱。②褰（qiān）：提起。裳：裙。溱（zhēn）：水名，源出今河南省密县。③不我思：即不思我。④也且（jū）：语尾助词。⑤洧（wěi）：水名，源出今河南省登封县。⑥士：青年男子。

【缵绎】

《毛诗序》："《褰裳》，思见正也。狂童恣行，国人思大国之正己也。"朱熹

《诗集传》："淫女语其所私者。"戴溪《续吕氏家塾读诗记》："贤者去其君，思而未忘也。"丰坊《诗传》："子良（按：郑灵公弟）去国，不忘谏君，赋《褰裳》。"傅恒、孙嘉淦等《诗义折中》："刺无信也。"方玉润《诗经原始》："思正见于益友也。"牟庭《诗切》：答《狡童》也。今人多谓情人谑词、女子负气辞或责情人变心诗。笔者以为刺无信之诗。

  诗二章，章五句。只易二字，叠章重意。谓若彼思我，则我自能褰裳涉溱洧而来，若不思我，则我岂无他人可交？末句谓以为我徒尔不交者，真狂妄无知之见也。"不守信义而轻于向背。此如人之与人交者，思则从之，不思则背之，是狂童之狂耳。"（傅恒、孙嘉淦等《诗义折中》）"诗义本未显斥，而特托为男女之词以风也。"（刘沅《诗经恒解》）孙鑛《批评诗经》："狂童之狂也且，语势拖靡，风度绝胜。"

丰

  子之丰兮①，俟我乎巷兮②，悔予不送兮③。
  子之昌兮④，俟我乎堂兮⑤，悔予不将兮⑥。
  衣锦褧衣⑦，裳锦褧裳。叔兮伯兮⑧，驾予与行⑨。
  裳锦褧裳，衣锦褧衣。叔兮伯兮，驾予与归⑩。

【集释】

  ①丰：丰满。②俟（sì）：等。巷：门外。③送：从行。致女曰送，亲迎曰逆。④昌：强壮。⑤堂：客堂。古代婚姻六礼：纳采（男家请媒人向女方提亲）、问名（女方答应议婚后男方请媒人问女子名字、生辰等，并卜于祖庙以定凶吉）、纳吉（卜得吉兆后即与女方订婚）、纳征（又称纳币，男方送聘礼到女方家）、请期（男方携礼至女方家商定婚期）、亲迎（婚期之日男方迎娶女子至家）。⑥将：迎。⑦衣（yì）锦褧衣（yī）：衣（yì），穿。褧（jiǒng），麻纱做单罩衣，即披风。⑧叔、伯：指亲迎之人。⑨行（háng）：往。⑩归：回。一说指女子出嫁。

【缵绎】

  《毛诗序》："《丰》，刺乱也。婚姻之道缺，阳倡而阴不和，男行而女不随。"苏辙《诗集传》："君子亲迎而妇人有异志不从者,既而所与为异不终,故追念其君子云尔。"王柏《诗疑》："淫奔之诗。"何楷《诗经世本古义》："美贞女也。"朱朝瑛《读诗略记》:刺臣怀二心也。朱郁仪《诗故》:"志悔恨也。"吴懋清《毛诗复古录》:访贤不就后许之。傅恒、孙嘉淦等《诗义折中》:"思从晋也。"郝懿行《诗问》:"美有礼也。"牟庭《诗切》:"谢慢也。"方玉润《诗经原始》:"悔仕进不以礼也。"姚际恒《诗经通论》:"女子于归自咏。"戴震《诗经补注》:"时俗衰薄,婚姻而卒有变志,非男女之情,乃其父母之惑也,故托为女子自怨之词以刺之。"今人或谓拒婚后悔、情人失约后悔之诗。笔者以为刺乱之诗。

诗四章,前二章章三句,后二章章四句。前两章追忆男子亲迎,女子有异志未从,男子形象在巷而丰,女子自悔不从;男子亲迎在堂而昌,女子自悔不迎。后两章写女子"衣锦褧衣""裳锦褧裳",嫁与他人,故想当时之子之丰昌,复悔当时不送不将。全诗以一"悔"字贯穿,"始也,男子亲迎,女则不从,其失正也如此;及其终也,已失身于他人,欲复从昔日亲迎之男子,其失正也又如此。此诗所以刺之也。"(李樗《毛诗集解》)亲迎之礼在六礼之后,岂有亲迎者已在乎堂,而反不行者?则郑婚姻礼废可知。古者婚姻之礼在父母之命、媒妁之言,此女之悔,在错失丰昌之子,而所嫁之人,必不丰昌可知也。亦可叹焉。牛运震《诗志》:"一意贯穿,结构甚紧。"

东门之墠

东门之墠①,茹藘在阪②。其室则迩,其人甚远。
东门之栗,有践家室③。岂不尔思?子不我即④。

【集释】

①墠(shàn):除草后之旷地。封土为坛,除草为墠。②茹藘(rú lǜ):茜草,可做绛色染料。阪(bǎn):斜坡。③有践:同"践践",行列整齐貌。④即:接近。

【缵绎】

《毛诗序》:"《东门之墠》,刺乱也。男女有不待礼而相奔也。"王质《诗总闻》："盖谋婚而未谐也。"朱熹《诗集传》："思之而未得见之词也。"傅恒、孙嘉淦等《诗义折中》："思隐士也。"姚际恒《诗经通论》："女子贞洁自守。"方玉润《诗经原始》："有所思而未得见也。"牟庭《诗切》："刺女辈空室出游也。"今人多以为情诗恋歌。笔者以为思隐士之诗。

  诗二章，章四句。东门有墠有阪，阪上有茹藘，东门有栗，栗下有室。所思之人即在此室。然而其室虽近，其人甚远。何者？室易近而人不可亲；非人不可亲，乃"子不我即"，所谓咫尺天涯也。盖"贤人不仕而隐于圃，在东门之外除地为墠，植茜于陂，而作室其中。诗人知其贤也，故赋而叹之。以为室在东门，虽若甚迩，而其人则意致甚远，可望而不可即也。"（傅恒、孙嘉淦等《诗义折中》）"岂不尔思"，令人徒生企慕耳。牛运震《诗志》："意象高远，萧然出尘之概。"陈继揆《读诗臆补》："非山非林，若近若远，野景可掬，道味翛然。"孙鑛《批评诗经》："用语工绝，后世情语皆本此！"

风　雨

风雨凄凄[①]，鸡鸣喈喈[②]。既见君子，云胡不夷[③]！
风雨潇潇[④]，鸡鸣胶胶[⑤]。既见君子，云胡不瘳[⑥]！
风雨如晦[⑦]，鸡鸣不已[⑦]。既见君子，云胡不喜！

【集释】

①凄凄：寒凉之意。②喈喈（jiē）：犹"唧唧"，鸡鸣声。③云：发语词。胡：何。夷：平。④潇潇：风急雨骤。⑤胶胶：或作"嘐嘐（jiāo）"，鸡鸣声。⑥瘳（chōu）：病愈。⑦晦：昏暗。⑦已：止。

【缵绎】

《毛诗序》："《风雨》，思君子也。乱世则思君子不改其度焉。"戴溪《续吕氏家塾读诗记》："美君子乱世不改其度，非思君子也。"朱熹《诗集传》："淫奔之女言当此之时见其所期之人而心悦也。"郝懿行《诗问》："思故人也。"俞德邻《佩韦斋辑闻》："逃空谷者，闻人足音，跫然而喜者也"。今人多谓妻与夫久别重逢之作。笔者以为思君子之诗。

  诗三章，章四句。章首二句，皆以风雨鸡鸣起兴，亦赋亦比。风雨凄凄，感觉也；风雨潇潇，听觉也；风雨如晦，视觉也。天由夜晦而晨晦，鸡鸣由声微而声高，情由乍见惊疑而至确信高呼，极精微矣。"言风而且雨，寒凉凄凄然；鸡以守时而鸣，音声喈喈然。此鸡虽逢风雨不变其鸣，喻君子虽居乱世不改其节。今日时世，不复有此人，若既得见而不改其度之君子，云何而得不悦？"（孔颖达《毛诗注疏》）"始正而终邪，始勤而终怠，始明而终昏，皆不常其德也，皆改其度者也。君子则不然，吾有此良心，斯有此度，规矩准绳不可须臾离也。……今郑国之君，弃其有常者，而用其无常者，此诗人之所以思见君子焉。"（袁燮《洁斋毛诗经筵讲义》）"天下之生久矣，一治一乱，天心未有不厌乱者也，民心未有不思治者也。患有治世之才者，或随俗而易其守，或临难而变其节，则以乱易乱而乱无时已矣。故思君子之不改其度也。然君子不改矣，或有时而立于朝，或有时而隐于野；既隐于野，则人无由见焉。故操用人之柄者，必使天下之人皆得见君子，既得见之，夫而后喜可知也。"（傅恒、孙嘉淦等《诗义折中》）李诒经《诗经蠹简》："三章反复咏叹以尽其喜幸之情致，写风雨鸡鸣如在眼前耳畔一般。然其妙处尚不在此。盖两句全是为'云胡'作势，有此一开，则'云胡'句异样精彩，不然，则索然无味矣。"陈震《读诗识小录》："'凄凄'第动于气，'潇潇'则传于声矣；'喈喈'犹清音乍引，'胶胶'则长吭迭赓矣。'夷'则惬怀人之素愿，'瘳'则愈忧世之深衷矣。妙！"方玉润《诗经原始》："此诗人善于言情，又善于即景以抒怀，故为千秋绝调。"

子　衿

青青子衿①，悠悠我心②。纵我不往，子宁不嗣音③？
青青子佩④，悠悠我思。纵我不往，子宁不来？
挑兮达兮⑤，在城阙兮⑥。一日不见，如三月兮！

【集释】

①衿（jīn）：衣领。②悠悠：忧思貌。③宁：难道。嗣：通"贻"，给。④佩：佩玉之绶带。⑤挑、达（táo tà）：往来貌。⑥城阙：城门两边之观楼，今名城门楼。

【缵绎】

《毛诗序》："《子衿》，刺学校废也，乱世则学校不修焉。"（按：孔颖达

《毛诗注疏》:"郑国衰乱不修学校,学者分散,或去或留,故陈其留者恨责去者之辞,以刺学校之废也。"方玉润《诗经原始》:"伤学校废也。"戴溪《续吕氏家塾读诗记》:"教者勤而学者怠,述教者之辞也。")王质《诗总闻》谓在位者思在野之故人也。朱熹《诗集传》:"此亦淫奔之诗。"朱郁仪《诗故》:"朋友失好者相责让也。"牟庭《诗切》妇寄夫衣巾而所作之诗。今人多谓女子等候或思念情人之作。笔者以为伤学校之废之诗。

诗三章,章四句。前二章重叠,诗意层递。首二句起兴,次二句笔势突宕,设问急切而带怨,怨中不无矜持,令生无限想象。末章极言徘徊忧思之情,实乃引出一二章思怨之由。若谓女思男之诗,则婉曲抑扬,其义易显。以为教者之思,则其旨微妙。玩"纵我不往"之言,则是师与弟子也。"礼闻来学,不闻往教,故学者来而教者不往。青衿之子,不至于学校,教者怀思,悠悠在心。纵教者义不当往,学者不当来且不闻乎?挑达于城阙,言青衿之所以不来也。一日不见,如三月兮,教者思之至也。"(戴溪《续吕氏家塾读诗记》)"此盖学校久废不修,学者散处四方,或去或留,不能复聚如平日之盛,故其师伤之而作是诗。"(方玉润《诗经原始》)吴闿生《诗义会通》:"旧评:前二章回环入妙,缠绵婉曲。末章变调。"牛运震《诗志》:"妙在用'往''来'二字,点逗含蓄。"

扬之水

扬之水①,不流束楚②。终鲜兄弟③,维予与女④。无信人之言,人实迋女⑤。
扬之水,不流束薪。终鲜兄弟,维予二人。无信人之言,人实不信⑥。

【集释】

①扬:激扬。一说悠扬。②楚:落叶小乔木,又名荆,即牡荆。束楚:一捆荆条。③终:既,已。鲜:少。④女:同"汝",下同。⑤迋(kuàng):同"诳",欺骗。女:同"汝"。⑥信:诚信,可靠。

【缵绎】

《毛诗序》:"《扬之水》,闵无臣也。君子闵忽之无忠臣良士,终以死亡,而作是诗也。"朱熹《诗集传》:"淫者相谓……岂可以他人离间之言而疑之哉?"丰坊《诗说》:懦弱之夫为妻所侮,作是诗以劝其亲亲也。刘沅《诗经恒解》:"兄弟相规之词。"李光地《诗所》:"朋友相要之辞。"今人以为夫劝妻、妻劝夫,或夫妻相劝勉之词。笔者以为兄弟相规之诗。

诗二章,章六句。以扬之水不流束楚、束薪起兴作比,喻人言虽如水,却载不起束楚、束薪。谓你我兄弟二人,当无信他人欺诳、挑拨之言。"此诗不过兄弟相疑,始因谗间,继乃悔悟,不觉愈加亲爱,遂相劝勉;以为根本之间不可自残,譬彼弱水难流束薪。"(方玉润《诗经原始》)"夫人之兄弟,未有生而不睦者也。当其少也,食则同案,坐则同席,不能不相亲也。及其长也,各妻其妻,各子其子,不能不渐疏也。嗜好日多,淫朋诱引,兄弟规戒反成嫌隙……故欲睦兄弟,必先不信人言……夫人而至于离间人之兄弟,此其无良丧心,岂尚有可信之言哉?……但间兄弟使相离者,必其迂而不信者也。情虽难测,理有可推,以理详情,百不失一。"(傅恒、孙嘉淦等《诗义折中》)陈震《读诗识小录》:"句句相生,文意如丝联绳贯;而声情笃挚,字字如耳提面命之殷切也。"牛运震《诗志》:"苦口危言,沥肝之言,凄痛难读。"方玉润《诗经原始》:"语虽寻常,义实深远。"

出其东门

出其东门,有女如云。虽则如云。匪我思存①。缟衣綦巾②,聊乐我员③。
出其闉阇④,有女如荼⑤。虽则如荼,匪我思且⑥。缟衣茹藘⑦,聊可与娱⑧。

【集释】

①匪:非。存:思念。②缟(gǎo):白色。綦(qí):暗绿色。巾:佩巾,似今之围裙。一说头巾。当时妇女俭朴服装。③聊:且。员(yún):与"云"同,语助词。④闉阇(yīn dū):古代城门外曲城,又称城曲重门。⑤荼(tú):白茅花。如荼:言众多。⑥且:"徂"假借,往。一说语助词。⑦茹藘(rú lú):茜草,可做绛色染料。此代指绛色佩巾。⑧娱:乐。

【缋绎】

《毛诗序》:"《出其东门》,悯乱也。公子五争,兵革不息,男女相弃,民人思保其室家焉。"苏辙《诗集传》:"鳏寡相见之辞也。"朱熹《诗集传》:"人见淫奔之女而作此诗。"朱郁仪《诗故》："遁世者答《东门之墠》之词。"吴懋清《毛诗复古录》：求婚喻求友也。王先谦《诗三家义集疏》："诗乃贤士道所见以刺时，而自明其志也。"方玉润《诗经原始》："不慕非礼色也。"今人多谓夫对妇或相恋女子表忠之词。笔者以为君子明志之诗。

  诗二章，章六句。东门外有女如云如荼，而己所悦者，为缟衣綦巾、缟衣茹藘，衣着朴素之女耳。明假男女之情，实见君子朴素之抱。"云"言其众也，"荼"言其艳也；"缟衣綦巾"，喻其心之纯也；"缟衣茹藘"，喻其行之简也。故美色不能动其心，贫贱不能移其志，世俗不能易其行，诚君子也。诗以艳托素，于情为深，于志为坚。"只浑融借出门所见，模写其所私者不在彼，而所乐者唯在此，分明一种淡然安分之意，不以所见而移，反以所见而验，其意更觉隽永。"（范王孙《诗志》引《诗测》）牛运震《诗志》："'如云''如荼'，写尽奇丽。"

野有蔓草

  野有蔓草①，零露漙兮②。有美一人，清扬婉兮③。邂逅相遇④，适我愿兮⑤。野有蔓草，零露瀼瀼⑥。有美一人，婉如清扬⑦。邂逅相遇，与子偕臧⑧。

【集释】

  ①蔓（wàn）：蔓延。②零：降落。漙（tuán）：露圆貌。③清扬：目以清明为美，故曰清；眉以疏秀为美，故曰扬。婉：妩媚貌。④邂逅（xiè hòu）：不期而会。遇：相逢。⑤适：适合。适我愿：称心满意。⑥瀼瀼（ráng）：露浓貌。⑦如：犹"而"。⑧偕：皆。臧（zàng）：善，好。偕臧：都满意。

【缵绎】

  《毛诗序》："《野有蔓草》，思遇时也。君之泽不下流，民穷于兵革，男女失时，思不期而会焉。"欧阳修《诗本义》："男女婚娶失时，邂逅相遇于野草间。"严粲《诗缉》："思遇时者，厌乱而思治也。"朱公迁《诗经疏义会通》："借男女邂逅比君子遇主。"张次仲《待轩诗记》：感物怀人也。姚际恒《诗经通论》："此似男女及时婚姻之诗。"方玉润《诗经原始》："朋友相期会也。"徐绍桢《学寿堂诗说》："贤者相遇，思与偕隐。"傅恒、孙嘉淦等《诗义折中》：

"思遇贤也。"今人多以为情诗恋歌。笔者以为思遇贤之诗。

诗二章，章六句。山野蔓草，世之乱也；零露漙瀼，时之艰也；有美清婉，贤之异也；邂逅相遇，运之微也；适愿偕臧，志之遂也。于乱世末运中，幸得君子，何所欣悦！"与子偕臧"，卒章显志，益见诗人所托者高，所寄者远，而郑之政确乎衰矣！"郑人困于乱政，感蔓草之得露零以生，而自伤不及也。故思得君子以被其膏泽，……郑无是人矣，故犹庶几邂逅而见之，以适其愿。"（苏辙《诗集传》）"养民者君之职，而非得贤人则不泽下流……故贤人者，民之命也。求贤而遇其邂逅，非简其礼也，夫贤人难得也。"（傅恒、孙嘉淦等《诗义折中》）牛运震《诗志》："韵情韵事，想见古人班荆倾盖之雅。"陈继揆《读诗臆补》："婉如清扬，是倒句，亦是妙句。"

溱洧

溱与洧①，方涣涣兮②。士与女③，方秉蕳兮④。女曰："观乎⑤？"士曰："既且⑥。""且往观乎⑦？洧之外，洵訏且乐⑧。"维士与女⑨，伊其相谑⑩，赠之以勺药⑪。

溱与洧，浏其清矣⑫。士与女，殷其盈矣⑬。女曰："观乎？"士曰："既且！""且往观乎？洧之外，洵訏且乐。"维士与女，伊其将谑⑭，赠之以勺药。

【集释】

①溱洧（zhēn wěi）：郑国二条河名。②涣涣：水盛貌。③士与女：泛指众春游男女。④方：正。秉：佩。蕳（jiān）：菊科，香草名，亦名兰，与今之兰科兰花异。古人采之山中，以祛除不祥。⑤观：游观。⑥既：已。且：同"徂"，去，往。⑦且：再。⑧訏（xū）：广阔。⑨维：语助词。⑩伊：维，是。相谑：相互调笑。⑪勺药：即"芍药"，一种香草，与今之木芍药不同，亦名江蓠，古情人分别时赠此草。⑫浏：清貌。⑬殷：众。殷其，即殷殷。盈：满。⑭将谑：相谑。

【缵绎】

《毛诗序》"《溱洧》，刺乱也。兵革不息，男女相弃，淫风大行，莫之能救焉。"朱熹《诗集传》："此诗淫奔者自叙之词。"方玉润《诗经原始》："刺淫也。"王先谦《诗三家义集疏》："悦人也。郑国之俗，三月上巳之日旦两水上，招魂续魄，拂除不祥，故诗人愿与所悦者同往观也。"今人多从此说，以为郑俗三月上巳男女青年春游相戏，互结情好也。笔者以为刺淫风之诗。

　　诗二章，章十二句。各章前四句一层，止于"蕳"；乃物乃人，乃景乃俗，风景画亦风俗画也。后八句一层，结于"勺药"；由"蕳"而"勺药"，则由风俗而爱情也。一层至二层，由全镜至特写，兰草与芍药，为全诗支点。"想郑当国全盛时，士女务为游观。莳花地多，耕稼人少。每值风日融合，良辰美景，竞相出游，以至兰勺互惠，播为美谈，男女戏谑，恬不知羞。则其俗流荡而难返也。……圣人存之，一以见淫词所自始，一以见淫俗有难终，殆将以为万世戒。"（方玉润《诗经原始》）此诗虽纪时俗，而其致衰之理，悠然可会，是以置诸《郑风》末，良见编《诗》者苦心，若徒以风俗论，则失诗教之旨矣。戴君恩《读诗臆评》："绮密瑰艳，如百宝流苏，千丝铁网，使人赏玩不已。安章顿句之妙，巧夺天工。"陈继揆《读诗臆补》："始用'方'字，下转一'既'字，继转一'且'字，而复转一'洵訏且乐'，'伊其'字，诗家转折之妙，无逾于此者。"牛运震《诗志》："写春景物态明媚可爱，开后人艳情诗多少神韵！"方玉润《诗经原始》："在三百篇中别具一种，开后世冶游艳诗之祖。"

【郑风小结】

　　《郑风》二十一篇。大抵皆君臣朋友、师弟夫妇互相思慕之词。其类淫诗者，仅《将仲子》及《溱洧》二篇。然《将仲子》亦贞女谢男之词。《溱洧》刺淫之作，何得谓为淫耶？《论语·卫灵公》："子曰：'行夏之时，乘殷之辂，服周之冕，乐则韶舞。放郑声，远佞人；郑声淫，佞人殆。'"又《论语·阳货》："子曰：'恶紫之夺朱也，恶郑声之乱雅乐也，恶利口之覆邦家者。'"则"郑声"为郑乐，非郑诗明矣。《礼记·乐记》云："郑卫之音，乱世之音也，比于慢矣。桑间濮上之音，亡国之音也，其政散，其民流，诬上行私而不可止也。"又云："郑音好滥淫志，宋音燕女溺志，卫音趋数烦志，齐音敖辟乔志；此四者皆淫于色而害于德，是以祭祀弗用也。"又云："声成文，谓之音。"则"祭祀弗用"之音者，乐也。则郑声亦郑音郑乐，非郑诗也。

国风·齐风

"齐,国名。本少昊时爽鸠氏所居之地。在《禹贡》为青州之域,周武王以封太公望。东至于海,西至于河,南至于穆陵,北至于无棣。太公,姜姓,本四岳之后,既封于齐。通工商之业,便鱼盐之利,民多归之,故为大国。今青、齐、淄、潍、德、棣等州,是其地也。"(朱熹《诗集传》)即今山东省东北部及中部。

"然则何以次于《郑》?郑为畿内地,而齐其霸首也,故次《郑》以《齐》。"(方玉润《诗经原始》)

鸡 鸣

"鸡既鸣矣,朝既盈矣①。""匪鸡则鸣②,苍蝇之声。"
"东方明矣,朝既昌矣③。""匪东方则明,月出之光。"
"虫飞薨薨④,甘与子同梦⑤。""会且归矣⑥,无庶予子憎⑦!"

【集释】

①朝:朝堂。盈:满,指人到齐。②则:犹"之"。③昌:盛。④薨薨(hōng):群虫飞声。⑤甘:乐。同梦:犹"共寝"。⑥会:会朝,上朝。且:将。⑦无庶:同"庶无"。庶:幸,希望。予:同"与",给。子:你。憎:讨厌。

【缵绎】

《毛诗序》:"《鸡鸣》,思贤妃也。哀公荒淫怠慢,故陈贤妃贞女夙夜警戒相成之道焉。"韩婴《韩诗故》:"逸人也。"严粲《诗缉》:"刺荒淫。"丰坊《诗说》:"齐卫姬劝醒公以勤政。"崔述《读风偶识》:"美勤政也。"傅恒、孙嘉淦等《诗义折中》："美贤妃也。"方玉润《诗经原始》："贤妇警夫早朝也"。今人或谓催夫早起劳动，或谓男欢女爱之作。笔者以为美贤妃之诗。

诗三章，章四句。对话体，纯赋。一二章前二句妃警君，鸡鸣待旦，勿误早朝；次二句君搪塞其辞，不欲早起。三章一转，君语妃还欲做好梦；妃警君速起，勿以己召人咎君耳。齐家有赖贤内，治国亦需贤妃。此风置齐风之首，观早朝者之盈昌，赖床者必国君，故美贤妃无疑也。意其恐君早朝迟误，有累慎德，时存警畏，使不敢留于逸欲也。"国之治，莫不由于勤政；君之荒，莫不始于燕昵。观其寝兴之早晚而盛衰可知也。齐自太公以来，五世之君皆无失德，此诗所美未详何妃，大约开国之初，尚父之贻谋犹在。故人君勤政于外，夫人儆戒于内，其夙兴夜寐，战兢惕厉之精神，可以为后世法矣，雄长诸侯有以也。"（傅恒、孙嘉淦等《诗义折中》）姚际恒《诗经通论》："真情实境，写来活现。"刘沅《诗经恒解》："写情言景，俱臻绝妙。"戴君恩《读诗臆评》："忽然而起，忽然而翻，真是奇笔。"方玉润《诗经原始》："全诗纯用虚写，极回环摩荡之致，古今绝作也。"

还

子之还兮①，遭我乎峱之间兮②。并驱从两肩兮③，揖我谓我儇兮④。
子之茂兮⑤，遭我乎峱之道兮。并驱从两牡兮⑥，揖我谓我好兮。
子之昌兮⑦，遭我乎峱之阳兮。并驱从两狼兮，揖我谓我臧兮⑧。

【集释】

①还（xuán）：轻捷。②遭：相遇。峱（náo）：山名，在今山东临淄县南。③从：追逐。肩：亦作豜、豣，三岁兽。《广雅》："兽一岁为豵，二岁为豝，三岁为肩，四岁为特。"④揖：作揖。儇（xuān）：灵巧。⑤茂：美好。⑥牡：雄兽。⑦昌：强壮貌。⑧臧（zāng）：善，好。

【缵绎】

《毛诗序》："《还》，刺荒也。哀公好田猎，从禽兽而无厌。国人从之，遂成风俗。习于田猎谓之贤，闲于驰逐谓之好焉。"朱熹《诗集传》："猎者交错于道路，且以便捷轻利相称誉，而不自知其非也，则其俗之不美可见，而其来亦必有所次矣。"傅恒、孙嘉淦等《诗义折中》："尚健也。"陈百先《诗经备旨啫凤详解》："猎者相遇而交相称誉之词。"郝懿行《诗问》："美让也。"吴懋清《毛诗复古录》："警猎之乐。"笔者以为刺齐俗尚勇矜夸之诗。

诗三章，章四句。叠章用赋。首句赞人，次句猎山偶遇，第三句合作逐猎，末句相互称誉，由赞人而终赞己。首章互誉敏捷，次章互颂善猎，末章互夸健壮。"国之强弱系于民风，好淫靡则国弱，尚勇健则国强。……然群相角逐则急功利可知矣，互相称誉则喜夸诈可知矣。"（傅恒、孙嘉淦等《诗义折中》）"诗人从旁微哂，因直述其事，不加一语，自成篇章。而齐俗急功近利，喜夸诈之风，自在言外，亦不刺之刺也。"（方玉润《诗经原始》）吴闿生《诗义会通》："飞扬豪俊，读之犹觉有控弦鸣镝，鼻端出火，耳后生风之气。"方玉润《诗经原始》："'寥寥数语，自具分合变化之妙。猎固便捷，诗亦轻利，神乎技矣。"戴君恩《读诗臆评》："骚赋之祖。"

著

俟我于著乎而①，充耳以素乎而②，尚之以琼华乎而③。
俟我于庭乎而④，充耳以青乎而，尚之以琼莹乎而。
俟我于堂乎而⑤，充耳以黄乎而，尚之以琼英乎而。

【集释】

①俟（sì）：等。著（zhù）：古代正门内两侧屋之间。乎而：语助词。②充耳：古代男子冠帽两侧各系一条丝带，在耳边打圆结，圆结中穿玉饰，丝带称紞（dǎn），饰玉称瑱（tiàn），因紞上圆结与瑱正好塞着两耳，故称"充耳"。素：与下文青、黄皆为各色丝线，代指紞。③尚：加上。琼：赤玉，指系紞上之瑱。华：与下文莹、英均形容玉瑱之光彩。④庭：院中。⑤堂：堂前。

【缵绎】

《毛诗序》："《著》，刺时也。时不亲迎也。"（孔颖达《毛诗注疏》："所以刺之者，时不亲迎，故陈亲迎之礼以刺之也。"）朱熹《诗集传》："时齐俗不亲迎。"无刺意。何楷《诗经世本古义》："刺鲁桓公也。"姚际恒《诗经通论》："此女子于归见婿亲迎之诗。"今人多从此说。郝懿行《诗问》："美亲迎也。"

或谓少女赴约密会之作。笔者以为刺时之诗。

诗三章,章三句。以新娘眼见写之。新郎亲迎则由著而庭而堂,新娘所见充耳之紞色素、青、黄,帽上饰玉光彩绚烂,装饰朗然,而新郎面目无由乎睹,描写容仪,含讽不露,情韵悠长。"《昏礼》婿往妇家亲迎,既奠雁,婿御轮先归,俟于门外,妇至则揖以入。时齐俗不亲迎,故女至婿门才见其相俟,故诗人讥之。"(谢无量《诗经研究》)"礼贵亲迎,齐俗反之,故可刺。"(方玉润《诗经原始》)婚姻以礼,民之大事,不尚隆而尚敬,齐俗礼薄如此,时风可见,故《毛诗序》谓之"刺时",的论也。全诗句句用韵,六言、七言交错,每句用"乎而"收句。戴君恩《读诗臆评》:"句法奇怪,从所未有。"吴闿生《诗义会通》:"句法奇蛸。"牛运震《诗志》:"别调隽体。"

东方之日

东方之日兮,彼姝者子①,在我室兮。在我室兮,履我即兮②。
东方之月兮,彼姝者子,在我闼兮③。在我闼兮,履我发兮④。

【集释】
①姝:美。②履(lǚ):礼。即:亲近。③闼(tà):门内。④发:行。

【缵绎】
《毛诗序》:"《东方之日》,刺衰也。君臣失道,男女淫奔,不能以礼化也。"朱熹《诗序辨说》:"此男女淫奔者所自作,非有刺也。"朱郁仪《诗故》:"刺淫也。"牟庭《诗切》:"刺不亲迎也。"范家相《诗渖》:"似指小人在位,朋比构结,诡谲行私之状。"傅恒、孙嘉淦等《诗义折中》:"美见贤也。"郝懿行《诗问》:"思君子也。"今人或谓新婚、情人幽会之作。笔者以为美见贤之诗。

诗两章,章五句。首章言"东方之日,朝而阳盛以兴,姝子之德辉充扬也。又言当此日出之时,而姝子已在我室,夫其在我室者,有礼于我而来就见也。"次章言"东方之月,望而初升,以兴姝子之德容盛满也;又言当此月出之时,而姝子乃在我闼,夫其在我闼者,成礼于我而后启行也。""大夫以礼就见,而贤人喜之也。世之博好贤之名者亦有矣,而患其意之不诚也,礼之不备也,又患其言之不合而敬之不永也。今之见贤者日出而来，其心诚矣；履我而即，其礼备矣；朝来而暮去，其言终日相得也；将发而犹履其敬，始终不倦也。以此求贤，何贤不至？得贤图治，何国不兴？此太公之遗教，与'鸡既鸣矣'，贤夫人儆君于内，'东方之日'，贤大夫敬士于外，洋洋乎大风也哉。"（傅恒、孙嘉淦等《诗义折中》）牛运震《诗志》："'在我室兮'，有矜喜之神；'履我即兮'，语物细媚。"

东方未明

东方未明，颠倒衣裳。颠之倒之，自公召之。
东方未晞①，颠倒裳衣。倒之颠之，自公令之。
折柳樊圃②，狂夫瞿瞿③。不能辰夜④，不夙则莫⑤。

【集释】

①晞（xī）："昕"假借，明。②樊：即藩，篱笆，此指扎篱笆。③狂夫：疯汉。瞿瞿（jù）：瞪视貌。④不能：不能分辨。辰：白天。⑤夙：早。莫：同"暮"，晚。

【缵绎】

《毛诗序》："《东方未明》，刺无节也。朝廷兴居无节，号令不时，挈壶氏不能掌其职焉。"戴溪《续吕氏家塾读诗记》："刺挈壶氏废职。"丰坊《诗说》："齐大夫相戒，以勤于公。"闻一多《风诗类钞》："妇怨不能守夜之正时。"今人或谓小吏怨恨牢骚民迫于徭役之作。笔者以为刺无节之诗。

诗三章，章四句。前二章复叠，言因公令公召急急，致颠倒衣裳。三章言颠倒之由，乃狂夫整日瞿瞿，如折柳樊圃之小事，亦不辨昼夜，不分轻重缓急，忽然召之，以致错乱。"为政固欲其勤，然亦必中乎其节；寝兴号令，早晚有时，则侍御仆从以及百官之在公者，不致仓皇无烦久待而亦无废事。过于夙则未明，颠倒而至于废寝；过于暮则日晏，跛倚而至于废食。臣下不胜其劳而事亦多至于误。"（傅恒、孙嘉淦等《诗义折中》）"为政必有节，及其节而为之，则用力少而事举。苟为无节，缓急皆所以害政也。"（苏辙《诗集传》）"分明夙、莫对举，见兴居之无节耳。却如此变化错综以出之，可药后人平钝。"（陈震《读诗识小录》）牛运震《诗志》："'颠倒衣裳',奇语入神,写忽乱光景宛然。"

南 山

南山崔崔①,雄狐绥绥②。鲁道有荡③,齐子由归④。既曰归止⑤,曷又怀止⑥?

葛屦五两⑦,冠緌双止⑧。鲁道有荡,齐子庸止⑨。既曰庸止,曷又从止⑩?

蓺麻如之何⑪?衡从其亩⑫。取妻如之何⑬?必告父母。既曰告止,曷又鞫止⑭?

析薪如之何⑮?匪斧不克⑯。取妻如之何?匪媒不得。既曰得止,曷又极止⑰?

【集释】

①崔崔:崔嵬。②绥绥:缓行貌。③有荡:即荡荡,平坦貌。④齐子:齐女,此处指齐襄公同父异母妹文姜,鲁桓公夫人,与其兄齐襄公私通。由归:从这儿去出嫁。⑤止:语气词。⑥怀:怀念。一说来。⑦屦(jù):古时麻、葛等所制鞋。五两:通"伍",行列。两:双。五两:排列成双。⑧冠緌(ruí):帽穗。⑨庸:用。《郑笺》:"此言文姜既用此道嫁于鲁侯,襄公何复送而从之,为淫佚之行。"⑩从:由,相从。⑪蓺(yì):种植。⑫衡从:即横纵。亩:田垄。⑬取:通"娶"。⑭鞫:穷,放纵。⑮析:砍。⑯匪:通"非"。克:能,成功。⑰极:到。

【缵绎】

《毛诗序》:"《南山》,刺襄公也。鸟兽之行,淫乎其妹,大夫遇是恶,作诗而去之。"郑玄《毛诗传笺》:"齐大夫见襄公恶行如是,作诗以刺之,又非鲁桓公不能禁制夫人而去之。"季本《诗解颐》:"刺文姜恣意如齐而不知耻也。"傅恒、孙嘉淦等《诗义折中》:"刺内乱也。"郝懿行《诗问》:"刺淫也。"蓝菊荪《诗经今译》:意中人他嫁所思之作。笔者以为刺齐襄公淫其妹而鲁不能禁之之诗。

诗四章,章六句。首章用雄狐急切求偶,暗射齐襄公觊觎文姜,自淫其妹;

次章用鞋帽成双，喻世人各有一定配偶，影射文姜，既已有配，而又顺从其兄，乱伦无耻；三章以种麻先治垄、四章以砍柴必具斧，比娶妻必父母之命、媒妁之言，言鲁桓公既娶文姜，不当放任其回娘家胡作非为，讽其庸弱无能，自取杀身之祸。词意"吞吞吐吐，隐隐明明，"（陈震《读诗识小录》）细索可得。"故欲言襄公之淫，则以'雄狐'起兴；欲言文姜成偶，则以冠履之只者为兴；欲言鲁桓被祸，则先以'蓺麻'兴告父母以临之，'析薪'兴媒妁以鼓之，而无始鲁桓之懦弱而无志也，何哉？诗人之大不平也，故不觉发而为诗，亦将使千秋万世后，知有无耻三人而已。"（方玉润《诗经原始》）陈震《读诗识小录》："意紧局宽，布置入化，所谓不接形而接以神者。"牛运震《诗志》："四章四诘问，婉切得情。"陈继揆《读诗臆补》："全用诘问法，令其难以置对，的是妙文。"

甫　田

无田甫田①，维莠骄骄②。无思远人，劳心忉忉③。
无田甫田，维莠桀桀④。无思远人，劳心怛怛⑤。
婉兮娈兮⑥，总角丱兮⑦。未几见兮⑧，突而弁兮⑨！

【集释】

①无田（diàn）甫田（tián）：不要耕种大田。田（diàn）：治理。甫田：大田。②莠（yǒu）：杂草。骄骄：同"乔乔"，草盛貌。③忉忉（dāo）：忧思貌。④桀桀：借作"揭揭"，高大貌。⑤怛怛（dá）：悲伤貌。⑥婉娈：少而美貌。⑦总角：儿童头发左右分扎如羊角。丱（guàn）：象形字，羊角貌。⑧未几：不久。⑨突而：忽然。弁（biàn）：古代男子年满二十加冠称弁，以示成年。

【缵绎】

《毛诗序》："《甫田》，大夫刺襄公也。无礼义而求大功，不修德而求诸侯，志大心劳，所以求者非其道也。"朱熹《诗集传》："戒时人厌小而务大；忽近而图远，将徒劳而无功也。"丰坊《诗说》："齐景公急于图霸，大夫讽之。"何楷《诗经世本古义》："齐人刺鲁庄公也。"牟庭《诗切》："刺奇童以无所成也。"傅恒、孙嘉淦等《诗义折中》："戒贪功也。"刘沅《诗经恒解》："戒学者及时进修之词。"郑振铎《文学大纲》：初耕祷神歌。今人或谓劝慰离人、思念远人、怀征人、情人重逢之作。笔者以为戒贪功之诗。

诗三章，章四句。一二章言贪治甫田，则力所不及，以致莠盛实少；思念远人，则内心伤感，而无济于事。力田劳力，念远伤神，皆徒劳而无功。三章用比，谓彼婉娈童子，人皆无意揠苗助长，未几不见，及见而忽觉其已翩然年少。"故学戒其躐等而治戒其欲速，急求有功，必致无功，明其道不计其功而其功乃大也。《易》曰'积小以高大'，'无田甫田'之谓也；《书》曰'迩可远在兹'，'无思远人'之谓也；又曰'厥德修罔觉'，则'突而弁'之谓也。'"（傅恒、孙嘉淦等《诗义折中》）行远必自迩，登高必自卑，崇德行道，何理不然？盖有以戒人之欲速成功也。陈震《读诗识小录》："换笔顿挫，与上二章形不接而神接。"陈继揆《读诗臆补》："一庄一讽，警动之至。""两反一正，挽强持满，一发中坚。"牛运震《诗志》："通篇寄托，警切风流。"

卢　令

卢令令①，其人美且仁。
卢重环②，其人美且鬈③。
卢重鋂④，其人美且偲⑤。

【集释】

①卢：黑毛猎犬。令令（líng）：环声。②重环：子母环也。③鬈（quán）：勇壮貌。④鋂（méi）：大环。一说一环贯二为鋂。⑤偲（cāi）：有才智。

【缵绎】

《毛诗序》："《卢令》，刺荒也。襄公好田猎，毕弋而不修民事，百姓苦之，好陈古以讽焉。"王质《诗总闻》："言纵犬猎兽之人也，此当是旁观而为之夸誉者也。"方玉润《诗经原始》："刺好田也。"牟庭《诗切》："刺以色取人也。"今人多谓美猎夫、女赞男之作。笔者以为刺荒于猎之诗。

诗三章，章二句。首句写犬，既绘其貌又摹其声；次句写人，则仁智勇兼备。冷眼旁观，寥寥数字，譬如速写，戛然而止，其音在弦外乎？古者"士之子恒为士，农之子恒为农，今也鬈偲且仁之人，日携犬以游，是秀者失教也；

里巷行道之人，皆艳称其犬，是朴者失业也。士失教则人才坏，农失业则风俗衰，犹且互相称美，恬然而不以为非，则世道之变，不知其所底也"。（傅恒、孙嘉淦等《诗义折中》）牟庭《诗切》："体特简峭。"吴闿生《诗义会通》："节短音长。"陈震《读诗识小录》："即物指人，意态可掬。"陈继揆《读诗臆补》："诗三字句，赋物最工。如'殷其雷'及'卢令令'等句，使人如见如闻，千载以下读之，犹觉其容满目，其音满耳。"糜文开、裴普贤《诗经欣赏与研究》："绝妙小品。"

敝 笱

敝笱在梁①，其鱼鲂鳏②。齐子归止③，其从如云。
敝笱在梁，其鱼鲂鱮④。齐子归止，其从如雨。
敝笱在梁，其鱼唯唯⑤。齐子归止，其从如水。

【集释】

①敝：坏。笱（gǒu）：网鱼。梁：捕鱼所筑矮坝，又称鱼梁。②鲂（fáng）：鳊鱼。鳏：鲲鱼。③齐子：指文姜。止：语气词。④鱮（xù）：鲢鱼。⑤唯唯：鱼相随行貌。

【缵绎】

《毛诗序》："《敝笱》，刺文姜也。齐人恶鲁桓公微弱，不能防闲文姜，使至淫乱，为二国患焉。"朱熹《诗集传》："人以敝笱不能制大鱼，比鲁庄公不能防闲文姜。"戴溪《续吕氏家塾读诗记》："刺鲁桓公也。"姚际恒《诗经通论》：文姜出嫁诗。傅恒、孙嘉淦等《诗义折中》："刺法坏也。"今人或谓刺文姜夸奢之作。笔者以为刺法坏之诗。

诗三章，章四句。首章用比。首二句"敝笱在梁"，比鲁桓公昏懦，礼法敝坏而空陈也；鲂、鳏并为大鱼，为破笱而乱法者也。后二句谓文姜由鲁归齐，出行场面宏大，随从众多。后二章言大鱼唯唯然往来自如，从者则漫如雨水。明写随从之众多，暗喻文姜恣淫初如云，继成雨，终如流水而汗漫不可止，亦礼法之乱如云如雨水也。桓公不能制文姜，使之归齐，终致自戕其生，为天下笑。陈继揆《读诗臆补》："'如云'颇习见，'如雨'新，'如水'更新。"牛运震《诗志》:"'唯唯'字酷得鱼情,'如水'字更活妙。"奇笔写奇事,妙绝!

载 驱

载驱薄薄①,簟茀朱鞹②。鲁道有荡,齐子发夕③。
四骊济济④,垂辔沵沵⑤。鲁道有荡,齐子岂弟⑥。
汶水汤汤⑦,行人彭彭⑧。鲁道有荡,齐子翱翔⑨。
汶水滔滔,行人儦儦⑩。鲁道有荡,齐子游敖⑪。

【集释】

①薄薄:马蹄声。②簟茀(diàn fú):竹席制车帘。鞹(kuò):去毛兽皮。③齐子:指文姜。发夕:朝发夕宿。④骊:黑色马。济济:整齐貌。⑤沵沵(mǐ):轻柔貌。⑥岂弟:同"恺悌(kǎi tì)",和易近人。此处意为恬然无羞耻之色。⑦汶水:源出山东莱芜县,经泰安,汶上入济水(今入运河)。汤汤(shāng):水大貌。⑧行人:文姜侍从。彭彭:盛多貌。⑨翱翔:鸟旋飞,喻人自由自在地走。⑩儦儦(biāo):众多貌。⑪游敖:即遨游,与翱翔同义。

【缵绎】

《毛诗序》:"《载驱》,齐人刺襄公也。无礼义,故盛其车服,疾驱于通道大都,与文姜淫,播其恶于万民焉。"戴溪《续吕氏家塾读诗记》:"刺文姜所以刺庄公也。"朱熹《诗集传》:"齐人刺文姜专乘此车而来会襄公也。"《易林》:"襄(齐襄公)嫁季女。"今人或谓文姜初嫁。笔者以为刺文姜而讽鲁庄公之诗。

诗四章,章四句。首章言豪车疾驰,朝发夕至,见文姜急切无耻之心。次章绘骏马雄壮从容,写文姜恬然无耻之色。三四章以汶水汤汤滔滔,行人彭彭儦儦,写文姜于熙来攘往大道,由翱翔至游敖,恣意妄为,恬不知耻。鲁道有荡,则是此无耻之行驰骋之道乎?滔滔汶水,亦遗其羞于千载之后矣。《春秋·桓公十八年》:鲁桓公与夫人文姜如齐,文姜与其兄齐襄公私通,桓公觉,襄公遂杀之。文姜惧,不敢归鲁。桓公子同继位,是为鲁庄公,后使文姜归鲁。"文姜义当绝,乃使归为夫人,归已非矣,又使出会齐侯,是重辱国也。庄公元年,夫人逊于齐;二年,夫人姜氏会齐侯于禚。四年,夫人姜氏享齐侯于祝丘。五年,夫人姜氏如齐师。七年,夫人姜氏会齐侯于防,又会齐侯于谷。比事以书,而庄公之罪著矣。"(傅恒、孙嘉淦等《诗义折中》)"此诗在庄公之年。其(指文姜)会兄也,竟至乐而忘返,遂翱翔远游,宣淫于通道大都,不顾行人讪笑,岂知人间有羞耻事哉?"(方玉润《诗经原始》)文姜公然播其恶于众,鲁庄公之罪也。重言"鲁道有荡",正其微旨。陈震《读诗识小录》:"只就车说,只就人看车说,只就车中人说,露一'发'字,而不说破发向何处,但以'鲁道''齐子'四字,在暗中埋针伏线,亦所谓《春秋》之法,微而显也。"

猗 嗟

猗嗟昌兮①,颀而长兮②。抑若扬兮③,美目扬兮④。巧趋跄兮⑤,射则臧兮⑥。

猗嗟名兮⑦,美目清兮。仪既成兮⑧,终日射侯⑨。不出正兮⑩,展我甥兮⑪。

猗嗟娈兮⑫,清扬婉兮⑬。舞则选兮⑭,射则贯兮⑮。四矢反兮⑯,以御乱兮⑰。

【集释】

①猗(yī)嗟:赞叹声。昌:壮美貌。②颀:身长貌。③抑(yì):同"懿",美好。扬:额角。④扬:借为"阳",明亮。⑤趋:急走。跄(qiāng):步有节奏,摇曳生姿。⑥臧:善。⑦名:借为"明",面色明净。⑧仪:仪式。成:完备。⑨射侯:射靶。侯:靶。⑩正:靶心。⑪展:诚,真是。甥:外甥。⑫娈(luán):美好。下句"婉"字义同。⑬清扬:眉清目秀。⑭选:整齐。⑮贯:穿透。⑯反:箭皆射中一点。⑰御乱:防御战乱。

【缵绎】

《毛诗序》:"《猗嗟》,刺鲁庄公也。齐人伤鲁庄公有威仪技艺,而不能以礼防闲其母,失子之道,人以为齐侯之子焉。"方玉润《诗经原始》:"美鲁庄公才艺之美也。"闻一多《风诗类钞》:"美少年善射也。"袁梅《诗经译注》:"女子夸夫。"笔者以为刺鲁庄公之诗。

诗三章,章六句。章首均以"猗嗟"叹起。每章写形象之美及技艺之高:身体则昌、颀、长,壮实高大;眉目则扬、清、婉,眉清目秀;步履则"巧趋跄兮"，矫健快速；动作则"舞则选兮"，灵活优美。首章括射技之精；二章写勤学不倦，射则必中；三章写其连射精湛，百发百中。"展我甥兮"，拟齐襄公口吻以赞之，深文微词，刺意已妙；"以御乱兮"，总括全诗，刺意更深。"桓公既卒，庄公当以礼防闲其母，今也不然，徒有威仪技艺……此诗所以刺之也。"（李樗《毛诗集解》）"庄公不能防禁，是失为人子之道，经言猗嗟是叹伤之言也。"（孔颖达《毛诗注疏》）"三言猗嗟，深叹之也。"（傅恒、孙嘉淦等《诗义折中》）全诗句句皆"兮"，赞愈极则叹愈深。姚际恒《诗经通论》："三章皆言射，极有条理，而叙法错综入妙"。牛运震《诗志》："画美女难，画美男子尤难。看他通篇写容貌态度，十分妍动，与《君子偕老》篇各尽其妙。"

【齐风小结】

《齐风》十一篇。《鸡鸣》妇德，《东方》敬贤，余篇多见齐俗之矜夸无礼，而所咏鲁事者四，皆以齐襄公故也。襄公淫其妹，与卫宣纳媳，同为世之大恶，皆千古罕有事，载之葩经，不仅有系乎风化，亦关乎伦常大故也！然齐诗婉而多讽，亦当于言外求之。

国风·魏风

"魏，国名，本舜、禹故都。在《禹贡》冀州雷首之北，析城之西，南枕河曲，北涉汾水。其地狭隘而民贫俗俭，盖有圣贤之遗风焉。周初以封同姓，后为晋献公所灭而取其地。今河中府解州即其地也。苏氏曰：'魏地入晋久矣，其诗疑皆为晋而作，故列于《唐风》之前，犹《邶》《鄘》之于《卫》也。'今按：篇中公行、公路、公族皆晋官，疑实晋诗。又恐魏亦尝有此官，盖不可考矣。"（朱熹《诗集传》）魏故址在今山西芮城。

"然则何以编之《齐》《秦》间乎？继齐而霸，先秦而强者，晋也。魏既入晋，则为晋地，故与《唐》同居《齐》《秦》之间。"（方玉润《诗经原始》）

葛屦

纠纠葛屦①，可以履霜②。掺掺女手③，可以缝裳④。要之襋之⑤，好人服之⑥。

好人提提⑦，宛然左辟⑧，佩其象揥⑨。维是褊心⑩，是以为刺⑪。

【集释】

①纠纠：缠绕。屦（jù）：鞋。②履：践踏。③掺掺（shān）：同"纤纤"。④裳：即下裙。⑤要（yāo）：腰，作动词。一说钮襻。襋（jí）：衣领，作动词。⑥好人：贵人。⑦提提（shí）：同"媞媞"，安舒貌。⑧宛然：回转貌。左辟：辟，同"避"；古人以右为尊，让而避者必左。⑨象揥（tì）：象牙制发簪。⑩维：因。是：指好人。褊心：心地狭隘。⑪刺：讽刺。

【缵绎】

《毛诗序》："《葛屦》，刺褊也。魏地陋隘，其民机巧趋利，其君俭啬褊急，而无德以将之。"何楷《诗经世本古义》："刺芮姜也。芮伯万之母芮姜,恶芮伯之多宠人也,逐之出居于魏,其宠人作此。"郝懿行《诗问》："美勤俭也。"牟庭《诗切》："刺裳褊也。"闻一多《风诗类钞》："刺妒也。"今人或谓女奴刺贵妇、妇劝夫之作,笔者以为刺褊之诗。

诗二章,一章六句,二章五句。诗之关捩在"好人"二字。首章言好人以纤纤之手,自制葛履,自缝裳衣,且要之、襋之、服之,言好人之辛劳。二章言好人佩其象揥,仪态安舒,行礼宛然,赞好人懿容。诗至此并无讽义。结句忽谓:"维是褊心,是以为刺。"言时礼象揥之人不当亲为而制履缝裳,今既如此,则未免趋利。"好人"尚如此,其民可想而知。"俭,美德也,何以刺?然俭之过则必至于啬,啬之过则必至于褊,今不惟啬而又褊矣,故可刺。"(方玉润《诗经原始》)"风人未有说出所以刺之之故,惟此明言之,是风诗中之别立一格者。通篇最吃紧在'好人'二字。盖不提'好人',而刺褊之意不醒。"(陈继揆《读诗臆补》)崔述《读风偶识》:"但言容饰之美,末以一二语出诗意。直而不迫,婉而多讽,善于立言者也。"

汾沮洳

彼汾沮洳①,言采其莫②。彼其之子,美无度③。美无度,殊异乎公路④。
彼汾一方,言采其桑。彼其之子,美如英⑤。美如英,殊异乎公行⑥。
彼汾一曲⑦,言采其藚⑧。彼其之子,美如玉。美如玉,殊异乎公族⑨。

【集释】
①汾(fén):汾水。在今山西省,西南流入黄河。沮洳(jù rù):低湿之地。②莫(mù):羊蹄菜,其味酸。③无度:无法度量。④殊异:优异出众。公路:官名,掌诸侯路车。⑤英:花。⑥公行(háng):官名,掌诸侯兵车。⑦曲:河道弯曲处。藚(xù):药用植物,即泽泻草。多年生沼生草本,其地下球茎,可作蔬菜。⑨公族:官名,掌诸侯属车。

【缵绎】
《毛诗序》:"《汾沮洳》,刺俭也。其君子俭以能勤,刺不得礼也。"何楷《诗经世本古义》"晋人刺其大夫也。"傅恒、孙嘉淦等《诗义折中》:"刺遗贤也。"姚际恒《诗经通论》:"赞其公族大夫之诗。"郝懿行《诗问》:"美勤俭也。"牟庭《诗切》:"刺魏氏娶贱女也。"方玉润《诗经原始》:"美俭德也。"今人谓女慕男、赞民才德、刺贵族修饰之作。笔者以为刺俭不中礼之诗。

诗三章,章六句。言于沮洳方曲之间,或采莫或采桑或采藚,勤而俭也。美无度言其仪,美如英言其容,美如玉言其品。殊异乎公路、公行、公族者,言其与公路、公行、公族之行殊异。"公路、公行、公族,大夫也,采莫、采桑、采藚,细民之事也,大夫而为细民之事,是急于利而用心褊也。彼其之子虽美,奈夺民之利何?此其所以兴刺也。"(许谦《诗集传名物钞》)夫俭以能,勤而不顾礼,苟可以得者无不为也。地上之莫,树上之桑,地下之藚,莫不一采而空,见其过也。牛运震《诗志》:"此诗抑扬有度,节奏绝佳。""叠一句吞吐顿挫,风刺含蓄。"

园有桃

园有桃,其实之殽①。心之忧矣,我歌且谣②。不我知者,谓我"士也骄。彼人是哉?子曰何其?"心之忧矣,其谁知之!其谁知之!盖亦勿思③!

园有棘④,其实之食。心之忧矣,聊以行国⑤。不我知者,谓我"士也罔极⑥。彼人是哉?子曰何其?"心之忧矣,其谁知之!其谁知之!盖亦勿思!

【集释】

①实:果实。之:犹"是"。殽:食。②谣:行歌。《毛传》:"曲合乐曰歌,徒歌曰谣。"③盖:同"盍",何不。亦:语助词。④棘:酸枣树。⑤行国:行游国中。⑥罔极:无常。

【缵绎】

《毛诗序》:"《园有桃》,刺时也。大夫忧其君,国小而迫,而俭以啬,不能用其民,而无德教,日以侵削,故作是诗也。"丰坊《诗说》:"君子忧国而叹之。"何楷《诗经世本古义》:"晋人忧献公宠二骊姬之子,将黜太子申生。"季本《诗说解颐》:"贤人怀才而不得用,有忧世之志焉。"牟庭《诗切》:"刺没入人田宅也。"梁寅《诗演义》:"自言其心之忧而人莫之知之辞。"闻一多《风诗类钞》:"伤家室之无乐也。"今人或谓没落贵族忧贫、自悼身世飘零、爱国之作。笔者以为刺时之诗。

诗二章,章十二句。"言园有桃,其实之殽矣;心有忧,则我歌且谣矣。然不知我之心者,见其歌谣而反以为骄,且曰彼之所为已是矣,而子之言独何为哉?盖举国之人莫觉其非,而反以忧之者为骄也。于是忧者重嗟叹之,以为此之可忧,初不难知,彼之非我,特未之思耳。诚思之则将不暇,非我而自忧矣。"(朱熹《诗集传》)"魏小而逼于晋事,有可忧,而当国者不知,且自以为是也。附和者同声是之,有知而忧之者,且群起而非之,于是无识之人随俗浮沉,置是非于不问,而可忧之事果无有知之者矣。其敝皆由于膜视国政,而不与分忧,不思故至此也。庸臣误国大抵如斯,'勿思'一语,辞婉而意深矣。"(傅恒、孙嘉淦等《诗义折中》)陈继揆《诗经臆补》:"是篇一气六折。自己心事,全在一'忧'字。唤醒群迷,全在一'思'字。至其所忧之事,所思之故,则俱在笔墨之外,托兴之中。"戴君恩《读诗臆评》:"他人于'心之忧矣,我歌且谣',意无余矣。此却借'不知我者',转出一段光景,而结以'盖亦无思'。有波澜,有顿挫,有吞吐,有含蓄。"姚际恒《诗经通论》:"诗如行文,极纵横排宕之致。"方玉润《诗经原始》:"此诗与《黍离》《兔爰》如出一手,所谓悲愁之词易工也。"

陟　岵

陟彼岵兮①,瞻望父兮②。父曰:嗟!予子行役,夙夜无已。上慎旃哉③!犹来无止④。

陟彼屺兮⑤,瞻望母兮。母曰:嗟!予季行役⑦,夙夜无寐⑧。上慎旃哉!犹来无弃。

陟彼冈兮,瞻望兄兮。兄曰:嗟!予弟行役,夙夜必偕⑨。上慎旃哉!犹来无死。

【集释】

①陟(zhì):登高。岵(hù):有草木之山。②瞻:视。③上:尚,犹"庶几"。旃(zhān):犹"之"。④犹来:还能够回家来。无:同毋。止:停留。⑤屺(qǐ):无草木之山。⑦季:少子。⑧无寐:没时间睡觉。⑨偕:犹"俱"。

夙夜必偕：兼早与晚。

【缵绎】

《毛诗序》："《陟岵》，孝子行役，思念父母也。国迫而数侵削，役乎大国，父母兄弟离散，而作是诗也。"何楷《诗经世本古义》："晋狐偃从公子重耳出亡也"。牟庭《诗切》："刺游子不归者也。"今人多谓役夫思家之作。笔者以为孝子行役思亲之诗。

诗三章，章七句。赋体。开篇登高，思父母兄弟。"嗟"字领起，拟闻亲语，叮咛密密，长言申意。"首章望父，次章望母，卒章望兄。《序》言思念之由，《经》陈思念之事。"（孔颖达《毛诗注疏》）"诗人以己之思亲，知亲之念己，虽曰设为亲念己之言，实已深寓己念亲之心也。章末二语所以自警，亦所以自悲，可以见其忠孝之心也。"（刘瑾《诗传通释》）"人子行役，登高念亲，人情之常。若从正面直写己之所以念亲，纵千言万语，岂能道得尽？诗妙从对面设想，思亲所以念己之心与临行勖己之言，则笔以曲而愈达，情以婉而愈深，千载之下读之，犹足令羁旅人望白云而起思亲之念，况当日远离父母者乎？"（方玉润《诗经原始》）戴君恩《读诗臆评》："借父母口词，写自己心事，是投胎夺舍手。大奇！"牛运震《诗志》："格调高，意思真，词气厚。孝悌诗当如是。"乔亿《剑溪说诗又编》："千古羁旅行役诗之祖。"

十亩之间

十亩之间兮，桑者闲闲兮①，行与子还兮②。
十亩之外兮，桑者泄泄兮③，行与子逝兮④。

【集释】

①桑者：采桑者。闲闲：宽闲貌。②行：且，将。还，归。③泄泄（yì）：犹闲闲也。④逝：去，往。

【缵绎】

《毛诗序》："《十亩之间》，刺时也。言其国削小，民无所居焉。"朱熹《诗集传》："政乱国危，贤者不乐仕于其朝，而思与其友归于农圃。"何楷《诗经世本古义》："齐姜劝晋公子重耳去齐也。"姚际恒《诗经通论》："类刺淫之诗。"方玉润《诗经原始》："夫妇偕隐也。"今人或谓情诗恋歌，采桑者之歌。笔者以为贤者邀偕隐之诗。

诗二章，章三句。各章前二句写采桑者闲闲泄泄，悠然自得之情。末句写相邀归隐之意。"君子之仕也，原欲受事以宣劳，岂好逸哉？乃有时而思逸者，非果于忘世也。或事权不属，欲劳而不得；或时势难为，徒劳而无功，故不得已而羡人之逸也。"（傅恒、孙嘉淦等《诗义折中》）"使贤者不乐仕于其朝，则其政乱国危可知矣。夫以场圃之采桑者为自得，而思与其友归焉，则其不乐仕之意可见矣。"（辅广《诗童子问》）牛运震《诗志》："'闲闲'写出田家乐。"戴君恩《读诗臆评》："言有尽而意无穷，非身在宦境者，不知此语之真。""读此，觉后人招隐词为烦。"陈继揆《读风臆补》："雅淡似陶，《归去来兮辞》亦以此为粉本。"

伐　檀

坎坎伐檀兮①，寘之河之干兮②。河水清且涟猗③。不稼不穑④，胡取禾三百廛兮⑤？不狩不猎⑥，胡瞻尔庭有县貆兮⑦？彼君子兮，不素餐兮⑧！

坎坎伐辐兮⑨，寘之河之侧兮。河水清且直猗⑩。不稼不穑，胡取禾三百亿兮⑪？不狩不猎，胡瞻尔庭有县特兮⑫？彼君子兮，不素食兮！

坎坎伐轮兮，寘之河之漘兮⑭。河水清且沦猗⑮。不稼不穑，胡取禾三百囷兮⑯？不狩不猎，胡瞻尔庭有县鹑兮⑰？彼君子兮，不素飧兮⑱！

【集释】

①坎坎：伐木声。②寘（zhì）：即"置"，搁。干：岸。③涟：风行水成纹也。猗（yī）：犹"兮"。④稼穑（jià sè）：稼，耕种。穑，收获。⑤廛（chán）：通"缠"，即捆。三百：言其多。⑥狩：冬猎。⑦庭：院子。县：同"悬"。貆（huán）：猪獾。⑧素餐：不劳而食。⑨辐：车轮中凑毂上之直木。⑩直：水平流。⑪亿：通"繶"，捆。⑫特：四岁兽。⑭漘（chún）：水边。⑮沦：微波。⑯囷（qūn）：捆。⑰鹑：鹌鹑。⑱飧（sūn）：熟食。

【缵绎】

《毛诗序》："刺贪也。在位贪鄙，无功而受禄，君子不得仕进耳。"朱熹

《诗序辨说》:"此诗专美君子之不素餐。"戴溪《续吕氏家塾读诗记》:"美君子而刺小人也。"梁寅《诗演义》:"美君子隐居之志也。"何楷《诗经世本古义》:"魏国女悯伤怨旷而作。"朱郁仪《诗故》:"父兄训勉子弟之词。"方玉润《诗经原始》:"伤君子不见用于时,而又耻受无功禄也。"吴懋清《毛诗复古录》:"燕饮之乐歌。"今人或谓伐木者之歌,劳心者治人之作。笔者以为伤贤者失位而贪鄙者无功受禄之诗。

诗三章,章九句。每章分三层:一层比兴,写伐檀、伐辐、伐轮。"檀,木之良者,可以为车之轮辐,今乃伐而置之无用之地,犹君子不得进仕,俾之家,食非所宜也。"(范处义《诗补传》)二层设问:不稼穑、不狩猎,而有禾三百廛、三百亿、三百囷,庭县貆、县特、县鹑。"'不稼'四字,只是借小人以形君子,亦借君子以骂小人。"(姚际恒《诗经通论》)三层作结:"彼君子兮,不素餐兮",言君子有为,不可尸位素餐,讥时素位者众也。"讥在位者无功倖禄,居于污浊,盈廪充庖,非由己稼穑田猎而得者也。食民之食,而无功德于民,是谓素餐也。首二言,叹君子之不用;中五言,讥小人之倖禄;末二言,以为苟用君子,必不如斯,互文以见意。"(戴震《诗经补注》)王柏《诗疑》:"造语健而寄兴远。"戴君恩《读诗臆评》:"忽而叙事,忽而推情,忽而断制,羚羊挂角,无迹可寻。"牛运震《诗志》:"起落转折,浑脱傲岸,首尾结构,呼应灵紧,此长调之神品也。"朱守亮《诗经评释》:"点睛之笔,著纸欲飞。有冷嘲,有热讽,有质问,有责骂。言虽已尽,意有无穷,三百篇中不可多得者也。"袁金铠《诗存》:"屈子之作《离骚》,其格调与此相似。"

硕 鼠

硕鼠硕鼠①,无食我黍②!三岁贯女③,莫我肯顾。逝将去女④,适彼乐土。乐土乐土,爰得我所⑤。

硕鼠硕鼠,无食我麦!三岁贯女,莫我肯德⑥。逝将去女,适彼乐国。乐国乐国,爰得我直⑦。

硕鼠硕鼠,无食我苗!三岁贯女,莫我肯劳⑧。逝将去女,适彼乐郊。乐郊乐郊,谁之永号⑨?

【集释】

①硕鼠：大鼠。②无：毋，不要。黍：也称黄米。③三岁：多年。贯：借作"宦"，侍奉。女：汝。④逝：同"誓"。⑤爰：犹"乃"。⑥德：恩惠。⑦直：即"值"，价值。⑧劳：慰问。⑨之：犹"其"。永号：长叹。

【缵绎】

《毛诗序》："《硕鼠》，刺重敛也。国人刺其君重敛，蚕食于民，不修其政，贪而畏人，若大鼠也。"朱熹《诗序辨说》："刺其有司之词，未必直以硕鼠比其君也。"何楷《诗经世本古义》："晋谣也。"吴懋清《毛诗复古录》：恶晋贿赂公行。今人或谓反剥削之作。笔者以为刺重敛之诗。

诗三章，章八句。用比体。首二句叠呼"硕鼠"，疾痛切怨。进而警告无食我黍、我麦、我苗。盖鼠性狡黠，贪婪成性，故三四句揭硕鼠贪得无厌而寡恩。后四句示诀别之意，寓期望之情：往彼乐土，无硕鼠之虞，可以无叹也。"此诗见魏君贪残之效，其始皆由错以啬为俭之故，其弊遂至刻削小民而不知足，以至境内纷纷逃散，而有此咏。不久国亦旋亡。"（方玉润《诗经原始》）陈继揆《读诗臆补》："呼鼠而汝之，实呼汝而鼠之也。怨毒之深有如此者。"牛运震《诗志》："叠呼'硕鼠'，疾痛切怨。""反笔作结，怨声娓娓。"

【魏风小结】

《魏风》七篇。魏地虽狭隘，而观诗中所涉，不唯有《陟岵》孝子之思，亦且有《园有桃》《伐檀》贤者之忧，盖有圣贤之遗风焉。然《十亩》致贤者偕隐，《硕鼠》去国适乐，而终国衰而灭，殆《葛屦》上之褊啬，《汾沮洳》大夫俭不中礼所致，可无鉴焉？

国风·唐风

"唐，国名，本帝尧旧都。在《禹贡》冀州之域，太行、恒山之西，太原、太岳之野，周成王以封弟叔虞为唐侯。南有晋水，至子燮乃改国号曰晋。后徙曲沃，又徙居绛。其地土瘠民贫，勤俭质朴，忧深思远，有尧之遗风焉。其诗不谓之晋而谓之唐，盖仍其始封之旧号耳。唐叔所都在今太原府。曲沃及绛，皆在今绛州。"（朱熹《诗集传》）唐故址在今山西太原以南，沿汾水流域一带。

晋继齐而霸，后晋侯与曲沃武公相争，终为武公所并。《无衣》载武公贿周僖王而为晋侯，王纲益见弛废。"惟武公之元恶大憝，则《国风》中所无有也。"（朱公迁《诗经疏义会通》）"唐诗多作于曲沃并晋之世，两晋相吞，一兴一亡，其名无所专系，故黜晋号而系之以唐，恶之深故绝之甚也。《春秋》之法寓焉矣。"（方玉润《诗经原始》）

蟋 蟀

蟋蟀在堂，岁聿其莫①。今我不乐，日月其除②。无已大康③，职思其居④。好乐无荒⑤，良士瞿瞿⑥。

蟋蟀在堂，岁聿其逝。今我不乐，日月其迈⑦。无已大康，职思其外⑧。好乐无荒，良士蹶蹶⑨。

蟋蟀在堂，役车其休⑩。今我不乐，日月其慆⑪。无以大康。职思其忧⑫。好乐无荒，良士休休⑬。

【集释】

①聿（yù）：语助词。莫：古"暮"字。②除：消逝。③已：过甚。大：同"泰"。泰康，安乐。④职：尚，常，还要。居：所任之职。⑤好：爱好。荒：

废弛。⑥瞿瞿：惊愕貌，有警惕之意。⑦迈：行。⑧外：职务以外之事。⑨蹶蹶：勤劳敏捷貌。⑩役车：服役之车。其休：将要休息。⑪慆：通"滔"，逝。⑫忧：忧患之事。⑬休休：安闲自得貌。

【缵绎】

《毛诗序》："《蟋蟀》，刺晋僖公也。俭不中礼，故作是诗以悯之，欲其及时以礼自虞乐也。"苏辙《诗集传》："君臣相告语之辞也。"王质《诗总闻》："士大夫之相警戒者也。"朱熹《诗集传》："方燕乐而又遽相戒。"朱公迁《诗经疏义会通》："劝人为乐之意。"许学夷《诗源辨体》："美唐俗之诗。"牟庭《诗切》："刺大夫逐时商贾之利。"傅恒、孙嘉淦等《诗义折中》："劝思也。"方玉润《诗经原始》："唐人岁暮述怀也。"今人有小吏忧伤、劝人勤勉、思念征夫诸说。笔者以为劝思之诗。

诗三章，章八句。各章前两句感时起兴，三四句惜时光流逝，五六句言行乐勿过，当承担分内分外事，着眼长远，心存忧患。"思"是全诗主眼，三戒谆谆，自儆儆人，意味深长。"人情莫不好乐，然患太康，而至于荒。荒则失业，将有忧矣；荒则失心，并不知其有忧矣。故治荒莫若思。思者，心之职也。思欲其详，又恐其杂，故贵慎也。思欲其深，又恐其远，故贵近也。欲近而慎，必先思居。居者，所处之位也。素其位而思，则无处不有当为之事，不敢杂矣；无时不有当尽之功，不暇远矣。"（傅恒、孙嘉淦等《诗义折中》）"通诗以'思'字为主……总靠着'思'字说出来，自然有味。"（高朝璎《诗经体注图考大全》）"诗意精湛之至，粹然有道君子之言，吾人所当三复循省者也。"（吴闿生《诗意会通》）牛运震《诗志》："八句中起承转合悉具，可悟诗家结构之法。一句一转，委婉深厚。"戴君恩《读诗臆评》："何等抑扬，何等转折……掉尾一句，大致是韵。"

山有枢

山有枢①，隰有榆②。子有衣裳，弗曳弗娄③。子有车马，弗驰弗驱。宛其死矣④，他人是愉。

山有栲⑤，隰有杻⑥。子有廷内⑦，弗洒弗埽⑧。子有钟鼓，弗鼓弗考⑨。宛其死矣，他人是保⑩。

山有漆⑪，隰有栗⑫。子有酒食，何不日鼓瑟？且以喜乐⑬，且以永日⑭。宛其死矣，他人入室。

【集释】

①枢（shū）：树名，即刺榆树。②隰（xí）：潮湿低地。③曳（yè）：拖。娄：即"搂"，提。④宛：通"苑"，枯萎。⑤栲（kǎo）：树名，即山樗。⑥杻（niǔ）：树木名，亦名檍。⑦廷：通"庭"，院子。内：指堂屋。⑧埽（sào）：通"扫"。⑨考：敲。⑩保：占有。⑪漆：漆树。⑫栗：栗树。⑬且：姑且。⑭永日：延长岁月。

【缵绎】

《毛诗序》："《山有枢》，刺晋昭公也。不能修道以正其国，有财不能用，有钟鼓不能以自乐，有朝廷不能洒扫，政荒民散，将以危亡，四邻谋取其国家而不知，国人作诗以刺之也"。朱熹《诗集传》："盖答前篇之意而解其忧。"严粲《诗缉》：晋人以危言警昭公也。季本《诗说解颐》："刺俭而不中礼。"郝懿行《诗问》："讽吝啬也。"陈百先《诗经备旨嗜凤详解》："恐其过于勤俭而忧思之太甚，故解之正，劝其及时以为乐也。"傅恒、孙嘉淦等《诗义折中》："广俭也。"今人有怨征人说。笔者以为刺晋昭公之诗。

诗三章，章八句。每章前两句起兴，山隰有物，则宜乎其用。次四句举衣裳车马、廷内钟鼓、酒食鼓瑟，言善用之则可以厚其生、尽其礼，行其道，而今则不然。后二句谓一旦"宛其死矣"，则尽属他人，"危言苦语，骨竦神惊。"（陈继揆《读诗臆补》）"周宣《车攻》马同，武功也，以备朝祭，以经兵戎；今弗曳弗娄，弗驰弗驱，则祀事、戎事皆不修矣。夙兴夜寐，洒扫庭内，为民之章，《抑》戒所以自警也；今弗洒弗扫，则治内之事缺矣。君子听钟声则思武臣，听鼓声则思将帅之臣；今弗鼓弗考，则无讲武命将之思矣。不振若此，何以能保？"（邓翔《诗经绎参》）"桓叔有伐晋之谋，昭公危在旦夕而不悟，国人难察察言之，故作是诗。"（姚际恒《诗经通论》）"危言忠告，如晨钟惊梦。"（牛运震《诗志》）吴闿生《诗义会通》："愈旷达，愈沉痛，得其立言之旨。"朱守亮《诗经评释》："诗则祭祀处，全在许多'有'字、'弗'字之质问语，责备语。……表面似达观，似享乐，实则系颓靡，系伤感。哀弦促节，寄意凄恻。"

扬之水

扬之水①，白石凿凿②。素衣朱襮③，从子于沃④。既见君子⑤，云何不乐⑥？
扬之水，白石皓皓⑦。素衣朱绣，从子于鹄⑧。既见君子，云何其忧？
扬之水，白石粼粼⑨。我闻有命⑩，不敢以告人。

【集释】

①扬：激扬。一说悠扬。②凿凿：鲜明貌。③襮（bó）：衣领。④子：指叛者。沃：曲沃，地名，在今山西闻喜县东北。⑤既：已。君子：指桓叔。⑥云：语助词。⑦皓皓：洁白。⑧鹄（hú）：指曲沃。⑨粼粼：明净貌。⑩命：政令。

【缵绎】

《毛诗序》："《扬之水》，刺晋昭公也。昭公分国以封沃，沃盛强，昭公微弱，国人将叛而归沃焉。"朱熹《诗集传》："晋昭侯封其叔父成师于曲沃，是为桓叔。后沃盛强而晋微弱，国人将叛而归之，故作此诗。"（按：此说不言刺昭公。）季本《诗说解颐》："诸侯访贤者。"方玉润《诗经原始》："讽昭公以备曲沃也。"郝懿行《诗问》："沃人忧乱也。"今人或谓怀征夫、念情人之作。笔者以为讽昭公以备曲沃之诗。

诗三章，前二章章六句，末章章四句。以"扬之水"开篇起兴，引出人物，暗示时局。白石凿凿、皓皓、粼粼，与素衣、朱襮、朱绣颜色对比，隐喻叛者之志昭昭。"既见君子，云何不乐（其忧）？"正言若反。末句"我闻有命，不敢以告人。""言不敢告人者，乃所以告昭公。"（严粲《诗缉》）"时沃有篡宗国之谋，而潘父阴主之，将为内应而昭公不知。此诗正发潘父之谋，其忠告于昭公者，可谓至切。若真欲从沃，则是潘父之党，必不作此诗以泄其事也。"（严粲《诗缉》）"诗人讽刺他人多意在言外，不肯明言。况此诗发人隐谋，有关君国祸福，岂敢直言。"（方玉润《诗经原始》）（按：《史记·卷三十九·晋世家第九》载，"昭侯七年，晋大臣潘父弑其君昭侯而迎曲沃桓叔。桓叔欲入晋，晋人发兵攻桓叔。桓叔败，还归曲沃。晋人共立昭侯子平为君，是为孝侯。诛潘父。"）戴君恩《读诗臆评》："意甚隐妙。"

椒　聊

椒聊之实①，蕃衍盈升②。彼其之子，硕大无朋③。椒聊且④，远条且⑤。
椒聊之实，蕃衍盈匊⑥。彼其之子，硕大且笃⑦。椒聊且，远条且。

【集释】

①椒：花椒。聊：同"朵"，亦作"朻""梂"，草木果实结成串。闻一多《风诗类钞》："草木实聚生成丛，古语叫作聊，今语叫作嘟噜。"一说助词。②蕃衍：即繁衍，生长众多。盈：满。升：量器名。③硕：大。朋：比。④且（jū）：语末助词。⑤条：长。⑥匊（jū）：《周礼·考工记·陶人》疏引《小尔雅》云："匊，二升。""掬"古字，两手合捧。亦通。⑦笃：厚重。

【缵绎】

《毛诗序》："《椒聊》，刺晋昭公也，君子见沃之强盛，能修其政，知其繁衍盛大，子孙将有晋国焉。"王质《诗总闻》："当是士大夫之贤妻，有令誉者，以为姑言其美。"季本《诗说解颐》："此美德盛而致宗族蕃衍也。"何楷《诗经世本古义》："美当时忠臣不入沃党者。"陈百先《诗经备旨啫凤详解》："夸美沃之强盛也。"闻一多《风诗类钞》："欣妇人之宜子也。"今人另有祈子求福、情诗恋歌、美稼者、贺歌诸说。笔者以为忧沃盛而晋微之诗。

诗二章，章六句。首句均以椒实繁衍起兴，暗喻沃之势力不断联缀。后两句由椒及人，无朋喻其大，且笃喻其强，喻曲沃桓叔势力日盛。末二句警示，言椒如斯结聊，则其翅翼将伸展及远，忧之深矣。"此诗之作，……事未至而虑已周，非见微之君子不足以为此。"（方玉润《诗经原始》）牛运震《诗志》："意思咀嚼不尽。"陈震《读诗识小录》："末句引而不发。"吴闿生《诗义会通》："末二句咏叹淫溢，含意无穷，忧深虑远之旨，于弦外寄之，三代之高文大率如此。"

绸　缪

绸缪束薪①，三星在天②。今夕何夕③？见此良人④。子兮子兮⑤！如此良人何⑥！

　　绸缪束刍⑦，三星在隅⑧。今夕何夕？见此邂逅⑨。子兮子兮！如此邂逅何！
　　绸缪束楚⑩，三星在户。今夕何夕？见此粲者⑪。子兮子兮！如此粲者何！

【集释】

①绸缪（chóu móu）：紧紧捆缚。②三星：指参星。③今夕何夕：今夜是何夜。④良人：犹言"好人"。⑤子兮：你呀。⑥如……何：把……怎么样。⑦刍：草。⑧隅：房角。⑨邂逅：会合。引申为相会之人。⑩楚：荆条。⑪粲者：美人。

【缵绎】

《毛诗序》："《绸缪》，刺晋乱也。国乱则婚姻不得其时焉。"朱熹《诗集传》："国乱民贫，男女有失其时，而后得遂其婚姻之礼者。"何楷《诗经世本古义》："刺密康公也。"（按：密，国名。）朱郁仪《诗故》："刺潘父也。"郝懿行《诗问》："伤贫也。"吴懋清《毛诗复古录》："以夫妻嘉会之得其时，喻君臣交泰之际其运。"方玉润《诗经原始》："贺新婚也。"今人有男女幽会诗，闹洞房者之荤话诸说。笔者以为悯贫之诗。

诗三章，章六句。各章前两句亦比亦兴。束柴薪荆楚以喻婚礼，三星由天而隅而户，言婚礼自黄昏至半夜，新婚夫妇既喜且忧，一段情怀，无可言说。"国乱民贫，婚姻不能备礼，故当初婚之夕而酒馔不设，但有绸缪之束薪而已。灯烛稀微，但见三星之在天，凄凉如此。此何夕也而乃见良人，则良人之艰窘可知也。"（傅恒、孙嘉淦等《诗义折中》）末二句既见新婚之喜，复为贫而忧，情怀凄迷惝悦，只可意会。戴君恩《读诗臆评》："淡淡语，却有无限情境。"牛运震《诗志》："淡婉缠绵，真有解说不出光景。"贺贻孙《诗经触义》："子瞻赋云'如此良人何'，其情乃深。太白诗云'东方渐高奈乐何'，为欢已尽，此云'如此邂逅何'，其乐正浓。但将老杜'今夕复何夕，共此灯烛光。夜阑更秉烛，相对如梦寐'四语合参之，方知此诗之妙。"

杕　杜

有杕之杜①，其叶湑湑②。独行踽踽③。岂无他人？不如我同父④。嗟行之人，胡不比焉⑤？人无兄弟，胡不佽焉⑥？

有杕之杜，其叶菁菁⑦。独行睘睘⑧。岂无他人？不如我同姓⑨。嗟行之人，胡不比焉？人无兄弟，胡不佽焉？

【集释】

①有：语助词。杕（dì）：独立貌。杜：赤棠树。②湑湑（xǔ）：茂盛貌。③踽踽（jǔ）：孤独貌。④同父：兄弟。⑤比：亲近，辅助。⑥佽（cì）：帮助。⑦菁菁：叶盛貌。⑧睘睘（qióng）：同"茕茕"，孤独无依貌。⑨同姓：同母所生兄弟。

【缵绎】

《毛诗序》："《杕杜》，刺时也。君不能亲其宗族，骨肉离散，独居而无兄弟，将为沃所并尔。"朱熹《诗集传》："无兄弟者自伤其孤特而求助于人之辞"。戴溪《续吕氏家塾读诗记》："刺不能睦族也。"季本《诗说解颐》："此诗之意，欲人厚于兄弟而笃亲亲之恩。"何楷《诗经世本古义》："刺晋惠公也。不纳群公子，又欲杀其兄重耳，将亡其国焉。"方玉润《诗经原始》："自伤兄弟失好而无助也。"今人有孤独者自叹、役者自叹、流浪者伤无助、乞食者之歌、兄弟离畔望复好、流民自况悲辛、世卿覆灭伤怀诸说。笔者以为自伤兄弟失好无助之诗。

诗二章，章九句。各章前二句言棠树特然独立，尚有湑湑菁菁之叶以庇；次三句言我踽踽睘睘独行而无他人可与为伍者，盖他人无如我同父同姓兄弟之相亲也。何以如此？末四句以反问作答：为何行路之人孤独无依，无兄无弟，亦对我不比不佽？即人亦以为他人不若自己兄弟之亲也。此"似不得于兄弟而终望兄弟比助之辞。言我独行无偶，岂无他人可共行乎？然终不如我兄弟也。使他人而苟如兄弟也，则嗟彼行道之人胡不亲比我，而人无兄弟者胡不佽助我乎？'行之人'即上'他人'，以见他人莫如我兄弟也。即《棠棣》'凡今之人，莫如兄弟'之意。"（姚际恒《诗经通论》）戴君恩《读诗臆评》："'岂无他人'句，不忍卒读。"牛运震《诗志》："语危意深。"

羔 裘

羔裘豹祛①，自我人居居②。岂无他人？维子之故③。

羔裘豹褒④，自我人究究⑤。岂无他人？维子之好。

【集释】

①袪（qū）：衣袖。②自我人：对我们。自：对。我人：我等人。居居：即"倨倨"，傲慢貌。③维：惟，只。子：你。故：指爱。或作故旧，也通。④褒（xiù）：同"袖"。⑤究究：傲慢貌。

【缵绎】

《毛诗序》："《羔裘》，刺时也，晋人刺其在位不恤其民也。"王质《诗总闻》："此朋友切责之辞。"戴溪《续吕氏家塾读诗记》："刺大夫不恤其民也。"朱公迁《诗经疏义会通》："疑亦喜其大夫之词。"吴懋清《毛诗复古录》：责曲沃之非理也。牟庭《诗切》："刺大官不念贫贱交也。"今人有婢妾抗主、情人相爱、女子失恋诸说。笔者以为刺在位不能恤其民之诗。

诗二章，章四句。首句言位高权重者羔裘豹袪，衣冠楚楚；次句言其居居究究，恃权傲物，趾高气扬。后二句反问，言在位者如此倨傲凌人，以为普天之下惟已特出，以为我非与他交好不可？盖深恶之也。"晋之诸臣，尸位素餐，不闻以民事言于上者，故《羔裘》刺之，终篇皆责以不恤民之言。"（范处义《诗补传》）陈震《读诗识小录》："以衣目人，风致可掬。"牛运震《诗志》："苦心厚道，较《硕鼠》深婉。"

鸨 羽

肃肃鸨羽①，集于苞栩②。王事靡盬③，不能蓺稷黍④，父母何怙⑤？悠悠苍天，曷其有所⑥？

肃肃鸨翼，集于苞棘。王事靡盬，不能蓺黍稷，父母何食？悠悠苍天，曷其有极⑦？

肃肃鸨行⑧，集于苞桑。王事靡盬，不能蓺稻粱，父母何尝？悠悠苍天，曷其有常⑨？

【集释】

①肃肃：羽声。鸨（bǎo）：似雁而大，脚无后趾。鸨羽，犹"鸨翼"。②集：栖息。苞：草木丛生为"苞"。栩：栎树。③靡：没有。盬（gǔ）：息

④蓺(yì)：通"艺"，种植。⑤怙(hù)：依靠。⑥曷：何。所：居处。⑦极：止，尽。⑧行：行列。⑨常：正常。

【缵绎】

《毛诗序》："《鸨羽》，刺时也。昭公之后，大乱五世，君子下从征役，不得养其父母，而作是诗也。"朱熹《诗集传》："民从征役而不得养其父母，故作是诗。"李樗《毛诗集释》："孝子不得奉养父母，故其诗哀以思也。"方玉润《诗经原始》："刺征役苦民也。"今人有厌战反战说。笔者以为刺征役苦民之诗。

诗三章，章七句。首二句鸨集木亦兴亦比。鸨爪无后趾，性不能栖树。以鸨反常栖树，喻民人生活反常，处境堪忧。次二句言至于此者，乃王事不息之故。后三句呼父母怨苍天，情极惨怛。"一章言居处何时而可定，二章言行役何时而可已，三章言旧时之乐何时而可复。"（朱公迁《诗经疏义会通》）呼父母由何怙到何食而何尝，从无依至无食竟至无食可尝，每况愈下，"民情至此，咨怨极矣。……而诗但归之于天，不敢有懈王事，则忠厚之心又何切也。"（方玉润《诗经原始》）戴君恩《读诗臆补》："亦平平敷叙耳，中间缩'父母何怙'一句，咏'悠悠苍天'二句，而音响节奏俱妙矣。故知诗文全在吞吐伸缩中得趣。"陈继揆《读诗臆评》："一呼父母，再呼苍天，愈质愈悲。读之令人酸痛摧肝。"牛运震《诗志》："音节妙，顿挫悲壮。"

无 衣

岂曰无衣七兮①。不如子之衣，安且吉兮②！
岂曰无衣六兮③。不如子之衣，安且燠兮④！

【集释】

①七：七节之衣。指贵族之礼服。《毛传》："侯伯之礼七命，冕服七章。"②安：妥善，合适。吉：美，善。③六：六节之衣。指贵族之礼服。《毛传》："天子之卿六命，车旗衣服以六为节。"④燠(yù)：温暖。

【缵绎】

《毛诗序》："《无衣》，美晋武公也。武公始并晋国，其大夫为之请命乎天子之使，而作是诗也。"朱熹《诗序辨说》："此诗若非武公自作，以述其赂王请命之意，则诗人所作，亦著其事而阴刺之耳。"严粲《诗缉》："著世变之穷而伤周之衰也。"季本《诗说解颐》："美贤士在下位者德称其服之诗也。"朱郁仪《诗故》："伤僖王不能正沃之罪，顾受贿而封之，是以刺也。"方玉润《诗经原始》："代武王请命于王也。"牟庭《诗切》："刺重衣也。"闻一多《风诗类钞》："此感旧或伤逝之诗。"今人有小吏欲弃官、谢人赠衣、情诗恋歌诸说。笔者以为伤周衰之诗。

诗二章，章三句。一赋到底，只易两字。起首问句：谁云我无天子所制命六章、七章之衣？继答之曰：吾虽有六章、七章之衣，未若汝衣既美且温。看似言语平淡，实含无限讽刺。所谓不如子衣安吉安燠者，反言之也。"曲沃桓叔之孙武公伐晋，灭之，尽以其宝器赂周釐王（按：即周僖王）。王以武公为晋君，列于诸侯。"（朱熹《诗集传》）"至僖王受武公之赂而命之为诸侯，则纲纪荡然矣。他日三家分晋，周王又移其命武公者命三家矣。呜呼，王者代天爵人而贿以行之，君子是以知周之不复振矣。"（严粲《诗缉》）姚际恒《诗经通论》："起得突兀飘忽。二句只一意，无他衬句，章法亦奇。"

有杕之杜

有杕之杜①，生于道左②。彼君子兮，噬肯适我③？中心好之，曷饮食之④？
有杕之杜，生于道周⑤。彼君子兮，噬肯来游⑥？中心好之，曷饮食之？

【集释】

①有：语助词。杕（dì）：独立貌。杜：赤棠树。②道左：道路左边，古人以东为左。③噬（shì）：发语词。一说同"曷"，何。适：来，到。④曷：何不。饮食：吃。⑤道周：道右。周，"右"假借。⑥来游：来交往。

【缵绎】

《毛诗序》："《有杕之杜》，刺晋武公也。武公寡特，兼其宗族，而不求贤以自辅焉。"朱熹《诗集传》："好贤而恐不足以致之。"何楷《诗经世本古义》："晋文公好贤，国人美之。"姚舜牧《重订诗经疑问》："武公灭宗国以自立，而不求贤以为辅，于是贤者隐于山林，国人私致其爱慕之意。"朱守亮《诗经评释》:"此自感孤特,切盼友人来过访之诗。"今人有迎宾短歌、思念征夫、流浪乞食、情歌诸说。笔者以为讽晋武公好贤之诗。

诗二章,章六句。每章开头二句,言杜特然生于道旁,喻武公已为晋君。后二句言贤者未可轻附。末二句谓武公若心中好贤,何不厚遇而致之。"武公以篡得国,诸侯不与也。然以逆取之能以顺守,知立国在于得人,故欲君子见辅而饮食之,虽其心未必一出于正,而其迹则与中心好贤者无异,盖亦有足多者,故诗人美之也。厥后晋之卿材辈出,如狐、赵、栾、郤、荀、范、韩、魏之祖皆起于武献之间,文公、悼公借众贤之力以相继为伯于天下,武公启之也。以逆取国,故卒有三分之祸;以顺守之,故递主中夏之盟。春秋之法,功罪不相掩,故《无衣》《杕杜》并存于《经》,所谓恶而知其美,赏罚之公也。"(傅恒、孙嘉淦等《诗义折中》)牛运震《诗志》:"'曷'字有欲言不尽之妙也。"戴君恩《读诗臆评》:"写得绝妙。"又曰:"看他词气,何等委婉,真有遑遑焉如不我就之意。"吴闿生《诗义会通》:"一句一折,情意缠绵。"

葛 生

葛生蒙楚①,蔹蔓于野②。予美亡此③,谁与独处?
葛生蒙棘④,蔹蔓于域⑤。予美亡此,谁与独息?
角枕粲兮⑥,锦衾烂兮⑦。予美亡此,谁与独旦⑧?
夏之日,冬之夜。百岁之后⑨,归于其居⑩。
冬之夜,夏之日。百岁之后,归于其室⑪。

【集释】

①蒙:覆盖。楚:荆条。②蔹(liǎn):攀缘性蔓生草本,根可入药,有白蔹、赤蔹、乌蔹等。蔓:蔓延。③予美:犹"我爱",妇称夫。亡:无。亡此:不在此处。④棘:酸枣。⑤域:坟地。《毛传》:"域,营域也。"马瑞辰《毛诗传笺通释》:"营域,或作茔域,古为葬地之称。《说文》:'茔,墓地也'是也。"⑥角枕:牛角制或角饰枕头。粲:同"灿"。⑦锦衾:锦缎褥。⑧旦:天亮。一说同坦,安。⑨百岁之后:犹言"死后"。⑩其居:指死者住处,坟墓。⑪其室:犹"其居"。

【缵绎】

《毛诗序》:"《葛生》,刺晋献公也。好攻战,则国人多丧。"丰坊《诗说》:"晋献公时,国人久于征役,室家念之而作是诗。"刘玉汝《诗缵绪》:"妇人以其夫出亡在外而未得归,故思之切如此。"郝懿行《诗问》:"悼亡也。"今人多从之。傅恒、孙嘉淦等《诗义折中》:"美思妇也。"牟庭《诗切》:"刺寡妇不谨也。"今人有悼念亡妻说。笔者以为征妇怨时之诗。

诗五章,章四句。前三章一部,后二章一部。第一部首以葛蔹起兴,兴中有比。葛蔹皆蔓生,必附物而生,喻妇依夫而存。今蔓蒙于楚棘而延于野,楚喻伤楚,棘喻急难,喻夫之处境非祥。角枕、锦衾皆室内之物,其色粲烂,乃睹物兴思也。前三章后二句言夫行在外,而使我独守空房。第二部以冬夏日夜之长,写其不胜怀念之情。思之无望,臆百岁之后,或可同归一室,则思悲而怨矣。《毛诗序》以为晋献公好战而国人多丧,虽诗无可考,然楚、棘之喻,显见事之不祥,非役而何?"唐人诗云'可怜无定河边骨,犹是春闺梦里人。'可以想见此诗景况。"(方玉润《诗经原始》)方玉润《诗经原始》:"二章句法只一互换,觉时光流转,晌息百年,人生几何,能不伤心?"陈继揆《读诗臆补》:"此诗五章,前二章为一调,后二章为一调,中一章承上章而变之,以作转纽。'独旦'二字,为下'日''夜''百岁'之引端。篇法于诸诗中别出一格。"朱守亮《诗经评释》:"不仅知为悼亡之祖,亦悼亡诗之绝唱也。"(笔者按:此诗非悼亡之作,世误以为悼亡诗者众,后之悼亡诸作,盖亦祖乎此也。)

采 苓

采苓采苓①,首阳之巅②。人之为言③,苟亦无信④。舍旃舍旃⑤,苟亦无然⑥。人之为言,胡得焉⑦?

采苦采苦⑧,首阳之下。人之为言,苟亦无与⑨。舍旃舍旃,苟亦无然。人之为言,胡得焉?

采葑采葑⑩,首阳之东。人之为言,苟亦无从。舍旃舍旃,苟亦无然。人之为言,胡得焉?

【集释】

①苓(líng):一种药草,即大苦。《毛传》:"苓,大苦也。"沈括《梦溪笔

谈》:"此乃黄药也。其味极苦,谓之大苦。"②首阳:山名,在今山西永济县南,即雷首山。③为:通"伪"。为言:即伪言,谎言。④苟:诚、确实。⑤舍旃(zhān):犹言"放弃吧"。舍:放弃;旃:"之焉"合声。⑥无然:不要以为然。然:是,对。⑦胡:何。⑧苦:苦菜。⑨与:用,采用。⑩葑(fēng):芜菁。

【缵绎】

《毛诗序》:"《采苓》,刺晋献公也。献公好听谗焉。"朱熹《诗集传》:"此刺听谗之诗。"今人多持此说。季本《诗说解颐》:"贤人被谗退隐首阳而作此诗也。"刘沅《诗经恒解》:"此戒信谗之诗。"今人亦多持此说。笔者以为刺听谗之诗。

诗三章,章八句。各章以采苓、采苦、采葑起兴,亦含比意,即所采者有甘苦,而均可用,喻善采为是。所采于山之上下,喻纳言亦可四面八方,而善听为上。伪言诚不可信,尽可舍之,则谗不能进。谗不能进,则谗者计无所得。"曰无遽以为信,则欲其察之详也;曰舍之而无遽以为然,则欲其听之审也。能如是,则虽诳之以理之所有,其计且有所不行,况欲昧之以理之所无,其计果孰得而行哉?小人之为谗谮,或积小以成大,或饰虚以为实,其为害大矣。人君徐察而审听之,则造言者无所遁其情,而被谗者亦可以免于祸矣。"(朱善《诗解颐》)戴君恩《读诗臆评》:"各章上四句,如春水池塘,笼烟浣月,汪汪有致。下四句乃如风气浪生,龙惊鸟澜,莫可控御。"姚际恒《诗经通论》:"通篇以叠词重句缠绵动听,而姿态亦复摇曳。"

【唐风小结】

《唐风》十二篇。《蟋蟀》劝思,《山有枢》《扬之水》《椒聊》警危虞祸,《绸缪》悯贫,《杕杜》伤疏亲,《羔裘》刺倨傲,《鸨羽》刺征役,《无衣》伤世变,《有杕之杜》美好贤,《葛生》怨时,《采苓》刺听谗。朱公迁《诗经疏义会通》云:"忧深思远,《唐风》之厚。《杕杜》好贤,盖亦知所崇尚者;听谗有刺,征役有怨,亦无责于变风时,惟武公之元恶大憝,则《国风》中所无有也。"盖武公贿周僖王而为晋君,王纲大坏,周不复振。而《唐风》所载曲沃并晋之事亦多,恶甚而忧深,其此之谓乎?

国风·秦风

"秦,国名。其地在《禹贡》雍州之域,近鸟鼠山。初,伯益佐禹治水有功,赐姓嬴氏。其后中潏居西戎以保西垂。六世孙大骆生成及非子。非子事周孝王,养马于汧、渭之间,马大繁息。孝王封为附庸而邑之秦。至宣王时,犬戎灭成之族。宣王遂命非子曾孙秦仲为大夫,诛西戎,不克,见杀。及幽王为西戎、犬戎所杀,平王东迁,秦仲孙襄公以兵送之。王封襄公为诸侯曰:'能逐犬戎即有岐、丰之地。'襄公遂有周西都畿内八百里之地。至玄孙德公,又徙于雍。秦,即今之秦州。雍,今京兆府兴平县是也。"(朱熹《诗集传》)秦原据今甘肃天水一带。西周末年,因秦襄公护周平王东迁有功,始列为诸侯,辖地为今陕西及甘肃东南部一带。

"秦诗始于秦仲世,其时仅为大夫,比于附庸之国。吴、楚大国尚无诗,秦小国何以有《风》?盖秦实继齐、晋而霸焉者也。故《齐》《晋》后即继以《秦》。"(方玉润《诗经原始》)

车 邻

有车邻邻①,有马白颠②。未见君子,寺人之令③。

阪有漆④,隰有栗⑤。既见君子,并坐鼓瑟⑥。今者不乐,逝者其耋⑦。

阪有桑,隰有杨。既见君子,并坐鼓簧⑧。今者不乐,逝者其亡。

【集释】

①邻邻:同"辚辚",车行声。②颠:额、顶。白额马,旧名戴星马,俗称玉顶马,古名马之一。③寺人:内侍小臣。寺同侍。④阪(bǎn):山坡。⑤隰(xí):低湿地。⑥鼓:弹。瑟:古时弦乐器,似琴。⑦逝:往。逝者:将来。

耋（dié）：衰老。八十岁为耋。⑧簧：笙。

【缵绎】

《毛诗序》："《车邻》，美秦仲也。秦仲始大，有车马礼乐侍御之好焉。"丰坊《诗传》："襄公伐戎，初命秦伯，国人荣之，赋《车邻》。"牟庭《诗切》："感遇也。"吴懋清《毛诗复古录》："秦穆公燕饮宾客及群臣。"方玉润《诗经原始》："美秦君简易易事也。"程俊英《诗经译注》：写秦君奢侈也。高亨《诗经今注》：贵妇咏乐也。袁愈荌、唐莫尧《诗经全译》：劝行乐也。蓝菊荪《诗经国风今译》：妇喜征夫还也。蒋立甫《诗经选注》：贵者相劝乐也。笔者以为美秦君之诗。

诗三章，一章章四句，二、三章章六句。一章言未见秦君时威严之状：车则辚辚，马则白额。侍者传令，则主人之尊贵可知。二、三章言既得而见之，则君臣相与，既并坐以鼓瑟鼓簧，又勉其及时为乐以就功名，推诚置腹，襟怀坦露，其情融融。"秦君开创之始，法制虽备，礼数尚宽。且其人必恢廓大度，不饰边幅。……唯其君臣相得，不务经纶，日事宴乐。开创若此，后效可知。圣人存之，以见秦嬴始基固若是耳。"（方玉润《诗经原始》）"观此诗之所咏，车众马多武备足也，漆栗桑杨种植盛也，力耕勇战之业兆矣。其君能通下之情而忘分以尽欢，其臣能感君之恩而及时以自献，其慷慨沉雄，诸国不逮也。招八州而朝同列，有以也夫。然邦家新造，首重寺人，识者忧之，故开国之规模不可不慎也。"（傅恒、孙嘉淦等《诗义折中》）牛运震《诗志》："莽莽草草，写出古风霸气。读其诗，可以知其俗。读此篇，简易之风、悲壮之气俱见。"陈继揆《读诗臆补》："开口着两'有'字，有凌躐一时气概。"二、三章开首忽插入二句，密中见疏，宕然生致，可谓神来之笔。

驷驖

驷驖孔阜①，六辔在手。公之媚子②，从公于狩③。
奉时辰牡④，辰牡孔硕⑤。公曰左之⑥，舍拔则获⑦。
游于北园，四马既闲⑧。輶车鸾镳⑨，载猃歇骄⑩。

【集释】

①驷（sì）：陈奂《诗毛氏传疏》："驷，当作四，四马曰驷。若下一字为马

名，则上一字作四，不作驷。"驖（tiě）：《说文》："马深黑色骊，马赤黑色驖。"非特取于色，亦取其坚壮如铁。孔：甚。阜（fù）：肥硕。②公：指秦君。媚：爱。媚子：亲信。③狩：冬猎。④奉：虞人驱兽以供射。时："是"假借，此。辰：时、应时。牡：公兽。⑤硕：肥大。⑥左之：从左面射。⑦舍：放、发。拔：箭尾。舍拔：射出箭。⑧闲：从容。⑨輶（yóu）车：轻车。鸾（luán）：通"銮"，铃。镳（biāo）：马衔。⑩猃（xiǎn）、歇、骄：皆猎犬。长嘴曰猃，短嘴曰歇、骄。

【缵绎】

《毛诗序》："《驷驖》，美襄公也。始命，有田狩之事，园囿之乐焉。"郝懿行《诗问》："襄公有田狩园囿之乐，亦杂西戎之俗，诗人感而讽之。"姜炳璋《诗序广义》："言平时讲武极其完备整暇，以见在我为习练之师。"牟庭《诗切》："刺滥驾君车也。"方玉润《诗经原始》："美田猎之盛也。"今人有纪秦君田猎、贵族游猎诸说。笔者以为美秦君田猎之诗。

诗三章，章四句。用赋。首章将猎，次章射猎，末章猎后。"夫从田而无厌则谓之荒，得兽而止猎则谓之礼。是诗首章言马之良，御之之善，人之妩媚也。次章言兽之硕大，田之合礼，公之善射也。末章言田事即毕，不淫于猎，按辔徐行，四马安闲，轻车鸣鸾，田犬休息。"（戴溪《续吕氏家塾读诗记》）"秦诗时世多不可考，今据诗中言公，乃臣子称其君之词，疑此诗亦作于襄公受命为侯之后也。"（刘瑾《诗传通释》）"惟初膺侯命，举行大典，其相率以从于猎者，不闻腹心干城之寄，而乃曰'公之媚子'，则嗜好为何如耶？君子读《诗》至此，不禁有怀《兔罝》野人，知周之所以王而久，秦之所以帝而促者，其由来盖有素已。"（方玉润《诗经原始》）牛运震《诗志》："古劲生动。"刘玉汝《诗缵绪》："此篇序田猎，虽止三章，而始、中、终之事皆备，序事之法也。"陈震《读诗识小录》："格法节奏意味，皆具廉峭劲悍之气，在秦风亦自不同也。"陈继揆《读诗臆补》："风诗之体，每多句调重复者，惟此篇句句不同，亦风诗中别立一格也。"吴闿生《诗义会通》："作文最忌平实，此篇'公之媚子''公曰左之''载猃歇骄'等句，于无情致中写出情致，《长扬》诸赋，徒觉冗长。"

小 戎

小戎俴收①，五楘梁辀②。游环胁驱③，阴靷鋈续④。文茵畅毂⑤，驾我骐馵⑥。言念君子，温其如玉。在其板屋⑦，乱我心曲⑧。

四牡孔阜⑨，六辔在手。骐骝是中⑩，騧骊是骖⑪。龙盾之合⑫，鋈以觼軜⑬。言念君子，温其在邑⑭。方何为期⑮？胡然我念之⑯！

俴驷孔群⑰，厹矛鋈錞⑱，蒙伐有苑⑲，虎韔镂膺⑳。交韔二弓，竹闭绲縢㉑。言念君子，载寝载兴。厌厌良人㉒，秩秩德音㉓。

【集释】

①小戎：轻装兵车。俴（jiàn）：浅。收：轸，车后横木。俴收：浅车厢。②楘（mù）：带花纹皮条。梁辀（zhōu）：曲辕。③游环：活动环，古时车前四马相连，用游环结马颈套上，用以贯穿两旁骖马外辔。胁驱：驾马具，以控制骖马。④阴：车轼前横板。靷（yǐn）：引车前行之皮革。鋈（wù）：白铜环。续：接续。⑤文茵：虎皮垫子。畅毂（gǔ）：长毂。毂：车轮中心圆木，用以插轴。⑥骐：青黑色马。馵（zhù）：后左蹄白或四蹄皆白之马。⑦板屋：木板盖房屋，西戎（今甘肃一带）民俗，代指西戎。⑧心曲：心窝。⑨牡：公马。孔：甚。阜：肥大。⑩骝（liú）：赤身黑鬣马。⑪騧（guā）：黑嘴黄马。骊：黑色马。⑫龙盾：画龙之盾。合：两只盾合放车上。⑬觼（jué）：有舌环。軜（nà）：骖内辔。⑭邑：秦国属邑。⑮方：将。期：归期。⑯胡然：为什么。⑰俴驷：披薄甲四马。孔群：很协调。群：合群，指协调。⑱厹（qiú）矛：三棱矛。錞（duì）：矛戟柄末金属套。⑲蒙：杂色。伐：盾。苑：花纹。⑳韔（chàng）：弓囊。膺：弓袋正面。㉑闭：弓架。绲（gǔn）：绳。縢（téng）：缠束。㉒厌厌：安静，和悦。㉓秩秩：有序貌。德音：好声誉。

【缵绎】

《毛诗序》："《小戎》，美襄公也。备其甲兵以讨西戎。西戎方强而征伐不休，国人则矜其车甲，妇人能悯其君子焉。"朱熹《诗集传》："襄公上承天子之命，率其国人往而征之（西戎），故其从役者之家人先夸车甲之盛如此，而后及其私情。盖以义兴师，则虽妇人亦知勇于赴敌而无怨矣。"丰坊《诗说》：

"秦襄公征戎而劳其大夫之诗。"朱郁仪《诗故》:"托为妇人念夫之词,盖伤王政之不可复矣。"魏源《诗古微》:"美庄公也。"吴懋清《毛诗复古录》:"秦穆撰此,出军之乐。"今人有爱国思想、怀征夫诸说。笔者以为襄公怀西征将士之诗。

诗三章,章十句。各章前六句状物,极尽渲染,绘秦师壮观阵容。首章写车制,二章写驾车,三章写兵器。各章后四句抒情:首章言其温润,怀思则"乱我心曲",心烦意乱;二章言其敦厚,怀思则"方何为期",盼归心切;三章言其沉静,怀思则"载寝载兴",思深难眠。通篇一"念"贯穿,所思之人即在役中。诗云"在其板屋,乱我心曲",则是襄公奉天子命讨西戎无疑。"凡劳诗,或代为其人言,或代为其室家言。而此诗'言念君子',则襄公自念其臣子也。"(邹肇敏《诗传阐》)"襄公能作是诗,……无怪其能承君命以复父仇,独雄长于西方者有由然也。"(方玉润《诗经原始》)牛运震《诗志》:"叙典制,断连整错有方,骨方神圆。""参以二三情思语,便觉通体灵动。极铺张处,纯是一片摹想也。"姚际恒《诗经通论》:"写车容之盛,细述其车马、器械制度,刻琢典奥,于斯极矣,汉赋迥不能及。"傅恒、孙嘉淦等《诗义折中》:"读《驷驖》《小戎》,庶几哉有《车攻》《采芑》之遗风矣。"朱守亮《诗经评释》:"词浓气劲,此其《秦风》之所以为《秦风》也欤?"

蒹 葭

蒹葭苍苍①,白露为霜。所谓伊人②,在水一方③,溯洄从之④,道阻且长⑤。溯游从之⑥,宛在水中央⑦。

蒹葭萋萋⑧,白露未晞⑨。所谓伊人,在水之湄⑩。溯洄从之,道阻且跻⑪。溯游从之,宛在水中坻⑫。

蒹葭采采⑬,白露未已。所谓伊人,在水之涘⑭。溯洄从之,道阻且右⑮。溯游从之,宛在水中沚⑯。

【集释】

①蒹(jiān):荻。葭(jiā):芦。苍苍:盛貌。②所谓:所念。伊人:犹"是人"或"彼人"。③方:边。④溯洄:逆水而行。从:就。⑤阻:难。⑥溯

游：顺流而行。⑦宛：可见貌，犹言"仿佛是"。⑧凄凄：同"萋萋"，茂盛貌。⑨晞（xī）：干。⑩湄（méi）：水草交接之处。⑪跻（jī）：升，升高。⑫坻（chí）：水中高地。⑬采采：犹"萋萋"。⑭涘（sì）：水边。⑮右：向右转弯。⑯沚（zhǐ）：水中小沙洲。

【缵绎】

《毛诗序》："《蒹葭》，刺襄公也。未能用周礼，将无以固其国焉。"王质《诗总闻》："秦兴其贤有二人焉，百里奚、蹇叔是也。……所谓伊人，岂此流也耶？"季本《诗说解颐》："言人不可远人以为道也。"郝懿行《诗问》："思隐也。"牟庭《诗切》："百里奚荐蹇叔也。"戴君恩《读诗臆评》："诗人感时抚景，忽焉有怀，而托言于一方，以写其牢骚抑郁之意。"傅恒、孙嘉淦等《诗义折中》："刺遗贤也。"方玉润《诗经原始》："惜招隐难致也。"钱钟书《管锥编》："'在水一方'为企慕之象征。"今人多持情诗说，更有怀友、祭河诸说。笔者以为惜遗贤之诗。

诗三章，章八句。时至深秋，蒹葭露白，将结为霜，此秦政严急肃杀之象也。伊人者君子也，感时而归隐，在水一方，可招而致也。何也？盖"君子非不欲仕也，但恶不由其道。逆其道而求之，将终不可得见；顺其道而求之，未尝不宛在也。"（傅恒、孙嘉淦等《诗义折中》）"玩其词，虽若可望不可即。味其意，实求之而不远，思之而即至者。特无心以求之，则其人倜乎远矣。"（方玉润《诗经原始》）故三唱而深叹婉之。贺贻孙《诗经触义》："秋水淼茫，已传幽人之神，'蒹葭'二句又传秋水之神矣。绘秋水者不能绘百川灌河为何状，但作芦洲荻渚出没霜天烟江之间而已。所谓伊人，何人也？可思而不可见，可望而不可亲。目前、意中，脉脉难言，但一望蒹葭，秋波无际，露气水光，空明相击，则以为在水一方而已。而一方果何在乎？溯洄、溯游而皆不可从也。此其人何人哉？'宛在'二字意想深穆，光景孤澹。……'道阻且长'，'宛在水中央'，皆可意会而不可言求，知其解者并在水一方，亦但付之想象可也。"牛运震《诗志》："写得秋光满纸，抵一篇悲秋赋。""《国风》第一篇缥缈文字。极缠绵，极惝恍。纯是情，不是景。纯是窈远，不是悲壮。"陈继揆《读诗臆补》："意境空旷，寄托元淡。秦川咫尺，宛然有三山云气，竹影仙风。故此诗在《国风》为第一篇缥缈文字，宜以恍惚迷离读之。"陈震《读诗识小录》：

"画秋妙手,千古搁笔。"

终 南

终南何有①?有条有梅②。君子至止,锦衣狐裘③。颜如渥丹④,其君也哉!
终南何有?有纪有堂⑤。君子至止,黻衣绣裳⑥。佩玉将将⑦,寿考不忘⑧!

【集释】

①终南:终南山,在今陕西西安城南。②条:树名,即楸树。③锦衣狐裘:当时诸侯礼服。④渥(wò):涂。丹:赤石制红颜料,今名朱砂。⑤纪:"杞"假借,杞柳。堂:"棠"假借,棠梨。⑥黻(fú)衣:黑色和青色花纹相间上衣。绣裳:五彩绣下裳。均系当时贵族服装。⑦将将:同"锵锵",象声词。⑧考:高寿。

【缵绎】

《毛诗序》:"《终南》,戒襄公也。能取周地,始为诸侯,受显服,大夫美之故作是诗,以戒劝之。"苏辙《诗集传》:"此诗美襄公耳。"朱熹《诗集传》:"此秦人美其君之词。"季本《诗说解颐》:"贤者因国君亲来见己,故作此诗以美之。"姚舜牧《重订诗经疑问》:"此必秦君巡游于终南,故为此诗。"牟庭《诗切》:"刺秦伯不务远略也。"吴懋清《毛诗复古录》:"宴飨公子之乐歌。"方玉润《诗经原始》:"祝襄公以收民望也。"今人有刺襄公、刺穆公、美贵族仪表、恋歌诸说。笔者以为祝襄公以收民望之诗。

诗二章,章六句。前二句以终南之高峻,树木之繁盛,暗喻君子之高贵,与气象之大。次三句写襄公衣着华贵,佩饰精美,容颜润泽,气度雍容,君子治此,正如终南之高峻,令人崇敬。"其君也哉",既含赞颂,亦含疑问。"寿考不忘",既有祝福,又存劝诫。"此必周之耆旧,初见秦君抚有西土,皆膺天子命以治其民,……曰:崇隆者终南,其何有乎?条与梅耳,所以成此山之高也。君子至止,衣服之盛,容貌之美固不待言,非将以君临一邦乎?君此邦则必德此民,如山之有木而后成山之高,乃无负山之名耳。然终南形势尊严宏敞,为天下冠,君此者可以雄视六合,不独号令一方也。君其修德以副民望,百世无忘周天子之赐也可。盖美中寓戒,非专颂祷。"(方玉润《诗经原始》)朱守亮

《诗经评释》:"雍荣华贵,刚毅质劲。"

黄 鸟

交交黄鸟①,止于棘②。谁从穆公③?子车奄息④。维此奄息,百夫之特⑤。临其穴⑥,惴惴其慄⑦。彼苍者天,歼我良人⑧!如可赎兮,人百其身⑨!

交交黄鸟,止于桑⑩。谁从穆公?子车仲行。维此仲行,百夫之防⑪。临其穴,惴惴其慄。彼苍者天,歼我良人!如可赎兮,人百其身!

交交黄鸟,止于楚⑫。谁从穆公?子车鍼虎。维此鍼虎,百夫之御⑬。临其穴,惴惴其慄。彼苍者天,歼我良人!如可赎兮,人百其身!

【集释】

①交交:通"咬咬",鸟叫声。一作飞来飞去貌。②棘:酸枣树。落叶乔木,枝上多刺,果小味酸。棘之言"急",双关语。③从:谓从死,即殉葬。穆公:春秋时秦国之君,姓嬴,名任好。五霸之一。④子车奄息:子车是氏,奄息是名。一说字奄名息。以下"仲行""鍼(qián)虎"皆人名。⑤夫:男子之称。特:匹敌。⑥穴:墓穴。⑦惴惴:恐惧貌。慄:战栗。⑧歼(jiān):灭。良人:善人。⑨人百其身:犹言死一百次。一说"用一百人赎其一人"。⑩桑:桑树。桑之言"丧",双关语。⑪防:抵挡,比。⑫楚:荆树。楚之言"痛楚",双关语。⑬御:抵挡。

【缵绎】

《毛诗序》:"《黄鸟》,哀三良也。国人刺穆公以人从死而作是诗也。"《左传·文公六年》:"秦伯任好卒(按:卒于周襄王三十一年,即公元前621年),以子车氏之三子奄息、仲行、鍼虎为殉,皆秦之良也。国人哀之,为之赋《黄鸟》。"《史记·秦本纪》:"缪(穆)公卒,从死者百七十七人。秦之良臣子舆(车)氏三人名曰奄息、仲行、鍼虎,亦在从死之中。秦人哀之,为作歌《黄鸟》之诗。"历代多信此说。今人另有反殉葬、反良人殉葬说。笔者以为哀三良而刺穆公之诗。

诗三章,章十二句。每章前六句写三良从死,七八句写三良临殉,后四句呼天悼惜。三章分悼奄息、仲行、鍼虎,重章叠句,只易数字。章首二句以黄鸟悲鸣兴起，黄鸟止于棘、桑、楚，"棘"之言"急"，"桑"之言"丧"，"楚"之言"楚"（痛楚），语音双关，写三良被殉促迫悲苦之氛围。百夫之特、防、御，喻三良才智超群；"惴惴其栗"三叠，写临殉前惶恐心理。后四句怒问苍天，谴责暴君。此诗于史有证，《毛诗序》为是。"古之封建国君，得以专制一方，生杀予夺，惟意所欲。似此苛政恶俗，天子不能黜，国人不敢违。哀哉良善，其何以堪！……封建固良法，封建亦虐政。……圣人存此，岂独为三良悼乎？亦将作万世戒耳！"（方玉润《诗经原始》）牛运震《诗志》："呼应停折，缠绵淋漓。"陈继揆《读诗臆补》："恻怆悲号，哀辞之祖。"朱守亮《诗经评释》："全诗字字是血，句句是泪，千古遗恨之作也。"

晨 风

鴥彼晨风①，郁彼北林②。未见君子，忧心钦钦③。如何如何④，忘我实多⑤！
山有苞栎⑥，隰有六驳⑦。未见君子，忧心靡乐。如何如何，忘我实多！
山有苞棣⑧，隰有树檖⑨。未见君子，忧心如醉。如何如何，忘我实多！

【集释】

①鴥（yù）：鸟疾飞貌。晨风：鸟名。即鹯，鸷鸟类。一说晨风亦名天鸡，雉类。②郁：茂密貌。③钦钦：忧不忘貌。④如何：奈何。⑤多：犹"甚"。⑥苞：丛生貌。栎（lì）：栎树。⑦隰（xí）：低洼湿地。驳（bó）：即"驳"，木名，梓榆之属，因其树皮青白如驳而得名。⑧棣（dì）：郁李。⑨树：直立貌。檖（suì）：山梨。

【缵绎】

《毛诗序》："《晨风》，刺康公也。忘穆公之业，始弃其贤臣焉。"季本《诗说解颐》："此贤臣被弃而思慕之诗也。"朱熹《诗序辩说》："此妇人念其君子之诗。"朱郁仪《诗故》："刺弃三良也。"何楷《诗经世本古义》："秦穆公悔过也。"魏源《诗古微》："思贤士也。"吴懋清《毛诗复古录》：康公责群臣也。今人有怀征夫、女怨男、弃妇诸说。笔者以为思贤士之诗。

诗三章，章六句。首章用鹯鸟归林起兴兼比。喻鸟倦知还，人却忘归，以启相思之情。三章重言"未见君子"，以致忧劳之心钦钦、靡乐、如醉。"钦钦",忧而不忘;"靡乐",欢乐不再;"如醉",痴醉恍惚。末尾二句复叠,由忧心转至忧人,追问一句,似答似叹,惆怅不已。二三章句首插入"山有…隰有…"句式,既为起兴,又为转韵,使全诗更为跌宕。"愚谓穆公好士,西取由余于戎,东得百里奚于宛,求丕豹、公孙于晋,询兹黄发,昧昧思贤,故能创霸西戎。此诗殷殷以见君子为忧……即以穆公当之亦可,作泛泛思贤亦可。"(刘沅《诗经恒解》)陈继揆《读诗臆补》:"似怨似诉,意恰含蓄。"陈震《读诗识小录》:"语质情深,'忧心'句且顿且逗,'如何'一转,直以神行。"

无 衣

岂曰无衣?与子同袍①。王于兴师②?修我戈矛,与子同仇③。
岂曰无衣?与子同泽④。王于兴师?修我矛戟,与子偕作⑤。
岂曰无衣?与子同裳。王于兴师?修我甲兵,与子偕行。

【集释】

①袍:长衣。行军者日以当衣,夜以当被。即今之披风,或名斗篷。"同袍",友爱之辞。②于:语助词,犹"曰"或"聿"。兴师:出兵。③同仇:共同对敌。④泽:同"襗",贴身内衣。⑤作:战斗。

【缵绎】

《毛诗序》:"《无衣》,刺用兵也,秦人刺其君好攻战。"朱熹《诗集传》:"秦人之俗,大抵尚气概,先勇力,忘生轻死,故其见于诗如此。"季本《诗说解颐》:"此将帅与士卒同甘苦者所作。"何楷《诗经世本古义》:"复王仇也。"陈奂《诗毛氏传疏》:"此亦刺康公诗也。"姚际恒《诗经通论》:"秦俗强悍,乐于用命。"郝懿行《诗问》:"思周也。秦好攻战,轻用兵而不恤民,民皆思周而怨秦焉。"吴懋清《毛诗复古录》:"秦康公时,尚能为王敌忾领兵,以为起军之乐。"魏源《诗古微》:"美用兵勤王也。"今人有爱国说。笔者以为秦人乐为王复仇之诗。

诗三章,章五句,二问二答,如沙场誓师然。章首以"岂曰无衣"发问,继以同袍泽、共裳衣作答,示同心同欲也。"王于兴师"为第二问,以修戈矛甲兵,与子同仇、偕作偕行作答,示一志气、共进退、共存亡也。"同仇"是志同,"偕作"是气同,"偕行"是义同。"秦自襄公以来,受平王之命以伐西戎……西戎杀幽王,于是周氏诸侯以不共戴天之仇,秦民敌王所忾,故曰同仇也。"(王先谦《诗三家义集疏》)"春秋二百四十余年,天下无复知有复仇志,独《无衣》一诗,毅然以天下大义为己任,其心忠而诚,其气刚而大,其词壮而直。"(谢枋得《诗传注疏》)此亦其辞所以雄健而凌轹千古也。陈继揆《读诗臆补》:"开口便有吞吐六国之气,其笔锋凌厉,亦正如岳将军直捣黄龙。"陈震《读诗识小录》:"起笔奇崛,意在笔先,二句只如一句。收笔雄劲,辞以气行,三句只如一句。实则上呼下应,五句一气舒卷也。三百篇中仅见。"吴闿生《诗义会通》:"英壮迈往,非唐人出塞诸诗所及。"

渭　阳

我送舅氏,曰至渭阳①。何以赠之?路车乘黄②。
我送舅氏,悠悠我思③。何以赠之?琼瑰玉佩④。

【集释】

①曰:发语词。渭阳:渭水北边,山南水北为阳。②路车:诸侯所乘车。乘黄,四匹马皆黄。③悠悠:深长貌。④琼瑰:玉一类美石。

【缵绎】

《毛诗序》:"《渭阳》,康公念母也。康公之母,晋献公之女。文公遭丽姬之难未返,而秦姬卒。穆公纳文公。康公时为太子,赠送文公于渭之阳,念母之不见也,我见舅氏,如母存焉。"孔颖达《毛诗注疏》:"因送舅氏而念母,为念母而作诗。"今人多从此说。丰坊《诗说》:"晋公子重耳归于晋,秦穆公送之,而作是诗。"牟庭《诗切》:"忧康公纳晋公子雍而无备也。"今人有甥送舅惜别说。笔者以为康公送别舅氏重耳归晋之诗。

诗两章,章四句。首章头两句言人物关系与事由。渭阳距秦都雍已远,饶是别情依依。末二句含情不说,只言赠物。一辆大车,四匹黄马,既期快行,又寓祝福,更示秦晋之好。二章由别情转忧思。甥舅情源于母,念母之思更益甥舅之情。康公之母秦姬生前曾盼弟重耳早返晋国,斯愿将成,而人已谢世,送舅念母,既欣既悲,情何"悠悠"!"非惟思母,兼有诸舅存亡之感。"(姚际恒《诗经通论》）末二句悠悠情不可言，赠玉达意。玉有五德："润泽以温，仁之方也；鳃理自外，可以知中，义之方也；其声舒扬，博以远闻，智之方也；不挠而折，勇之方也；锐廉而不忮，絜之方也。"（许慎《说文解字》）以喻舅氏人品、秦姬厚意、秦晋之谊。"佩"字结尾，用字精审，正寓铭之不可忘也！戴君恩《读诗臆评》："寥寥数语，兴衰拨乱之思，生死存亡之感，无不具备。"陈震《读诗识小录》："气格高，魄力大，寄托深，情味永。""是为舅氏，不是为舅氏，言中言外，不可迹求，入神之笔。"刘玉汝《诗缵绪》："送行而止述其送赠怀思之情，而不及其所事者，正得送别之体。《文选》中送别诗多如此，盖古意也。"陈继揆《读诗臆补》："此诗为后世赠言之始。"方玉润《诗经原始》："诗格老当，情致缠绵，为后世送别之祖，令人想见携手河梁时也。"

权　舆

於我乎①，夏屋渠渠②，今也每食无余。于嗟乎！不承权舆③！
於我乎，每食四簋④，今也每食不饱。于嗟乎！不承权舆！

【集释】

①於（wū）：叹词。乎：语助词。②夏屋：大食器。夏，大；屋，通"握"。《尔雅》："握，具也。"渠渠：丰盛。《广雅》："渠渠，盛也。"③承：继。权舆：作量自权始，造车自舆始，故谓始曰权舆。④簋（guǐ）：古食器。瓦器，容易斗二升。方曰簠，圆曰簋。簠盛稻粱，簋盛黍稷。

【缵绎】

《毛诗序》："《权舆》，刺康公也。忘先君之旧臣，与贤者有始而无终也。"朱熹《诗集传》："君始有渠渠之夏屋以待贤者，而其后礼意浸衰。"何楷《诗经世本古义》："晋江惠公与秦穆公战，为秦所获，舍诸灵台，怨秦为德不卒也。"吴懋清《毛诗复古录》："秦康公时，宴飨之乐渐至菲薄，受其飨者，作歌以叹之。"陈继揆《读诗臆补》："秦上首功，简贤弃士。《权舆》一诗，其逐客坑儒之渐欤？"魏源《诗古微》："《权舆》诗人其冯谖之流乎？"今人有旧僚不满新主、没落贵族自嗟诸说。笔者以为刺康公待贤礼衰之诗。

诗二章，章五句。首句慨叹发语，先言昔，居食有余；次言今，食而不饱；

再嗟叹，今不如昔。末二句复叠，似叹似怨似望。"贤者去就，只争礼貌间耳。而此诗所较，不过区区安居馎啜事，恐非贤者志也。然孟子不云乎：'孔子为鲁司寇，不用，从而祭，燔肉不至，不税冕而行。不知者以为为肉也，其知者以为为无礼也。'是诗之作，亦犹是哉！……康公之失，当不止是故，贤者藉是乘机而作也。"（方玉润《诗经原始》）"礼貌既衰，贤人去焉。故自是穆公之霸业衰矣。故康公屡败于晋，桓景哀悼数世不兢，以及厉躁简公出子之不宁，皆《权舆》之诗为之兆也。"（傅恒、孙嘉淦等《诗义折中》）方玉润《诗经原始》："起似居食双题，下乃单承，侧重食一面，局法变幻不测，于此可悟文法化板为活之妙。"陈震《读诗识小录》："只言于我如此，不言何时，却以一'今'字对照而出，是省字法。只言于我如此，不言何为，却以'不承权舆'句点醒，是掩映法。只言'无余''不饱'，不及其他，即以'吁嗟乎'咏叹之，是指点法。"吴闿生《诗义会通》："低徊无限。"

【秦风小结】

《秦风》十篇。"读《小戎》《无衣》之诗，知秦之必大。读《晨风》《权舆》之诗，人心离合而知秦中衰。"（傅恒、孙嘉淦等《诗义折中》）"《车邻》《驷驖》《小戎》诸诗，勇武甚矣，而《蒹葭》一诗又何淡哉！使非贤人君子，乌能为是？盖西京旧治，大有人在也。惜秦俗尚武，有贤而不能用耳。以故《黄鸟》致三良之哀，《权舆》有无食之叹，其为国大可想见。秦之为秦与周之为周，其薄厚不甚相远哉！"（方玉润《诗经原始》）

国风·陈风

"陈,国名。太皞伏羲氏之墟,在《禹贡》豫州之东,其地广平,无名山大川,西望外方,东不及孟诸。周武王时,帝舜之胄有虞阏父为周陶正,武王赖其利器用,与其神明之后,以元女太姬妻其子满,而封之于陈,都于宛丘之侧,与黄帝、帝尧之后共为三恪,是为胡公。太姬,妇人尊贵,好乐巫觋歌舞之事,其民化乏。今之陈州即其地也。"(朱熹《诗集传》)陈都宛丘在今河南淮阳,其治辖今河南淮阳、柘城以及安徽亳县一带。

"陈、桧、曹皆小国,故居诸国之末。而陈为伏羲旧治,又帝舜后裔,故在二国前。"(方玉润《诗经原始》)

宛　丘

子之汤兮①,宛丘之上兮②。洵有情兮,而无望兮③。
坎其击鼓④,宛丘之下。无冬无夏⑤,值其鹭羽⑥。
坎其击缶⑦,宛丘之道。无冬无夏,值其鹭翿⑧。

【集释】

①子:指陈国在上者。汤(dàng):通"荡",放荡,一说游荡。②宛丘:陈国丘名,又叫韫丘,陈国人游观之地。③望:威望。④坎:敲击声。⑤无:不管,不论。⑥值:持。⑦缶(fǒu):瓦盆,用为乐器。⑧鹭翿(dào):鹭鸶羽制舞者道具。

【缵绎】

《毛诗序》:"《宛丘》,刺幽公也。淫荒昏乱,游荡无度焉。"朱熹《诗集传》:"国人见此人常游荡于宛丘之上,故叙其事以刺之。"丰坊《诗说》:"陈人讥其大夫之诗。"傅恒、孙嘉淦等《诗义折中》:"陈人刺其上也。"郝懿行《诗问》:"刺巫也。"牟庭《诗切》:"刺时人不知音也。"今人另有咏男女歌舞聚会、刺女巫、男恋女诸说。笔者以为陈人刺其上游荡无度之诗。

诗三章,章四句。首章隐括全篇,"汤"字一篇之骨。言上者于宛丘放荡无度,虽有情致,而无威望,后二章从此意反复咏唱。盖于上者而言,此荡为有情致,于民而言,此荡则无威望,更不可以寄望,以致于绝望矣。古者春秋教以礼乐,冬夏教以诗书,今冬夏值其羽翿,则无时而不舞,不亦过乎?"此必陈君与其臣下不务政治,相与游乐,君击鼓而臣舞翿,无冬无夏,威仪尽失。"(方玉润《诗经原始》)"首章四兮字,使游荡轻薄之人,神情态度脱口如新,真传神妙手。自宛丘之上而下而道,无地不热闹,无冬无夏无时不热闹,直揭出一国若狂景象。"(陈继揆《读诗臆补》)政荒于荡,值诸《陈风》之首,可叹矣。陈震《读诗识小录》:"先断后案,遂使下二章叙述处文情不尽,'汤'字包尽下二章,'无望'判尽下二章,上为下断,下又为上注,格法尽奇。"戴君恩《读诗臆评》:"一之声曼,二、三之响切,真是流商变徵。"牛运震《诗志》:"一头两脚,一曲两直,别格活调。"

东门之枌

东门之枌①,宛丘之栩②。子仲之子③,婆娑其下④。
穀旦于差⑤,南方之原⑥。不绩其麻,市也婆娑⑦。
穀旦于逝⑧,越以鬷迈⑨。视尔如荍⑩,贻我握椒⑪。

【集释】

①枌(fén):白榆。②栩(xǔ):柞木。③子仲之子:子仲氏之子。④婆娑:舞貌。⑤穀:善。旦:明。穀旦:良辰。于:语助词。差:择。⑥原:高而平阔之地。⑦市:买卖货物之所。⑧逝:往。⑨越以:发语词。鬷(zōng):总、众。迈:行。⑩荍(qiáo):荆葵,草本,花淡紫红色。⑪椒:花椒。

【缵绎】

《毛诗序》:"《东门之枌》,疾乱也。幽公淫荒,风化之所行,男女弃其旧业,亟会于道路,歌舞于市井尔。"朱熹《诗集传》:"此男女聚会歌舞,而赋其事以相乐也。"何楷《诗经世本古义》："刺陈风也。"今人有爱情诗、祈子诗说。笔者以为刺陈风而疾乱之诗。

诗三章，章四句。首章男觋成风，二章女巫游市，三章观者互结情好。陈国"巫觋盛行，男女聚观，举国若狂耳。东门、宛丘，其地也。枌、栩相荫，可以游息其下也。'子仲之子'，男觋也。'不绩其麻'，女巫也。婆娑鼓舞，神弦响而星鬼降也。'穀旦于差'，诹吉其会也。'越以鬷迈'，男妇毕集以迈观也。视如荍而贻之椒，则又观者互相爱悦也。此与《郑·溱洧》之采兰赠勺大约相类，而鄙俗荒乱，则尤过之。"（方玉润《诗经原始》）"《左传》曰：'民生在勤，勤则不匮。'又曰：'民劳则思，思则善心生；逸则淫，淫则忘善，忘善则恶心生。'今陈之俗恒舞酣歌，在民上者无冬夏，而值其鹭羽，其下化之越鬷迈而市也，婆娑则是上不勤礼而下不尽力也。有男不耕，孰授之食？有女不绩，孰授之衣？女游而冶必至海淫，男惰而贫或至为盗，是不勤致匮，忘善而恶心生也，立国如此，何以长世，君子是以知陈之先亡也。"（傅恒、孙嘉淦等《诗义折中》）而岂必之问，亦见其慨世焉。牛运震《诗志》："风艳可挹，妙在以质直出之。"孙鑛《批评诗经》："'婆娑'字形容绝妙。"

衡　门

衡门之下①，可以栖迟②。泌之洋洋③，可以乐饥④。
岂其食鱼，必河之鲂⑤？岂其取妻⑥，必齐之姜⑦？
岂其食鱼，必河之鲤？岂其取妻，必宋之子⑧？

【集释】

①衡：通"横"。衡门：横木为门，言其简陋。②栖迟：栖息盘桓。③泌：泌水。洋洋：水流貌。④乐饥：乐而忘饥。⑤鲂：鳊鱼。⑥取：通"娶"。⑦姜：齐姓。⑧子：宋姓。

【缵绎】

《毛诗序》："《衡门》，诱僖公也。愿而无立志，故作是诗以诱掖其君也。"朱熹《诗集传》："此隐者自乐而无求者之词。"王质《诗总闻》："或劝贤者取有爵，贤者婉辞导情以酬之，言不必也。"傅恒、孙嘉淦等《诗义折中》："守道也。"牟庭《诗切》："刺国无寄寓也。"刘沅《诗经恒解》："贤者慨世营求身家之计，而作此诗以刺之。"今人有没落贵族自乐、情人相慕诸说。笔者以为贤者安贫乐道之诗。

诗三章，章四句。一章甘贫，则衡门可栖，泌洋可乐。二三章无求，则富贵利达可厌，饮食男女足卑。唯能甘贫，故无求；唯能无求，故乐道。衡门栖迟，有见箪食瓢饮之志；泌水洋洋，甚见智者乐水之义。"人之有欲也，皆期其必得，必欲得而不得，于是乎目前之境，皆以为不可。不知境不同而道同，得其所以处之道，则境无不可，而道外之物，皆可以不必是。故衡门泌水，人所难安，而心以为可则可矣，道固无不在也。鲂鲤姜子，人之所欲，而心以为不必，则果不必矣，于道无加损也，此则所谓素位而行，不愿乎外者与，可以无入而不得矣。"（傅恒、孙嘉淦等《诗义折中》）而岂必之间，亦见其慨世焉。牛运震《诗志》："两'可以'，四'岂其'呼应紧足，章法甚灵。"陈震《读诗识小录》："自乐无求意，首章已尽。下章四'岂其'字，反剔醒上两'可以'字。四'必'字，反剔醒上两'之'字。格笔俱奇。"

东门之池

东门之池，可以沤麻①。彼美淑姬②，可与晤歌③。
东门之池，可以沤纻④。彼美淑姬，可与晤语。
东门之池，可以沤菅⑤。彼美淑姬，可与晤言。

【集释】

①沤（òu）：浸泡。②姬：《正义》："美女而谓之姬者，以黄帝姓姬，炎帝姓姜，二姓之后，子孙昌盛，齐家之女，美者尤多，遂以姬、姜为妇人之美称。"③晤（wù）：对。④纻（zhù）：苎麻。⑤菅（jiān）：菅草。

【缵绎】

《毛诗序》："《东门之池》，刺时也。疾其君之淫昏，而思贤女子以配君子也。"朱熹《诗集传》："此亦男女会遇之词。"何楷《诗经世本古义》："刺陈夏姬也。"朱郁仪《诗故》："刺贤而遁世不见用也。"牟庭《诗切》："观美女戏舟也。"今人多谓男慕女之情歌。笔者以为思贤妃以渍君德之诗。

诗三章，章四句。用比，辞极简易，东门之池可以沤麻及纻菅，则彼淑女可以相与晤谈言语也。盖沤麻需渐渍之功，成化亦必赖贤者之日积月累。"陈君荒淫无度，而国人化之，皆不可告语。故其君子思以淑女，以化之于内。妇人之于君子，日夜处而无间，庶可以渐革其暴，如池之沤麻，渐渍而不自知也。"（苏辙《诗集传》）"一章深似一章。始则相'晤歌'，遥与之和曲而歌也；继则相'晤语'，近与之相答述也；终则相'晤言'，去其距离，与之相言论也。"（朱守亮《诗经评释》）牛运震《诗志》："平调深情。"吴闿生《诗义会通》："愈淡愈妙。"

东门之杨

东门之杨，其叶牂牂①。昏以为期，明星煌煌②。
东门之杨，其叶肺肺③。昏以为期，明星晢晢④。

【集释】

①牂牂（zāng）：盛貌。一说风动声。②明星：金星，又名太白、启明、长庚。煌煌：明亮貌。③肺肺：同"芾芾"，盛貌。一说风动声。④晢晢（zhé）：明貌。犹"煌煌"。

【缵绎】

《毛诗序》："《东门之杨》，刺时也。婚姻失时，男女多违，迎亲女犹有不至者。"朱熹《诗集传》："男女期会而有负约不至者。"今人多从此说。戴溪《续吕氏家塾读诗记》："婚姻失时而女归愆期。"朱郁仪《诗故》："刺淫奔也。"张次仲《待轩诗记》："为友之寒盟而致怨也（按：寒盟，背弃盟约）。"朱朝瑛《读诗略记》："其君有用贤之志而不果，托言于男女之期会以刺之。"陈继揆《读诗臆补》："孤臣被弃借事言情。"傅恒、孙嘉淦等《诗义折中》："刺无信也。"牟庭《诗切》："咏张灯夜游也。"笔者以为刺无信之诗。

诗二章，章四句。东门之杨，风吹其叶，牂牂肺肺，耳闻而心动。何也？盖当时相约黄昏，相会于东门之外，而今从昏至旦，只见启明煌煌晢晢，而相约之人竟不践诺而至，唯余清风明星，空相映照。是守约者久候，而爽约者终不至也。"人之生也，信义为大。以义相约，加之以信，久要不忘，所以为成人也。世之衰也,人弃信而忍于作伪,《离骚》云:'曰黄昏以为期兮,羌中道而改路',亦犹是已。"(傅恒、孙嘉淦等《诗义折中》)风中之叶,天上之星,嘉此守信者乎?而世之无信者,读之宁无愧乎!牛运震《诗志》:"'牂牂'字写杨叶有神。'肺肺'二字尤奇。"

墓 门

墓门有棘①,斧以斯之②。夫也不良③,国人知之。知而不已④,谁昔然矣⑤。
墓门有梅⑥,有鸮萃止⑦。夫也不良,歌以讯之⑧。讯予不顾⑨,颠倒思予⑩。

【集释】
①墓门:陈国城门名。马瑞辰《通释》:"《天问》王逸注曰:'晋磏解居父聘吴,过陈之墓门,'墓门,盖陈之城门。"一说墓道之门。棘:酸枣树。②斯:析、劈。③夫:指陈佗。陈佗本名妫佗,一说妫他,陈文公子。其兄陈桓公妫鲍病,佗杀太子妫免,后得国,翌年为蔡人所杀。④不已:不止、不改。⑤谁昔:往昔。王先谦《诗三家义集疏》:"《释诂》云:'畴,谁也。'故谁昔犹言畴昔也。"然:这样。⑥梅:梅花。⑦鸮(xiāo):猫头鹰,古人认为是恶鸟。萃(cuì):集、栖息。止:语尾助词。⑧讯:借作"谇"(suì),告诫。⑨予:虚字,犹"而"。⑩颠倒:狼狈之状,喻陷于困境。

【缵绎】
《毛诗序》:"《墓门》,刺陈佗也。陈佗无良师傅,以至于不义,恶加于万民焉。"梁寅《诗演义》:"刺不良之人也。"丰坊《诗说》:"泄冶谏灵公,孔宁、仪行父谮而囚之,冶作是诗。"(按:孔宁、仪行父、泄冶,皆陈灵公时大夫。)牟庭《诗切》:"刺仪行父也。"刘沅《诗经恒解》:"陈佗将为乱,国人知之而莫敢言,诗人以此讯陈桓公。"方玉润《诗经原始》:"刺桓公不能早去佗也。"今人有责夫不良、泛刺不良执政者说。笔者以为刺桓公不能去佗之诗。

诗二章,章六句。一章恶木当道,不祥,当斧析之。国人虽尽知其恶,而不能除,此谁之过?棘,恶木,指陈佗。"陈佗,陈文公之子而桓公之弟也。桓公疾病,佗杀太子免而代之。桓公之世,陈人知佗之不臣矣,而桓公不去,以及于乱。是以国人追咎桓公,以为智不及其后,故以《墓门》刺焉。夫,指陈佗也。佗之不良，国人莫不知之；知之而不去，昔者谁为此乎？"（苏辙《诗集传》）此事《左传》有载，当为信史。二章梅，美木，指太子免。鸮，恶禽，指陈佗。鸮萃于梅，喻陈佗将凌太子。后四句言陈佗不良，故忠直以谏，使桓公早悟。奈何公迷而不悟，以至乱作，至此而思良言，夫何益哉？吴闿生《诗义会通》："一句一转，沉郁顿挫。"章首二句，用语隐微，比喻亦奇。

防有鹊巢

防有鹊巢①，邛有旨苕②。谁侜予美③？心焉忉忉④。
中唐有甓⑤，邛有旨鹝⑥。谁侜予美？心焉惕惕⑦。

【集释】

①防：堤坝。②邛（qióng）：土丘。旨：味美。苕（tiáo）：紫云英，野蚕豆，蔓生植物。③侜（zhōu）：欺骗，说谎。美：善。④忉忉（dāo）：忧愁貌。⑤唐：朝堂前或宗庙门内大道。甓（pì）：砖。⑥鹝（yì）：绶草。⑦惕惕：忧惧貌。

【缵绎】

《毛诗序》："《防有鹊巢》，忧谗贼也。宣公多信谗，居子忧惧焉。"朱熹《诗集传》："男女之有私而忧或间之词。"今人多从此说。戴溪《续吕氏家塾读诗记》："忧贤者之被谗也。"丰坊《诗说》："泄冶被谗，内子忧之而作。"今人另有劝人莫信谎言、失爱妻、惧蔽己美诸说。笔者以为忧谗之诗。

诗二章，章四句。每章上二句兴中有比，旨在揭穿谗言。一章言"鹊巢于大树，防以止水，安有鹊巢？苕生于下湿，邛乃高丘，焉有旨苕？今皆谓有之，以比谗人驾为无实之词以欺人，所谓侜也。谁如此以侜予心之所美，使我忉忉忧之也。"（傅恒、孙嘉淦等《诗义折中》）二章言"中唐有甓，非一甓也，以积累而成路；防鹝绶草，杂众色以成文，犹多言交织以成惑是也。其侜更巧，故忧之甚而至于惧也。"（欧阳修《诗本义》）"防巢邛苕，本无其事，而妄谓有之，所谓诪张为幻也；唐甓邛鹝，集众小事而遂张大之，所谓萋菲成锦也。家国之际，谗言一兴，变故百出，诚可畏也。"（傅恒、孙嘉淦等《诗义折中》）"《风》诗托兴甚远，凡属君亲朋友，意有难宣之处，莫不假托男女夫妇词婉转以达之。"（方玉润《诗经原始》）吴闿生《诗义会通》："非必真有俛之者，写柔肠曲尽。"

月 出

月出皎兮①，佼人僚兮②。舒窈纠兮③，劳心悄兮④！
月出皓兮⑤，佼人懰兮⑥。舒忧受兮⑦，劳心慅兮⑧！
月出照兮，佼人燎兮⑨。舒夭绍兮⑩，劳心惨兮⑪！

【集释】

①皎：洁白光明。②佼：通"姣"。佼人：美人。僚（liǎo）：同"嫽"，好貌。③舒：夏征舒，妫姓，夏氏。其母夏姬与陈灵公等通奸，耻而弑灵公，自立陈君，楚庄王讨而车裂之。窈（yǎo）：幽远。纠（jiǎo）愁结。④劳心：忧心。悄：犹"悄悄"，深忧貌。⑤皓：犹"皎"，光明。⑥懰（liú）：好貌。⑦忧受：忧思。⑧慅（cǎo）：犹"慅慅"，忧愁不安貌。⑨燎：明。⑩夭绍：纠紧。⑪惨（zào）：同"懆（cǎo）"，焦躁貌。

【缵绎】

《毛诗序》："《月出》，刺好色也。在位不好德，而说美人焉。"朱熹《诗集传》："此亦男女相悦而相念之辞。"今人多从此说。王柏《诗疑》："淫奔之诗。"丰坊《诗说》："朋友相期不至而作。"何楷《诗经世本古义》：姬子征舒欲弑灵公，国人讽之。姜炳璋《诗序广义》："忧灵公好色，将及于难，而欲其知惧也。"刘沅《诗经恒解》："时政衰暗，诗人思君子之度，以不见为忧伤也。"牟庭《诗切》："望月词也。"方玉润《诗经原始》："有所思也。"魏源《诗古微》："刺灵公淫夏姬也。"高亨《诗经译注》：哀悼被害者。笔者以为忧灵公好色之诗。

诗三章，章四句。佼人谓夏姬，舒谓夏征舒。诗之关捩在"舒"。陈灵公与孔宁、仪行父淫于夏氏，夏姬之子征舒耻之，弑灵公。此诗言当月出之时，灵公悦夏姬之姣好，而其子征舒知之，幽窈纠结而至忧思忍耐，直至内心纠紧；而诗人心中忧劳，由悄然不敢言，至忧愁不安，再至焦躁难耐，则知灵公之行愈为狂诞，征舒之耻转而为恨，祸必不免也。"此诗篇中三言'舒'字，指夏征舒也。杀机已动而公犹不知止，故国人作是诗以讽告之。"（何楷《诗经世本古义》）"淫之为祸烈矣。淫人之女，如其父何？淫人之妻，如其夫何？淫人之母，如其子何？当其月皎人僚，色授魂予之时，而环伺而欲刃之者已不可胜计矣。"（傅恒、孙嘉淦等《诗义折中》）方玉润《诗经原始》："活现出一月下美人，并非实有所遇，盖巫山、洛水之滥觞也。"牛运震《诗志》："极要眇流丽之体，妙在以拙峭出之，调促而流，句謦而圆，字生而艳，后人骚赋之祖。……从月出落想，已有无限迷离，细完末句，则上二句情景，皆心中想象而已。一片空灵，造出幻景，虚实颠倒，章法绝妙。"（按：方、牛二氏所论，非当诗之旨，而开后人骚思则然也。）姚际恒《诗经通论》："尤妙在一韵，此真风之变体，愈出愈奇者。"

株 林

胡为乎株林？①从夏南②。匪适株林？从夏南！
驾我乘马③，说于株野④。乘我乘驹⑤，朝食于株⑥。

【集释】

①胡为：为什么。株：陈国邑名，夏姬住地。在今河南西华县夏亭镇北。林：郊野。②从：跟，此指找人。夏南：夏姬之子夏征舒，字子南。夏姬与陈灵公私通，夏南在此影射夏姬。③乘（shèng）马：四匹马。古以一车四马为一乘。我：指陈灵公。④说（shuì）：停息。株野：株邑之郊野。⑤乘（chéng）我乘（shèng）驹：驹，马高五尺以上、六尺以下称"驹"，大夫所乘；马高六尺以上称"马"，诸侯国君所乘。"乘驹"者指陈灵公之臣孔宁、仪行父。⑥朝食：吃早饭。

【缵绎】

《毛诗序》："《株林》，刺灵公也。淫乎夏姬，驱驰而往，朝夕不休息焉。"（按："《春秋传》：夏姬，郑穆公之女也。嫁于陈大夫夏御叔。灵公与其大夫孔宁、仪行父通焉。泄冶谏，不听而杀之。后卒为其子征舒所弑，而征舒复为楚庄王所诛。"。今人多从此说。王质《诗总闻》："盖有与征舒适野通谋者，知人有觉而诡言之。"季本《诗说解颐》："陈灵公委政于夏征舒，就之决事焉。故国人作此诗以讽之也。"笔者以为刺陈灵公之诗。

　　诗二章，章四句。灵公与其臣孔宁、仪行父淫于夏姬，事见《春秋传》。而此诗故作疑信之词，首章从问答着笔。灵公何为去株林耶？找夏南也。非为去株林乎？找夏南也。问者明知故问，答者煞有介事，隐约其辞，不明言灵公诸人淫乎夏姬。二章先拟灵公口吻，驾车四马，言去"株野"，脱去"从夏南"伪装。次拟驾驹二臣口吻，应声附和："朝食于株！"正是无耻自供！"即行淫之人，亦自觉忸怩难安，故多隐其辞，故作疑信言以答讯者而修其辞。诗人即体此情为之写照，不必更露淫字，而宣淫无忌之情已跃然纸上，毫无遁形，可谓神化之笔。"（方玉润《诗经原始》）"卫之乱，至于《墙有茨》而极，于是有狄入卫之祸；陈之乱，至于《株林》而极，于是有楚入陈之祸。然则狄非能入卫也，宣姜实召之也；楚非能入陈也，夏姬实召之也，此所谓女戎也。比事以观，可以为淫乱者之戒矣。"（朱善《诗解颐》）陈继揆《读诗臆补》："首章两株林，两夏南，转换七个间字，将当时车马簇拥，乡民聚观，附耳啜嚅，道旁指谪，无不一一勾出。""若疑若信，似羞似隐，极得立言之体。"姚际恒《诗经通论》："首章词急迫，次章承以平缓，章法绝妙。曰株林，曰株野，曰株，三处亦不雷同；'说于株野''朝食于株'两句，字法亦参差。短章无多，能曲尽其妙。"刘玉汝《诗缵绪》："既得婉曲讥刺之体，尤得做诗省文之法。"戴君恩《读诗臆评》："以复弄奇，以叠呈妙。龙文鼷气，岂复容人着议。"陈震《读诗识小录》："事外不添别语，言中自寓微文。"牛运震《诗志》："两章一直一曲，各有其妙。"

泽　陂

彼泽之陂①，有蒲与荷②。有美一人，伤如之何③！寤寐无为，涕泗滂沱④！
彼泽之陂，有蒲与蕳⑤。有美一人，硕大且卷⑥。寤寐无为，中心悁悁⑦！
彼泽之陂，有蒲菡萏⑧。有美一人，硕大且俨。寤寐无为，辗转伏枕。

【集释】

①泽：池塘。陂（bēi）：堤岸。②蒲：香蒲，多年生草本植物，多生河畔。③伤：忧伤。如之何：奈他何。④涕：眼泪。泗：鼻涕。滂沱：多貌。⑤蕳

(jiān)：《郑笺》："蕳，当作莲。莲，芙蕖实也。"⑥卷："婘"假借，好。⑦悁悁（yuān）：忧愁貌。⑧菡萏（hàn dàn）：荷花。⑨俨（yǎn）：矜庄貌。

【缵绎】

《毛诗序》："《泽陂》，刺时也。言灵公君臣淫于其国，男女相悦，忧思感伤焉。"丰坊《诗说》："泄冶谏而死，君子伤之。"戴君恩《读诗臆评》："男女相悦忧思感伤也。"今人多从此说。许谦《诗集传名物钞》："妇人思男子也。"王柏《诗疑》："淫奔之诗。"何楷《诗经世本古义》："代为夏姬思陈灵公、仪行父、孔害而作，盖以丑之。"姚际恒《诗经通论》："伤逝之作。"方玉润《诗经原始》："伤所思之不见也。"傅恒、孙嘉淦等《诗义折中》："伤时也。"刘沅《诗经恒解》：忧忠臣孤立于朝。牟庭《诗切》："嘲怕妇也。"陈子展《诗经直解》："夏姬女奴伤主母之辞。"笔者以为伤时之诗。

诗三章，章六句。章首各以泽边香蒲、兰草、莲花起兴，言此柔媚之物，犹能向荣于泽陂。次言"有美一人"，其形硕、志卷、情俨，却"寤寐无为"而感伤。贤者无为，故涕泣而悲，悁悁而怀，辗转而思，其时世如何，可以推知矣。"灵公荒淫，泄冶谏而被杀，则忠臣束手伤心涕泣而未如之何，故寤寐无为也。夫天下之事，天下之人为之也，或有事而无为之之人，或有人而不得为其事。如此诗之美人，硕大卷俨，才足有为，且急欲为事，至于流涕而事卒不可为，乃至无为而伏枕，所谓虽有善者，亦无如之何也。故变风终于陈灵，天下之乱，至此而极矣。"（傅恒、孙嘉淦等《诗义折中》）诗前写乐景，后写悲情，香花美人，而"伤"字统领全篇。兴中所到，触绪即来，词义幽隐，柔肠百转，杜陵"感时花溅泪"脱胎于此。

【陈风小结】

《陈风》十篇。"《春秋传》，吴季札请观周乐，至《陈》曰：'国无主，岂能久乎？'今读《宛丘》至《泽陂》凡十篇，而刺君者三：《宛丘》则见其游荡无度，《墓门》则讥其除恶不力，《株林》则刺其荒淫杀身。其君相无一可歌之善，谓之'无主'，不亦宜乎？又况巫觋盛行，逸贼浸润，皆太姬之好尚所遗。其开国已有偏嗜，继起又无善政，无怪乎子孙纵淫，以至亡国。世之创业垂统者，始基不可不正，俗尚不可不端者，其以此也欤？然中间未尝无高人贤士，如《衡门》之安贫乐道，《墓门》之忠言而谏，自足相助为理，无如其君若臣之置而不问焉，何也？此删《诗》者之所为扼腕叹息而不能自已也！"（方玉润《诗经原始》）

"诗止于陈灵，何也？古之说者曰：王泽竭而诗不作。是不然矣。予以为陈灵之后，天下未尝无诗，而仲尼有所不取也。原诗之所为作者，发于思虑之不能自已，而无与乎王泽之存亡也。是以当其盛时，其人亲被王泽之纯，其心和乐而不流，于是焉发而为诗，其诗无有不善，则今之正诗是也。及其衰也，有所忧愁愤怒，不得其平，淫佚放荡，不合于礼者矣，而犹知复反于正，故其为诗也，乱而不荡，则今之变诗是也。故曰变风发乎情止乎礼义。发乎情，民之性也；止乎礼义，先王之泽也。先王之泽尚存而民之邪心未胜，则犹取焉以为变诗，及其邪心大行而礼义日远，则诗淫而无度，不可复取，故诗止于陈灵，而非天下之无诗也，有诗而不可以训焉尔。"（苏辙《诗集传》）

国风·桧风

"桧，本作郐。"（陆德明《诗经释文》）"桧，国名。高辛氏火正祝融之墟。在《禹贡》豫州外方之北，荥波之南，居溱、洧之间。其君妘姓，祝融之后。周衰，为郑桓公所灭而迁国焉。今之郑州即其地也。"（朱熹《诗集传》）《国语》："桓公为司徒，问于史伯，因史伯之对，乃东寄帑，与贿虢、郐，受之十邑，皆有寄地。"韦昭注曰："贾侍中云寄地，犹寄止也。事在幽王八年至十一年，而桓公死幽王之难，是桓公时特有灭桧之谋耳。周室既东，武公继桓公为平王司徒，遂得虢、桧之地而迁国焉，则桧实灭于武公时矣。"桧故都在今河南密县、新郑、荥阳一带。

"桧实灭于郑武公，非桓公也。然则国亡在东辙之初，何以《诗》序于春秋之后？国小而无事可表耳。"（方玉润《诗经原始》）

羔裘

羔裘逍遥①，狐裘以朝②。岂不尔思③？劳心忉忉④！
羔裘翱翔⑤，狐裘在堂⑥。岂不尔思？我心忧伤！
羔裘如膏⑦，日出有曜⑧。岂不尔思？中心是悼⑨！

【集释】

①羔裘：羊羔皮袄。逍遥：悠闲貌。②朝（cháo）：上朝。③不尔思：即"不思尔"。④忉忉（dāo）：忧愁貌。⑤翱翔：鸟儿回旋飞，喻悠闲自得。⑥在堂：在朝堂。⑦膏（gào）：油。⑧有曜（yào）：犹"曜曜"，光泽貌。⑨悼：悲伤。

【缵绎】

《毛诗序》："《羔裘》，大夫以道去其君也。国小而迫，君不用道。好洁其衣服，逍遥游燕，而不能自强于政治，故作是诗也。"郝懿行《诗问》："桧君修洁衣服而不视朝，群臣稀得见者，大夫忧之而作。"吴懋清《毛诗复古录》：郑桓公伤幽王也。刘沅《诗经恒解》："桧政奢惰，贤者在野，其友招之，为此诗以辞，而讽以宴安之不可恃。"牟庭《诗切》："刺女辈出游也。"方玉润《诗经原始》："伤桧君贪冒，不知危在旦夕也。"程俊英《诗经译注》："女欲奔男之辞。"今人有贵妇失宠、贵女思所爱诸说。笔者以为大夫伤桧君惰政而国危之诗。

诗三章，章四句。前二句写庙堂之上，君臣贪侈不知其危，正是后二句所忧之因。"狐貉之厚以居，则狐裘燕服也；逍遥而以羔裘，则法服为逍遥之具矣。视朝而以狐裘，是临御为褻媟之场矣。先言逍遥，后言以朝，是以逍遥为急务，而视朝在所缓矣。"（钱澄之《田间诗学》）"此必国势将危，其君不知，犹以宝货为奇，终日游宴，边幅是修，臣下忧之，谏而不听，夫然后去。云之而又不忍遽绝其君，乃形诸歌咏以见志也。"（方玉润《诗经原始》）陈继揆《读诗臆补》："'日出'句，形洁入微，此诗家着色描写法。"吴闿生《诗义会通》："通篇只写衣服之美，而不强政治，意自在言外。"牛运震《诗志》："'日出有曜'一句，写得光彩奇丽""三'岂不尔思'，忠爱挚婉。"陈震《读诗识小录》："'逍遥'字奇矣，'翱翔'字更奇，写其神即写其心，非但写形也。"

素　冠

庶见素冠兮①，棘人栾栾兮②，劳心慱慱兮③。
庶见素衣兮，我心伤悲兮，聊与子同归兮。
庶见素韠兮④，我心蕴结兮⑤，聊与子如一兮⑥。

【集释】

①庶：幸。②棘人：戴罪之人。栾栾（luán）：拘栾貌。③慱慱（tuán）：忧思貌。④韠（bì）：蔽膝。⑤蕴结：郁结不开。⑥如一：相同。

【缵绎】

《毛诗序》："《素冠》，刺不能三年也。"王质《诗总闻》："在位之贤宅忧，而国事无人任之，所以急欲挽之也。"郝懿行《诗问》："美孝子也。"牟庭《诗切》:"刺冠服奢丽也。"于鬯《香草校书》:"妇为夫服不能三年而再嫁耳。"方玉润《诗经原始》:"伤桧君被执,愿与同归就戮也。"闻一多《风诗类钞》:"悼亡也。"今人有妇人思君子、怜不幸者、贤臣欲隐、女恋孝子诸说。笔者以为伤桧君被执之诗。

诗三章,章三句。首言棘人素冠,拘挛不堪,次言素衣、素韠,由上而下,全身皆素。首言使我劳心慱慱,继而内心伤悲、蕴结,由轻而重,伤悲难抑。前言愿与之"同归",则望有生还;后言愿与之"如一",而同赴其难。写衣代人,反复抒忧,宁死不渝,以见志笃。"窃以为棘人素服,必其人以非罪而在缧绁之中,适所服者素服耳,而幸见之,以至于伤悲,愿与同归如一者,非其所亲,即素所爱敬之人,故至'劳心慱慱'而不能自已也。然律以首篇之义,或桧君国破被执,拘于丛棘,其臣见之不胜悲痛,愿与同归就戮,亦未可知。"(方玉润《诗经原始》)牛运震《诗志》:"'棘人栾栾'四字,写出哀毁骨立情状。"陈继揆《读诗臆补》:"玩味三'庶'字,九'兮'字一段目击浇风望古悲涕之意,曲曲传出。"陈震《读诗识小录》:"开口一句即咽住,促节深情。二句突离,不接首句。三句突合,遥接首句。盖'庶见'语意,原从不见转出,二句承不见意,三句又承'庶见'意。遂使言中言外,迷离隐现,全以神行。"

隰有苌楚

隰有苌楚①,猗傩其枝②。夭之沃沃③,乐子之无知④。
隰有苌楚,猗傩其华。夭之沃沃,乐子之无家⑤。
隰有苌楚,猗傩其实。夭之沃沃,乐子之无室⑥。

【集释】

①苌(cháng)楚:蔓生植物,今名羊桃。②猗傩(ē nuó):柔顺貌。③夭:少好貌。沃沃:润泽貌。④乐:爱悦。子:指苌楚。⑤无家:《左传·桓公十八年》:"女有家,男有室。"言其无家庭拖累。⑥无室:犹"无家"。

【缵绎】

《毛诗序》:"《隰有苌楚》,疾恣也。国人疾其君之淫恣,而思无情欲者也。"朱熹《诗集传》:"政烦赋重,人不堪其苦,叹其不如草木之无知而无忧也。"黄谏《毛诗集解》："思以反其初而乐其未知好色之时也。"朱郁仪《诗故》："伤桧之垂亡而君不悟也。"刘沅《诗经恒解》："政乱国危，世臣无权者，忧之而作。"方玉润《诗经原始》"伤乱离也。"傅恒、孙嘉淦等《诗义折中》："民不乐生也。"牟庭《诗切》："老人叹其子长而孝衰也。"闻一多《风诗类钞》："幸女之未字人也。"今人有贵族厌世、女恋男、失意自怨诸说。笔者以为民不乐生而伤乱离之诗。

诗三章，章四句。每章首两句兴语亦比语。前三句写羊桃由枝而花而实，其姿则"猗傩"，其状则"夭"，其色则"沃沃"，喻其生机蓬勃。末句则由桃而人，羡桃之"无知""无家""无室"。"夫人怀五常之性，为万物之灵，谁甘于冥然无知者？且有心则必有情欲，闻以无有室家为苦矣，未闻以无以室家为乐也。《苌楚》之民，乐无室家，困之至也。"（傅恒、孙嘉淦等《诗义折中》）"此必桧破民逃……莫不扶老携幼，挈妻抱子，相与号泣路歧，故有家不如无家之好，有知不如无知之安也。"（方玉润《诗经原始》）陈震《读诗识小录》："只说乐物之无此，则苦我之有此具见，此文家隐括掩映之妙。""全诗只言苌楚，而我情见焉，而国势见焉，风人笔墨，所谓一毫端现大千世界者。"牛运震《诗志》："三'乐'字惨极，真不可读。""自恨不如草木，极不近情理，然悲困无聊，不得不有此苦怀。"

匪 风

匪风发兮①，匪车偈兮②。顾瞻周道③，中心怛兮④。
匪风飘兮，匪车嘌兮⑤。顾瞻周道，中心吊兮⑥。
谁能亨鱼⑦？溉之釜鬵⑧。谁将西归？怀之好音⑨。

【集释】

①发：犹"发发"，风声。②偈（jié）：犹"偈偈"，驰驱貌。③周道：指周王室。④怛（dá）：忧伤。⑤嘌（piāo）：轻疾貌。⑥吊：忧伤。⑦亨：通"烹"，煮。⑧溉：亦作"摡（gài）"，洗涤。鬵（xín）：大釜。⑨怀：遗，送。好音：好消息。

【缵绎】

《毛诗序》："思周道也。国小政乱，忧及祸难，而思周道焉。"欧阳修《诗本义》：" 诗人以桧国政乱，忧及祸难，而思天子治其国政，以安其人民。" 王质《诗总闻》："关中之人为山东之客者，其知友送归，以此寄怀抒情，殆贤者也。" 朱熹《诗集传》："周室衰微，贤人忧叹而作此诗。" 傅恒、孙嘉淦等《诗义折中》："思西周也。" 方玉润《诗经原始》："伤周道不能复桧也。" 今人有怀乡、怀征夫、思亲友、寄家书、伤离乱诸说。笔者以为伤周道不能复桧之诗。

诗三章，章四句。前两章前二句亦赋亦比，写景；后二句直陈忧思，抒怀。"顾瞻周道"，周道，达道，喻周室礼乐之治。前二章言时局如风发车驰，飘忽不定，故瞻望周室盛世之治，渴念之而中心怛吊。三章陡转，二问二答，亦兴亦比。前一问以烹鱼喻治乱，后一问以西归喻忧思。二答皆喻愿追大道之义。"谁能"而愿"溉之"，"谁将"而愿"怀之"。微斯人，则"好音"空落，怛吊何极！全诗三章，景语亦情语，伤心语，痛切语。问答语更是无奈语，凄凉语，绝望语。而一切语皆忧世语也！"桧当国破家亡，人民离散，徙转无常，欲住无家，欲逃何往？所谓中心惨怛，妻孥相吊时也。……果谁为之咎也？非周辙之东不至此。……此桧臣自伤周道之不能兴复其国也。"（方玉润《诗经原始》）陈震《读诗识小录》："意在笔先，神怆言外。" 高朝璎《诗经体注图考大全》："此诗之神，全在'顾瞻周道'中。"

【桧风小结】

《桧风》四篇。《羔裘》则其上贪冒，《素冠》则国君被拘，《隰有苌楚》则生民流离，《匪风》则周道不复。桧亡在周室东辙之初，大风已起，王纲不振，甚见小国萍散，民人瞻顾茫然，渺无所止之状，所谓亡国之音哀以思也。

国风·曹风

"曹，国名。其地在《禹贡》兖州陶丘之地，雷夏、荷泽之野。周武王以封其弟振铎。今之曹州，即其地也。"（朱熹《诗集传》）曹建都陶丘（今山东省定陶县），辖地为今山东曹县、菏泽、定陶一带。春秋末为宋所灭。

"桧亡，东周之始也；曹亡，春秋之终也。"（陈傅良《诗解诂》）曹继桧后，则见周室之衰，天下道绝矣。

蜉蝣

蜉蝣之羽①，衣裳楚楚②。心之忧矣，于我归处③。
蜉蝣之翼，采采衣服④。心之忧矣，于我归息。
蜉蝣掘阅⑤，麻衣如雪⑥。心之忧矣，于我归说⑦。

【集释】

①蜉蝣（fú yóu）：虫名，寿命极短，羽翼极薄有光泽。②楚楚：鲜明整齐貌。③于：与。归处：即死亡。④采采：华丽貌。⑤掘：穿。阅：通"穴"。⑥麻衣：蜉蝣半透明羽翼。⑦说（shuì）：通"税"，歇息。

【缵绎】

《毛诗序》："《蜉蝣》，刺奢也。昭公国小而迫，无法以自守。好奢而任小人，将无所归依焉。"王质《诗总闻》："君子怜小人，而欲安其余生也。"朱熹《诗集传》："此诗盖以时人有玩细娱而忘虑者，故以蜉蝣为比而刺之。"戴溪《续吕氏家塾读诗记》："国人悯其君而念之也。"何楷《诗经世本古义》："刺曹共公也。君怠国危，玩细娱而忘远虑，好奢而任小人，将无所归依焉。"傅恒、孙嘉淦等《诗义折中》："悯世也。"牟庭《诗切》："刺裸裎（按：裸裎，裸体）

而游也。"朱守亮《诗经评释》："叹人生短促之诗。"今人有生死之惑、女约男诸说。笔者以为忧时悯世之诗。

诗三章，章四句。蜉蝣微物，寿命极短，体小羽大，薄有光泽，诗以此兴比。前二章首二句言蜉蝣羽翼之美，犹如人衣裳之楚楚采采；三章"蜉蝣掘阅，麻衣如雪"，则蜉蝣掘地而出，即着此麻衣。"麻衣，深衣。诸侯之朝，朝服，朝夕则深衣也。"（郑玄《毛诗传笺》）蜉蝣生来所具之衣，以喻世袭之地位，所谓衣冠礼仪也。故各章前二句极言地位之荣，写乐境。各章后二句直转，谓尔虽位极尊荣而有衣冠礼仪之盛，亦将如蜉蝣般朝生暮死。故后二句写悲情。盖曹国小而迫，势无所依，在上者亦觉好景难长。放眼人生，亦若蜉蝣，芸芸而飞，渺无所止；浮生若梦，荣华富贵，转瞬不再。故乐之所来，亦悲之所生，此诗人由忧时而悯世也。吴闿生《诗义会通》："喻意危悚。"朱守亮《诗经评释》："苏子瞻《赤壁赋》'寄蜉蝣于天地'即用此诗。"

候　人

彼候人兮①，何戈与祋②。彼其之子③，三百赤芾④。
维鹈在梁⑤，不濡其翼⑥。彼其之子，不称其服⑦。
维鹈在梁，不濡其咮⑧。彼其之子，不遂其媾⑨。
荟兮蔚兮⑩，南山朝隮⑪。婉兮娈兮⑫，季女斯饥⑬。

【集释】

①候人：掌迎送宾客之小官。②何：即"荷"，肩负。祋（duì）：即殳，古兵器，竹或木制杖，杖端装八棱平头金属器。③彼其之子：那些人。其：语助词。④赤芾（fú）：红色皮制蔽膝。《毛传》："大夫以上，赤芾乘轩。"⑤鹈（tí）：水鸟名，即鹈鹕，食鱼。梁：鱼梁，即拦鱼坝。⑥濡：湿。⑦不称：不配。⑧咮（zhòu）：鸟嘴。⑨遂：遂意，称心。媾（gòu）：厚待，宠爱。⑩荟（huì）、蔚：云雾弥漫貌。⑪隮（jī）：同"跻"，升，登。⑫婉、娈：姣好貌。⑬季女：少女。斯：语助词。

【缵绎】

《毛诗序》："《候人》，刺近小人也。共公远君子而好近小人焉。"吴懋清

《毛诗复古录》：刺不纳重耳也。牟庭《诗切》："刺贵易妻也。"高亨《诗经今注》：刺上位者不悯小吏也。王宗石《诗经分类诠释》：女恋"候人"也。笔者以为刺曹君远君子而近小人之诗。

诗四章，章四句。首章先言"候人"荷戈扛役，职微辛苦；次"彼子"服饰隆盛，官高显贵。中二句先言鹈鹕在梁，不濡嘴翼即可攫鱼；次言"彼子"无功受禄，无劳显荣，正与鹈鹕不劳而获同。末章先以南山朝云升腾，喻小人得势；次以少女受饥，喻贤人见疏。"曰'荟蔚''朝隮'，言小人众多而气焰盛也。曰'婉''娈''斯饥'，言贤者守贞而反困穷也。"（方玉润《诗经原始》）"国家之爵禄，原以待君子，非以予小人。一予小人，则爵禄不足以为劝矣。且小人进则君子必退，小人之进者愈多，则君子之退者愈困，朝廷之用舍尽。"（傅恒、孙嘉淦等《诗义折中》）小人居其位而无其德，君子有其德而无其位，君子沉下僚，庸才居高位，则其政可知矣。陈震《读诗识小录》："三章逐渐说来，如造七级之塔，下一章则其千丝铁网八宝流苏也。"牛运震《诗志》："末章精神飞动，更自蕴藉风流，一篇生色争胜处。"王先谦《诗三家义集疏》："作诗本义，止于首尾一见，不著迹象，此立言之妙。"

鸤 鸠

鸤鸠在桑①，其子七兮。淑人君子，其仪一兮②。其仪一兮，心如结兮③。
鸤鸠在桑，其子在梅。淑人君子，其带伊丝④。其带伊丝，其弁伊骐⑤。
鸤鸠在桑，其子在棘⑥。淑人君子，其仪不忒⑦。其仪不忒，正是四国⑧。
鸤鸠在桑，其子在榛⑨。淑人君子，正是国人。正是国人，胡不万年⑩！

【集释】

①鸤（shī）鸠：布谷鸟。②仪：容貌举止。③结：固结不散。心如结：用心专一。④伊：助词。⑤弁（biàn）：皮帽。骐（qí）：通"琪"，古代帽上玉饰。⑥棘：酸枣树。⑦忒：偏差。⑧正：治。⑨榛（zhēn）：丛莽。⑩胡：何。

【缵绎】

《毛诗序》："《鸤鸠》，刺不一也。在位无君子，用心之不一也。"朱熹《诗集传》："诗人美君子之用心平均专一。"季本《诗说解颐》："美其君德足以正人也。"朱郁仪《诗故》:"美公子欣时(笔者按:曹宣公子,名臧,字欣时)之一其德也。"何楷《诗经世本古义》:"曹人美晋文公也。"牟庭《诗切》:"刺嗣大夫不肖也。"方玉润《诗经原始》:"追美曹之先君德足正人也。"朱守亮《诗经评释》:"曹人美在位者之诗。"李山《诗经析读》:颂周敬王也。今人有刺统治者、颂劳动者诸说。笔者以为思圣王之诗。

诗四章,章六句。均以鳲鸠及其子起兴。鳲鸠养小鸟众多而无偏私。"鳲鸠在桑",始终如一,操守不变,贞如磐石。首章总括鳲鸠均养七子仪一如结之君德。后三章言其子"在梅""在棘""在榛",梅,佳木,喻顺境;棘,急也,喻危难;榛,丛莽,喻乱境。言其子境遇或顺或逆,诸侯国或治或乱之时,其人则仍尽显仪容华贵之美,举手投足之度,安邦治国之能。末句"胡不万年",则是愿其寿考,推极祝福。"诗中纯美无刺意……诗词宽博纯厚,有至德感人气象。外虽表其仪容,内实美其心德……回环讽咏,非开国贤君未足当此。"(方玉润《诗经原始》)曹之开国君"曹叔振铎,太姒之少子也。亲承文王后妃之训,习睹武王成王之政,而深识治化之原。意曹之人,犹有闻而知之者,故《鳲鸠》之所言,与《二南》而无异焉。"(傅恒、孙嘉淦等《诗义折中》)戴君恩《读诗臆评》:"层层相递,节节相生,不可得其断续。"

下 泉

洌彼下泉①,浸彼苞稂②。忾我寤叹③,念彼周京④。
洌彼下泉,浸彼苞萧⑤。忾我寤叹,念彼京周。
洌彼下泉,浸彼苞蓍⑥。忾我寤叹,念彼京师。
芃芃黍苗⑦,阴雨膏之⑧。四国有王⑨,郇伯劳之⑩。

【集释】

①洌:寒。下泉:地下涌出之泉水。②苞(bāo):丛生。稂(láng):童梁,莠不结实。③忾(kài):叹息。寤:醒着。④周京:周天子所居都城(今洛阳西郊)。下文"京周""京师"义同。⑤萧:艾蒿。⑥蓍(shī):草名。《说文》:"蓍,蒿属。"古代常以占卜。⑦芃芃(péng):茂盛貌。⑧膏:润泽。⑨四国:四方诸侯国。王:指周天子。⑩郇(xún)伯:周文王之后。劳:

慰劳。

【缵绎】

《毛诗序》："《下泉》，思治也。曹人疾共公侵刻下民，不得其所，忧而思明王贤伯也。"朱熹《诗集传》："王室陵夷而小国困弊，故以寒泉下流而苞稂见伤为比，遂兴其忾然以念周京也。"何楷《诗经世本古义》："曹人美荀跞纳周敬王也。"季本《诗说解颐》："周室既衰，王纲废坠，德泽不及于民，民方忾念，赖荀伯能劳之，故诗人美之而作此诗也（按：此处荀伯无确指）。"魏源《诗古微》："思方伯也。"牟庭《诗切》："周公劝荀伯无与三叔交通也。"方玉润《诗经原始》："念周衰伤晋霸也。"高亨《诗经今注》：念东周慨战乱也。笔者以为念周衰伤晋霸之诗。

诗四章，章四句。前三章首二句以冽泉浸稂萧蓍草兴而比，稂莠不实，萧为恶草，蓍草占以决疑，盖以寒泉浸野草喻周室内乱势衰，诸侯争霸。后二句慨叹时局，缅怀周京。四章奇峰突起，以黍实苗芃，阴雨膏润谓治世之盛，正在四国有王，而郇伯辅政，诸侯不敢自专，追溯一笔，感慨愈深。"夫天下有道，则礼乐征伐自天子出；天下无道，则礼乐征伐自诸侯出。今晋文入曹，执其君，分其田，以释私憾，宁能使曹人帖然心服乎？此诗之作，所以念周衰伤晋霸也。使周而不衰，则'四国有王'，彼晋虽强，敢擅征伐？又况承王命而布王恩者，有九州之伯以制之。昔者，郇国之君承是命治诸侯而有功矣，而今不然也。不能不忾然癏叹，以念周京，如苞稂之渐浸下泉，日芜没而自伤耳。"（方玉润《诗经原始》）陈继揆《读诗臆补》："感时追忆，无限伤心，妙在前路绝不说出。读末章正如唐天宝乱后，说到贞观盛时，一似天上人，令人神驰，而不觉言之津津也。"牛运震《诗志》："末章忽说到京周盛时，正有无限忾想，笔意俯仰抑扬，甚妙。"陈震《读诗识小录》："字字对照，直以神行。"

【曹风小结】

《曹风》四篇。《蜉蝣》忧时悯世，《候人》君子失位，《鸤鸠》思圣王之治，《下泉》伤周不能制霸，编次如是。"大抵曹、桧二国，形势略同，其亡也亦相似。《匪风》《下泉》均伤天下无王，不足以制霸，小国受害，亦不能望其救。采风者每于此观世变焉。"（方玉润《诗经原始》）

桧、曹皆小国，诗亦相似。桧之变风始于《羔裘》，曹之变风始于《蜉蝣》，皆及衣裳。《易·系辞下》："黄帝、尧、舜垂衣裳而天下治，盖取诸乾坤。"衣裳，文明之征而礼教之象；《匪风》《下泉》伤周无王以制霸。故羔裘徒鲜，周道不复；麻衣如雪，周京空念，而礼乐不再，岂《匪风》《下泉》所以居变风之终欤？"陈氏曰：乱极而不治，变极而不正，则天理灭矣，人道绝矣。圣人于变风之极，则系之以思治之诗，以示循环之理，以言乱之可治，变之可正也。"（朱熹《诗集传》）编《诗》之微义，亦晦而显矣。

国风·豳风

"豳，国名。在《禹贡》雍州岐山之北，原隰之野。虞夏之际，弃为后稷，而封于邰。及夏之衰，弃稷不务。弃子不窋失其官守，而自窜于戎狄之间。不窋生鞠陶。鞠陶生公刘，能复修后稷之业，民以富实。乃相土地之宜，而立国于豳之谷焉。十世而太王徙居岐山之阳，十二世而文王始受天命，十三世而武王遂为天子。武王崩，成王立，年幼不能莅阼，周公旦以冢宰摄政，乃述后稷、公刘之化，作诗一篇以戒成王，谓之《豳风》。而后人又取周公所作，及凡为周公而作之诗以附焉。豳，在今邠州三水县。邰，在今京兆府武功县。"（朱熹《诗集传》）公刘在今甘肃宁县庙咀坪建国，辖地为今甘肃宁县、陕西郴县、旬邑县一带。

"当季札请观周乐时，篇次本居《齐》后《秦》前，不知何时移殿诸国之末。意者夫子正乐，手所亲订欤？盖夫子一生，志欲行周公之道而不能，故凡典籍之关于公者，恒三致意焉。且诗以《风》名，有正不能无变，既漓又当返淳。天下淳风，无过农民，此《七月》之诗所以必居变风之末者也。"（方玉润《诗经原始》）

七 月

七月流火①，九月授衣②。一之日觱发③，二之日栗烈④。无衣无褐⑤，何以卒岁！三之日于耜⑥，四之日举趾⑦。同我妇子，馌彼南亩⑧。田畯至喜⑨。

七月流火，九月授衣。春日载阳⑩，有鸣仓庚⑪。女执懿筐⑫，遵彼微行⑬，爰求柔桑⑭。春日迟迟⑮，采蘩祁祁⑯。女心伤悲，殆及公子同归⑰。

七月流火，八月萑苇⑱。蚕月条桑⑲，取彼斧斨⑳，以伐远扬㉑，猗彼女桑㉒。七月鸣鵙㉓，八月载绩。载玄载黄㉔，我朱孔阳㉕，为公子裳。

四月秀葽㉖，五月鸣蜩㉗。八月其获，十月陨萚㉘。一之日于貉㉙，取彼狐狸，为公子裘。二之日其同㉚，载缵武功㉛。言私其豵㉜，献豜于公㉝。

五月斯螽动股㉞，六月莎鸡振羽㉟。七月在野，八月在宇㊱，九月在户，十月蟋蟀入我床下。穹窒熏鼠㊲，塞向墐户㊳。嗟我妇子，曰为改岁㊴，入此室处㊵。

六月食郁及薁㊶，七月亨葵及菽㊷。八月剥枣㊸，十月获稻。为此春酒㊹，以介眉寿㊺。七月食瓜，八月断壶㊻，九月叔苴㊼。采荼薪樗㊽，食我农夫。

九月筑场圃㊾，十月纳禾稼㊿。黍稷重穋[51]，禾麻菽麦。嗟我农夫，我稼既同[52]，上入执宫功[53]。昼尔于茅[54]，宵尔索绹[55]。亟其乘屋[56]，其始播百谷[57]。

二之日凿冰冲冲[58]，三之日纳于凌阴[59]。四之日其蚤[60]，献羔祭韭[61]。九月肃霜[62]，十月涤场[63]。朋酒斯飨[64]，曰杀羔羊。跻彼公堂[65]，称彼兕觥[66]，万寿无疆[67]！

【集释】

①七月：夏历七月。流：向下行。火：星名，亦称大火，即心宿二。每年夏历五月黄昏现南方，方向最正，位置最高。六月后偏西向下行。②授衣：交由女工裁制冬衣。马瑞辰《通释》："凡言'授衣'者，皆授使为之也。此诗授衣，亦授冬衣使为之。盖九月妇功成，丝麻之事已毕，始可为衣。非谓九月冬衣成，遂可授人也。"③一之日：周历一月，夏历十一月。下文二之日，夏历十二月。三之日，夏历一月（正月）。四之日，夏历二月。夏历三月，不作五之日，而称为"春"。觱（bì）发：寒风触物声。④栗烈：亦作"凛冽"，寒气刺骨。⑤褐：粗布衣。⑥于：犹"为"，修理。耜（sì）：农具，状如犁铧。⑦趾（zhǐ）：足。举趾，指去耕田。⑧馌（yè）：送饭。南亩：泛指田地。⑨田畯（jùn）：农官名，又称农正或田大夫。⑩春日：指夏历三月。载：始。阳：温暖。⑪有：词头，无义。仓庚：黄莺。⑫懿：深。⑬遵：沿。微行（háng）：小径。⑭爰：于是。柔桑：嫩桑叶。⑮迟迟：缓貌。⑯蘩（fán）：即白蒿。祁祁：多貌。⑰殆：怕。公子：豳公之子。殆及公子同归：朱熹《诗集传》："盖是时公子犹娶于国中，而贵家大族，连姻公室者，亦无不力于蚕桑之务。故其许嫁之女，预以将及公子同归，而远其父母为悲也。"⑱萑（huán）苇：芦苇。⑲蚕月：指三月。条桑：修剪桑树。⑳斨（qiāng）：方孔斧。㉑远扬：长而高之枝

条。㉒猗（yī）："掎（jǐ）"假借，拉。女桑：小桑。㉓䴗（jú）：鸟名，即伯劳。㉔载：又。玄：黑赤色。㉕朱：赤色。孔：甚。阳：鲜明。㉖秀：长穗。葽（yāo）：植物名，今名远志。秀葽：言远志结实。㉗蜩（tiáo）：蝉。㉘陨：坠。萚（tuò）：落。㉙貉（hé）：似狐而小，亦称狗獾。㉚同：会合。㉛载：则。缵：继续。武功：指田猎。㉜私：私有。豵（zōng）：一岁小猪，代指小兽。㉝豜（jiān）：三岁猪，代指大兽。公：公家。㉞斯螽（zhōng）：螽斯，虫名，今名蚱蜢。动股：古人误以为蚱蜢摩擦腿发声。㉟莎（suō）鸡：虫名，即纺织娘。振羽：振翅发声。㊱宇：屋檐。㊲穹：清除。窒（zhì）：堵塞。穹窒：洞穴。㊳向：北窗。墐：涂泥。㊴曰：同"聿（yù）"，语词。改岁：更改年岁，指过年。㊵处：居住。㊶郁：植物名，树高五六尺，果实名郁李。薁（yù）：植物名，果实大如桂圆。一说为野葡萄。㊷亨：同烹。菽：大豆。㊸剥：通"扑"，打。㊹春酒：冬天酿酒，经春始成，称"春酒"。㊺介：祈求。眉寿：长寿，人老眉间有毫毛，叫秀眉，故长寿称眉寿。㊻断：摘下。壶：葫芦。㊼叔：拾。苴（jū）：麻籽。㊽荼：苦菜。薪：为薪。樗（chū）：臭椿。薪樗：言采樗木为薪。㊾场：打谷场。圃：菜园。㊿纳：收。禾稼：谷类通称。(51)重（zhǒng）：即"穜"，早种晚熟谷。穋（lù）：即稑（lù），晚种早熟谷。(52)同：收齐。(53)上：同"尚"，不得。宫功：建筑宫室。功：事。(54)尔：语助词。于：取。(55)宵：夜里。索：搓。绹（táo）：绳。(56)亟：急，赶紧。乘：盖。(57)其始：将要开始。(58)冲冲：凿冰之声。(59)凌阴：藏冰窖。(60)蚤：同"早"，此指早朝，古代一种祭祀仪式。(61)献羔祭韭：用羔羊和韭菜祭祖。(62)肃霜：犹"肃爽"，指天高气爽。(63)涤场：清扫场地。(64)朋酒：两樽酒。飨：以酒食待客。(65)跻：登。公堂：或指公共场所，不一定是朝堂。(66)称：举。兕觥（sì gōng）：角爵。古代用兽角制酒器。(67)万：大。无疆：无穷。

【缵绎】

《毛诗序》："《七月》，陈王业也。周公遭变，故陈后稷、先公风化之所由，致王业之艰难。"方玉润《诗经原始》："陈王业所自始也。"黄櫄《毛诗集解》："特言豳国之风俗如此。"吴懋清《毛诗复古录》："周公之营东都也，作祭报社稷之乐章。……先作豳雅、豳颂等篇，继作《七月》，为孟春送寒迎暑，孟秋送暑迎寒之乐。"牟庭《诗切》："周公居田也。"今人有传授贵族子弟、反映阶级剥削说。笔者以为陈王业所自始之诗。

诗八章，章十一句，为《国风》最长篇。首章衣食双起，为农民重务。二章先言蚕事，为女功之始。三章言纺绩成裳。四章兼言田事，集腋成裘。五章言卒岁，可以御寒完衣。六章言食。七章言稼事兼及治屋。八章农功既毕，可以献羔荐庙，登堂称觥。"《七月》一篇，所言皆农桑稼穑之事，非躬亲陇亩久于其道者，不能言之亲切有味也如是。"（方玉润《诗经原始》）"昔后稷封斄（按：斄古同'邰'），公刘处豳，太王徙岐，文王作酆，武王治镐，其民有先王遗风，好稼穑，务本业，故豳诗言农桑衣食之本甚备。"（《汉书·地理志》）"仰观星日霜露之变，俯察虫鸟草木之化，以知天时，以授民事，女服事乎内，男服事乎外，上以诚爱下，下以忠利上，父父子子，夫夫妇妇，养老而慈幼，食力而助弱，其祭祀也时，其燕飨也节，此《七月》之义也。"（王安石《诗义》）"周自后稷以农事开基，公刘克笃前烈，王业之本，实始于此。周公以成王未知稼穑之艰难，故陈后稷公刘风化之所由，使蒙瞍朝夕讽诵以教之，其诗大义，以衣食为本，农桑为经，而婚姻、祭祀、田猎、宫室之类，错纬于其际，至于衣则尊卑异制，食则老少异粮，孝亲敬长之道，无处不隐寓焉。……又于其中极道农夫红女之勤劳，恶衣菲食而常有饥寒之患，乃已无衣，而玄黄为公子裳，狐狸为公子裘，已无食而取大貆以献公，杀羔羊以祝寿，忠敬之心，无所不至。使诵此诗者，知物力之艰难，而深撙节之思；感民心之忠敬，而生爱养之意，则所以谋其衣食，教之孝弟，经营其婚姻、祭祀、田猎、宫室之类者，自无不精且详，所谓本天德以行王道也。仁厚之气积为嘉祥，斯百姓跻于仁寿，君公至于万年，而王业成矣。孔子曰：'于七月知周公所以造周也'。"（傅恒、孙嘉淦等《诗义折中》）陈仅《诗诵》："《七月》为诗，八十八句，一句一事，如化工之范物，如列星之丽天，读者但觉其醇古渊永，而不见繁重琐碎之迹。中间有诰诫，有问答，有民情，有闺思，波澜顿挫，如风行水面纯任自然。"牛运震《诗志》："平平常常，痴痴钝钝，自然充悦和厚，典则古雅……又一诗中而藏无数小诗，一派古风，满篇春气。"方玉润《诗经原始》："独是此体在《诗三百》中，不可多觏。非惟雅、颂所无，即风体亦绝无而仅有也。……今玩其辞，有朴拙处，有疏落处，有风华处，有典核处，有萧散处，有精致处，有凄婉处，有山野处，有真诚处，有华贵处，有悠扬处，有庄重处。无体不备，有美必臻。晋唐后陶、谢、王、孟、韦、柳田家诸诗，从未臻此境界。姚氏际恒云：'鸟语虫鸣，革荣木实，似《月令》；妇子入室，茅绹升屋，似《风俗书》；流火寒风，似《五行志》；养老慈幼，跻堂称觥，似庠序礼；田官染职，狩猎藏冰，祭献执宫，似国家典制书。其中又有似采桑图、田家乐图、食谱、谷谱、酒经：一诗之中，无不具备，洵天下之至文也！'此虽末节，无关要旨，然亦足见三代圣哲胸罗万象，笔有化工，不求奇而自奇云。"

鸱 鸮

鸱鸮鸱鸮①！既取我子，无毁我室②。恩斯勤斯③，鬻子之闵斯④。
迨天之未阴雨⑤，彻彼桑土⑥，绸缪牖户⑦。今女下民⑧，或敢侮予⑨。
予手拮据⑩，予所捋荼⑪，予所蓄租⑫，予口卒瘏⑬，曰予未有室家⑭。
予羽谯谯⑮，予尾翛翛⑯，予室翘翘⑰，风雨所漂摇⑱，予维音哓哓⑲。

【集释】

①鸱鸮（chī xiāo）：猫头鹰。②室：鸟巢。③恩斯勤斯：两"斯"皆语助词，"恩勤"犹"殷勤"。④鬻（yù）："育"假借，"育子"指孵雏。闵：病。⑤迨：及，趁。⑥彻：通"撤"，取。桑土：《韩诗》作"桑杜"，桑根。⑦绸缪：缠缚。牖（yǒu）户：指巢。⑧女：通"汝"。下民：指人类。⑨侮：指投石、取卵等事。⑩拮据（jié jū）："撠挶（jǐ jú）"假借，手病。⑪捋（luō）：取。荼（tú）：茅草花。⑫蓄：收藏。租：通"苴（jū）"，茅草。⑬卒：尽。瘏（tú）：病。⑭室家：指鸟窝。⑮谯谯（qiáo）：羽毛疏落貌。⑯翛翛（xiāo）：羽毛枯敝无泽貌。⑰翘翘（qiáo）：危而不稳貌。⑱漂摇：冲击扫荡。⑲哓哓（xiāo）：急恐声。

【缵绎】

《毛诗序》："《鸱鸮》，周公救乱也。成王未知周公之志，公乃为诗以遗王，名之曰《鸱鸮》焉。"方玉润《诗经原始》："周公悔过以儆成王也。"魏源《诗古微》："周公戒成王。"金启华《诗经全译》：禽言诗。高亨《诗经今注》：寓言诗。蒋立甫《诗经选注》：童话诗。笔者以为周公自咎以儆成王之诗。

诗四章，章五句。纯借禽言托喻。首章诗骨，总括全篇，悔已往之过。次章言趁时造室，尚未完工，喻国政尚未稳固，戒未来之祸。三四章叹平乱之艰。

鸟爪拘挛，喙角累病，羽毛枯疏，极言身心交瘁，而家室仍未修好，于风雨飘摇中，哓哓哀鸣，喻形势危急，前途难料，无限悲叹，自警亦深矣。全诗既代鸟写悲，又借鸟写人，更托物言事。室家未稳，心力交瘁，风雨飘摇，家国之悲，所寄窅深。武王克商，封武庚以存殷祀，三叔辅之。武庚及三叔作乱，周公奉王命平乱。成王冲龄践祚，未知周公之心，三叔皆叛，流言四起，王室之危如巢将覆矣。成王疑之，周公忧内患，追伤自咎而作此诗，并以感悟成王，使忧惧也。"周公之心，深咎己之不德，悔不事先绸缪，既使武庚不终，又使三叔不咸，故不胜其情之凄恻，而托为鸟言，若先王冥冥责备者。反复沈潜，意味无极，煞见圣人至情圣性，一团天理。"（刘沅《诗经恒解》）戴君恩《读风臆评》："有起收，有宾主，有呼应，有逗接，有错综，有操纵，有顿挫，章法、句法、字法各具其妙。"陈继揆《读诗臆补》："《小雅·蓼莪》连下九'我'字，一字一呼，一声一泪，真不知是血是泪。《国风·鸱鸮》连下十'予'字，絮絮叨叨，涕泣而道，如闻家庭诰诫声。皆能以至性为至文者也。""托鸟言以自诉，长沙《鵩鸟》之祖。后人禽言诸咏之滥觞也。"糜文开、裴普贤《诗经欣赏与研究》："鸟言兽语之童话、寓言诗之祖。"

东 山

我徂东山①，慆慆不归②。我来自东，零雨其濛③。我东曰归，我心西悲④。制彼裳衣⑤，勿士行枚⑥。蜎蜎者蠋⑦，烝在桑野⑧。敦彼独宿⑨，亦在车下。

我徂东山，慆慆不归。我来自东，零雨其濛。果臝之实⑩，亦施于宇⑪。伊威在室⑫，蟏蛸在户⑬。町畽鹿场⑭，熠燿宵行⑮。不可畏也？伊可怀也。

我徂东山，慆慆不归。我来自东，零雨其濛。鹳鸣于垤⑯，妇叹于室。洒扫穹窒⑰，我征聿至⑱。有敦瓜苦⑲，烝在栗薪⑳。自我不见，于今三年。

我徂东山，慆慆不归。我来自东，零雨其濛。仓庚于飞，熠耀其羽。之子于归，皇驳其马㉑。亲结其缡㉒，九十其仪㉓。其新孔嘉㉔，其旧如之何㉕？

【集释】

①徂（cú）：往。②慆慆（tāo）：久。③零雨：小雨。濛：微雨貌。④悲：思念。⑤裳衣：言下裳和上衣。⑥士：通"事"。行枚：即衔枚。枚如箸，行军

时衔嘴以止语。⑦蜎蜎（yuān）：屈曲貌。蠋（zhú）：野蚕。⑧烝（zhēng）：久。⑨敦：蜷曲成团。⑩果臝（luǒ）：葫芦科植物，一名瓜蒌。⑪施（yì）：蔓延。⑫伊威：今名土鳖，生于阴湿处。⑬蟏蛸（xiāo shāo）：长脚蜘蛛。⑭町畽（tǐng tuǎn）：平地被兽蹄所践踏处。⑮熠燿（yì yào）：萤火虫。宵行：夜行。⑯鹳（guàn）：鸟名，似鹤。垤（dié）：土堆。⑰穹窒：洞穴。⑱征：行。聿：语词，同"曰"。⑲有敦：团团。瓜苦：即苦瓜。⑳栗：栗树。薪：柴薪。㉑皇：黄白色。驳：赤白色。㉒缡（lí）：古妇女佩巾，嫁时母为女结缡。㉓九十：言其多。㉔孔：甚。嘉：美。㉕旧：犹"久"。

【缵绎】

《毛诗序》："《东山》，周公东征（按：指平武庚、管叔之乱）也。周公东征三年而归，劳归士。大夫美之，故作是诗也。一章言其完也；二章言其思也；三章言其室家之望女也；四章乐男女之得及时也。君子之于人，序其情而悯其劳，所以说也。说以使民，民忘其死，其唯东山乎！"朱熹《诗序辨说》："此周公劳归士词，非大夫美之而作。"崔述《读风偶识》："此诗毫无称美周公了语，其非大夫所作显然；然亦非周公劳归士之词，乃归士自叙其离合之情耳。"牟庭《诗切》："周公悼亡也。"朱守亮《诗经评释》："此东征之士，既归而述怀之诗。"今人有征人归途思乡说。笔者以为周公东征凯旋以劳征士之诗。

诗四章，章十二句。各章首四句复沓，为全诗主调。一章忆东征劳苦之情状；二章写归途荒蔽之所见；三章写室家之思苦；四章写男女得时之乐。结句"其新孔嘉，其旧如之何"，今昔对比，引逗全篇。"其妙趣全在'其旧如之何'五字。'如之何'者，欣慕赞叹，无可形容之词也。盖常人之情旧不如新，然别离重逢新不如故。"（贺贻孙《诗经触义》）"圣人之所以能感人得，以其以己之心度人之心，而天下之人亦乐于效力，而不患上之不我知也。《东山》之诗，述其归而未至也，则凡道途之远，岁月之久，风雨之凌犯，饥渴之困顿，裳衣之久而垢敝，室内庐之久而荒废，室家之久而怨思，皆其心之所苦而不敢言者，我则有以慰劳之。及其归而既至也，则睹天时之和畅，听禽鸟之和鸣，而人情和悦，适与景会。旧有室家者，其既归而相见固可乐，未有室家者，其既归而新婚尤可乐。此皆其心之愿而不敢言者，我则有以发扬之。莫苦于归而在途之时，而上之人能与之同其忧，莫喜于归而相见之时，而上之人能与之同其乐。

乐以天下，忧以天下，然而不王者，未之有也，其是之谓欤？"（季本《诗说解颐》）戴君恩《读诗臆评》："篇中无限情绪，次第井井，非大圣人不能体悉，非大手笔不能描写。"牛运震《诗志》："一篇悲喜离合，都是从男女室家生情。……此诗曲体人情，无隐不透，直从三军肺腑打摅一过，而温挚婉恻感激动人。"陈震《读诗识小录》："琐细之极，愈见精大。……述琐细之情也，而通天下之志。"陈继揆《读诗臆补》："后来从军行、出塞曲之祖。……然后来千百首从军行、出塞曲，终不及《东山》一篇曲尽人情也。"

破 斧

既破我斧，又缺我斨①。周公东征，四国是皇②。哀我人斯，亦孔之将③！
既破我斧，又缺我锜④。周公东征，四国是吪⑤。哀我人斯，亦孔之嘉⑥！
既破我斧，又缺我銶⑦。周公东征，四国是遒⑧。哀我人斯，亦孔之休⑨！

【集释】

①斨（qiāng）：方孔斧。②四国：指商、管、蔡、霍四国。周成王时作乱，周公平定之。皇：匡正。③孔：很。将：持。④锜（qí）：凿子，一说古代一种锯。⑤吪（é）：教化，感化。⑥嘉：善。⑦銶（qiú）：凿类，一说独头斧。⑧遒（qiú）：稳固。⑨休：美，好。

【缵绎】

《毛诗序》："《破斧》，美周公也。周大夫以恶四国焉。"朱熹《诗集传》："从军之士以前篇（案：指《东山》）周公劳己之勤，故言此以答其意。"吴懋清《毛诗复古录》：周公平四国之乱，使御事臣劝化俘虏之歌。方玉润《诗经原始》："美周公伐罪救民也。"闻一多《风诗类钞》："东征士卒，喜生还也。"朱守亮《诗经评释》："此豳人随周公东征之士，自述其作战艰苦而终获胜利之诗。"今人有厌战说、怨刺周公说。笔者以为美周公伐罪救民之诗。

诗三章，章六句。各章首二句以破、缺赋、比，言四国为乱，使战士累死沙场，生民背井离乡，家园破败。三四句言周公讨伐四国，匡正之（皇）、教化之（吪）、稳固之（遒），由乱至治。五六句美周公哀愍四国之民，使四国而臻大安（将）、大善（嘉）、大美（休）。"四国是皇不若四国是吪，四国是吡不若四国是遒，盖正不若化，既化矣则悠远益固。亦孔之将不若亦孔之嘉，亦孔之嘉不若亦孔之休，盖大不嘉，嘉而至于休，则尽善尽美矣。"（戴溪《续吕氏家塾读诗记》）吴闿生《诗义会通》："往复委婉，用意至深，令人低徊不尽。"

伐 柯

伐柯如何①？匪斧不克②。取妻如何③？匪媒不得。
伐柯伐柯，其则不远④。我觏之子⑤，笾豆有践⑥。

【集释】

①柯：斧柄。②匪：同"非"。克：能。③取：通"娶"。④则：准则，榜样。⑤觏（gòu）：遇合。之子：指周公。⑥笾（biān）：竹制礼器，以盛果脯。豆：木制器皿，盛放腌制食物、酱类。践：行列貌。

【缵绎】

《毛诗序》："《伐柯》，美周公也。周大夫刺朝廷之不知也。"郑玄《毛诗传笺》："成王既得雷雨大风之变，欲迎周公，朝廷群臣犹惑于管、蔡之言，不知周公之圣德，疑于王迎之礼，是以刺之。"许谦《诗集传名物钞》："东人喜见周公也。"朱郁仪《诗故》："周公贻诗二公（按：指召公、毕公）也。"吴懋清《毛诗复古录》：美周公监遗献也（按：遗献，指前朝所留贤人）。朱守亮《诗经评释》："此咏周代礼俗婚姻之诗。"高亨《诗经今注》：男托媒妁也。今人有美守礼大夫、新婚歌、娶妻非礼不可诸说。笔者以为美周公尚兵以礼之诗。

诗二章，章四句。首章言以斧伐柯为柄，喻裁管蔡之乱以兵；以娶妻必托以媒，喻合好必据于礼。次章言伐柯者必执斧以伐之，彼柯之修短之则，当合于此斧，则斧、柄方合于一物；周公虽以兵伐管蔡，而东人不见其兵伐之维扬，但见笾豆之有践，是合兵、礼之一事也。"安上治民，莫善于礼，以礼为国，则军旅可不用也。是故以礼止乱，可以去兵，不得已而用兵，兵亦有礼。果能以礼行兵，则德威惟畏，不战而屈人矣。"（傅恒、孙嘉淦等《诗义折中》）全诗通体用比，举事熨贴，取譬精妙，托喻幽深，微言大义。牛运震《诗志》："随手作兴体，变法入妙，'其则不远'，另生一意便深。"

九 罭

九罭之鱼①,鳟鲂②。我觏之子③,衮衣绣裳④。
鸿飞遵渚⑤,公归无所,于女信处⑥。
鸿飞遵陆⑦,公归不复,于女信宿⑧。
是以有衮衣兮⑨,无以我公归兮⑩,无使我心悲兮!

【集释】

①罭(yù):捕鱼细网。②鳟(zūn):赤眼鳟。鲂:鳊鱼。鳟鲂皆大鱼。③我、之子:《集传》:"我,东人自我也。之子,指周公也。"④衮(gǔn)衣:绣龙纹上衣。朱熹《诗集传》:"衮,衣裳九章。一曰龙;二曰山;三曰华虫,雉也;四曰火;五曰宗彝,虎蜼也。皆缋于衣。六曰藻;七曰粉米;八曰黼;九曰黻,皆绣于裳。天子之龙一升一降,上公但有降龙。以龙首卷然,故谓之衮也。"⑤鸿:鸿鹄。遵:沿。渚:沙洲。⑥女:同汝。你。信:再宿曰信。处:住宿。⑦陆:水边陆地。⑧信宿:同"信处",住两夜。⑨是以:因此。有:持有,留下。⑩以:使,让。

【缵绎】

《毛诗序》:"《九罭》,美周公也。周大夫刺朝廷之不知也。"朱熹《诗集传》:"此亦周公居东之时,东人喜得见之。"丰坊《诗说》:"周公归于周,鲁人欲留不可得,作是诗。"闻一多《风诗类钞》:主人燕饮赋此留客也。今人有女挽男、女恋新婚丈夫诸说。笔者以为东人惜别周公西归之诗。

诗四章,首章章四句,后三章章三句。首章亦赋亦比,言九罭方得鱼之美者鳟鲂,今我得见人之尊者衮衣绣裳。网大鱼留尊客,隐括全诗。二三章兴中有比。鸿雁留宿沙洲,不日将高飞远去。公亦将西归,何不与我东人多住几日?四章言若朝廷不使公归,则可使此衮衣长留得睹,而不致我心伤悲也。则挽留之意更进一层。"信处信宿,明知公之必归,明知公之归为大义,却说'无以我公归兮,无使我心悲兮',正诗之巧于写其爱处,真奇真奇。"陈震《毛诗识小录》:"方说我觏,旋说公归,一则以喜,一则以惧,心情摇荡,笔力跳脱。""喜惧交并之心,天矫独出之笔,神光离合,乍阴乍阳,几于不可迹求。"牛运震《诗志》:"'是以'二字,紧承'信处''信宿',老横之极,一气卷下,却自曲折缠绵。"戴君恩《读诗臆评》:"章法、句法、字法俱妙。"

狼 跋

狼跋其胡①,载疐其尾②。公孙硕肤③,赤舄几几④。
狼疐其尾,载跋其胡。公孙硕肤,德音不瑕⑤。

【集释】

①跋(bá):通拔,高挺也。胡:颈肉,借指颈。②载:再,又。疐(zhì):倒下,即倒拖貌。③公孙:诸侯之孙。指周公。硕:大;肤:美。④赤舄(xì):黄朱色鞋。几几:安泰貌。⑤德音:声名。瑕:过失。

【缵绎】

《毛诗序》:"狼跋,美周公也。周公摄政,远则四国流言,近则王不知。周大夫美其不失其圣也。"古来多从此说。牟庭《诗切》:"豳人思周公也。"闻一多《风诗类钞》:"美公孙也。"今人有刺王孙、美君子诸说。笔者以为美周公之诗。

诗二章,章四句。首章以狼喻周公,言狼高昂其头,倒拖其尾,喻其威猛也。后二句言周公心广体胖(硕肤),步履安泰(几几)。次章言周公非惟威猛其态,亦仁德内充,坦坦荡荡。"赤舄几几",言其威仪从容,不失其度;"德音不瑕",言其道隆德盛,美名流播。"圣人之周于德者,其进退从容,无所往而不宜。盖临大难而不惧,处大变而不忧,断大事而不疑。非道隆德盛者,固不足以语此,非常人所能及也。"(朱熹《诗集传》)"诗亦善于形容盛德,曰'公孙硕肤','赤舄几几'","道得三代圣人气象出,乃是周公本色。"(方玉润《诗经原始》)上章写威仪,下章写盛德,八字生变,绘形绘神,道圣人气象,非妙手不能!

【豳风小结】

《豳风》七篇。许天赠《诗经正义》:"陆(德明)云:'豳者戎狄之地名也。夏道衰,后稷之曾孙公刘自邰而出居焉。其封域在雍州岐山之北,原隰之野。于汉属右扶风郇邑。公遭流言之难，居东都，思公刘、大王为豳公，忧劳民事，以此叙己事而作《七月》《鸱鸮》之诗，成王悟而迎之，以致太平。故太师述其诗为豳国之风焉。"《左传》载襄公二十九年，吴季札到鲁观乐。"为之歌《豳》，曰：美者荡乎？乐而不淫，其周公之东乎？为之歌《秦》，曰：'此之谓夏声，夫能夏则大，大之至也，其周之旧乎？'"时《豳》在《秦》前，盖孔子删诗定，殿于诸风末。《七月》陈王业所自始；《鸱鸮》周公自咎以儆成王；《东山》周公劳征士；《破斧》美周公吊民伐罪；《伐柯》美周公尚兵以礼；《九罭》东人惜别周公；《狼跋》美周公盛德。故豳地虽与周公无涉，而《豳风》又皆与周公有关矣。

　　《豳风》而兼风、雅、颂三体，故其格不惟变风，亦且变雅、变颂。或为周公所自作，或为时贤之所咏，无不曲尽人情，极尽立言之妙，见大家手笔。察其事，则圣人德范，皆足以发诗教之旨，正世道之变者也。"若编次在《雅》前《风》后，冀变之可以为正，危之可以复安，有非周公不可者。"（方玉润《诗经原始》）"言变之可正也，唯周公能之，故系之以正，歌《豳》曰周之本也。呜呼，非周公孰知其艰哉？变而克正，危而克扶，始终不失于本，其惟周公乎？系之《豳》远矣哉！'"（王通《中说》）

小 雅

"《大序》曰:'雅者,正也,言王政之所由兴废也。政有小大,故有《小雅》焉,有《大雅》焉。'程子曰:'雅者,陈其正理,如'天生烝民,有物有则;民之秉彝,好是懿德'是也。'朱子曰:'《小雅》,燕飨之乐也。《大雅》,会朝之乐,受厘陈戒之词也。'论《雅》之义备是也。然以政之小、大,燕飨会朝分属,其亦未识小、大《雅》之体乎?《鹿鸣》《天保》,君臣上下之交乎;《常棣》《伐木》《蓼莪》《白华》乃父子兄弟夫妇朋友之恩义,伦孰有大于斯者乎?《湛露》《彤弓》之燕飨,《采薇》《出车》之兵戎,《楚茨》《信南山》之田事,政孰有大于斯者乎?谓《小雅》为政之小,与燕飨之乐,果足以该《小雅》否也?《凫鹥》《既醉》之燕礼,未必大于《鱼丽》《嘉鱼》,《江汉》《常武》之征伐,未必大于《六月》《采芑》,安见其为政之大乎?又安见其为会朝受厘陈戒与《小雅》异也?不知《雅》体较之于《风》,则整肃而显明,较之于《颂》则昌大而肆达。惟彝伦政事之间,尚有讽谕之意,皆《小雅》之体也。天人应感之际,一皆性命道德之精,皆《大雅》之体也。其中或近于《风》与《颂》者,则又为小、大《雅》之变体也。《小雅》未尝无会朝,《大雅》未尝无燕飨,小大《雅》之正变,无所与于时世之盛衰,要在辨其体,而小、大《雅》正变之义俱不待言矣。"(章潢《诗经原体》)

《小雅》七十四篇。"《雅》《颂》无诸国别,故以十篇为一卷,而谓之什,犹军法以十人为什也。"(朱熹《诗集传》)兹分鹿鸣之什、南陔之什(其中无辞四篇,故实六篇)、彤弓之什、祈父之什、小旻之什、北山之什、桑扈之什、都人士之什。

小雅·鹿鸣之什

鹿 鸣

呦呦鹿鸣①,食野之苹②。我有嘉宾,鼓瑟吹笙③。吹笙鼓簧④,承筐是将⑤。人之好我,示我周行⑥。

呦呦鹿鸣,食野之蒿⑦。我有嘉宾,德音孔昭⑧。视民不恌⑨,君子是则是效⑩。我有旨酒⑪,嘉宾式燕以敖⑫。

呦呦鹿鸣,食野之芩⑬。我有嘉宾,鼓瑟鼓琴。鼓瑟鼓琴,和乐且湛⑭。我有旨酒,以燕乐嘉宾之心。

【集释】

①呦呦(yōu):鹿鸣声。②苹:蘋蒿。陆玑:"蘋蒿,叶青色,茎似箸而轻脆,始生香,可生食。"蘋蒿即艾蒿。③瑟:弦乐器,似琴,二十五弦。④簧:笙中舌片。⑤承:奉。筐:竹器,以盛币帛。将:进献。⑥示:告。周行(háng):大道。引申为大道理。⑦蒿:亦名青蒿、香蒿。⑧德音:美德。孔:甚。昭:明。⑨视:同"示"。恌(tiāo):同"佻",偷薄。⑩则:法则。效:仿效。⑪旨:美。⑫式:语助词。燕:通"宴"。敖:遨游。⑬芩(qín):蒿类植物。⑭湛:久乐。

【缵绎】

《毛诗序》:"《鹿鸣》宴群臣嘉宾也,既饮食之,又实币筐篚,以送其厚意,然后忠臣嘉宾得尽其心矣。"司马迁《史记·十二诸侯年表》:"周道凌迟,《鹿鸣》刺焉。"蔡邕《琴操》:"《鹿鸣》者,周大臣之所作也,王道衰,大臣知贤者幽隐,故弹弦讽谏。"朱熹《诗集传》:"本为燕群臣嘉宾而作,其后乃推而用之乡人。"笔者以为宴群臣之诗。

诗三章，章八句。开头皆以鹿鸣起兴兼比。鹿性警，见人必惊顾而逸去。此言鹿相和鸣，食蒿于野而无惊，喻君臣相宴无猜忌也。又鹿一呼而众至，喻贤者相呼逢时以食以会也。"鹿"谐"禄"，鹿得其所，喻臣得其禄。首章宴始，鼓瑟齐鸣，笙歌和悦；承筐献礼，嘉宾示我当行之大道。二章宴欢既进，君子德音既闻，示民以则而君子当则效也。三章宴酣，主人欲使琴瑟宴乐久长，以美酒燕乐酬酢宾客，使其尽心，盖使君臣之好长以久也。诗三章鹿鸣之声在耳，鼓瑟之声回环，则礼乐之治，君臣之道，治国安邦，垂则下民之意，无不含蓄美畅，雍容敦厚以尽也。"此诗三章，文法参差而义实相承。首章前六句言我之敬宾，后二句言宾之善我，二章前六句即承首章'人之好我'言，后二句乃言我之乐宾，三章前六句即接言宾之乐，后二句又申言我之乐宾，以明宾之乐实我有以致之也。"（马瑞辰《毛诗传笺通释》）嘉宾即群臣，以名分言曰臣，以礼意言曰宾。"《鹿鸣》以乐始而会，以道交，见善而效，终乎不厌人。"（《孔子诗论》）"范氏（祖禹）曰：'食之以礼，乐之以乐，将之以实，求之以诚，此所以得其心也。贤者岂以饮食币帛为悦哉？夫婚姻不备，则贞女不行也；礼乐不备，则贤者不处也。贤者不处，则岂得乐而尽其心乎？'"（朱熹《诗集传》）《国风》以《关雎》始，喻夫妇之道；《小雅》以《鹿鸣》始，喻君臣之道，皆天地大经。方玉润《诗经原始》："一片平和，尽善尽美。与《关雎》同列四始，殆无贻议云。"

四　牡

四牡骓骓①，周道倭迟②。岂不怀归？王事靡盬③，我心伤悲。
四牡骓骓，啴啴骆马④。岂不怀归？王事靡盬，不遑启处⑤。
翩翩者鵻⑥，载飞载下，集于苞栩⑦。王事靡盬，不遑将父⑧。
翩翩者鵻，载飞载止，集于苞杞⑨。王事靡盬，不遑将母。
驾彼四骆，载骤骎骎⑩。岂不怀归？是用作歌，将母来谂⑪。

【集释】

①四牡：四匹公马。骓骓（fēi）：行不止貌。②周道：大路。倭迟（wēi yí）：亦作"倭夷""威夷""逶迤"，迂回遥远貌。③靡：无。盬（gǔ）：止息。

④嘽嘽（tān）：喘气貌。骆：白马黑鬃曰骆。⑤遑：暇。启：小跪。古人席地，有跪有坐，跪即起身，居即坐。处：居、坐。启处：犹言在家休息。⑥雏（zhuī）：鹁鸪。⑦苞：茂密。栩（xǔ）：柞树。⑧将：奉养。⑨杞：枸杞。⑩载：语首助词。骎骎（qīn）：飞跑貌。⑪来：句中语助词，犹"是"。谂（shěn）：思念。

【缵绎】

《毛诗序》："《四牡》，劳使臣之来也。有功而见知则说矣。"《左传·襄公四年》载穆叔云："《四牡》，君所以劳使臣也。"郑玄《毛诗传笺》："君劳使臣之来乐歌也。勤苦王事，念及父母，怀归伤悲，忠孝之至。以劳宾也。"方玉润《诗经原始》："勤王事也。"高亨《诗经译注》：役人思乡也。程俊英《诗经译注》：使臣思归也。笔者以为君劳使臣归来之诗。

诗五章，章五句。"周道倭迟，岂不怀归"是全诗主脑。前者既写道路之迢远，又喻达道之难及。后者既言归国归思之情，又喻王事有宁之愿。三四章首插入鹁鸪载飞比兴，烘托思心之切，王事之急。"诗以雏取兴者，正取其为孝鸟，故以兴使臣之不遑将父、不遑将母，为雏之不若耳。"（马瑞辰《毛诗传笺通释》）末章复言车马骎骎与归思之状。"将母来谂"卒章显志。"《四牡》五章，四章皆言'王事靡盬'，而末章独无之，盖王事毕而归也，故曰'将母来谂'。以养亲之志而来告于君也。不然将驱驰之不暇，而暇遂其私乎？于此诗可见臣子之心矣。"（俞德邻《佩韦斋辑闻》）思归者，私恩也；靡盬者，公义也。无私恩，非孝子也；无公义，非忠臣也。"诗之所以次《鹿鸣》者，以上章君之待臣以礼，故此章臣待君以忠，上下交感，乃成通泰。然勤劳王事，固人臣所当忠；而'不遑将母'，又人子所宜孝。故不敢以将母之情来告，然后忠孝可以全。"（方玉润《诗经原始》）"夫使臣奉命驰驱，不敢顾父母者，事上之义也，所以尽忠也；而人君念其勤劳，忧其不能将父母者，恤下之恩也，所以教孝也。劳于王事，虽不顾养，而勇战敬官，不辱其亲则尽忠，乃所以全孝也；'将母来谂'，似非急公，而既达其情，遂忘其苦，则教孝乃所以作忠也。故《四牡》之义行，则君臣之道两得之矣。"（傅恒、孙嘉淦等《诗义折中》）按：诗明写勤王事，而《毛诗序》以为劳使臣之来者，以诗教之设，天子用以彰使臣之勤也。

皇皇者华

皇皇者华①，于彼原隰②。駪駪征夫③，每怀靡及④。
我马维驹⑤，六辔如濡⑥。载驰载驱，周爰咨诹⑦。
我马维骐⑧，六辔如丝⑨。载驰载驱，周爰咨谋⑩。
我马维骆⑪，六辔沃若⑫。载驰载驱，周爰咨度⑬。
我马维骃⑭，六辔既均⑮。载驰载驱，周爰咨询⑯。

【集释】

①皇皇：鲜明貌。②原隰：《毛传》："高平曰原，下湿曰隰。"③駪駪(shēn)：多而急貌。征夫：使臣并下属。④每：虽。怀：思。⑤驹：《释文》："驹，本亦作骄。"马高六尺为骄。⑥濡：润泽貌。⑦周：普遍、广泛。爰：语助词。咨：问。诹(zōu)：聚议。咨诹：访问。⑧骐：马青色有黑纹。⑨如丝：指辔缰如丝而光彩柔韧。⑩谋：计划。⑪骆：白马黑鬣曰骆。⑫沃：柔润。若：然。⑬度(duó)：酌量。⑭骃(yīn)：阴白杂毛曰骃。⑮均：整齐。⑯询：究问。

【缵绎】

《毛诗序》："《皇皇者华》，君遣使臣也。送之以礼乐，言远而有光华也。"郑玄《毛诗传笺》："言臣出使，能扬君之美，延其誉于四方，则为不辱命也。"王先谦《诗三家义集疏》："君遣使臣之乐歌也。更是劳苦，自以为不及，欲谘谋于贤知，而以自光明也。"高亨《诗经译注》：使者道行役之情状也。程俊英《诗经译注》：使者咨民情也。笔者以为君遣使臣之诗。

诗五章，章四句。首章总叙，后四章分说。首章前两句以原野皇皇之花，喻使者出访四方。后两句"駪駪征夫，每怀靡及"为诗眼。在花"皇皇"，在使则"駪駪"，既言使者众多，又言使者急行。"每怀靡及"为"駪駪征夫"作注：自君遣使者言，则告使者谨勤其事，每思行有不及；自使者奉命言，则自我警醒勤于王事，慎之又慎，不辱使命。"不曰使臣而曰征夫，则不特使臣此心，其属亦此心也。"（朱善《诗解颐》）后四章为"駪駪征夫，每怀靡及"复叠申意：前三句极言駪駪征夫之状；咨诹、咨谋、咨度、咨询，尽"每怀靡及"

之意。"周"言其至周至全,无所遗漏。"大抵'诹'为聚议之意,'谋'为计画之意,'度'为酌量之意,'询'为究问之意耳。"(姚际恒《诗经通论》)"《皇皇者华》,君教使臣曰:'必咨于周。'臣闻之:'访问于善为咨,咨亲为询,咨礼为度,咨事为诹,咨难为谋。'"(《春秋左传·襄公四年》)"范氏(祖禹)曰:'王者遣使于四方,教之以诹善道,将以广聪明也。夫臣欲助其君之德,必求贤以自助。故臣能从善,则可以善君矣;臣能听谏,则可以谏君矣。未有不自治而能正君者也。'"(朱熹《诗集传》)方玉润《诗经原始》:"诹、谋、度、询四字即从'每怀靡及'一句生出,又须细玩,四字无一虚下,通经乃可致用也。"

常　棣

常棣之华①,鄂不韡韡②。凡今之人,莫如兄弟。
死丧之威③,兄弟孔怀④。原隰裒矣⑤,兄弟求矣⑥。
脊令在原⑦,兄弟急难。每有良朋⑧,况也永叹⑨。
兄弟阋于墙⑩,外御其务⑪。每有良朋,烝也无戎⑫。
丧乱既平,既安且宁。虽有兄弟,不如友生⑬。
傧尔笾豆⑭,饮酒之饫⑮。兄弟既具⑯,和乐且孺⑰。
妻子好合⑱,如鼓瑟琴。兄弟既翕⑲,和乐且湛⑳。
宜尔室家㉑,乐尔妻帑㉒。是究是图㉓,亶其然乎㉔!

【集释】

①常棣:棠梨树,子如樱桃,可食。②鄂:同"萼"。不:花蒂。一说语助词。韡韡(wěi):鲜明貌。③威:畏。④孔怀:很关怀。孔:很。⑤裒(póu):损少。引申为变化。方玉润《诗经原始》:"盖原隰者,陵谷也。裒为损少,则变迁之意。上言死丧,乃人事之变;下言原隰,乃山川之变。总以见势当变乱,始觉兄弟亲情,起下急难、外侮。故两言兄弟,与下两言良朋,一主一陪,两两相形,可谓曲尽人情,文亦整饬有法。"⑥求:关心。⑦脊令:通"鹡鸰",亦名雍渠。《郑笺》:"雍渠,水鸟,而今在原,失其常处,则飞则鸣,求其类,天性也。犹兄弟之于急难。"⑧每:虽。⑨况:兹。永:长。⑩阋(xì):斗狠。

⑪御：抵抗。务：通"侮"。⑪烝（zhēng）：众。一说语助词。戎：兵。言外有侮，朋虽众也，无有兵相助。⑬友生：友人。生：语助词。⑭傧（bīn）：陈列。笾（biān）：祭祀或燕享时盛水果、干肉之类，竹器。豆：盛肉器，木制。⑮之：是。饫（yù）：满足。⑯具：同"俱"，齐。⑰孺：相亲。⑱好合：相亲相爱。⑲翕（xī）：合，和睦。⑳湛（dān）：又作"耽"。《释文》："耽，乐之甚也。"㉑宜：安。㉒帑（nú）：通"孥"，子。㉓究：深思。图：考虑。㉔亶（dǎn）：确实。然：如此。

【缵绎】

《毛诗序》："《常棣》，燕兄弟也。闵管蔡之失道，故《常棣》作也。"郑玄《毛诗传笺》："周公吊二叔之不咸，而使兄弟之恩疏，召公为作此诗，而歌以亲之。"《左传·僖公二十四年》："召穆公思周德之不类，故纠合宗族于成周，而作诗。"朱熹《诗集传》："盖周公既诛管、蔡而作。"方玉润《诗经原始》："周公燕兄弟也。"高亨《诗经译注》：兄弟劝友爱也。程俊英《诗经译注》：宴享亲友故旧也。笔者以为周公燕兄弟之诗。

诗八章，章四句。首章以常棣花开每两三朵彼此相依，喻兄弟之亲。"凡今之人，莫如兄弟"，为一篇主脑。二至四章以三事申之：死丧兄弟相求，急难兄弟相救，外侮兄弟相助。由急而缓，由重而轻，由内而外。其间以良朋对御侮，一比而二折，更见兄弟之情笃。五章承上启下，言丧乱既平，兄弟不如朋友者，愈以见兄弟之当亲。六、七章行燕兄弟相亲之礼。"妻子"对"兄弟"，谓兄弟之情胜夫妇之情；兄弟和则室家安，兄弟和则妻孥乐。卒章显志，与篇首呼应。"周公深有悔于管、蔡之祸，恐兄弟情由此疏，故不厌委曲详尽，极言异形同气之恩以申告之，使其反复穷究而念其信然，不得以管、蔡故，遂自损其天伦之乐，其用心亦可谓苦矣！"（方玉润《诗经原始》）"此诗《左传》富辰谓召穆公作，《国语》富辰谓周公诗。唯韦昭云：'周公作《常棣》之篇，以闵管、蔡而亲兄弟。其后周室内既衰，厉王无道，骨肉恩绝，亲亲礼废，宴兄弟之乐绝。故召穆公思周德之不类，而合其宗族于成周，复作《常棣》之歌以亲之。'是诗为周公作，穆公特重歌之耳。且诗云'丧乱既平'，则明是诛管、蔡后语，非周公境地则不合，断断不可移于他人兄弟上去。召穆公为周族歌之，尚可曰诵先芬以戒后哲，若他兄弟歌此，岂能切乎？"（方玉润《诗经原始》）方玉润《诗经原始》："首章虚冒，次章双题，三四章以良朋陪，后二章以妻子陪，此章是一转笔作中间枢纽。六章乃甚言兄弟之乐，以起末二章耳。此八段古文作法也。"陆时雍《诗镜总论》："叙事议论，绝非诗家所需，以叙事则伤体，议论则费词也。然总贵不烦而至，如《常棣》不废议论，《公刘》不无叙事。"朱熹《诗集传》："委曲渐次，说尽人情矣。"全诗主题恒久，一片真诚，委曲深至，为后世议论诗之祖。

伐 木

伐木丁丁①，鸟鸣嘤嘤②。出自幽谷，迁于乔木。嘤其鸣矣，求其友声。相彼鸟矣③，犹求友声。矧伊人矣④，不求友生？神之听之⑤，终和且平⑥。

伐木许许⑦，酾酒有藇⑧。既有肥羜⑨，以速诸父⑩。宁适不来⑪？微我弗顾⑫！於粲洒埽⑬，陈馈八簋⑭。既有肥牡⑮，以速诸舅⑯。宁适不来？微我有咎⑰！

伐木于阪⑱，酾酒有衍⑲。笾豆有践⑳，兄弟无远㉑。民之失德㉒，乾餱以愆㉓。有酒湑我㉔，无酒酤我㉕。坎坎鼓我㉖，蹲蹲舞我㉗。迨我暇矣㉘，饮此湑矣。

【集释】

①丁丁（zhēng）：伐木相应声。②嘤嘤（yīng）：两鸟相鸣。③相：视。④矧（shěn）：况。伊人：是人。⑤神：诚。听：明。神听：既诚且明。⑥终：既。⑦许许（hǔ）：众人共力声。⑧酾（shī）：滤酒。藇（xù）：甘美。⑨羜（zhù）：五月小羊。⑩速：召、催请。诸父：朋友之同姓而尊者。⑪宁：宁可。适：凑巧。⑫微：非。顾：念。⑬於（wū）：叹美词。粲：鲜洁貌。埽：同"扫"。⑭陈：陈列。馈（kuì）：食物。簋（guǐ）：盛食圆形器皿。⑮牡：指公羊。⑯诸舅：朋友之异姓而尊者。⑰咎：过错。⑱阪：山坡。⑲有衍：即"衍衍"，满溢貌。⑳笾（biān）：祭祀或燕飨时盛水果、干肉之类，竹器。豆：盛肉器，木制。践：陈列。㉑远：疏远。㉒民：人。失德：失和而相仇怨。㉓乾餱（hóu）：干粮。愆（qiān）：过错。㉔湑（xǔ）：滤酒。我：自称。一说语尾助词。㉕酤（gū）：买。㉖坎坎：鼓声。㉗蹲蹲（cún）：舞貌。㉘迨（dài）：及、趁。

【缵绎】

　　《毛诗序》："《伐木》，燕朋友故旧也。自天子至于庶人，未有不须友以成者。亲亲以睦，友贤不弃，不遗故旧，则民德归厚矣。"后人多从此说。王先谦《诗三家义集疏》："《韩诗》曰：'《伐木》废，朋友之道缺。劳者歌其事。诗人伐木，自苦其事，故以为文。'"黄柏《诗疑辨证》："细玩此诗，专言友生之不可求，求字乃一篇大主脑。"方玉润《诗经原始》："燕朋友、亲戚、兄弟也。"傅恒、孙嘉淦等《诗义折中》："燕朋友也。"笔者以为燕朋友之诗。

　　诗三章，章十二句。均以伐木起兴，"伐木者，斫削以成材；交友者，切磨以成德。"（傅恒、孙嘉淦等《诗义折中》）首章总括全篇，三"求"字道求友之重大，以鸟之求友，喻人之不可无友，极言人能笃好神听于友，则终和且平。二章言备酒肴，勤洒扫以待长者。三章写醉饱歌舞之乐。"篇中有诸父、诸舅、兄弟之辞何也？曰：人之所资于朋友者，以明道也，以进德也。道之所存，德之所存。吾斯友之矣，而何常之有哉？是故无贵、无贱、无尊、无卑、无亲、无疏，皆可得而友。贵之而为天子，贱之而为庶人，尊之而为父，卑之而为子，亲之而为同姓，疏之而为异姓，其分虽不同，而其可友则如一。故以贱交贵而不为谄，以贵交贱而不为屈，以卑就尊而不为僭，以尊就卑而不为贬。内取之同姓而不为昵，外取之异姓而不为泛。道之所存，德之所存，即吾友之所存也，何贵贱亲疏之间哉？必知此道也，而后可以言友也。"（朱善《诗解颐》）"天下之道，五伦而已。下之人非此无以为学，上之人非此无以为治。君臣与父子并重，故不以私恩缓公义，亦不以公义废私恩，此《鹿鸣》《四牡》《皇华》之义也。兄弟与朋友相衡，故不可忘天合之恩；而等兄弟于朋友，又欲其尽人合之义。而待朋友如兄弟，此《常棣》《伐木》之义也。《风》首夫妇，正其本也；《小雅》之始而君臣、父子、兄弟、朋友之义著焉，五伦之道备矣。人伦之至，可以通神明而光四海，所由继以《天保》也。子思之言道也，造端乎夫妇，继之以子臣弟友，而遂及于鬼神。其《诗》教也夫！"（傅恒、孙嘉淦等《诗义折中》）姚际恒《诗经通论》："深得前虚后实之妙。"

天　保

　　天保定尔①，亦孔之固②。俾尔单厚③，何福不除④？俾尔多益，以莫不庶⑤。

天保定尔，俾尔戬穀⑥。罄无不宜⑦，受天百禄。降尔遐福⑧，维日不足⑨。
天保定尔，以莫不兴。如山如阜⑩，如冈如陵，如川之方至⑪，以莫不增。
吉蠲为饎⑫，是用孝享⑬。禴祠烝尝⑭，于公先王⑮。君曰卜尔⑯，万寿无疆！
神之吊矣⑰，诒尔多福⑱。民之质矣⑲，日用饮食。群黎百姓⑳，遍为尔德㉑。
如月之恒㉒，如日之升。如南山之寿，不骞不崩㉓。如松柏之茂，无不尔
或承㉔。

【集释】

①保定：使安定。保则不危，定则不倾。尔：指王。②孔：很。③俾：使。单厚：使单者厚。④除：除旧而生新。⑤庶：众多。⑥戬（jiǎn）：尽。穀：善。《毛传》：戬，福。穀，禄。⑦罄（qìng）：尽。⑧遐：远。⑨维：通"惟"，惟恐。⑩阜（fù）：土山。朱熹《诗集传》："高平曰陆，大陆曰阜，大阜曰陵。"⑪川之方至：河水涨潮。朱熹《诗集传》：言其盛长之未可量也。⑫吉：善，指择吉日。蠲（juān）：洁，指祭祀前沐浴斋戒。饎（xī）：亦作"糦"，酒食。⑬是用：用此。享：献。⑭禴（yuè）：夏祭。祠：春祭。烝：冬祭。尝：秋祭。⑮公：先公，周之远祖。⑯君：先公先王，此指祭祀中扮演先王之神尸。君曰：尸代神言。卜：期。⑰吊：至，降临。⑱诒（yí）：通"贻"，遗。⑲质：朴实。⑳群黎：众民。百姓：百官。《书·尧典》："平章百姓。"孔传："百姓，百官。"㉑为：通"讹"，感化。㉒恒：緪（gèng）"假借，指上弦月。㉓骞（qiān）：亏。㉔或：语助词。承：继。

【缵绎】

《毛诗序》："《天保》，下报上也。君能下下以成其政，臣能归美以报其上焉。"古今无异议，臣祝君之诗。

诗六章，章六句。首章祝基业固久，二章祝百福无尽，三章祝百业兴旺，四章祝敬天祭祖，五章祝万民蒙福，末章祝世享其福。"全诗大意，前三章皆天之福君，后三章皆神之福君。其祝颂且多复笔，亦略无规讽意，不已近于谀乎？岂知臣之祝君，非但君也，实为民耳。盖君之福即民之福，……故诗又曰，'群黎百姓，遍为尔德'，是必在上有多福之君，然后在下有受福之民。……前后虽极言天福降福无所不至，其实以德遍群黎一句为主。"（方玉润《诗经原始》）其中又微寓箴规之意，韵味深长。陈鸿谟《诗经治乱始末注疏合抄》："词之恳

到，意之深挚，不必言。文有天马行空之势，有蜃楼百尺之奇，是间数个'如'字，笔气鼓舞，妙甚。"

采 薇

采薇采薇①，薇亦作止②。曰归曰归③，岁亦莫止④。靡室靡家⑤，猃狁之故⑥。不遑启居⑦，猃狁之故。

采薇采薇，薇亦柔止⑧。曰归曰归，心亦忧止。忧心烈烈⑨，载饥载渴⑩。我戍未定⑪，靡使归聘⑫。

采薇采薇，薇亦刚止⑬。曰归曰归，岁亦阳止⑭。王事靡盬⑮，不遑启处⑯。忧心孔疚⑰，我行不来⑱。

彼尔维何⑲？维常之华⑳。彼路斯何㉑？君子之车。戎车既驾㉒，四牡业业㉓。岂敢定居，一月三捷。

驾彼四牡，四牡骙骙㉔。君子所依㉕，小人所腓㉖。四牡翼翼㉗，象弭鱼服㉘。岂不日戒㉙？猃狁孔棘㉚。

昔我往矣，杨柳依依㉛。今我来思㉜，雨雪霏霏㉝。行道迟迟㉞，载渴载饥。我心伤悲，莫知我哀！

【集释】

①薇：野豌豆，冬天发芽，春二三月长大。②作：生出。止：语助词。③曰：说，一说语助词。④莫：通"暮"。⑤靡：无。⑥猃狁（xiǎn yǔn）：亦作"猃狁"，古民族名。春秋时称戎或狄，秦汉时称匈奴，隋唐称"突厥"。⑦不遑：无暇。启：跪。居：坐。⑧柔：柔弱。⑨烈烈：炽烈。⑩载：语助词。⑪戍：驻守。未定：不固定。⑫聘：问候。⑬刚：坚硬。⑭阳：阴历十月。周代自农历四月至十月称为阳月。⑮盬（gǔ）：休止。⑯启处：与"启居"同。⑰孔：大。疚：痛。⑱来：返。⑲尔：同"薾"，花盛貌。⑳常：通"棠"，棠梨树。㉑路：通"辂"，大车。斯：语助词，犹"维"。㉒戎车：兵车。㉓牡：指驾车雄马。业业：高大貌。㉔骙骙（kuí）：马壮貌。㉕君子：指将帅。依：依靠。㉖小人：指兵士。腓（féi）：覆庇。㉗翼翼：整齐貌。㉘弭（mǐ）：弓两端缚弦处，代指弓。象弭：象牙饰弓。鱼服：即鱼箙，鱼皮制箭袋。㉙戒：戒

备。㉚棘：同"亟"，急。㉛依依：飘拂貌。㉜思：语助词。㉝雨（yù）：作动词，下雪。霏霏：雪花纷飞貌。㉞迟迟：长远貌。

【缵绎】

《毛诗序》："《采薇》，遣戍役也。文王之时，西有昆夷之患，北有玁狁之难，以天子之命，命将率，遣戍役，以守卫中国。故歌《采薇》以遣之。《出车》以劳还，《杕杜》以勤归也。"申培《鲁诗故》："宣王之世，既驱猃狁，劳其还师之诗。"方玉润《诗经原始》："戍役归也。"笔者以为遣戍役之诗。

诗六章，章八句。首章言启行之时，薇始出土，计归期则远在岁暮，而舍室家不遑启居者，皆因玁狁之故。二章言戍人在途，薇亦柔矣，念归期之远而忧劳之甚，然戍事未定，则当一意前往，无使归问室家以累其心。三章言戍人至边，薇亦刚矣，见疆场之多难，不遑宁处而忧心成疾，自谓此行不复望归矣。盖在途忧身，至戍忧国，以王事为重，竭力致死而无还心。四章戎事倥偬而熟视常华，见军心之暇；三军环列而属目路车，见军容之整；戎车既驾而四牡皆壮，见军力之齐。以此忠勇节制之师，无敢安处之士，战则一月三捷。五章言骤胜而不可骄止，当联其车马，严其营卫，整其行列，精其器械，无日不戒玁狁劲敌，攻我无备，击我惰归也。六章言全师而归，因忆往时杨柳，乃薇作薇柔之日；来时雨雪，正岁暮岁阳之候。往时忧心，载饥载渴；来行旧路，饥渴犹前。战守之劳，道途之困，我心伤悲，非人之所能知也。诗则戍役归来，回思远役而作，故能亲切入微。然何为遣戍役之诗？盖首章"玁狁之故"谕以不得已，末章"莫知我哀"体以不忍人之心，此上之人遣戍役之时，歌以奋其忠勇也。"程子曰：首章述事之由，次章三章极道劳苦忧伤之情，四章五章则劝以义，卒章言其归以悯其劳。"（王鸿绪等《钦定诗经传说汇纂》）"前三章虽兼私情公义言，而重在义，四章五章专言公义，六章专言私情，教戒以倡其勤，悯恤以致其悦，使人之道当然也。"（朱公迁《诗经疏义会通》）"夫戍役之苦，莫甚于启行有离别之悲，在途有饥渴之困，至戍有战守之劳，而上之人皆预知之矣。戍役之功，莫大于未战有忠奋之心，将战有整暇之度，既战有警戒之思，而上之人皆预言之矣。于体恤之中而详为训诫，此上世之民，所以有勇而且知方也。"（傅恒、孙嘉淦等《诗义折中》）《世说新语·文学》："谢安问《毛诗》何句最佳？谢玄称曰：昔我往矣，杨柳依依。今我来思，雨雪霏霏。"王夫之

《薑斋诗话》："昔我往矣，杨柳依依。今我来思，雨雪霏霏。以乐境写哀，以哀境写乐，一倍增其哀乐。"方玉润《诗经原始》："此诗之佳，全在末章。真情实景，感时伤事，别有深情，非可言喻，故曰：莫知我哀。""绝世文情，千古常新。"陈文忠《先秦诗鉴赏辞典》："《采薇》，似可称为千古厌战诗之祖。"

出 车

我出我车，于彼牧矣①。自天子所，谓我来矣②。召彼仆夫③，谓之载矣。王事多难，维其棘矣④。

我出我车，于彼郊矣。设此旐矣⑤，建彼旄矣⑥。彼旟旐斯⑦，胡不旆旆⑧？忧心悄悄⑨，仆夫况瘁⑩。

王命南仲⑪，往城于方⑫。出车彭彭⑬，旂旐央央⑭。天子命我，城彼朔方。赫赫南仲⑮，玁狁于襄⑯。

昔我往矣，黍稷方华⑰。今我来思，雨雪载涂⑱。王事多难，不遑启居⑲。岂不怀归，畏此简书⑳。

喓喓草虫㉑，趯趯阜螽㉒。未见君子，忧心忡忡㉓。既见君子，我心则降㉔。赫赫南仲，薄伐西戎㉕。

春日迟迟㉖，卉木萋萋㉗。仓庚喈喈㉘，采蘩祁祁㉙。执讯获丑㉚，薄言还归。赫赫南仲，玁狁于夷㉛。

【集释】

①牧：郊外。②谓：犹"命"或"使"。③仆夫：指御者。④维：发声词。棘：急。⑤设：陈。旐（zhào）：画有龟蛇之旗。⑥建：立。旄（máo）：饰有牦牛尾之旗。⑦旟（yú）：画有鹰隼之旗。斯：语助词。⑧旆旆（pèi）：飞扬貌。⑨悄悄：忧貌。⑩况："恍"假借，甚。瘁：憔悴。⑪南仲：周宣王臣。⑫城：筑城。方：地名，即下文"朔方"，在周王畿之北。⑬彭彭：众盛貌。⑭旂（qí）：龙旗。央央：鲜明貌。⑮赫赫：威名显盛貌。⑯襄：除。⑰往：指出征时。方华：正开花。⑱载：满。涂：泥浆。⑲遑：空闲。启居：安坐休息。⑳简书：天子策命。㉑喓喓（yāo）：虫鸣声。㉒趯趯（tì）：跳跃貌。阜螽（zhōng）：蚱蜢。㉓忡忡：忧虑不安貌。㉔降：下，指放心。㉕薄：语助词。西

戎：西北种族名。《国语》韦昭注："犬戎，西戎之别名，在荒服。"按其地在今陕西凤翔北部。㉖迟迟：日长貌。㉗萋萋：茂盛貌。㉘仓庚：亦作"仓鹒"，黄莺。喈喈（jiē）：鸟叫声。㉙蘩（fán）：白蒿。祁祁：众多貌。㉚讯：间谍。获："馘（guó）"假借，割耳朵。丑：徒众。㉛夷：平定。

【缵绎】

《毛诗序》："《出车》，劳还率也。"郑玄《毛诗传笺》："遣将率及戍役，同歌同时，欲其同心也。反而劳之，异歌异日，殊尊卑也。《礼记》曰：'赐君子小人不同日。'此其义也。"王先谦《诗三家义集疏》："鲁说曰：'周宣王命南仲、吉甫攘狁，威荆蛮。'"方玉润《诗经原始》："征夫还也。"王国维《观堂集林·鬼方昆夷猃狁考》："《出车》咏南仲伐猃狁之事。……南仲自是宣王时人，《出车》亦宣王时诗也。"高亨《诗经译注》：周宣王派大将南仲退猃狁，凯还而忆其事也。笔者以为劳还帅之诗。

诗六章，章八句。一二章言王事之急，整饬旌旗车马仆从，奉命出征。三章言王命急宣，南仲运筹帷幄，建城朔方，击退猃狁。四章于归途追忆伐猃狁辛劳之状。五章言家室乐见南归之士，而南仲平西戎又传捷报。六章言执讯献俘，南仲平定猃狁。诗以伐猃狁为主脑，西戎为余波，凯还为正意，追述出征，描绘实景，思念室家，交织而写。前四章铺陈王事多难，并出征之忧，怀思之情，南仲治军有方；后二章西戎既伐，猃狁平定，赞南仲赫赫功略。则南仲上承天子威灵，下同士卒劳苦，谋密行速，定国远略，深有可褒者也。"外夷之为中国患者，西北二边而已。北狄强而不富，西戎富而不强，两者合则为害滋大，故欲制猃狁必伐西戎，然伐之则恐猃狁之救之也。朔方介戎狄之间，城朔方则西北之路不通，然城之又恐猃狁之争之也。此其谋不可以不秘而行不可以不速，故出车之时，并不言城朔方，突至其地而城之，猃狁不及争也。既城之后，并不言伐西戎，出其不意而伐之，不惟猃狁不及救，西戎亦不及防也。朔方城，西戎服，则猃狁之患自息，所谓不战而屈人也。君明而断，将智而勇，伐交攻心，出奇制胜之道皆具矣。"（傅恒、孙嘉淦等《诗义折中》）此诗明是征将归来追忆口吻，所谓劳还率者，"后世王者采以入乐，用劳还率以酬其庸，盖将以南仲勋业望之而已。"（方玉润《诗经原始》）方玉润《诗经原始》："全诗一城猃狁，一伐西戎，一归献俘，皆以南仲为束笔。不唯见功归将帅之美，而且有制局严整之妙。此作者匠心独运处，故能使繁者理而散者齐也。"

杕　杜

　　有杕之杜①，有睆其实②。王事靡盬③，继嗣我日④。日月阳止⑤，女心伤止，征夫遑止⑥。

　　有杕之杜，其叶萋萋⑦。王事靡盬，我心伤悲。卉木萋止，女心悲止，征夫归止。

　　陟彼北山⑧，言采其杞⑨。王事靡盬，忧我父母。檀车幝幝⑩，四牡痯痯⑪，征夫不远。

　　匪载匪来⑫，忧心孔疚⑬。期逝不至⑭，而多为恤⑮。卜筮偕止⑯，会言近止⑰，征夫迩止⑱。

【集释】

　　①有：语助词。杕（dì）：树木孤独貌。杜：赤棠梨。②睆（huǎn）：圆浑貌。实：果实。③靡：没有。盬（gǔ）：停息。④继：继续。嗣：延长。⑤阳：农历十月，十月又名阳月。止：语气词。⑥遑：闲暇。⑦萋萋：茂盛貌。⑧陟（zhì）：登。⑨言：语助词。杞：枸杞。⑩檀车：役车，檀木所做，一说车轮檀木所做。幝幝（chǎn）：破败貌。⑪牡：公马。痯痯（guǎn）：疲劳貌。⑫匪：非。载：载运。⑬孔：很。疚：病痛。⑭期：预先约定时间。逝：过去。⑮恤（xù）：忧虑。⑯卜：以龟甲占吉凶。筮（shì）：以蓍草算卦。偕：犹"谐"，合。一说"嘉"，吉。⑰会言：合言，都说。⑱迩：近。

【缵绎】

　　《毛诗序》："《杕杜》，劳还役也。"方玉润《诗经原始》："念征夫也。"高亨《诗经译注》：役夫思念父母妻子也。笔者以为劳还役之诗。

　　诗四章，章七句。一章言特生之杜尚然有实，而行役之人独无家，以王事靡盬，归期延宕，以份所当然，不敢以怨，而妇女之在家者，必远望心伤矣。二章言去岁秋末，戍事将毕，故望其暇；今年春暮，戍人将还，故望其归也。王事靡盬，我心伤悲，征夫忧王事；卉木萋止，女心悲止，室家忧征夫，公义私情并行而不悖。三章登山采杞，以忧父母，固天性之至戚也。思父母则知父母亦思征夫而忧：忧其车之幝幝而将敝，忧其马之痯痯而已疲，然则庶几其不远而将归乎？四章言不装载而来，固已忧心甚病，过期犹不至，则百感交集，唯有卜之筮龟，见忧之切，而无所不为也。"王事靡盬"为所念之由，征夫遑止、归止、不远、迩止，乃所念之情状。至若由王事而思夫，由思夫而忧父母，家国之念，所怀甚大。"此诗四章皆不言戍役来归之事，惟述其未归之时，室家思望之切，如此则今日之归，其喜乐为何如也？所以慰劳之也。"（严粲《诗缉》）"前三章皆述其私情而兼公义为言，卒章则又专劳之以私情，大概与《四牡》《采薇》《出车》同本于公私情义以慰之也。"（刘瑾《诗传通释》）"诗人识见之大，讵得以寻常儿女情视之耶？"（方玉润《诗经原始》）方玉润《诗经原始》："四章各落笔均望征夫之归，而各极其变。"

鱼 丽

鱼丽于罶①，鲿鲨②。君子有酒，旨且多③。
鱼丽于罶，鲂鳢④。君子有酒，多且旨。
鱼丽于罶，鰋鲤⑤。君子有酒，旨且有⑥。
物其多矣，维其嘉矣⑦。
物其旨矣，维其偕矣⑧。
物其有矣，维其时矣⑨。

【集释】

①丽（lí）：通"罹"，遭遇。罶（liǔ）：捕鱼竹笼，又称筍，竹编，编绳为底，鱼入而不能出。②鲿（cháng）：黄颊鱼。鲨：又名鮀，吹沙小鱼，似鲫而小。③旨：味美。④鲂（fáng）：似鳊鱼，银灰色，腹部隆起。鳢（lǐ）：草鱼，一说黑鱼。⑤鰋（yǎn）：今名鲶鱼。⑥有：多。⑦嘉：善。⑧偕：齐全。⑨时：及时，适时。

【缵绎】

《毛诗序》："《鱼丽》，美万物盛多，能备礼也。文武以《天保》以上治内，《采薇》以下治外，始于忧勤，终于逸乐，故美万物盛多，可以告于神明矣。"（郑玄《毛诗传笺》："内，诸夏也。外，谓夷狄也。'告于神明'者，于祭祀而歌之。"）朱熹《诗集传》："此燕飨通用之乐歌。"王先谦《诗三家义集疏》："齐说曰：'《采薇》《出车》《鱼丽》思初。上下促急，君子怀忧。'……故君子忧时而作是诗。'思初'，犹言'思古'也。"姚际恒《诗经通论》："王者燕飨臣工之乐歌。"方玉润《诗经原始》："燕嘉宾也。"高亨《诗经译注》：贵族诩美旨也。程俊英《诗经译注》：贵族宴宾客也。笔者以为美万物盛多，能备礼之诗。

诗六章，前三章章四句，后三章章二句。前三章皆以"鱼丽"起兴，写鱼及酒，鱼多喻肴馔之盛，酒旨喻礼乐之隆。后三章申言"多、旨、有"，以物之多赞物之美，以物之旨赞物之全，以物之富赞生之时，良以"美万物盛多"（《毛诗序》），见王者气象。诗结构殊异，前三章重唱，每章前两句比兴，后两句点出旨意；后三章亦重唱，为全诗主旨：物不止于其多，更在乎美；亦不止乎其美，更在乎得其时，倘如斯，则其乐何极。诗非唯美之，亦寓祝焉：得天地和，阴阳之化，四时之序，则百物兴盛而可以格鬼神矣。方玉润《诗经原始》评后三章："重重再描一层，是画家渲染法。"亦诗之又一格也。

【鹿鸣之什小结】

《鹿鸣之什》十篇。《鹿鸣》燕群臣，礼贤士也。《四牡》劳使臣还，《皇皇者华》遣使臣，勉勤恤情也。《常棣》宴兄弟，《伐木》宴朋友，彰道义也。《天保》臣祝君，下报上也。《采薇》遣戍役，《出车》劳还帅，《杕杜》劳还役，慰劳彰功也。《鱼丽》美物盛多，能备礼也。编次如此。《毛诗序》："文、武以《天保》以上治内，《采薇》以下治外，始于忧勤，终于逸乐。"郑玄《毛诗传笺》："内，诸夏也。外，谓夷狄也。"而总以勤勉王事，公私情兼，君臣义合，礼乐之备，上下交泰，万物斯和为结。然《常棣》为周公作，归之文、武，虽殊不类，而十篇格高味醇，有非文武周公所不能者，此益当细味耳。

小雅·南陔之什

《南陔》以下三诗，苏辙《诗集传》曰："此三诗皆亡其辞。古者《乡饮酒》《燕礼》皆用之，孔子编《诗》，盖亦取焉。历战国及秦，亡之，而独存其义。毛公传《诗》附之《鹿鸣之什》，遂改什首。予以为非古，于是复为《南陔之什》，则《小雅之什》皆复孔子之旧。"故以《南陔》为篇首。

南 陔

《毛诗序》："《南陔》，孝子相戒以养也。"朱熹《诗集传》："此笙之诗也。有声无词。旧在《鱼丽》之后。以《仪礼》考之，其篇次当在此（按：指《杕杜》之后，《白华》之前）。今正之。说见《华黍》。"

白 华

《毛诗序》："《白华》，孝子之洁白也。"

华 黍

《毛诗序》："《华黍》，时和岁丰，宜黍稷也。"朱熹《诗集传》："《乡饮酒》礼鼓瑟而歌《鹿鸣》《四牡》《皇皇者华》。然后笙入堂下，磬南北面立，乐《南陔》《白华》《华黍》。《燕礼》亦鼓瑟而歌《鹿鸣》《四牡》《皇华》。然后笙入立于县中。奏《南陔》《白华》《华黍》。《南陔》以下，今无以考其名篇之义。然曰笙、曰乐、曰奏、而不言歌，则有声而无词明矣。所以知其篇第在此者，意古经篇题之下，必有谱焉。如投壶鲁鼓、薛鼓之节而亡之耳。"

南有嘉鱼

南有嘉鱼，烝然罩罩①。君子有酒，嘉宾式燕以乐②。
南有嘉鱼，烝然汕汕③。君子有酒，嘉宾式燕以衎④。
南有樛木⑤，甘瓠累之⑥。君子有酒，嘉宾式燕绥之⑦。
翩翩者鵻⑧，烝然来思⑨。君子有酒，嘉宾式燕又思⑩。

【集释】

①烝（zhēng）：众。罩罩：鱼游貌。一说"罩"为捕鱼工具。②式：语助词。燕：通"宴"，宴饮。③汕汕：鱼游貌。一说"汕"为捕鱼工具。④衎（kàn）：乐。⑤樛（jiū）木：弯树。⑥瓠（hù）：葫芦。累：缠绕。⑦绥：安。⑧鵻（zhuī）：鹁鸪。⑨思：语助词。⑩又：通"侑"，劝酒。

【缵绎】

《毛诗序》："《南有嘉鱼》，乐与贤也，太平之君子至诚，乐与贤者共之也。"朱熹《诗集传》："此亦宴飨通用之乐。"姚际恒《诗经通论》："王者燕飨臣工之乐歌。"方玉润《诗经原始》："娱宾也。"程俊英《诗经译注》：贵族宴宾客也。笔者以为乐与贤之诗。

诗四章，章四句。前两章均以游鱼起兴，喻宾主融洽；三章以樛木累瓠，喻宾主志同德合，亲密无间；末章以雏鸟翩来，喻贤者远来归附。诗由水而陆而空，写初饮、宴中、酣饮情态。兴中有比，赋比结合。"贤者岂徒以燕饮为乐哉？必以礼罗而致之，所谓罩罩也；用其道而显其身，所谓汕汕也；上下交而志通，情谊结而不解，所谓木樛而瓠累也。一贤人安之，众贤人慕之，于是乎来者无已，而燕之者亦无已，则多士济济，而庶绩咸熙矣。故君子之治其国家无他道也，诚于求贤，乐与之处而已矣。"（傅恒、孙嘉淦等《诗义折中》）姚际恒《诗经通论》："用字淡，妙。"

南山有台

南山有台①，北山有莱②。乐只君子③，邦家之基。乐只君子，万寿无期。

南山有桑，北山有杨。乐只君子，邦家之光。乐只君子，万寿无疆。
南山有杞④，北山有李。乐只君子，民之父母。乐只君子，德音不已⑤。
南山有栲⑥，北山有杻⑦。乐只君子，遐不眉寿⑧。乐只君子，德音是茂⑨。
南山有枸⑩，北山有楰⑪。乐只君子，遐不黄耇⑫。乐只君子，保艾尔后⑬。

【集释】

①台：通"苔"，莎草。②莱：藜，亦称灰菜，嫩叶可食。③只：语助词。含有"是"意。④杞：朱熹《诗集传》："其树如樗，一名狗骨。"⑤德音：好名誉。⑥栲（kǎo）：山樗，像漆树。⑦杻（niǔ）：檍木，俗称菩提树。⑧遐：何。眉寿：长寿。⑨茂：美盛。⑩枸（jǔ）：枳枸，树高大，子大如指，味甘美。⑪楰（yú）：鼠梓，亦名苦楸。⑫黄耇（gǒu）：老寿。黄，指黄发。耇，老。⑬艾：养育。

【缵绎】

《毛诗序》："《南山有台》，乐得贤也。得贤则能为邦家立太平之基矣。"朱熹《诗集传》："此亦燕飨通用之乐。……所以道达主人尊宾之意，美其德而祝其寿也。"姚际恒《诗经通论》："此臣工颂天子之诗。"方玉润《诗经原始》："祝宾也。"傅恒、孙嘉淦等《诗义折中》："下报上也。"程俊英《诗经译注》：祷周王得贤也。笔者以为下报上之诗。

诗五章，章六句。"首章说为'邦家之基'，次章说为'邦家之光'。至三章'民之父母'便承'基'字说，惟为'民之父母'，故为'邦家之基'也。'德音不已'便承'光'字说，惟'德音不已'，故为'邦家之光'也。四章、末章把寿颠向前，而曰'德音是茂'，不止于不已也。曰'保艾尔后'，所谓保我子孙黎民，不止于民致富，不止于民之父母也。章法结构，都有血脉义理。"（李光地《榕村语录》）"'不已'就时言，是无穷意；'是茂'就地言，是极盛意；'保'即身其用康，'艾'即颐养天和，'尔后'就君子本说，正无后艰之义。"（唐汝谔《毛诗微言》）全诗"南""北"对举，喻阴阳之道，"君子"居中而反复赞颂，正喻"能为邦家立太平"，"允执厥中"之旨。"《鱼丽》《嘉鱼》，主人乐宾，此则宾乐主人也。'乐只君子'，即有酒之君子也。乐其燕而祝其寿，非谀也。民者天所生也，君者治民者也。父母以养之，德音以教之，则民寿矣；君寿，天之所生，则天亦寿其生生者，此自然之理也。《天保》之报上也，曰'万寿无疆'，而归本于'群黎遍德'；《有台》之报上也，亦曰'万寿无疆'，而归本于'民之父母'，天人之际可以观矣。"（傅恒、孙嘉淦等《诗义折中》）钟惺、韦调鼎《诗经备考》："通篇'德''寿'二字相错，似乱似整，亦非后人笔端。"

由 庚

《毛诗序》："《由庚》，万物得由其道也。"

崇 丘

《毛诗序》："《崇丘》，万物得极其高大也。"

由 仪

《毛诗序》："《由仪》，万物之生各得其宜也。"

按：本什六无辞诗，王质《诗总闻》："'有其义者'，以题推之也。'亡其辞者'，莫知其谓何也。然《序》者以题推义，亦有不可晓者。《南陔》，南者夏也养也，陔者戒也，遂以为'孝子之戒养'。《白华》，白者洁也，华者采也，遂以为'孝子之洁白'。《华黍》则以时和岁丰宜黍稷言之，盖不时和岁丰则黍无华也。前三诗所谓有其义者也。《由庚》者道也，遂以为'万物由道'，崇者，高也；丘者，大也，遂以为'万物极高大'。仪者，宜也，遂以为'万物得宜'。后三诗所谓亡其辞者也。皆汉儒之学也。"盖指汉儒望文生义。又曰："前三篇《乡饮酒》《燕礼》用之曰笙入堂下，磬南北面立，乐《南陔》《白华》《华黍》是也。后三篇《乡饮酒》《燕礼》亦用之曰乃间歌《鱼丽》，笙《由庚》；歌《南有嘉鱼》，笙《崇丘》；歌《南山有台》，笙《由仪》也。……甚矣，《序》之欺后世也。"而方玉润《诗经原始》曰："故《集传》以此三诗分次《鱼丽》各章之后，愚以其非古，仍录于此，以复其旧。"聊备参考。

蓼 萧

蓼彼萧斯①，零露湑兮②。既见君子，我心写兮③。燕笑语兮④，是以有誉处兮⑤。

蓼彼萧斯，零露瀼瀼⑥。既见君子，为龙为光⑦。其德不爽⑧，寿考不忘⑨。

蓼彼萧斯，零露泥泥⑩。既见君子，孔燕岂弟⑪。宜兄宜弟，令德寿岂⑫。

蓼彼萧斯，零露浓浓。既见君子，鞗革冲冲⑬。和鸾雝雝⑭，万福攸同⑮。

【集释】

①蓼（lù）：长大貌。萧：白蒿。斯：语助词。②湑（xǔ）：清澈。③写：倾吐。④燕：通"宴"，宴饮。⑤誉处：安乐。誉，通"豫"，乐。处，安。⑥瀼瀼（ráng）：盛貌。⑦龙：古"宠"字，荣。⑧爽：差。⑨寿考：年长。⑩泥泥：露湿貌。⑪孔燕：孔，甚。燕，安。岂弟（kǎi tì）：即"恺悌"，和易近人。⑫寿岂：寿而乐。岂，通"恺"，乐。⑬鞗（tiáo）革：皮革制缰绳。冲冲：饰物下垂貌。⑭和鸾：鸾，借为"銮"。和、銮均为铜铃，系轼曰和，系衡曰銮。雝雝（yōng）：铃声和谐。⑮攸：所。同：聚。

【缵绎】

《毛诗序》："《蓼萧》，泽及四海也。"朱熹《诗集传》："诸侯朝于天子，天子与之燕以示慈惠，故歌此诗。"方玉润《诗经原始》："天子宴诸侯而美之也。"吴闿生《诗义会通》："诸侯颂美天子之作。"今人多从后三说。笔者以为天子宴诸侯而美之之诗。

诗四章，章六句。全诗以萧艾含露起兴。萧艾香草，可供祭祀之用，诸侯朝见天子，有与助祭祀之礼，故以萧艾喻诸侯，露水喻恩泽，则天子恩及四海，诸侯有承恩之幸。首章写天子初见诸侯之乐情。二、三两章写君臣之谊，乃在诸侯有德。末章借写离宴时诸侯车马威仪，以示祝福。"此盖天子燕诸侯而美之之词耳。然美中寓戒，而因以劝导之。曰德曰寿，有是德乃有是寿，固也。诸侯之易于失德，则尤在兄弟争夺之间与邻国侵伐之际。故又从令德中特言'宜兄宜弟'。夫必内有以和其亲，然后外有以睦其邻，诸侯睦而万国宁，乃真天子福也。故曰'万福攸同'，是岂徒为诸侯颂哉？古人立言各有体裁，以上颂下，当以此种为得体。"（方玉润《诗经原始》）孙鑛《批评诗经》："首章点得透快，二、三归之德，是诗骨。"又云："写一时欢乐光景，蔼然而有味。"李光地《榕村语录》："即露之渭兮，瀼瀼、泥泥、浓浓，皆由浅而深，一毫不乱。"

湛　露

湛湛露斯①，匪阳不晞②。厌厌夜饮③，不醉无归。
湛湛露斯，在彼丰草。厌厌夜饮，在宗载考④。
湛湛露斯，在彼杞棘⑤。显允君子⑥，莫不令德⑦。
其桐其椅⑧，其实离离⑨。岂弟君子⑩，莫不令仪⑪。

【集释】

①湛湛（zhàn）：盛貌。斯：语助词。②匪：通"非"。晞（xī）：干。③厌厌：安乐貌。夜饮：指私宴。④宗：宗庙。载：再。考：击，指击钟。辅广《诗童子问》："载考，谓成其礼。"⑤杞棘：枸杞与酸枣，皆灌木，又皆身有刺而果实甘酸可食。⑥显：光明。允：诚信。⑦令：善美。⑧桐：指梧桐。椅：山桐子木，梓树中有美丽花纹者。⑨离离：犹"累累"，繁盛貌。⑩岂弟（kǎi tì）：同"恺悌"，和易近人。⑪仪：仪容，风范。

【缵绎】

《毛诗序》："《湛露》，天子燕诸侯也。"《左传·文公四年》："昔诸侯朝正于王，王宴乐之，于是乎赋《湛露》。"古今无异说。

诗四章，章四句。前三章章首均以湛露起兴，喻君恩。首章"露以夜降者也，因其夜饮，故近取以为比，云湛湛之露润沾于物，非至曙则不干；厌厌之饮，恩被于诸侯，非至醉则不止"。（欧阳修《诗本义》）"二章言天泽浓而人君有成礼。三章言天泽溥而诸侯有成德。以湛露及丰草，兴夜饮成礼；以湛露及杞棘，兴诸侯成德。诗人之意若曰：以丰草杞棘之贱，而湛露皆有所及，况我所燕之诸侯，皆有令德，可不加礼以飨之？盖上天无心以成化，而雨露之泽不择物而周被；圣人有心于制礼，而燕飨之设必择人而后行。"（蒋悌生《五经蠡测》）四章首二句"桐椅"谐音"同异"，承丰草杞棘，言君恩普被，无论同宗异族，皆使有离离之实。后二句谓天子所乐赐之燕飨之隆礼者，皆不丧其令德，不失其令仪之君子也。"前二章见亲爱之至情，后二章有戒饬之微意。"（朱公迁《诗经疏义会通》）"露必待阳而晞，饮必至醉而归，期其飨也；露必濡于丰草，饮必设于宗室，隆其礼也。杞棘承湛湛之露，桐椅生离离之实，君子承燕而不丧其令德，不失其令仪，此天子所乐予而赐之燕飨之隆礼也。诗叙燕饮于前而推本于君子之德仪，旨深哉！"（姚舜牧《重订诗经疑问》）陈奂《诗毛氏传疏》："首章不言露之所在，二章三章不言阳，末章并不言露，皆互见其义。"全诗前后勾连，美中寓戒，辞简旨微，如神龙飞跃，妙！

【南陔之什小结】

《南陔之什》十篇，其中有辞凡四篇。《嘉鱼》乐与贤，《南山》下报上，《蓼萧》《湛露》，燕诸侯，总以君臣互祝情好，德仪兼令，礼乐咸和为意，其寓意于邦家之久治者，亦可谓远矣。

小雅·彤弓之什

彤 弓

彤弓弨兮①,受言藏之②。我有嘉宾③,中心贶之④。钟鼓既设,一朝飨之⑤。
彤弓弨兮,受言载之⑥。我有嘉宾,中心喜之。钟鼓既设,一朝右之⑦。
彤弓弨兮,受言櫜之⑧。我有嘉宾,中心好之。钟鼓既设,一朝酬之⑨。

【集释】

①彤(tōng)弓:朱弓,周天子以之赏有功诸侯。孔氏颖达曰:"彤,赤,故言朱弓。为弓者,皆漆之,以御霜露。色以赤者,周之所尚。"弨(chāo):弓弦松弛貌。孔氏颖达曰:"《说文》云:'弨,弓反。'谓弛之而体反也。"②言:语助词。藏:珍藏于祖庙。③嘉宾:有功诸侯。④中心:内心。贶(kuàng):善。⑤一朝:整个上午。飨(xiǎng):用酒食款待。⑥载:用车载。⑦右:通"侑",劝酒。⑧櫜(gāo):弓袋。⑨酬:敬酒。

【缵绎】

《毛诗序》:"《彤弓》,天子赐有功诸侯也。"《左传·文公四年》:"诸侯敌王所忾而献其功,王于是赐之彤弓之一,彤矢百,玈(lú 黑色)弓矢千。"古今无异说。

诗三章,章六句。叠章复唱,直赋其事,既写钟鼓声中酬飨诸侯盛况,又写天子赐弓时心中之乐,更写诸侯受赏时感激之情。"大抵此诗首章已尽其意,下两章只是咏叹以加重焉耳。櫜重于载,载重于藏;好诚于喜,喜诚于贶;酬厚于右,右尊于飨。"(辅广《诗童子问》"吕氏大临曰:'天子赐有功诸侯,必曰中心贶之、喜之、好之者,言是赐也,非以为仪也,出于吾情而非勉也。飨之、右之、酬之者,言功之大者情必厚,情之厚者赐必多,赐之多者仪必盛,所谓本末情文,无所不称者也。'"(王鸿绪等《钦定诗经传说汇纂》)"范氏曰:先王知诸侯不可无长,故为方伯连帅以统之。有功则赐之弓矢以正诸夏,此王室所以尊也。不然,强凌弱,大并小,天子之令有所不行。故曰彤弓废则诸夏衰也。"(方玉润《诗经原始》)又曰:"是诗之作,则是周初制礼时所定。其词甚庄雅而意亦深厚。……既重其典,又隆其燕,礼之甚盛者耳。"

菁菁者莪

菁菁者莪①,在彼中阿②。既见君子,乐且有仪③。
菁菁者莪,在彼中沚④。既见君子,我心则喜。
菁菁者莪,在彼中陵。既见君子,锡我百朋⑤。
泛泛杨舟,载沉载浮。既见君子,我心则休⑥。

【集释】

①菁菁(jīng):草木盛貌。莪(é):莪蒿,又名萝蒿,多年生水边植物。②阿:山坳。③仪:仪容,气度。④沚:水中小洲。⑤锡:同"赐"。朋:上古以贝壳为货币,五贝为一串,二串为一朋,十贝为朋。⑥休:安。

【缵绎】

《毛诗序》:"《菁菁者莪》,乐育材也。君子能长育人材,则天下喜乐之矣。"朱熹《诗集传》:"此亦燕饮宾客之诗。"范处义《诗补传》:"自谓多士之材,如以杨为舟,可用以济。始者未见君子,惧其不见用;今既见君子,我心不复有私忧过计也。"姚际恒《诗经通论》:"人君喜得见贤之诗,其余则不可以臆想。"高亨《诗经译注》:谢贵族之扶植也。今人另有爱情说。笔者以为乐育才之诗。

诗四章,章四句。皆比体。前三章首二句言"菁莪皆产于美地,在彼中阿、中沚、中陵,有润泽以养其材。故物虽微而亦成其盛,即如人材之在学校,有教化以培植之,故质虽鲁而亦成其德。"(方玉润《诗经原始》)次二句言人君见此济济之才,心乐而礼之,由衷而喜之,不啻若得百朋之赐。"百朋"双关语,十贝为朋,言得赐之多。《易·坤卦》:"西南得朋。"《注》:"与坤同道者也。"《疏》:"凡言朋者,非惟人为其党,性行相同,亦为其党。"又《易·兑卦》:"君子以朋友讲习。"《疏》:"同门曰朋,同学为友。"则"锡我百朋"者,喻得同道之多也。末章总言之。"舟无人操则浮沉莫定,以比国无人治则安危未可知也。既见君子而收得人之效,则国家可以久安长治,如杨舟之有浮而无沉矣。故天子之心喜而休焉,所谓劳于求贤而逸于得人也。"(傅恒、孙嘉淦等《诗义折中》)"此诗当是君临辟雍,见学校人材之盛,喜而作此。或即以燕飨群材,亦未可知。总之,不离育材者近是。"(方玉润《诗经原始》)孙楚《故太傅羊祜碑》:"虽《泮宫》之咏鲁侯,《菁莪》之美育才,无以过也。"朱熹《白鹿洞赋》:"乐《菁莪》之长育,拔隽髦而登进。"后世以"菁莪"为乐育才之代称。

六 月

六月栖栖①,戎车既饬②。四牡骙骙③,载是常服④。猃狁孔炽⑤,我是用急⑥。王于出征,以匡王国⑦。

比物四骊⑧,闲之维则⑨。维此六月,既成我服。我服既成,于三十里⑩。王于出征,以佐天子。

四牡修广,其大有颙⑪。薄伐猃狁,以奏肤公⑫。有严有翼⑬,共武之服⑭。共武之服,以定王国。

猃狁匪茹⑮,整居焦获⑯。侵镐及方⑰,至于泾阳⑱。织文鸟章⑲,白旆央央⑳。元戎十乘㉑,以先启行㉒。

戎车既安,如轾如轩㉓。四牡既佶㉔,既佶且闲。薄伐猃狁,至于大原㉕。文武吉甫㉖,万邦为宪㉗。

吉甫燕喜,既多受祉㉘。来归自镐,我行永久。饮御诸友㉙,炰鳖脍鲤㉚。侯谁在矣㉛,张仲孝友㉜。

【集释】

①栖栖:忙碌貌。②饬(chì):修整。③骙骙(kuí):强壮貌。④载:装载。常服:指军旗辎重之属。⑤猃狁(xiǎn yǔn):北方少数民族,春秋时称狄,战国、秦、汉称匈奴。孔:很。炽:盛。⑥是用:是以,因此。急:指急行。⑦匡:救。王国:指周朝。王:指周宣王,厉王之子,名靖。继厉王衰微后,

内修国政，外命秦仲攻戎，尹吉甫伐玁狁，方叔征荆蛮，召虎平淮夷。史称周室中兴。⑧比：选择。物：指马。骊：黑马。⑨闲：训练。则：法则。⑩于：往。三十里：古代军行三十里为一舍。吉行日五十里，师行日三十里。⑪颙（yóng）：大貌。⑫奏：成。肤公：大功。肤：大。公：功。⑬有严：即严严，严肃威武貌。有翼：即翼翼，恭敬谨慎貌。⑭共：通"恭"。武：武事，指战争。服：事。⑮茹：柔弱。⑯整：训练军队。居：同"据"，占据。焦、获：皆地名，在今陕西泾阳县西北。⑰镐：地名，非镐京之，今宁夏灵武县及附近。方，朔方。⑱泾阳：今甘肃平凉县西。⑲织：同帜。文：花纹。鸟：指隼之类。章：图案。⑳白旆：旂旗末端形如燕尾垂旒飘带。央央：鲜明貌。㉑元戎：大战车。㉒启：开，指冲开。行：指敌行。㉓轾（zhì）：车行向前倾。轩：车行向后仰。如：或。㉔佶（jí）：强健。㉕大（tài）原：今甘肃固原县。㉖吉甫：尹吉甫。㉗宪：楷模。㉘祉：福祉。㉙御：进献。㉚炰（páo）：蒸煮。脍：细切。㉛侯：维。㉜张仲：吉甫之友。

【缵绎】

《毛诗序》："《六月》，宣王北伐也。"朱熹《诗集传》："成康既没，周室浸衰。八世而厉王胡暴虐，周人逐之，出居于彘。玁狁内侵，逼近京邑。王崩，子宣王靖即位。命尹吉甫帅师伐之，有功而归。诗人作歌以叙其事如此。"姚际恒《诗经通论》："吉甫有功而归，燕饮诸友，诗人美之而作也。"笔者以为美尹吉甫佐命北伐有功，归宴私第之诗。

诗六章，章八句。上三章写车马旂服之盛与军纪之严；四章写玁狁焰炽来犯，元戎先行出击；五章写一战而胜，驱敌出境，不为穷追，车马安闲，有见大将风度；六章归燕私第，与孝友之臣同乐。"盖事本北伐，而诗则作自私燕；王本亲征，而将则佐以吉甫；战本同临，追奔则上命元戎。诗旨甚明。……曰'王于出征'者，王于是自将亲征也。曰'于佐天子'者，以吉甫为副，参佐王师也。曰'以定王国'者，将以一战而定王国；非如灞上诸军直同儿戏，故慎以将事也。此诗王初即位，玁狁深入，逼近京邑。非自将亲征，又得元戎大将参赞其间，不足以退强虏而安王国。故兵贵先声，理直气壮也。此前三章命意所在，亦文章中之蓄势养局之法耳。追至四、五两章，乃叙战事。先言玁狁之猖獗无忌，次写大将之冲锋先行。故一战而敌退。王乃命将追奔，直至太原而止。盖寇退不欲穷追也。此吉甫安边良谋,非轻敌冒进者比。故当其乘胜逐北也,车虽驰而常安,马虽奔而恒闲,何从容而整暇哉?及其回军止戈也,不贪功以损将,不黩武以穷兵,又何老成持重耶?所谓有武略者尤须文德以济之,非吉甫其孰当此?宜乎万邦取以为法也。然此皆追叙之笔,卒章乃入题位。盖吉甫成功凯还,归燕私第,幕府宾客,歌功颂烈,追叙其事如此。故末以孝友之张仲陪笔作收,与上文武字相应,且以见宾客之贤。"(方玉润《诗经原始》)又曰:"其实借孝友以衬文武,求忠臣必于孝子,是作者深意。"又曰:"论北伐事,宣王为主,吉甫为佐;而论私燕情,张仲是宾,吉甫又是主。此诗乃幕宾之颂主将,自当以吉甫为主,宣王则不过追述之而已。"吴闿生《诗义会通》:"通篇俱摹写'文武'二字,至末始行点出。'吉甫燕喜'以下,余霞成绮,变卓荦为纡徐。末赞张仲,正为吉甫添豪。"

采 芑

薄言采芑①,于彼新田②,于此菑亩③。方叔莅止④,其车三千,师干之试⑤。方叔率止,乘其四骐⑥,四骐翼翼⑦。路车有奭⑧,簟茀鱼服⑨,钩膺鞗革⑩。

薄言采芑,于彼新田,于此中乡⑪。方叔莅止,其车三千,旂旐央央⑫。方叔率止,约軝错衡⑬,八鸾玱玱⑭。服其命服⑮,朱芾斯皇⑯,有玱葱珩⑰。

鴥彼飞隼⑱,其飞戾天⑲,亦集爰止。方叔莅止,其车三千,师干之试。方叔率止,钲人伐鼓⑳,陈师鞠旅㉑。显允方叔㉒,伐鼓渊渊㉓,振旅阗阗㉔。

蠢尔蛮荆㉕,大邦为雠㉖。方叔元老㉗,克壮其犹㉘。方叔率止,执讯获丑㉙。戎车啴啴㉚,啴啴焞焞㉛,如霆如雷。显允方叔,征伐玁狁,蛮荆来威㉜。

【集释】

①芑(qǐ):苦菜。②新田:开垦二年之地。③菑(zī)亩:开垦一年之田。《尔雅·释地》:"田一岁曰菑,二岁曰新田,三岁曰畬。"④方叔:周宣王大臣,征蛮荆主帅。莅(lì):临。⑤师:士卒。干:盾。试:演习。⑥骐:青黑色马。⑦翼翼:严整貌。⑧路车:大车。路,通"辂"。奭(shì):红色涂饰。⑨簟茀(diàn fú):蔽车竹席。鱼服:皮饰车厢。⑩钩膺:铜饰马胸带。鞗

(tiáo)革：皮制马缰。⑪中乡：中田，即田中。⑫旂旐（qí zhào）：画有龙蛇纹旗帜。央央：鲜明貌。⑬约：束、缠。軝（qí）：车毂。错：花纹。衡：车辕前端横木。⑭鸾：车铃。玱玱（qiāng）：金玉撞击声。⑮服：穿。命服：礼服。⑯芾（fú）：通"韨"，皮制蔽膝，类似围裙。皇：光明。⑰葱：苍翠如葱。珩（héng）：佩玉。⑱鴥（yù）：疾飞貌。隼（sǔn）：猛禽。⑲戾：至。⑳钲（zhēng）人：击鼓传令者。㉑鞠：告。㉒显允：英明诚信。㉓渊渊：鼓声。㉔振旅：整顿队伍，指收兵。阗阗（tián）：鼓声。㉕蠢：无知貌。蛮荆，荆州之蛮。㉖雠：通"仇"。㉗元：大。㉘克：能。壮：光大。犹：通"猷"，谋略。㉙执讯：捉住审讯。丑：俘虏。㉚嘽嘽（tān）：车行声，一说众多。㉛焞焞（tuī）：车行声，一说盛貌。㉜威：畏。

【缵绎】

《毛诗序》："《采芑》，宣王南征也。"方玉润《诗经原始》："南人美方叔威服蛮荆也。"顾镇《虞东学诗》："盖以宿望之将，率练治之兵，往而擒治其党耳，未尝战也。"吴闿生《诗义会通》："皆误以'蛮荆来威'为实有其事，不知乃作者虚拟颂祷词。"笔者以为美方叔威服蛮荆之诗。

诗四章，章十二句。"一、二章言军容之盛；三章言节制之严；四章归功于大将，而谓其北伐之声灵可以不战而来服也。"（姚际恒《诗经通论》）"前三章皆言车马、旂帜、佩服之盛，而进退有节，秋毫无犯，禽鸟不惊，是王者师行气象。然非大帅统率有方，何能如此严肃乎？故每章皆言'方叔率止'，以见节制之严耳。末乃大声疾呼，如雷震蛰，唤醒荆蛮敢抗王师。再以玁狁之事摄之，故不觉其畏威而来服也。"（方玉润《诗经原始》）"前三章详序其治兵，末章美其成功，出战之事略而不言，盖以宿将董大众，荆人自服，不俟战而后屈也。"（王安石《诗义》）"陈氏鹏飞曰：'南征北伐二诗皆是班师时作，《六月》之辞迫，《采芑》之辞缓。《六月》以讨而定，《采芑》以威而服也。'"（王鸿绪等《钦定诗经传说汇纂》）"'玁狁匪茹'，犯义者也；'蠢尔蛮荆'，无知者也。非文武之吉甫，无以却玁狁；非显允之方叔，无以威蛮荆。二诗皆美当时将帅，而因可以见宣王中兴之功也。"（朱公迁《诗经疏义会通》）方玉润《诗经原始》："全篇前路闲闲，后乃警策动人"，"末一章振笔挥洒，词色俱厉，有泰山压卵之势。"又曰："诗人从旁观方叔军容之盛，知其克成大功，歌以志喜。如杜甫《观安西兵过》及《闻官军收河南河北》诸诗。"

车 攻

我车既攻①，我马既同②。四牡庞庞③，驾言徂东④。
田车既好⑤，四牡孔阜⑥。东有甫草⑦，驾言行狩⑧。
之子于苗⑨，选徒嚣嚣⑩。建旐设旄⑪，搏兽于敖⑫。
驾彼四牡，四牡奕奕⑬。赤芾金舄⑭，会同有绎⑮。
决拾既佽⑯，弓矢既调。射夫既同⑰，助我举柴⑱。
四黄既驾，两骖不猗⑲。不失其驰⑳，舍矢如破㉑。
萧萧马鸣㉒，悠悠旆旌㉓。徒御不惊㉔，大庖不盈㉕。
之子于征㉖，有闻无声㉗。允矣君子㉘，展也大成㉙！

【集释】

①攻：修治。②同：齐。③庞庞：高大强壮貌。④驾：驾车。言：语助词。徂（cú）：往，到。东：指东都雒邑，在镐京之东。⑤田：通"畋"，打猎。田车：猎车。⑥孔阜：很高大肥壮。⑦甫草：甫田之草。甫田一名圃田，一名原圃，宣王时其地在王畿之内，后归郑国。⑧行狩：进行田猎。⑨之子：那人，指周宣王。于：往。苗：夏猎称苗。⑩选：通"算"，清点。徒：步卒。嚣嚣（xiāo）：众多。⑪旐（zhào）：画有龟蛇之旗。旄（máo）：旗杆头上用旄牛尾装饰。⑫搏兽：一作"搏狩"。敖：郑国地名，今河南开封荥泽西北有敖山。⑬奕奕（yì）：从容闲习貌。⑭赤芾（fú）：红色蔽膝。金舄（xì）：黄朱色鞋。舄，双层底鞋。⑮会同：诸侯盟会。有绎（yì）：犹"绎绎"，盛貌。⑯决：象牙或兽骨制扳指，射箭拉弦时套右手大拇指。拾：皮制护臂，射箭时缚左臂。佽（cì）：齐备。⑰同：聚齐。⑱柴：堆积物，指堆积动物尸首。⑲猗：同"倚"。⑳不失其驰：指御者驾车得法。㉑舍：放。如：犹"而"。破：指射中。㉒萧萧：马长嘶声。㉓悠悠：闲暇貌。㉔徒：指步行者。御：指在车上驾驶者。不：岂不。惊：当作"警"，警戒。㉕大庖：大厨子。盈：满。㉖征：行，指狩猎归来。㉗有闻：言车行马鸣声音有所闻。无声：言没有人声。㉘允：确实。㉙展：诚。

【缵绎】

《毛诗序》："《车攻》，宣王复古也。宣王内修政事，外攘夷狄，复文、武之境土，修车马，备器械，复会诸侯于东都，因田猎而选车徒焉。"历来多从之。今人高亨、程俊英谓周王田猎也。笔者以为宣王复会诸侯于东都之诗。

诗八章，章四句。首章车马盛备以东行，二章东至圃田，三章屯于敖山，四章诸侯来会，为全诗主脑，五、六章备述射猎，七章猎后，八章整队收兵，赞语作结。"盖此举重在会诸侯，而不重在事田猎。不过藉田猎以会诸侯，修复先王旧典耳。昔周公相成王，营洛邑为东都以朝诸侯。周室既衰，久废其礼。迨宣王始举行古制，非假狩猎不足以慑服列邦。故诗前后虽言猎事，其实归重'会同有绎'及'展也大成'二句。"（方玉润《诗经原始》）虞景璜《澹园杂著》："《车攻》八章，首三章泛言其车马之盛，至第四章'驾彼四牡'一提，始补出'曾朝诸侯'，所谓插叙法也。下二章即接写行狩，直截了当，却写得有仪容，有声执。'萧萧'二章，收束一篇，盛得水住。太史公叙事，最得此法。若《羽猎》《长杨》等赋，便费却许多气力。"韦调鼎《诗经备考》："'萧萧马鸣，悠悠旆旌。徒御不惊，大庖不盈'四语妆点太平气象，大道理，大议论。"方玉润《诗经原始》："'马鸣'二语，写出大营严肃气象，是猎后光景。杜诗'落日照大旗，马鸣风萧萧'本此也。"

吉 日

吉日维戊①，既伯既祷②。田车既好③，四牡孔阜④。升彼大阜⑤，从其群丑⑥。

吉日庚午⑦，既差我马⑧。兽之所同⑨，麀鹿麌麌⑩。漆沮之从⑪，天子之所。瞻彼中原⑫，其祁孔有⑬。儦儦俟俟⑭，或群或友⑮。悉率左右⑯，以燕天子⑰。

既张我弓，既挟我矢。发彼小豝⑱，殪此大兕⑲。以御宾客⑳，且以酌醴㉑。

【集释】

①维：是。戊：刚日，初五日。古人以干支计日，奇数为刚日，偶数为柔日。刚日宜外事，柔日宜内事。田猎为外事，故以刚之戊为吉日。②伯："祃"

假借，祭祀马祖神。祷：祈祷。③田车：猎车。田，同"畋"，打猎。④孔：很。阜：强壮高大。⑤阜：山岗。⑥从：追逐。群丑：指群兽。丑，众。⑦庚午：初七日。⑧差：选择。⑨同：聚集。⑩麀（yōu）：母鹿。麌麌（yǔ）：众多貌。⑪漆、沮（jǔ）：二水名，在今陕西境内。⑫中原：原中，原野。⑬祁：大，指原野辽阔。孔有：很富有。⑭儦儦（biāo）：疾行貌。俟俟（sì）：缓行貌。⑮群：兽三只为群。友：兽二只为友。⑯悉：尽，全。率：驱逐。⑰燕：乐。⑱发：射。豝（bā）：母猪。⑲殪（yì）：一矢而死曰殪。兕（sì）：大野牛，一说犀牛。⑳御：进献。㉑醴（lǐ）：甜酒。

【缵绎】

《毛诗序》："《吉日》，美宣王田也。能慎微接下，无不自尽以奉其上焉。"诗美宣王田猎，历来无异说。

诗四章，章六句。首章写猎前隆重仪式，二章写择良马出猎，三章写随从驱兽供天子射猎，状川原之旷美，群兽之肥美，殆如画工。四章写天子射猎得胜，返朝宴享群臣。吉日祈祷，状其隆重；四牡孔阜，状其威严；悉率左右，状其指挥；发豝殪兕，状其成果；御客酌醴，状其慈惠。"东莱吕氏曰：'《车攻》《吉日》所以为复古者何也？盖搜狩之礼，可以见王赋之复焉，可以见军实之盛焉，可以见师律之严焉，可以见上下之情焉，可以见综理之周焉。欲明文武之功业者，此亦足以观矣。'"（朱熹《诗集传》）"宣王能慎微接下，用贤使能，群臣无不自尽以奉其上；内修政事，外攘夷狄，复文武之境土，周室中兴焉。"（司马光《稽古录》）"《车攻》《吉日》虽皆田猎之诗，《车攻》防诸侯于东都，其礼大；《吉日》专田猎，不出西都畿内，其事视《车攻》差小。故二诗之辞，其气象大小详略，亦自不同。"（蒋悌生《五经蠡测》）

鸿 雁

鸿雁于飞①，肃肃其羽②。之子于征③，劬劳于野④。爰及矜人⑤，哀此鳏寡⑥。

鸿雁于飞，集于中泽⑦。之子于垣⑧，百堵皆作⑨。虽则劬劳，其究安宅⑩。

鸿雁于飞，哀鸣嗷嗷⑪。维此哲人⑫，谓我劬劳。维彼愚人，谓我宣骄⑬。

【集释】

①鸿雁：大雁；或谓大者鸿，小者雁。②肃肃：羽声。③之子：那人，指使者。征：远行。④劬（qú）：辛劳。⑤爰：语助词。犹"乃"。矜人：穷苦人。矜，怜。⑥哀：怜悯。鳏（guān）：老而无妻者。寡：老而无夫者。⑦集：停息。⑧垣：筑墙。⑨堵：墙壁。一丈为版，五版为堵。作：筑起。⑩究：终。宅：居住。⑪嗷嗷：哀鸣声。⑫哲人：智者。⑬宣骄：摆阔。宣，示。骄，傲。

【缵绎】

《毛诗序》："《鸿雁》，美宣王也。万民离散，不安其居，而能劳来还定安集之，至于矜寡，无不得其所焉。"朱熹《诗集传》："流民以鸿雁哀鸣自比而作此歌也。"方玉润《诗经原始》："使者承命安集流民也。"傅恒、孙嘉淦等《诗义折中》："哀流民也。"高亨《诗经今注》：徭民之歌也。笔者以为使者安集流民之诗。

诗三章，章六句。每章均以"鸿雁"起兴兼比。鸿雁候鸟，秋来南去，春来北迁，似流民居无定所。"哀鸿""鸿雁"后为流民之代称。首章流民于途，不能安居，使者劬劳以救民难。二章流民筑室，有以安居。末章鸿雁哀嗷，喻流民犹有所待；末四句显志，难民虽暂得安居，使其长久安居尚不能及，而世人与难民犹有怨声也。"一章有取于鸿雁羽翩之劳，至言'爰及矜人，哀此鳏寡'，谁及之？谁哀之？实由于上之人矣；二章有取于鸿雁泽中之集，而曰'其究安宅'，以流民所止非其本土，使可为筑室久安之计，谁实使之？亦出于上之人矣；三章有取于鸿雁之哀嗷，以离散之余，虽有定居而生理未复，故不能不哀嗷赴诉，然赴诉之于谁？亦赴诉于上之人耳。"（王鸿绪等《钦定诗经传说汇纂》）"大抵使者承命安民，费尽辛苦，民不能知，颇有烦言，感而作此。盖小民难遭教离，而可与图终、难与虑始之见，则千古一辙，牢不可破。非亲历人不能道其甘苦也。"（方玉润《诗经原始》）"夫始而在野，终而安宅，在上者未尝无安定之功，然与其安于既流之后，不如养于未流之先也。古之行仁政者，八口之家比户无饥，而鳏寡孤独莫不有养，是遵何道乎？诗人于流民之在野也，固哀其劬劳；于其筑室也，亦哀其劬劳；而终言其作诗，所以告哀，此如后世监门绘图之意，而以哲人望其君也，其旨远矣。"（傅恒、孙嘉淦等《诗义折中》）

庭 燎

夜如何其^①？夜未央^②，庭燎之光^③。君子至止^④，鸾声将将^⑤。
夜如何其？夜未艾^⑥，庭燎晰晰^⑦。君子至止，鸾声哕哕^⑧。
夜如何其？夜乡晨^⑨，庭燎有煇^⑩。君子至止，言观其旂^⑪。

【集释】

①其（jī）：语助词。②央：尽。③庭燎：宫廷中照亮火炬。④止：语尾助词，犹"只"。⑤鸾：也作"銮"，铃。此为旂上铃。将将（qiāng）：锵锵，铃声。⑥艾：尽。⑦晰晰（zhé）：明亮。⑧哕哕（huì）：铃声。⑨乡（xiàng）：同"向"。⑩煇（xūn）：光暗淡。⑪言：乃。旂（qí）：诸侯树旂，画有交龙、竿顶有铃。

【缵绎】

《毛诗序》："《庭燎》，美宣王也。因以箴之。"郑玄《毛诗传笺》："诸侯将朝，宣王以夜未央之时问夜早晚。美者，美其能自勤以政事；因以箴者，王有鸡人之官，凡国事为期，则告之以时。"王质《诗总闻》："恐是殿陛之间，宫掖之内，执事者相为问答之辞。"朱熹《诗集传》："王者起视朝，不安于寝，而问夜之早晚。"方玉润《诗经原始》："勤视朝也。"黄震《黄氏日钞》："此诗人自设为问答，以形其渐不如初可知也。"《易林·颐卦》："庭燎夜明，追古伤今。"高亨《诗经今注》：美吏乘车晨朝也。笔者以为宣王自警早朝之诗。

诗三章，章五句。一章夜深未明，不安于寝，急于视朝，见庭燎之光，闻鸾声叮当，诸侯已有入朝者。二章夜尚未尽，庭燎通明，銮铃之声不断，诸侯陆续而至。三章晨曦已见，天渐向明，庭燎已暗，旂已可见。若谓此诗为人君数问夜，则非礼制；谓司夜相问答，则了无意趣。而自夜深未明至向明，诸侯来朝不断，故此王者自警早朝以勤政也。故问者自问，而答亦自答也。"考之宣王前后，幽、厉皆无道主，岂尚有勤视朝事哉？《列女传》云'宣王尝晏起，姜后脱簪珥待罪于永巷。宣王感悟，于是勤于政事，早朝晏退，卒成中兴之业。'以此证之，即以为宣王，诗也亦奚不宜？"（方玉润《诗经原始》）陶宗仪《说郛》："由浅而深，作文最妙。……多少涵蓄，读之令人神爽。"

沔 水

沔彼流水①，朝宗于海②。鴥彼飞隼③，载飞载止④。嗟我兄弟，邦人诸友⑤。莫肯念乱⑥，谁无父母？

沔彼流水，其流汤汤⑦。鴥彼飞隼，载飞载扬。念彼不迹⑧，载起载行。心之忧矣，不可弭忘⑨。

鴥彼飞隼，率彼中陵⑩。民之讹言⑪，宁莫之惩⑫？我友敬矣⑬，谗言其兴⑭。

【集释】

①沔（miǎn）：水溢貌。②朝宗于海：以百川归东海喻百官拜天子。③鴥（yù）：鸟疾飞貌。隼（sǔn）：鹰类猛禽。④载：句首语助词。⑤邦人：国人。⑥念：考虑。⑦汤汤（shāng）：同"荡荡"，水大流急貌。⑧不迹：不循法度。⑨弭（mǐ）：止，消除。⑩率：沿。中陵：陵中。陵，丘陵。⑪讹言：谣言。⑫宁：胡。惩：止。⑬敬：通"警"。警惕。⑭兴：起。

【缵绎】

《毛诗序》："《沔水》，规宣王也。"朱熹《诗集传》："此忧乱之诗。"玉润《诗经原始》"分明乱世多谗，贤臣遭祸景象。而岂宣王世乎？此诗必有所指，特错简耳。"蒋悌生《五经蠡测》："《传》以此为忧乱之诗，今详终篇大意，亦是畏谗之辞。"程俊英《诗经译注》：忧乱畏谗而戒友也。笔者以为忧乱之诗。

诗三章，前两章章八句，末章章六句。首章流水有入海之日，飞隼有载止之时，比祸乱有止息之期。将欲止乱，必先念乱深思而预防之。然兄弟以及邦人诸友，莫肯念乱，不忧身亦不忧亲。二章流不归海，飞不载止，比祸乱不息；人不循道（不迹），故致乱生；然彼之不迹，我不敢不念，故载起载行以念致乱之由，欲得止乱之道也。三章章首脱二句，约谓流水循其故道，必有所归，隼飞率彼中陵必有所止，比祸乱不已而弭之有方则可以息。乱之所由生，多由野有讹言而朝有谗言，消弭之道，唯敬而已。敬以存心，则内无可疵；敬以处事，则外无可议。兄弟邦人诸友果能如此，谗言何自而兴？"宣王信谗而杀杜伯，其友左儒死之。又宣王之时，童谣曰：'檿弧箕服，实亡周国。'不数年而有褒姒之祸，是谗言讹言皆兴而乱端兆矣。有识之士预见而深忧之，所必然也；顾忧乱而不得止，乱之方徒忧无益耳。《沔水》之诗人推乱之所由生，而归于逸，又推乱之所由息，而归于敬，则可谓深知止乱之道矣。宣王不能用也，而卒为乱阶，岂不惜哉！"（傅恒、孙嘉淦等《诗义折中》）全诗比兴，尤为独特。海极其深广，隼状其疾猛，流喻其杂乱，逸乱之甚，令人惊愕。吴闿生《诗义会通》："暮鼓晨钟，发人深省。"

鹤　鸣

鹤鸣于九皋①，声闻于野。鱼潜在渊，或在于渚②。乐彼之园，爰有树檀③，其下维萚④。它山之石，可以为错⑤。

鹤鸣于九皋，声闻于天。鱼在于渚，或潜在渊。乐彼之园，爰有树檀，其下维榖⑥。他山之石，可以攻玉⑦。

【集释】

①皋：沼泽。九：虚数，言沼泽之多。②渚：水中小洲，此指水边。③爰：乃。④萚（tuò）：落叶。⑤错：砺石，可打磨玉器。⑥榖（gǔ）：楮树，其皮可作造纸原料。⑦攻：加工。

【缵绎】

《毛诗序》："《鹤鸣》，诲宣王也。"郑玄《毛诗传笺》："诲，教也，教宣王求贤人之未仕者。"朱熹《诗集传》："此诗之作，不可知其所由，然必陈善纳诲之辞也。"方玉润《诗经原始》："讽宣王求贤山林也。"程俊英《诗经译注》：招隐也。笔者以为讽宣王纳诲之诗。

诗二章，章九句。首章"鹤鸣九皋而声闻于野，言诚之不可掩也。鱼潜在渊而或在于渚，言理之无定在也。园有树檀而其下维萚，言爱当知其恶也。他山之石而可以为错，言憎当知其善也。由是四者引而申之，触类而长之，天下之理其庶几乎。"（傅恒、孙嘉淦等《诗义折中》）"二章之言相类而意别。'于野'以四方言也，'于天'以上下言也。'在渊''在渚'，言事虽散于广远，而道则不下带而存，不可以为远而忘之也；'在渚''在渊'，言事虽在于目前，而理则至深邃莫测，不可以其近而忽之也。'维萚'以荣悴言，犹利害安危之谓也；则思乱防危之意，其可怠乎？'维榖'以美恶言，犹贤佞是非之谓也，则防奸远佞之意其可少乎？前章'为错'犹浑以利器言之，后章乃言'攻玉'，夫人之德成如玉矣。"（吕柟《毛诗说序》）"近则闻于野，远则闻于天，泛言之则可以为错，亲切言之则可以攻玉，教诲之意以渐而深。"（朱公迁《诗经疏义会通》）徐奋鹏《诗经主意约》："首二句要急看，次二句要活看，下四句要反看。次节要推深一步，方得此诗之神。"王鸿绪等《钦定诗经传说汇纂》："徐氏常吉曰：'《鹤鸣》一诗，可以类万物之情，可以悉天下之理。'"方玉润《诗经原始》："其词意在若隐若现、不即不离之间，并非有意安排，所以为佳。"朱熹《诗集传》："鹤鸣做得巧，含蓄意思全不发露。"邓元锡《诗绎》："辞不直指，义托远讽，可兴可观。"

【彤弓之什小结】

《彤弓之什》十篇。《彤弓》，赐有功。《菁莪》，乐育才。《六月》，美吉甫。《采芑》，美方叔。《车攻》，会东都。《吉日》，美田猎。《鸿雁》，哀流民。《庭燎》，王自警。《沔水》，忧逸乱。《鹤鸣》，讽纳诲。总以朝廷惜才、育才、用才为旨，以此见兴衰之端也。

《毛诗序》谓《鹿鸣》以下至《菁莪》，凡十八篇，为正小雅；《六月》后皆变小雅也。方玉润《诗经原始》曰："自《鹿鸣》至此，可读者二十三篇：《鹿鸣》《四牡》《皇华》《伐木》《天保》《鱼丽》《嘉鱼》《南山》《蓼萧》《湛露》《彤弓》《菁莪》固是雅之正；即《吉日》《庭燎》，亦小雅之正。以其词气和平，格调亦整饬也。《六月》《采芑》《车攻》《鸿雁》《鹤鸣》，固是雅之变；即《常棣》《采薇》《出车》《杕杜》，亦小雅之变。不唯其时势多故，即诗笔多变幻也。而《鹤鸣》一诗，尤为创格，是变而愈变矣。盖正雅中未尝无变，而变雅中亦未尝无正，不可一概论也。"

小雅·祈父之什

祈 父

祈父①！予王之爪牙②。胡转予于恤③，靡所止居？
祈父！予王之爪士④。胡转予于恤，靡所厎止⑤？
祈父！亶不聪⑥！胡转予于恤，有母之尸饔⑦！

【集释】

①祈父：周代掌兵官员，即大司马。朱熹《诗集传》："祈父，司马也，职掌封圻之兵甲，故以为号。《酒诰》曰：'圻父薄违'是也。"孔颖达曰："古者祈、圻、畿同字，得通用，故此作祈，尚书作圻。"②予：司右、虎贲之属自称。爪牙：将军。孔颖达曰："鸟用爪，兽用牙，以防卫已身。此人自谓王之爪牙，以鸟兽为喻也。"③胡：为何。转：转移。予：我。恤（xù）：忧。④爪士：虎士。⑤厎（zhǐ）止：犹"止居"。厎，至。⑥亶（dǎn）：诚。不聪：不闻，不了解下情。⑦尸：主。饔（yōng）：熟食。不得奉母，反使母主饔食。

【缵绎】

《毛诗序》："《祈父》，刺宣王也。"郑玄《毛诗传笺》："刺其用祈父，不得其人也。"朱熹《诗集传》："责司马者，不敢斥王也。"方玉润《诗经原始》："禁旅责司马征调失常也。"程俊英《诗经译注》：王都卫士斥司马也。笔者以为责司马而刺宣王之诗。

诗三章，章四句。"上两章言自戍其上之卫，末章言不体其下之情。其言之序，亦先公而后私也。"（辅广《诗童子问》）"宣王三十九年，王师败绩于姜戎；四十年，料民于太原。意当时戎事纷起，征役繁兴，司马非人调度无方，故爪士孤子皆远役也。"（傅恒、孙嘉淦等《诗义折中》）"先王之制，诸侯有故,则方伯连帅以诸侯之师讨之;王室有故,则方伯连帅以诸侯之师救之。司马所掌封圻之兵甲不过卫王室而已。此诗前二章责司马不当以王之爪牙而远从征役,后一章责司马不当以国之孤子而远从征役。使王而自弃其爪牙,则谓之不智;使司马而弃王之爪牙,则谓之不忠;至于使孤子之无以为养,则又谓之不仁。一事而三失具焉,其取败也宜哉。"(朱善《诗解颐》)起首而呼,诗之又一体。

白 驹

皎皎白驹①,食我场苗②。絷之维之③,以永今朝④。所谓伊人⑤,于焉逍遥⑥。

皎皎白驹,食我场藿⑦。絷之维之,以永今夕。所谓伊人,于焉嘉客。

皎皎白驹,贲然来思⑧。尔公尔侯⑨,逸豫无期⑩。慎尔优游⑪,勉尔遁思⑫。

皎皎白驹,在彼空谷⑬。生刍一束⑭,其人如玉⑮。毋金玉尔音⑯,而有遐心⑰!

【集释】

①皎皎:洁白貌。②场:菜园。③絷(zhí):用绳子绊马足。维:系。④永:长。⑤伊人:那人,指白驹主人。⑥于焉:在此。逍遥:闲散自在貌。⑦藿(huò):豆叶。⑧贲(bēn):饰。贲然:光彩貌。思:语助词。⑨尔:你,即"伊人"。公、侯:古爵位名,此指为公为侯。⑩逸豫:安乐。无期:没有尽期。⑪慎:慎重。优游:义同"逍遥"。⑫勉:劝。遁:遁世。⑬空谷:深谷。⑭生刍(chú):青草。⑮其人:即"伊人"。如玉:品德美好如玉。⑯金玉:珍惜之意。⑰遐:远。遐心:疏远我之心。

【缵绎】

《毛诗序》:"《白驹》,大夫刺宣王也。"郑玄《毛诗传笺》:"刺其不能留贤也。"蔡邕《琴操》:"失朋友之所作也。"朱熹《诗集传》:"为此诗者,以贤者之去而不可留。"方玉润《诗经原始》:"放隐士还山也。"余冠英《诗经选》:留客惜别也。程俊英《诗经译注》:别友思贤也。另有武王饯送箕子、女恋男、同性恋诸说。笔者以为饯贤之诗。

诗四章，章六句。前二章欲絷其驹而挽留之，三章劝其仕而不必悠游隐遁，四章贤人隐逸空谷，赞其美德，愿其毋相忘也。全诗以"皎皎白驹"兴比，既喻贤者神采高贵，又喻其美德高洁。而"絷之维之"，喻主人缱绻不舍之情。留贤不得，故赠之以言也。"古之人君之好贤也，必与之共天位，与之治天职，与之食天禄；待之诚，养之厚，处之尊崇；谏必行，言必听，膏泽必下于民，虽欲不留，安得而不留？今《白驹》之好贤，不出于君上之诚心，而顾出于臣下之私情。故'絷之维之'，以致其爱；逍遥嘉客，以致其慕；'贲然来思'，以见其欣幸之至；'毋金玉尔音'，以见其期望之深。而所谓'尔公尔侯'者，特诗人假设之辞，而非出于君上之真情也。使其果出于君上之真情，则莘野之耕夫，方且以为阿衡、傅岩之胥靡，方且以置左右；渭滨之钓叟，方且以为尚父，孰有已立于其朝，而复有高蹈远举之意邪？惟其留之而不可得，此所以致其爱惜思慕之情；虽足以见斯人秉彝好德之良心，而时世之不如古，亦可想矣。"（朱善《诗解颐》）全诗文词婉丽，蕴藉风流，芬然生辉，如出仙人之口。"曲终之句，益觉缠绵。"（姚际恒《诗经通论》）陈子展《诗经直解》引孙镰："写依依不忍舍之意，温然可念，风致最有余。"

黄　鸟

黄鸟黄鸟①，无集于榖②，无啄我粟。此邦之人，不我肯榖③。言旋言归④，复我邦族⑤。

黄鸟黄鸟，无集于桑，无啄我梁。此邦之人，不可与明⑥。言旋言归，复我诸兄。

黄鸟黄鸟，无集于栩⑦，无啄我黍。此邦之人，不可与处。言旋言归，复我诸父。

【集释】

①黄鸟：黄雀。②榖（gǔ）：木名，即楮木。③榖（gǔ）：善。一说养育。④言：语助词。旋：通"还"，回归。⑤复：回去。邦：国。族：家族。⑥明：晓谕。一说通"盟"，讲信用。⑦栩（xǔ）：柞树。

【缵绎】

《毛诗序》："《黄鸟》，刺宣王也。"郑玄《毛诗传笺》："刺其以阴礼教亲而不至，联兄弟之不固。"朱熹《诗集传》："民适异国不得其所，故作此诗。"今人多从之。傅恒、孙嘉淦等《诗义折中》："刺时也。"方玉润《诗经原始》："刺民风偷薄也。"笔者以为忧世之诗。

诗三章，章七句。开头呼告，总以黄鸟兴比。"不我肯穀"是不衣养，"不我与明"是不可信，"不我与处"是不可居。"复我邦族"是追怀周朝盛世，"复我诸兄"是追怀诸侯和睦，"复我诸父"是追怀室家兴旺。"有邦有族，此列国之命卿大夫也。大夫失位，不以其罪，托于异邦，思有以明其事，或依以处其身，而不意其皆不可也。盖周自夷、厉以来，王命不行于诸侯矣。控于大邦，莫我肯谷，故复我邦族，将与大夫图之也。诗录《黄鸟》，忧世也。诸侯失职而族大宗强，乱端兆矣。"（傅恒、孙嘉淦等《诗义折中》）"此诗与下篇《我行其野》大略相类，亦同出于一时。……总以见人心浇漓，日趋愈下，有滔滔难返之势。……周之衰实自此始，不必待东迁而后著也。"（方玉润《诗经原始》）

我行其野

我行其野，蔽芾其樗①。婚姻之故，言就尔居②。尔不我畜③，复我邦家④。
我行其野，言采其蓫⑤。婚姻之故，言就尔宿⑥。尔不我畜，言归思复⑦。
我行其野，言采其葍⑧。不思旧姻，求尔新特⑨。成不以富⑩，亦祇以异⑪。

【集释】

①蔽芾（fèi）：茂盛貌。樗（chū）：臭椿树。②言：语助词。就：从。③畜：喜爱。一说养。④邦家：故乡。⑤蓫（zhú）：草名。羊蹄菜，似萝卜，性滑，多食使人腹泻。⑥宿：居住。⑦思：语助词。复：返。⑧葍（fú）：恶菜名，多年生蔓草，根可蒸食。⑨特：匹，配偶。⑩成：借为"诚"，的确。⑪祇（zhī）：只。异：异心。

【缵绎】

《毛诗序》："《我行其野》，刺宣王也。"郑玄《毛诗传笺》："刺其不正嫁娶之教而有荒政多淫昏之俗。"朱熹《诗集传》："民适异国，依其婚姻而不见收恤，故作此诗。"傅恒、孙嘉淦等《诗义折中》："申侯怨幽王也。"方玉润《诗经原始》:"刺睦姻之政不讲也。"高亨《诗经今注》:赘者见逐抒愤也。程俊英《诗经译注》:弃妇诗。笔者以为申侯怨幽王之诗。

诗三章,章六句。首二句兴比。行野,申侯归也,失故道也;蔽芾遂葍,恶木劣菜,褒姒惑乱也。"周与申世为婚姻,宣王后,申伯之女也,有令德,尝谏王之晏起。申侯者,申伯之子也,其女为幽王后,亦有令德,观《白华》之诗可见矣。'成不以富,亦祇以异',其实录也。幽王初,立申侯,以申后之故,留京师以翼王室,所谓'婚姻之故,言就尔居'也。幽王三年,见褒姒而嬖之,生伯服,遂欲废申后及太子宜臼,所谓'不思旧姻,求尔新特'也。'尔不我畜',王令申侯归也,为废后计也。'言归思复',申侯自欲归也,为救宜臼计也。幽王五年,废申后而立褒姒,宜臼奔申。十年,王求宜臼于申,欲杀之,申侯不与,此则'言归思复'之本谋也。犬戎因是入寇而西周亡矣。溯乱所自起,始于舍旧而图新;原乱所从生,由于重色而轻德。《关雎》好德,周以之兴;行野渔色,周以之灭。衽席之上,好恶一辟,而祸遂至于不救。"(傅恒、孙嘉淦等《诗义折中》)

斯 干

秩秩斯干①,幽幽南山②。如竹苞矣③,如松茂矣。兄及弟矣,式相好矣④,无相犹矣⑤。

似续妣祖⑥,筑室百堵⑦,西南其户⑧。爰居爰处⑨,爰笑爰语。

约之阁阁⑩,椓之橐橐⑪。风雨攸除⑫,鸟鼠攸去,君子攸芋⑬。

如跂斯翼⑭,如矢斯棘⑮,如鸟斯革⑯,如翚斯飞⑰,君子攸跻⑱。

殖殖其庭⑲,有觉其楹⑳。哙哙其正㉑,哕哕其冥㉒。君子攸宁。

下莞上簟㉓,乃安斯寝㉔。乃寝乃兴㉕,乃占我梦。吉梦维何?维熊维罴㉖,维虺维蛇㉗。

大人占之㉘:维熊维罴,男子之祥㉙;维虺维蛇,女子之祥。

乃生男子㉚,载寝之床㉛。载衣之裳㉜,载弄之璋㉝。其泣喤喤㉞,朱芾斯皇㉟,室家君王㊱。

乃生女子,载寝之地。载衣之裼㊲,载弄之瓦㊳。无非无仪㊴,唯酒食是议㊵,无父母诒罹㊶。

【集释】

①秩秩：水流貌。斯：语助词。干：通"涧"。②幽幽：深远貌。南山：终南山。③苞：丛生貌。④式：语助词。好：和睦。⑤犹：欺诈。⑥似：同"嗣"。嗣续，继承。妣：亡母之称。妣祖，指远祖。⑦堵：墙。⑧户：门。⑨爰：于是。⑩约：束。阁阁：象声词，犹咯咯。⑪椓（zhuó）：用杵捣土，犹今之打夯。橐橐（tuó）：捣土声。⑫攸：乃。⑬芋：通"宇"，居住。⑭跂（qǐ）：踮起脚跟。翼：端肃貌。⑮棘：指房屋正直整齐。⑯革：翅膀。⑰翚（huī）：野鸡。⑱跻（jī）：登。⑲殖殖：平正貌。庭：庭院。⑳有：语助词。觉：高直貌。楹：柱。㉑哙哙（kuài）：轩豁貌。正：向阳正厅。㉒哕哕（huì）：光明貌。冥：幽暗处。㉓莞（guān）：蒲草，可用来编席，此指蒲席。簟（diàn）：竹席。㉔寝：睡觉。㉕兴：起床。㉖罴（pí）：野兽名，似熊而大。㉗虺（huǐ）：一种毒蛇。㉘大人：即太卜，周代掌占卜官员。㉙祥：吉兆。㉚乃：如果。㉛载：则、就。㉜衣：穿衣。裳：下裙，此指衣服。㉝弄：玩。璋：玉器，形似半圭。㉞喤喤（huáng）：小儿哭声。㉟朱芾（fú）：红色蔽膝，为诸侯、天子所服。斯皇：犹"煌煌"。㊱室家：指周室，周家、周王朝。君王：指诸侯、天子。㊲裼（tì）：婴儿褓衣。㊳瓦：陶制纺线锤。㊴无非：无违。无仪：无邪。仪：通"俄"。俄，邪。㊵议：谋虑、操持。㊶诒（yí）：通"贻"，给予。罹（lí）：忧。

【缵绎】

《毛诗序》："《斯干》，宣王考室也。"郑玄《毛诗传笺》："考，成也。……宣王于是筑宫室群寝，既成而衅之，歌《斯干》之诗以落之，此之谓之成室。"朱熹《诗集传》："此筑室既成，而燕饮以落之，因歌其事。"傅恒、孙嘉淦等《诗义折中》："考室也。筑成而宴饮而祝之也。"方玉润《诗经原始》："公族考室也。""似是卜筑初成，祀祷屋神之诗，非落成宴饮诗也。"另有衅之之辞、落之之歌、燕饮所唱（衅之，以牲血涂抹宫室而祭先祖；落之，庆宫室落成所奏歌辞）诸说。今人多谓颂周宫室落成典礼歌辞。笔者以为期成业之诗。

诗九章，一、六、八、九章章七句，二、三、四、五、七章章五句。一至五章写宫室之美；六至九章写宫室主人。一章南山形胜，兄弟和乐；二章筑室始终，嗣续妣祖，家庭和睦；三章宫室坚固，外患不侵；四章屋宇美轮美奂；

五章堂室宽敞明亮；六章安寝得吉梦；七章假设占梦之辞；八章祝生贵男；九章祝生贤女。"此诗言其基址之广厚，结构之周密，垣墙之坚固，堂室之高深，则美轮美奂之类也。上有以续祖妣之业，下有以开子孙之祥，兄弟之相好，室家之相安，则歌哭聚族之类也。堂之高也以听事，室之深也以安身，至于寝而梦，兴而占，男子之为君为王，女子之无非无仪，则皆自夫君子攸宁而推言之也。其必首及夫兄弟者，人之居室，夫妇之好，易完也；父子之恩，易全也；兄弟之相好而无相犹，则非笃天伦之亲者，不能也。果能笃于兄弟之好，则宜尔室家，乐尔妻帑，和气之益充，大福之益集，而子孙之繁衍，基业之昌盛，有不可胜穷者矣。"（朱善《诗解颐》）诗明写筑室之美，期子孙之盛，以梦出之，皆非实景，寓期成业也。所谓无之欲有，则乐景实哀境，以反语出之耳。全诗叙事、写景、抒情交织，结构层层，句式参差错落，自然活脱，无板臃滞之感。"载衣之裳，载弄之璋"，"载衣之裼，载弄之瓦"，正大之言出之奇幻，千古至言。

无 羊

谁谓尔无羊^①，三百维群^②。谁谓尔无牛，九十其犉^③。尔羊来思^④，其角濈濈^⑤。尔牛来思，其耳湿湿^⑥。

或降于阿^⑦，或饮于池，或寝或讹^⑧。尔牧来思，何蓑何笠^⑨，或负其餱^⑩。三十维物^⑪，尔牲则具^⑫。

尔牧来思，以薪以蒸^⑬，以雌以雄^⑭。尔羊来思，矜矜兢兢^⑮，不骞不崩^⑯。麾之以肱^⑰，毕来既升^⑱。

牧人乃梦^⑲，众维鱼矣^⑳，旐维旟矣^㉑。大人占之^㉒：众维鱼矣，实维丰年；旐维旟矣，室家溱溱^㉓。

【集释】

①尔：指牧者。②维：为。③犉（rún）：黄牛黑唇曰犉。④思：语助词。⑤濈濈（jí）：和集貌。⑥湿湿：润泽貌。⑦阿：丘陵。⑧讹（é）：同"吪"，动。⑨何：同"荷"。负，戴。蓑（suō）：草制雨衣。⑩餱（hóu）：干粮。⑪物：色。⑫牲：牺牲，供祭祀与食用之畜。具：备。⑬以：取。薪：粗柴。

蒸：细柴。⑭雌雄：指禽。⑮矜矜：坚定。兢兢：谨慎。⑯骞（qiān）：损失。崩：溃散。⑰麾：挥。肱（gōng）：手臂。⑱毕：全。既：尽。升：指入羊圈。⑲牧人：掌畜牧官吏，与上章牧（牧童）不同。⑳众：借为"螽"，蝗虫。古人以为蝗虫可化为鱼，旱则为蝗，风调雨顺则化鱼。㉑旐（zhào）：画龟蛇之旗。旟（yú）：画鸟隼之旗。朱熹《诗集传》：旐，郊野所建，统人少。旟，州里所建，统人多。㉒大人：太卜之类官。占：占梦，解说梦之吉凶。㉓溱溱（zhēn）：同"蓁蓁"，众盛貌。

【缵绎】

《毛诗序》："《无羊》，宣王考牧也。"郑玄《毛诗传笺》："厉王之时，牧人之职废。宣王始兴而复之，至此而成，谓复先王牛羊之数"。朱熹《诗集传》："此诗言牧事有成而牛羊众多也。"方玉润《诗经原始》："美司牧也。"笔者以为期治世之诗。

诗四章，章八句。首章牛羊双题，牧事有成而牛羊众多，羊则聚而和，牛则多而健。二章人物杂写，牧者勤敬，牛羊动静，其数之多，可供祭食。三章单写羊而意兼牛，牧者指挥有方，可打柴搏禽而牛羊不乱不失，尽在掌握之中。四章显志，司牧官以梦寄望，以少变多则天下富。故牛羊兴而室家亦兴，天下治矣。"《礼记》曰：'问庶人之富，数畜以对。'周官牧人掌牧六畜而蕃其物，以供祭祀之牲牷，此实事神养人之大端，不可以为细事而忽之也。"（傅恒、孙嘉淦等《诗义折中》）天子牧九州，诗明写牧牛羊，梦以见寓，其情则在期治世也。"以《斯干》《无羊》之卒章观之，所愿乎上者子孙昌盛，所愿乎下者岁熟民滋，皆不愿乎其外也。"（吕祖谦《吕氏家塾读诗记》）所愿在梦，则业之不兴、世之不治，其微意乎？方玉润《诗经原始》："诗首章'谁谓'二字飘忽而来，是前此凋耗，今始蕃育口气。以下人物杂写，或牛羊并题，或牛羊浑言，或单咏羊不咏牛，而牛自隐寓言外。总以牧人经纬其间，以见人物并处两相习，自不觉其两相忘耳。其体物入微处，有画手所不能到。晋、唐田家诸诗，何能梦见此境？末章忽出奇幻，尤为匪夷所思。不知是真是梦，真化工之笔也！"王士禛《渔洋诗话》："字字写生，恐史道硕、戴嵩画手擅场，未能如此尽妍极态。"沈德潜《说诗晬语》："《无羊》考牧，何等正大事，而忽然幻出占梦……人物富庶，俱于梦中得之。恍恍惚惚，怪怪奇奇，作诗要得此段虚景。"

节南山

节彼南山①,维石岩岩②。赫赫师尹③,民具尔瞻④。忧心如惔⑤,不敢戏谈。国既卒斩⑥,何用不监⑦?

节彼南山,有实其猗⑧。赫赫师尹,不平谓何⑨!天方荐瘥⑩,丧乱弘多⑪!民言无嘉⑫,僭莫惩嗟⑬。

尹氏大师,维周之氐⑭。秉国之均⑮,四方是维⑯。天子是毗⑰,俾民不迷⑱。不吊昊天⑲,不宜空我师⑳!

弗躬弗亲,庶民弗信。弗问弗仕㉑,勿罔君子㉒。式夷式已㉓,无小人殆㉔。琐琐姻亚㉕,则无膴仕㉖。

昊天不佣㉗,降此鞠讻㉘。昊天不惠,降此大戾㉙。君子如届㉚,俾民心阕㉛。君子如夷,恶怒是违㉜。

不吊昊天,乱靡有定。式月斯生㉝,俾民不宁。忧心如酲㉞,谁秉国成㉟?不自为政,卒劳百姓㊱。

驾彼四牡,四牡项领㊲。我瞻四方,蹙蹙靡所骋㊳。

方茂尔恶㊴,相尔矛矣㊵。既夷既怿㊶,如相酬矣。

昊天不平,我王不宁。不惩其心,覆怨其正㊷。

家父作诵㊸,以究王讻㊹。式讹尔心㊺,以畜万邦㊻。

【集释】

①节:高峻貌。②岩岩:积石貌。③赫赫:显贵貌。师尹:大师和史尹。大师,西周掌军事大权之长官;史尹,西周文职大臣,卿士之首。④具:俱。⑤惔(tán):"炎"假借,焚烧。⑥卒:终。斩:绝。⑦何用:何以。监:察。⑧有实:即实实,广大貌;猗:通"阿",山坡。⑨谓何:犹"云何"。⑩荐:进,加。瘥(cuó):疫病。荐瘥:屡次降瘥。⑪弘:大。⑫嘉:善。⑬僭(cǎn):犹"曾"或"尚"。惩:戒。嗟:语尾助词。⑭氐(dǐ):同"柢",树根,指根本。⑮秉:执。均:同"钧",制陶器模子下圆盘,借指权。⑯维:护持。⑰毗(pí):犹"裨",辅助。⑱俾:使。⑲不吊:不善。⑳空:穷。师:众。我师:犹言"我们大众"。㉑仕:事。㉒勿:语助词。罔:欺。㉓式:语助

词。夷：平、平除。已：止、废止。㉔无：勿。殆：危险。㉕琐琐：卑微貌。姻亚：婿父为姻，两婿相谓曰亚，指亲戚。㉖膴（wǔ）：厚。膴仕，高官厚禄。㉗佣：均、公平。不佣：犹云"不平"。㉘鞫（jū）：同"鞠"，穷、极。讻：同"凶"，祸乱。㉙戾（lì）：恶。大戾：犹"鞫讻"。㉚届：到。㉛阕（què）：息。㉜违：反抗。㉝式：语助词。月：刖之省，扼杀。生：生灵，指人民。㉞酲（chéng）：酒醉。㉟国成：国政之成规。㊱卒：终。一说通"瘁"，病。㊲项：大。领：颈。㊳蹙蹙（cù）：局促貌。骋：驰骋。㊴茂：盛。㊵相：视。㊶夷：平。怿（yì）：悦。㊷覆：反。正：正言。㊸家父：或作"嘉父"，又作"嘉甫"，人名，本篇作者。诵：诗。㊹究：追究。讻：凶乱。王讻，指尹氏。㊺讹：同"吪（é）"，改变。㊻畜：养。

【缵绎】

《毛诗序》："《节南山》，家父刺幽王也。"（按：历来另有刺宣王、刺平王、刺桓王诸说。《毛诗》："家父，大夫也。"《诗集传》："家，氏。父，字。周大夫也。""家父"又作"嘉父""嘉甫"。以上诸争，迄今无定论。）傅恒、孙嘉淦等《诗义折中》："谏平王也。"方玉润《诗经原始》："家父刺师尹也。"（按："师尹"自《毛传》来皆解作"太师尹氏"，王国维始析为二人，即首掌军职大师、首掌文职史尹。）笔者以为刺王用伊氏之诗。

诗十章，前六章章八句，后四章章四句。一章师尹之危甚于岩石之危，使人忧心如焚，然畏其威而不敢言。国运已绝，王何为而不醒察？二章师尹致天重降灾，四方丧乱，民怨沸腾，然仍无儆戒之意。三章师尹为政本国枢，当辅天子导万民，使之不危不迷，纵不能上忧天变，亦不宜睹民之穷苦而又困乏之。四章尹氏委政于姻娅小人，欺君危国，民已不信。五章天意不均，降此穷极之乱，天心不顺，生此乖戾之人，然所以靖之者，亦在君子。六章王不自为政而用尹氏，尹氏又用姻娅，使民不宁而乱生。七章既乱宜去，然顾瞻四方，竟无可骋之所。八章王未尝不怒尹氏，盛怒之时亦欲诛之，然未几而怒平，且相酬酢欢然无间。九章昊天不平，王国不宁，此皆王心不欲去尹氏之故，今不自惩其心，反怨谏正之人，则王惑终不可解。十章究祸乱之由，望王改心易虑，以畜万邦。"此诗刺王用尹氏。前九章惟极言尹氏之罪，而卒章以一言归之王心，则轻重本末自见，此家父之善于辞也。其所以刺尹氏者，大要有二事：为政不平而委任小人也。"（许谦《诗集传名物钞》）"式讹尔心，以畜万邦。"八字托住全篇，义忠而情愤，志笃而辞切，心忧天下，抱怀苍生，砥柱中流，故可感人也。

正 月

正月繁霜①，我心忧伤。民之讹言②，亦孔之将③。念我独兮，忧心京京④。哀我小心，癙忧以痒⑤。

父母生我，胡俾我瘉⑥！不自我先，不自我后。好言自口，莠言自口⑦。忧心愈愈⑧，是以有侮⑨。

忧心惸惸⑩，念我无禄⑪。民之无辜，并其臣仆⑫。哀我人斯，于何从禄？瞻乌爰止？于谁之屋？

瞻彼中林，侯薪侯蒸⑬。民今方殆，视天梦梦⑭。既克有定，靡人弗胜⑮。有皇上帝⑯，伊谁云憎⑰？

谓山盖卑⑱？为冈为陵⑲。民之讹言，宁莫之惩⑳。召彼故老，讯之占梦。具曰"予圣"㉑，谁知乌之雌雄？

谓天盖高？不敢不局㉒。谓地盖厚？不敢不蹐㉓。维号斯言㉔，有伦有脊㉕。哀今之人，胡为虺蜴㉖。

瞻彼阪田㉗，有菀其特㉘。天之扤我㉙，如不我克㉚。彼求我则㉛，如不我得。执我仇仇㉜，亦不我力㉝。

心之忧矣，如或结之㉞。今兹之正㉟，胡然厉矣㊱？燎之方扬㊲，宁或灭之㊳。赫赫宗周㊴，褒姒灭之㊵！

终其永怀㊶，又窘阴雨㊷。其车既载，乃弃尔辅㊸。载输尔载㊹，将伯助予㊺。无弃尔辅，员于尔辐㊻。屡顾尔仆㊼，不输尔载。终逾绝险，曾是不意㊽。

鱼在于沼㊾，亦匪克乐㊿。潜虽伏矣51，亦孔之炤52。忧心惨惨53，念国之为虐！

彼有旨酒54，又有嘉肴。洽比其邻55，昏姻孔云56。念我独兮，忧心殷殷57。

佌佌彼有屋58，蔌蔌方有穀59。民今之无禄，天夭是椓60。哿矣富人61，哀此惸独62！

【集释】

①正月：周历六月，夏历四月。是孟夏时节。繁：多。②讹言：谣言。③孔：甚。将：大。④京京：忧不止貌。⑤瘨（shǔ）：忧。瘅：病。⑥俾：使。瘉（yù）：病。⑦莠言：坏话。⑧愈愈：忧惧貌。⑨有侮：受侮。⑩惸惸（qióng）：亦作"茕茕"，孤独貌。⑪无禄：不幸。⑫臣仆：奴仆。⑬侯：犹"维"。薪：粗柴。蒸：细柴。⑭梦梦：不明貌。⑮靡：无。弗：不。⑯有皇：犹"皇皇"，光明伟大。⑰伊：发语词。云：语助词。憎：恨。⑱盖：通"盍"，何，怎么。⑲冈：山脊。陵：大阜。⑳宁：犹"乃"。惩：制止。㉑具曰予圣：都说自己最高明。具，通"俱"。㉒局：弯曲。㉓蹐（jí）：小步。不敢不蹐：轻轻下脚，不敢放步。㉔号：呼。斯言：指上四句。㉕伦：道。脊：通"迹"，理。㉖虺（huǐ）：毒蛇。蜴（yì）：蜥蜴。㉗阪：山坡。㉘有菀：即菀菀，茂盛貌。特：独特。㉙扤（wù）：摇动。㉚克：制胜。㉛则：语尾助词。㉜仇仇：傲慢貌。㉝不我力：不我用。㉞或：有人。结：结疙瘩。㉟正：政。㊱厉：恶。㊲燎：野火。扬：盛。㊳宁：乃。灭：熄。㊴宗周：指周王都镐京。宗，主。周这天下所宗，故王都所在曰宗周。㊵褒姒（sì）：周幽王后。威（miè）：同"灭"，灭亡。㊶终：既。永怀：长忧。㊷窘：困。㊸辅：大车两旁之挡板。㊹载输尔载：上"载"是语助词。下"载"指所载之物。输：堕。㊺将（qiāng）：请。伯：对男子之敬称，如今称"大哥"。㊻员（yún）：增益，加大。㊼顾：照顾。㊽不意：不放在心上。㊾沼：池。㊿匪：非。克：能。㊹潜：深藏。㊼炤（zhāo）：同"昭"，明。㊽惨惨：忧愁不安貌。㊾旨酒：美酒。㊿洽：和谐。比：亲近。㊻云：周旋。㊼殷殷：心痛貌。㊽佌佌（cǐ）：细小貌。㊾蔌蔌（sù）：陋貌。榖：禄。㊿天：灾祸。天天：自然灾祸。椓（zhuó）：打击。㊻哿（gě）：喜乐。㊼惸独：孤独无依者。

【缵绎】

《毛诗序》："《正月》，大夫刺幽王也。"严粲《诗缉》："忧乱之作也。"朱郁仪《诗故》："盖申后太子之词。"傅恒、孙嘉淦等《诗义折中》："忧平王也。"方玉润《诗经原始》："周大夫感时伤遇也。"笔者以为周大夫忧乱之诗。

诗十三章，前八章章八句，后五章章六句。一章天时失常，忧心独深。二章生逢乱世，自伤谗邪。三章后祸不测，深为忧虑。四章天昏民苦，憎恨问天。

五章讹言不止，是非纷纭。六章小人当道，人民危惧。七章在朝孤立，不为见用。八章烽火四起，宗周可鉴。九章大车输载，施政失策。十章不知修车，难以逾险。十一章鱼在深渊，无处可逃。十二章狐党纵乐，自伤幽独。十三章举世不公，乱不可遏。"此必天下大乱，镐京亦亡在旦夕，其君若臣尚纵饮宣淫，不知忧惧，所谓燕雀处堂自以为乐，一朝突决栋焚，而怡然不知祸之将及也。故诗人愤极而为是诗，亦欲救之无可救药时矣。"（方玉润《诗经原始》）自是幽王时诗。"此诗忧讹言之甚大，至于邦国之将亡；伤国政之淫虐，至于周宗之既灭；而斯民之病，贤者之困，又皆有感慨之思焉，可谓以天下之忧为忧者矣。"（邹泉《诗经约说》）

十月之交

十月之交①，朔月辛卯②。日有食之③，亦孔之丑④。彼月而微⑤，此日而微。今此下民，亦孔之哀。

日月告凶⑥，不用其行⑦。四国无政⑧，不用其良。彼月而食，则维其常；此日而食，于何不臧⑨！

烨烨震电⑩，不宁不令⑪。百川沸腾，山冢崒崩⑫。高岸为谷，深谷为陵。哀今之人，胡憯莫惩⑬？

皇父卿士⑭，番维司徒⑮，家伯维宰⑯，仲允膳夫⑰，棸子内史⑱，蹶维趣马⑲。楀维师氏⑳，艳妻煽方处㉑。

抑此皇父㉒，岂曰不时㉓？胡为我作㉔，不即我谋？彻我墙屋㉕，田卒汙莱㉖。曰"予不戕㉗，礼则然矣"。

皇父孔圣㉘，作都于向㉙。择三有事㉚，亶侯多藏㉛。不慭遗一老㉜，俾守我王㉝。择有车马㉞，以居徂向㉟。

黾勉从事㊱，不敢告劳。无罪无辜，谗口嚣嚣㊲。下民之孽㊳，匪降自天。噂沓背憎㊴，职竞由人㊵。

悠悠我里㊶，亦孔之痗㊷。四方有羡㊸，我独居忧。民莫不逸㊹，我独不敢休！天命不彻㊺，我不敢效我友自逸㊻。

【集释】

①交：始。②朔月：初一。辛卯：周幽王六年十月初一。③日有食之：据

天文学家推算，日食于周幽王六年十月初一（周历），即公元前776年9月6日早晨七至九时（辛卯日辰时）。此人类首次记载日食。④丑：恶。⑤微：昏暗不明，指月食。⑥告凶：显示凶兆。⑦行（háng）：轨道，法则。⑧四国：四方，指天下。无政：无善政。⑨于何：奈何。不臧：不吉利。臧，善。⑩烨烨（yè）：震电貌。震：雷。电：闪电。⑪宁：安。令：善。⑫山冢（zhǒng）：山顶。崒：通"碎"，崩坏。⑬胡憯（cǎn）：怎么。憯：曾。惩：警戒。⑭皇父：周幽王卿士。卿士：官名，总管王朝政事，为百官之长。⑮番：姓。司徒：六卿之一，掌管土地人口。⑯家伯：人名，周幽王宠臣。宰：冢宰。六卿之一，掌建六邦之典。⑰仲允：人名。膳夫：掌管周王饮食之官。⑱棸（zōu）：姓。内史：掌管周王法令、封赏策命之官。⑲蹶（guì）：姓。趣（cù）马：养马官。⑳楀（jǔ）：姓。师氏：掌管贵族子弟教育之官。㉑艳妻：指周幽王宠妃褒姒。煽（shàn）：炽热。方：并。方处：指艳妻与上七人皆得宠而并处高位。㉒抑：通"噫"，感叹词。㉓不时：不按时，不合农时。㉔作：服役劳作。㉕彻：通"撤"，拆毁。㉖汙（wū）：同"污"。莱（lái）：田长野草。㉗戕（qiāng）：残害。㉘圣：圣明。㉙向：邑名。㉚有事：有司，官名。三有司为司徒、司马、司空。㉛亶（dǎn）：信，确实。侯：助词，维：多藏：指有很多钱财。㉜慭（yìn）：愿。遗：留。老：旧臣。㉝俾：使。守：保卫。㉞有车马：指有禄位之富人。㉟居：语助词。徂：往。㊱黾（mǐn）勉：努力。㊲嚻嚻（áo）：众多貌。㊳孽：灾害。㊴噂（zǔn）：聚汇。沓：语多貌。噂沓，议论纷纭。背憎：背后互相憎恨。㊵职：主要。竞：争。㊶悠悠：深忧貌。里："悝"假借，忧愁。㊷痗（mèi）：病。㊸羡：富裕。㊹逸：安乐。㊺彻：规律。不彻：无常。㊻效：效仿。

【缵绎】

《毛诗序》："《十月之交》，大夫刺幽王也。"郑玄《毛诗传笺》："当为刺厉王。"严粲《诗缉》："刺用七子以致灾变也。"方玉润《诗经原始》："刺皇父煽虐以致灾变也。"程俊英《诗经译注》：刺幽王无道。笔者以为刺皇父之诗。

诗八章，章八句。前三章将日食、月食、地震同朝廷用人不善相系，写内心忧痛。首章天变而民将灾。二章天变于上，政失其纲。三章地变于下，民失其正。中三章历数皇父诸党把持朝政，欺上瞒下，强抓丁役，搜刮民财，为谋家族私利，致国家岌岌可危。而"艳妻煽方处"一句，暗示致此之危在周幽王昏庸。四章七子为非，艳妻惑乱。五章皇父暴民。六章皇父乱朝。后二章写诗人见此危机，不逃身远害，仍兢兢业业、尽职尽公。七章己受劳而被谗。八章并及乡里受害。"皇父援党布置要枢，窃权固宠，罔上营私，以致灾异，曾莫自惩。乃敢诬天：曰'彼月而食，则维其常；此日而食，于何不臧'，是不惟欺君，而又欺天矣！小人无忌，往往如此。岂非罪之尤大者乎？"（方玉润《诗经原始》）"诗人身任其劳而不以为苦，而安之若命，厚之至也。孔子曰：'君子之仕也，求其义也'。又曰：'天下有道丘不与易也'，得诗人之心！"（傅恒、孙嘉淦等《诗义折中》）

雨无正

浩浩昊天①，不骏其德②。降丧饥馑③，斩伐四国④。旻天疾威⑤，弗虑弗图⑥。舍彼有罪，既伏其辜⑦。若此无罪，沦胥以铺⑧。

周宗既灭⑨，靡所止戾⑩。正大夫离居⑪，莫知我勚⑫。三事大夫⑬，莫肯夙夜。邦君诸侯，莫肯朝夕。庶曰"式臧"⑭，覆出为恶⑮。

如何昊天，辟言不信⑯？如彼行迈，则靡所臻⑰。凡百君子，各敬尔身⑱。胡不相畏，不畏于天？

戎成不退⑲，饥成不遂⑳。曾我暬御㉑，憯憯日瘁㉒。凡百君子，莫肯用讯㉓。听言则答㉔，谮言则退㉕。

哀哉不能言，匪舌是出㉖，维躬是瘁㉗。哿矣能言㉘，巧言如流，俾躬处休㉙。

维曰于仕㉚，孔棘且殆㉛。云不可使㉜，得罪于天子；亦云可使，怨及朋友。谓尔迁于王都㉝，曰予未有室家。鼠思泣血㉞，无言不疾㉟。昔尔出居㊱，谁从作尔室㊲？

【集释】

①浩浩：广大貌。昊（hào）天：皇天。②骏：通"峻"，经常、长久。③饥馑：《毛传》："谷不熟曰饥，蔬不熟曰馑。"④斩伐：残害。四国：四方。⑤旻（mín）天：应作"昊天"。疾威：暴虐。⑥虑：考虑。图：思量。⑦既：

尽。伏：隐藏。辜：罪。⑧沦胥：相继。铺：通"痡（pū）"，痛苦。⑨周宗：指镐京。⑩止：居。戾（lì）：安。⑪正大夫：上大夫。离居：指离开镐京。⑫勚（yì）：劳。⑬三事：即三司：司徒、司马、司空。三事大夫：指三公，即太师、太傅、太保。⑭庶：庶几，表希望。式：助词。臧：善。⑮覆：反。⑯辟言：合乎法度之言。辟：法。⑰臻（zhēn）：至。⑱敬：谨慎。⑲戎：兵，指战争。成：指兵寇已成。⑳遂：成功。㉑曾：何。暬（xiè）御：侍御。㉒憯憯（cǎn）：忧愁貌。瘁（cuì）：憔悴。㉓讯：《鲁诗》作"谇"，谏诤。㉔听言：顺从之言。㉕谮（zèn）言：谏言。㉖出：病。㉗躬：自身。瘁：毁坏。㉘哿（gě）：嘉。㉙休：福禄。㉙维：句首助词。㉚于仕：去做官。于：往。㉛孔：很。棘：能"急"，艰难。殆：危险。㉜使：从。㉝尔：指上言正大夫、三事大夫等人。王都：指镐京。㉞鼠：通"癙"，忧伤。鼠思：忧思。㉟疾：通"嫉"，嫉恨。㊱出居：离开镐京。㊲从：随。作：营造。

【缵绎】

《毛诗序》："《雨无正》，大夫刺幽王也。雨，自上下也。众多如雨，而非所以为政也。"郑玄《毛诗传笺》："亦当刺厉王也。王之所下教令甚多而无正也。"朱熹《诗集传》："正大夫离居之后，暬御之臣所作。"严粲《诗缉》："刺刑罚不中，忠言不用，遂致人心离散。"傅恒、孙嘉淦等《诗义折中》："伤无臣也。"李光地《诗所》："平王时在位者相责。"方玉润《诗经原始》："周暬御痛匡国无人也。"笔者以为伤无臣之诗。

诗七章，前二章章十句，三、四章章八句，五至七章章六句。首章借怨天命靡常，降灾人间，恶人逍遥，好人罹难，讽刺幽王。二章"周宗既灭"，人民丧亡，而王公大臣，不扶反逃，乘危作恶，行径丑劣。三章国王"辟言不信"，胡作非为；而"凡百君子"，助纣为虐，肆无忌惮。四章战祸不息，饥荒不止，国事日非，不仅百官"莫肯用讯"，国王亦只听顺耳之言。五章国王"听言则答，谮言则退"，群小口若悬河，无法谏诤。六章仕而直道，将得罪天子；仕而枉道，又见怨于朋友，左右为难，忧心如焚。末章劝达官贵人迁向王朝新都，被拒而遭嫉恨，无法说话，只能"鼠思泣血"。"此诗不惟非东迁后诗，且西京未破之作，故望诸臣迁归王都。若西京已破，王室东迁，则勤王又自有人，岂待暬御相招？且其立言别是一番建功立业气象，断不作'鼠思泣血'等语。"

（方玉润《诗经原始》）（按：本诗篇名，历来多歧。《毛序》以"雨多"释之。欧阳修《诗本义》："古之人于诗，多不命题，而篇名往往无义例。其或有命名者，则必述诗之意，如《巷伯》《常武》之类是也。今《雨无正》之名，据《序》所言，与诗绝异，当阙其所疑。"方玉润《诗经原始》："雨字或误，正字上下或有脱漏……夫以赫赫宗周，匪国无人，……则谓之'国无正'也亦奚不可？"傅恒、孙嘉淦等《诗义折中》："雨当作两。""当是时，正大夫离居不从迁也，在西周者也。三四大夫邦郡诸侯在东周者也。在东周者复出为恶，而莫肯用讯，在西周者托言无室而实不勤王，两处皆无正人，故曰两无正也。然推其无正之故，则皆王之恶。直言而喜，巧言有以致之，乃知戎成饥成，匪降自天，皆由于人。成乱者，臣也；启乱者，用臣者也。"兹从"两无正"说。）

【祈父之什小结】

《祈父之什》十篇。《祈父》，责司马。《白驹》，饯贤。《黄鸟》，忧世。《我行其野》，怨幽王。《斯干》，期成业。《无羊》，期治世。《节南山》，刺用伊氏。《正月》，大夫忧乱。《十月之交》，刺皇父。《雨无正》，伤无臣。方玉润《诗经原始》："此什《无羊》以上六篇，宣王时诗，多美辞。唯《祈父》及《黄鸟》《我行其野》三诗有讽意。盖末年慌乱几渐形矣。《节南山》皆幽王时诗。"笔者臆前三篇为宣王时诗，余皆幽王时作。盖旧谓《斯干》祝考室，《无羊》颂考牧，美宣王也，然二诗皆以梦幻出之，诡奇之文，置诸《我行》中侯怨后，显是寄于幽王者，皆梦幻也，非宣王时诗。既前三篇宣王时作，首篇直责司马，次篇贤去，再次忧世，何美之有？而后南山高危，伊氏专权，皇父为非，朝无顾命之臣，国有昏庸之主，则世乱矣。此编者之意乎？

小雅·小旻之什

小 旻

旻天疾威①，敷于下土②。谋犹回遹③，何日斯沮④？谋臧不从⑤，不臧覆用⑥。我视谋犹，亦孔之邛⑦。

潝潝訿訿⑧，亦孔之哀。谋之其臧，则具是违⑨。谋之不臧，则具是依⑩。我视谋犹，伊于胡底⑪？

我龟既厌⑫，不我告犹⑬。谋夫孔多，是用不集⑭。发言盈庭，谁敢执其咎⑮？如匪行迈谋⑯，是用不得于道⑰。

哀哉为犹⑱！匪先民是程⑲，匪大犹是经⑳。维迩言是听㉑，维迩言是争㉒。如彼筑室于道谋，是用不溃于成㉓。

国虽靡止㉔，或圣或否㉕。民虽靡膴㉖，或哲或谋，或肃或艾㉗。如彼泉流，无沦胥以败㉘。

不敢暴虎㉙，不敢冯河㉚。人知其一，莫知其他。战战兢兢㉛，如临深渊，如履薄冰。

【集释】

①旻（mín）天：秋天，此指苍天、皇天。疾威：暴虐。②敷：布。下土：指天下。③谋犹：谋略。犹：通"猷"，规划。回遹（yù）：邪僻。④斯：犹"乃"、才。沮（jǔ）：止。⑤臧：善。从：听从。⑥覆：反。⑦孔：很。邛（qióng）：错误。⑧潝潝（xì）：附和貌。訿訿（zǐ）：诋毁貌。⑨具：同"俱"，都。⑩依：依从。⑪伊：语助词。于：往。胡：何。底：至。⑫龟：占卜之龟甲。厌：厌恶。⑬犹：策谋。⑭用：犹"以"。集：成就。⑮执：承担。咎：罪过。⑯匪：彼。行迈：指路人。谋：商量。⑰不得于道：达不到目的地。⑱为：

制订。⑲匪：非。先民：古人，指古贤者。程：效法。⑳大犹：大道、常规。经：行、遵循。㉑维：同"唯"，只有。迩言：近言，指谗佞肤浅言论。㉒争：争辩。㉓溃：通"遂"，成功。㉔靡：没有。止：礼。靡止，犹言没有礼法、没有法度。㉕或：有。圣：圣人。否：平常人。㉖膴（wǔ）：肥、厚，引申为多。㉗肃：庄重。艾（yì）：治理。㉘无：通"勿"。沦胥：相率。败：败亡。㉙暴（bó）虎：空手打虎。暴，通"搏"。㉚冯（píng）河：徒步渡河。㉛战战：恐惧貌。兢兢：谨慎小心貌。

【缵绎】

《毛诗序》："《小旻》，大夫刺幽王也。"郑玄《毛诗传笺》："当为刺厉王。"朱熹《诗集传》："大夫以王惑于邪谋，不能断以从善而作此诗"。严粲《诗缉》："刺不能听谋，将致乱也。"季本《诗说解颐》："上无道揆，嘉谋不得信用，故在位大夫之不得行其志者忧而作此诗也。"邓元锡《诗绎》："刺谋失也。"傅恒、孙嘉淦等《诗义折中》："忧世也。"方玉润《诗经原始》："刺幽王惑邪谋也。"今人多从是说。笔者以为刺上无道揆，不听善谋将致乱之诗。

诗六章，前三章章八句，后三章章七句。一章王政之灾在"谋犹回遹"，国王昏庸，是非不辨、善恶不分。二章掌权者党同伐异，谋臧是违，不臧是依，国政时局，令人担忧。三章朝廷"谋夫孔多""发言盈庭"，但都不着边际。四章言当朝政令，上不遵古贤，下不合常规，国王偏听偏信，策谋脱离实际。五章国家有各种人才，劝谏国王要择善而从，勿使国政消亡。末章暴虎冯河，尽人皆知，故谋者明哲保身，战战兢兢，如履薄冰。末三句，既写心中焦虑，又呼应篇首。言治国不可"疾威"，若此，则灾必"敷于下土"。"旻天疾威"为诗眼，"谋犹回遹"为议题，以致贤人失位，善谋不兴，昏聩当道，邪谋乱政，诗人忧虑慨叹，知灾祸之将至矣。诗固是刺王之作，然不知所刺何王。《序》以为刺幽王，郑《笺》以为刺厉王，皆不可知，盖上无道揆，不听善谋，皆在可刺之列，又奚辨幽、厉乎？以诗之编序，似刺幽王为宜。（按：此诗题为《小旻》，苏辙《诗集传》曰："《小旻》《小宛》《小弁》《小明》四诗皆以'小'名篇，所以别其为《小雅》也。其在《小雅》者谓之'小'，故其在《大雅》者谓之《召旻》《大明》，独《宛》《弁》阙焉，意者孔子删之矣。虽去其大而其小者犹谓之小，盖即用其旧也。'"其说近是。古人作诗，多不立题，诗成而拈首二字以为篇名。盖编者为避其重名以别之耳。）

小 宛

宛彼鸣鸠①，翰飞戾天②。我心忧伤，念昔先人③。明发不寐④，有怀二人⑤。

人之齐圣⑥，饮酒温克⑦。彼昏不知，壹醉日富⑧。各敬尔仪⑨，天命不又⑩。

中原有菽⑪，庶民采之。螟蛉有子⑫，蜾蠃负之⑬。教诲尔子，式穀似之⑭。

题彼脊令⑮，载飞载鸣。我日斯迈⑯，而月斯征⑰。夙兴夜寐，毋忝尔所生⑱。

交交桑扈⑲，率场啄粟⑳。哀我填寡㉑，宜岸宜狱㉒。握粟出卜㉓，自何能穀㉔？

温温恭人㉕，如集于木。惴惴小心㉖，如临于谷。战战兢兢，如履薄冰！

【集释】

①宛（wǎn）：小貌。鸠：斑鸠。②翰：高。戾（lì）：至。③先人：指周文王、武王。④明发：天明。含有通宵达旦之意。⑤有：通"又"。二人：指父母。⑥齐：正直。圣：聪明。⑦温：同"蕴"，蕴藉自恃。克：克制。⑧壹醉：每饮必醉。壹：语助词。富：甚。⑨仪：威仪。⑩天命：指王位、国运。不又：不再。⑪中原：原中，田野之中。菽：大豆。⑫螟蛉：螟蛾幼虫。⑬蜾蠃（guǒ luǒ）：细腰蜂，常捕螟蛉以育其幼虫。负：背。⑭式：句首语气词。穀：善。似：借作"嗣"，继承。⑮题：通"睼"，看。脊令：鸟名，即鹡鸰。⑯日：日日。斯：语助词。迈：远行。⑰而：同"尔"。月：月月。征：行。⑱忝（tiǎn）：辱没。所生：指父母。⑲交交：往来貌。桑扈：食肉鸟，亦名窃脂、青雀。⑳率：沿着。场：打谷场。㉑填：通"瘨（diān）"，病。寡：贫。㉒宜：犹"乃"。岸：通"犴"，监狱。《韩诗》："乡亭之狱曰犴，朝廷曰狱。"㉓握粟：一把小米（给卜人作酬劳）。㉔自：从。穀：善。㉕温温：和柔貌。恭人：恭谨之人。㉖惴惴（zhuì）：愁惧貌。

【缵绎】

《毛诗序》："《小宛》，大夫刺幽王也。"郑玄《毛诗传笺》："当为厉王。"朱熹《诗集传》："大夫遭时之乱，而兄弟相戒以免祸之诗。"严粲《诗缉》：

"刺不能自强而昏于酒,下不能抚其子,上不能绍其先也。"朱郁仪《诗故》:"兄弟相戒,无荒于酒,教子义方,求以免祸也。"傅恒、孙嘉淦等《诗义折中》:"孝子继志也。"方玉润《诗经原始》:"贤者自箴也。"程俊英《诗经译注》:周王同姓者刺幽王,并劝弟乱世免祸也。今人另有乱世思亲、怨兄弟诸说。笔者以为大夫戒兄弟修德免祸之诗。

诗六章,章六句。一章鸣鸠虽小,飞可戾天,人苟奋勉,可至于善。念及先人之善,又怀父母之恩,心中忧伤。二章德性坚定者,不为酒困;昏然不知者,醉而日甚。齐外以养中,则性定命立,不然则福去灾生。三章善道人皆可行,不似者可教而似。人不惟独善其身又当教子使之善,以继先人之志。四章脊令飞鸣勤劳如此,你我兄弟岂可暇逸?况老之将至,当彼此奋勉,敬身教子,不辱先人。五章桑扈啄场粟则不善,病寡贫困易为非,则触禁繁刑,故敬身宜更谨。六章敬人者如集于木,恐失礼而常怀不安;敬己者如临于谷,恐徇欲而常小心;故战战兢兢以敬事,如履薄冰恐失足,庶无祸殃。"此诗遇乱而戒兄弟修德以免祸。修德当法其亲,免祸则谨其德。前四章修德之事,后二章免祸之意。"(许谦《诗集传名物钞》)"《雨无正》,责群臣之离居,教之'各敬尔身',此戒人子之式穀,教之'各敬尔仪'。'敬'之一字,真人子持身之大本也。"(舜牧《重订诗经疑问》)诗中特提"饮酒",酒最可乱德,乱德则无仪。词在虚实之间,而意则及于大本。小心免祸,各敬尔仪,其义大哉。

小 弁

弁彼鸒斯[1],归飞提提[2]。民莫不穀[3],我独于罹[4]。何辜于天[5]?我罪伊何[6]?心之忧矣,云如之何[7]!

踧踧周道[8],鞫为茂草[9]。我心忧伤,惄焉如捣[10]。假寐永叹[11],维忧用老[12]。心之忧矣,疢如疾首[13]。

维桑与梓[14],必恭敬止[15]。靡瞻匪父[16],靡依匪母[17]。不属于毛[18],不罹于里[19]?天之生我,我辰安在[20]?

菀彼柳斯[21],鸣蜩嘒嘒[22]。有漼者渊[23],萑苇淠淠[24]。譬彼舟流,不知所届[25],心之忧矣,不遑假寐。

鹿斯之奔[26],维足伎伎[27]。雉之朝雊[28],尚求其雌。譬彼坏木[29],疾用无枝㉚。心之忧矣，宁莫之知㉛。

相彼投兔㉜，尚或先之㉝。行有死人㉞，尚或墐之㉟。君子秉心㊱，维其忍之㊲。心之忧矣，涕既陨之㊳。

君子信谗，如或酬之㊴。君子不惠㊵，不舒究之㊶。伐木掎矣㊷，析薪扡矣㊸。舍彼有罪，予之佗矣㊹。

莫高匪山，莫浚匪泉㊺。君子无易由言㊻，耳属于垣㊼。无逝我梁㊽，无发我笱㊾。我躬不阅㊿，遑恤我后㉛。

【集释】

①弁（pán）：快乐。鹙（yù）：又名鸦乌、鸭鹛。形似乌鸦，大如鸽，腹下白色。往往千百成群，鸣声雅雅，又名雅乌。斯，语气词。《毛传》："鹙，卑居。卑居，雅乌也。"孔颖达疏："此鸟名鹙，而云斯者，语辞。" ②提提（shí）：群飞安闲貌。③榖：善。④罹（lí）：忧。⑤辜：罪过。⑥伊：是。⑦云：句首语气词。⑧踧踧（dí）：平坦貌。周道：大道。⑨鞠（jú）：同"鞫"，穷，阻塞。⑩愬（nì）：想。捣：舂。⑪假寐：和衣而寐。⑫维：只因。用：而。⑬疢（chèn）：热病。疾首：头疼。⑭桑梓：古代桑、梓多植于宅旁，桑可养蚕，梓可作器，可传子孙，后遂为故乡代称。⑮止：语气词。⑯靡…匪：无不。瞻：敬仰。⑰依：依恋。⑱属（zhǔ）：连属。毛：犹表，指皮肤毛发，代指父。⑲罹：通"丽"，附着。里：指身体内部血肉，代指母。⑳辰：时，指时运。㉑菀：茂密貌。㉒蜩（tiáo）：蝉。嘒嘒（huì）：蝉鸣声。㉓濩（cuǐ）：水深貌。㉔萑（huán）苇：芦苇。淠淠（pèi）：茂盛貌。㉕届：到、止。㉖奔：指觅群求偶。㉗维：犹"其"。伎伎（qí）：奔貌。㉘雉（zhì）：野鸡。雊（gòu）：雉鸣。㉙坏木：病树。㉚疾：病。用：因。㉛宁：难道。㉜相：看。投兔：被捕入笼之兔。投，掩。㉝先：开、放。㉞行（háng）：路。㉟墐（jìn）：同"殣"，掩埋。㊱秉心：犹言居心、用心。㊲维：犹"何"。忍：残忍。㊳陨：落。㊴酬：敬酒。㊵惠：爱。㊶舒：缓慢。究：追究。㊷掎（jǐ）：牵引。㊸析薪：劈柴。扡（chǐ）：顺纹理劈开。㊹佗（tuó）：加。㊺浚：深。㊻易：轻易。由：于。㊼耳：窃听者。属：连接。垣：墙。㊽逝：借为"折"，拆毁。梁：拦水捕鱼之堤坝，亦称鱼梁。㊾发：打开。笱（gǒu）：捕鱼竹笼。㊿躬：自身。阅：收容。㉛遑：暇。恤：忧虑。

【缵绎】

《毛诗序》:"《小弁》刺幽王也,太子之傅作焉。"朱熹《诗集传》:"幽王娶于申,生太子宜臼,后得褒姒而惑之,生子伯服,信其谗,黜申后,逐宜臼,而宜臼作此诗以自怨也。"(按:朱熹《诗序辨说》:"此诗明白为放子之作无疑,但未有以见其必为宜臼耳。")方玉润《诗经原始》:"宜臼自伤被废也。"王先谦《诗三家义集疏》引鲁说:"伯奇之诗也。伯奇仁人,而父虐之,故作《小弁》之诗。"程俊英《诗经译注》:逐子怨也。袁梅《诗经译注》:弃妇之词。笔者以为宜臼怨慕之诗。

诗八章,章八句。首章呼天自诉,总起独罹忧伤。二章周道草茂,去国心伤。三章孝心空投,反被放逐。四、五章失亲无依,心灰意懒。六章怨父残忍,不念亲情。七章责父信谗,以致被逐。末章前途难卜,自警被谗。"总言怨慕之意。篇内五心之忧矣,一曰'云如之何',其词尚缓;二曰'疢如疾首',则切于身矣;三曰'不遑假寐',则昼夜无有休止;四曰'宁莫之知',则无所告诉而仓卒急迫,故终之以涕陨也。"(许谦《诗集传名物钞》)"幽王娶于申,生太子宜臼。后嬖褒姒,生伯服。王信褒姒之谗也,废申后,太子宜臼奔申。王求宜臼于申,欲杀之。申侯不与,故太子作此诗自怨己之有罪而不知,且望王之慎言而徐察之也。"(傅恒、孙嘉淦等《诗义折中》)全诗反复申言被告放之由及见逐之苦。或兴或比,或正或反,或忧伤于前,或惧祸于后,无非望父母鉴察其诚,而怨昊天之降罪无辜,至情之文,有非他人不可道,不可及之事,故非宜臼不能为也。"至其布局精巧,整中有散,正中寓奇,如握奇率;然离奇变幻,令人莫测。"(方玉润《诗经原始》)

巧 言

悠悠昊天①,曰父母且②。无罪无辜,乱如此幠③。昊天已威④,予慎无罪⑤。昊天大幠⑥,予慎无辜。

乱之初生,僭始既涵⑦。乱之又生,君子信谗。君子如怒⑧,乱庶遄沮⑨。君子如祉⑩,乱庶遄已。

君子屡盟⑪,乱是用长。君子信盗⑫,乱是用暴。盗言孔甘⑬,乱是用餤⑭。

匪其止共⑮，维王之邛⑯。

奕奕寝庙⑰，君子作之。秩秩大猷⑱，圣人莫之⑲。他人有心，予忖度之⑳。跃跃毚兔㉑，遇犬获之。

荏染柔木㉒，君子树之。往来行言㉓，心焉数之㉔。蛇蛇硕言㉕，出自口矣；巧言如簧，颜之厚矣！

彼何人斯？居河之麋㉖。无拳无勇㉗，职为乱阶㉘。既微且尰㉙，尔勇伊何？为犹将多㉚，尔居徒几何㉛？

【集释】

①悠悠：远大貌。②且（jū）：语助词。③幠（hū）：大。④已：甚。威：畏、可怕。⑤慎：确实。⑥大：太。幠：怠慢，疏忽。⑦僭（jiàn）：谗言。涵：容纳。⑧怒：怒责谗人。⑨庶：几乎。遄（chuán）：速、快。沮：终止。⑩祉：福，指任用贤人。⑪盟：与谗人结盟。⑫盗：盗贼，指谗人。⑬孔甘：很甜。⑭餤（tán）：原意为进食，引申为增多。⑮止：达到。共：通"恭"，忠于职责。⑯邛：病。⑰奕奕：高大美盛貌。寝：宫室。庙：宗庙。⑱秩秩：宏伟貌。大猷：治国大道，指典章制度。⑲莫：通"谟"，谋。⑳忖度：揣测。㉑跃跃（tì）：通"趯趯"，跳跃貌。毚（chán）：狡猾。㉒荏（rěn）染：柔弱貌。柔木：善木。㉓行言：流言，谣言。㉔数：辨。㉕蛇蛇（yí）：欺骗貌。硕言：大话。㉖麋（méi）：通"湄"，水边。㉗拳：力。㉘职：主要。阶：阶梯。㉙微：通"癓"，小腿生疮。尰（zhǒng）：借为"瘇"，脚肿。㉚犹：通"猷"，谋。㉛居：语助词。徒：党徒。

【缵绎】

《毛诗序》："《巧言》，刺幽王也。大夫伤于谗，故作是诗也。"朱熹《诗集注》："大夫伤于谗，无所控告而诉之于天……此自诉而求免之词也。"傅恒、孙嘉淦等《诗义折中》："刺谗人也。"方玉润《诗经原始》："嫉谗致乱也。"程俊英《诗经译注》：上听谗祸国也。笔者以为嫉谗致乱之诗。

诗六章，章六句。首章呼天虚起，伏下乱阶。二章僭谗有由，在信谗而不止谗。三章谗人欺罔，长乱在于信谗。四章止谗如获狡兔，其实不难。五章硕言蛇蛇，巧言如簧，皆谗言也，而甚易辨之。六章谗人实无才能，唯凭口舌，足为乱阶，是致乱之由。诗"前三章刺听谗者，后三章刺谗人。"（王鸿绪等

《诗经传说汇纂》）"首呼天而诉之，末斥其人而悟之，中间则归过于王也。"（李光地《诗所》）先言乱在信谗不止谗，是听谗者不智；后言乱因谗人无所不用其极，是进谗者狡狯。末章言进谗者虽"无拳无勇"而可致乱，所谓谗言惑政，信谗误国。"谗人本不难知，不难辨，不难除，宜其无谗也，特以王心信之而不悟，此大夫所以伤于谗也。"（邹泉《诗经约说》）"此必有所指，惜史无征，《序》不足信，徒存空言以为世戒，俾知信谗之足以召乱也。如此，旨亦微哉！"（方玉润《诗经原始》）

何人斯

彼何人斯①？其心孔艰②。胡逝我梁③，不入我门？伊谁云从④？维暴之云⑤。二人从行⑥，谁为此祸？胡逝我梁，不入唁我⑦？始者不如今，云不我可⑧。

彼何人斯？胡逝我陈⑨？我闻其声，不见其身。不愧于人？不畏于天？

彼何人斯？其为飘风⑩。胡不自北？胡不自南？胡逝我梁？只搅我心。

尔之安行，亦不遑舍⑪。尔之亟行⑫，遑脂尔车⑬？壹者之来，云何其盱⑭？

尔还而入⑮，我心易也⑯。还而不入，否难知也⑰。壹者之来，俾我祇也⑱。

伯氏吹埙⑲，仲氏吹篪⑳。及尔如贯㉑，谅不我知㉒。出此三物㉓，以诅尔斯㉔。

为鬼为蜮㉕，则不可得。有靦面目㉖，视人罔极㉗。作此好歌，以极反侧㉘。

【集释】

①斯：语助词。②孔：甚，很。艰：阴险。③梁：拦水捕鱼之坝堰。④伊：其。从：跟随。⑤暴：指暴公。⑥二人：主人公与"彼"人。⑦唁（yàn）：慰问。⑧可：嘉、好。⑨陈：堂下至门之路，俗称穿堂。⑩飘风：暴风。⑪遑：空闲。舍：止息。⑫亟：急。⑬脂：以油脂涂车。⑭盱（xū）：通"吁"，忧。⑮还：返。⑯易：改变，指转愁为喜。⑰否：不。⑱俾：使。祇（qí）：通"疧"，病。⑲伯氏：兄。埙（xūn）：古陶制吹奏乐器，卵形中空，有吹孔。⑳仲：弟。篪（chí）：古竹制乐器，如笛，有八孔。㉑及：与。贯：为绳贯串之物。㉒谅：诚。知：交好、相契。㉓三物：猪、犬、鸡。㉔诅：盟诅。古时订盟，杀牲歃血，告誓神明，若有违背，令神明降祸。㉕蜮（yù）：古代以为短

狐一类害人之物。㉖觍（miǎn）：见。㉗视：示。罔极：没有准则。㉘极：穷、深究。反侧：反复无常。

【缵绎】

《毛诗序》："《何人斯》，苏公刺暴公也。暴公为卿士而谮苏公焉，故苏公作是诗以绝之。"朱熹《诗集传》："旧说于诗无明文可考。未敢信其必然耳。"方玉润《诗经原始》："刺反侧也。"程俊英《诗经译注》：刺同僚以绝交也。袁梅《诗经译注》：女斥夫薄幸，敦其重修与好也。笔者以为刺反侧之诗。

诗八章，章六句。首章直刺彼人心险，"不入我门"，乃从暴公也。二章彼人不入唁我，有始无终。三四章彼人性情无常，诡异无定，往来无定。五六章忆曾相见，虽忠厚待彼，却遭伤害。七章忆昔合好，三物盟约。末章彼人鬼蜮罔极，反复无常，明作诗本怀，"反侧"作结，呼应篇首"心艰"。《毛诗序》谓苏公刺暴公，世多疑之，然其来已久，或有所据，姑从之。"盖此诗不徒为暴公发，乃专斥依附暴公权势而侧苏公之人耳。小人欺天罔人，毫无畏忌，亦不知耻。是以交友则始合终离，行事则有影无形，居心则忽南忽北，行踪诡秘，令人莫测。所谓'为鬼为蜮'心极奸险，不徒以谮愬为工者也。……然则何以列之于《雅》？夫君子小人同秉国政，互相水火。君不能正之于上，臣必乱之于下。朋党势成而君心孤立，其国焉得不亡？"（方玉润《诗经原始》）"诗言微婉，未有刺其人而直斥之者，故屡言'彼何人斯'为穷诘之词。从行二人，究其推诿之奸；逝梁不入，发其忸怩之情；飘风鬼蜮，比其暧昧之私，辞婉而意切矣。"（郝敬《毛诗原解》）

巷 伯

萋兮斐兮①，成是贝锦②。彼谮人者③，亦已大甚④！
哆兮侈兮⑤，成是南箕⑥。彼谮人者，谁适与谋⑦？
缉缉翩翩⑧，谋欲谮人。慎尔言也，谓尔不信。
捷捷幡幡⑨，谋欲谮言。岂不尔受？既其女迁⑩。
骄人好好⑪，劳人草草⑫。苍天苍天！视彼骄人，矜此劳人！
彼谮人者，谁适与谋？取彼谮人，投畀豺虎⑬。豺虎不食，投畀有北⑭。有北不受，投畀有昊⑮！

杨园之道，猗于亩丘⑯。寺人孟子⑰，作为此诗。凡百君子，敬而听之！

【集释】

①萋、斐（fěi）：文采相错貌。②贝锦：贝壳有纹，故称锦为贝锦。③谮（zèn）人：谮他人者。④大：通"太"。⑤哆（chǐ）：张口貌。侈（chǐ）：大。⑥南箕：星宿名，共四星，连接成梯形，如簸箕状。⑦适（dí）：喜。⑧缉缉：通"咠咠（qì）"，附耳私语貌。翩翩：亦作"谝谝（pián）"，花言巧语。⑨捷捷：犹"缉缉"，能言善辩。幡幡（fān）：犹"翩翩"，反复进言貌。⑩女：同"汝"。迁：转移。⑪骄人：指进谮者。⑫草草：忧貌。⑬畀（bì）：与。⑭有北：北方极寒之地。有，词头无义。⑮有昊：苍天。⑯猗（yǐ）：在。⑰寺人：阉人，宦官。

【缵绎】

《毛诗序》："《巷伯》，刺幽王也，寺人伤于谗，故作是诗也。"郑玄《毛诗传笺》："巷伯，奄官。寺人，内小臣也。……谗人谮寺人，寺人又伤其将及巷伯，故以名篇。"历来有遭谗被宫与巷伯遭谗二说。笔者以为遭谗被宫者警世之诗。

诗七章，前四章章四句，五章章五句，六章章八句，七章章六句。首章总起，萋斐成锦，喻谗人罗织罪名，造谣诬陷。二三四章造谣者摇唇鼓舌，左右舆论。五章谮人者得意称骄，被谮者可怜为劳，呼天不公。六章谮人者当喂虎狼。末章郑重留名，警示后人，勿受其害。"巷，是宫内道名，秦汉所谓"永巷"是也。伯，长也。主宫内道官之长，即寺人也。故以名篇。班固《司马迁赞》云：'迹其所以自伤悼，《小雅·巷伯》之伦。'其意亦谓巷伯本以被谮而遭刑也。"（朱熹《诗集传》）"一章二章责之，三章四章诲之，五章怨而诉之，六章深恶而痛疾之，七章则言作诗以为君子之戒也。"（朱公迁《诗经疏义会通》）"天下无无因而起之事，萋菲成锦，集众事以为一，然究有可集之端也。哆侈成箕，指小事以成大，然究有可指之实也。《毛传》曰：'斯人自谓避嫌之不审'是也。避嫌不审，皆由于不敬自谓，大端已是而不谨于微，自恃此心无他而不避其似，小人执其微与似者以谮之，则无以自解矣。故自伤而作此诗，欲君子敬而听之，正欲君子听而敬之也。听而敬之，谨小慎微，别嫌明疑，则逸言无由生矣。"（傅恒、孙嘉淦等《诗义折中》）"陈氏栎曰：《巧言》《何人斯》《巷伯》三篇具述逸言之祸与逸人之情状，可谓极矣。朱氏公迁曰：上三篇皆刺逸者之诗，故相属。"（王鸿绪等《钦定诗经传说汇纂》）

谷 风

习习谷风①，维风及雨②。将恐将惧③，维予与女④。将安将乐，女转弃予⑤。
习习谷风，维风及颓⑥。将恐将惧，置予于怀。将安将乐，弃予如遗⑦。
习习谷风，维山崔嵬⑧。无草不死，无木不萎。忘我大德，思我小怨。

【集释】

①习习：大风声。谷风：山谷风。②维：是。③将：方。④与：帮助。女：同"汝"。⑤转：反而。⑥颓：旋风。⑦遗：遗忘。⑧崔嵬（wéi）：山高峻貌。

【缵绎】

《毛诗序》："《谷风》，刺幽王也。天下俗薄，朋友道绝焉。"朱熹《诗集传》："此朋友相怨之诗。"方玉润《诗经原始》："伤友道绝也。"程俊英《诗经译注》：弃妇之词。笔者以为伤君臣道绝之诗。

诗三章，章六句。一章山风频来，雨解风之暴而布其泽，风雨相须，如君臣长相处。我助尔于将恐将惧之时，汝弃我于将安将乐之际。二章自上而下者惟颓风，颓风不能泽物。患难之际，我因而见爱，安乐之时，尔弃我而忘之。三章山高风烈，不能泽物而反害之，故草木不生。君气高性暴，则臣反受其害。何耶？不思大德，不忘小怨故也。可与共患难而不可共安乐，可与施大德而不可言小怨，君臣之义若此，国之兴衰可知。列于《雅》者，盖周大夫之所为作也。前数篇刺逸祸，此篇伤道绝，下章《蓼莪》伤孝道，此编者之次第也。陈子展《诗经直解》："道情事实切，意浅境妙。末两句道出受病根由，正是诗骨。"

蓼 莪

蓼蓼者莪①，匪莪伊蒿②。哀哀父母，生我劬劳③。

蓼蓼者莪，匪莪伊蔚④。哀哀父母，生我劳瘁⑤。

瓶之罄矣⑥，维罍之耻⑦。鲜民之生⑧，不如死之久矣！无父何怙⑨？无母何恃？出则衔恤⑩，入则靡至⑪。

父兮生我，母兮鞠我⑫。拊我畜我⑬，长我育我，顾我复我⑭，出入腹我⑮。欲报之德⑯，昊天罔极⑰！

南山烈烈⑱，飘风发发⑲。民莫不穀⑳，我独何害㉑？

南山律律㉒，飘风弗弗㉓。民莫不穀，我独不卒㉔！

【集释】

①蓼蓼（lù）：长大貌。莪（é）：莪蒿，野草名。②伊：是。蒿：即蒿子，有青蒿、白蒿等数种。③劬（qú）：劳苦。④蔚（wèi）：牡蒿。⑤瘁：病。⑥瓶：汲水器具。罄（qìng）：尽。⑦罍（léi）：肚大口小酒坛。二句以酒瓶空为酒坛之耻，喻民贫不养父母，乃上者之耻。⑧鲜（xiǎn）：寡。鲜民，孤子。⑨怙（hù）：依靠。⑩出：出门。衔：含。恤（xù）：忧。⑪入：进门。至：亲。靡至：没有亲人。⑫鞠（jū）：养育。⑬拊（fǔ）：通"抚"。畜：通"慉"，喜爱。⑭顾：顾念。复：返回，指不忍离去。⑮腹：怀抱。⑯之：此。⑰罔：无。极：准则。⑱烈烈：高峻貌。⑲飘风：暴风。发发：迅疾貌。⑳穀：善。㉑何：通"荷"，蒙受。㉒律律：犹"烈烈"。㉓弗弗：犹"发发"。㉔卒：终，指养老送终。

【缵绎】

《毛诗序》："《蓼莪》，刺幽王也，民人劳苦，孝子不得终养尔。"严粲《诗缉》："孝子行役而丧其亲，故写其心中之哀。"朱郁仪《诗故》："孝子见放逐者所作也。"李光地《诗所》："父母既没而思念之诗，伤其不能早有立以待亲年。"傅恒、孙嘉淦等《诗义折中》："孝子思养亲也。"方玉润《诗经原始》："孝子痛不得终养也。"程俊英《诗经译注》：役者悼父母也。笔者以为孝子痛亲不能终养之诗。

诗六章，一二五六章章四句，三四章章八句。前两章用比，伤父母劬劳以养，盼为成材，而己竟无以为报。"言昔谓之莪，而今非莪也，特蒿而已。以比父母生我以为美材，可赖以终其身，而今乃不得其养以死。于是乃言父母生我之劬劳而重自哀伤也。"（朱熹《诗集传》）中两章写失亲之痛与父母之爱，亦怨时也。四章追念父母劬劳鞠育之状，伤世无道，情极沉痛。五六章用兴，以众人能养父母，独己不能尽孝，抱恨独深。山峻风烈，气象萧森，凄凉悲怆，如泣如诉。"《陟岵》《鸨羽》思念于父母尚存之日，《蓼莪》之诗感伤于父母既没之后。父母尚存则旷废于今日，犹幸来日之可继也；若父母既没，则罔极之恩不可得而报矣。树欲静而风不止，子欲养而亲不在，终天之痛，何时可已哉？"（傅恒、孙嘉淦等《诗义折中》）方玉润《诗经原始》："此诗为千古孝思绝作，尽人能识。……固不必问所作何人，所处何世，人人心中皆有此一段至情文字在，特其人以妙笔出之，斯成为一代至文耳！"

大　东

有饛簋飧①，有捄棘匕②。周道如砥③，其直如矢。君子所履④，小人所视⑤。睠言顾之⑥，潸焉出涕⑦。

小东大东⑧，杼柚其空⑨。纠纠葛屦⑩，可以履霜。佻佻公子⑪，行彼周行⑫。既往既来，使我心疚⑬。

有冽氿泉⑭，无浸获薪⑮。契契寤叹⑯，哀我惮人⑰。薪是获薪⑱，尚可载也⑲。哀我惮人，亦可息也。

东人之子，职劳不来⑳。西人之子㉑，粲粲衣服㉒。舟人之子㉓，熊罴是裘㉔。私人之子㉕，百僚是试㉖。

或以其酒㉗，不以其浆㉘。鞙鞙佩璲㉙，不以其长㉚。维天有汉㉛，监亦有光㉜。跂彼织女㉝，终日七襄㉞。

虽则七襄，不成报章㉟。睆彼牵牛㊱，不以服箱㊲。东有启明㊳，西有长庚。有捄天毕㊴，载施之行㊵。

维南有箕㊶，不可以簸扬㊷。维北有斗㊸，不可以挹酒浆㊹。维南有箕，载翕其舌㊺。维北有斗，西柄之揭㊻。

【集释】

①饛（méng）：食物满器貌。簋（guǐ）：古代食器。飧（sūn）：熟食。②捄（qiú）：长而弯曲貌。棘匕：酸枣木制勺匙。③周道：大路。砥：磨刀石。④君子：指贵族。履：行走。⑤小人：指平民。⑥睠（juàn）：同"眷"，回顾貌。

⑦潸（shān）：涕下貌。⑧小东大东：东方大小诸侯国，远为大，近为小。⑨杼柚（zhù zhú）：织机上持纬线为杼，受经线为柚。合称指织布机。⑩纠纠：缠结貌。屦：鞋。⑪佻佻（tiáo）：轻佻貌。⑫周行（háng）：周道。⑬疚：忧虑。⑭冽（liè）：寒。氿（guǐ）泉：泉水上流受阴，从侧流出，称氿泉。⑮获薪：已割柴草。⑯契契：忧结貌。寤叹：不寐而叹。⑰惮（dàn）：通"瘅"，疲苦成病。⑱薪是：烧此。薪，动用，烧。⑲载：装载。⑳职：只是、主要。劳：服劳役。来：同"勑"，慰勉。㉑西人：指周人。㉒粲粲：鲜艳美丽貌。㉓舟人：大人。舟，"周"假借。㉔罴：大熊。裘：当作"求"，打猎。㉕私人：小人，下层人。㉖百僚：春秋时下层差役有阜、舆、隶、僚、仆、台、围、牧等。百僚指上述诸等差役。试：用。㉗以：用。㉘浆：薄酒。㉙鞙鞙（juān）：通"琄琄"，玉圆貌。璲（suì）：瑞玉。㉚以：因。长：善。㉛汉：云汉，天河。㉜监：鉴。古人以水为鉴。㉝跂（qí）：同"歧"，分叉状。织女三星鼎足而三貌。织女：星名，共有三星。㉞终日：从早到晚。襄：动。七襄，织女星更动七次位置。一日十二时辰，从早到晚占七个时辰，织女星每一时辰更动一个位置，七辰更动七次，故称"七襄"。㉟报：复，往来；纬线一来一往。报章，指织布。章，经纬纹理。㊱睆（huǎn）：明貌。牵牛：星座名，又名河鼓星，俗名牛郎星，在银河南侧。㊲以：用。服：载。箱：车厢。㊳启明、长庚：金星（又名太白星）晨在东方，称启明，夕在西方，称长庚。㊴天毕：毕星，八星组成，状如捕兔毕网，网小而柄长。㊵载：则。施（yì）：斜行。行：行列。㊶箕：俗称簸箕星，四星联成，形如簸箕，距离较远两星间是箕口。㊷簸：扬米去糠。㊸斗：北斗星。㊹挹（yì）：舀。㊺翕（xī）：缩。㊻西柄：南斗星座呈斗形有柄，其柄常在西方。揭：举起。

【缵绎】

《毛诗序》："《大东》，刺乱也。东国困于役而伤于财，谭大夫作是诗以告病焉。"郑玄《毛诗传笺》："谭国在东，故其大夫尤苦征役之事也，鲁庄公十年，齐师灭谭。"此诗哀东人困于政赋，刺周室诛求无已，古今无异说。

诗七章，章八句。一章至五章上半，从食、行、衣、劳将东国与西人两两相形，极写周人贪得无厌，东人困苦怨愤，贫富悬殊、苦乐不均。五章后半以下历举天上星宿有空名无实用，言不公无处不在。天汉而下，呼天自诉。因杼柚之空，怨及织女，由织女虚机而怨牵牛，再怨启明长庚，毕星施行，南箕不簸扬，北斗不挹浆，民困于王者，既若彼其穷；而人之厄于天，又如此其极。忽历数天星，豪纵无羁。"徐氏常吉曰：'俯观周道而伤今思古之怀，既有感于中；中察人事而彼此不均之状，又有激于目；仰观天象又若有不恤东人而反助西人之意。俯仰之间，何莫而非见困者哉？'"（王鸿绪等《钦定诗经传说汇纂》）方玉润《诗经原始》："五章以下大放厥词，……奇情恣纵，光怪陆离，得未曾有。后世歌行各体从此化出，在《三百篇》中实创格也。"又曰："后世李白歌行，杜甫长篇，悉脱胎于此，均足以卓立千古。"吴闿生《诗义会通》："文情俶诡奇幻，不可方物，在《风》《雅》中为别词，开辞赋之先声。"

四 月

四月维夏①，六月徂暑②。先祖匪人③，胡宁忍予④？
秋日凄凄，百卉具腓⑤。乱离瘼矣⑥，爰其适归⑦。
冬日烈烈⑧，飘风发发⑨。民莫不穀⑩，我独何害⑪！
山有嘉卉，侯栗侯梅⑫。废为残贼⑬，莫知其尤⑭。
相彼泉水⑮，载清载浊⑯。我日构祸⑰，曷云能穀⑱？
滔滔江汉⑲，南国之纪⑳。尽瘁以仕㉑，宁莫我有㉒。
匪鹑匪鸢㉓，翰飞戾天㉔。匪鳣匪鲔㉕，潜逃于渊。
山有蕨薇㉖，隰有杞桋㉗。君子作歌，维以告哀。

【集释】

①四月：指夏历（即今农历）四月。②徂（cú）：往。徂暑，盛暑即将过去。③匪人：不是别人。④胡宁：为什么。忍予：忍心让我（受苦）。⑤腓（féi）："痱"假借，枯萎或病。⑥瘼（mò）：病、痛苦。⑦爰：何 适：往、去。归：归宿。⑧烈烈：即"冽冽"，严寒。⑨飘风：疾风。发发：狂风呼啸。⑩穀（gǔ）：善、好。⑪何：通"荷"，承受。⑫侯：有。⑬废：大。残贼：残害。⑭尤：错、罪过。⑮相：看。⑯载：又。⑰构："遘"假借，遇。⑱曷：何。云：语助词。⑲江汉：长江、汉水。⑳南国：指南方各河流。纪：纲纪。㉑仕：任职。㉒有：通"友"，亲善。㉓鹑（tuán）：雕。鸢（yuān）：老鹰。

㉔翰（hàn）飞：高飞。戾（lì）：至。㉕鳣（zhān）：大鲤鱼。鲔（wěi）：鲟鱼。㉖蕨、薇：两种野菜。㉗杞：枸杞。栜（yí）：赤栜。

【缵绎】

《毛诗序》："《四月》，大夫刺幽王也。在位贪残，下国构祸，怨乱并兴焉。"严粲《诗缉》："此诗忧世之乱。"朱熹《诗集传》："此亦遭乱，自伤之诗。"朱郁仪《诗故》："南国困于征输也。"朱善《诗解颐》："大夫行役而忧时之乱，惧及其祸之辞也。"傅恒、孙嘉淦等《诗义折中》："告哀也。"方玉润《诗经原始》："逐臣南迁也。"程俊英《诗经译注》：小吏苦役忧世也。笔者以为逐臣南迁告哀之诗。

诗八章，章四句。前三章写"哀"之情：首章冒暑远征，呼先叹祖，则征人必功臣后裔；二三章历时三序，颠沛流离，贫病交加。后四章写"哀"之由：四章"获罪之冤，实为贼人所挤。'废'字乃全篇眼目。"（方玉润《诗经原始》）五章追思遭废缘由，为不肯同流合污；六章远抵南国，近望江汉，遥思故国，追怀尽瘁被谪，无辜遭贬；七章自身非鸟能飞，非鱼可游，未可全身远祸。末章物各有宜，人亦随遇，时遭不幸，作歌告哀。"此诗明明逐臣南迁之词，而诸家所解，或主遭乱，或主行役，或主构祸，或主思祭，皆未尝即全诗而一诵之也。……愚谓当时大夫，必有功臣后裔，遭害被逐，远谪江滨者，故于去国之日作诗以志哀云。"（方玉润《诗经原始》）"经时阅岁，可谓久矣；自北而南，至于江汉，可谓远矣；既遭乱离，又遇残贼，可谓穷矣。观其欲归不得，欲仕不可，欲逃不能，此宜有忿激怨怼之辞，乃不惟不怨而已，且尽瘁以供职，抒诚以告哀，虽流离放逐而系心王室，不忘欲返，此亦仁人君子之用心也。"（傅恒、孙嘉淦等《诗义折中》）后世迁谪诗之祖，亦屈原《九章》之所本也。

【小旻之什小结】

《小旻之什》凡十篇。《小旻》，刺不听善谋。《小宛》，戒修德免祸。《小弁》，宜臼怨慕。《巧言》，刺嫉谗致乱。《何人斯》，大夫刺反侧。《巷伯》，寺人伤于谗。《谷风》，伤君臣道绝。《蓼莪》，伤亲不终养。《大东》，刺乱也。《四月》，逐臣告哀。盖上不听善谋，嫉谗横行，以致君臣道绝，亲不终养，东人怨怒，良臣见逐而天下乱矣。

小雅·北山之什

北 山

陟彼北山①，言采其杞②。偕偕士子③，朝夕从事④。王事靡盬⑤，忧我父母。溥天之下⑥，莫非王土；率土之滨⑦，莫非王臣。大夫不均⑧，我从事独贤⑨。

四牡彭彭⑩，王事傍傍⑪。嘉我未老，鲜我方将⑫。旅力方刚⑬，经营四方⑭。或燕燕居息⑮，或尽瘁事国⑯。或息偃在床⑰，或不已于行⑱。

或不知叫号⑲，或惨惨劬劳⑳。或栖迟偃仰㉑，或王事鞅掌㉒。或湛乐饮酒㉓，或惨惨畏咎㉔。或出入风议㉕，或靡事不为㉖。

【集释】

①陟：登。②言：语助词。杞：枸杞。③偕偕：健壮貌。士：周时官员分卿、大夫、士三等，士职级最低，士子乃低级官员通称。④从事：为公。⑤盬（gǔ）：止息。⑥溥（pǔ）：犹"普"，普遍。⑦率：循、沿，一训为"自"。滨：水边。⑧大夫：执政大臣。不均：指分配工作不公平。⑨贤：艰苦，劳累。⑩牡：公马。彭彭：不得息貌。⑪傍傍：不得已貌。⑫鲜（xiǎn）：少。方：正。将：壮。⑬旅力：体力。旅通"膂"。⑭经营：规划治理，此指往来奔走。⑮燕燕：安闲自得貌。居息：家中休息。⑯尽瘁：尽心竭力。⑰息偃：躺着休息。偃，仰卧。⑱不已：不止。行（háng）：道路。⑲叫号：呼叫号哭。号，放声大哭。⑳惨惨：又作"懆懆"，忧虑不安貌。劬（qú）劳：辛勤劳苦。㉑栖迟：游息。偃仰：犹"息偃"。㉒鞅掌：忙乱。勤于驰驱，掌不离鞍，犹言身不离鞍马。㉓湛（dān）：同"耽"，沉湎。㉔咎：罪责、灾殃。㉕风议：发议论。㉖靡：无。

【缵绎】

《毛诗序》:"《北山》,大夫刺幽王也。役使不均,已劳于从事而不得养其父母也。"朱熹《诗集传》:"大夫行役而作。"傅恒、孙嘉淦等《诗义折中》:"刺时也。"笔者以为刺大夫役使不均之诗。

诗六章,前三章章六句,后三章章四句。前三章王事靡盬,嘉我未老,使一己独劳,工作繁重,四方奔波,有忧父母,怨役使不均。"'嘉我未老'三句,似为'独贤'二字下一注脚,笔端之妙如此。"(钟惺《诗评》)后三章劳逸对举,写大夫成天安闲,高枕无忧,饮酒享乐,对征发号召不闻不问,专挑人错,闲话人非。士被大夫役使,尽心竭力,奔走不息,提心吊胆,唯恐出错被治罪。不言苦而其苦自见,不言怨而怨意已深。"夫以士子而任'经营四方'之事,非若老成更事之有素望者,则非所当使而使矣,欲辞不得而无所控诉,此其所以不得不正言以发其不均之情欤。"(季本《诗说解颐》)"秉均者不均,膺仕者众,而贤者独劳瘁畏谗讥焉,盖《四牡》《皇华》之意,索其尽矣。故《雅》之盛也,上平其政,载恤其私,故士尽瘁而忘其劳;《雅》之变也,上不平其政,不恤其私,故士尽瘁而哀其病也。"(邓元锡《诗绎》)方玉润《诗经原始》:"归重独劳,是一篇之主。末乃以劳逸对言,两两相形,愈觉难堪。"姚际恒《诗经通论》:"'或'字作十二叠,甚奇;末句无收束,尤奇。"

无将大车

无将大车①,只自尘兮②。无思百忧,只自疧兮③。
无将大车,维尘冥冥④。无思百忧,不出于颎⑤。
无将大车,维尘雍兮⑥。无思百忧,祇自重兮⑦!

【集释】

①将(jiàng):推。大车:牛拉之货车。②只:只是。大车本牛拉,若人推非但无效,且惹尘矣。③疧(qí):忧病。④冥冥:昏晦貌。⑤颎(jiǒng):通"炯",光明。一说通"耿",小明。⑥雍:通"壅",遮蔽。⑦重(zhòng):沉重,劳累。一说同"腫",病累。

【缵绎】

《毛诗序》:"《无将大车》,大夫悔将小人也。"(郑玄《毛诗传笺》:"周大夫悔将小人。幽王之时,小人众多,贤者与之从事,反见谮害,自悔与小人并。")朱熹《诗集传》:"此亦行役劳苦而忧思者之作。"朱郁仪《诗故》:"周室内大乱,垂欲灭亡,君子忧之无可奈何之词也。"傅恒、孙嘉淦等《诗义折中》:"戒迷也。"姚际恒《诗经通论》:"此贤者伤乱世,忧思百出;既而欲暂已,虑其甚病,无聊之至也。"高亨《诗经今注》:劳者推大车歌其忧也。笔者以为大夫伤世乱无力以救之诗。

诗三章,章四句。三章只是一意。以大车喻国,以大车之行喻国运。言国运衰微,无力以推之;若欲推之,徒蒙尘垢。天下滔滔,思之无益;若欲思而救之,徒遭病累。"力微而挽重,徒以尘自障,而无益于行,犹忧思心劳而无益于事也。世既乱矣,不能挽而回之,如蚍蜉之撼大树也,徒自损伤而已尔。"(戴溪《续吕氏家塾读诗记》)"所谓百忧即《兔爰》之'百罹''百忧''百凶'也。将负载之车者,尘必及人;思百忧者,忧必伤人。由祸乱已成,势不可救,徒增郁结而已。"(朱郁仪《诗故》)"黄氏震曰:世既乱矣,力微而挽重,无益于事,与'无田甫田'之意同。"(王鸿绪等《钦定诗经传说汇纂》)"诗人感时伤乱,搔首茫茫,百忧并集,既又知其徒忧无益,祇以自病,故作此旷达聊以自遣之词,亦极无聊时也。"(方玉润《诗经原始》)

小 明

明明上天,照临下土。我征徂西①,至于艽野②。二月初吉③,载离寒暑④。心之忧矣,其毒大苦⑤!念彼共人⑥,涕零如雨。岂不怀归?畏此罪罟⑦!

昔我往矣,日月方除⑧。曷云其还⑨?岁聿云莫⑩。念我独兮,我事孔庶⑪。心之忧矣,惮我不暇⑫。念彼共人,睠睠怀顾⑬。岂不怀归?畏此谴怒。

昔我往矣,日月方奥⑭。曷云其还?政事愈蹙⑮。岁聿云莫,采萧获菽⑯。心之忧矣,自诒伊戚⑰。念彼共人,兴言出宿⑱。岂不怀归?畏此反覆⑲。

嗟尔君子,无恒安处⑳。靖共尔位㉑,正直是与㉒。神之听之,式穀以女㉓。

嗟尔君子,无恒安息。靖共尔位,好是正直㉔。神之听之,介尔景福㉕!

【集释】

①征：行。徂：往。②芃（qiú）野：荒远边地。③二月：周历二月，即夏历十二月。初吉：上旬吉日。④载：乃，则。离：经历。⑤毒：痛苦。大：太。⑥共人：志同道合者。⑦罟（gǔ）：网。⑧除：除去旧岁，新年将到。⑨曷：何，何时。云：语助词。其：将。还：回去。⑩聿、云：均语助词。莫：古"暮"字。岁暮即年终。⑪孔庶：很多。⑫惮：通"瘅"，劳苦。不暇：不得闲暇。⑬睠睠：即"眷眷"，恋慕。⑭奥（yù）："燠"假借，温暖。⑮瘵：急促，紧迫。⑯萧：艾蒿。菽：豆类。⑰诒：通"贻"，遗留。伊：此。戚：忧伤。⑱兴言：犹"薄言"，语首助词。一说"兴"，起；"言"，焉。出宿：不能安睡。⑲反覆：指不测之祸。⑳恒：常。安处：安居。㉑靖：敬。共：通"恭"，奉行。位：职位，职责。㉒与：亲近。㉓式：用。穀（gǔ）：善，此指福。以：与。女：通"汝"。㉔好：爱好。㉕介：助。一说借为"匄"（gài），给予。景：大。

【缵绎】

《毛诗序》："《小明》，大夫悔仕于乱世也。"（孔颖达《毛诗正义》："谓大夫仕于乱世，使于远方，令己劳苦，故悔也。"）朱郁仪《诗故》："贤大夫被谗见放之词。"傅恒、孙嘉淦等《诗义折中》："劝择交也。"方玉润《诗经原始》："大夫自伤久役，书怀以寄友也。"笔者以为贤大夫伤被谗久役之诗。

诗五章，前三章十二句，后两章章六句。一至三章前八句自述行役之苦，心中之忧。次四句反复咏唱"念彼共人"，并陈不敢思归之情，乃有所畏也。"共人"一词，历来歧见纷呈，或以为"隐居不仕者"（吕祖谦《吕氏家塾读诗记》），或以为"同僚之处者"（朱熹《诗集传》），或以为"古之劳臣贤士"（吴闿生《诗义会通》），或以为作者妻子（高亨《诗经今注》）。细究诗意，似是与作者同朝而志同道合，且可以感召其精神之人。四、五章劝诫"君子"，既有自慰，又有感喟，更有怨嗟。"君子"身居高位，安居逸乐，与诗人奔波劳碌、不遑宁处相反。言"君子"未能勤政尽职，如"共人"般为社稷黎民操劳。而此"君子"正是作者不敢"怀归"之主谋。"神之听之"告诫靡深，含不尽之意于弦外。"芃野则所放之地也，《淮南子》言'禽兽有芃'，又称'虎豹有茂草，野麑有芃菁'，则知芃野非复人境矣。《穆天子》所谓'比徂西土，爰居其野。虎豹为群，乌鹊与处'是已。'载离寒暑'，经两岁也；'念彼共人'，在朝共事之臣也；'畏此罪罟'，王末予怀也；'嗟尔君子'，逸己者也；靖共尔位，诲以义也。正直则神福之百祥矣，欲其改前愆也。不怨怒而顾教诲之，忠厚至矣。"（朱郁仪《诗故》）王鸿绪等《钦定诗经传说汇纂》引陈栎："哀而不伤，怨而不怒。《北山》辞极哀怨，《小明》辞颇和平。"

鼓　钟

鼓钟将将①，淮水汤汤②，忧心且伤。淑人君子③，怀允不忘④。
鼓钟喈喈⑤，淮水湝湝⑥，忧心且悲。淑人君子，其德不回⑦。
鼓钟伐鼛⑧，淮有三洲，忧心且妯⑨。淑人君子，其德不犹⑩。
鼓钟钦钦⑪，鼓瑟鼓琴，笙磬同音。以雅以南⑫，以籥不僭⑬。

【集释】

①鼓：敲。将将（qiāng）：同"锵锵"，象声词。②汤汤（shāng）：奔腾貌。③淑：善。④怀：思念。允：诚然。⑤喈喈（jiē）：和谐悦耳。⑥湝湝（jiē）：水流貌。⑦回：邪僻。⑧鼛（gāo）：大鼓。⑨妯（chōu）：亦作"怞"，伤悼。⑩犹："訧"假借，缺点。⑪钦钦：象声词。⑫以：作，指演奏。雅：原为乐器名，状如漆筒，两头蒙以羊皮。引申为乐调名，指天子之乐，或周王畿之乐调，即正乐。南：原为乐器名，形似钟。引申为乐调名，或说指南方江汉地区乐调。⑬籥（yuè）：乐器名，似排箫。僭（jiàn）：乱。

【缵绎】

《毛诗序》"《鼓钟》，刺幽王也。"毛亨《毛诗故训传》："（幽王）会诸侯于淮上，鼓其淫乐以示诸侯，贤者为之忧伤。"郑玄《毛诗传笺》："（幽王）于淮水之上作先王之乐，失礼尤甚。"孔颖达《毛诗注疏》："昭王时，《鼓钟》之诗所为作。"王安石《诗义》："（幽王）为流连之乐，久而忘返，故人忧伤。'淑人君子，怀允不忘'者，伤今而思古也。"严粲《诗缉》："幽王流连之乐而不知祸至之无日也。"朱熹《诗集传》："此诗之义，有不可知者。"朱郁仪《诗故》："盖记徐夷偃王僭乱之事也。"傅恒、孙嘉淦等《诗义折中》："伤时也。"高亨《诗经今注》：闻乐思君子而悲也。笔者以为伤周衰之诗。

诗四章，章五句。前三章因闻钟鼓铿锵，面对滔滔淮水，悲从中来，忧思萦怀，想"淑人君子"，赞其美德懿行。末章写钟鼓齐鸣、琴瑟和谐之境。"不僭"二字正言若反，所谓不乱者，正其乱也。"三章皆婉刺之词。鼓钟伐鼛宜其乐也，而见之者反忧；作乐者今之人也，而怀思者古之淑人君子也，是所以刺也。末章见我之忧伤者，非乐之故也，如以乐，则以雅以南以籥，俱不僭矣，独其作之者非人，何哉？"（沈守正《诗经说通》）盖国运衰微之世，诗人闻"雅""南"之音，盛周不再，追慕昔贤，感慨系之。或因淮地不当奏朝廷之乐，或因虽有雅乐而盛周已逝，以意极隐晦，未知孰是。要之，"玩其词意，极为叹美周乐之盛，不禁有怀在昔淑人君子，德不可忘，而至于忧心且伤也。"（方玉润《诗经原始》）

楚 茨

楚楚者茨①，言抽其棘②。自昔何为？我蓺黍稷③。我黍与与④，我稷翼翼⑤。我仓既盈，我庾维亿⑥。以为酒食，以享以祀⑦，以妥以侑⑧，以介景福⑨。济济跄跄⑩，絜尔牛羊⑪，以往烝尝⑫。或剥或亨⑬，或肆或将⑭。祝祭于祊⑮，祀事孔明⑯。先祖是皇⑰，神保是飨⑱。孝孙有庆⑲，报以介福，万寿无疆！

执爨踖踖⑳，为俎孔硕㉑，或燔或炙㉒。君妇莫莫㉓，为豆孔庶㉔。为宾为客，献酬交错㉕。礼仪卒度㉖，笑语卒获㉗。神保是格㉘，报以介福，万寿攸酢㉙！

我孔熯矣㉚，式礼莫愆㉛。工祝致告㉜，徂赉孝孙㉝。苾芬孝祀㉞，神嗜饮食。卜尔百福㉟，如几如式㊱。既齐既稷㊲，既匡既敕㊳。永锡尔极㊴，时万时亿㊵。

礼仪既备，钟鼓既戒㊶。孝孙徂位㊷，工祝致告："神具醉止㊸。"皇尸载起㊹，鼓钟送尸，神保聿归㊺。诸宰君妇㊻，废彻不迟㊼。诸父兄弟㊽，备言燕私㊾。

乐具入奏㊿，以绥后禄㉛。尔殽既将㉜，莫怨具庆。既醉既饱，小大稽首㉝。神嗜饮食，使君寿考㉞。孔惠孔时㉟，维其尽之㊱。子子孙孙，勿替引之㊲。

【集释】

①楚楚：丛生貌。茨：蒺藜。②抽：拔除。棘：刺。③蓺（yì）：通"艺"，

种植。④与与：茂盛貌。⑤翼翼：整齐貌。⑥庾（yǔ）：露天谷仓。维：是。亿：极言多。⑦享：飨，祭献。⑧妥：安坐。侑（yòu）：劝酒。⑨介：借为匄（gài），给予。景：大。⑩济济：庄严恭敬貌。跄跄（qiāng）：步趋有节貌。⑪絜（jié）：同"洁"，洗清。⑫烝（zhēng）：冬祭。尝：秋祭。⑬剥：宰割肢解。亨（pēng）：同"烹"，烧煮。⑭肆：陈列。将：捧着献上。⑮祝：官名，掌管祭祀。祊（bēng）：宗庙门内设祭处。⑯明：指祭礼齐备整洁。⑰皇：借为"往"，来。⑱神保：神明。保，依。⑲孝孙：主祭者。有庆：有福。⑳爨（cuàn）：灶。指烧菜煮饭。踖踖（jí）：恭敬勤敏貌。㉑俎（zǔ）：盛肉礼器。㉒燔（fán）：烧肉。炙：烤肉。㉓君妇：主妇，指天子、诸侯之妻。莫莫：恭谨貌。㉔豆：古食器名。庶：多。㉕献：敬酒。酬：劝酒。㉖卒：尽，完全。度：法度。㉗获：得时，恰到好处。一说借为"矱"，规矩。㉘格：至。㉙攸：乃。酢：报酬。㉚燂（nǎn）：通"戁"，敬惧。㉛式：发语词。愆（qiān）：过失。㉜工祝：太祝。致告：代神致词，以告祭者。㉝徂：往。赉（lài）：赐予。㉞苾（bì）：浓香。孝祀：犹享祀，指神享受祭祀。㉟卜：给予。赐予。㊱如：合。几（jī）：借为"期"。式：法，制度。㊲齐（zhāi）：通"斋"，庄敬。稷：疾，敏捷。㊳匡：正，端正。敕：通"饬"，严整。㊴锡：赐。极：至。㊵时：是。㊶戒：备，一说训告。㊷徂位：回到原位。㊸具：俱。止：语气词。㊹皇尸：代神祇受祭者。皇：大，表赞美。载：则，就。㊺聿：乃。㊻宰：膳夫，厨师。㊼废：去。彻：通"撤"。废彻谓撤去祭品。不迟：不慢。㊽诸父：伯父、叔父等长辈。兄弟：同姓之叔伯兄弟。㊾备：尽。言：语中助词。燕：通"宴"。燕私，祭祀之后在后殿宴饮同姓亲属。㊿具：俱。入奏：进入后殿演奏。㉛绥：安，此指安享。后禄：祭后的口福。禄，福，此指饮食口福。祭后所余之酒肉被认为神所赐之福，故称福酒、胙肉。㊷将：美好。㊸小大：长幼。稽首：跪拜。㊹考：老。寿考：长寿。㊺惠：顺利。时：善，好。㊻尽之：尽其礼仪，指主人完全遵守祭祀礼节。㊼替：废。引：延长。引之，长行祭祀祖先之礼仪。

【缵绎】

《毛诗序》："《楚茨》，刺幽王也。政烦赋重，田莱多荒，饥馑降丧，民卒流亡，祭祀不飨，故君子思古焉。"朱熹《诗集传》："此诗述公卿有田禄者力于农事，以奉其宗庙之祭。"朱郁仪《诗故》："豳雅也。后稷教人稼穑，至于古公亶父世修其业，以身率民，此盖序其治公田以供祭享之事也。"傅恒、孙嘉淦等《诗义折中》："天子祭祀之礼也。"方玉润《诗经原始》："王者尝烝以祭宗庙也。"陈子展《雅颂选译》：周初王室祭宗庙方社田祖也。笔者以为王者尝烝以祭宗庙之诗。

诗六章，章十二句。首章祭祀前奏。先从稼穑写起，由垦辟而有收成，由收成而得享祀，由享祀而得福禄，尽力写农事，为神享致诚；二三章祭祀活动及场景，极言牲体之洁，俎豆之盛，以祀者之敬谨，是以神降福之多；四章"工祝"代神致词；五章神醉而尸起，送尸归神，仪式完成；末章祭祀尾声，私宴之欢。"极言祭祀所以事神受福之节，致详致备，所以推明先王致力于民者尽，则致力于神者详，观其威仪之盛，物品之丰，所以交神明逮群下，至于受福无疆者，非德盛政修何以致之。"（吕祖谦《吕氏家塾读诗记》）"自此篇至《大田》四诗，辞气典重，礼仪明备，非盛世明王不足以语此。"（方玉润《诗经原始》）疑正雅之诗，错排在此。姚际恒《诗经通论》："煌煌大篇，备极典制。其中自始至终一一可案，虽繁不乱。"陈子展《诗经直解》引孙鑛："气格闳丽，结构严密。写祀事如仪注、庄敬诚孝之意俨然。有景有态，而精语险句，更层见错出，极情文条理之妙。读此便觉三闾《九歌》微疏微佻。"

信南山

信彼南山①，维禹甸之②。畇畇原隰③，曾孙田之④。我疆我理⑤，南东其亩⑥。
上天同云⑦，雨雪雰雰⑧，益之以霡霂⑨。既优既渥⑩，既沾既足⑪，生我百谷。
疆埸翼翼⑫，黍稷彧彧⑬。曾孙之穑⑭，以为酒食。畀我尸宾⑮，寿考万年。
中田有庐⑯，疆埸有瓜。是剥是菹⑰，献之皇祖⑱。曾孙寿考，受天之祜⑲。
祭以清酒，从以骍牡⑳，享于祖考。执其鸾刀㉑，以启其毛，取其血膋㉒。
是烝是享㉓，苾苾芬芬㉔，祀事孔明。先祖是皇㉕，报以介福，万寿无疆！

【集释】

①信（shēn）：即"伸"，延伸。南山：即终南山，在陕西西安南。②维：

是。禹：大禹。甸：治理。③畇（yún）：平整田地。畇畇，平展整齐貌。原隰：泛指全部田地。原，广平或高平之地；隰（xí），低湿之地。④曾孙：后代子孙。田：垦治田地。⑤疆：田界，此处作动词，划田界。理：田中沟陇，此处作动词。⑥南东：作动词，将田陇辟成南北向或东西向。⑦上天：冬季天空。同云：天空布满阴云，浑然一色。⑧雨雪：下雪。雰雰：纷纷。⑨益：加。霡霂（mài mù）：小雨。⑩优：充足。渥：湿润。⑪霑：沾湿。足："浞"假借，湿润貌。⑫埸（yì）：田界。翼翼：整齐貌。⑬或或（yù）：同"郁郁"，茂盛貌。⑭穧：收割庄稼。⑮畀（bì）：给予。⑯庐：房屋。一说"芦"假借，即芦菔，今称萝卜。⑰菹（zū）：腌菜。⑱皇祖：先祖之美称。⑲祜（hù）：福。⑳骍（xīng）：赤黄色（栗色）马或牛。牡：雄性兽，此指公牛。㉑鸾刀：带铃的刀。㉒膋（liáo）：脂膏，此指牛油。㉓烝（zhēng）：进献。㉔苾苾（bì）：浓香。㉕皇：嘉许。

【缵绎】

《毛诗序》："《信南山》，刺幽王也。不能修成王之业，疆理天下，以奉禹功，故君子思古焉。"朱郁仪《诗故》："豳雅也。楚茨因祭祀推原粢盛之所自出，此诗则因力田而成祭享之礼也。"傅恒、孙嘉淦等《诗义折中》："诸侯祭祀之礼也。"方玉润《诗经原始》："王者烝祭也。"程俊英《诗经译注》：周王祭祖祈福也。笔者以为王者烝祭之诗。

诗六章，章六句。一至三章因祭祀而写原隰之美，稼穑之勤，风雨之顺，粢盛之所出。四至六章写祭祀。先献瓜，再牲酒，且祈福佑，肃穆庄重，令人神清。《楚茨》言"以往烝尝"，兼写秋冬二祭；此篇单言"是烝是享"，则仅写岁末冬祭。"《楚茨》《信南山》同为一时之作。《楚茨》详于后而略于前，自祭祊以前但以'祀事孔明'一语该之。《信南山》详于前而略于后，自荐熟以后，但以'祀事孔明'一语该之。"（何楷《诗经世本古义》）故亦是王者之祭。"张氏耒曰：受莫大之福而其君有安宁寿考之乐，此天下之至美极治之际也，而其本出于仓廪之盈，原隰之治，田庐之修，雨雪之时，而后乃及于祭祀礼乐之事也。盖衣食不足于下，则礼乐不备于上，惟田事修则衣食丰，衣食丰而礼乐备，礼乐备而和平兴，和平兴而人君有福禄寿考之盛，此诗人深探其本，要其终而言之，序如此也。"（王鸿绪等《钦定诗经传说汇纂》）诗言地利之尽，天时之和,人事之善,民心之悦,致祭之隆,祈福之诚,笔致极工细。姚际恒《诗经通论》:"上篇(指《楚茨》)铺叙闳整,叙事详密;此篇则稍略而加以跌荡,多闲情别致,格调又自不同。"又曰:"冬雪春雨,写景皆入微,后世不能到。"

甫　田

倬彼甫田①,岁取十千②。我取其陈③,食我农人④,自古有年⑤。今适南亩⑥,或耘或耔⑦。黍稷薿薿⑧,攸介攸止⑨,烝我髦士⑩。

以我齐明⑪,与我牺羊⑫,以社以方⑬。我田既臧⑭,农夫之庆。琴瑟击鼓,以御田祖⑮。以祈甘雨⑯,以介我稷黍,以穀我士女⑰。

曾孙来止⑱,以其妇子。馌彼南亩⑲,田畯至喜⑳。攘其左右㉑,尝其旨否㉒。禾易长亩㉓,终善且有㉔。曾孙不怒,农夫克敏㉕。

曾孙之稼,如茨如梁㉖。曾孙之庾㉗,如坻如京㉘。乃求千斯仓,乃求万斯箱㉙。黍稷稻粱,农夫之庆。报以介福㉚,万寿无疆。

【集释】

①倬(zhuō):广阔貌。甫:大。②十千:言其多。③陈:旧。④食(sì):动词,养。⑤有年:丰年。⑥适:去。⑦耘:锄草。耔(zǐ):培土。⑧薿薿(nǐ):茂盛貌。⑨攸:乃,就。介:长大。止:至。⑩烝:进呈。髦士:英俊之士。⑪齐(zī)明:即粢盛,祭祀用谷物。⑫牺:祭祀用纯毛牲口。⑬以:用。社:祭土地神。方:祭四方神。⑭臧:好,此指丰收。⑮御(yà):同"迓",迎接。田祖:指神农氏。⑯祈:祈求。⑰穀:养。士女:贵族男女。⑱曾孙:周王自称,相对神灵和祖先而言。止:语助词。⑲馌(yè):送饭。⑳田畯:农官。㉑攘(rǎng):取。左右:指田畯两旁农夫妇子所送菜饭。㉒旨:味美。㉓易:治理。长:满。㉔终:既。有:富足。㉕克:能。敏:勤快。㉖茨:茅屋顶。梁:桥梁。㉗庾:露天粮仓。㉘坻(chí):小丘。京:冈峦。㉙箱:车厢。㉚介福:大福。

【缵绎】

《毛诗序》:"《甫田》,刺幽王也。君子伤今思古焉。"(郑玄《毛诗传笺》:

"刺者刺其仓廪空虚，政烦赋重，农人失职。"）严粲《诗缉》："述彻法兴畎秋报春祈及省耕仓箱之事。"朱熹《诗集传》："此诗述公卿有田禄者，力于农事，以奉方社田祖之祭。"朱郁仪《诗故》："先公劝农之诗也。"姚际恒《诗经通论》："此王者祭方社及田祖，因而省耕也。"（按：方，四方之神；社，土地神；田祖，农神。）傅恒、孙嘉淦等《诗义折中》："劝农也。"笔者以为王祭方社田祖省耕祈年之诗。

诗四章，章十句。首章泛举农事大端，为祭祀铺垫。二章祈盼丰收，虔诚致祭，于方社则详礼物，于田祖则详乐器，互文见义。三章主祭者周王，祭礼后亲自督耕，及其妻子慰劳农人。末章绘丰收以祈年。"此王者祈年因而省耕也。祭方社，祀田祖，皆所以祈甘雨，非报成也。观其'或耘或耔'，曾孙来省，以至尝其馌食，非春夏耕耨时乎？至末章极言稼穑之盛，乃后日成效，因'农夫克敏'一言推而言之耳。文章有前路，自有后路。宾主须分，乃得其妙。不然，方祈甘雨何以便报成耶？"（方玉润《诗经原始》）方玉润《诗经原始》："全篇章法一线，妥贴周密，神不外散。"

大　田

大田多稼①，既种既戒②，既备乃事③。以我覃耜④，俶载南亩⑤。播厥百谷⑥，既庭且硕⑦，曾孙是若⑧。

既方既皁⑨，既坚既好，不稂不莠⑩。去其螟螣⑪，及其蟊贼⑫，无害我田稚⑬。田祖有神⑭，秉畀炎火⑮。

有渰萋萋⑯，兴雨祈祈⑰。雨我公田⑱，遂及我私⑲。彼有不获稚⑳，此有不敛穧㉑；彼有遗秉㉒，此有滞穗㉓，伊寡妇之利㉔。

曾孙来止，以其妇子。馌彼南亩㉕，田畯至喜㉖。来方禋祀㉗，以其骍黑㉘，与其黍稷。以享以祀，以介景福㉙。

【集释】

①大田：面积广阔之农田。②既：已经。种：指选种籽。戒：同"械"，指修理农具。③乃事：这些事。④覃（yǎn）："剡（yǎn）"假借，锐利。耜（sì）：古代一种似锹农具。⑤俶（chù）：始。载：从事。⑥厥：其。⑦庭：通"挺"，

挺拔。硕：大。⑧曾孙：周王对祖先和神，自称曾孙。若：顺。曾孙是若，顺了曾孙之愿。⑨方：通"房"，指谷粒已生嫩壳，尚未合满。皂（zào）：指谷壳已经结成，尚未坚实。⑩稂（láng）：指穗粒空瘪之禾。莠（yǒu）：似禾之杂草，也称狗尾巴草。⑪螟（míng）：吃禾心之虫。螣（tè）：吃禾叶之虫。⑫蟊（máo）：吃禾根之虫。贼：吃禾节之虫。⑬稚：幼禾。⑭田祖：农神。⑮秉：执。畀：给。炎火：大火。⑯有渰（yǎn）：即"渰渰"，阴云密布貌。萋萋："凄凄"假借，天气清冷貌。⑰祁祁：徐徐貌。⑱公田：古代井田制，井田九区，中间百亩为公田，周围八区，八家各百亩为私田。八家共养公田。⑲私：私田。⑳获：收割。㉑敛：收。秭（jì）：禾把。㉒秉：把，禾把。㉓滞：遗留。㉔伊：是。㉕馌（yè）：送饭。南亩：泛指农田。㉖田畯（jùn）：周代农官，掌管监督农事。㉗方：祭四方之神。禋（yīn）祀：升烟以祭，古代祭天典礼，也泛指祭祀。㉘骍（xīng）：赤色牛。黑：指黑色猪羊。㉙介："丐"假借，祈求。景福：大福。

【缵绎】

《毛诗序》："《大田》，刺幽王也。言矜寡不能自存焉。"（郑玄《毛诗传笺》："幽王之时，政烦赋重，而不务家事，虫灾害谷，风雨不时，万民饥馑，矜寡无所取活，故时臣思古以刺之。"）严粲《诗缉》："述耕种以致坚好稚穧，以惠寡妇及省敛祭方之事。"朱熹《诗集传》："此诗为农夫之词，以颂美其上。若以答前篇之意也。"姚际恒《诗经通论》："此王者西成省敛也。（西成：秋天庄稼已熟，农事告成。省敛：帝王巡视秋收。）"笔者以为王者西成省敛祭祀田祖之诗。

诗四章，章九句。一章农夫春耕播种，嘉谷生长。二章夏耘除害，谷粒坚好。三章雨水调和，收获丰盛。四章周王犒农，祭神求福。详于敛与耕，而略于省与察。"此王者西成省敛之诗，与前篇同出一时，盖春秋巡省，祈年报赛，用以答神者也。此篇重在播种收成，故从农人一面极力摹写春耕秋敛，害必务去尽，利必使有余，所以竭在下者之力也。凡文正面难于著笔，须从旁煊染，或闲处衬托，则愈闲愈妙，愈淡愈奇。……此篇省敛，本欲形容稼穑之多，若从正面描摹，不过千仓万箱等语，有何意味？且与上篇犯复，尤难出色。……

诗只从遗穗说起，而正穗之多自见。……事极琐碎，情极闲淡，诗偏尽情曲绘，刻摹无遗，娓娓不倦，无非为多稼穑一语设色生光。所谓愈淡愈奇，愈闲愈妙，善于烘托法耳。"（方玉润《诗经原始》）

瞻彼洛矣

瞻彼洛矣①，维水泱泱②。君子至止③，福禄如茨④。韎韐有奭⑤，以作六师⑥。

瞻彼洛矣，维水泱泱。君子至止，鞸琫有珌⑦。君子万年，保其家室。

瞻彼洛矣，维水泱泱。君子至止，福禄既同⑧。君子万年，保其家邦。

【集释】

①洛：水名，源出陕西，经河南洛阳入黄河。②泱泱：水深广貌。③君子：指周王。止：语助词。④茨（cì）：聚集。⑤韎韐（mèi gé）：茜草染赤色革制品，如今之蔽膝。奭（shì）：赤色。⑥作：起。六师：六军。⑦鞸（bǐ）：刀鞘。琫（běng）：刀鞘口玉饰。珌（bì）：刀鞘末端玉饰。⑧同：聚集。

【缵绎】

《毛诗序》："《瞻彼洛矣》，刺幽王也，思古明王能爵命诸侯，赏善罚恶也。"朱熹《诗集传》："此天子会诸侯于东都以讲武事，而诸侯美天子之诗，天子御戎服而起六师也。"后人多从此说，笔者亦从之。

诗三章，章六句。首句皆以"瞻彼洛矣，维水泱泱"起兴，亦赋亦比，既示天子会诸侯讲武之地，又以洛水深广，喻天子睿智圣明，如洛水之长流，深广有度。后四句写天子亲临戎政，御军服以起六师；天下皆受其赐，而佩饰堂皇，威仪崇隆；又令军容整肃，鼓舞欢欣，众心归向，保家卫国，基业永固。"周人尚文，其弊也恐至于弱，故周公戒成王曰'诘尔戎兵'，召公戒康王曰'张皇六师'，皆欲其振厉奋发，以耸万民之观瞻，一四方之趋向也。此诗言天子至洛水之上，观御戎服以起六师，修戎备于巡幸之时，讲武事于朝会之日，据地势以合人心，遵国典以承天祐，使诸侯咸知王灵之赫奕，是故福禄之所由聚，邦家之所由安也。"（傅恒、孙嘉淦等《诗义折中》）

裳裳者华

裳裳者华①，其叶湑兮②。我觏之子③，我心写兮④。我心写兮，是以有誉处兮⑤。

裳裳者华，芸其黄矣⑥。我觏之子，维其有章矣⑦。维其有章矣，是以有庆矣。

裳裳者华，或黄或白。我觏之子，乘其四骆⑧。乘其四骆，六辔沃若⑨。

左之左之，君子宜之。右之右之，君子有之。维其有之，是以似之⑩。

【集释】

①裳裳：犹"堂堂"，花丰盛貌。华：花。②湑（xǔ）：茂盛貌。③觏（gòu）：遇见。④写：通"泻"，心情舒畅。⑤誉：通"豫"，安乐。处：安居。⑥芸：色彩浓艳。⑦章：文采。⑧骆：黑鬃白马。⑨沃若：光滑柔软貌。⑩似：通"嗣"，继承。

【缵绎】

《毛诗序》："《裳裳者华》，刺幽王也。古之仕者世禄，小人在位，则谗谄并进，弃贤者之类，绝功臣之世焉。"朱熹《诗集传》："天子美诸侯之辞，盖以答《瞻彼洛矣》也。"后人多从此说，笔者亦从之。

诗四章，章六句。前三章前两句由花起兴，以花繁叶茂，既写主人心乐，又喻济济之子，才华横溢。前二章总写"之子"灿然成章，使"我"欢悦。三章"之子"驾乘之盛，喻其运筹帷幄之能。四章"左之右之"，喻"之子"执中驭行，得心应手，正是良佐之才。"维其有之，是以似之"，总括全篇，赞君子表里如一，德容兼美，正可托之重任大业。"瞻洛之颂天子也，专美其能武；裳华之美诸侯也，兼嘉其有文。"（傅恒、孙嘉淦等《诗义折中》）方玉润《诗经原始》："末章似歌非歌，似谣非谣，理莹笔妙，自是名言，足垂不朽。"

【北山之什小结】

《北山之什》，凡十篇。《北山》，刺役使不均。《无将》，伤世乱莫济。《小明》，伤被逸久役。《鼓钟》，伤周衰。《楚茨》，王者尝烝。《信南山》，王者烝祭。《甫田》，王者省耕。《大田》，王者省敛。《瞻彼洛矣》，诸侯美天子。《裳裳者华》，天子美诸侯。"《楚茨》下四诗，《集传》疑为'豳雅'，固属拟议。要自是古王者田祀诸诗误简于此无疑。即《洛矣》以下二篇，词气和平，亦非乱世之音。诸儒不求其真，曲为附会，以致明珠委地，瓦砾相混，然其精光宝气，自不可掩也。"（方玉润《诗经原始》）

小雅·桑扈之什

桑 扈

交交桑扈^①，有莺其羽^②。君子乐胥^③，受天之祜^④。
交交桑扈，有莺其领^⑤。君子乐胥，万邦之屏^⑥。
之屏之翰^⑦，百辟为宪^⑧。不戢不难^⑨，受福不那^⑩。
兕觥其觩^⑪，旨酒思柔^⑫。彼交匪敖^⑬，万福来求^⑭。

【集释】

①交交：群飞往来貌。桑扈：鸟名，青雀，亦名窃脂。②有莺：莺莺，有文采貌。③君子：此指群臣。胥：语助词。④祜：福禄。⑤领：颈。⑥万邦：各诸侯国。屏：屏障。⑦之：是。翰："干"假借，支柱。⑧百辟：各国诸侯。宪：法度。⑨不：语助词，无义，下同。戢（jí）：克制。难（nuó）：通"傩"，有节。⑩那（nuó）：多。⑪兕觥（sì gōng）：牛角酒杯。觩（qiú）：角弯曲貌。⑫旨酒：美酒。思：语助词。柔：指酒性温和。⑬彼：通"匪"，非。交：《汉书·五行志》引文"徼"，侥幸。敖：通"傲"，骄。⑭求：同"逑"，聚。

【缵绎】

《毛诗序》："《桑扈》，刺幽王也。君臣上下，动无礼文焉。"（孔颖达《毛诗注疏》："以其时君臣上下升降举动皆无先王礼法威仪之文焉，故陈当有礼文以刺之。"）朱熹《诗集传》："此亦天子燕诸侯之诗"。后人多从之。笔者以为天子飨诸侯之诗。

诗四章，章四句。"首章言其德足以得天；二章言其德有以卫人；三章言其在国，功大而能敬，足以获福也；四章言其在燕，情通而能敬，足以获福也。"（邹泉《诗经约说》）"传曰：飨以训恭俭，宴以示慈惠。恭俭以行礼，慈惠以布政。飨之为礼也，立成而不坐，设几而不倚，爵盈而不饮，恭俭之至也。观《桑扈》之所咏，兕觥其觩，旨酒思柔，则爵盈不饮可知矣；锡之以屏翰，戒之以戎难，勉之以非傲，乐胥之时，不忘儆戒如此，则恭俭之实，非徒以其文也。"（傅恒、孙嘉淦等《诗义折中》）方玉润《诗经原始》："颂不忘规，可作兕觥铭。"

鸳 鸯

鸳鸯于飞①，毕之罗之②。君子万年，福禄宜之③。
鸳鸯在梁④，戢其左翼⑤。君子万年，宜其遐福⑥。
乘马在厩⑦，摧之秣之⑧。君子万年，福禄艾之⑨。
乘马在厩，秣之摧之。君子万年，福禄绥之⑩。

【集释】

①鸳鸯：凫类，雄雌未尝相离，故谓之"匹鸟"。②毕：长柄小网。罗：无柄捕鸟网。③宜：安，享。④梁：河湖中拦鱼水坝。⑤戢（jí）：收敛。一说插。鸳鸯休息时将其嘴插于左翼。⑥遐（xiá）：远。⑦乘（shèng）马：四匹马。厩（jiù）：马棚。⑧摧（cuò）：通"莝"，铡草。此指铡草喂马。秣（mò）：用粮食喂马。⑨艾：辅助，一说养育。⑩绥（suí）：安。

【缵绎】

《毛诗序》："《鸳鸯》，刺幽王也。思古明王交于万物有道，自奉养有节焉。"朱熹《诗集传》："此诸侯所以答《桑扈》也。"朱朝瑛《读诗略记》："述先王招致文武之贤，以享有福禄之盛也。"傅恒、孙嘉淦等《诗义折中》："天子诸侯大婚礼成而群臣贺之也。"方玉润《诗经原始》："幽王初婚也。"程俊英《诗经译注》：贺贵族新婚也。笔者以为诸侯答《桑扈》之诗。

诗四章，章四句。前二章鸳鸯之鸟，交翼并栖，罗者往往一举而两得之，以喻王之福禄辐辏，不偏至也。三四章古者四马驾一车，谓之一乘，故曰乘马。云"乘马在厩"，喻王福禄之备具也。"《鸳鸯》之诗，乃下祷上之辞，上之祷下犹且述其德，《桑扈》是也；下之祷上则但极其颂祷之情而已，《鸳鸯》是也。若不敢有拟议其德者，敬之至也。"（辅广《诗童子问》）

頍 弁

有頍者弁①,实维伊何②?尔酒既旨③,尔殽既嘉④。岂伊异人⑤?兄弟匪他。茑与女萝⑥,施于松柏。未见君子,忧心奕奕⑦。既见君子,庶几说怿⑧。

有頍者弁,实维何期⑨?尔酒既旨,尔殽既时⑩。岂伊异人?兄弟具来⑪。茑与女萝,施于松上。未见君子,忧心怲怲⑫。既见君子,庶几有臧⑬。

有頍者弁,实维在首。尔酒既旨,尔殽既阜⑭。岂伊异人?兄弟甥舅⑮。如彼雨雪⑯,先集维霰⑰。死丧无日⑱,无几相见⑲。乐酒今夕,君子维宴⑳。

【集释】

①有頍(kuǐ):即頍頍,帽子尖尖有角貌。弁(biàn):皮帽。②实:是。维:为。伊:语助词。③旨:美。④殽(yáo):同"肴",荤菜。⑤异人:别人。⑥茑(niǎo):寄生攀缘蔓生植物。女萝:亦名兔丝、松萝,攀缘植物。⑦奕奕:心神不安貌。⑧庶几:差不多。说:通"悦"。怿(yì):悦。⑨期:通"其",语助词。⑩时:善。⑪具:通"俱"。⑫怲怲(bǐng):忧愁貌。⑬臧:善。⑭阜(fù):多。⑮甥舅:古代称女婿为甥,岳父为舅;姊妹的儿子为甥,母亲的兄弟为舅。这里泛指异姓亲戚。⑯雨(yù)雪:下雪。⑰集:聚。维:是。霰(xiàn):雪珠。下雪之前先下雪珠,最终同样融化,喻人生虽有先后,最终不免一死。⑱无日:不知哪天。⑲无几:没多久。⑳维:同"惟",只有。

【缵绎】

《毛诗序》:"《頍弁》,诸公刺幽王也。暴戾无亲,不能宴乐同姓,亲睦九族,孤危将亡,故作是诗也。"严粲《诗缉》:"族人因王不宴乐同姓借以为辞,而告以祸败之故。"朱熹《诗集传》:"燕兄弟亲戚之诗。"朱郁仪《诗故》:"王者宴亲戚诸侯,而诸侯歌其事也。"方玉润《诗经原始》:"刺幽王亲亲谊薄也。"傅恒、孙嘉淦等《诗义折中》:"劝睦也。"程俊英《诗经译注》:周王宴兄弟亲戚也。笔者以为刺王亲亲谊薄之诗。

诗三章,章十二句。叠章复意,主体用赋,七八句用比。诗开头均写贵族戴华贵圆顶皮帽赴宴。次言主人设宴,美酒佳肴。同姓赴宴,并无他人,如茑萝施松，共彼福禄。而君子之难见也，故未见而忧，今既见也，则庶几可乐。三章"如彼雨雪"，则庶几之乐转为悲凉。故是时局不堪，欢聚有时，死丧无日，悲从中来。"虽不必定谓孤危将亡，而对酒当歌，人生几何，王能无所动于衷欤？夫同姓联支，本属一气。即异姓诸亲，亦非外人。凡属兄弟以及甥舅，畴弗欲庇护本根以固皇家？如茑萝之施松柏，而松柏亦因以自荫其根株。以故见君则喜，背君则忧。而无如君之外视兄弟，疏远甥舅。"（方玉润《诗经原始》）又曰："盖王平日亲亲谊薄，虽有宴乐，未能和睦。故同姓诸公借饮酒以讽刺之。"

车 舝

间关车之舝兮①，思娈季女逝兮②。匪饥匪渴，德音来括③。虽无好友，式燕且喜④。

依彼平林⑤，有集维鷮⑥。辰彼硕女⑦，令德来教⑧。式燕且誉⑨，好尔无射⑩。

虽无旨酒，式饮庶几⑪。虽无嘉肴，式食庶几。虽无德与女⑫，式歌且舞。陟彼高冈⑬，析其柞薪⑭。析其柞薪，其叶湑兮⑮。鲜我觏尔⑯，我心写兮⑰！高山仰止⑱，景行行止⑲。四牡騑騑⑳，六辔如琴㉑。觏尔新昏㉒，以慰我心。

【集释】

①间关：车轮声。舝（xiá）：同"辖"，车轴头铁键。②思：发语词。娈（luán）：美好貌。季女：少女。逝：往，指出嫁。③德音：美德善名。括：犹"佸"，聚会。④式：发语词。燕：通"宴"，宴饮。⑤依：茂盛貌。⑥鷮（jiāo）：长尾野鸡。⑦辰：时。硕女：美女。⑧令：美。⑨誉：通"豫"，安乐。⑩好：爱。尔：指季女。射（yì）：通"斁"，厌。⑪庶几：一些。⑫与：助，含有相配之意。女：通"汝"。⑬陟：登。⑭析：劈。柞：栎树。⑮湑（xǔ）：树叶茂盛貌。⑯鲜：少。觏（gòu）：遇。⑰写：通"泻"，舒畅。⑱仰：仰望。止：语尾助词，与"之"同。⑲景行（háng）：大路。⑳騑騑（fēi）：马行不止貌。㉑如琴：马缰整齐貌。㉒昏：同"婚"。

【缵绎】

《毛诗序》："《车舝》，大夫刺幽王也。褒姒嫉妒，无道并进，谗巧败国，德泽不加于民。周人思得贤女以配君子，故作是诗也。"朱熹《诗集传》："此宴乐新婚之诗。"今人多从之。朱郁仪《诗故》："天子答《頍弁》也。"李光地《诗所》："求贤之诗。"方玉润《诗经原始》："嘉贤友得淑女为配也。"笔者以为假亲迎以喻求贤之诗。

诗五章，章六句。首章启程。季女怀美，德纯深藏，以喻贤人。间关命车，因思季女而往，望其德音之来会，不啻如饥似渴。我虽无好友相与，若得宴饮之欢，则欣何如之。次章过平林。鷮稚，喻文采；辰，指逢时。怀大美之贞，故曰硕女，喻贤者也。硕女因时而来，诲我以德，故乐之无厌。三章谦言虽无佳肴令德与汝，而礼乐以倾平生之爱也。四章过高冈。析薪喻解惑。其教高明，颇能开我茅塞，怡悦欢畅。末章入大道。"高山仰止"，仰其德也；"景行行止"，仪其行也。使贤者尽展其才，则不啻如六辔在握，如奏琴瑟，驭四牡驰于大道，亦如其新婚燕尔，得平生之乐也。求贤之心，尊贤之意，亦至矣。慰之者，慰此也。高山二语以实写虚，即情于景，托志于辞，遂成千古名句。"四牡骓骓，六辔如琴"，既呼应"间关"，更喻大道堪行，遐思无限。"司马迁曰：'高山仰止，景行行止，虽不能至，然心向往之。'然则德音心写，岂真新婚云尔哉，取友求贤，皆当如是矣。"（傅恒、孙嘉淦等《诗义折中》）方玉润《诗经原始》："前后两章实赋，一往迎，一归来。二、四两章皆写思慕之怀，却用兴体。中间忽易流利之笔，三层反跌作势，全诗章法皆灵。"

青　蝇

营营青蝇①，止于樊②。岂弟君子③，无信谗言。
营营青蝇，止于棘④。谗人罔极⑤，交乱四国⑥。
营营青蝇，止于榛⑦。谗人罔极，构我二人⑧。

【集释】

①营营：象声词，苍蝇飞舞声。②止：停下。樊：篱笆。③岂弟（kǎi tì）：同"恺悌"，平易近人。④棘：酸枣树。⑤罔：无。极：准则。⑥交：都。乱：搅乱、破坏。四国：四方诸侯。⑦榛：榛树，一种灌木。⑧构：陷害。二人：指作者和听谗者。

【缵绎】

《毛诗序》："《青蝇》，大夫刺幽王也。"朱熹《诗集传》："诗人以王好听谗言，故以青蝇飞声比之，而戒王以勿听也。"魏源《诗古微》："《易林》云：'患生妇人。''恭子离居。'夫幽王听谗，莫大于废后放子。"王先谦《诗三家义集疏》："幽王信褒姒之谗而害忠贤。"傅恒、孙嘉淦等《诗义折中》："忧谗也。"笔者以为大夫忧谗之诗。

诗三章，章四句。以蝇比进谗者。首章劝君子勿信谗言，是全诗主旨。二章谗言危害在搅乱邻国关系，祸国殃民。三章谗言危害又可挑拨人际关系，使朋友知己互生嫌隙，反目成仇。三章均以"营营青蝇"取喻起兴，以其四处飞舞、不停播乱，以喻进谗者之态。而以苍蝇"止于樊""止于棘""止于榛"极言其破藩、扰急、搅乱，无孔不入。"君子信盗，乱是用暴也。欲其不信，惟有恺悌恺切而明于事，乐易而平其情，实而按之，徐而察之，逐青蝇于樊外，则天下永无事矣。"（傅恒、孙嘉淦等《诗义折中》）

宾之初筵

宾之初筵①，左右秩秩②。笾豆有楚③，殽核维旅④。酒既和旨⑤，饮酒孔偕⑥。钟鼓既设，举酬逸逸⑦。大侯既抗⑧，弓矢斯张。射夫既同⑨，献尔发功⑩。发彼有的⑪，以祈尔爵⑫。

籥舞笙鼓⑬，乐既和奏。烝衎烈祖⑭，以洽百礼⑮。百礼既至，有壬有林⑯。锡尔纯嘏⑰，子孙其湛⑱。其湛曰乐，各奏尔能⑲。宾载手仇⑳，室人入又㉑。酌彼康爵㉒，以奏尔时㉓。

宾之初筵，温温其恭。其未醉止㉔，威仪反反㉕。曰既醉止㉖，威仪幡幡㉗。舍其坐迁㉘，屡舞仙仙㉙。其未醉止，威仪抑抑㉚。曰既醉止，威仪怭怭㉛。是曰既醉，不知其秩㉜。

宾既醉止，载号载呶㉝。乱我笾豆，屡舞僛僛㉞。是曰既醉，不知其邮㉟。侧弁之俄㊱，屡舞傞傞㊲。既醉而出，并受其福。醉而不出，是谓伐德㊳。饮酒孔嘉，维其令仪㊴。

凡此饮酒，或醉或否。既立之监㊵，或佐之史㊶。彼醉不臧㊷，不醉反耻。

式勿从谓[43]，无俾大怠[44]。匪言勿言[45]，匪由勿语[46]。由醉之言，俾出童羖[47]。三爵不识[48]，矧敢多又[49]。

【集释】

①初筵：宾客初入席时。筵，铺地竹席。②左右：席位东西，主人在东，客人在西。秩秩：有序貌。③笾（biān）豆：古代食器礼器。有楚：即“楚楚”，陈列貌。④殽（yáo）：同“肴”。核：干果。旅：陈放。⑤和旨：醇和甜美。⑥孔：很。偕：通“皆”，遍。⑦酬：敬酒。逸逸：同“绎绎”，连续不断貌。⑧侯：箭靶。抗：挂。⑨射夫：射手。同：会齐。⑩献：表现。发功：射技。⑪有：语助词。的：靶心，也常指靶子。⑫祈：求。尔爵：求射中而让别人饮罚酒之意。尔，对手。爵，古代酒器名。⑬籥（yuè）舞：执籥而舞。籥是一种竹制管乐器，形如排箫。⑭烝：进。衎（kàn）：娱乐。⑮洽：合。⑯壬：大。林：多。⑰锡：赐。纯嘏（gǔ）：大福。⑱湛（dān）：和乐。⑲奏：进献。⑳载：则，便。手：取，择。仇：匹，指对手。㉑室人：主人。入又：又入，指入射又与宾客射箭。㉒康：大。康爵：大杯。㉓奏：进。时：射中者。㉔止：语助词。㉕反反：谨慎凝重貌。㉖曰：语助词。㉗幡幡：轻浮无威仪貌。㉘舍：放弃。坐：同“座”，座位。迁：徙。㉙仙仙：同“跹跹”，飞舞貌。㉚抑抑：谨慎恭敬貌。㉛怭怭（bì）：轻薄粗鄙貌。㉜秩：常规。㉝号：大声乱叫。呶（náo）：喧哗不止。㉞僛僛（qī）：身体歪斜貌。㉟邮：通“尤”，过失。㊱弁（biàn）：皮帽。俄：倾斜。㊲傞傞（suō）：醉舞不止貌。一说参差不齐貌。㊳伐德：败德。伐，害。㊴令仪：好礼节。㊵监：酒监，宴会上监督礼仪之官。㊶史：酒史，记录饮酒时言行之官员。燕饮之礼必设监，不一定设史。㊷臧：好。㊸式：发语词。从：跟着。谓：指劝酒。㊹俾：使。大怠：太轻慢失礼。㊺匪言：指不该问话。㊻由：法式。㊼俾：使。一说通“譬”，譬如。童羖（gǔ）：无角公山羊。㊽三爵：古君臣小宴礼节，以三爵为度。㊾矧（shěn）：何况。又：“侑”假借，劝酒。

【缵绎】

《毛诗序》：“《宾之初筵》，卫武公刺时也。幽王荒废，媟近小人，饮酒无度。天下化之，君臣上下沈湎淫液。武公既入，而作是诗也。”朱熹《诗集传》：“卫武公饮酒悔过而作此诗。”朱郁仪《诗故》：“（卫武公）宴大宾客歌此以讽荒于酒者使之进德也。"笔者以为卫武公饮酒悔过之诗。

诗五章,章十四句。首二章写合于礼制之酒宴,中二章写违于礼制之酒宴,均以"宾之初筵"起,而所述饮酒场面迥异。末章总收,归于悔过,彰显本旨。"开局既觉宏敞,宴饮亦非偏废,是高一层起法。"(方玉润《诗经原始》)"一章言因射而饮;二章言因祭而饮,是言古饮酒之礼也;三章以下则今饮酒之失也。三章言饮而未醉,则威仪中适;醉而不止,则丧败其威仪;四章言饮当知止,而戒其谨威仪;五章言饮不可至醉,而戒其谨言语。"(许谦《诗集传名物钞》)"大抵酒之为祸,尝在于宾筵,故诗首说宾之初筵,举为射而设者,其礼仪卒度而无乱,次及祭毕而饮者,其仪度一归于礼而无乱,方提燕饮之宾筵,始乎治,卒乎乱者,再三以深致其戒云。"(姚舜牧《重订诗经疑问》)"当幽王时,国政荒废……君臣上下沉湎淫泆以成风俗……武公初入为王卿士,难免不与其宴,既见其如此无礼,而又不敢直陈君失,只好作悔过用以自警,使王闻之,或以稍正其失。"(方玉润《诗经原始》)此诗古来皆以为卫武公作,故从之。全诗四字句,十分整饬,重复、顶针、排比如变魔术。叠字修辞频度之高,摹态之佳,《诗》所罕见。方玉润《诗经原始》:"章法各极变化,尽作者之能事,又非后世鳞次排比者比。不惟言可为戒,文亦当法。"陈子展《诗经直解》:"关于酒文学,《周书·酒诰》之笔,《宾之初筵》之诗,自是古典杰作。厥后扬雄《酒箴》、刘伶《酒德颂》、杜甫《饮中八仙歌》,虽是小品短篇,亦皆名作。但论艺术性与思想性兼而有之,仍推《宾之初筵》为首创杰作。"

鱼 藻

鱼在在藻,有颁其首①。王在在镐②,岂乐饮酒③。
鱼在在藻,有莘其尾④。王在在镐,饮酒乐岂。
鱼在在藻,依于其蒲⑤。王在在镐,有那其居⑥。

【集释】

①有颁(fén):即"颁颁",头大貌。②镐:镐京,西周都城。在今陕西西安市西。③岂(kǎi):通"恺",欢乐。④有莘(shēn):即"莘莘",尾长貌。⑤蒲:多年生草本植物,叶长而尖,多长于河滩。⑥有那(nuó):即"那那",

安闲貌。

【缵绎】

《毛诗序》："《鱼藻》，刺幽王也。言万物失其性，王居镐京，将不能以自乐，故君子思古之武王焉。"朱熹《诗集传》："此天子燕诸侯，而诸侯美天子之诗也。"方玉润《诗经原始》："镐民乐王都镐也。"程俊英《诗经译注》：美周王宴乐镐京也。笔者以为美君贤民乐之诗。

诗三章，章四句。章首皆以"鱼在在藻"起兴而比，"在"字两见，吴闓生《诗义会通》释为"鱼何在，在乎藻"。每章第二句写鱼在藻依蒲自在之状；后两句写王在镐，饮酒安居之情。"'岂乐饮酒'是始其乐，'饮酒乐岂'是终其乐，'有那其居'则安然以享此乐之无已。"（姚舜牧《重订诗经疑问》）鱼在藻与王在镐对举，鱼在藻依蒲则得所，喻民亦得所；王恺然饮酒，有那其居，则为政以德，譬如北辰，居其所而众星拱之也。"鱼依于蒲，则钓饵不能施，纶竿不能加，可谓益安矣。王而那居，则仰得天命之眷，俯得人心之从，此所以岂乐饮酒也。"（吕柟《毛诗说序》）"不颂其德者，德盛而非言之所能尽，亦尊敬之至而不敢加以形容也。但美其乐饮安居而已。则非盛德其孰能之？"（辅广《诗童子问》）

采 菽

采菽采菽①，筐之筥之②。君子来朝③，何锡予之④？虽无予之，路车乘马⑤。又何予之？玄衮及黼⑥。

觱沸槛泉⑦，言采其芹。君子来朝，言观其旂。其旂淠淠⑧，鸾声嘒嘒⑨。载骖载驷⑩，君子所届⑪。

赤芾在股⑫，邪幅在下⑬。彼交匪纾⑭，天子所予。乐只君子⑮，天子命之⑯。乐只君子，福禄申之⑰。

维柞之枝⑱，其叶蓬蓬⑲。乐只君子，殿天子之邦⑳。乐只君子，万福攸同㉑。平平左右㉒，亦是率从㉓。

泛泛杨舟㉔，绋纚维之㉕。乐只君子，天子葵之㉖。乐只君子，福禄膍之㉗。优哉游哉㉘，亦是戾矣㉙！

【集释】

①菽（shū）：大豆。②筐：方筐。莒（jǔ）：圆筐。③君子：指诸侯。④锡：赐。⑤路车：诸侯所坐车。乘马：四匹马。⑥玄衮（gǔn）：绘有卷龙黑色礼服。黼（fú）：黑白相间斧纹礼服。⑦觱（bì）沸：泉水翻腾貌。槛：借为"滥"，涌。⑧旂：绘有交龙有铃之旗。淠淠（pèi）：飘动貌。⑨鸾：车铃。嘒嘒（huì）：铃声。⑩载：则。骖：一车驾三马。驷：一车驾四马。⑪届：至，到。⑫芾（fú）：蔽膝。⑬邪幅：绑腿。⑭彼：通"匪"，非。交："侥"假借，侥幸急躁。纾（shū）：缓。⑮只：语助词。⑯命：策命。⑰申：重复。⑱维：语首助词。柞：栎树。⑲蓬蓬：盛貌。⑳殿：安抚，镇定。㉑攸：所。同：聚。㉒平平：同"便便"，长于口才、办事能干貌。左右：诸侯之臣。㉓亦：发声词。率：遵循。㉔泛泛：漂流貌。㉕绋（fú）：系船麻绳。纚（lí）：拉船竹索。㉖葵：通"揆"，估量，度量。㉗膍（pí）：厚。㉘优游：自得貌。㉙戾（lì）：安定。

【缵绎】

《毛诗序》："《采菽》，刺幽王也，侮慢诸侯。诸侯来朝，不能锡命以礼数征会之，而无信义，君子见微而思古焉。"朱熹《诗集传》："此天子所以答《鱼藻》也。"李光地《诗所》："宣王朝诸侯之诗也。"傅恒、孙嘉淦等《诗义折中》："天子赐诸侯也。"方玉润《诗经原始》："美诸侯来朝也。"笔者以为天子赐诸侯之诗。

诗五章，章八句。首章诸侯上朝，周天子有赐。二章诸侯来朝，远见旗帜猎猎，鸾铃中节，骖驷井然前行，由远及近。三章近观诸侯朝见天子，装饰讲究，仪态雍容，天子赏赐有加。四章颂来朝诸侯镇抚邦国，治理属国，功勋卓著。末章天子厚赏，诸侯福禄富泽，安居优游。"首章之意至矣，言其宠赐之厚，而心犹以为不足也。二章则言其始来之时，见其车旂而喜其至。三章则言其始见天子时，恭敬齐邀（chì）而为天子之所予。四章则言其德足以镇天子之邦，为万福之所聚，而又喜其左右之臣相从而至。五章则申言之而又叹其至也，优游自适而无勉强不得已之意。"（辅广《诗童子问》）此固是西周盛王诸侯来朝加以赐命之诗。"诸侯来朝，天子赐之，礼之常也，……未至而储备之，将至而迎望之，既至而喜乐之。觉车马衣服犹未足以将其意也，而又赐之以爵命，申之以福禄，既欲其去而复来，又欲其留而不去，绸缪缱绻则蔑以加矣。孔子曰：'君使臣以礼，臣事君以忠'，观《采菽》之所咏，君之于臣可谓有礼矣，抑臣之忠君亦有之焉。'彼交匪纾'，忠之文也；'殿天子之邦'，忠之实也；'平平左右'，亦是率从忠之功也，所谓上下交而志同者乎？"（傅恒、孙嘉淦等《诗义折中》）

角 弓

骍骍角弓①，翩其反矣②。兄弟昏姻③，无胥远矣④。
尔之远矣，民胥然矣⑤。尔之教矣，民胥效矣。
此令兄弟⑥，绰绰有裕⑦。不令兄弟，交相为瘉⑧。
民之无良，相怨一方。受爵不让，至于己斯亡⑨。
老马反为驹，不顾其后。如食宜饇⑩，如酌孔取⑪。
毋教猱升木⑫，如涂涂附⑬。君子有徽猷⑭，小人与属⑮。
雨雪瀌瀌⑯，见晛曰消⑰。莫肯下遗⑱，式居娄骄⑲。
雨雪浮浮⑳，见晛曰流。如蛮如髦㉑，我是用忧㉒。

【集释】

①骍骍（xīn）：调和貌。②翩："偏"假借，相反貌。③昏姻：指异姓兄弟。④胥：相。⑤胥：皆。⑥令：善。⑦绰绰：宽裕舒缓貌。裕：宽大。⑧瘉（yù）：病，此指残害。⑨至于己：临到自己身上。斯：语助词。亡：通"忘"。⑩饇（yù）：饱。⑪酌：喝酒。孔取：多给。⑫猱（náo）：猿类，善攀援。⑬涂：泥土。附：沾着。涂附：用泥涂上面。⑭徽：美。猷：道。即修养、本领。⑮与：从，属，依附。⑯雨雪：下雪。瀌瀌（biāo）：雪盛貌。⑰晛（xiàn）：日气。曰：同"聿"，语助词。⑱遗：柔顺。⑲式：发语词。居：同"倨"，傲慢。娄（lǚ）：借为"屡"，屡次。⑳浮浮：犹"瀌瀌"。㉑蛮：南蛮。髦：亦作"髳"，西南少数民族。㉒是用：因此。

【缵绎】

《毛诗序》："《角弓》，父兄刺幽王也。不亲九族而好谗佞，骨肉相怨，故作是诗也。"朱熹《诗集传》："刺王不亲九族，而好谗佞，使宗族相怨之诗。"

朱郁仪《诗故》："讽王联属诸侯之词。"何楷《诗经世本古义》："刺幽王宠任婚姻而疏远兄弟之诗。"傅恒、孙嘉淦等《诗义折中》："刺不睦也。"李光地《诗所》："朝不能敦本厉俗，贤者以为忧。"方玉润《诗经原始》："刺幽王远骨肉而近金壬（金壬：小人，奸人）也。"笔者以为刺王远骨肉而亲奸邪之诗。

诗八章，章四句。首章角弓不可松弛喻兄弟不可疏远。"兄弟昏姻，无胥远矣"，为全诗主脑。二章疏远王室父兄之害，使上行下效，民风丕变，教化不存。三章兄弟间善与不善，则结果迥异。善则让，不善则争，两让则俱有余，两争则俱不足。故令者常绰有余裕，而不令者必至于交病。四章民之无良相怨，乃王行不善之恶果。五、六章"老马"二句，喻小人颠倒常情。"猱升木"二句，喻小人本性无德，善于攀附。言若上行不正，其行必有过之。唯自身行为合乎礼仪，才能导小民相亲为善。末两章以雪花见日消融，喻小人之骄横必当节制。而小人不肯柔顺，屡教不改，是以为忧。"兄弟不睦，小人分党，相怨互争必至两伤，古今来以此辱身丧家者岂少哉？诗人推其相怨之故，以为始于莫肯下遗；又推其莫肯之故，以为由于如蛮如髦，探其本也。……设能笃其天性之爱，不相远而相亲，则小人谗间如雪聿消，上之交瘉顿息，而民之无良亦改，风移俗易，邦家永无事矣。"（傅恒、孙嘉淦等《诗义折中》）方玉润《诗经原始》："盖'老马'二章即承'受爵不让'来，'雨雪'二章即承'小人与属'来。一气相承而下，前后虽若分说而蝉联不断，章法之妙，无以逾此。"孙鑛《批评诗经》："风骨自高奇。"

菀　柳

有菀者柳①，不尚息焉②。上帝甚蹈③，无自暱焉④。俾予靖之⑤，后予极焉⑥。

有菀者柳，不尚愒焉⑦。上帝甚蹈，无自瘵焉⑧。俾予靖之，后予迈焉⑨。

有鸟高飞，亦傅于天⑩。彼人之心，于何其臻⑪？曷予靖之⑫？居以凶矜⑬。

【集释】

①菀（yù）：茂盛貌。②尚：庶几。息：休息。③蹈：动，变化无常。④暱（nì）：亲近。⑤俾：使。靖：谋划。⑥极：穷，一说"殛"假借，放逐。⑦愒

（qì）：休息。⑧瘵（zhài）：病。⑨迈：行，指放逐。⑩傅：至。⑪臻：至，到。⑫曷：何。⑬居：语助词。以：于。矜：危。

【缵绎】

《毛诗序》："《菀柳》，刺幽王也。暴虐无亲，而刑罚不中，诸侯皆不欲朝，言王者之不可朝事也。"朱熹《诗集传》："王者暴虐，诸侯不朝，而作此诗。"傅恒、孙嘉淦等《诗义折中》："伤时也。"方玉润《诗经原始》："诸侯忧王暴厉也。"程俊英《诗经译注》：逐臣怨幽王也。笔者以为诸侯忧王暴厉之诗。

诗三章，章六句。一二章开头亦兴亦比。言茂柳之下，不可憩息者，为王暴虐无常，不可亲近。使我朝而事之，以靖王室，后置我于困穷之境。三章鸟飞再高，以天为依，而彼人之心，难测其极。使我朝而事之，以靖王室，后置我于凶险之境。"始则虑其极欲以求于我，继则虑其过分以求于我，终则虑其贪欲无厌而加祸于我也。"（朱公迁《诗经疏义会通》）三章之意层进，而忧王暴厉之思愈深。诗所指王有幽、厉二说。"厉王暴虐刚恶……幽王童昏柔恶……故刺厉王诗皆欲其收辑人心，刺幽王诗皆欲其辩佞远色。"（魏源《诗古微》）"盖其所述非暴即虐，于厉王为尤近。"（方玉润《诗经原始》）

【桑扈之什小结】

《桑扈之什》凡十篇。"是什虽多刺幽王之诗，而《桑扈》则天子飨诸侯，《鱼藻》则民乐王都镐，《采菽》则又诗人美诸侯之来朝，均非后世衰乱之音。幽王世鸟有此和平作哉？盖周初正雅错简在此，不必曲为之说也。大凡说《诗》不可预设成心，需各还本面。虽不能言皆有中，要亦十得八九，不可不知也。"（方玉润《诗经原始》）

小雅·都人士之什

都人士

彼都人士①，狐裘黄黄②。其容不改③，出言有章④。行归于周，万民所望。
彼都人士，台笠缁撮⑤。彼君子女，绸直如发⑥。我不见兮，我心不说⑦。
彼都人士，充耳琇实⑧。彼君子女，谓之尹吉⑨。我不见兮，我心苑结⑩。
彼都人士，垂带而厉⑪。彼君子女，卷发如虿⑫。我不见兮，言从之迈⑬。
匪伊垂之⑭，带则有余。匪伊卷之，发则有旟⑮。我不见兮，云何盱矣⑯。

【集释】

①都（dū）：美。②黄黄：指狐裘上罩衫颜色。《礼记·玉藻》："狐裘黄衣以裼之。"黄衣即黄色罩衫，诸侯所穿冬衣。③不改：有常。④章：规范。⑤台：通"苔"，沙草。台笠，沙草编帽子。缁：黑色绸或布。缁撮，黑色束发小帽。⑥绸：通"稠"，密。如：其。⑦说：通"悦"。⑧充耳：冠旁耳饰，亦名填。琇（xiù）：美石。实：坚。⑨尹吉：朱熹《诗集传》："郑氏曰：吉读为姞。尹氏、姞氏，周之婚姻旧姓也。人见都人之女，咸谓尹氏、姞氏之女，言其有礼法也。"⑩苑（yùn）：一本作"菀"。菀结，郁结。⑪厉：《郑笺》："厉字当作裂。"裂，绸布残余，布条。⑫虿（chài）：蝎类。长尾曰虿，短尾曰蝎。⑬迈：行。⑭匪：非。伊：是。⑮有旟（yú）：旟旟，扬起貌。⑯盱（xū）：忧。

【缵绎】

《毛诗序》："《都人士》，周人刺衣服无常也。古者长民，衣服不贰，从容有常，以齐其民，则民德归一。伤今不复见古人也。"朱熹《诗集传》："乱离之后，人不复见昔日都邑之盛，人物仪容之美，而作此诗以叹惜之也。"邓元锡《诗绎》："慕旧都化也。"傅恒、孙嘉淦等《诗义折中》："思旧俗也。"方玉润

《诗经原始》："缅旧都人物盛也。"程俊英《诗经译注》：周都恋歌也。笔者以为思西都盛世之诗。

诗五章，章六句。首章单提"彼都人士"。"彼"字，有物换星移之慨。而其仪容言辞，灿然有章。"行归于周，万民所望"，重回周都，人心所向，为全诗眼目。二、三、四、五章士女并题，均极写衣着华贵典雅，无非今人容貌，尽是昔日衣饰，令人不胜今昔之感。"后二章但言其带与发者以见此犹不可得，而见况于言与德乎？"（辅广《诗童子问》）"况曰'彼都'，曰'归周'，明是东都人指西都而言矣。诗全篇只咏叹服饰之美，而其人之风度端凝，仪容秀美自见，即其人之品望优隆与世族之华贵，亦因之而见。故曰'万民所望'也。"（方玉润《诗经原始》）"诗人盖及见西都人物之盛，并能知其公行俗美之由，故言之亲切而思之诚笃如此也，'云何盱矣'，非空言也，实有望于为政者之转移之，其意远矣。"（傅恒、孙嘉淦等《诗义折中》）"自上始服其服，文以君子之容；有其容，文以君子之辞；有其辞，实以君子之德，民望而归之，非化成俗美，孰能与于此？今邈不可见矣，慕之至也。"（邓元锡《诗绎》）首章单提士而总括全篇，后三章士女双提，极尽衣冠之美，末章归结而以浩叹终，遥应篇首，笔致逶迤多姿，妙！

采　绿

终朝采绿①，不盈一匊②。予发曲局③，薄言归沐④。
终朝采蓝⑤，不盈一襜⑥。五日为期，六日不詹⑦。
之子于狩，言韔其弓⑧。之子于钓，言纶之绳⑨。
其钓维何？维鲂及鱮⑩。维鲂及鱮，薄言观者⑪。

【集释】

①终朝：自旦至早饭时。绿：通"菉"，草名，即荩草，名王刍，染黄所用之草。②匊（jū）：同"掬"，两手合捧。③局：卷。④薄言：语助词。⑤蓝：草名，叶可为染料。⑥襜（chān）：围裙。⑦詹：同"瞻"，见。⑧韔（chàng）：弓袋，此处作动词。⑨纶（lún）：钓绳。⑩鲂：鳊鱼。鱮（xù）：鲢鱼。⑪者：通"诸"，之乎二字合音。

【缵绎】

《毛诗序》："《采绿》，刺怨旷也。幽王之时多怨旷者也。"孔颖达《毛诗正义》："谓妇人见夫行役，过时不来，怨已空旷而无偶也。妇人之怨旷，非王政，而录之于《雅》者，以怨旷者为行役过时，是王政之失，故录之以刺王也。"朱熹《诗集传》："妇人思其君子。"朱郁仪《诗故》："召伯劳南行之士也。"李光地《诗所》："刺人之欲有为而不敏于事者。"傅恒、孙嘉淦等《诗义折中》："怀才不用也。"笔者以为怀才者叹不见用之诗。

诗四章，章四句。一章终朝采绿而不盈匊，为志有所在而不欲为之也；发卷而沐，修洁其身而不倦也；二章终朝采蓝不盈襜，为思有他寄之也；期以五日而六日不瞻，不欲为也。三章狩者武事，之子为狩，我能为之韔弓，则能武也；钓者文事，之子于钓，我能为之纶绳，则能文也。四章其钓则鲂鱮，可与往观也，"言钓则狩可例见。"（孙鑛《批评诗经》）"只承钓言，大有言不尽意之妙。"（姚际恒《诗经通论》）采绿采蓝并为细事，为狩为钓则系文武，细事不欲为，以其所持者大；文武兼备，以其所托者远。其发曲归沐，所藏修深，谁能识之而有以见其才用耶？"士之挟持者大，近于迂疏而寡效，故有初欲用之，又疑而不果者矣，而不必疑也。夫政之得民，犹钓之得鱼也。饵香则鱼至，政善则民来。孟子曰：'三代之得天下也，得其民也。得其民者，得其心也。'苟能本之以恕而实行其仁，则先得其心之同然，而身将焉往？孔子曰：'苟有用我者，期月而已可也，三年有成。'此亦言效可立觌，如观鲂鱮而卒无有用之者，盖与诗人有同悲矣。"（傅恒、孙嘉淦等《诗义折中》）

黍 苗

芃芃黍苗[①]，阴雨膏之[②]。悠悠南行，召伯劳之[③]。
我任我辇[④]，我车我牛[⑤]。我行既集[⑥]，盖云归哉[⑦]。
我徒我御[⑧]，我师我旅[⑨]。我行既集，盖云归处。
肃肃谢功[⑩]，召伯营之[⑪]。烈烈征师[⑫]，召伯成之。
原隰既平[⑬]，泉流既清。召伯有成[⑭]，王心则宁。

【集释】

①芃芃（péng）：茂盛貌。②膏：润泽。③召伯：姓姬名虎，封于召国，亦

称召穆公。周厉王、宣王、幽王时大臣。④任：背负。辇：拉车。⑤车：驾马车。牛：驾牛车。⑥集：完成。⑦盍（hé）：同"盍"，何不。云：语中助词。⑧徒：步行。御：驾驭车马。⑨师、旅：指带一师、一旅军队。⑩肃肃：严正貌。谢，邑名，召伯所封国，在今河南信阳。功：通"工"，工程。⑪营：治理。⑫烈烈：威武貌。⑬原：高平之地。隰（xí）：低湿之地。平：治理。⑭有成：成功。

【缵绎】

《毛诗序》："《黍苗》，刺幽王也。不能膏泽天下，卿士不能行召伯之职焉。"朱熹《诗序辨说》："此宣王时美召穆公之诗，非刺幽王也。"后人多从其说。笔者亦以为美召穆公营谢功成之诗。

诗五章，章四句。首章以"芃芃黍苗，阴雨膏之"起兴，兴中寓比，言南行众人虽跋涉艰辛，得召伯抚慰，有如黍苗得时雨滋润。二、三章既写建谢城之辛勤，又写竣工后役卒思乡之情。虽思乡情切，却毫无怨怒之气，足见召伯统领之才。四章召伯营治谢邑，统烈烈之师，成肃肃之功。末章召伯营治谢邑既功，其功甚伟。"原隰既平，泉流既清"，写景中寓深义。谢邑，周王朝挟控南方诸国重镇，其邑已成，则山高水长，周宣王自可高枕无忧。"召伯有成，王心则宁"，卒章点题。"此诗与《崧高》本为一事，彼作于王朝之卿士，而意在申伯；此作于行役之军人，而专美召伯也。谢在邓、宛之间，南方之要地，宣王封申伯于此。盖将使南邦是式，而非徒尊宠元舅，召伯知之，故往尽心焉。然或大臣能知天子之意，而百姓不知朝廷之谋，则苦其役而愁怨，亦人情也。乃召伯又能宣天子之德，意以劳之，于是行役之人，趋事劝功，以安召伯之心，并使召伯得因，以安天子之心，此则召伯之劳之，真有如阴雨之膏，故至此也。"（傅恒、孙嘉淦等《诗义折中》）

隰 桑

隰桑有阿①，其叶有难②。既见君子，其乐如何！
隰桑有阿，其叶有沃③。既见君子，云何不乐！
隰桑有阿，其叶有幽④。既见君子，德音孔胶⑤。

心乎爱矣，遐不谓矣⑥？中心藏之，何日忘之！

【集释】

①隰（xí）：低湿地。阿（ē）：通"婀"，美。②难（nuó）：通"娜"，盛貌。③沃（wò）：丰美润泽貌。④幽：通"黝"，青黑色。⑤德音：善言。胶：固。孔胶，很牢固。⑥遐：何。谓：告诉。

【缵绎】

《毛诗传》："《隰桑》，刺幽王也。小人在位，君子在野，思见君子，尽心以事之。"朱熹《诗集传》："此喜见君子之诗。"朱郁仪《诗故》："惜贤者之遁世也。"傅恒、孙嘉淦等《诗义折中》："求贤也。"方玉润《诗经原始》："思贤人之在野也。"程俊英《诗经译注》：女思夫也。笔者以为思贤人在野之诗。

诗四章，章四句。前三章头两句起兴，兴中有比。隰桑婀娜有幽之美，比贤人君子之德，故见之而乐也。四章二问二答，心爱而不可不告，则是诚之至也；心藏则焉可以忘，永矢弗谖也。"桑以饲蚕，宜植宅畔，今云隰桑，则处下隰之地，去人远矣，以其不复见采故深叹惜之。我若得见是人，乐可知己。末章设为自诘之词，言心既诚爱此贤，何不以告其君使征聘之典行，徒中心藏此诚爱，何日忘之乎？"（朱郁仪《诗故》）"桑而曰隰，则以兴贤人君子之在野者可知。夫以贤人君子而隐处岩阿，则朝廷之上所处非贤人君子之俦又可知。……故《序》言亦未可以厚非。"（方玉润《诗经原始》）末四句质而文，直而婉，极风人之致。

白　华

白华菅兮①，白茅束兮。之子之远②，俾我独兮③。
英英白云④，露彼菅茅⑤。天步艰难⑥，之子不犹⑦。
滮池北流⑧，浸彼稻田。啸歌伤怀⑨，念彼硕人⑩。
樵彼桑薪⑪，卬烘于煁⑫。维彼硕人，实劳我心！
鼓钟于宫，声闻于外。念子懆懆⑬，视我迈迈⑭。
有鹙在梁⑮，有鹤在林。维彼硕人，实劳我心！
鸳鸯在梁，戢其左翼⑯。之子无良，二三其德⑰。

有扁斯石⑱，履之卑兮⑲。之子之远，俾我疧兮⑳。

【集释】

①华：同"花"。菅（jiān）：芦芒。②之子：指褒姒。远：疏远。③俾：使。④英英：轻明貌。⑤露：润泽。⑥天步：命运。⑦犹：谋。⑧滮（biāo）：水名，在今陕西西安市北。⑨啸歌：号哭而歌。⑩硕：高大。朱熹《诗集传》："硕人，尊大之称，亦谓幽王也。"⑪樵：采。⑫卬（áng）：我。烘：烤。煁（shén）：不带锅可移动之灶，用以烤东西。桑柴是烧饭好柴，今以烘烤，乃失所。⑬懆懆（cǎo）：愁苦不安貌。⑭迈迈：往而不顾。⑮鹙（qiū）：水鸟名，秃鹙。梁：鱼梁，拦鱼水坝。⑯戢（jí）：收敛。⑰二三其德：指三心二意。⑱有扁：扁扁。石：指周王登车时用的垫脚石。⑲履：踩。卑：低下。⑳疧（qí）：忧病。

【缵绎】

《毛诗序》："《白华》，周人刺幽后也。幽王娶申女以为后，又得褒姒而黜申后。故下国化之，以妾为妻，以孽代宗，而王弗能治，周人为之作是诗也。"朱熹《诗集传》："幽王娶申女以为后，又得褒姒而黜申后，故申后作此诗。"傅恒、孙嘉淦等《诗义折中》："申后思幽王也。"程俊英《诗经译注》：贵族弃妇怨诗。笔者以为申后自伤被黜之诗。

诗八章，章四句。首章菅草白茅起兴兼比，采白华沤菅，纫白茅为束，喻志行修洁。言已志行修洁，褒姒谗间而幽王疏远之，使见弃独处。二章白云上腾，能露彼菅茅，褒姒得宠，宜及时布惠。况时运艰难，正宜为王内助，而之子不谋及此。三章池水北流，尚能浸润稻田，而王之膏泽不及百姓，故伤而念之，长歌当哭。四章桑为美薪，宜以烹饪，而燎之于无釜之灶，犹贤人弃之于无用之地，是所为忧。五章鼓钟虽在宫中，外皆闻之；褒姒之谗，虽云秘密，人皆知之。然我念王而忧，王弃我而不顾。六章鸳鹤皆以鱼为食，然清浊有别。今鹙在梁而饱，鹤在林而饥，犹幽王近褒姒而黜己，如养鹙而弃鹤。七章承上在梁而言，鸳鸯在梁戢其左翼乃有常度，今在梁者鹙非鸳鸯。之子不善，其德无常，与王相处，恐其有害。末章言石卑则履之者亦卑，妾贱则宠之者亦贱。褒姒无良而王宠之，故"之子之远"，不止俾我独，而且俾我疧。前"独"后"疧"，其痛如何！诗首章三句以"兮"煞尾，末章以"兮"终结，悲切咽噎，不忍卒读。方玉润《诗经原始》："此诗情词凄婉，托恨幽深，非外人所能代。""全篇皆先比后赋，章法似复，然实创格，又一奇也。""是诗之作，与《小弁》同为千古至文，至今读之，犹令人悲咽不能自已，非至情而能若是乎？"姚际恒《诗经通论》："此诗情景凄凉，造语真率，以为申后作自可。……邹肇敏谓：观'于宫''于外''在梁''在林'之语，当时或废处深宫；其赋白华，亦如后世之赋长门耳。"

绵 蛮

绵蛮黄鸟①，止于丘阿②。道之云远③，我劳如何！饮之食之，教之诲之。命彼后车④，谓之载之⑤。

绵蛮黄鸟，止于丘隅⑥。岂敢惮行⑦？畏不能趋⑧。饮之食之，教之诲之。命彼后车，谓之载之。

绵蛮黄鸟，止于丘侧。岂敢惮行？畏不能极⑨。饮之食之，教之诲之。命彼后车，谓之载之。

【集释】

①绵蛮：鸟鸣声。②丘阿（ē）：山坡凹陷处。③云：语中助词。④后车：随行副车。⑤谓：命。⑥隅：角。⑦惮：畏。⑧趋：快走。⑨极：至。

【缵绎】

《毛诗序》："《绵蛮》，微臣刺乱也。大臣不用仁心，遗忘微贱，不肯饮食教载之，故作是诗也。"朱熹《诗集传》："此微贱劳苦，而思有所托者，为鸟言以自比也。"朱郁仪《诗故》："刺乱也。"李光地《诗所》："世乱人不安其所于时，犹有能资助而收恤之者，故行者作此诗。"钱澄之《田间诗学》："幽王时侯国不贡士，士之贤者无由上达，故作是诗。"姚际恒《诗经通论》："此疑王命大夫求贤，大夫为此诗。"傅恒、孙嘉淦等《诗义折中》："诸侯贡士也。"方玉润《诗经原始》："王者加惠远方人士也。"程俊英《诗经译注》：役者遇大臣相和唱也。笔者以为贤者怨时之诗。

诗三章，章八句，各章分二段，前四句以黄雀止息在丘阿、丘隅、丘侧，言非得所止，乃倦飞而止，不得已而然也。道远非一蹴能到，而劳苦不胜，非不欲前，实不能前耳，何以人而不如鸟乎？后四句"饮之食之"，欲得周恤也；"教之诲之"，欲得指示也；后车载之，欲得振拔也。全诗三章只是一意，反复咏叹。《周礼·地官·大司徒》："以保息六养万民：一曰慈幼，二曰养老，三曰振穷，四曰恤贫，五曰宽疾，六曰安富。""诗不敢直诉而自托于鸟，不敢辞劳而但告哀于人，黄鸟睍睆，应节趋时，人所喜悦，故以为比，志苦而辞卑，乃所以为温柔敦厚之意也。"（郝敬《毛诗原解》）贤者之不遇时，世之不用贤，亦可知也。徐光启《诗经六帖》："此诗比体，与《硕鼠》《采苓》一例，其初托言于鸟，下只直言己志而已。"

瓠 叶

幡幡瓠叶①，采之亨之②。君子有酒，酌言尝之。
有兔斯首③，炮之燔之④。君子有酒，酌言献之。
有兔斯首，燔之炙之⑤。君子有酒，酌言酢之⑥。
有兔斯首，燔之炮之。君子有酒，酌言酬之。

【集释】

①幡幡（fān）：犹翩翩，反复翻动貌。瓠（hù）：葫芦。②亨（pēng）：同"烹"。③斯：语中助词。首：头、只。④炮（páo）：裹泥烧。燔（fán）：用火烤熟。⑤炙：熏烤。⑥酢（zuò）：回敬。

【缵绎】

《毛诗序》："《瓠叶》，大夫刺幽王也。上弃礼而不能行，虽有牲牢饔饩不肯用也，故思古之人不以微薄废礼焉。"朱熹《诗集传》："此亦燕饮之诗……盖述主人之谦词。言物虽薄，而必与宾客共之也。"傅恒、孙嘉淦等《诗义折中》："示俭也。"方玉润《诗经原始》："不以物薄废礼也。"今人有主人宴宾自谦、贵族宴宾诸说。笔者以为美俭礼之诗。

诗四章，章四句。首章瓠叶味苦，谅非佳肴，然主人采烹之，取酒相待，请客同尝，并未因之废礼。后三章以兔为赋，再言菜肴简陋。"一物而三举之者，以礼有献酢酬故也，酒三行而肴惟一兔首，益以见其约矣。"（王鸿绪等《钦定诗经传说汇纂》引张彩语）《礼记·内则》谓古者宴宾，荤菜有豕、牛、羊、鸡、鱼、雁"六牲"之说,兔不登大雅之堂,主人或炮或燔或炙,复以酒献酢酬客,见其俭也。"风俗之坏,皆由于奢,而燕饮为尤甚,杯酒之间,肴馔山积,富者习焉而贫者效之,于是乎贫者日窘,富者日荒。荒而不已,亦至于窘,非小失也。圣人录《瓠叶》,使知田园所种,罝弋所获,随取一二即可以行礼,则主无过费,而宾无失仪,且可以不时举行,使情通而仪习,民足而俗厚,天下之福,莫大于此也。"(傅恒、孙嘉淦等《诗义折中》)

渐渐之石

渐渐之石①,维其高矣②。山川悠远,维其劳矣。武人东征③,不皇朝矣④。
渐渐之石,维其卒矣⑤。山川悠远,曷其没矣⑥。武人东征,不皇出矣⑦。
有豕白蹢⑧,烝涉波矣⑨。月离于毕⑩,俾滂沱矣⑪。武人东征,不皇他矣。

【集释】

①渐渐(chán):借为"巉巉(chán)",山石高峻貌。②维其:犹"何其"。③武人:将士。④皇:同"遑",闲暇。朝:早上。⑤卒:借为"崒",高而险。⑥曷:何。没:尽。⑦不皇出:只知不断深入,无暇顾及出来。⑧蹢(dí):蹄。⑨烝(zhēng):众。⑩离:借作"丽",依附,此指靠近。毕:星宿名。⑪俾:使。滂沱:大雨貌。古人以为月亮靠近毕星将下大雨。

【缵绎】

《毛诗序》:"《渐渐之石》,下国刺幽王也。戎狄叛之,荆舒不至,乃命将率东征,役久病于外,故作是诗也。"朱熹《诗集传》:"将帅出征,经历险远,不堪劳苦而作此诗也。"傅恒、孙嘉淦等《诗义折中》:"将士苦东征也。"笔者以为将士怨东征之诗。

诗三章,章六句。前两章迭唱,首二句写所见,陡崖峭壁,叹其高崒;中二句写所感,叹山遥川远,跋涉维艰,疲劳不堪。末两句点题,东征急行。"武人东征"为全诗主脑。首章"不皇朝矣",言行军之急;次章"不皇出矣",言行军之险。三章以天象呼应首章"朝矣",暗示夜行军,谓大雨滂沱,于行军之险再加一层,纪异而造语甚奇。"武人之霑体涂足,冒险东征,而不遑他顾者更可见。"(方玉润《诗经原始》)上之人未尝念其劳而不加恤,行者自言其苦而怨作，则世之乱可知矣。全诗每二句以"矣"煞尾，亦见其沉郁之气。姚际恒《诗经通论》："用事奇峭。"

苕之华

苕之华①，芸其黄矣②。心之忧矣，维其伤矣③。
苕之华，其叶青青。知我如此，不如无生。
牂羊坟首④，三星在罶⑤。人可以食，鲜可以饱⑥。

【集释】

①苕（tiáo）：植物名，又名凌霄或紫葳，蔓生木本，夏季开花，花黄赤色。华：同"花"。②芸（yún）：黄色深浓貌。③维其：何其。④牂（zāng）羊：母羊。坟：大。⑤三星：即参星。一说三为虚数。罶（liǔ）：鱼笱。⑥鲜（xiǎn）：少。

【缵绎】

《毛诗序》："《苕之华》，大夫闵时也。幽王之时，西戎、东夷交侵中国，师旅并起，因之以饥馑，君子闵周室之将亡，伤己逢之，故作是诗也。"朱熹《诗集传》："周室将亡，征役不息，行者苦之，故作此诗。"朱郁仪《诗故》："大夫闵时也。"方玉润《诗经原始》："伤饥乱也。"笔者以为伤饥乱之诗。

诗三章，章四句。前两章以苕花起兴，兴中有比。开头两句互文见义，言苕华盛开，一片黄色，叶子青青，沃若葱茏；结尾两句写所感：荒年之人，饥饿挣扎，九死一生，反不如苕。故由伤而叹："知我如此，不如无生"！三章"羊瘠则首大也，罶中无鱼而水静，但见三星之光而已。言饥馑之余，百物凋耗如此。"（朱熹《诗集传》）"举一羊而陆物之萧索可知，举一鱼而水物之凋耗可想。"（郝懿行、王照圆《诗说》）末两句"人可以食，鲜可以饱"，即使人可以吃，而所剩之人已寥寥。读此数语，但觉星光冷冷，令人毛骨悚然。"陈氏曰：此诗其词简，其情哀。周室将亡不可救矣。诗人伤之而已。"（朱熹《诗集传》）方玉润《诗经原始》评末章："沉痛语，不忍卒读。奇辟！"姚际恒《诗经通论》亦曰："尤刻鸷，匪夷所思。"

何草不黄

何草不黄！何日不行①！何人不将②！经营四方③。
何草不玄④！何人不矜⑤！哀我征夫，独为匪民⑥！
匪兕匪虎⑦，率彼旷野⑧。哀我征夫，朝夕不暇！
有芃者狐⑨，率彼幽草。有栈之车⑩，行彼周道。

【集释】

①行：出行。此指出征。②将：出征。③经营：规划营治。④玄：赤黑色，是百草由枯而腐的颜色。⑤矜（guān）：通"鳏"，无妻者。征夫离家，等于无妻。⑥匪民：非人。⑦兕（sì）：野牛。⑧率：沿着。⑨有芃（péng）：即"芃芃"，蓬松貌。⑩有栈：即"栈栈"，高貌。⑪周道：大道。

【缵绎】

《毛诗序》："《何草不黄》，下国刺幽王也。四夷交侵，中国皆叛，用兵不息，视民如禽兽。君子忧之，故作是诗也。"朱熹《诗集传》："周室将亡，征役不息，行者苦之，故作是诗。"后人皆无异议。

诗四章，章四句。一、二章前二句比兴，征人无日不在行役，后二句征夫之哀，"何人不将"，则非一人之哀，举世之悲也。三、四章承"匪民"，言征人非野牛，非老虎，亦非狐狸，却如野兽般长年在旷野、幽草中度日。征夫命如草芥，生同禽兽，只有行役。"有栈之车，行彼周道"，反言若正，怨之深也。"顾氏起元曰：此反复伤已征役之不息也。首章言役之重困，二章言失其家室之乐，三章伤其自同于物，四章伤其物之不如也。"（王鸿绪等《钦定诗经传说汇纂》）"《苕之华》言国家之衰微，时物之凋耗，人民不聊其生，天运穷矣。《何草不黄》言士民役使之繁数，征行之劳苦，上之人视之与禽兽无异，人事极矣。周室至是无可为矣。此《黍离》之所以降为国风也。"（辅广《诗童子问》）"周衰至此，其亡岂能久待？编诗者以此殿《小雅》之终，亦《易》卦纯阴之象。《坤》上六曰：'龙战于野，其色玄黄'，其是之谓与？观于《诗》，而世运之升降，人事之盛衰，可一览而识其故也。"（方玉润《诗经原始》）

【都人士之什小结】

《都人士之什》凡十篇。"是什有宣王时诗杂入其中者,《黍苗》是也。有东迁后诗杂入其中者,《都人士》是也。亦有周盛时诗杂入其中者,《绵蛮》是也。要之,气味甚薄,体兼乎风,故不得为雅之正。其余急管繁弦,哀音促节,尽是亡国之诗。徒以造句奇警,为惊人之具。有似六朝陈、隋人语,专以琢句为工,求其真气,则索然矣。文章厚薄,关乎气运。虽三代著作,亦不能不为风会所移。朱氏公迁曰:'自《菀柳》至此,其诗多似风体。雅降为风,亦有其渐欤?'可谓知言。然愚谓不独此也,即《桑扈》一什,除《宾之初筵》及《车舝》《采菽》洋洋数篇外,其余莫非风体。读者试合前六什而递观之,则《小雅》正变之分,亦可以得其梗概。惟其间有事变者,有以体变者,不能不细心剖别,而后《雅》诗体裁乃判然而无混耳。"(方玉润《诗经原始》)

大 雅

"《大雅》非圣贤不能为,平易明白,正大光明。"(朱熹《朱子语类》)"《左传》吴季札观周乐至于《大雅》曰:'广哉,熙熙乎,曲而有直体,其文王之德乎?'《乐记》师乙亦曰:'广大而静,疏达而信者,宜歌《大雅》。'又曰:'夫歌者直己而陈德也,动己而天地应焉,四时和焉,星辰理焉,万物育焉。'《猗与》文王之德章,于《关雎》《麟趾》之化,本之以和敬,成之以仁厚,纯亦不已,犹於穆之神也,武王传及成、康,仪刑而已,后王厉及宣、幽,依违文王之德者,则变大雅之美,刺作矣。然歌乐以养成,天子之德则惟正大。"(黄佐《诗经通解》)"《雅》为常奏之声,而太师道其德焉。故《经解·论乐》曰:'其在朝廷则道仁圣礼义之序,燕处则听《雅》《颂》之音,所谓直己而陈德也,理义深长,词旨广大,其斯所以异诸《小雅》者欤?'"(王鸿绪等《诗经传说汇纂》)"盖大、小《雅》之分,亦以体异焉耳。读者试即《崧高》《黍苗》二诗诵之,而其体自见。又即《宾之初筵》与《抑》诗合而咏之,而其体愈见。数诗皆前人所谓人同、事同者也,而何以诗之词气与音节迥然不同?此可以知大、小《雅》之分矣。"(方玉润《诗经原始》)《大雅》固非圣贤不能发,然有美有刺,虽多尚德,亦尝有论功、宴饮之作,安能尽属天人奥蕴?章氏潢谓《大雅》主理,斯为得之。《雅》体较《风》整肃显明,较《颂》昌大畅达,而《大雅》尤较《小雅》浑涵疏达,此诗体之由分也。

《大雅》三十一篇。兹分《文王之什》十篇,《生民之什》十篇,《荡之什》十一篇。

大雅·文王之什

文 王

　　文王在上①，於昭于天②。周虽旧邦③，其命维新④。有周不显⑤，帝命不时⑥。文王陟降⑦，在帝左右⑧。
　　亹亹文王⑨，令闻不已⑩。陈锡哉周⑪，侯文王孙子⑫。文王孙子，本支百世⑬。凡周之士⑭，不显亦世⑮。
　　世之不显，厥犹翼翼⑯。思皇多士⑰，生此王国。王国克生⑱，维周之桢⑲。济济多士⑳，文王以宁。
　　穆穆文王㉑，於缉熙敬止㉒。假哉天命㉓，有商孙子。商之孙子，其丽不亿㉔。上帝既命，侯于周服㉕。
　　侯服于周，天命靡常㉖。殷士肤敏㉗，裸将于京㉘。厥作祼将，常服黼冔㉙。王之荩臣㉚，无念尔祖㉛。
　　无念尔祖，聿修厥德㉜。永言配命㉝，自求多福。殷之未丧师㉞，克配上帝㉟。宜鉴于殷，骏命不易㊱！
　　命之不易，无遏尔躬㊲。宣昭义问㊳，有虞殷自天㊴。上天之载㊵，无声无臭㊶。仪刑文王㊷，万邦作孚㊸！

【集释】

①文王：姬姓，名昌，周朝缔造者。②於（wū）：叹美词。昭：光明显耀。③旧邦：旧国。周从文王祖父古公亶父由豳迁岐建国，故称旧邦。④命：天命。周本臣服于商，文王使周强大，遗命其子姬发（武王）伐商，建立新兴王朝。⑤有：词头，无义。不：通"丕"，大。显：光明。⑥帝：上帝。时：是。⑦陟降：升降。⑧帝：上帝。左右：犹言身旁。⑨亹亹（wěi）：勤勉不倦貌。⑩令

闻：好名声。不已：无尽。⑪陈："申"假借，一再，重复。锡：通"赐"。哉：通"载"，造。⑫侯：乃。孙子：子孙。⑬本支：树干与枝叶，引申为本宗和支系。⑭士：指周之世禄百官。⑮亦世：同"奕世"，累世。⑯厥：其。犹：同"猷"，谋划。翼翼：恭谨勤勉貌。⑰思：语首助词。皇：美、盛。⑱克：能。⑲桢（zhēn）：干。一说当作"祯"，吉庆。⑳济济：盛美貌。㉑穆穆：威仪庄敬貌。㉒於：叹美词。缉熙：光明。敬：严肃谨慎。止：语末助词。㉓假：大。㉔丽：数目。不：语助词。亿：周制十万为亿，极言其多。㉕侯：乃。服：臣服。侯于周服，即侯服于周。㉖靡常：无常。㉗殷士：殷商后代。肤：壮美。敏：敏捷。㉘祼（guàn）：灌祭，一种祭礼。将：举行。京：周京师。㉙常服：祭事规定服装。黼（fǔ）：殷商礼服，上有白黑相间花纹。冔（xǔ）：殷冕。㉚荩（jìn）：进。荩臣：进用之臣。㉛无：语助词。㉜聿：发语助词。㉝永言：久长。言，同"焉"，语助词。配命：与天命相称。㉞丧：失。师：众。㉟克配上帝：可与上帝之意相称。㊱骏：大。骏命：大命，即天命。不易：不寻常。指天使难保。㊲遏：停止，断绝。躬：身。㊳宣昭：宣明发扬。义：善。问：通"闻"，名声。㊴有：又。虞：度，鉴戒。㊵载：事。㊶臭（xiù）：气息、气味。㊷仪刑：效法。刑，同"型"，模范。㊸作：则。孚：信。

【缵绎】

《毛诗序》："《文王》，文王受命作周也。"郑玄《毛诗传笺》："受命，受天命而王天下，制立周邦。"朱熹《诗集传》："周公追述文王之德，明周家所以受命而代商者，皆由于此，以戒成王。"后世多从之。朱郁仪《诗故》："周公相成王宗祀文王于明堂以配上帝，因述文德以训于王也。"方玉润《诗经原始》："周公追述文德配天，以肇造乎周也。"笔者以为追述文德配天以造周，以训后王之诗。

诗七章，章八句。首章文王德与天合，而上帝亦有成命，为全诗总冒；二章文王兴国福泽子孙宗亲；三章王朝人才众多得以世袭传统；四章文王因德行兴周代殷，天命所系，殷人臣服；五章天命无常，商之多士亦助祭于周；六章以殷为鉴，敬天修德，则天命不变，永保多福；七章天无声无臭可求，法文王则可以法天，得天福佑，长治久安，应首章与天合德作收。"观诗中文字，恳切叮咛，谆谆告戒……至此诗之旨，四字可以尽之，曰：'敬天法祖。'"（余培林

《诗经正诂》）"天人感应之机,王业兴废之由,反复申明,而其尤切要者则在'缉熙敬止'一语。"(傅恒、孙嘉淦等《诗义折中》)"夫文王德配上帝,而其后遂有天下者,盖能尽人性以合天心,而天因以位育权畀之耳。中古前圣君固常有之,三代后帝王所必无也。故周公述焉,亦将以为万世法。……然则此诗固不独兴文王兆瑞之章,抑亦圣学传心之典。"(方玉润《诗经原始》)。"其于天人之际,兴亡之理,叮咛反复,至深切矣。故立之乐官,而国以为天子诸侯朝会之乐,盖将以戒乎后世之君臣,而又以昭先王之德于天下也。"(朱熹《诗集传》)置诸《大雅》之首,其意在兹乎?全诗章句严整,韵律和谐,连珠顶真,宛如一体。方玉润《诗经原始》:"姚氏曰:'每四句承上语作转韵,委委属属,连成一片。曹植《赠白马王彪诗》本此。'愚谓曹诗只起落相承,此则中间换韵亦相承不断,诗格尤奇。"

大　明

明明在下①,赫赫在上②。天难忱斯③,不易维王④。天位殷适⑤,使不挟四方⑥。

挚仲氏任⑦,自彼殷商,来嫁于周,曰嫔于京⑧。乃及王季⑨,维德之行⑩。大任有身⑪,生此文王⑫。

维此文王,小心翼翼⑬。昭事上帝⑭,聿怀多福⑮。厥德不回⑯,以受方国⑰。

天监在下⑱,有命既集⑲。文王初载⑳,天作之合㉑。在洽之阳㉒,在渭之涘㉓。文王嘉止㉔,大邦有子㉕。

大邦有子,俔天之妹㉖。文定厥祥㉗,亲迎于渭。造舟为梁㉘,不显其光㉙。

有命自天,命此文王。于周于京,缵女维莘㉚。长子维行㉛,笃生武王㉜。保右命尔㉝,燮伐大商㉞。

殷商之旅,其会如林㉟。矢于牧野㊱,维予侯兴㊲。上帝临女㊳,无贰尔心㊴。牧野洋洋㊵,檀车煌煌㊶,驷騵彭彭㊷。维师尚父㊸,时维鹰扬㊹。凉彼武王㊺,肆伐大商㊻,会朝清明㊼。

【集释】

①明明:光明貌。在下:指人间。②赫赫:显盛貌。在上:指天上。③忱

(chén)：信任。斯：句末助词。④易：容易。⑤適（dí）：通"嫡"，嫡子。殷嫡，指纣王。⑥挟：控制。四方：天下。⑦挚：古诸侯国名，在今河南汝南一带。仲：次女。任：姓。挚仲，即太任，王季之妻，文王之母，挚国之后裔，为殷商臣子。⑧曰：语首助词。嫔：妇，指做媳妇。京：周京。周部族后稷十三世孙古公亶父（周太王）自豳迁岐（今陕西岐山一带），其地名周。其子王季（季历）于此地建都城。⑨乃：就。及：与。王季：文王之父。⑩维德之行：犹"维德是行"，只做有德行之事。⑪大：同"太"。太任：即挚仲氏任。有身：有孕。⑫文王：姬昌，殷纣时为西伯（西方诸侯），又称西伯昌，周武王姬发之父。⑬翼翼：恭敬谨慎貌。⑭昭：明白，一说借作"劭"，勤勉。事：服侍、侍奉。⑮聿：语助词。怀：来，招来。⑯回：邪僻。⑰受：承受。方国：商代、周初对周围诸侯国称呼。⑱监：明察。在下：指文王德业。⑲有：词头。有命：指天命。⑳初载：初始，指年轻时。㉑作：成。合：婚配。㉒洽（hé）：亦作合或郃，水名，源出陕西合阳县，东南流入黄河，现称金水河。阳：河北面。㉓渭：渭河，源于甘肃渭源县，经陕西，于潼关流入黄河。涘（sì）：水边。㉔嘉：美好，高兴。止：语末助词。一说"礼"，嘉止，即嘉礼，指婚礼。㉕大邦：指莘国。姒姓之国，文王妃太姒之母家。子：指太姒。㉖俔（qiàn）：如，好比。妹：少女。㉗文：礼。指"纳币"之礼。文定，订婚。㉘梁：桥。指连船为浮桥。㉙不：通"丕"，大。光：荣光。㉚缵：续。莘（shēn）：国名。㉛长子：指太姒。行：嫁。㉜笃：发语词。㉝保右：即"保佑"。命：命令。尔：指武王姬发。㉞燮："袭"假借。袭伐，即袭击讨伐。㉟会（kuài）：借作"旝"，军旗。㊱矢：同"誓"，誓师。牧野：地名，在今河南淇县一带，距商都朝歌七十余里。㊲予：我，指周王朝。侯：乃。兴：胜利。㊳临：监临。女：同"汝"，指武王率领的将士。㊴无：同"勿"。贰：同"二"。㊵洋洋：广大貌。㊶檀车：檀木造兵车，喻其坚。煌煌：鲜明貌。㊷骎（yuán）：赤毛白腹马。彭彭：强壮有力貌。㊸师：官名，又称太师。尚父：指姜太公。姜太公，周朝东海人，本姓姜，其先封于吕，因姓吕。名尚，字子牙。年老隐钓于渭水之上，文王访得，载与俱归，立为师，又号太公望，辅佐文王、武王灭纣。㊹时：是。鹰扬：如雄鹰飞扬，言其奋发勇猛。㊺凉：辅佐。㊻肆伐：同"燮伐"。㊼会朝：一朝，即一早上。

【缵绎】

《毛诗序》："《大明》，文王有明德，故天复命武王也。"朱熹《诗集传》："此亦周公戒成王之诗。"朱郁仪《诗故》："盖述武王伐商之事，推本受天命，则由王季文王之德也。"方玉润《诗经原始》："追述周德之盛，由于配偶天成也。"今人多以为周族史诗之一，叙述王季娶太任，文王娶太姒以及武王伐纣取胜。笔者以为追述周德之盛，由于配偶天成之诗。

诗八章，一、三、五、七章章六句，二、四、六、八章章八句。首章将言文武受命，先揭天人感通之故，为全诗总纲。次章颂王季娶太任，推行德政。三章文王降生，承受天命，以受方国。四章文王"天作之合"，觅得佳偶。五章文王于渭水之滨迎娶太姒。六章太姒生武王，武王受天命为"燮伐大商"而生。七章武王伐纣于牧野。末章牧野之战盛大，姜尚辅佐武王一举灭殷。全诗以王季、文王、武王三代相继为线，武王灭商是本诗枢纽。"君有明德，则天有明命。有王季、文王，则有太任、太姒；有王季、太任，则有文王；有文王、太姒，则有武王；有武王之君，则有太公之臣。读《大明》之诗，则当知天人夫妇父子君臣之际，安危治乱废兴存亡之机，如影响形声之相似，皆非苟然也。"（辅广《诗童子问》）"盖周家奕世积功累仁，人悉知之。所奇者，历代夫妇皆有盛德以相辅助，并生圣嗣，所以为异。使非'天作之合'，何能圣配相承不爽若是？故诗人命意，即从此著笔，历叙其婚姻天成，有非人力所能为者。然太任太姒明写，邑姜（按：吕尚之女，武王妃）暗写，此又文心变幻处。从来说《诗》者无人道及，不将诗人一片苦心埋没不彰耶？至首尾三章，极言天人感应之机捷于影响。……故必有'明明'之圣德，而后有'赫赫'之天命。天人之际，岂不亦甚微哉？"（方玉润《诗经原始》）（按：今人谓其为王季、文王、武王三代发展史，与《生民》《公刘》《緜》《皇矣》《文王》诸篇相连缀，为周开国史诗之末篇，亦非无见。然此固今人之意，非作者及编者之旨。）

绵

绵绵瓜瓞①。民之初生，自土沮漆②。古公亶父③，陶复陶穴④，未有家室⑤。古公亶父，来朝走马⑥。率西水浒⑦，至于岐下⑧。爰及姜女⑨，聿来胥宇⑩。

周原膴膴⑪，堇荼如饴⑫。爰始爰谋⑬，爰契我龟⑭。曰止曰时⑮，筑室于兹。

迺慰迺止⑯，迺左迺右⑰；迺疆迺理⑱，迺宣迺亩⑲。自西徂东⑳，周爰执事㉑。

乃召司空㉒，乃召司徒㉓，俾立室家㉔。其绳则直㉕，缩版以载㉖，作庙翼翼㉗。

捄之陾陾㉘，度之薨薨㉙，筑之登登㉚，削屡冯冯㉛。百堵皆兴，鼛鼓弗胜㉜。乃立皋门㉝，皋门有伉㉞。乃立应门㉟，应门将将㊱。乃立冢土㊲，戎丑攸行㊳。

肆不殄厥愠㊴，亦不陨厥问㊵。柞棫拔矣㊶，行道兑矣㊷。混夷駾矣㊸，维其喙矣㊹。

虞芮质厥成㊺，文王蹶厥生㊻。予曰有疏附㊼，予曰有先后㊽，予曰有奔奏㊾，予曰有御侮㊿。

【集释】

①瓞（dié）：小瓜。②自：从。沮（jū）、漆：皆水名，合称漆沮水。古漆沮水有二：一近今陕西岐山，后稷孙公刘曾迁住；一近今陕西岐山，周文王祖父太王曾迁住。"自土沮漆"，即"自沮漆之土"。③古公亶（dǎn）父：周太王。古公是号，亶父是名。④陶：通"掏"，挖掘。复：窑洞。⑤家室：房屋。⑥来朝：次日早晨。⑦率：沿着。浒：水边。⑧岐下：岐山之下。岐山在今陕西省岐山县东北。⑨爰：乃。姜女：亶父之妃，姜氏，亦称太姜。⑩聿（yù）：发语词。胥：视察。宇：住地。⑪周：地名，在岐山南。原：广平曰原。膴膴（wǔ）：肥沃貌。⑫堇（jǐn）：野生植物，亦名苦堇、堇葵，味苦。荼（tú）：苦菜。饴（yí）：麦芽糖。⑬爰：于是。始：计划，谋划。⑭契：刻。龟：占卜用龟甲。⑮曰：语助词。止：居住。时：适宜。⑯迺（nǎi）：同"乃"。慰：安定。⑰左、右：指划定左右区域。⑱疆：划分疆界。理：治理土地。⑲宣：疏通沟渠。亩：整治田垄。⑳徂：往，去。㉑周：遍。执事：从事工作。㉒司空：管工程之官。㉓司徒：管土地及力役之官。㉔俾：使。立：建立。㉕绳：指绳墨，用以正地基经界。㉖缩板：直板。载：通"栽"，树立。㉗庙：宗庙。翼翼：严正貌。㉘捄（jiū）：盛土于筐。陾陾（réng）：众多貌。㉙度（duó）：向版内填土。薨薨（hōng）：填土声。㉚筑：捣土。登登：捣土声。㉛屡：通

"娄",隆起。冯冯(píng):削土声。㉜鼛(gāo):大鼓。弗胜:不胜。指鼓声盖不过人声。㉝皋门:王都郭门。郭门即城门。㉞伉:通"亢"。高大貌。㉟应门:王宫正门。㊱将将(qiāng):庄严雄伟貌。㊲冢土:即大社,祭祀社神之地。冢,大;土,通"社"。㊳戎:大。丑:众。攸:所。㊴肆:于是。殄(tiǎn):断绝。厥:其,指古公亶父。愠:怒。㊵陨(yǔn):失。问:名声。㊶柞(zuò):栎树。棫(yù):白桵(ruǐ),与柞皆丛生灌木。拔:拔除净。㊷行道:道路。兑(duì):通畅。㊸混夷:古种族名,西戎之一种,又作昆夷、串夷、畎夷、犬夷,即犬戎。駾(tuì):惊逃。㊹维其:何其。喙(huì):息。㊺虞:古国名,在今山西平陆。芮(ruì):古国名,在今陕西大荔。质:评断。成:平。指平息虞、芮两国纠纷。《毛传》:"虞、芮之君,相与争田,久而不平。乃相谓曰:'西伯(周文王),仁人也,盍往质焉。'乃相与朝周。入其境,则耕者让畔,行者让路。入其邑,男女异路,斑白不提挈。入其朝,士让为大夫,大夫让为卿。二国之君,感而相谓曰:'我等小人,不可以履君子之庭。'乃相让,以其所争田为闲田而退。天下闻之而归者四十余国。"㊻蹶(guì):感动。生:通"性",天性。㊼予:周人自称。曰:语助词。疏附:宣布德泽使民亲附之臣。㊽先后:前后辅佐相导之臣。㊾奔奏:奔命四方之臣。"奏"亦作"走"。㊿御侮:捍卫国家之臣。

【缵绎】

《毛诗序》:"《绵》,文王之兴,本由大王也。"朱熹《诗集传》:"此亦周公戒成王之诗。追述太王始迁岐周,以开王业,而文王因之以受天命也。"朱郁仪《诗故》:"周公相成王,追王太王祀以天子之礼,而述其造周之事,以明当王之意也。"方玉润《诗经原始》:"追述周王室之兴始自迁岐,民附也。"笔者以为追述周室之兴,始自迁岐之诗。

诗九章,章六句。"绵绵瓜瓞"兴周人延绵不绝,生生不息之史。"一章言在豳,二章言至岐,三章言定宅,四章言授田居民,五章言作宗庙,六章言治宫室,七章言作门社,八章言至文王而服混夷,九章遂言文王受命之事。"(朱熹《诗集传》)《文王》以天德言,有天德者必膺天命;《大明》以人事言,人纪肇修者,人心亦附。"此诗以地利言,故地利之美者地足以王,是则《绵》诗之旨耳。若论世次,《绵》为首,王迹所自始也。次《大明》,再次乃《文王》。

若论功德，周至文王而始大，自当以《文王》弁首。此编《诗》义例，亦即诗人意旨。从来说者不明作者深心，概谓之追述，而无所别。岂知周室之兴，其有得于天、地、人三者之厚，实有异乎历代帝王之数，故能如是之盛且远耶？然诗虽重地利，仍以威德为主。故后二章，一服昆夷，一感虞、芮，王道大行，天下归心。夫岂无因而致是哉？盖文王德修于内，四臣力赞乎外，故以作收。自古帝王未有不得人而自昌者，地灵尤须人杰，是之谓耳。"（方玉润《诗经原始》）全诗叙事描绘，疏密有致；摹声写态，精到传神；点睛映带，不着痕迹；景随情迁，情缘景发；收笔奇肆，一气浑成。

棫 朴

芃芃棫朴①，薪之槱之②。济济辟王③，左右趣之④。
济济辟王，左右奉璋⑤。奉璋峨峨⑥，髦士攸宜⑦。
淠彼泾舟⑧，烝徒楫之⑨。周王于迈⑩，六师及之⑪。
倬彼云汉⑫，为章于天⑬。周王寿考⑭，遐不作人⑮？
追琢其章⑯，金玉其相⑰。勉勉我王⑱，纲纪四方⑲。

【集释】

①芃芃（péng）：茂盛貌。棫（yù）：白桵（ruǐ）；朴：枹（bāo）木。棫、朴均为灌木。②槱（yǒu）：积木备烧。③济济（jǐ）：美好貌。一说庄敬貌。辟（bì）王：君王。④趣（qū）：趋向，归向。⑤奉：通"捧"。璋：即"璋瓒"，祭祀时盛酒玉器。⑥峨峨：盛服端庄貌。⑦髦士：优秀之士。指助祭之诸侯、卿士。攸：所。宜：适合。⑧淠（pì）：船行貌。泾：泾河。⑨烝（zhēng）徒：众人。楫之：举桨划船。⑩于迈：于征，出征。⑪师：军队，二千五百人为一师。⑫倬（zhuō）：广大。云汉：银河。⑬章：文采。⑭考：长寿。⑮遐：通"何"。作人：培育、造就。⑯追（duī）："雕"假借。追琢，即雕琢。⑰相：质地。⑱勉勉：勤勉不已貌。⑲纲纪：治理，管理。

【缵绎】

《毛诗序》："《棫朴》，文王能官人也。"（按："官人"，即善于选才并授以适当官职。）姚际恒《诗经通论》："此言文王能作士也。小序谓'文王能官人',差些。"(按:"作士",即为培育造就人才及鼓舞振作人心。)程俊英《诗经译注》:文王祭天伐崇(按:崇,商之侯国。)也。笔者以为美文王能作士之诗。

诗五章,章四句。首章以"棫朴"起兴,总述周王有德,众士所归。灌木茂盛,则为人所乐用;君王美好,则为人所乐从。二章为赋。"济济辟王,左右奉璋"见于承祭、征伐之际,则文王能作髦士也。三章以"泾舟"起兴。文王征伐,六师扈从,烝徒楫之,则文王能作武勇之士也。四章以"云汉"起兴。言文王法天之文章,以兴文治而作人才也。末章以"追琢"起兴。谓周王勤勉不已以作士,使其文质彬彬,故能善治四方。"文王得人之心如此之盛,维经理天下之功如此之大,只收在一个'勉勉'上,勉勉即亹亹也。"(王柏《诗疑》)"振作谓变化鼓舞之不容怠废也,纲纪谓统括维系之不容涣散也,此天下之人,奉璋之士,六军之众,四方之民,所以无不归附趣向之也。"(辅广《诗童子问》)"此亦以昭先王之德,使人知周所以得天下之故也。五章之序,首以'左右'言,次以'六师'言,至'作人''纲纪'则尽乎人矣。人心所以归之之故,于此见矣。"(朱公迁《诗经疏义会通》)

旱 麓

瞻彼旱麓①,榛楛济济②。岂弟君子③,干禄岂弟④。
瑟彼玉瓒⑤,黄流在中⑥。岂弟君子,福禄攸降⑦。
鸢飞戾天⑧,鱼跃于渊。岂弟君子,遐不作人⑨?
清酒既载⑩,骍牡既备⑪。以享以祀,以介景福⑫。
瑟彼柞棫⑬,民所燎矣⑭。岂弟君子,神所劳矣⑮。
莫莫葛藟⑯,施于条枚⑰。岂弟君子,求福不回⑱。

【集释】

①旱:山名,在今陕西省南郑县。麓:山脚。②榛:树名,结实似栗而小。楛(hù):树名,似荆而赤。榛楛皆小灌木。济济:众貌。③岂弟(kǎi tì):即"恺悌",和乐平易。君子:指周文王。④干:求。禄:福。⑤瑟:鲜洁貌。玉瓒:即圭瓒,天子祭祀时用酒器。玉圭做柄,柄一端是勺,以舀秬鬯。⑥黄流:

黄，黄金制或镶金酒勺；流，黑黍和郁金草酿制祭祀之酒，即秬鬯。⑦攸：所。⑧鸢（yuān）：老鹰。戾（lì）：至。⑨遐：通"胡"，何。作：培养。⑩载：陈设。⑪骍牡：赤色公牛。⑫介：求。景：大。⑬瑟：众多貌。柞棫（zuò yù）：柞，栎。棫，白桵（ruǐ）。皆树名。⑭燎：焚烧，指燔柴祭神。⑮劳（lào）：保佑。⑯莫莫：盛貌。葛藟（léi）：葛藤。⑰施（yì）：蔓延。条：树枝。枚：树干。⑱回：邪，违。

【缵绎】

《毛诗序》："《旱麓》，受祖也。周之先祖世修后稷、公刘之业，太王、王季申以百福干禄焉。"朱熹《诗集传》："咏歌文王之德。"朱郁仪《诗故》："王用享于岐山之诗也。"朱朝瑛《读诗略记》："言祭而受厘（按：受厘，王派人祭祀或郡国祭祀后，皆以祭余之肉归致帝，以示受福，叫受厘。厘，即"胙"，祭余之肉。）于祖也。"魏源《诗古微》："祭祖受福。"方玉润《诗经原始》："祭必受福也。"程俊英《诗经译注》：颂文王祭祖得福，知育才也。笔者以为美文王以恺悌之德，祭必受福之诗。

诗六章，章四句。"岂弟君子"一句贯穿全篇。首章旱山榛楛亦兴亦比。前二句喻周邦之民丰乐，被其君德教；后两句言因和乐平易而得福，得福而更和乐平易。二章祭祖。起句"瑟彼玉瓒，黄流在中"，玉白酒黄，互相映衬，语极华贵。三章"鸢飞戾天，鱼跃在渊"为比，言和易之君培养俊才之士，使其上下高翔，尽展其才。四章再写以清酒牲献享祀神灵。五章燔柴祭天，得神所劳。末章以葛藤蔓延，喻上天永赐周福。"莫莫葛藟"与"榛楛济济"，首尾呼应，妙合回环。"首末两章见其自然受福，二章至五章见其必然受福。"（朱公迁《诗经疏义会通》）"福禄岂可干而求之哉？又况圣王明德配天，禄自我禄，福自我福，非他人所能预抑，岂有意为之哉？不知此正诗人立言之妙！若曰文王盛德，上有以得天，下有以得人，幽有以格神，夫固与天人神鬼无毫发之间，禄何待干而后获，福何待求而始至？"（方玉润《诗经原始》）盖享祀是此篇之主，而"作人"则推原致福之由，得人者昌，天必相之矣。

思　齐

思齐大任①，文王之母。思媚周姜②，京室之妇③。大姒嗣徽音④，则百斯男⑤。

惠于宗公⑥，神罔时怨⑦，神罔时恫⑧。刑于寡妻⑨，至于兄弟，以御于家邦⑩。

雍雍在宫⑪，肃肃在庙⑫。不显亦临⑬，无射亦保⑭。

肆戎疾不殄⑮，烈假不瑕⑯。不闻亦式⑰，不谏亦入⑱。

肆成人有德⑲，小子有造⑳。古之人无斁㉑，誉髦斯士㉒。

【集释】

①思：发语词。齐（zhāi）：通"斋"，端庄貌。大任：即太任，王季之妻，文王之母。②媚：美好。周姜：即太姜，古公亶父之妻，王季之母，文王之祖母。③京室：王室。④大姒：即太姒，文王之妻。嗣：继承。徽音：美誉。⑤百斯男：众多男儿。百，泛言其多。斯，语助词。⑥惠：孝敬。宗公：宗庙里先公，即祖先。⑦神：指祖先之神。罔：无。时：所。⑧恫（tōng）：伤心。⑨刑：同"型"，法，作典范。寡妻：嫡妻。⑩御：治理。⑪雍雍（yōng）：和洽貌。宫：家。⑫肃肃：恭敬貌。庙：宗庙。⑬不显：不明，幽隐之处。临：临视。⑭无射（yì）：即"无斁"，不厌倦。"射"为古"斁"字。保：守。⑮肆：所以。戎疾：西戎之患。不：语助词。殄（tiǎn）：绝。⑯烈假：指害人之疾病。烈，通"疠"，恶疾。假，"瘕"假借，即蛊字。瑕，通"遐"，远。不：语助词。⑰不、亦：语助词。闻：听。式：用。⑱入：采纳。⑲有德：有好品德。⑳小子：儿童。造：造就。㉑古之人：指文王。无斁（yì）：无厌。㉒誉：有声望。髦：俊。斯：这些。

【缵绎】

《毛诗序》："《思齐》，文王所以圣也。"（孔颖达《毛诗注疏》："言文王所以得圣由其贤母所生。"）欧阳修《诗本义》："文王所以圣者，世有贤妃之助。"朱熹《诗集传》："此诗亦歌文王之德……上有圣母所以成之者远，内有贤妃所以助之者深也。"方玉润《诗经原始》："刑于化洽也。"笔者以为颂文王善修身齐家治国之诗。

诗五章，前两章章六句，后三章章四句。首章赞"周室三母"：文王祖母周姜（太姜）、文王生母太任、文王妻子太姒。先母亲，再祖母，后妻子，极有波折。二章为全诗之主。前三句承上，言文王敬祖，故祖神无怨无痛，保佑文王；

后三句言文王以身作则，德化妻子，以及兄弟而至于家邦。三章文王刑于化洽，无隐无显，孜孜不倦，时时处处以身作则，为人表率。四章文王好善修德，故天下太平，外无西戎之患，内无病灾之忧。虽事无前闻者，亦无不合于法度；虽无谏诤之者，亦未尝不入于善。末章文王勤于培养人才。"治化无不本于闺门，由寡妻而兄弟，由兄弟而家邦，乘其机而顺以导之，势甚便也。……故此诗当以刑于数语为主。首章大任逆溯其源。末二章戎疾、造士，顺征其效。三章宫庙，则虚写其刑于气象。所谓德修于内而化成乎天下者，非文王而能若是乎？"（方玉润《诗经原始》）王鸿绪等《诗经传说汇纂》引薛瑄语："《思齐》一诗，修身、齐家、治国、平天下之道备焉。"

皇　矣

皇矣上帝①，临下有赫②。监观四方，求民之莫③。维此二国④，其政不获⑤。维彼四国⑥，爰究爰度⑦。上帝耆之⑧，憎其式廓⑨。乃眷西顾⑩，此维与宅⑪。

作之屏之⑫，其菑其翳⑬。修之平之⑭，其灌其栵⑮。启之辟之⑯，其柽其椐⑰。攘之剔之⑱，其檿其柘⑲。帝迁明德⑳，串夷载路㉑。天立厥配㉒，受命既固㉓。

帝省其山㉔，柞棫斯拔㉕，松柏斯兑㉖。帝作邦作对㉗，自大伯王季㉘。维此王季，因心则友㉙。则友其兄，则笃其庆㉚，载锡之光㉛。受禄无丧㉜，奄有四方㉝。

维此王季，帝度其心。貊其德音㉞，其德克明。克明克类㉟，克长克君㊱。王此大邦㊲，克顺克比㊳。比于文王㊴，其德靡悔㊵。既受帝祉，施于孙子㊶。

帝谓文王：无然畔援㊷，无然歆羡㊸，诞先登于岸㊹。密人不恭㊺，敢距大邦㊻，侵阮徂共㊼。王赫斯怒㊽，爰整其旅，以按徂旅㊾。以笃于周祜㊿，以对于天下㉛。

依其在京㉜，侵自阮疆㉝。陟我高冈㉞，无矢我陵㉟，我陵我阿㊱；无饮我泉，我泉我池。度其鲜原㊲，居岐之阳㊳，在渭之将㊴。万邦之方㊵，下民之王。

帝谓文王：予怀明德㊶，不大声以色㊷，不长夏以革㊸。不识不知㊹，顺帝之则㊺。帝谓文王：询尔仇方㊻，同尔弟兄㊼。以尔钩援㊽，与尔临冲㊾，以伐崇墉⑦⁰。

　　临冲闲闲⑦¹，崇墉言言⑦²。执讯连连⑦³，攸馘安安⑦⁴。是类是禡⑦⁵，是致是附⑦⁶，四方以无侮。临冲茀茀⑦⁷，崇墉仡仡⑦⁸。是伐是肆⑦⁹，是绝是忽⁸⁰，四方以无拂⁸¹。

【集释】

①皇：大。②临：监视。下：下界、人间。赫：显著。③莫：通"瘼"，疾苦。④二国：指夏、商。当时多以夏商为盛衰之监戒，《尚书·召诰》："我不敢不监于有夏，亦不可不监于有殷。"⑤政：政令。获：得。不获，不得民心。⑥四国：四方诸侯国。⑦爰：就。究：研究。度（duó）：图谋。⑧耆（qí）：通"稽"，考察。⑨式：语助词。廓：大。⑩眷：念。西：指岐周之地。⑪此：指岐周之地。宅：安居。⑫作：同"斫"，砍。屏（bǐng）：除去。⑬菑（zī）：直立枯死之木。翳（yì）：倒地枯死之木。一说蒙密蔽荫小木。⑭修：修剪。平：铲平。⑮灌：灌木。栵（lì）：斩而复生枝杈。⑯启：开辟。辟：排除。⑰柽（chēng）：木名，俗名红柳、西河柳。椐（jū）：木名，俗名灵寿木。⑱攘：排除。剔：剔除。⑲檿（yǎn）：木名，俗名山桑。柘（zhè）：木名，俗名黄桑。⑳帝：上帝。明德：明德之人，指太王古公亶父。㉑串夷：即昆夷，亦即犬戎。当时太王居豳，犬戎为患，因而迁岐，后击退犬戎。载：则。路：借作"露"，失败。㉒厥：其。配：配偶。㉓既：犹"而"。固：稳固。㉔省（xǐng）：察看。山：指岐山。㉕柞、棫：两种树名。斯：犹"乃"。拔：拔除。㉖兑（duì）：直立。㉗作：兴建。邦：国。作对：作君。立君所以对民。㉘大伯：即太伯，太王长子。次子虞仲，三子季历。太王爱王季，太伯、虞仲为让位于季历，逃至南方，另建吴国。太王死后，季历为君，是为王季。㉙因心：王季因太王之心，故太伯让位而不辞。则：犹"能"。友：友爱。㉚笃：厚益，增益。庆：福。㉛载：则。锡：同"赐"。光：荣光。㉜丧：丧失。㉝奄：全，尽。㉞貊（mò）：通"漠"，广。㉟克：能。明：明察是非。类：分辨善恶。㊱长：师长。君：国君。㊲王（wàng）：称王，统治。㊳顺：使民顺从。比：使民亲附。㊴比于：及至。㊵悔：借为"晦"，不明。㊶施（yì）：延续。㊷无然：不可如此。畔：通"叛"，背离。援：攀附。㊸歆：欲动于中。羡：心慕乎外。㊹诞：发语词。先登于岸：拯民溺流而登于高岸之上。三句谓不可有叛离攀附之心，欲动

歆慕之意，当以拯民于水火为念。㊺密：古国名，在今甘肃灵台一带。㊻距：通"拒"，抗拒。大邦：指周国。文王在殷末被封为西伯，三分天下有其二。㊼阮：古国名，在今甘肃泾川一带，当时为周之属国。徂：往。共（gōng）：古国名，在今甘肃泾川北，亦为周之属国。㊽赫：大怒貌。斯：犹"而"。㊾按：遏止。徂旅：指侵阮、共之密国军队。㊿笃：厚益、巩固。祜（hù）：福。51对：答。52依：凭借。京：周京。53侵：通"寝"，息兵。54陟：登。55矢：借作"施"，陈设。此指陈兵。56阿：大丘陵。57度：计划。鲜原：地名。58阳：山南边。59将：旁边。60方：准则。61怀：趋向。明德：美德之人。指文王。62大：注重。以：犹"与"。63长：同"张"。夏：大。革：变革。64不识不知：不知不觉。知自外来曰识，识从内出曰知。65顺：顺应。则：法则。以上数句谓不夸耀音闻，不粉饰于迹象，不张大其事，潜移默化，不劳意计，顺应天理。66询：征求。仇：匹。方：方国。仇方，盟国。67弟兄：指同姓诸侯国。68钩援：古代攻城兵器，钩梯。69临、冲：两种军车名。临车上有望楼，用以瞭望敌人，也可居高攻城。冲车则从墙下直冲城墙。70崇：古国名，在今陕西西安、户县一带，殷末崇侯虎即崇国国君。墉：城墙。71闲闲：强大貌。72言言：高大貌。73讯：俘虏。连连：接连不断。74攸：所。馘（guó）：古战争时将所杀之敌左耳割取以计数献功，称"馘"，也称"获"。安安：从容不迫貌。75是：乃。类：通"禷"，出征前祭天。祃（mà）：至所征之地祭天。76致：招致。附：归附。77茀茀：强盛貌。78仡仡（yì）：高固貌。79肆：攻击。80忽：灭。81拂：抗拒。

【缵绎】

《毛诗序》："《皇矣》，美周也。天监代殷莫若周，周世世修德莫若文王。"朱熹《诗集传》："此诗叙太王、太伯、王季之德，以及文王伐密伐崇之事也。"朱郁仪《诗故》："述文王伐密伐崇之事，推本太伯王季克让，以至于文也。"傅恒、孙嘉淦等《诗义折中》："述祖德也。"方玉润《诗经原始》："周始大也。"今人多谓周开国史诗。笔者以为叙周累世积仁，至文王而始昌大之诗。

诗八章，章十二句。前四章写太王，后四章写文王，俨然周部族周原创业史。首章周太王得天眷顾，迁岐立国，是全篇主脑。二章太王周原开辟经营情景，归重"明德"。三章太王立业，王季继承，既合天命，又大周福祉，并奄有四方。虚写太伯,实写王季,"夹写太伯,从王季一面写友爱,而太伯之德自见。"(方玉润《诗经原始》)四章王季德音,圣明睿智,为王至宜。五章上帝教文王,正心诚意,以拯济百姓为念。密人侵入,文王意欲伐之。六章密人入境,文王在岐渭安营,严正对敌。七章战前上帝教文王镇定从容,联合同盟与兄弟之国,进攻崇国。末章伐密灭崇,"一怒而安天下之民"。"此诗历叙太王以来,积功累仁之事,而尤着意摹写王季友爱一段至德。一以见太伯让国之美,一以见王季实能不负太伯推让心,故至文王而昌大也……自篇中处处以'明德'作骨,此尤周家世传心学,与虞廷'执中',受授无异。学者于此断断不可轻易滑过。三代帝王,莫不本天德以为王道,若后世,则兵强马壮者为之而已。"(方玉润《诗经原始》)"此诗与《绵》相类,《绵》言太王者详,言文王者略,盖详其始而略其终也。此诗首言天之眷周,次言太王治岐,次言太伯、王季友爱之德,次言文王加详焉,盖略其始而详其终也。"(范处义《诗补传》)"人但知太王迁岐由于避狄,而不知西顾与宅乃所以求民莫也;人但知王季受让疑于不友,而不知施于孙子乃所以笃周庆也;人但知文王专征四方无拂,而不知道岸先登乃所以顺帝则也。故观太王之作屏启辟而知得民之外别无天眷,观王季之明类顺比而知敦伦之外别无帝祉,观文王之歆羡俱无声色不大而知天德之外别无王道,此千圣之薪传,百王之定范也。"(傅恒、孙嘉淦等《诗义折中》)全诗内容繁复,规模宏阔,笔力遒劲,条理分明。夸张、重叠、排比交错,章次舒缓、气韵生动。方玉润《诗经原始》:"三四章写王季友爱,带出太伯,是夹叙法,亦是推原法。而精理名言,粹美无痕,所以为佳。"又曰:"五章以下叙伐密、伐崇。连用'帝谓文王'句,特笔提起,是何等声灵!通篇文体皆振。后代文唯韩愈往往有此。"陈子展《诗经直解》引孙鑛云:"有精语为之骨,有浓语为之色,可谓兼终始条理,此便是后世歌行所祖。以二体论之,此尤近行。"

灵 台

经始灵台①,经之营之。庶民攻之②,不日成之。经始勿亟③,庶民子来④。王在灵囿⑤,麀鹿攸伏⑥。麀鹿濯濯⑦,白鸟翯翯⑧。王在灵沼⑨,於牣鱼跃⑩。

虡业维枞⑪，贲鼓维镛⑫。於论鼓钟⑬，於乐辟雍⑭。
於论鼓钟，於乐辟雍。鼍鼓逢逢⑮，矇瞍奏公⑯。

【集释】

①经始：开始规划营建。灵台：古台名，故址在今陕西西安西北。②攻：建造。③亟（jí）：急。④子来：如子趋父，不召自来。⑤囿：古帝王畜养禽兽之园林。⑥麀（yōu）鹿：母鹿。攸：语助词。⑦濯濯：肥壮貌。⑧翯翯（hè）：洁白貌。⑨灵沼：池名。⑩於（wū）：叹美声。牣（rèn）：满。⑪虡（jù）：悬钟木架。业：虡上横板。维：与。枞（cōng）：崇牙，即虡上载钉，用以悬钟。⑫贲（fén）：大鼓。镛：大钟。⑬论：通"伦"，有次序。⑭辟雍（bì yōng）：离宫，与作学校解的"辟雍"不同。⑮鼍（tuó）：即扬子鳄，皮可制鼓。逢逢（péng）：鼓声。⑯矇瞍（méng sǒu）：古代对盲人之专称。眸不见曰矇，无眸子曰瞍。当时乐官乐工常由盲人担任。公：事。

【缵绎】

《毛诗序》："《灵台》，民始附也。文王受命，而民乐其有灵德以及鸟兽昆虫焉。"朱郁仪《诗故》："文王为灵台以望氛祲，察灾祥，因为辟雍而作乐章以肄习其间也。"傅恒、孙嘉淦等《诗义折中》："化成也。"方玉润《诗经原始》："美游观也。"程俊英《诗经译注》：述文王建成灵台及游赏奏乐也。笔者以为此美文王与民同乐之诗。

诗四章，一、二章章六句，三、四章章四句。首章灵台"经之""营之""攻之""成之"，见百姓乐于王命，其事甚速。二章灵囿、灵沼，见繁育之盛，鹿本骇而伏，鱼本潜而跃，皆言其自得而无畏人之意，人物相忘之情。三四章写辟雍钟鼓，宴游之盛（按：辟雍，或谓学名、乐名、习乐之所名，大射行礼之处名，皆泥于学。方玉润《诗经原始》辨之曰："其时文王未为天子，而何以有辟雍之学耶？"谓"盖游观处耳"）。"文王以民力为台为沼，而民欢乐之，谓其台曰灵台，谓其沼曰灵沼，乐其有麋鹿鱼鳖。古之人与民偕乐，故能乐也。"（《孟子·梁惠王》）"夫人君游乐，必有园囿。筑台所以望氛祲，察灾祥也；设囿所以域禽兽，备田猎也；至于辟沼，则蓄潜鳞兼资灌溉耳。然有游必有宴，有宴必有乐，此《辟雍》之乐所由名欤？……台曰灵台，囿曰灵囿，沼曰灵沼，虽曰民情乐赴，实亦地气钟灵。"（方玉润《诗经原始》）故灵者，通于天地神明与万类之情之谓也。全诗美文王成游观，与民同乐，侣禽鱼而友麋鹿，万物和谐，盛世气象，于焉可察。方玉润《诗经原始》："描摹物情，体贴入微。"

下 武

下武维周①，世有哲王②。三后在天③，王配于京④。
王配于京，世德作求⑤。永言配命⑥，成王之孚⑦。
成王之孚，下土之式⑧。永言孝思⑨，孝思维则⑩。
媚兹一人⑪，应侯顺德⑫。永言孝思，昭哉嗣服⑬。
昭兹来许⑭，绳其祖武⑮。於万斯年⑯，受天之祜⑰。
受天之祜，四方来贺。於万斯年，不遐有佐⑱。

【集释】

①下武：后继。下，后；武，继承。维周：只有周家。②世：代。哲王：贤明智慧之君。③三后：指太王、王季、文王。后，君王。④王：指武王。配：对。京：镐京。⑤世德：祖德。如太王修德行政，王季积德累仁，文王发政施仁之类。作：为。求：通"逑"，匹配。⑥言：语助词。命：天命。⑦孚：信服。⑧下土：人间。式：范式。⑨孝思：孝心。⑩则：法则。指以先王为法则。⑪媚：爱戴。一人：指武王。⑫应侯顺德：当乃顺从祖德。应，当。侯，乃。⑬昭：光明。嗣：继承。服：事。⑭兹：同"哉"。来许：后世。来，后世。许，所。⑮绳：继承。武：足迹。祖武，祖业。⑯於（wū）：叹词。斯：语助词。⑰祜（hù）：福。⑱不遐：即"遐不"倒文，胡不。佐：助。

【缵绎】

《毛诗序》："《下武》，继文也，武王有圣德，复受天命，能昭先人之功焉。"（按：陈奂《诗毛氏传疏》："文，文德也。文王以上，世有文德，武王继之，是之谓继文。"）朱郁仪《诗故》："武王伐商，放牛休马载橐弓矢，故周公述其事而作是诗。下武，谓以武功为下。"傅恒、孙嘉淦等《诗义折中》："康王祀成王受厘陈戒也，言周之所以受天命者，由于有世德也。"（按：世以"成王之孚"句，误"成王"为继武王者。然此"成"乃成就义，非指成王也。）方玉润《诗经原始》："美武王上继文德以昭后嗣也。"笔者以为美武王继文德以昭后嗣之诗。

诗六章，章四句。首章周世有明主，美武王能缵太王、王季、文王之绪而有天下。二章赞武王能配世德，又配天命，故得孚民望。三章武王所以孚民望者在孝，并德教加于百姓，刑于四海。四五章言武王能承祖德，并昭后人绳其祖武，受天福佑。六章四方诸侯来贺，以子孙孝思，世德达于天下而垂于万年，受天之祜于无疆。"陈氏栎曰：'此诗美武王继三后于已往，开后嗣于方来，惟以求世德、永孝思而上合天理、下孚人心者为之本耳。'"（王鸿绪等《诗经传说汇纂》）"武王伐殷而有天下，谥曰武，乐亦曰《武》。人几疑其以武功显，而文德或愧乎三后。殊知其所称善继、善述者，乃在文德而不在武功，故诗人特表而咏之，亦可谓深知武王者。以武王之德在'永孝思'，孝思之永，在'求世德'，以上合乎天理，而下孚乎人心。徐氏光启曰：'武王通先人之节以济天下之变，与先人志意流通。此其心事何等光明正大，故曰'昭哉思服'，不但以其变侯化国为能阐扬光大而已。'又可谓善说此诗者矣。"（方玉润《诗经原始》）全诗极尽顶针修辞之能事，章法严整，层层递进，有条不紊。方玉润《诗经原始》："前后四章皆首句跟上蝉联而下，中两章忽用第三句相承，格又一变。"

文王有声

文王有声①，遹骏有声②。遹求厥宁③，遹观厥成。文王烝哉④！
文王受命，有此武功。既伐于崇⑤，作邑于丰⑥。文王烝哉！
筑城伊淢⑦，作丰伊匹。匪棘其欲⑧，遹追来孝⑨。王后烝哉⑩！
王公伊濯⑪，维丰之垣⑫。四方攸同，王后维翰⑬。王后烝哉！
丰水东注，维禹之绩。四方攸同，皇王维辟⑭。皇王烝哉！
镐京辟雍⑮，自西自东，自南自北，无思不服⑯。皇王烝哉！
考卜维王⑰，宅是镐京⑱。维龟正之⑲，武王成之。武王烝哉！
丰水有芑⑳，武王岂不仕㉑？诒厥孙谋㉒，以燕翼子㉓。武王烝哉！

【集释】

①声：声名。②遹（yù）：发语词，与"聿""曰"同。骏：大。③厥：

其，指人民。④烝（zhēng）：美，盛。⑤崇：古国名，故地在今陕西户县，周文王曾讨伐崇侯虎。⑥丰：故地在今陕西西安沣水西岸。⑦淢（xù）：通"洫"，护城河。⑧棘（jí）：和"亟""革"通用，急。⑨追来孝：孝顺于前人。来，语助词。⑩王后：君王。⑪公：同"功"。濯：本义洗涤，引申为光大，显著。⑫垣：墙。⑬翰：屏障。⑭皇：大。皇王：指武王。辟（bì）：法则。⑮镐（hào）：周武王所建西周国都，在今陕西西安西南沣水以东。辟雍（bì yōng）：周文王所建离宫。⑯无思不服：无不佩服。思，语助词。⑰考：稽查。⑱宅：定居。⑲龟：龟兆。正：决定。⑳芑（qǐ）：苦菜。㉑仕：通"事"。㉒诒：通"贻"，留下。孙：通"逊"，顺。㉔燕：安定。翼：庇护。子：指武王之子成王。

【缵绎】

《毛诗序》："《文王有声》，继伐也。武王能广文王之声，卒其伐功也。"（郑玄《毛诗传笺》："继伐者，文王伐崇，而武王伐纣。"）。方玉润《诗经原始》："镐以成丰志也。"傅恒、孙嘉淦等《诗义折中》："美镐京也。"程俊英《诗经译注》：颂文、武迁都丰镐也。笔者以为美镐成丰志，武继文德，周昌盛之诗。

诗八章，章五句。"此诗上四章言文王迁丰之事，下四章言武王迁镐之事。析言之：首章言迁丰之由，次三章详其事；五章言迁镐之由，末三章详其事。"（邹泉《诗经约说》）"诗首尾四章称文武者，文始之武终之也，中四章称王后、皇王者，继诸侯而为天子也。文王伐崇作丰而王业始，武王伐商作镐而王业成。文王求宁、观成以始武也；武王燕子、诒孙以终文也。"（郝敬《毛诗原解》）"此诗专以迁都定鼎为言。文王之迁丰也，'匪棘其欲'，盖'求厥宁'，以'追来孝'耳；然已兆宅镐之先声。武王之迁镐也，岂徒继伐，盖建辟雍以贻孙谋耳，又无非成作丰之素志。故文、武对举，并言文之心即武之心，武之事实文之事。自有日进于大之势，更有事不容已之机。文、武亦顺乎天心之自然而已，夫岂有私意于其间哉？《序》云'继伐'，固非诗人意旨；即《集传》所谓'此诗言文王迁丰，武王迁镐之事'，又何待言？盖诗人命意必有所在。《大雅》之咏文、武多矣，未有以丰、镐并题者。兹特题之，则必以建置宏谋为缵承大计。说者当从此究心以求两圣心心相印处，乃得此诗要旨。"（方玉润《诗经原始》）

"每章皆言烝哉以结之者，不独以见其叹美无已之意，又以示后世子孙使之知其必如文王、武王之为，然后于君天下为宜也，故其叮咛不一而足耳。"（辅广《诗童子问》）"允文文王而有此武功，则非不足于武也；桓桓武王而镐京辟雍，则非不足于文也。所谓一张一弛，文武之道也。"（刘瑾《诗传通释》）方玉润《诗经原始》："迁镐则'贻厥孙谋'，迁丰则'遹追来孝'，而皆以单句赞词煞脚，此两平呆板格矣。然八句煞脚中，前两章言'文王'，后两章言'武王'，中间四章，二言'王后'，二言'皇王'，则又变矣。不独此也。言文王者，偏曰伐崇'武功'，言武王者，偏曰'镐京辟雍'，武中寓文，文中有武。不独两圣兼资之妙，抑亦文章幻化之奇，则更变中之变矣！"

【文王之什小结】

《文王之什》十篇。《文王》，文德配天，殷亡周兴之由。《大明》，周德之盛在配偶天成。《绵》，周室之兴自迁岐得地利。《棫朴》，周兴在人才之众。《旱麓》，文王恺悌之德，祭必受福。《思齐》，文王刑于之化，修齐治国之效。《皇矣》，周累世积仁，文王执中而始昌大。《灵台》，文王与民同乐。《下武》，武王继文德以昭后嗣。《文王有声》，武继文德，镐成丰志而周昌盛。盖此什以周之仁德相贯，追叙文、武之德，上承天命，中得人事，下得地利，兴且昌矣，故当为成王、周公之时诗。此什固是正《大雅》，天人之际，圣王之道，兴亡之由，属辞之精，寓意之深，气象之大，悉发而无遗蕴，谅非周公之流不可道者。

大雅·生民之什

生 民

厥初生民①，时维姜嫄②。生民如何？克禋克祀③，以弗无子④。履帝武敏歆⑤，攸介攸止⑥，载震载夙⑦。载生载育，时维后稷。

诞弥厥月⑧，先生如达⑨。不坼不副⑩，无菑无害⑪，以赫厥灵⑫。上帝不宁⑬，不康禋祀⑭，居然生子⑮。

诞寘之隘巷⑯，牛羊腓字之⑰。诞寘之平林⑱，会伐平林⑲。诞寘之寒冰，鸟覆翼之⑳。鸟乃去矣，后稷呱矣㉑。实覃实訏㉒，厥声载路㉓。

诞实匍匐㉔，克岐克嶷㉕，以就口食㉖。蓺之荏菽㉗，荏菽旆旆㉘。禾役穟穟㉙，麻麦幪幪㉚，瓜瓞唪唪㉛。

诞后稷之穑㉜，有相之道㉝。茀厥丰草㉞，种之黄茂㉟。实方实苞㊱，实种实褎㊲，实发实秀㊳，实坚实好㊴，实颖实栗㊵。即有邰家室㊶。

诞降嘉种㊷，维秬维秠㊸，维穈维芑㊹。恒之秬秠㊺，是获是亩㊻；恒之穈芑，是任是负㊼，以归肇祀㊽。

诞我祀如何？或舂或揄㊾，或簸或蹂㊿。释之叟叟(51)，烝之浮浮(52)。载谋载惟(53)，取萧祭脂(54)。取羝以軷(55)，载燔载烈(56)。以兴嗣岁(57)。

卬盛于豆(58)，于豆于登(59)。其香始升，上帝居歆(60)。胡臭亶时(61)，后稷肇祀。庶无罪悔(62)，以迄于今。

【集释】

①厥初：其初。②时：是。姜嫄（yuán）：传说中有邰氏之女，帝喾之妃，周始祖后稷之母。③克：能。禋（yīn）：敬。克禋克祀，谓能精意以享祖。④以弗无子：以其未嫁于人，故无子。⑤履：践踏。帝：上帝。武：足迹。敏：

通"拇",大拇指。歆:动。⑥攸:语助词。介:大。止:通"祉",福。⑦载:语助词。震:通"娠",怀孕。夙(sù):通"肃",生子者及月辰居侧室。⑧诞:发语词。弥:满。⑨先生:头生,第一胎。如:而。达:小羊。羊子易生,滑利无难。⑩坼(chè):裂开。副(pì):破裂。⑪菑(zāi):同"灾"。⑫赫:显。⑬不宁:即丕宁,大宁。⑭不康:即丕康,大康。⑮居然:犹徒然。⑯寘(zhì):弃置。⑰腓(féi):庇护。字:哺育。⑱平林:平原之林。⑲会:恰好。⑳覆翼:张翼覆盖。㉑呱(gū):小儿哭声。㉒实:是。覃(tán):长。訏(xū):大。㉓载:充满。㉔匍匐:伏地爬行。㉕岐:峻立。嶷:端重。㉖就:趋往。口食:生活资料。㉗蓺(yì):同"艺",种植。荏菽:大豆。㉘旆旆(pèi):茂盛貌。㉙役:通"颖"。禾颖,和穗。穟穟(suí):禾穗丰硕下垂貌。㉚幪幪(méng):茂密貌。㉛瓞(dié):小瓜。唪唪(běng):果实累累貌。㉜穑:耕种。㉝相:助。道:方法。㉞茀:治。㉟黄茂:嘉谷。㊱实:是。方:房,将吐芽。苞:吐芽将出苗。㊲种:短苗始出。褎(yòu):禾苗渐长高。㊳发:禾茎舒发拔节。秀:和结穗。㊴坚:谷粒灌浆饱满。㊵颖:禾穗末梢下垂。粟:谷初熟。㊶即:往。有邰:传帝尧因后稷有功于稼穑,封之于邰。有,词头,无义。㊷降:赐予。㊸秬(jù):黑黍。秠(pǐ):一黍壳中含两粒之黍米。㊹穈(mén):红米。芑(qǐ):白米。㊺恒:遍。㊻获:收割。亩:堆在田里。㊼任:挑起。负:背起。㊽肇:开始。祀:祭祀。稷始受国为祭主,故曰肇祀。㊾揄(yóu):舀,从臼中取出舂好之米。㊿簸:扬米去糠。蹂:以手搓去谷皮。㈤㈠释:淘米。叟叟:淘米声。㈤㈡烝:同"蒸"。浮浮:热气上升貌。㈤㈢谋:计划。惟:考虑。㈤㈣萧:香蒿。脂:牛油。㈤㈤羝(dī):公羊。軷(bá):剥去羊皮。㈤㈥燔(fán):将肉放在火里烧炙。烈:将肉贯穿起来架在火上烤。㈤㈦兴:兴旺。嗣岁:来年。㈤㈧卬:我。豆:古代一种高脚容器。㈤㈨登:瓦制容器。㉍居:语助词。歆:享。㈥㈠胡:大。臭(xiù):香气。亶(dǎn):确实。时:善,好。㈥㈡庶:幸。

【缵绎】

《毛诗序》:"《生民》,尊祖也。后稷生于姜嫄,文武之功起于后稷,故推以配天焉。"姚际恒《诗经通论》:"周公述始祖后稷诞生之异,以及其播种百谷之功而肇修祀典也。"傅恒、孙嘉淦等《诗义折中》:"祀后稷也。"程俊英

《诗经译注》：周人史诗之一，追述周始祖后稷事迹也。笔者以为述后稷诞生之异，德能配天，为周家农业之始之诗。

诗八章，一三五七章章十句，二四六八章章八句。首章姜嫄"履帝武敏"，神奇受孕，见后稷诞生之异于凡俗也。二三章后稷诞生之易与屡弃而庇护者多，盖其亦有天命而殊异也。四章稍长即知稼穑，是天赋其才也。五章有功于农业，因以受封，是展其能也。六章能降嘉种，以归肇祀，是其知敬天也。七章祭祀之诚并祈来年，是其能致诚也。末章周人世其业，膺天命而有天下，是其德配天也。"此诗详述天生后稷起养民之功，以见周家配天之业自后稷始，盖亦周公作此以戒成王也，故为《大雅》。若以为尊后稷配天而作歌于郊祀之时，则郊以祭天，以天为重，然而诗述后稷甚悉，殊无祭天之文。卒章虽有'上帝居歆'一语，不过为后稷肇祀以来，能飨帝而发耳。则用于郊祀之说不可通也。若以为郊祀之后亦有祝釐颁胙之礼，则饮福之时，所重在天锡嘏，而其辞亦宜简严，今观文义亦非饮福所宜用。"（季本《诗说解颐》）全诗纯用赋，天高地迥，人物神灵，交织成文，令人穆然生敬。排比句式，叠词运用，跌宕生姿，真异事奇文。方玉润《诗经原始》："通篇层次井然，不待深求而自了了。唯八章中皆以八句十句相间，又二章以后，七章以前，每章起句均用'诞'字作首，另是一格。"

行 苇

敦彼行苇①，牛羊勿践履。方苞方体②，维叶泥泥③。戚戚兄弟④，莫远具尔⑤。或肆之筵⑥，或授之几⑦。

肆筵设席，授几有缉御⑧。或献或酢⑨，洗爵奠斝⑩。醓醢以荐⑪，或燔或炙⑫。嘉殽脾臄⑬，或歌或咢⑭。

敦弓既坚⑮，四鍭既钧⑯；舍矢既均⑰，序宾以贤⑱。敦弓既句⑲，既挟四鍭。四鍭如树⑳，序宾以不侮㉑。

曾孙维主㉒，酒醴维醹㉓；酌以大斗㉔，以祈黄耇㉕。黄耇台背㉖，以引以翼㉗。寿考维祺㉘，以介景福㉙。

【集释】

①敦（tuán）：草丛生貌。行：道路。②方：将。苞：吐芽将出苗。体：成

形。③泥泥：叶润泽貌。④戚戚：亲密貌。⑤远：疏远。具：通"俱"。尔："迩"，近。⑥肆：陈设。筵：竹席。⑦几：矮脚桌案。⑧绎：继续。御：侍者。⑨献：主人对客敬酒。酢（zuò）：客人拿酒回敬。⑩洗：主人敬酒，先洗几上酒杯再斟酒，客人既饮，置杯于几。爵：青铜制酒器，有三足。奠：置。斝（jiǎ）：圆口三足青铜酒器，形似爵而简朴。⑪醓（tǎn）：多汁肉酱。醢（hǎi）：肉酱。荐：进献。⑫燔：烧肉。炙：烤肉。⑬脾：通"膍"，牛胃，俗称牛百叶。臄（jué）：牛舌。⑭咢（è）：只打鼓不伴唱。⑮敦弓：雕弓，画五色于弓，周天子用弓。⑯鍭（hóu）：一种箭，金属箭头，鸟羽箭尾。钧：合乎标准。⑰舍矢：放箭。均：中。⑱序：座位次序。贤：此指射技高者。⑲句（gōu）：借为"彀"，张弓。⑳树：竖立。㉑侮：轻侮，怠慢。㉒曾孙：宴会主人。维：是。主：主人。㉓醴（lǐ）：甜酒。醹（rú）：酒味醇厚。㉔斗：古酒器。㉕黄耇（gǒu）：年高长寿。㉖台背：鲐背，老态龙钟貌。㉗引：引导。翼：扶助。㉘寿考：长寿。祺：吉祥。㉙介："丐"假借，乞求。景：大。

【缵绎】

《毛诗序》："《行苇》，忠厚也。周家忠厚，仁及草木，故能内睦九族，外尊事黄耇，养老乞言，以成其福禄焉。"朱熹《诗集传》："疑此祭毕而燕父兄耆老之诗。"何楷《诗经世本古义》："美公刘也。"傅恒、孙嘉淦等《诗义折中》："燕兄弟也。"程俊英《诗经译注》：周王室与族人饮宴、比射也。笔者以为周天子燕族亲之诗。

诗四章，章八句。首章家族宴会之始。以芦苇初发，不忍牛羊践踏，喻骨肉之亲。二章宴会酬酢与歌鼓。先设筵，次献酢，再佳肴，末歌鼓。三章写宴会之射礼。意在"序宾以贤""序宾以不侮"。四章写宴会尊长之礼。老者不射，酌大斗饮之，并引导辅翼之，期其长寿。"古者燕礼通乎上下，非徒饮酒而已。先王教养天下之道在是焉，是故莫远具尔，所以亲亲也；授几缉御，所以长长也；旨酒献酬，所以养阳也；庶馐迭进，所以养阴也；序宾以贤，所以贤贤也；序以不侮，所以敬德也；以祈黄耇，所以广教也；以引以翼，所以幼幼也；寿考维祺，所以老老也。经之以礼，维之以乐，参之以射而文武之事备矣。"（傅恒、孙嘉淦等《诗义折中》）"侍御之盛，言其人之不乏也；献酬之盛，言其礼之无阙也；饮食之盛，言其物之丰也；歌乐之盛，言其声之和也。

前两章未射而饮燕之始也,故备言其礼乐之盛;后二章既射而饮燕之终也,故惟致其颂祷之诚,言之固有序也。"(朱善《诗解颐》)

既 醉

既醉以酒,既饱以德①。君子万年,介尔景福②。
既醉以酒,尔殽既将③。君子万年,介尔昭明④。
昭明有融⑤,高朗令终⑥。令终有俶⑦,公尸嘉告⑧。
其告维何?笾豆静嘉⑨。朋友攸摄⑩,摄以威仪⑪。
威仪孔时⑫,君子有孝子。孝子不匮⑬,永锡尔类⑭。
其类维何?室家之壸⑮。君子万年,永锡祚胤⑯。
其胤维何?天被尔禄⑰。君子万年,景命有仆⑱。
其仆维何?厘尔女士⑲。厘尔女士,从以孙子⑳。

【集释】

①德:恩惠。②介:借为"丐",施予。景:大。③将:美。④昭明:光明。⑤有融:融融,盛长貌。⑥朗:明。令:善。令终:好结果。⑦俶(chù):始。⑧公尸:古祭祀时以人扮先祖受祭,此人即"尸",祖先为君主诸侯,则称"公尸"。嘉告:好话,指祭祀时祝官代尸为主祭者致嘏辞(赐福之辞)。⑨笾(biān)豆:两种古代食器、礼器。静:善。⑩攸摄:所助。摄,辅助。⑪威仪:指典礼仪式。⑫时:善。孔时,很好。⑬匮(kuì):竭。⑭锡(cì):同"赐"。类:族类。⑮壸(kǔn):宫中之道,引申为"齐",此指齐家。⑯祚(zuò):福。胤(yìn):后嗣。⑰被:加。⑱景命:大命,天命。仆:附。⑲厘:通"赉(lài)",赐予。女士:女子有士行者。⑳从:随。孙子:即"子孙"。

【缵绎】

《毛诗序》:"《既醉》,太平也。醉酒饱德,人有士君子之行焉。"严粲《诗缉》:"此诗成王祭毕而燕臣也。"朱熹《诗集传》:"父兄所以答《行苇》之诗,言享其饮食恩意之厚,而愿其受福如此也。"范处义《诗补传》:"诗人托公尸告嘏以祷颂。"姚际恒《诗经通论》:"此祀宗庙礼成,备述神嘏之诗。"傅恒、孙嘉淦等《诗义折中》："受厘也。"笔者以为周王祭祀祖先，祝官代神祝主祭者之诗。

诗八章，章四句。前两章写神主受享祭者之礼，福德双题。三章单承德字，答谢献祭人隆重礼节。末二句点出公尸，承上启下。四章以下皆言福，借嘏词以传神意。"诗虽以'介福'为言，其实以德为主。不独'昭明''高朗'为明德之光，即'笾豆静嘉'，诚之寓于物也，何其洁！'朋友攸摄'，诚之萃于人也，何其敬！'孝子不匮''室家之壸'，诚之于后嗣与内助也，又何其贤且孝！于是赐乐以祚，所以厚其身；赐乐以胤，所以昌厥后。……有是德而后膺是福。祭者无事而不尽其诚，故神嘏无时而不赐以福。"（方玉润《诗经原始》）"先儒以此诗备五福：'君子万年'，寿也；'天被尔禄'，富也；'室家之壸'，康宁也；'昭明有融'，攸好德也；'高朗令终''景命有仆'，考终命也。以某观之，非特五福也，方且至于子孙绵绵延延，似续而不绝，岂特五福而已哉！"（李樗《毛诗集解》）全诗不但上下章顶针，同章亦用顶针，字词稍易，既蝉联而下，又曲折灵动，是又一格。

凫鹥

凫鹥在泾①，公尸来燕来宁②。尔酒既清③，尔殽既馨。公尸燕饮，福禄来成。

凫鹥在沙，公尸来燕来宜④。尔酒既多，尔殽既嘉。公尸燕饮，福禄来为⑤。

凫鹥在渚⑥，公尸来燕来处⑦。尔酒既湑⑧，尔殽伊脯⑨。公尸燕饮，福禄来下。

凫鹥在潨⑩，公尸来燕来宗⑪，既燕于宗⑫，福禄攸降。公尸燕饮，福禄来崇⑬。

凫鹥在亹⑭，公尸来止熏熏⑮。旨酒欣欣⑯，燔炙芬芬。公尸燕饮，无有后艰。

【集释】

①凫（fú）：野鸭。鹥（yī）：沙鸥。泾：直流之水。②尸：神主。燕：宴。宁：安慰。③尔：指周王。④宜：顺。⑤为：施，加。⑥渚（zhǔ）：河流湖泊

中沙洲。⑦处：安乐。⑧湑（xū）：过滤。⑨伊：语助词。脯：干肉。⑩潨（cóng）：水流会合处。⑪宗：尊崇。⑫宗：宗庙。⑬崇：高，此作动词，增加。⑭亹（mén）：山峡对峙如门处。⑮熏熏：和悦貌。⑯旨：甘美。欣欣：意相得貌。

【缵绎】

《毛诗序》："《凫鹥》，守成也，大平之君子能持盈守成，神祇祖考安乐之也。"朱熹《诗集传》："此祭之明日，绎而宾尸之乐。"朱郁仪《诗故》："燕公尸也。"方玉润《诗经原始》："绎祭也。"笔者以为周王祭祖次日绎祭宴公尸之诗。

诗五章，章六句。以野鸭沙鸥"在泾""在沙""在渚""在潨""在亹"之乐，兴比公尸受宾尸之礼之乐。"凫鹥水鸟，性警善飞，苟有猜疑，不安则飞扰远去，此云凫鹥在泾、在沙、在渚，知其安闲自适，喻公尸之安其燕也。"（朱郁仪《诗故》）写酒则"清""多""湑""欣欣"，写肴则"馨""嘉""芬芬"。醇酒美食，物既丰赡，祭亦虔诚，公尸则"来宁""来宜""来处""来宗""熏熏"，无比欢欣。公尸既乐，则神灵常降福禄"来成""来为""来下""攸降""来崇"。末句"无有后艰"，可见兢兢戒慎，意味深长。燕尸之礼，大夫谓之"宾尸"，即用其祭之日；天子、诸侯则谓之"绎"，以祭之明日。此周王绎祭宴公尸也。"《既醉》《凫鹥》，皆祭毕燕饮之诗，故皆言公尸，然《既醉》乃诗人托公尸告嘏以祷颂，《凫鹥》则诗人专美公尸之燕饮。"（范处义《诗补传》）

假　乐

假乐君子①，显显令德②，宜民宜人③。受禄于天，保右命之④，自天申之⑤。干禄百福⑥，子孙千亿。穆穆皇皇⑦，宜君宜王⑧。不愆不忘⑨，率由旧章⑩。威仪抑抑⑪，德音秩秩⑫。无怨无恶，率由群匹⑬。受福无疆，四方之纲。之纲之纪⑭，燕及朋友⑮。百辟卿士⑯，媚于天子⑰。不解于位⑱，民之攸墍⑲。

【集释】

①假：通"嘉"，美好。乐：喜爱。君子：指周王。②显显：光明貌。令德：美德。③宜：适合。民：庶民。人：贵族。④右：通"佑"，助。⑤申：重复。⑥干：求。一说"千"之误。⑦穆穆：肃敬貌。皇皇：光明貌。⑧君：诸侯。王：天子。⑨愆（qiān）：过失。忘：糊涂。⑩率：循。由：从。⑪抑抑：通"懿懿"，庄美貌。⑫秩秩：有序貌。⑬群匹：群臣。⑭之：这。纲：法。⑮燕：安。⑯百辟（bì）：众诸侯。辟，君。卿士：泛指文武大臣。⑰媚：爱。⑱解（xiè）：通"懈"，怠慢。⑲攸：所。墍（xì）：息，安宁。

【缵绎】

《毛诗序》："《假乐》，嘉成王也。"朱熹《诗集传》："疑此即公尸之所以答《凫鹥》者也。"何楷《诗经世本古义》："美武王之德，祭武王之诗。"王先谦《诗三家义集疏》："美周宣王之德能慎天地，天地祚之，子孙众多，至于千亿。"王闿运《诗经补笺》："假，嘉，嘉礼也，盖冠词。（按：今人或以为周宣王行冠礼之词。）"程俊英《诗经译注》：周王宴群臣，臣颂王德之诗。笔者以为美武王之诗。

诗四章，章六句。首章总起，先赞其德行品格，后赞其尊顺民意，皇天授命，赐以福禄。二章颂其德荫子孙，受禄千亿，不愆不忘，遵循旧典，采纳劝谏。三章颂其仪容美好、品德高尚，统率群臣，纲纪诸侯。末章写其礼待诸侯，宴饮群臣，深受爱戴，因不懈怠，而使国民安居乐业。"此诗祝其君以显德致福禄，然所谓福禄者，不惟得天命于一时，尤欲其子孙之贤而保治于无穷也。"（朱公迁《诗经疏义会通》）"《大明》之诗曰'保右命尔'，此诗亦云，故知为美武王也。'穆穆皇皇，宜君宜王'，言自诸侯而为天子也。诸侯受命而为天子者，惟汤武为然。故《中庸》引此为大德受命之证也。武王之为天子也，上承穆考之谟，下资四友十乱之助，'率由旧章'，'率由群匹'，其实录也。以此宜其民人，则受天禄其必然矣。"（傅恒、孙嘉淦等《诗义折中》）全诗由"德"而"章"而"纲"而"位"，属辞谨严，正大堂皇，含义深长。

公 刘

笃公刘①，匪居匪康②。迺场迺疆③，迺积迺仓④。迺裹糇粮⑤，于橐于囊⑥。

思辑用光⑦，弓矢斯张⑧；干戈戚扬⑨，爰方启行⑩。

笃公刘，于胥斯原⑪。既庶既繁⑫，既顺迺宣⑬，而无永叹。陟则在巘⑭，复降在原。何以舟之⑮？维玉及瑶⑯，鞞琫容刀⑰。

笃公刘，逝彼百泉⑱，瞻彼溥原⑲。迺陟南冈，迺觏于京⑳。京师之野㉑，于时处处㉒，于时庐旅㉓。于时言言，于时语语。

笃公刘，于京斯依㉔。跄跄济济㉕，俾筵俾几㉖，既登迺依㉗。迺造其曹㉘。执豕于牢㉙，酌之用匏㉚。食之饮之，君之宗之㉛。

笃公刘，既溥既长㉜，既景迺冈㉝，相其阴阳㉞。观其流泉，其军三单㉟，度其隰原㊱。彻田为粮㊲，度其夕阳㊳，豳居允荒㊴。

笃公刘，于豳斯馆㊵。涉渭为乱㊶，取厉取锻㊷。止基迺理㊸，爰众爰有㊹。夹其皇涧㊺，溯其过涧㊻。止旅迺密㊼，芮鞫之即㊽。

【集释】

①笃：厚。公刘：后稷曾孙。公是爵，刘是名。②匪：不。居：安。康：宁。③迺：同"乃"。场（yì）：田界。疆：边界。④积：露天堆粮处，后亦名"庾"。仓：仓库。⑤餱（hóu）：干粮。⑥橐（tuó）：无底口袋。装东西后扎两头。囊：有底口袋。⑦思：发语词。辑：和睦。用：犹"而"。光：光荣。⑧斯：语助词。张：准备好。⑨干：盾。戚：斧。扬：亦名钺，大斧。⑩爰：犹"于是"。方：始。启行：开辟道路。⑪胥：相察。斯：这。原：豳地原野。⑫庶、繁：皆指人口众多。⑬顺：和。宣：宣畅。⑭陟：登。巘（yǎn）：小山。⑮舟：佩带。⑯维：是。瑶：似玉之美石。⑰鞞（bǐ）：刀鞘。琫（běng）：刀饰。容刀：佩刀。⑱逝：往。百泉：众泉。⑲溥（pǔ）：大。⑳觏（gòu）：察看。京：高丘。一说豳之地名。㉑师：都邑，如洛邑亦称洛师。京师即京邑。㉒于时：于是。时，通"是"。处处：居住。㉓庐、旅：二字同义，寄居。㉔依：安居。㉕跄跄（qiāng）：行动有节貌。济济：庄严貌。㉖俾：使。筵：铺地之席。几：置于席上小桌。㉗登：谓登席。依：谓凭几。㉘造：召。曹：有司。㉙豕（shǐ）：猪。牢：猪圈。㉚匏（páo）：葫芦。㉛君：当君主。宗：当族主。㉜溥：广。㉝景：测日影以正四方。冈：山冈。㉞相：视察。阴：山北。阳：山南。㉟单：通"禅"，更代。三单，指轮流驻兵。㊱度（duó）：测量。㊲彻：治。㊳夕阳：山之西面。㊴豳（bīn）：古邑名，也作邠，在今陕西

旬邑县西。允：实在。荒：大。㊵馆：建宫室。㊶渭：渭水。为：而。乱：横渡。㊷厉：通"砺"，磨刀石。锻：铁。㊸止：居。基：基地。理：治理。㊹有：富有。㊺夹：沿涧两岸。皇涧：涧名。㊻溯：面向。过涧：涧名。㊼旅：寄居。密：众多。㊽芮鞫（ruì jū）：指水边。芮，通"汭"，水流曲处岸，或称"隩"。鞫，水向外凸出处。即：往就。

【缵绎】

《毛诗序》："《公刘》，召康公戒成王也。成王将涖政，戒以民事，美公刘之厚于民，而献是诗也。"朱郁仪《诗故》："召公述公刘造豳之事，以告成王，使知王业所由始耳。"王先谦《诗三家义集疏》："据鲁说，诗专美公刘，不关戒成王，亦不言召公作。《齐》《韩》当同。"傅恒、孙嘉淦等《诗义折中》："始迁豳也。"今人谓周人史诗之一，上承《生民》，下接《绵》，述周人祖先公刘率周民由邰迁豳事。笔者以为美公刘始迁豳，以见王业所由兴之诗。

诗六章，章六句。均以"笃公刘"发端，充满赞叹。首章将迁都，兵食具足。二章初到豳地，相土安民。三章营建都邑，民情欢洽。四章新都建成，宴饮群臣。五章军民一体，拓垦土田。六章新附民众，扩益其境。"周以忠厚开基而积功累仁自公刘始。始观其居有积仓，行有裹粮，养民者裕矣；陟巘降原，陟冈觏京，勤民者至矣；庶繁顺宣，处处庐旅，奠民居者固矣；阴阳流泉，度其隰原，制民产者详矣；于豳斯馆，取厉取锻，利民用者周矣；厚于为民，所以为笃也。而且弓矢干戈，以饬武备；玉瑶鞞琫，以修礼服；筵几登依，以肃祀典。执豕于牢，以示俭也；酌之用匏，以尚质也；饮之食之，以广爱也；君之宗之，以教敬也；其军三单，兵制定矣；彻田为粮，农政详矣；其勤劳俭朴，犹留浑噩之遗，而创制显庸，已开官制之兆；积理可谓深厚，综理可谓周密矣。深厚之谓笃，周密亦谓笃，故每章皆以笃称之也。"（傅恒、孙嘉淦等《诗义折中》）"首尾六章，开国宏规，迁居琐务，无不备具。"（方玉润《诗经原始》）姚际恒《诗经通论》："描摹极有致态，亦复精彩。"全诗绘事如见，人与景合，景与事合，事与不言之理合，堪称鸿篇佳制。

泂 酌

泂酌彼行潦①，挹彼注兹②，可以餴饎③。岂弟君子④，民之父母。

泂酌彼行潦，挹彼注兹，可以濯罍⑤。岂弟君子，民之攸归⑥。
泂酌彼行潦，挹彼注兹，可以濯溉⑦。岂弟君子，民之攸塈⑧。

【集释】

①泂（jiǒng）：远。行潦（háng lǎo）：路边积水。②挹（yì）：舀。注：灌。③饙（fēn）：蒸。饎（chì）：酒食。④岂弟（kǎi tì）：即"恺悌"，和乐平易。⑤罍（léi）：古酒器，似壶而大。⑥攸：所。归：归附。⑦溉：洗。或谓通"概"，一种盛酒漆器。⑧塈（xì）：息。

【缵绎】

《毛诗序》："《泂酌》，召康公戒成王也。言皇天亲有德，飨有道也。"朱郁仪《诗故》：召康公诲成王"化民当以渐也。"王先谦《诗三家义集疏》："三家以诗为公刘作，盖以戎狄浊乱之区而公刘居之，譬如行潦可谓浊矣，公刘挹而注之，则浊者不浊，清者自清。"陈子展《诗经直解》：役者刺远汲水也。程俊英《诗经译注》：颂上者得民心也。笔者以为戒王以渐化民之诗。

诗三章，章五句。均从远处行潦之水起兴并作比。潦水本浊，远挹注兹，善加利用，则可蒸煮食物，洗濯酒器，成有用之物。正如远土之民，若君王以父母之心，施以仁义，便民可心悦来归，安居乐业。"西北泉多苦咸，居民每挹行潦注之罂罍而澄清之以治饮食。盖行潦虽浊，久澄则清，喻民德虽暗，教深则化，故必岂以强教之，弟以习安之，岂弟君子，民之父母，教民之道莫尚于此矣。"（朱郁仪《诗故》）"曰'攸归'者，为民所归往也；曰'攸塈'者，为民所安息也。使君子不以'父母'自居，外视其赤子，则小民又岂如赤子相依，乐从夫'父母'？故词若褒美而意实劝戒。"（方玉润《诗经原始》）

卷　阿

有卷者阿①，飘风自南②。岂弟君子③，来游来歌，以矢其音④。
伴奂尔游矣⑤，优游尔休矣⑥。岂弟君子，俾尔弥尔性⑦，似先公酋矣⑧。
尔土宇昄章⑨，亦孔之厚矣⑩。岂弟君子，俾尔弥尔性，百神尔主矣⑪。
尔受命长矣，茀禄尔康矣⑫。岂弟君子，俾尔弥尔性，纯嘏尔常矣⑬。
有冯有翼⑭，有孝有德，以引以翼⑮。岂弟君子，四方为则⑯。

颙颙卬卬⑰，如圭如璋⑱，令闻令望⑲。岂弟君子，四方为纲。

凤凰于飞，翙翙其羽⑳，亦集爰止㉑。蔼蔼王多吉士㉒，维君子使，媚于天子㉓。

凤凰于飞，翙翙其羽，亦傅于天㉔。蔼蔼王多吉人，维君子命，媚于庶人。

凤凰鸣矣，于彼高冈。梧桐生矣，于彼朝阳㉕。菶菶萋萋㉖，雝雝喈喈㉗。

君子之车，既庶且多㉘。君子之马，既闲且驰㉙。矢诗不多㉚，维以遂歌㉛。

【集释】

①卷（quán）：卷曲。阿（ē）：大丘陵。《汲冢纪年》："成王三十三年，游于卷阿，召康公从。"②飘风：旋风。③岂弟（kǎi tì）：即"恺悌"，和乐平易。④矢：陈。⑤伴奂：即"泮涣"，无拘无束貌。⑥优游：从容自得貌。⑦俾：使。弥：尽。性：命。⑧似：同"嗣"，继承。先公：先君，指文王、武王。酋：成就。⑨土宇：封疆。昄（bǎn）：大。章：明。⑩孔：很。⑪主：主祭。⑫茀：通"福"。康：安。⑬纯嘏（gǔ）：大福。⑭冯（píng）：辅。翼：助。⑮引：引导。翼：护助。⑯则：标准。⑰颙颙（yōng）：庄重恭敬貌。卬卬（áng）：气概轩昂貌。⑱圭、璋：古代玉制礼器。⑲令：美好。闻：声誉。⑳翙翙（huì）：振翅声。㉑爰：而。㉒蔼蔼：众多貌。吉士：贤士。㉓媚：爱戴。㉔傅：至。㉕朝阳：指山之东面，因为早阳所照，故称。㉖菶菶（běng）：茂盛貌。㉗雝雝（yōng）喈喈（jiē）：鸣声和谐貌。㉘庶：众、多；通"侈"，车饰华丽。㉙闲：娴熟。㉚矢：陈。不：语助词，无义。㉛遂：对、答。

【缵绎】

《毛诗序》："《卷阿》，召康公戒成王也。言求贤用吉士也。"朱熹《诗集传》："（召康）公从成王游歌于卷阿之上，因王之歌而作此以为戒。"王先谦《诗三家义集疏》："此诗据《易林》齐说，为召公避暑曲阿，凤凰来仪，因而作诗。"笔者以为召康公从成王游卷阿，戒王弥性求贤之诗。

诗十章，前六章章五句，后四章章六句。首章总叙，言游地、时与人，并游、歌而叙之，"是一段卷阿游宴小记。"（方玉润《诗经原始》）二三四章颂周王德性于内，故周室版域辽阔，周王泽遍海内，膺受天命，继祖功业，主祭百神，永享天赐洪福。五六章颂周王德性于外，故有贤才良士尽心辅佐，威望卓远，为天下楷模。七八九章以凤凰比周王，以百鸟比贤臣。"盖自凤鸣于岐，而周才日盛。即此一游，一时扈从贤臣，无非才德具备，与吉光瑞羽，互相辉映，故物瑞人材，双美并咏，君顾之而君乐，民望之而民喜，有不期然而然者。故又曰'媚于天子''媚于庶人'也。然犹未足以形容其盛也。九章复即凤凰之集于梧桐，向朝阳而鸣高者虚写一番。则'菶菶萋萋''雝雝喈喈'之象，自足以想见其'跄跄济济'之盛焉。"（方玉润《诗经原始》）末章写出游车马，紧扣君臣相得之意。末二句写群臣献诗，盛况空前，与首章呼应作结。"召公进戒曰求贤，足矣，必曰吉士、吉人，何也？周公作立政以告成王，亦曰其勿以憸人，其惟吉士。盖憸利之人常近于薄，吉善之士常近于厚，使人主于用人之际，必求吉善之士而信任之，虽其天资静重，不求赫赫之名，诚足以寿风俗之脉，为国家之福也。"（范处义《诗补传》）"《泂酌》之戒，劝养民也；《卷阿》之戒，劝弥性与求贤也。君德莫先于弥性，王道莫大于养民，而所以上成君德，下奠民生者，惟贤是赖，故归于求贤也。能此三者，君人之道备矣。君作歌以志喜，臣遂歌以陈箴，此即雝雝喈喈之声，亦不必待凤凰之鸣也。"（傅恒、孙嘉淦等《诗义折中》）"康公三诗皆作于成王将涖政之初，《公刘》《泂酌》皆直述之辞，惟《卷阿》宛转反覆，使人再三歌咏而后悟，其深意所寓实在此篇也。"（严粲《诗缉》）姚际恒《诗经通论》："于梧桐申之以'菶菶萋萋'，凤凰申之以'雝雝喈喈'，皆镂空之笔，不着色相，斯为至文。"全诗规制宏大，赋比兴兼用，雍容华贵，正是汉大赋先河。

民 劳

民亦劳止①，汔可小康②。惠此中国③，以绥四方④。无纵诡随⑤，以谨无良⑥。式遏寇虐⑦，憯不畏明⑧。柔远能迩⑨，以定我王。

民亦劳止，汔可小休。惠此中国，以为民逑⑩。无纵诡随，以谨惛怓⑪。式遏寇虐，无俾民忧。无弃尔劳⑫，以为王休⑬。

民亦劳止，汔可小息。惠此京师⑭，以绥四国。无纵诡随，以谨罔极⑮。式遏寇虐，无俾作慝⑯。敬慎威仪⑰，以近有德。

民亦劳止，汔可小愒⑱。惠此中国，俾民忧泄⑲。无纵诡随，以谨丑厉⑳。式遏寇虐，无俾正败㉑。戎虽小子㉒，而式弘大㉓。

民亦劳止，汔可小安。惠此中国，国无有残。无纵诡随，以谨缱绻㉔。式遏寇虐，无俾正反㉕。王欲玉女㉖，是用大谏㉗。

【集释】

①止：语气词。②汔（qì）：庶几。康：安康，安居。③惠：爱。中国：即王畿，因四方为诸侯。④绥：安。⑤纵：放纵。诡随：诡诈欺骗。⑥谨：谨慎。⑦式：发语词。遏：制止。寇虐：残害掠夺。⑧憯（cǎn）：曾，乃。明：法。⑨柔：爱抚。能：亲善。⑩逑：聚合。⑪惽恼（hūn náo）：喧嚷争吵。⑫尔：指在位者。劳：劳绩，功劳。⑬休：美。⑭京师：都城，指上章"中国"。⑮罔极：没有准则，没有法纪。⑯愿（tè）：恶。⑰敬慎：严肃谨慎。威仪：举止礼节。⑱愒（qì）：休息。⑲泄：发泄、消除。⑳丑厉：恶人。㉑正：通"政"。㉒戎：你，指在位者。小子：年轻人。㉓式：作用。弘：大。㉔缱绻（qiǎn quǎn）：固结不解，指结党营私。㉕正反：政治颠倒。㉖玉女（rǔ）：爱汝。玉，此作动词，如玉般宝爱。女，汝。㉗是用：是以，因此。大谏：深切劝告。

【缵绎】

《毛诗序》："《民劳》，召穆公刺厉王也。"（郑玄《毛诗传笺》："厉王，成王七世孙也，时赋敛重数，徭役繁多，人民劳苦，轻为奸宄，强凌弱，众暴寡，作寇害，故穆公刺之。"）朱熹《诗集传》："乃同列相戒之词耳，未必专为刺王而发。"姚际恒《诗经通论》："召穆公刺厉王用事小人以戒王也。"方玉润《诗经原始》："召穆公警同列以戒王也。"程俊英《诗经译注》：戒厉王安民防奸也。笔者以为召穆公警同列以戒厉王之诗。

诗五章，章十句。各章第一句、第五句皆同，其余各句只易数字，重章叠句，意味深长。"诗起四句说安民，中四句说防奸，非君上不足以当此；唯末二句辅成君德，似戒同列辞耳。每章皆然，特各变其义以见浅深之不同。故全诗当以中四句为主。而中间四句尤反复提唱，则其主意专注防奸也可知。盖奸不去，则君德不成，民亦何能安乎？故全诗当以中四句为主。虽曰'戒同列'，实则望君以去邪为急务也。"（方玉润《诗经原始》）"无良、惽恼、罔极、丑厉、缱绻，皆极小人之情状，而总之以诡随。盖小人之媚君子，其始皆以诡随入之，其终无所不至，孔子所谓佞人殆也。"（严粲《诗缉》）"非诡随无以媚上，而为寇虐之本；非寇虐无以威下，而遂诡随之志。诡随者，柔恶之所为；寇虐者，刚恶之所发。"（朱善《诗解颐》）诡随不除，寇虐不止。故末二句正告同列柔远能迩乃可以定王室，无弃前功可以成王休，亲近有德则威仪始固。至四章、五章则言汝身虽微而所系重大，王宝重汝，必为大用，则天下安危，民生休戚皆系汝身，可不慎乎？道明作诗之旨。"盖诗人已豫见厉王溃灭，故不觉其言之丁宁而沉痛也。"（陈子展《诗经直解》）历来以为召穆公作，兹从之。方玉润《诗经原始》："五章章法一例，唯于字句浅深间见变换，又一格也。"

板

上帝板板①，下民卒瘅②。出话不然③，为犹不远④。靡圣管管⑤，不实于亶⑥。犹之未远，是用大谏⑦。

天之方难，无然宪宪⑧。天之方蹶⑨，无然泄泄⑩。辞之辑矣⑪，民之洽矣⑫。辞之怿矣⑬，民之莫矣⑭。

我虽异事⑮，及尔同僚⑯。我即尔谋⑰，听我嚣嚣⑱。我言维服⑲，勿以为笑。先民有言："询于刍荛"⑳。

天之方虐，无然谑谑㉑。老夫灌灌㉒，小子蹻蹻㉓。匪我言耄㉔，尔用忧谑㉕。多将熇熇㉖，不可救药。

天之方懠㉗，无为夸毗㉘。威仪卒迷㉙，善人载尸㉚。民之方殿屎㉛，则莫我敢葵㉜。丧乱蔑资㉝，曾莫惠我师㉞。

天之牖民㉟，如埙如篪㊱。如璋如圭㊲，如取如携。携无曰益㊳，牖民孔易。民之多辟㊴，无自立辟㊵。

价人维藩㊶，大师维垣㊷。大邦维屏㊸，大宗维翰㊹。怀德维宁，宗子维城㊺。无俾城坏，无独斯畏。

敬天之怒，无敢戏豫㊻。敬天之渝㊼，无敢驰驱㊽。昊天曰明㊾，及尔出王㊿。昊天曰旦，及尔游衍㉛。

【集释】

①板板：如板板隔，不情近理。②卒瘅（cuì dàn）：劳累多病。卒通"瘁"。瘅，病。③不然：不对。④犹：通"猷"，谋划。不远：无远见。⑤靡圣：蔑视圣贤。管管：管窥管见，指短视。⑥不实：不实行。亶（dǎn）：诚信。⑦大谏：郑重劝诫。⑧无然：不要这样。宪宪：欢欣喜悦貌。⑨蹶：动乱。

⑩泄泄（yì）：闲散自得。⑪辞：指政令。辑：调和。⑫洽：融洽，和睦。⑬怿：悦。⑭莫：定。⑮异事：指职务不同。⑯及：与。⑰即：就、往。谋：商量。⑱嚣嚣（áo）：不接受意见貌。⑲维：是。服：事。⑳询：征求、请教。刍：草。荛（ráo）：柴。刍荛，樵夫。㉑谑谑：嬉笑貌。㉒老夫：诗人自称。灌灌：款款，诚恳貌。㉓蹻蹻（jué）：傲慢貌。㉔耄（mào）：八十为耄。此指昏聩。㉕忧谑：以忧虑为戏谑。㉖将：行，做。熇熇（hè）：火势炽烈貌，此指一发不可收拾。㉗懠（qí）：愤怒。㉘夸毗（kuā pí）：卑躬屈膝、谄媚曲从。㉙威仪：指君臣之礼。卒：尽。迷：混乱。㉚载：则。尸：神主。《孔疏》："尸，谓祭时之尸，以为神象，故终祭不言。贤人君子如尸不复言语，畏政故也。"㉛殿屎（xī）：呻吟。陆德明《经典释文》："殿，《说文》作唸；屎，《说文》作呎。"㉜葵：通"揆"，猜测。㉝蔑：无。资：财产。㉞惠：施恩。师：指民众。㉟牖：通"诱"，诱导。㊱埙（xūn）：古陶制椭圆形吹奏乐器。篪（chí）：古竹制管乐器。㊲璋、圭：朝廷用玉制礼器。㊳曰：语助词。益（ài）：通"隘"，阻碍。㊴辟：通"僻"，邪僻。㊵立辟（bì）：立法。辟，法。㊶价：同"介"，善。维：是。藩：篱笆。㊷大师：大众。垣：墙。㊸大邦：指诸侯大国。屏：屏障。㊹大宗：指与周王同姓宗族。翰：桢干，栋梁。㊺宗子：周王嫡子。㊻戏豫：游戏娱乐。㊼渝：变。㊽驰驱：指任意放纵。㊾昊天：上天。曰：语助词。明：光明。㊿及：与。王：通"往"。㊿游衍：游荡。

【缵绎】

《毛诗序》："《板》，凡伯刺厉王也。"朱熹《诗集传》："《序》以此为凡伯刺厉王之诗。今考其意，亦与前篇相类，但责之益深切耳。"姚际恒《诗经通论》："此盖刺厉王用事小人而其旨归于谏王也。"傅恒、孙嘉淦等《诗义折中》："诲远猷也。"方玉润《诗经原始》："凡伯规同僚以警王也。"笔者以为凡伯规同僚以警厉王谋远猷之诗。

诗八章，章八句。首二章言违天慢圣，则上帝昏乱背常，下民辛劳多灾，开宗明义，表明大谏之旨。三四章写我言虽微，不可不听，尔病之深将不可救。五六章正告救民之方：因势利导，则不难教化。末二章正告解厄之法：修德方可得人，为敬始能回天。人心之患，莫患者于非圣而自是；主德之衰，莫衰于慢天而无忌。天不足畏，予智自雄，则古圣远大谋猷，靡不灭绝以遂其私，以是人心失而天下危。"欲得人心，非美言小数所可邀也，必牖其固有之良，使仁不遗亲，义不后君之念油然而不容已，则民心不摇而藩垣、屏翰皆环列而不敢动；再加之以敬天，则怀德维宁，而宗子之城永不坏矣。此实救时之切务，非迂阔也。且夫天性，民所固有，取之携之，至便也；价人、大师、大邦、大宗、宗子具在也，以德怀之至顺也。天随处而皆临，敬存心而即是，乃知所谓远猷者，其事至近而且易也。"（傅恒、孙嘉淦等《诗义折中》）此诗与《民劳》相类，前者"用大谏"在篇末，此在篇首；前者着意人心诡随、寇虐，此则兼及违圣、慢天。旧以前篇属召公，此属凡伯。何耶？"盖厉王时，唯此二公为国勋旧，故借重二公名耳。然非二公俦，亦不能为此诗，即以之分属二公，奚不可者？"（方玉润《诗经原始》）姚际恒《诗经通论》："此诗多用正言，极文章变化之妙。"全诗属词严厉，排比比喻，反复叮咛，劝说警告，苦口婆心；"较之上篇，意尤深切，而词愈警策"（方玉润《诗经原始》），千古之下，动人心魂。

【生民之什小结】

《生民之什》十篇。《生民》，周家农业始自后稷。《行苇》，周天子燕族亲。《既醉》，祝官代神祝周王。《凫鹥》，周王绎祭宴公尸。《假乐》，美武王。《公刘》，周迁岐而王业兴。《泂酌》，召康公戒成王以渐化民。《卷阿》，召康公戒成王弥性求贤。《民劳》，召穆公戒厉王近小人。《板》，凡伯警厉王谋远猷。周始于农而兴于岐，后稷天德，公刘性笃，天时地利人和并兼敬天睦族之礼，故武王有天下而成王得人以守，及至厉王，诡随寇虐而违圣慢天，则由兴而衰矣。此本什之大意。至若"是什诗体凡数变：《生民》《公刘》为一体，正大雅也。《行苇》至《假乐》四诗为一体，兼乎小雅者也；《泂酌》《卷阿》为一体，兼乎风者也，皆变大雅也。"（方玉润《诗经原始》）。

大雅·荡之什

荡

荡荡上帝①，下民之辟②。疾威上帝③，其命多辟④。天生烝民⑤，其命匪谌⑥。靡不有初，鲜克有终⑦。

文王曰咨⑧，咨女殷商⑨！曾是彊御⑩，曾是掊克⑪；曾是在位，曾是在服⑫。天降滔德⑬，女兴是力⑭。

文王曰咨，咨女殷商！而秉义类⑮，彊御多怼⑯。流言以对，寇攘式内⑰。侯作侯祝⑱，靡届靡究⑲。

文王曰咨，咨女殷商！女炰烋于中国⑳，敛怨以为德㉑。不明尔德㉒，时无背无侧㉓。尔德不明，以无陪无卿㉔。

文王曰咨，咨女殷商！天不湎尔以酒㉕，不义从式㉖。既愆尔止㉗，靡明靡晦。式号式呼㉘，俾昼作夜。

文王曰咨，咨女殷商！如蜩如螗㉙，如沸如羹㉚。小大近丧㉛，人尚乎由行㉜。内奰于中国㉝，覃及鬼方㉞。

文王曰咨，咨女殷商！匪上帝不时㉟，殷不用旧㊱。虽无老成人㊲，尚有典刑㊳。曾是莫听㊴，大命以倾㊵！

文王曰咨，咨女殷商！人亦有言：颠沛之揭㊶，枝叶未有害，本实先拨㊷。殷鉴不远㊸，在夏后之世㊹！

【集释】

①荡荡：广大貌。②辟（bì）：君王。③疾威：暴虐。④辟：通"僻"，邪僻。⑤烝：众。⑥谌（chén）：诚。⑦鲜（xiǎn）：少。克：能。⑧咨：嗟叹声。⑨女（rǔ）：通"汝"。⑩曾是：怎么这样。彊御：强横凶暴。彊："强"异体

字。⑪掊（póu）克：聚敛，搜括。⑫服：事。⑬滔：通"慆"，放纵不法。⑭兴：助长。力：勤，努力。⑮而：尔，你。秉：把持，此指任用。义类：善类。⑯怼（duì）：怨恨。⑰寇攘：像盗寇一样掠取。式：在。内：指在朝廷内。⑱侯：于是。作：借为"诅"。祝：通"咒"。⑲届：尽。究：穷。⑳炰烋（páo xiào）：同"咆哮"。㉑敛：聚集。㉒不明：不辨善恶。㉓时：以。背：背叛；侧：反侧。时无背无侧，不以背叛反侧为背叛反侧。㉔陪：指辅佐之臣。以无陪无卿，不知其堪当陪卿而为陪卿。㉕湎（miǎn）：沉湎，沉迷。㉖从：听从。式：任用。㉗愆（qiān）：过错。止：容止、行为。㉘式：语助词。㉙蜩（tiáo）：蝉。螗：又叫螗，一种蝉。㉚羹：菜汤。㉛小大：指大小事。丧：失败。㉜由行：学老样。㉝奰（bì）：怒。㉞覃：延及。鬼方：指远方。㉟时：善。㊱旧：旧典章制度。㊲老成人：旧臣。㊳典刑：同"典型"，指旧典章法规。㊴曾：乃，可是。是：这些。㊵大命：指国家命运。㊶颠沛：跌仆，此指树木倒下。揭：举，此指树根翻出。㊷本：根。拨：败。㊸鉴：同"镜"。㊹后：君主。

【缵绎】

《毛诗序》："《荡》，召穆公伤周室大坏也。厉王无道，天下荡然无纲纪文章，故作是诗也。"诗旨古来无异议。

诗八章，章八句。开篇言天本广阔，为下民之主。然今上帝"疾威"暴虐，邪僻不常，以下各章依"疾威"二字展开。八章中唯首章不用"文王曰咨"。"上帝者，天之别名，天无所坏，不得与'荡荡'共文，故知上帝以托君王，言其不敢斥王，故托之于上帝也。其实称帝亦斥王。"（孔颖达《毛诗注疏》）以下各章假托周文王叹殷纣无道。二章连用四"曾是（怎么那样）"排比，以肆其态。三章言贤良遭摒，祸乱横生。四章刺王刚愎自用，恣意妄为，内无美德，外无良臣，必将招致国之大难。五章刺王纵酒败德。六章言厉王之恶已延至荒远之国。七章总结前说，借斥纣王以责厉王不用老臣成典，致国家"大命以倾"。末章借谚语诫厉王亡羊补牢。末两句"殷鉴不远，在夏后之世"，言亡国教训不远，语重心长，振聋发聩。"托为文王叹纣之词。言出于祖先，虽不肖子孙不敢以为非也；过指夫前代，虽至暴之主不得以为谤也。其斯为言之无罪，而听之足以戒乎？"（钱澄之《田间诗学》）陆奎勋《陆堂诗学》："文王曰咨，咨女殷商'，初无一语显斥厉王，结撰之奇，在《雅》诗亦不多觏。"程俊英《诗经译注》：咏史诗之滥觞。

抑

抑抑威仪①，维德之隅②。人亦有言："靡哲不愚"③。庶人之愚④，亦职维疾⑤。哲人之愚，亦维斯戾⑥。

无竞维人⑦，四方其训之⑧。有觉德行⑨，四国顺之。訏谟定命⑩，远犹辰告⑪。敬慎威仪，维民之则。

其在于今，兴迷乱于政⑫。颠覆厥德⑬，荒湛于酒⑭。女虽湛乐从⑮，弗念厥绍⑯。罔敷求先王⑰，克共明刑⑱。

肆皇天弗尚⑲，如彼泉流，无沦胥以亡⑳。夙兴夜寐，洒扫庭内，维民之章㉑。修尔车马，弓矢戎兵㉒，用戒戎作㉓，用逷蛮方㉔。

质尔人民㉕，谨尔侯度㉖，用戒不虞㉗。慎尔出话，敬尔威仪，无不柔嘉㉘。白圭之玷㉙，尚可磨也；斯言之玷，不可为也。

无易由言㉚，无曰"苟矣，莫扪朕舌"㉛，言不可逝矣㉜。无言不雠㉝，无德不报。惠于朋友，庶民小子。子孙绳绳㉞，万民靡不承㉟。

视尔友君子㊱，辑柔尔颜㊲，不遐有愆㊳。相在尔室㊴，尚不愧于屋漏㊵。无曰"不显，莫予云觏"㊶。神之格思㊷，不可度思㊸，矧可射思㊹！

辟尔为德㊺，俾臧俾嘉㊻。淑慎尔止㊼，不愆于仪。不僭不贼㊽，鲜不为则㊾。投我以桃，报之以李。彼童而角㊿，实虹小子㉛。

荏染柔木㉜，言缗之丝㉝。温温恭人，维德之基。其维哲人，告之话言㉞。顺德之行，其维愚人。覆谓我僭㉟，民各有心。

於乎小子㊱，未知臧否㊲。匪手携之㊳，言示之事㊴。匪面命之㊵，言提其耳。借曰未知㊶，亦既抱子。民之靡盈㊷，谁夙知而莫成㊸？

昊天孔昭，我生靡乐。视尔梦梦㊹，我心惨惨㊺。诲尔谆谆㊻，听我藐藐㊼。匪用为教，覆用为虐㊽。借曰未知，亦聿既耄㊾。

於乎小子，告尔旧止㊿。听用我谋，庶无大悔㉛。天方艰难，曰丧厥国㉜。取譬不远，昊天不忒㉝。回遹其德㉞，俾民大棘㉟。

【集释】

①抑抑：缜密。威仪：容止礼节。②隅：屋角，引申为方正。③哲：智者。④庶人：民众，一般人。⑤亦：语首助词。职：主要。维：是。疾：毛病。⑥庆：反。⑦无：发语词。竞：强。维：由于。人：指贤人。⑧训：顺从。⑨觉：直大。⑩訏（xū）：大。谟：谋。命：政令。⑪犹：同"猷"，谋略。辰：时。⑫兴：语首助词。⑬颠覆：败坏。厥：其。⑭荒湛（dān）：沉迷。湛，同"耽"。⑮女：通"汝"。虽：唯。湛乐：吃喝玩乐。从：从事。⑯绍：继承。⑰罔：不。敷：广。先王：指先王治国之道。⑱克：能。共：通"拱"，执行。刑：法。⑲肆：于是。尚：佑助。⑳沦：率。胥：相。沦胥，相率。以：而。㉑维：为。章：模范。㉒戎兵：武器。㉓用：以。戒：准备。作：起。㉔遏（tì）：通"剔"，剪除、治服。蛮方：远方异族。㉕质：安定。㉖侯：语助词。度：法度。㉗不虞：不测。㉘柔嘉：柔和妥善。㉙玷：玉上斑点。㉚易：轻易。由：于。㉛扪：按住。朕：我。秦始皇定为皇帝自称。㉜逝：追。㉝雠：酬、答。㉞绳绳：谨慎貌。㉟承：顺从、接受。㊱友：招待。㊲辑：和。㊳遐：何。愆（qiān）：过错。㊴相：察看。㊵屋漏：屋顶漏则见天光，暗中之事全现，喻神明监察。㊶云：语助词。觏（gòu）：遇见，此指看见。㊷格：至。思：语助词。㊸度（duó）：推测。㊹矧（shěn）：况且。射（yì）：通"斁"，厌。㊺辟：修明。㊻臧：嘉、善。㊼淑：美好。止：举止行为。㊽僭（jiàn）：超越本分。贼：残害。㊾鲜（xiǎn）：少。则：法则。㊿童：幼小。指无角小羊羔。而：以。㊿¹虹：同"讧"，溃乱。㊿²荏染：柔韧貌。柔木：指椅、桐、梓等可做琴瑟乐器之木。㊿³言：语助词。缗（mín）：给乐器安上弦。丝：丝弦。㊿⁴话言：陈奂《诗毛氏传疏》："话，当为'诂'字之误也。"诂言，老古话。㊿⁵覆：反而。僭：错。㊿⁶於（wū）呼：即呜呼，叹词。㊿⁷臧否（pǐ）：好恶。㊿⁸匪（fēi）：非。㊿⁹示：指点。㉠⁰面命：当面教导。㉠¹借曰：假如说。未知：无知。㉠²盈：完满。㉠³夙知：早慧。莫（mù）：同"暮"，晚。莫成：晚成。㉠⁴梦梦：同"瞢瞢"，昏而不明。㉠⁵惨惨：忧愁烦闷貌。㉠⁶谆谆：教诲不倦貌。㉠⁷藐藐：轻视貌。㉠⁸虐："谑"假借，戏谑。㉠⁹耄：语助词。耄：老。㊀⁰旧：指旧典章制度。止：语气词。㊀¹庶：庶几。㊀²曰：发语词。㊀³忒（tè）：偏差。㊀⁴回遹（yù）：邪僻。㊀⁵棘：通"急"。

【缵绎】

《毛诗序》："《抑》，卫武公刺厉王，亦以自警也。"朱熹《诗集传》："卫武公作此诗，使人日诵于其侧以自警。"姚际恒《诗经通论》："此刺厉王之诗，不知何人所作也。"程俊英《诗经译注》：老臣刺王也。笔者以为卫武公自儆之诗。

诗十二章，一至三章章八句，其余章章十句。首章辨哲、愚。"靡哲不愚"，"千古学人大病，四字说尽。盖愚人之愚，其愚易破；哲人之愚，其愚难明。自以为哲，则无乎不愚矣。"（方玉润《诗经原始》）二章求贤与立德。求贤则能安邦治国，立德则能内外悦服。三章刺覆德乱政、荒酒纵乐、违背先王之道之时弊。四章诫执政者当勤于政事，整顿国防，抵御外寇。五章至八章多方取譬，申述求贤立德之意，在待臣民以礼，出言谨慎不苟。九章言应以德为基，后二章言应修德，耳提面命是正说，谆谆藐藐是反说。末章用危言"取譬不远，昊天不忒"，如一意孤行，邪僻从事，则君道失于上而小民困于下矣。如《荡》"殷鉴不远，在夏后之世"。"《抑》，卫武公自警也。《宾之初筵》，悔自乱于威仪，故《抑》之作于威仪，三致意焉。且夫威仪者，声音笑貌云乎哉？威仪之著，莫大于言行，行而合乎礼，所以为德之隅也；言而体诸躬，所以为民之则也。威仪之美，莫大于敬与和，克共明刑，无易由言，敬也；屋漏之中，亦懔鬼神，则敬之至矣。辑柔尔颜，温温恭人，和也；惠于朋友，庶民小子，则和之至矣。本和敬以美威仪，此诗之大旨也。"（傅恒、孙嘉淦等《诗义折中》）"近而威仪言语，远而谟令政刑，细而寝兴洒扫，大而车马戎兵，显而宾友臣庶，微而暗室屋漏，凛凛乎若师保在前，天威在上，既耄如此，敬义之功于是为至矣。"（王鸿绪等《诗经传说汇纂》引汪应蛟语）方玉润《诗经原始》谓第七章："圣学存养功夫，数语括尽。《大学》'诚意'，《中庸》'慎独'从此而出。"又曰："此一篇座右铭也。"成语"夙兴夜寐""白圭之玷""舌不可扪""投桃报李""耳提面命""谆谆告戒"均出本诗。吴闿生《诗义会通》："千古箴铭之祖。"

桑 柔

菀彼桑柔①，其下侯旬②。捋采其刘③，瘼此下民④。不殄心忧⑤，仓兄填兮⑥！倬彼昊天⑦，宁不我矜⑧。

　　四牡骙骙⑨，旟旐有翩⑩。乱生不夷⑪，靡国不泯⑫。民靡有黎⑬，具祸以烬⑭。於乎有哀，国步斯频⑮！

　　国步蔑资⑯，天不我将⑰。靡所止疑⑱，云徂何往⑲。君子实维⑳，秉心无竞㉑。谁生厉阶㉒？至今为梗㉓！

　　忧心殷殷㉔，念我土宇㉕。我生不辰㉖，逢天僤怒㉗。自西徂东，靡所定处。多我觏痻㉘，孔棘我圉㉙。

　　为谋为毖㉚，乱况斯削㉛。告尔忧恤㉜，诲尔序爵㉝。谁能执热㉞，逝不以濯㉟？其何能淑？载胥及溺㊲。

　　如彼溯风㊳，亦孔之僾㊴。民有肃心㊵，荓云不逮㊶。好是稼穑㊷，力民代食㊸。稼穑维宝，代食维好。

　　天降丧乱，灭我立王㊹。降此蟊贼㊺，稼穑卒痒㊻。哀恫中国㊼，具赘卒荒㊽！靡有旅力㊾，以念穹苍㊿。

　　维此惠君㉑，民人所瞻。秉心宣犹㉒，考慎其相㉓。维彼不顺，自独俾臧㉔。自有肺肠，俾民卒狂。

　　瞻彼中林，甡甡其鹿㉕。朋友已谮㊻，不胥以穀㊾。人亦有言：进退维谷㊿。

　　维此圣人，瞻言百里㊾。维彼愚人，覆狂以喜㊿。匪言不能㊶，胡斯畏忌㊷。

　　维此良人，弗求弗迪㊸。维彼忍心，是顾是复。民之贪乱，宁为荼毒㊹！

　　大风有隧㊺，有空大谷。维此良人，作为式穀㊻。维彼不顺，征以中垢㊼。

　　大风有隧，贪人败类㊽。听言则对㊾，诵言如醉㊿。匪用其良，复俾我悖㊷。

　　嗟尔朋友，予岂不知而作㊸。如彼飞虫㊹，时亦弋获㊺。既之阴女㊻，反予来赫㊼！

　　民之罔极㊽，职凉善背㊾。为民不利，如云不克㊿。民之回遹㊶，职竞用力㊷。民之未戾㊸，职盗为寇。凉曰不可㊹，覆背善詈㊺。虽曰匪予㊻，既作尔歌㊼。

【集释】

①菀（wǎn）：茂盛貌。桑柔：即柔桑。②侯：维。旬：树荫遍布。③刘：剥落稀疏。④瘼：病、害。⑤殄（tiǎn）：断绝。⑥仓兄（chuàng huàng）：同"怆怳"，凄凉纷乱貌。填：久。⑦倬（zhuō）：光明。⑧宁：何。矜：怜。⑨骙骙（kuí）：马壮貌。⑩旟旐（yú zhào）：画有鹰隼、龟蛇之旗。有翩：翩翩，翻

飞貌。⑪夷：平。⑫泯：乱。⑬黎：众。⑭具：通“俱”。烬（jìn）：灰烬。⑮国瞳：国运。频：危急。⑯蔑：无。资：财。⑰将：扶助。⑱疑：同“凝”。止疑，停息。⑲云：发语词。徂：往。⑳维：借为“惟”，思。㉑秉心：存心。无竞：无争。㉒厉阶：祸端。㉓梗：灾害。㉔殷殷（yīn）：心痛貌。㉕土宇：土地房屋。㉖辰：时。㉗僤（dàn）：大。㉘觏：遇。痻（mín）：灾难。㉙棘：通“急”。圉（yù）：边疆。㉚毖：谨慎。㉛斯：乃。削：减少。㉜尔：执政大臣。恤：忧。㉝序：次序，此指合理安排。爵：官爵。㉞执热：救热。㉟逝：发语词。濯：洗。㊱淑：善。㊲载：乃。胥：皆。㊳溯（sù）：逆。㊴亦、之：皆语助词。僾（ài）：呼吸不畅貌。㊵肃：肃敬。㊶荓（pīng）：使。云：有。不逮：不及。㊷稼穑：指农业劳动。㊸力民：使人民出力劳动。代食：指官吏靠劳动者奉养。㊹立王：所立之王。本句指周厉王被国人流放于彘。㊺蟊（máo）贼：蟊为食苗根害虫，贼为吃苗节害虫。㊻卒：完全。痒：病。㊼恫（tōng）：痛。㊽具：同“俱”。赘：通“缀”，连属。卒：尽。荒：荒芜。㊾旅力：膂力。旅，同“膂”。㊿念：感动。(51)惠：顺。惠君，通达义理之君。(52)宣：明；犹：通“猷”，道。宣犹，明道。(53)考慎：慎重考察。相：辅佐大臣。(54)臧：善。(55)甡甡（shēn）：同“莘莘”，众多貌。(56)谮（zèn）：通“僭”，相欺而不相信任。(57)胥：相。穀：善。(58)维：是。谷：山谷。进退维谷，谓进退皆穷，如陷山谷然。(59)言：句中语词。(60)覆：反而。(61)匪言不能：即“匪不能言”。匪，非。(62)胡：何。斯：这样。畏忌：害怕畏惧。(63)迪：进。(64)宁：乃。荼：苦菜。毒：螫虫。荼毒，本二物，合言指有苦且毒。(65)隧：道。(66)式：句中助词。(67)征：行。中：内。垢：污秽。中垢，心中污秽。(68)败类：败坏同类。(69)听言：顺从心意之言。对：答。(70)诵言：忠告言。(71)悖：违理。(72)予：芮良夫自称。而：你。(73)飞虫：指飞鸟。(74)时：有时。弋获：射中捉住。(75)既：已经。之：语助词。阴：通“谙”，熟悉。女：通“汝”。(76)赫：通“嚇”，吓。(77)罔极：无法则。(78)职：专。凉：薄。背：叛。(79)云：句中助词。克：胜。(80)回遹（yù）：邪僻。(81)用力：指用暴力。(82)戾：善。(83)凉：通“谅”，诚。(84)背：背后。善：大。詈（lì）：责骂。(85)曰：句中助词。匪，同“诽”，诽谤。(86)既：终。作尔歌：为你作歌。

【缵绎】

《毛诗序》：“《桑柔》，芮伯刺厉王也。”王符《潜夫论·遏利篇》引鲁诗：

"昔周厉王好专利，芮良夫谏而不入，退赋《桑柔》之诗以讽，言是大风也，必将有遂，是贪民也，必将败其类。王又不悟，故遂流王于彘。"何楷《诗经世本古义》："篇中不敢斥言王，而但斥当时执政者信用非人，贪利生事，以致祸乱，大抵为荣夷公辈发也。"方玉润《诗经原始》："芮伯哀厉王也。"笔者以为芮伯哀厉王之诗。

诗十六章，前八章章八句，后八章章六句。首章以桑因摘采剥落稀疏，比民困已深，为全诗主旨。次章至第四章，述祸乱之本，乃缘于征役不息，民无安居之所。三章叹民穷财尽，而天不助我，人民无处安身，君子浩叹。四章感慨生不逢时。五章言谋虑周到，慎于授官，选用贤能，则能解救国家之急难。六、七章言体恤民情，爱护人民，乃为政之本。八章再言谨慎用人之道。九章以鹿性喜群居，相亲相善，比同僚相谮，不能以善道相助。十、十一章对比，责执政者缺乏远见，阿谀取容，自鸣得意，心存畏忌，反复瞻顾，于是贤者避退，不肖者进，人民惨遭荼毒而造成变乱。十二、十三章以风行隧道为比，言小人见用，贤人得弃，国家岂能不危亡。十四至十六章规讽同僚，言专利敛财，虐民为政，不思悔改，致人民无所安居，走上邪僻之路，乃臣下不能匡君恶心之失。末章言作者忠告反遭责难，而犹作歌促尔等省悟。"天降丧乱，灭我立王"，此诗作于厉王流彘之时，凡诗中所言，无非追究同朝不能匡救君恶，以至危亡，并恨己无大力拯民水火，可以挽回天意，盖伤之也。"小雅《正月》，大雅《桑柔》，皆诗人深悲甚痛之词，故言之长也如此。然彼多忧惧，此多哀怨。"（朱公迁《诗经疏义会通》）全诗语言朴直，手法多变化，说理深透，章法完整，主次分明，确为鸿篇大作。

云　汉

倬彼云汉①，昭回于天②。王曰於乎③，何辜今之人④！天降丧乱，饥馑荐臻⑤。靡神不举⑥，靡爱斯牲⑦。圭璧既卒⑧，宁莫我听⑨？

旱既大甚⑩，蕴隆虫虫⑪。不殄禋祀⑫，自郊徂宫⑬。上下奠瘗⑭，靡神不宗⑮。后稷不克，上帝不临。耗斁下土⑯，宁丁我躬⑰！

旱既大甚，则不可推⑱。兢兢业业⑲，如霆如雷。周余黎民⑳，靡有孑遗㉑。昊天上帝，则不我遗㉒。胡不相畏？先祖于摧㉓。

旱既大甚，则不可沮㉔。赫赫炎炎㉕，云我无所。大命近止㉖，靡瞻靡顾。群公先正㉗，则不我助。父母先祖，胡宁忍予㉘？

　　旱既大甚，涤涤山川㉙。旱魃为虐㉚，如惔如焚㉛。我心惮暑㉜，忧心如熏㉝！群公先正，则不我闻㉞。昊天上帝，宁俾我遯㉟？

　　旱既大甚，黾勉畏去㊱。胡宁瘨我以旱㊲，憯不知其故㊳。祈年孔夙㊴，方社不莫㊵。昊天上帝，则不我虞㊶。敬恭明神，宜无悔怒。

　　旱既大甚，散无友纪㊷。鞫哉庶正㊸，疚哉冢宰㊹！趣马师氏㊺，膳夫左右㊻。靡人不周㊼，无不能止。瞻卬昊天㊽，云如何里㊾！

　　瞻卬昊天，有嘒其星㊿。大夫君子，昭假无赢㉛。大命近止，无弃尔成㉜。何求为我，以戾庶正㉝？瞻卬昊天，曷惠其宁㉞？

【集释】

①倬（zhuó）：大。云汉：银河。②昭：光。回：转。③王：指周宣王。厉王子，名静。据说他继位后，修明内政，命秦仲征西戎，尹吉甫伐狁狁，方叔征荆蛮，召虎平淮夷，号称周室中兴。在位四十六年。於（wū）乎：即"呜呼"。④辜：罪。⑤饥馑：灾荒。荐：再、屡次。臻：至。荐臻，频仍。⑥靡：无。举：祭。⑦爱：吝惜。牲：祭祀用牛羊豕等。⑧圭、璧：均是古玉器。周人祭神用玉器，祭天神焚玉，祭山神埋玉，祭水神沉玉，祭人鬼藏玉。卒：尽。⑨宁：何。莫我听：即莫听我。⑩大（tài）：同"太"。甚：厉害。⑪蕴：蓄。隆：盛。蕴隆，谓暑气郁积而隆盛。虫虫：热气熏蒸貌。⑫殄（tiǎn）：断绝。禋（yīn）祀：祭天神典礼。以玉帛及牺牲加于柴上焚之，升烟以祀天神。本指祀昊天上帝，引申之则凡祀日月星辰等天神，统称禋祀。⑬宫：祭天之坛。⑭上：指天。下：指地。奠：陈列祭品以祭天。瘗（yì）：埋。指埋祭品以祭地神。⑮宗：尊敬。⑯耗：损耗。斁（dù）：败坏。⑰丁：遭逢。躬：身。⑱推：排除。⑲兢兢业业：恐惧小心貌。⑳黎：众。㉑孑遗：遗留。㉒遗（wèi）：赠。㉓于：助词。摧：灭。言先祖之祀将自此而灭。㉔沮（jū）：止。㉕赫赫：旱气。炎炎：热气。㉖大命：生命。止：指死亡。㉗群公：犹百辟，先世诸侯之神。正：长。先正，谓先世卿士之神。㉘忍：忍心。忍予，对我忍心。㉙涤涤：指山无木，川无水，如涤而除之。㉚旱魃：古代传说中之旱魔。㉛惔（tán）：火烧。㉜惮：畏。㉝熏：灼。㉞闻：通"问"，恤问。㉟宁：岂，难道。遯

(dùn)：今作“遁”，逃。㊱黾（mǐn）勉：勉力。畏去：不敢离去君位。㊲瘨(diān)：病。㊳憯（cǎn)：曾。㊴祈年：指“孟春祈谷于上帝，孟冬祈来年于天宗”之祭礼。孔夙（sù)：很早。㊵方：祭四方之神。社：祭土神。莫(mù)：古“暮”字，晚。㊶虞：助。㊷散：散漫。友：通“有”。纪：纪纲，法度。㊸鞫（jū)：穷，与“通”相对。庶正：众官之长。㊹疚：忧苦。冢宰：周代官名，为百官之长，相当后世宰相。㊺趣马：掌管国王马匹之官。师氏：官名，主管教导国王和贵族子弟。㊻膳夫：主管国王、后妃饮食之官。左右：左右之大夫、士诸官。㊼周：“赒”假借，求助。㊽卬（yǎng)：通“仰”。㊾云：发语词。里：通“悝”，忧伤。㊿嘒（huì)：微小而众多貌。51昭：祷。假：通“格”至。赢：余。52成：功。53戾：安定。54曷：何，何时。惠：赐。

【缵绎】

《毛诗序》：“《云汉》，仍叔美宣王也。宣王承厉王之烈，内有拨乱之志，遇灾而惧，侧身修行，欲销去之。天下喜于王化复行，百姓见忧，故作是诗也。”朱熹《诗集传》：“言云汉者夜晴则天河明，故述王仰诉于天之词如此也。”姚际恒《诗经通论》：“宣王忧旱之诗。”笔者以为宣王禳旱之诗。

诗八章，章十句。一、二两章呼天号冤，祭神祈雨。三、四章写恐惧修省畏旱之情。五章写旱魃继续肆虐，心忧如焚。六章述自怜格天无术。七章叙君臣因忧旱而困窘憔悴，劝众人共力回天。末章着力鞭策臣子“无弃尔成”，继续祈祷上苍。最后仰天长号，以亟求天赐安宁作结。“读是诗见宣王有事天之敬，有事神之诚，有恤民之仁。敬畏以事天，而天监之；虔恭以事神，而神享之；恻怛以恤民，而民怀之。蕴隆之气消，丰穰之效著，内治既修，外攘斯举。中兴之业，皆自《云汉》一念之烈而基之也。”（朱善《诗经解颐》）诗则固修省恐惧之不暇，故言内无美王之意，满篇皆禳旱之情，自是宣王自祷，故能若是至诚动人。全诗摹景生动，情景交融，开篇八字极久望之状与忧劳之情，“最为有味。”（陈子展《诗经直解》引孙鑛语）

崧高

崧高维岳[①]，骏极于天[②]。维岳降神[③]，生甫及申[④]。维申及甫，维周之翰⑤。四国于蕃⑥，四方于宣⑦。

亹亹申伯⑧，王缵之事⑨。于邑于谢⑩，南国是式⑪。王命召伯⑫："定申伯之宅⑬，登是南邦⑭，世执其功⑮。"

王命申伯："式是南邦！因是谢人⑯，以作尔庸⑰。"王命召伯："彻申伯土田⑱。"王命傅御⑲："迁其私人⑳。"

申伯之功，召伯是营。有俶其城㉑，寝庙既成㉒。既成藐藐㉓，王锡申伯㉔：四牡蹻蹻㉕，钩膺濯濯㉖。

王遣申伯㉗：路车乘马㉘。"我图尔居㉙，莫如南土。锡尔介圭㉚，以作尔宝。往近王舅㉛，南土是保㉜！"

申伯信迈㉝，王饯于郿㉞。申伯还南，谢于诚归㉟。王命召伯："彻申伯土疆。以峙其粻㊱，式遄其行㊲。"

申伯番番㊳，既入于谢，徒御啴啴㊴。周邦咸喜㊵，戎有良翰㊶！不显申伯㊷，王之元舅㊸，文武是宪㊹。

申伯之德，柔惠且直㊺。揉此万邦㊻，闻于四国。吉甫作诵㊼，其诗孔硕㊽。其风肆好㊾，以赠申伯。

【集释】

①崧（sōng）：又作"嵩"，山高而大。维：是。岳：山之尊者，如东岱、西华、北恒、南霍。②骏：大。极：至。③维：发语词。④甫：仲山甫，字穆仲，樊侯，宣王卿士。申：国名，此指申伯。其封地在今河南南阳北。⑤翰："幹"假借，筑墙时树立两旁以障土之木柱。引申为辅佐、栋梁。⑥于：犹"为"。蕃：即"藩"，屏障。⑦宣："垣"假借，围墙。⑧亹亹（wěi）：勤勉貌。⑨缵：继。此作动词，使继承。⑩前"于"：建。谢：地名，在今河南唐河南。⑪式：法。⑫召伯：召虎，亦称召穆公，周宣王大臣。⑬定：确定。⑭登：成。⑮执：守持。功：事业。⑯因：依靠。⑰庸：通"墉"，城。⑱彻：治理。此指划定地界。⑲傅御：申伯家臣之长。⑳私人：傅御之家臣。㉑俶（chù）：始。㉒寝庙：周代宗庙有庙和寝两部分，合称寝庙。㉓藐藐：华美貌。㉔锡（cì）：同"赐"。㉕牡：公马。蹻蹻（jué）：强壮勇武貌。㉖钩膺：套马颈腹上带饰。濯濯：光泽鲜明貌。㉗遣：赠送。㉘路车：诸侯所乘大型马车。路，同"辂"。乘（shèng）马：四匹马。四马一车为一乘。㉙图：谋虑。㉚介：亦作

"玠",大。圭：古代玉制礼器，诸侯执此以朝见周王。㉛迈（jì）：语助词，犹"哉"。㉜保：保有。㉝信：真。迈：行。㉞饯：备酒食送行。郿（méi）：古地名，在今陕西眉县东渭水北岸。当时宣王在岐周，郿在岐周东南，申伯封国之谢又在郿之东南，故宣王为申伯在岐周之郊郿地饯行。㉟谢于诚归：即"诚归于谢"。㊱峙：储备。粻（zhāng）：米粮。㊲式：用。遄（chuán）：加速。㊳番番（bō）：勇武貌。㊴徒：徒行之士兵。御：御车之士兵。啴啴（chǎn）：众盛貌。㊵周：遍。邦：指谢邑。㊶戎：你。㊷不（pī）：通"丕"，太。显：显赫。㊸元：大。㊹宪：法式，模范。㊺惠：和顺。㊻揉：即"柔"，安。㊼吉甫：尹吉甫，周宣王大臣。诵：同"颂"，颂赞之诗。㊽孔：很。硕：大。㊾风：曲调。肆好：极好。

【缵绎】

《毛诗序》："《崧高》，尹吉甫美宣王也。天下复平，能建国亲诸侯，褒赏申伯焉。"朱熹《诗集传》："宣王之舅申伯出封于谢，而尹吉甫作诗以送之。"后人多从之。吴闿生《诗义会通》："案《崧高》《烝民》二诗，微指略同。皆讥宣王疏远贤臣，不能引以自辅，语虽褒美，而意指具在言外，所以为微文深意。"笔者以为申伯就封于谢，用式南邦之诗。

诗八章，章八句。首章总赞申伯才德，乃周朝屏藩。次章周王派召伯去谢地相定申伯之宅。三章分述宣王对申伯、召伯及傅御之命。四章召伯建成谢邑及寝庙。五章申伯临别，周王赠言。六章宣王在郿地为申伯饯行。七章申伯启程盛况。末章述申伯荣归封地，不孚众望，点明此诗作意。"宣王中兴，北伐玁狁，西伐西戎，南伐淮荆，王又自将而伐徐，知南方之难靖也，故相其形势而益封申伯以谢邑，所以扼荆徐之吭也。北城朔方，南城谢，可谓识深虑远矣。吉甫前伐玁狁，知北方之患已除，所可虑者，南邦耳。驭之以术则虞诈愈生，威之以兵则叛服不常，此非覃敷文德，威惠并著，无以服其心也，故诗于此三致意焉。叠言王命、王锡、王遣、王饯，欲其上报天子恩也；又言周邦咸喜，欲其下慰万民之望也；南国是式、南土是保，告以安攘之大计，所谓其诗孔硕也；文武是宪、柔惠且直，告以怀远之良图，所谓其风肆好也。"（傅恒、孙嘉淦等《诗义折中》）"总之，则申伯之德足以承天子宠命之隆，故在赐之者非滥与，承之者非滥受，其作诗以送之者非溢美也。"（姚舜牧《重订诗经疑问》）

"此诗与下篇《烝民》，同为尹吉甫赠送之作。一送申伯，一送仲山甫，以二臣位相亚，名相符，才德又相配，故于二臣之行也，特赠诗以美之。……为宣王中兴增色。"（方玉润《诗经原始》）严粲《诗缉》："此诗每事申言之，写丁宁郑重之意，自是一体。"方玉润《诗经原始》："此诗用笔虽俊爽，而制局甚平，无足为异。唯发端严重庄凝，有泰山岩岩气象。中兴贤佐，天子懿亲，非此手笔不足以称题。"并谓首二句"起笔峥嵘，与岳势竞隆。后世杜甫呈献巨篇，专学此种。"

烝　民

　　天生烝民①，有物有则②。民之秉彝③，好是懿德④。天监有周⑤，昭假于下⑥。保兹天子⑦，生仲山甫⑧。

　　仲山甫之德，柔嘉维则⑨。令仪令色⑩，小心翼翼⑪。古训是式⑫，威仪是力⑬。天子是若⑭，明命使赋⑮。

　　王命仲山甫：式是百辟⑯！缵戎祖考⑰，王躬是保⑱。出纳王命⑲，王之喉舌⑳。赋政于外㉑，四方爰发㉒。

　　肃肃王命㉓，仲山甫将之㉔。邦国若否㉕，仲山甫明之。既明且哲，以保其身。夙夜匪解㉖，以事一人㉗。

　　人亦有言：柔则茹之㉘，刚则吐之。维仲山甫，柔亦不茹，刚亦不吐；不侮矜寡㉙，不畏强御㉚。

　　人亦有言：德輶如毛㉛，民鲜克举之㉜。我仪图之㉝，维仲山甫举之，爱莫助之。衮职有阙㉞，维仲山甫补之。

　　仲山甫出祖㉟，四牡业业㊱。征夫捷捷㊲，每怀靡及㊳。四牡彭彭㊴，八鸾锵锵㊵。王命仲山甫，城彼东方㊶。

　　四牡骙骙㊷，八鸾喈喈㊸。仲山甫徂齐㊹，式遄其归㊺。吉甫作诵㊻，穆如清风㊼。仲山甫永怀㊽，以慰其心。

【集释】

①烝：众。②物：事。则：法。③秉：执。彝：常。秉彝，常性。④懿：美。⑤监：观察。有：词头，无义。⑥昭：明。假：至。⑦保：佑。⑧仲山甫：

樊侯，为宣王卿士，字穆仲。⑨嘉：美。⑩令：善。仪：仪态。色：颜色。⑪翼翼：恭敬貌。⑫古训：先王遗典。式：用，效法。⑬威仪：礼仪。力：勉力。⑭若：顺。⑮明命：政令。赋：颁布。⑯式：法，典范。辟：君，此指诸侯。⑰缵（zuǎn）：继承。戎：你。⑱王躬：指周宣王。⑲出纳：指受命与传令。⑳喉舌：代言人。㉑赋政：颁布政令。外：京畿外。㉒爰：乃。发：发而应之，即执行。㉓肃肃：严肃。㉔将：行。㉕若：顺泰。否：不通，不顺。若否，犹否泰。㉖夙夜：早晚。匪：非。解（xiè）：通"懈"，怠惰。㉗事：侍奉。一人：指周宣王。㉘茹：纳。㉙矜：同鳏，老而无妻。寡：老而无夫。㉚强御：强悍，刚暴。㉛輶（yóu）：轻。㉜鲜：少。克：能。㉝仪图：揣度。㉞衮（gǔn）：绣龙王服。衮职：王职。阙：缺。㉟祖：祭路神。㊱业业：马高大貌。㊲捷捷：马行迅疾貌。㊳每怀靡及：常念事尚未做完。㊴彭彭：马不停蹄貌。㊵骖：銮铃。锵锵：铃声。㊶城：筑城。东方：指齐国。㊷骙骙（kuí）：马壮貌。㊸喈喈（jiē）：铃声。㊹徂：往。㊺式：用。指用这些马。遄（chuán）：速。㊻吉甫：尹吉甫，宣王大臣。㊼穆：和美。㊽永：长。怀：思。

【缵绎】

《毛诗序》："《烝民》，尹吉甫美宣王也，任贤使能，周室中兴焉。"朱熹《诗集传》："宣王命樊侯仲山甫筑城于齐，而尹吉甫作诗送之。"后人多从之。傅恒、孙嘉淦等《诗义折中》："尹吉甫讽宣王也。"笔者以为送仲山甫筑城于齐，怀柔东诸侯之诗。

诗八章，章八句。首章颂仲山甫应天运而生，秉有懿德，保周天子，总领全诗。二至六章极赞仲山甫德才与政绩：首言德行，遵从古训，得天子信赖；次言事业，为诸侯典范，乃天子代言；再言职守，洞悉国事，明哲忠贞，勤政报周；继言其德行，个性刚直，不畏强欺弱；转言其德，得中庸之道，而成补衮之臣。七、八两章转入正题，仲山甫奉王命赴东方督修齐城，尹吉甫临别作诗相赠。"诗本美仲山甫，故备举其德性、学行、事业，以及世系、官守，无不极意推美，而总归之于德，且准以则焉而不过，几于《中庸》至善学，故能使宣圣三复其言而叹美之。然则仲山甫贤，即作诗之伊吉甫亦可不谓之为贤乎？此诗内意也。然筑城于齐，不过寻常卿士任之足矣，何至以才全德备，补衮重臣远出而司其事？岂非以诸侯久无朝廷，今一旦以筑城请，不得不命天子保傅亲受其成。虽曰‘城彼东方’，实怀诸侯也。……但当云送仲山甫席城于齐，则《春秋》之义自见。”（方玉润《诗经原始》）“宣王初年，吉甫伐玁狁，南仲城朔方，方叔伐荆蛮，召虎伐淮徐兼城谢，赫然励精矣，后怠于政而勤远略，城彼东方，非事也。观其欲立鲁，戏也。仲山甫谏之而王不听也，及其料民太原也，仲山甫又谏之而又不听也，一旦辍其补衮之职，而使之徂齐，吉甫能不惓惓哉？‘衮职有阙’，‘式遄其归’情见乎词矣。”（傅恒、孙嘉淦等《诗义折中》）盖诗言外有讽宣王之意。全诗赋以叙事，说理领篇，中夹叙议，末重描写，兼以抒情，章法整饬，说理密精，又别是一体。姚际恒《诗经通论》评开头四句：“《三百篇》说理始此，盖在宣王之世矣。”后世“以理为诗”当溯源于此。方玉润《诗经原始》亦云：“深源星宿，不独理精，词亦粹然。虽宣圣亦不能不为之心折。此《三百篇》说理第一义也。”

韩 奕

奕奕梁山①，维禹甸之②，有倬其道③。韩侯受命④，王亲命之⑤：“缵戎祖考⑥！无废朕命⑦，夙夜匪解⑧，虔共尔位⑨，朕命不易⑩。榦不庭方⑪，以佐戎辟。”⑫

四牡奕奕⑬，孔修且张⑭。韩侯入觐⑮，以其介圭⑯，入觐于王。王锡韩侯⑰，淑旂绥章⑱，簟茀错衡⑲，玄衮赤舄⑳，钩膺镂钖㉑。鞹鞃浅幭㉒，鞗革金厄㉓。

韩侯出祖㉔，出宿于屠㉕。显父饯之㉖，清酒百壶。其殽维何㉗？炰鳖鲜鱼㉘。其蔌维何㉙？维笋及蒲㉚。其赠维何？乘马路车㉛。笾豆有且㉜，侯氏燕胥㉝。

韩侯取妻㉞，汾王之甥㉟，蹶父之子㊱。韩侯迎止㊲，于蹶之里。百两彭彭㊳，八鸾锵锵㊴，不显其光㊵。诸娣从之㊶，祁祁如云㊷。韩侯顾之㊸，烂其盈门㊹。

蹶父孔武㊺，靡国不到㊻。为韩姞相攸㊼，莫如韩乐。孔乐韩土，川泽訏訏㊽。鲂鱮甫甫㊾，麀鹿噳噳㊿。有熊有罴，有猫有虎。庆既令居(51)，韩姞燕誉(52)。

溥彼韩城(53)，燕师所完(54)。以先祖受命(55)，因时百蛮(56)。王锡韩侯，其追其貊(57)，奄受北国(58)，因以其伯(59)。实墉实壑(60)，实亩实藉(61)。献其貔皮(62)，赤豹黄罴。

【集释】

①奕奕：高大貌。梁山：在今河北省固安县附近。②维：发语词。甸：治。传说大禹治水开辟九州。③倬（zhuō）：大。④韩侯：姬姓，周王近宗贵族，诸侯国韩国国君。周朝封建韩国有二，始封君皆周武王子。一在今陕西韩城县南，世袭至春秋时并入晋。一在今河北固安县东北，与燕国接近，即本诗之燕国。受命：接受册命。周制，封建诸侯爵位有等，其国城、土地、兵力因之有差别。⑤王：周宣王。⑥缵：继承。戎：你。祖考：先祖。⑦朕：周宣王自称。⑧夙夜：早晚。匪解：非懈。解，通"懈"。⑨虔共（gōng）：敬诚奉行。共，奉行。⑩不易：不轻易给。⑪榦：同"幹"，正。正通征，征伐。一说同"干"，纠正。不庭：不来朝觐。方：方国。周制，方国诸侯应定期朝觐天子纳贡，不来朝觐，称为不庭，即视为对周王不忠，应予讨伐。⑫辟：君位。⑬牡：公马。奕奕：从容迅捷貌。⑭孔：很。修：长。张：大。⑮入觐（jìn）：入朝朝见天子。⑯介圭：大圭，玉制礼器。天子圭一尺二寸，诸侯圭九寸以下。周礼，王册封诸侯赐介圭作为镇国宝器，诸侯入觐时须手执介圭作觐礼之赘信。⑰锡：同"赐"，赏赐。⑱淑：美。旂：绘有蛟龙之旗。绥章：指旗杆头饰有染色羽毛，以示表彰。⑲簟茀（diàn fú）：竹编车篷。错衡：饰有交错花纹之车前横木。⑳玄衮：黑色龙袍，周朝王公礼服。赤舄（xì）：红鞋。㉑钩膺：套马颈腹带饰。镂：刻。钖（yáng）：马额上金属饰品。㉒鞹（kuò）：去毛兽皮。鞃（hóng）：车轼横木上所饰兽皮。浅：浅毛虎皮。幭（miè）：覆盖。㉓鞗（tiáo）革：马辔头厄：通"軛"。㉔出祖：出行前祭路神。㉕屠：地名，今陕西西安东之杜陵。㉖显父：周宣王卿士。父，对男子美称。㉗穀：荤菜。㉘炰（páo）：烹煮。㉙蔌：蔬。㉚笋：笋。㉛乘（shèng）马：一乘车四匹马。路车：辂车，贵族用大车。㉜笾（biān）：盛干果竹器。豆：盛食物器。且（jū）：多貌。㉝侯氏：指韩侯。燕胥：安乐。㉞取：同"娶"。㉟汾王：即厉王。厉王流于彘，彘在汾水之上，故时人因以号之。㊱蹶父：周宣王卿士，姞姓，以封地蹶为氏。㊲迎：迎亲。止，语助词。㊳百两：百辆。彭彭：盛多貌。㊴鸾：通"銮"，挂马镳上铃铛，每车四马八銮。锵锵：铃声。㊵不（pī）：通"丕"，大。丕显，非常显耀。㊶诸娣从之：娣，女弟，即妹。周代婚制，诸侯嫡长女出嫁，诸妹诸侄随

从出嫁为媵妾。㊷祁祁：盛多貌。㊸顾：曲顾。古贵族到女家亲迎，有三次回顾之礼。㊹烂：光彩明耀。㊺孔武：很威武。孔，甚。㊻靡：没有。㊼韩姞（jí）：即蹶父之女，姞姓，嫁韩侯为妻，故称韩姞。相：看。攸：住所。㊽訏訏（xū）：广大貌。㊾鲂鱮：两种鱼名，今名鳊、鲢。甫甫：大貌。(50)麀（yōu）：母鹿。鹿：指公鹿。噳噳（yǔ）：鹿多群聚貌。(51)既：取得。令居：好住所。(52)燕：安。誉：通“豫”，乐。(53)溥（pǔ）：广大。韩城：韩国都城。(54)燕师：燕国人众。周制，各侯国都城建筑面积、城垣高度及其常备军人数，据爵而定。韩侯受命为北方伯，故扩建韩城。韩城与燕国相近，故从燕国征发人众筑城。燕国，姬姓诸侯，召公奭长子始封，在今北京市大兴县北。(55)以：因。先祖：指韩国祖先。受命：指受周王册封为诸侯。(56)因：依靠。时：犹“司”，掌管、统辖。百蛮：古时对异族土著部落统称蛮、夷，百是概数，言其多。(57)追、貊（mò）：北狄国名。(58)奄：包括。(59)以：为。伯：长。一方诸侯之长称方伯。(60)实：是。墉：城。壑：城壕。(61)亩：划分田亩。籍：征收赋税。(62)貔（pí）：狸类，亦名白狐。

【缵绎】

《毛诗序》：“《韩奕》，尹吉甫美宣王也，能赐命诸侯。”朱熹《诗集传》：“韩侯初立，来朝始受王命而归，诗人作此以送之。”傅恒、孙嘉淦等《诗义折中》：“韩侯受命为伯也。”方玉润《诗经原始》：“送韩侯入觐归娶，为国北卫也。”程俊英《诗经译注》：美韩侯也。笔者以为韩侯入觐受赐为国北卫之诗。

诗六章，章十二句。首章韩侯来朝受命。二章韩侯觐见，周王赏赐。三章韩侯离京时朝廷卿士饯行盛况。四章韩侯迎亲。五章韩国土地富庶，蹶父择婿韩侯，以韩姞满意作结。六章韩侯归国，为北方诸侯方伯，建韩城，施行政，治百国，为王朝屏障，并贡献朝廷，与首章册命遥相呼应。“王者赐命侯伯，非徒宠荣之，盖实有其职焉。观其赐命之词，训之以缵祖考、共尔位、榦不庭，而韩侯果能受北国、勤民事、修职贡，则圣主贤臣经营天下之规模可想见矣。至于叙赐予及于钩锡幭厄，所以昭恩且明礼也；言饯燕及于鱼鳖笋蒲，所以数典且示俭也；言乐土，详其鱼鹿熊虎，固以章物产，抑以见佃渔之利，可佐民之衣食也；叙职贡，指其罴豹貔皮，固以明忠敬，抑以见贡献方物，各呈其土之所有也。至于首言梁山禹甸，而中及于韩侯之娶妻，有以也。自古勤民事者莫如禹，而善齐家者莫如文王，则壤成赋固历代所不易，而刑于寡妻，则有周世守之家法也。韩侯之墉壑亩籍尽水土之功，固以缵禹之服，而亲迎燕誉，有《关雎》之风，实以秉文之德也，虽直叙其事，而其道有大焉者矣。孔子赞《易》曰：'其旨远，其辞文'，《韩奕》有焉。"（傅恒、孙嘉淦等《诗义折中》）"宣王封申伯，所以怀南方之诸侯也；命樊侯城齐，所以怀东方之诸侯也；赐命韩侯，所以怀北方之诸侯也。"（王鸿绪等《诗经传说汇纂》引黄震语）全诗波澜迭兴，张弛相映，前后勾连，首尾呼应，无割裂枝蔓之累。吴闿生《诗义会通》："雄峻奇伟，高华典丽，兼而有之，在三百篇中，亦为杰出之作。"

江　汉

江汉浮浮①，武夫滔滔②。匪安匪游③，淮夷来求④。既出我车，既设我旟⑤。匪安匪舒，淮夷来铺⑥。

江汉汤汤⑦，武夫洸洸⑧。经营四方⑨，告成于王。四方既平，王国庶定⑩。时靡有争，王心载宁⑪。

江汉之浒⑫，王命召虎⑬：式辟四方⑭，彻我疆土⑮。匪疚匪棘⑯，王国来极⑰。于疆于理⑱，至于南海⑲。

王命召虎：来旬来宣⑳。文武受命㉑，召公维翰㉒。无曰予小子㉓，召公是似㉔。肇敏戎公㉕，用锡尔祉㉖！

厘尔圭瓒㉗，秬鬯一卣㉘，告于文人㉙。锡山土田㉚，于周受命㉛，自召祖命㉜。虎拜稽首㉝：天子万年！

虎拜稽首，对扬王休㉞。作召公考㉟，天子万寿！明明天子㊱，令闻不已㊲，矢其文德㊳，洽此四国㊴。

【集释】

①江：长江。汉：汉水。浮浮：水盛貌。②滔滔：顺流貌。③匪：同"非"。④淮夷：时居淮水南岸及近海夷族。来：语助词，是。求：诛求，讨伐。⑤设：树。旟（yú）：画鸟隼之旗。⑥铺：陈。⑦汤汤（shāng）：水大貌。⑧洸洸（guāng）：威武貌。⑨经营：征伐。⑩庶：庶几。⑪载：则。⑫浒（hǔ）：水

边。⑬召虎：名虎，谥召穆公。⑭式：发语词。辟：开辟。⑮彻：治。⑯疚(jiù)：病。棘："急"假借。⑰极：准则。⑱于：往。疆：划分边界。理：治理土地。⑲南海：泛指南方近海蛮族所居之地。⑳旬：通"徇"，当众宣布。㉑文武：文王和武王。㉒召(shào)公：召公奭，文王之子，封于召。为召伯虎太祖，谥康公。维：是。翰：桢干。㉓无曰：不要说。予小子：宣王自称。㉔似："嗣"假借，继承。㉕肇：创建。敏：速。戎：大。公：通"功"，事。㉖用：以。锡：赐。祉(zhǐ)：福禄。㉗厘：通"赉"，赏赐。圭瓒(zàn)：玉柄酒勺。㉘秬(jù)：黑黍。鬯(chàng)：郁金草。秬鬯，用秬(黑黍)和鬯酿香酒。卣(yǒu)：带柄酒壶。㉙文人：指召虎祖先有文德者。㉚锡：赐。㉛周：岐周，周人发祥地。受命：接受册封。㉜自：用。召祖：召氏之祖，指召康公。㉝稽(qǐ)首：古时礼节，跪下拱手磕头，手、头都触地。㉞对：报答。扬：颂扬。休：美，此指美好赏赐册命。㉟考：成。言穆公既受赐，遂答称天子之美命，作康公之庙器，而勒王策命之词以考其成，且祝天子以反寿也。㊱明明：勉勉。㊲令闻：好声誉。㊳矢：陈。㊴洽：协和。

【缵绎】

《毛诗序》："《江汉》，尹吉甫美宣王也。能兴衰拨乱，命召公平淮夷。"朱熹《诗集传》："宣王命召穆公平淮南之夷，诗人美之。"季本《诗说解颐》："召虎作此诗以答天子之休命也。"方玉润《诗经原始》："召穆公平淮铭器也。"笔者以为此召穆公平淮功成，纪勋铭器之诗。

诗六章，章八句。首章召公受命，誓师出征，驻于江汉，讨伐淮夷。二章淮夷患除，四方平定，王心大安。三四章善后安民，表彰召伯虎，并勉其再建大功。五六章宣王隆赏及召伯虎感戴之情，以"矢其文德，洽此四国"作结。诗纪武功，而劝君以文德，箴规之意甚深。"此似一篇召伯家庙纪勋铭。盖穆公平淮夷，归受上赏，因作成于祖庙，归美康公，以祀其先也。细观诗意自见。首二章叙平淮之功甚略，后二章述庆赏报塞之义极详。反复祝颂，郑重赓飏，歌咏不已，则其归重后层可知。中兴复旧典，旬宣远猷，皆设为王命之词，以便归功祖德，亦无非为后半作势。岂非庙器铭哉？"（方玉润《诗经原始》）"周兴西北，岐丰去江汉最远，故淮夷难服。从化则后，倡乱则先，周人经理淮夷用力最多。成王初年，淮夷同三监以叛，其后又同奄国以叛，伯禽就封，又同徐戎以叛。宣王一命吉甫北方旋定，继命方叔伐蛮荆，后命召公平淮南之夷，又命皇父平淮北之夷，盖南方之役至再至三。淮夷未定，则一方倡乱，天下皆危，故至淮夷平，然后四方定，此《江汉》《常武》所以为宣王之终事，而系之于宣王大雅之末也。"（严粲《诗缉》）全诗意深笔曲，极典则古雅，亦极生动。吴闿生《诗义会通》："以美武功为主，而无一字铺张威烈。后半专叙王命及召公对扬之词。雍容揄扬，令人意远。"

常 武

赫赫明明①，王命卿士②，南仲大祖③，大师皇父④：整我六师⑤，以修我戎⑥；既敬既戒⑦，惠此南国⑧。

王谓尹氏⑨，命程伯休父⑩：左右陈行⑪，戒我师旅⑫。率彼淮浦⑬，省此徐土⑭。不留不处⑮，三事就绪⑯。

赫赫业业⑰，有严天子⑱。王舒保作⑲，匪绍匪游⑳。徐方绎骚㉑，震惊徐方。如雷如霆，徐方震惊。

王奋厥武㉒，如震如怒。进厥虎臣㉓，阚如虓虎㉔。铺敦淮濆㉕，仍执丑虏㉖。截彼淮浦㉗，王师之所㉘。

王旅啴啴㉙，如飞如翰㉚。如江如汉，如山之苞㉛，如川之流，绵绵翼翼㉜。不测不克㉝，濯征徐国㉞。

王犹允塞㉟，徐方既来。徐方既同㊱，天子之功。四方既平，徐方来庭㊲。徐方不回㊳，王曰还归。

【集释】

①赫赫：显耀盛大貌。明明：明智昭察貌。②卿士：周朝执政大臣。③南仲：人名，宣王主事大臣。大祖：指太祖庙。④大师：职掌军政大臣。皇父：人名，周宣王太师。⑤整：治。六师：六军。周制，王建六军。一军一万二千五百人。⑥戎：兵器。⑦敬：通"儆"，警戒。⑧惠：施恩。南国：南方诸国。⑨尹氏：掌卿士之官。⑩程伯休父：人名，宣王时大司马。⑪陈行：列队。⑫戒：告诫。⑬率：循。淮浦：淮水边。⑭省：察视。徐土：指徐国，故址在今安徽泗县。⑮不：语助词。处：居。⑯三事：三卿，指军中三事大夫。绪：

业。就绪，指各安各业。⑰业业：举止有威仪貌。⑱有严：严严，神圣貌。⑲舒：舒徐。保：安。作：起。保作，安行。⑳绍：缓。㉑绎：络绎。骚：骚动。㉑奋：奋发。厥：其。㉒虎臣：古战争中冲锋兵，犹后世敢死队。㉓阚（hǎn）如：阚然，虎怒貌。虓（xiāo）：亦作哮，虎啸。㉔铺：布阵。敦：屯聚。濆（fén）：高岸。㉕仍：就。丑虏：对敌军蔑称。㉖截：断绝。㉗所：处。㉘啴啴（tān）：人多势众貌。㉙翰：疾。㉚苞：固。㉛绵绵：不绝貌。翼翼：不单貌。㉜不测：不可测度。不克：不可胜过。㉝濯：洗。㉞犹：通"猷"，谋略。允：诚。塞：实，指谋略不落空。㉟同：一致、一统。㊱来庭：来朝。㊲回：违抗。

【缵绎】

《毛诗序》："《常武》，召穆公美宣王也。有常德以立武事，因以为戒然。"朱熹《诗集传》："宣王自将以伐淮北之夷，而命卿士之谓南仲为大祖兼大师而字皇父者，整治其从行之六军，修其戎事，以除淮夷之乱，而惠此南方之国。诗人作此以美之。"李光地《诗所》："宣王亲征徐国成功而归，诗人美之。"笔者以为美宣王自将伐徐，惠此南国之诗。

诗六章，章八句。首二章宣王临事而惧，命将备战；其的朗然，语极简括，足见宣王胸有成竹，指挥若定。三章天子亲征，沉稳从容，战士行军，不紧不慢，胜券在握。而徐方骚动震恐，仓皇失措。四章王师进击徐夷，如天怒雷震，猛虎怒吼，深入徐淮，俘获叛军，扎营于此。五章王师声威，极尽笔墨，"如飞如翰，疾也；如江如汉，众也；如山，不可动也；如川，不可御也。绵绵，不可绝也；翼翼，不可乱也。不测，不可知也；不克，不可胜也。"（朱熹《诗集传》）"此诗作于成功后，专美天子自将，故曰王命、曰王武、曰王旅、曰王犹，以明王道之服远，原不在于兵威，无非归功天子而已。"（钱天锡《诗牖》）六章王师凯旋，归功天子。"徐方"二字交替使用，姚际恒《诗经通论》："八句'徐方'二字一上一下，绝奇之调。"方玉润《诗经原始》："'徐方'二字回环互用，奇绝快绝！杜甫'即从巴峡穿巫峡，便下襄阳向洛阳'之句，有此神理。"（按：诗无"常武"，而以之名篇，古来聚讼纷纭。孔颖达《毛诗注疏》："经无'常武'之字，美其有常德以立此武功征伐之事，故名为《常武》。"王质《诗总闻》："自南仲以来，累世著武，故曰常武。"朱熹《诗序辨说》："有常德以立武则可,以武为常则不可。"朱公迁《诗经疏义会通》:"中兴之功,非威武不能致,宣王所以中兴者,此诗可见矣。"李樗《毛诗集解》:"常者,有常德也;武者,立武事也。常德者本也,立武者末也。能尽其本,则其心在于爱民,有爱民之心,则见于征伐无非爱民也。"方玉润《诗经原始》:"武王克商,乐曰《大武》,宣王中兴,诗曰《常武》,盖诗即乐也。此名'常武'者,其宣王之乐与?殆将以示后世子孙,不可以武为常,而又不可暂忘武备,必如宣王之武而后为武之常。"《常武》固是宣王之乐。《大武》之"大",《常武》之"常",盖名殊而义同,即以大德、常德为立武之本,则武斯为大,为常也。为大为常,斯可以不武而武矣。)

瞻卬

瞻卬昊天①,则不我惠②。孔填不宁③,降此大厉④。邦靡有定,士民其瘵⑤。蟊贼蟊疾⑥,靡有夷届⑦。罪罟不收⑧,靡有夷瘳⑨。

人有土田,女反有之⑩。人有民人,女覆夺之⑪。此宜无罪,女反收之⑫。彼宜有罪,女覆说之⑬。

哲夫成城⑭,哲妇倾城。懿厥哲妇⑮,为枭为鸱⑯。妇有长舌,维厉之阶⑰。乱匪降自天,生自妇人。匪教匪诲⑱,时维妇寺⑲。

鞫人忮忒⑳,谮始竟背㉑。岂曰不极㉒?伊胡为慝㉓?如贾三倍㉔,君子是识㉕。妇无公事㉖,休其蚕织。

天何以刺㉗?何神不富㉘?舍尔介狄㉙,维予胥忌㉚。不吊不祥㉛,威仪不类㉜。人之云亡㉝,邦国殄瘁㉞。

天之降罔㉟,维其优矣㊱。人之云亡,心之忧矣!天之降罔,维其几矣㊲。人之云亡,心之悲矣!

觱沸槛泉㊳,维其深矣。心之忧矣,宁自今矣㊴?不自我先,不自我后。藐藐昊天㊵,无不克巩㊶。无忝皇祖㊷,式救尔后㊸!

【集释】

①卬(yǎng):通"仰"。②惠:爱。③填(chén):通"尘",长久。④厉:祸患。⑤士民:士人与平民。瘵(zhài):病。⑥蟊(máo)贼:害苗虫。

疾：害。⑦夷：平。届：极。⑧罟（gǔ）：网。罪罟，刑罪之法网。⑨瘳（chōu）：病愈。⑩女：同"汝"。有：取。⑪覆：反。⑫收：拘捕。⑬说（tuō）：通"脱"，开脱。⑭哲：智。城：国。成城：立国。⑮懿：通"噫"，叹词。⑯枭（xiāo）：传说长大后食母之恶鸟。鸱（chī）：恶声之鸟，即猫头鹰。⑰阶：阶梯，有根源义。⑱匪：不可。教诲：教导。⑲时：犹"是"。维：犹"为"。寺（shì）：通"侍"，指近侍。⑳鞫（jū）：穷尽。忮（zhì）：害。忒（tè）：变。㉑谮（zèn）：进谗言。竟：终。背：违背。㉒极：狠。㉓伊：语助词。慝（tè）：恶，错。㉔贾（gǔ）：商人。三倍：指得三倍利润。㉕君子：指在朝执政者。识（zhí）：通"职"。㉖公事：政事。㉗刺：指责，责备。㉘富：借为"福"。二句谓：王之为政既无过恶，天何以责王见变异乎？神何以不福王而有灾害也？㉙介：大。㉚胥（xū）：相。忌：怨恨。㉛吊：慰问，抚恤。不祥：指天灾人祸。㉜类：善。㉝云：语助词。亡：逃亡。㉞殄（tiǎn）瘁：困病。㉟罔：同"网"。降网，下网，加罪之意。㊱优：厚。㊲几（jī）：近。㊳觱（bì）沸：泉水上涌貌。槛："滥"假借，泛滥。㊴宁：难道。㊵藐藐：高远貌。㊶巩：巩固、约束。㊷忝（tiǎn）：辱。㊸式：用。

【缵绎】

《毛诗序》："《瞻卬》，凡伯刺幽王大坏也。"朱熹《诗集传》："此刺幽王嬖褒姒任奄人以致乱之诗。"方玉润《诗经原始》："刺幽王嬖褒姒以致乱也。"作者谓谁，迄无定论，诗旨古今无甚异议，惟阉人虚对，笔者以为刺幽王嬖褒姒以致乱之诗。

诗七章，一二七章章十句，三至六章章八句。首章总言祸乱。天降灾祸，时局艰困，国运危殆，生灵涂炭。二章承首章"蟊贼""罪罟"，写政刑颠倒之状。三章言女宠乃致祸之由。四章褒姒无中生有，干预朝政，祸国殃民。五章幽王听信褒姒谗言，不虑国政，忌恨贤臣，任用小人，骄侈怠惰，致人亡国瘁。六章哀贤人之亡，忧时忧国，言辞剀切。末章自伤生逢乱世，望幽王改悔，补救于后。"诗中虽并言妇寺，当以嬖褒姒为主，盖女谒盛故寺人亲，妇寺近则正人疏，此定势也。故诗人忧人之云亡，亦欲其用正人以承克巩之天而已。"（钱天锡《诗牗》）"《瞻卬》曰'无忝皇祖，式救尔后'，《召旻》曰'维今之人，不尚有旧'，变雅终而汲汲乎天人治乱之思，是救之之道也。"（邓元锡《诗绎》）诗"有取于'瞻卬'者，以其知救乱之道也。世之治乱，人为之，实天（按：天指王）主之。天心一回，靡乱不治。回天之道，在于法祖。法祖之道无他，改其忝祖者而已矣。文武之政布在方策，去闲远色，贱货而贵德，所以劝贤也，今皆反之，所谓忝也。但能改过，取其忝尔祖者而无之，去虢石父之闲，远褒姒之色，贱皇父之好货，而贵周、召二公之德，则往不可谏，来犹可追，'式救尔后'无难也。"（傅恒、孙嘉淦等《诗义折中》）全诗反问、感叹、排比、比喻交错，反复重言，长吁短叹，忧心忡忡，催人泪下。

召 旻

旻天疾威①，天笃降丧②。瘨我饥馑③，民卒流亡④。我居圉卒荒⑤。
天降罪罟⑥，蟊贼内讧⑦，昏椓靡共⑧，溃溃回遹⑨，实靖夷我邦⑩。
皋皋訿訿⑪，曾不知其玷⑫。兢兢业业，孔填不宁⑬，我位孔贬⑭。
如彼岁旱，草不溃茂⑮，如彼栖苴⑯。我相此邦⑰，无不溃止⑱。
维昔之富不如时⑲，维今之疚不如兹⑳。彼疏斯粺㉑，胡不自替㉒，职兄斯引㉓？
池之竭矣，不云自频㉔？泉之竭矣，不云自中？溥斯害矣㉕，职兄斯弘㉖，不烖我躬㉗。
昔先王受命㉘，有如召公㉙，日辟国百里㉚，今也日蹙国百里㉛。於乎哀哉㉜！维今之人，不尚有旧㉝！

【集释】

①旻（mín）天：秋天。此泛指天。疾威：暴虐。②笃：厚，重。③瘨（diān）：灾害。④卒：尽。⑤居：国中。圉（yǔ）：边境。荒：荒废。⑥罪罟（gǔ）：罪网。⑦内讧：内部斗争。⑧昏椓（zhuó）：昏，乱；椓，通"诼"，谗毁。靡共：不供职。共，通"供"。⑨溃溃：昏乱。回遹（yù）：邪僻。⑩靖夷：想毁灭。靖，图谋；夷，平。⑪皋皋：欺诳。訿訿（zǐ）：谗毁。⑫玷：玉上斑点。此指人之污点。⑬填（chén）：长久。⑭贬：低。⑮溃茂：散乱丰茂。溃，散乱。⑯苴（chá）：枯草。⑰相：察看。⑱溃：崩溃。止：语气词。⑲时：是，指今时。⑳疚：贫病。㉑疏：穄，高粱。粺（bài）：精米。㉒替：废，退。

㉓职：主。兄（kuàng）："况"假借。斯：语助词。引：延长。㉔频（bīn）：滨。㉕溥（pǔ）：同"普"，普遍。㉖弘：大。㉗裁（zāi）：同"灾"。㉘先王：指武王、成王。㉙召（shào）公：周武王、成王时大臣召康公，亦称召公奭。㉚辟：开辟。㉛蹙（cù）：缩小。㉜於（wū）乎：同"呜呼"。㉝尚：还。旧：指先朝旧臣。

【缵绎】

《毛诗序》："《召旻》，凡伯刺幽王大坏也。旻，悯也，悯天下无如召公之臣也。"朱熹《诗集传》："此刺幽王任用小人，以致饥馑侵削之诗也。"方玉润《诗经原始》："刺幽王政由内乱也。"笔者以为刺幽王任奸邪以致丧乱之诗。

诗七章，章五句。首章借责天以斥天子昏庸暴虐，百姓受饥馑荼毒，流离失所。二章奸邪内讧，钩心斗角，败坏朝纲，社稷将毁。三章小人皋皋訿訿，君子兢兢业业，然自伤职低位微，无力止邪。四章岁旱草枯，大势难挽，痛陈国家必遭灭亡。五章对比今昔，奸人得位，不肯让贤。六章以池泉之竭比兴，告诫幽王迷途知返，否则积重难返，国家终将覆亡。末章追念前代功臣，寄望贤才匡正幽王之失，力挽狂澜。"《瞻卬》之诗，望其改过而'无忝皇祖'；《召旻》之诗，望其改图而擢用旧人，犹《匪风》《下泉》之意也。"（傅恒、孙嘉淦等《诗义折中》）方玉润《诗经原始》：诗中"长句甚兀臬，篇中多以此见姿态，然在《大雅》中实为变调。文章风会，日趋愈下。"陈子展《诗经直解》引孙鑛语："音调凄恻，语皆自哀苦中出，匆匆若不经意，而自有一种奇峭，与他篇风格又别。淡烟古树入画固妙，却正于触处收得，正不必具全景。"（按：诗以《召旻》名篇，后世解者不一。孔颖达《毛诗注疏》："首章、卒章虽有'召旻'之字，而其文不次，作者错综以名篇也。"朱熹《诗集传》："因其首章称'旻天'，卒章称'召公'，故谓之《召旻》，以别《小旻》也。"刘瑾《诗传通释》："此诗居变雅之终，而第七章又居此诗之终，慨然有怀文武召公之盛，以见乱极思治之理，其亦犹《下泉》之终变风欤？"方玉润《诗经原始》："陈氏傅良曰：'《周南》系于周公，《召南》系于召公，岂非化之盛者必有待乎二公也？至于《风》之终系以《豳》，《雅》之终系以《召旻》，岂非化之衰者必有思乎二公耶？'作者虽未必其如是，而编《诗》者岂无意于其间哉？"诸说以后说为佳，故从之。）

【荡之什小结】

《荡之什》十一篇。《荡》，召穆公伤周室大坏。《抑》，卫武公自儆。《桑柔》，芮伯哀厉王。《云汉》，宣王禳旱。《崧高》，申伯用式南邦。《烝民》，仲山甫怀柔东诸侯。《韩奕》，韩侯为国北卫。《江汉》，召穆公平淮纪勋。《常武》，美宣王自将伐徐。《瞻卬》，刺幽王嬖褒姒以致乱。《召旻》，刺幽王任奸邪以致丧乱。"廖氏刚曰：《荡》之诗，言伤周室大坏，《瞻卬》《召旻》言刺幽王大坏者，《荡》主言天下无纲纪文章，故称周室而伤之；《瞻卬》《召旻》主言蟊贼其民，故主幽王而刺之。"（王鸿绪等《诗经传说汇纂》）盖是什首刺厉王而尾刺幽王，余皆宣王中兴诗。由乱而治，由治而乱，其迹昭然。治在敬天法祖而得人善任，乱在亲闲贵色，故寄意周召文武之道者，其意尤深。"维今之人，不尚有旧"，是所叹焉！

颂

"《大序》曰：'《颂》者，美盛德之形容，以其成功告于神明者也。'孔氏曰：'此特释《周颂》耳；鲁、商之《颂》则异于是。《商颂》虽是祭祀之歌，祭其先王之庙，述其生时之功，正是死后颂功，非以成功告神，其体异于《周颂》也。《鲁颂》主僖公功德，又与《商颂》异也。'又曰：'《鲁颂》之文尤类小雅；比于《商颂》，体制又异。'苏氏曰：'商、周二《颂》皆用以告神明，而《鲁颂》乃用以为善祷。后世文人献颂，特效鲁耳，非商、周之旧也。'按孔、苏二氏说周、鲁、商《颂》之异，可谓明了矣。"（姚际恒《诗经通论》）章潢《诗经原体》曰："《颂》有《颂》之体，其辞则简，其义味则隽永而不尽也。"又曰："宗庙朝廷均有《颂》也，大约主于祭祀而交神明，《颂》之道也。敷扬先王之盛德成功，固不如《雅》诗之详尽。然……寓悚动儆惕之意于登歌祝颂之间，使在朝廷、朝庙之人莫不精白一心，以对越祖考，洋洋乎如在其上，如在其左右焉。则先人之盛德成功，固已洋溢于升歌之表，而人神欢洽，幽明贯通，此颂之所以为颂也。""《礼记·乐记》曰：'《清庙》之瑟，朱弦而疏越，一唱而三叹，有遗音者矣。'此真善言《颂》音也。又曰，'廉直、劲正、庄诚之音作，而民肃敬；宽裕、肉好、顺成和动之音作，而民慈爱。'又曰，'宽而静、柔而动者，宜歌《颂》；广大而静，疏达而信者，宜歌《大雅》。'此又善辨乎《雅》《颂》之音也。大约《雅》音宏而肆，《颂》音沉而柔。"（方玉润《诗经原始》）举上数语，参而读之，则可以识《颂》之体与《颂》之义也。

《颂》四十篇。《周颂》三十一篇，《鲁颂》四篇，《商颂》五篇。

周　颂

　　"《周颂》皆有所施于礼乐，盖因礼而作颂，非如《风》《雅》之诗，有徒作而不用者也。文、武之世，天下未平，礼乐未备，则颂有所未暇，至周公、成王，天下既平，制礼作乐而为诗以歌之，于是《颂》声始作。然其篇第之先后则不可究矣，考之以其时则不伦，求之以其事则不类，意者亦以其声相从乎？"（苏辙《诗集传》）

　　"子曰：武王、周公，其达孝矣乎！夫孝者，善继人之志，善述人之事者也。""子曰：文、武之政，布在方策。其人存，则其政举；其人亡，则其政息。人道敏政，地道敏树。夫政也者，蒲卢也。故为政在人，取人以身，修身以道，修道以仁。仁者人也，亲亲为大；义者宜也，尊贤为大。亲亲之杀，尊贤之等，礼所生也。在下位不获乎上，民不可得而治矣！故君子不可以不修身；思修身，不可以不事亲；思事亲，不可以不知人；思知人，不可以不知天。"（《中庸》）《周颂》以祀文王始，以祀武王终，而寓周公之志，参《中庸》而读之，可以明文武之道，知周颂之何为作也。

　　"《周颂》三十一篇，多周公所定，而亦或有康王以后之诗。"（朱熹《诗集传》）兹依朱子分清庙之什十篇、臣工之什十篇、闵予小子之什十一篇。

周颂·清庙之什

清 庙

於穆清庙①，肃雍显相②。济济多士③，秉文之德④。对越在天⑤，骏奔走在庙⑥。不显不承⑦，无射于人斯⑧！

【集释】

①於（wū）：赞叹词。穆：庄严深远。清庙：郑玄《毛诗传笺》："祭有清明之德者之宫也，谓祭文王也。天德清明，文王象焉，故祭之而歌此诗也。庙之言貌也，死者精神不可得而见，但以生时之居，立宫室象貌为之耳。"张耒曰："治人之道尚明，故施政之堂曰明堂；事神之道尚洁，故文王之庙曰清庙。"兹从郑说。或释清为静，则非。②肃：庄敬。雍（yōng）：和顺。显：明，高贵显赫。相：助，指助祭公卿诸侯。③济济：整齐貌。多士：众士，指参祭者。④秉：怀。文：周文王。⑤对：答。越：于。对越：对扬，对答。在天：指周文王在天之灵。⑥骏：大而疾。⑦不（pī）：通"丕"，大。显：光明。承：尊奉。⑧无射（yì）：不厌。射，借为"斁"，厌弃。斯：语气词。

【缵绎】

《毛诗序》："《清庙》，祀文王也。周公既成洛邑，朝诸侯，率以祀文王也。"郑玄《毛诗传笺》："清庙者，祭有清明之德者之庙也，谓祭文王也。天德清明，文王象焉，故祭之而歌此诗。"朱郁仪《诗故》："成王营洛而作《清庙》，以祀文武，此其始奏之乐也。"王先谦《诗三家义集疏》引鲁诗："周公咏文王之德而作《清庙》。"李光地《诗所》："此方祭（文王）之诗。"高亨《诗经今注》：周王祭祀宗庙祖先之乐歌。笔者以为方祭文王之诗。

诗一章八句，无韵。此方祭文王时也。在庙中者辟公多士，皆能肃敬雍和，怀文王之德。"故对越其在天之神，如见文王焉。骏奔走其在庙之主，如事文王焉。非文王之德光显于无穷，而继承于不替，安能无斁于人心如此乎？"（李光地《诗所》）"胡氏一桂曰：'此诗只第一句说文王之庙，余皆就祀文王者身上说。虽非尝明颂文王之德，自有隐然见于辞意之表者。何则？文王往矣，今助祭之公侯执事之人所对越者，已不见其有显然之迹；所奔走者，亦不见其有可承之实。而人心之敬恭严事者无厌射乃如此。于此可以见盛德至善，沦肌浃髓，没世自有不能忘者矣。'愚谓此正善于形容文王之德也。使从正面描写，虽千言万语，何能穷尽？文章虚实之妙，不于此可悟哉？"（方玉润《诗经原始》）"潘氏时举曰：'文王之德不可名言，凡一时在位之人，所以能敬且和，与执行文王之德者，即文王盛德之所在也。必于其不可容言之中，而见其不可掩之实，则诗人之意得矣。'"（王鸿绪等《诗经传说汇纂》）

维天之命

维天之命①，於穆不已②。於乎不显③，文王之德之纯④！假以溢我⑤，我其收之⑥。骏惠我文王⑦，曾孙笃之⑧。

【集释】

①维：语助词。命：运。②於（wū）：赞叹词。穆：静而深。不已：不息。③於乎：呜呼，赞叹词。不（pī）：即"丕"，大。④纯：一而不杂。⑤假：大，一说使。溢：洋溢，满其量而有余。⑥收：受，敛其溢而不散。⑦骏：大。惠：顺。⑥曾孙：后王。笃：厚。指笃行，行事一心一意。

【缵绎】

《毛诗序》："《维天之命》，太平告文王也。"（郑玄《毛诗传笺》："告太平'者，居摄五年之末也。文王受命，不卒而崩，今天下太平，故承其意而告之，明六年制礼作乐。"）朱熹《诗集传》："此亦祭文王之诗。言天道无穷，而文王之德纯一不杂，与天无间，以赞文王之德盛也。"朱郁仪《诗故》："《清庙》之乐凡四章，此则献文之乐。"李光地《诗所》："此祭而受福之诗。"笔者以为祀文王而受福之诗。

诗一章八句，无韵。"愚谓此诗并非说理，命字亦不可训为道字。其意若曰：自来历数，维天所命，而天命至深且远，又恒悠久不息。唯一'文王之德之纯'，足以诞膺天命而大顺王业。乃王身未及受命，而使其泽洋溢及我后王。我后王其承受之，以顺我文王之德而不敢违。"（方玉润《诗经原始》）"此诗总见文德合天之盛，而后王之自勉于己，致望于后者，盖于法祖之中而得法天之道矣。"（邹泉《诗经约说》）则是祀文而受福之义。（按：陈奂《诗毛氏传疏》："《书·雒诰》大传云：'周公摄政，六年制礼作乐，七年致政。'《维天之命》，制礼也；《维清》，作乐也；《烈文》，致政也。三诗类列，正与大传节次合。然则《维天之命》当作于六年之末矣。"可备参考。）

维　清

维清缉熙①，文王之典②。肇禋③，迄用有成④，维周之祯⑤。

【集释】

①维：语助词。清：清明。缉（jí）：续。熙（xī）：明。②典：法。③肇：始。禋（yīn）：祀。④迄：至。⑤祯（zhēn）：吉祥。

【缵绎】

《毛诗序》："《维清》，奏象舞也。"（郑玄《毛诗传笺》："《象舞》，象用兵时刺伐之舞，武王制焉。"董仲舒《春秋繁露》："武王受命作《象乐》，继文以奉天。"）朱熹《诗集传》："此亦祭文王之诗。言所当清明而缉熙者，文王之典也。故自始祀至今有成，实维周之祯祥也。然此诗疑有阙文焉。"朱郁仪《诗故》："奏象舞也，非也。《清庙》之祭献武王也。"李光地《诗所》："此祭毕而送神之诗。"笔者以为祀文王毕送神之诗。

诗一章五句，为《诗经》最短篇。"此诗首四字曰'维清缉熙'，此正文王之德之盛。非清无以立熙之本，非熙无以成清之功。文王之典，既本清明之德以出之，而日新月盛，时时继续，以底乎清明而益著其效，则王业之成，实肇乎此。遂至于后而有成，谓非周家之祯祥不得也。故《象舞》者，谓其清明之德而为舞耳，非象其刺伐之功而为乐也。《象》自《象》，《武》自《武》，非可混而为一者也。盖《象》者，文王之乐；《武》者，武王之乐，皆乐中之舞者。

然武亦有词，诗即其词也。……然诗之用，则祀文王者也，故但曰'祀文也'云尔。"（方玉润《诗经原始》）"《清庙》之三皆祀文王。《清庙》，初献之乐也；《维天之命》，受嘏也；《维清》，送神也。"（傅恒、孙嘉淦等《诗义折中》）"周人郊祀后稷以配天，宗祀文王于明堂以配上帝，故《生民》所谓肇祀者，言祭天之礼而归功于后稷，此诗所谓肇禋者，言祀帝之礼而归功于文王，如所谓太王肇基王迹，皆推本之论也。"（黄橒《毛诗集解》）戴震《诗经补注》："辞弥少而意旨极深远。"

烈　文

烈文辟公①，锡兹祉福②。惠我无疆③，子孙保之。无封靡于尔邦④，维王其崇之。念兹戎功⑥，继序其皇之⑦。无竞维人⑧，四方其训之⑨。不显维德⑩，百辟其刑之⑪。於乎⑫，前王不忘！

【集释】

①烈：功。文：德。辟公：诸侯。烈文辟公，指有武功文德之诸侯。②锡（cì）：赐。祉（zhǐ）：福。③惠：顺。④无：毋。封：大。靡：侈汰。⑤崇：尊重。⑥戎：大。⑦序：通"叙""绪"，继承。皇：光大。⑧无：含有莫之义。竞：强。维：在。人：贤人。⑨四方：天下诸侯。训：顺。⑩不（pī）：通"丕"，大。显：明。⑪百辟：众诸侯。刑：通"型"，效法。⑫於乎：呜呼。

【缵绎】

《毛诗序》："《烈文》，成王即政，诸侯助祭也。"朱熹《诗集传》："祭于宗庙而献诸侯助祭之乐歌。"朱郁仪《诗故》："《清庙》礼成，燕及助祭者而奏是诗也。"李光地《诗所》："此祭太庙之诗。首言辟公者兼历代未祧既祧之主，或时袷大袷皆用之也。"傅恒、孙嘉淦等《诗义折中》："献显相（按：公卿诸侯助祭者）也。"姚际恒《诗经通论》："此诗当是周公作，以为献助祭诸侯之乐歌，而末因以勉王也。"方玉润《诗经原始》："成王戒助祭诸侯也。"笔者以为成王祭太庙之诗。

诗一章十三句。"太王以上先公，文德光昭，德泽深厚，故赐福以惠我，而子孙不敢有违而保守之。周之先公，保其邦土，无封无靡，至太王肇基王迹，王季能勤王家，文王诞膺天命以抚方夏，于是而业始崇矣，念此创业之大功，故武王继序因而大之，奄有天下也。自太王至于武王，所以成王业者，非图度天命，自强修德焉耳。莫强于人，是以四方服而训之；莫显于德，是以百辟化而刑之，天下归心，大命集焉。因叹息而咏其功德之难忘也。"（李光地《诗所》）历来说《诗》者，据《毛序》而以为成王献显相之作，并有戒意，殊不合颂诗主德之旨。李光地此说，既自勉自戒，又不失颂体，可谓深得诗理。本诗之妙，尤在末尾一句，提挈全篇，追前瞻后，神味无穷。

天 作

天作高山①，大王荒之②。彼作矣③，文王康之④。彼徂矣⑤，岐有夷之行⑥。子孙保之。

【集释】

①作：起。高山：指岐山，在今陕西岐山县东北。②大王：即太王古公亶父，周文王祖父。初居豳，为戎狄所侵，迁居于岐山之下，豳人皆从之，定国号曰周。周武王追尊为太王。荒：治。辅广曰："治荒谓之荒，犹治乱谓之乱也。"③彼：指太王。作：治理。④康：安。⑤彼：指文王。徂：往。⑥夷：平坦易通。行（háng）：道。有夷之行，双关语，既指道路平坦，亦指周治清明。

【缵绎】

《毛诗序》："《天作》，祀先王先公。"朱熹《诗集传》："祭太王之诗。"李光地《诗所》："礼入庙以昭穆相祔，此文王祔祭于太王之诗。"傅恒、孙嘉淦等《诗义折中》："祀岐山也。"笔者以为祀先王先公之诗。

诗一章七句，无韵。天作岐山在于周地，太王作于前，文王继之，劳来安辑之，民乃康居天下，于是乎归岐迄于今。文王往矣，而以民归者众。岐之高山，因有平路，则前王虽往，治绩常在；为子孙者，当继前人之志，世世守之而不失也。"夫太王之迁，非得已也，而诗人必以天言之，其意似以为岐可兴周，而天因使太王之都岐也。然其一篇之意，则在于太王之荒，文王之康，子孙之保，而不独归之天也。太王迁岐，从之者如归市；文王徽柔懿恭，以保民不遑暇食，以和民人，心愈固而天命愈不可易；成王以为积于前者如此，其至继于后者，其敢有忽心哉？"（黄櫄《毛诗集解》）盖太王迁岐为王业之基，文王治岐为王业之盛。推本而言，旨在追太王之功；守成而言，当法文王之德。"诗并颂二王，安得烛为祀太王乎？既祀太王，文王又安得遗后稷与王季乎？序说是也。"（郝敬《毛诗原解》）全诗如滔滔大河，飞流直下，绵绵无穷，极精简，极庄敬，极蕴藉，气势磅礴，真大手笔。

昊天有成命

昊天有成命①，二后受之②。成王不敢康③，夙夜基命宥密④。於缉熙⑤，单厥心⑥，肆其靖之⑦！

【集释】

①昊天：苍天。成：明。②后：君。二后，指文王、武王。③成王：武王子，名诵。即位时年幼，由叔周公旦摄政，七年后亲自执政。康：安乐。④夙夜：日夜。基：承续。命：天命。宥（yòu）：宏深。密：静密。⑤於（wū）：赞叹词。缉：续。熙：光明。⑥单：纯一，诚厚。厥：其，指成王。⑦肆：巩固。靖：安定。

【缵绎】

《毛诗序》："《昊天有成命》，郊祀天地也。"朱熹《诗集传》："此诗多道成王之德，疑祀成王诗也。"李光地《诗所》："此成王祔祭于文王之诗。"笔者以为祀成王之诗。

诗一章七句，无韵。诗题在《诗经》中最长。成王乃西周第二代天子，声望仅次于文、武二王，与其子康王齐名，史称"成康之治"。《史记·周本纪》："成、康之际，天下安宁，刑措四十余年不用。""天祚周以天下，既有定命，而文、武受之矣。成王继之，又能不敢康宁，而其夙夜积德以承藉天命者，又宏深而静密。是能继续光明文、武之业，而尽其心，故今能安靖天下，而保其所受之命也。《国语》叔向引此诗而言曰：'是道成王之德也。成王能明文昭，定武烈者也。'以此证之，则其为祀成王之诗无疑矣。"（朱熹《诗集传》）"明文昭在于'缉熙'，定武烈在于'肆靖'，而其致功则在于'基命'。天命人以位，先命人以德，冲漠之中，有觉不昧，万理森然，是所性之明德，故曰'熙'也；

万事之本，万福之原，故曰'基'也；气拘物蔽，而其熙微，则其基坏矣，故贵'缉'也。缉之之功，贯通动静，而尤以主静为立极之要，故在于'宥密'也。隐微之际，人所不见，天必见之；己不见人，乃能见天，天理既著，其明昭焉。于此时而察识之，存养之，使继续而无间，则明德之体纯矣。因其德之所发而遂明之，以尽其心之量，则充其四端，可以保四海，所谓'明明德于天下'也。文王'缉熙'于前，成王'缉熙'于后，此有周之家法，实千圣之薪传也。"（傅恒、孙嘉淦等《诗义折中》）微言精义，宜乎传心、宜乎颂德。姚际恒《诗经通论》："通首密练。"

我 将

我将我享①，维羊维牛②，维天其右之③。仪式刑文王之典④，日靖四方⑤。伊嘏文王⑥，既右飨之⑦。我其夙夜，畏天之威，于时保之。

【集释】

①我：武王自称。将：奉。享：献。②羊牛：《周礼·羊人》曰："积，供羊牲"，谓积柴祭天，则用羊实柴也。先柴而后献，故"维羊"文在"维牛"之上。将，奉羊以供柴。享，献牛以共祀。③右：古人尚右，以右为尊。朱氏公迁曰："明堂之位，帝居中，文王居西南，主皆西坐东向，东左西右，则馔在左，而神在右矣。"④仪式：法度。刑：通"型"，效法。典：典章，法则。⑤靖：平定。⑥伊：语助词。嘏（gǔ）：赐福。⑦飨（xiǎng）：享用祭品。

【缵绎】

《毛诗序》："《我将》，祀文王于明堂也。"朱熹《诗集传》："此宗祀文王于明堂，以配上帝之乐歌。"笔者以为祀帝于明堂，以文王为之配之诗。

诗一章十句，无韵。前三句祭天，中四句祀文王，后三句道祭者本旨：日夜不忘天帝，文王之命，祈得其庇佑，永保大统。"程子曰：'万物本乎天，人本乎祖，故冬至祭天而以祖配之，以冬至气之始也，万物成形于帝，而人成形于父，故季秋享帝而以父配之，以季秋成物之时也。'陈氏曰：'古者祭天于圜丘，扫地而行事，器用陶，牲用犊，其礼极简。圣人之意以为未足以尽其意之委曲，故于季秋之月有大享之礼焉。天即帝也。郊而曰天，所以尊之也，故以后稷配焉。后稷远矣，配稷于郊，亦以尊稷也。明堂而曰帝，所以亲之也，以文王配焉。文王亲也，配文王于明堂，亦以亲文王也。尊尊而亲亲，周道备矣。然则郊者古礼，而明堂者周制也，周公以义起之也。'东莱吕氏曰：'于天维庶其飨之，不敢加一辞焉。于文王则言仪式其典，日靖四方。天不待赞，法文王所以法天也。卒章惟言畏天之威，而不及文王者，统于尊也。畏天，所以畏文王也，天与文王一也。'"（朱熹《诗集传》）

时　迈

时迈其邦①，昊天其子之②，实右序有周③。薄言震之④，莫不震叠⑤。怀柔百神⑥，及河乔岳⑦，允王维后⑧！明昭有周⑨，式序在位⑩。载戢干戈⑪，载櫜弓矢⑫。我求懿德⑬，肆于时夏⑭。允王保之！

【集释】

①时：语助词。迈：行。邦：国。②子之：以之为子。③实：语助词。右：尊。序：次。有周：即周王朝。有，字头无实义。④薄言：发语词。震：震慑。⑤叠：通"慴"，恐惧、畏服。⑥怀柔：安抚。怀：来。柔：安。⑦乔岳：高山。⑧允：信。维：犹"为"。后：君。⑨明昭：光大。⑩式：发语词。序在位：各称其位。⑪载：乃。戢（jí）：聚，收藏。⑫櫜（gāo）：韬，盛弓箭之袋。⑬懿：美。⑭肆：陈列，施行。时：犹"是"，这。夏：中国，一说大。

【缵绎】

《毛诗序》："《时迈》，巡守告祭柴望也。"郑玄《毛诗传笺》："武王既定天下，时出行其邦国，谓巡守也。"（按：柴望，即柴祭、望祭。柴祭即燔柴以祭天地，望祭即遥望而祭山川。）孔颖达《毛诗注疏》："武王巡守告祭天之乐歌。"朱熹《诗集传》："巡守而朝会祭告之乐歌。"李光地《诗所》："此巡守而告于庙之诗。"傅恒、孙嘉淦等《诗义折中》："美巡守也。"笔者以为美武王巡守之诗。

诗一章十五句（按：《毛诗序》、朱熹《诗集传》皆不分章；何楷《诗经世本古义》以"明昭有周"起为第二章，姚际恒《诗经通论》因之。方玉润《诗经原始》："若照何本，不惟章法长短不齐，文气亦觉紧缓不顺。"故从旧），无韵。首言武王承天命封诸侯，并视之若子，而诸侯"右序有周"。次言武王威慑四方，安抚百神，明昭祖业。并言武王定周国、封诸侯后戢干戈、櫜弓矢，偃武修文，美德施于天下。末句总赞武王保天命祖德。"允王保之"，明是赞武王之巡狩也。"'实右序有周'，所以见天眷之隆也。故使之治人而人无不治，使之事神而神无不怀，益有以见其尽君道之可信。'明昭有周'，所以见王道之大也。惟王道之大，故庆让黜陟而刑赏行，偃武修文而好尚定，益有以见其保天命之可信。"（朱善《诗解颐》）"故秉礼以止乱，偃武而修文，为治者耳熟焉。然非时迈而亲历之，未有以信其实然也，君子是以知巡狩之为义大也。"（傅恒、孙嘉淦等《诗义折中》）陈子展《诗经直解》引孙鑛语："首二句甚壮、甚快，俨然坐明堂、朝万国气象。下分两节，一宣威，一布德，皆以'有周'起，……整然有度，遣词最古而腴。"

执 竞

执竞武王①，无竞维烈②。不显成康③，上帝是皇④。自彼成康，奄有四方⑤，斤斤其明⑥。钟鼓喤喤⑦，磬莞将将⑧，降福穰穰⑨。降福简简⑩，威仪反反⑪。既醉既饱，福禄来反⑫。

【集释】

①执：持。竞：强。持强，持其自强不息之心。②无竞：莫之能强。指唯能自强，故莫能与之争强。维：是。烈：功绩。③不（pī）：通"丕"，大。康：安。成康，成就安定。④皇：美、嘉。⑤奄：覆盖、包括。⑥斤斤：明察。⑦喤喤（huáng）：洪亮和谐。⑧磬（qìng）：一种石制打击乐器。筦（guǎn）：同"管"，管乐器。将将（qiāng）：声音盛多。⑨穰穰（ráng）：众多。⑩简简：盛大貌。⑪反反：慎重貌。⑫反：同"返"，报答。

【缵绎】

《毛诗序》："《执竞》，祀武王也。"朱熹《诗集传》："此祭武王、成王、康王之诗。"朱郁仪《诗故》："祀成王康王而推本于武王也。"傅恒、孙嘉淦等《诗义折中》："康王祔祭于武王也。"笔者以为祀武王之诗。

诗一章十四句。合祭三王说，误在"不显成康"，误"成康"为成王、康王,实是"武王成功康定天下"义。又"祭三王无其例。然武王有世室,则必有专祭矣。岂昭王以后祭武世室而配以成康欤?"(朱公迁《诗经疏义会通》)诗前七句赞武王开国拓疆伟业,后七句以钟鼓磬管之乐,写祭祀场面,祈其佑子孙永寿安康。"诗发端特题'武王',势极严重。下二句历言其功德之著。'不'读作丕,大也,'显',明也。'成',武成也。'康',康定也。一字一义,如《舜典》之'濬哲文明','温恭允塞'等句。而因成为无竞之烈,虽在上帝亦不能不以君人之道望之也。故自其成功康定,'奄有四方'以来,明无不照,知无不周,故曰'斤斤其明'也。所以不祭则已,祭必降福。当其祭也,钟鼓则喤喤然,磬筦则将将然,降福则穰穰然。而神之降福虽多,而大祭者之威仪愈益谨重,不敢以醉饱而失其度。天是以禄福频来,常反复而不厌也。此非专祭武王之诗乎?若谓'三王并祭',无论典礼无稽,即文势亦隔阂难通。"(方玉润《诗经原始》)全诗用赋,词严而简,语舒而长,诚庙堂文学之典范。

思 文

思文后稷①,克配彼天②。立我烝民③,莫匪尔极④。贻我来牟⑤,帝命率育⑥。无此疆尔界,陈常于时夏⑦。

【集释】

①思:谋略。文:道德。后稷:周人始祖,姓姬氏,名弃,号后稷。②克:能。配:匹。③烝:众。④极:至,此指无量功德。⑤贻:遗留。来:小麦。牟:大麦。⑥率:遍。育:养。⑦陈:遍布。常:常规。时:是。夏:中国,一说大。

【缵绎】

《毛诗序》:"《思文》,后稷配天也。"朱熹《诗集传》:"言后稷之德真可配天,盖使我烝民得以粒食者,莫非其德之至也。"笔者以为后稷配天之诗。

诗一章八句。前二句直言后稷之功配享上帝。中四句赞后稷开创农事、养育万民功德。时烝民阻饥,教化不得施,无以立人之道。后稷播种,民人率育,而陈常时夏,是立我烝民,皆后之功。末二句极言后稷之功广大,无我疆尔界,永时为大。盖烝民得其常性,人道于是乎大立,而后稷之功,亦永被于中夏也。

"《集传》疑之，不言'郊祀'，云'后稷之德真可配天'而已。然《孝经》尝云，'昔者周公郊祀后稷以配天'矣，古人文字类多简质，况天功又有不待人述者乎？"（方玉润《诗经原始》）"此郊祀后稷以配天之诗。后稷，周之太祖，七庙之尊也，既为宗庙之尊，又为社稷之主，四时既有常祀矣。此则又于冬至、元日之大祭推而配天焉。"（李光地《诗所》）"人皆知稷教稼穑功在养民，而不知率育陈常实一体之事也。田赋供而上下定，奉养备而孝悌行，室家宁而后有夫妇，交际通而后有友朋，其朴而不文者，乃至文之所从出也。故郊祀后稷以配天，宗祀文王于明堂以配上帝。以文王之德能与天合，后稷之功实与天同也。"（傅恒、孙嘉淦等《诗义折中》）

【清庙之什小结】

《清庙之什》十篇。专祀文王者三，又一以文王配祭帝；祀武王、成王者各一；余则祀先祖。天命於穆不已，文王之德之纯，故能配天。一以祖德之隆，一以武王、成王能继其志。故颂者，颂德与功也。崇文推本之义，继志述事之旨见焉。而其文简古，其义之精深，其理之高明，信夫周家奄有天下，自有心传家法，宜为万世立极，读者幸莫谓载之空言也。

周颂·臣工之什

臣 工

嗟嗟臣工①,敬尔在公②。王厘尔成③,来咨来茹④。嗟嗟保介⑤,维莫之春⑥,亦又何求⑦?如何新畬⑧?於皇来牟⑨,将受厥明⑩。明昭上帝⑪,迄用康年⑫。命我众人⑬,庤乃钱镈⑭,奄观铚艾⑮。

【集释】

①嗟嗟:发语词。臣工:群臣百官。②敬:慎。③厘:通"赉(lài)",赐。成:指成法。④咨:询问。茹:忖度。⑤保介:田官,亦称田畯。介,界之省,保介者,保护田界之人。⑥莫(mù):同"暮"。⑦又:有。求:需求。⑧新畬(yú):耕种二年田曰新,耕种三年田曰畬。⑨於(wū):赞叹词。皇:美盛。来牟:麦。⑩厥:其。明:成,指丰收。⑪明昭:光明显赫。⑫迄:至。康年:丰年。⑬众人:指农人。⑭庤(zhì):储备。乃:你。钱(jiǎn):农具名,掘土用,若后世之锹。镈(bó):农具名,除草用,若后世之锄。⑮奄:同。奄观:尽观,即视察。铚艾(zhì yì):收割。铚,农具名,一种短小镰刀;艾,"刈"假借,古代一种苄草大剪刀。

【缵绎】

《毛诗序》:"《臣工》,诸侯助祭遣于庙也。"朱熹《诗集传》:"此戒农官之诗。"朱郁仪《诗故》:"王者春省耕也。"李光地《诗所》:"致祭农官之诗。"方玉润《诗经原始》:"王耕籍田以敕农官也。"笔者以为王者春耕籍田以敕农官之诗。

诗一章十五句。前四句勉群臣依周王所颁农事成法,勤谨工作。次四句示农官暮春麦熟,宜筹划秋收后整治田地。又四句谢帝所赐,麦子茂盛,将获丰收。末三句命农人准备收麦，去视察收割。"王率群臣躬耕帝籍，祭于先农而受厘，耕籍事竣，乃勅保介使劝农也。"（傅恒、孙嘉淦等《诗义折中》）"籍田，甸师氏所掌，王载耒耜所耕之田。天子千亩，诸侯百亩。籍之言借也，借民力治之，故谓之籍田。"（郑玄《毛诗传笺》）全诗略写王者耕籍田，而以诫勉农官依成法，不失农时，修缮农具为重，意在务尽人事，当昭明上天，以保丰年，可谓意味深长。姚际恒《诗经通论》："神味全在虚字。"

噫 嘻

噫嘻成王①！既昭假尔②。率时农夫③，播厥百谷。骏发尔私④，终三十里⑤。亦服尔耕⑥，十千维耦⑦。

【集释】

①噫嘻：叹词。成王：周成王。②昭假（gé）：犹招请。昭，明；假，通"格"，至。尔：语助词。③率：带领。时：通"是"，此。④骏：大。发：耕。私：私田。⑤终：尽。⑥服：从事。⑦十千：一万人。维：其。耦：两人各持一耜并肩共耕。

【缵绎】

《毛诗序》："《噫嘻》，春夏祈谷于上帝也。"朱熹《诗集传》："亦戒农官之诗。"姚际恒《诗经通论》："康王春祈谷也。"李光地《诗所》："古者雩祭（按：古代求雨祭祀）。"笔者以为康王春祈谷之诗。

诗一章八句。前四句言康王招请成王并祈上苍，得其准许，率农人举行籍田亲耕之礼；后四句康王示田官勉农夫耕作，各极其望，及时务功，以大发其私。"《噫嘻》，康王春祈谷也。既得卜于祢庙，因戒农官。《家语》孔子对定公曰：'臣闻天子卜郊，则受命于祖庙而作龟于祢宫，尊祖亲考之义也。'……《左》襄七年，夏四月，三卜郊，不从。孟献子曰：'吾乃今而后知有卜筮，夫郊祀后稷以祈农事也。是故启蛰而郊，郊而后耕。今既耕而卜郊，宜其不从也。'……愚所以定《噫嘻》之诗为咏祈谷卜郊之事者，以篇中专言劝农，而章首有'成王昭假'之语，明此诗作于康王之世，乃主作龟祢宫而言，不然周自后稷以农事开国，即欲勅农官，何不于始祖之庙举始祖为辞，而顾于成王，何取乎？"（何楷《诗经世本古义》）诗乃康王祝辞，言既昭至成王与苍天，成我王业。我今率是佃田之农夫，令无不咸播百谷，大发其私，尽三十里而后已，令民之服其耕者，万人皆出于野。故地无遗利，人无遗力，丰穰乃可望。公田在民井之间，亦当民所耕发，故云"骏发尔私"者，欲富其民而让于下，欲民之大发私田，使之耕以取富，故言私而不及公也。诗第三句起全用对偶，后四句句法尤奇，为"错综扇面对"，又是一格。

振 鹭

振鹭于飞①，于彼西雝②。我客戾止③，亦有斯容④。在彼无恶⑤，在此无斁⑥。庶几夙夜⑦，以永终誉⑧！

【集释】

①振：群飞貌。②雝：水泽。③客：指微子。《史记·宋世家》："周武王克殷，微子乃持其祭器，造于军门，肉袒面缚，左牵羊，右把茅，膝行而前，以告。于是武王乃释微子，复其位。"微子，子姓，名启，殷商帝乙长子，帝辛（纣王）庶兄。周成王封之于商丘，建国宋，为宋国始祖，后世因称宋微子。戾（lì）：至。止：语尾助词。④容：仪容。⑤无恶：没有怨恨。⑥斁（yì）：厌。⑦夙夜：早晚。⑧永：长。终誉：终久称誉。一说终通众，终誉，众誉。

【缵绎】

《毛诗序》："《振鹭》，二王之后来助祭也。"（郑玄《毛诗传笺》："二王，夏、殷也；其后，杞、宋也。"）何楷《诗经世本古义》："此助祭于祖庙而无习射于泽宫，故周人作诗以美之。"傅恒、孙嘉淦等《诗义折中》："微子助祭也。"李光地《诗所》："释奠于太学之诗也。"笔者以为微子来助祭之诗。

诗一章八句。首二句以白鹭起兴。商人尚白，鹭色纯白，飞止优雅，商人视为圣物。三、四句以白鹭比朝周助祭微子，以美其德。五、六句誉微子在宋国内外人际融洽，颇受拥戴。七、八句既戒微子，以箴规周朝，保此美德，"以永终誉"。《序》说原有可疑者三：周有三恪助祭，何以独二王后，一也。诗但言'我客'，不言'二客'，二也。此篇言有振鹭之容，白也；《有客》篇明言'亦白其马'，似指殷后而不指夏后，三也。有此三者，故或以为武庚，或以为微子,所自来矣。以今揆之,微子之说较优于武庚。"(姚际恒《诗经通论》)"况诗明言容似白鹭,则客仅商客而无夏客也可知。但武庚被诛,虽有诗亦当删黜;微子嗣封,纵能贤尤应箴规,此指微子较优于武庚之说也。"(方玉润《诗经原始》)"武庚既平,成王封微子于宋,命之曰:'修其礼物,作宾于王家。'故微子来助祭而为宾也。宾献尸后,主人献宾,歌《振鹭》也。'无恶无斁'非微子不足以当之;'以永终誉',戒其无蹈武庚之覆辙也。武王不绝殷后而封武庚,成王不惩武庚之畔,又封微子,忠厚之至也。"(傅恒、孙嘉淦等《诗义折中》)姚际恒《诗经通论》:"全在意象之间,绝不著迹。"

丰　年

丰年多黍多稌①,亦有高廪②,万亿及秭③。为酒为醴④,烝畀祖妣⑤。以洽百礼⑥,降福孔皆⑦。

【集释】

①黍:小米。稌(tú):稻。②廪(lǐn):粮仓。③亿:周代以十万为亿。秭(zǐ):数词,十亿。④醴(lǐ):甜酒。⑤烝(zhēng):献。畀(bì):给予。祖妣:男女祖先。⑥洽:备。百礼:各种礼仪。⑦孔:很。皆:普遍。

【缵绎】

《毛诗序》:"《丰年》,秋冬报也。"朱熹《诗集传》:"此秋冬报赛田事之乐歌。"傅恒、孙嘉淦等《诗义折中》:"祭八蜡也(按:周代每年农事毕,于建亥之月(十二月)举行八蜡祭。《礼记·郊特牲》:'八蜡以记四方,四方不成,八蜡不通,以谨民财也。'八蜡之神诸家解说不一)。"程俊英《诗经译注》:秋收后祭祖之乐歌。笔者以为秋冬大报之诗。

诗一章七句。前三句极写年成之好,丰收之巨。后四句写祭之盛,以享天地及祖先神灵,祈其再赐恩泽,遍赐福祉。"言其收入之多,至于可以供祭祀、备百礼,而神降之福,将甚遍也……上自天地,以至方蜡,靡祀不奉。"(朱熹《诗集传》)"《序》不言祭何神,但云'秋冬报',故后多疑议。若云'大报',则其义自明矣。"(方玉润《诗经原始》)"曹氏粹中曰:'秋冬大享于明堂,秋祭四方,冬祭八蜡,天地百神,无所不报而同歌,是诗故不言其所祭耳。'"(王

鸿绪等《诗经传说汇纂》)

有 瞽

有瞽有瞽①，在周之庭。设业设虡②，崇牙树羽③。应田县鼓④，鞉磬柷圉⑤。既备乃奏⑥，箫管备举⑦。喤喤厥声⑧，肃雍和鸣⑨，先祖是听。我客戾止⑩，永观厥成⑪。

【集释】

①瞽（gǔ）：盲人。指周代盲人乐师。②业：悬挂乐器之横木，为锯齿状大板。虡（jù）：悬挂乐器之直木架，上有业。③崇牙：业上挂乐器之木钉。树羽：以五彩羽毛饰崇牙。④应：小鼓。田：大鼓。县（xuán）：通"悬"。县鼓，周制，夏后氏足鼓，殷楹鼓，周县鼓。⑤鞉（táo）：摇鼓。磬（qìng）：玉石制板状打击乐器。柷（zhù）：木制打击乐器，状如漆桶。音乐开始时击柷。圉（yǔ）：打击乐器，状如伏虎，背有锯齿，用以止乐。⑥备：就绪。⑦箫管：竹制吹奏乐器。⑧喤喤（huáng）：乐声大而和谐。⑨肃雍（yōng）：肃穆舒缓。⑩戾（lì）：至。⑪永：长。成：一曲奏完。永观厥成，指观之不厌。

【缵绎】

《毛诗序》："《有瞽》，始作乐而合乎祖也。"（郑玄《毛诗传笺》："王者制礼功成，'作合乐'者，大合诸乐而奏之。"）方玉润《诗经原始》："成王始行祫祭也。"今人通谓之合乐祭祖之诗。笔者以为成王始行祫祭之诗。

诗一章十三句。前七句言宗庙祭祖，诸乐齐备，瞽人作乐。次三句"八音克谐"，喤喤肃雍，以享诸祖。后二句主点诗旨，后人祭祖，乃在崇德家贤，并祈永绍，意旨深远。"《小序》谓'始作乐而合乎祖'，近是。'祖'，文王也；成王祭也。何玄子因以为'大祫'，祫亦合也。又曰：'序意谓成王至是始行合祖之礼，大奏诸乐云尔，非谓以新乐始成之故合乎祖也。'"（姚际恒《诗经通论》）"诸家多以乐初成而荐之祖考为言，乐初成而荐举之祖考，何劳'我客戾止'？今'先祖是听'我客亦止，则必举行祫祭大典可知。故何说较诸家为尤耳。"（方玉润《诗经原始》）诗于乐器之全，不甚烦言，亦以见礼之隆而周也。

潜

猗与漆沮①,潜有多鱼②。有鳣有鲔③,鲦鲿鰋鲤④。以享以祀,以介景福⑤。

【集释】

①猗(yī)与:赞叹词。漆沮:两条河流名,均在今陕西省。②潜:潜藏。一说通"槮(sēn)",置水供鱼栖止之柴堆。③鳣(zhān):大鲤鱼。鲔(wěi):鲟鱼。④鲦(tiáo):白条鱼。鲿(cháng):黄颊鱼。鰋(yǎn):鲇鱼。⑤介:助。景:大。

【缵绎】

《毛诗序》:"《潜》,季冬荐鱼,春献鲔也。"姚际恒《诗经通论》:"此周王荐鱼于宗庙之乐歌。"笔者以为周王冬荐鱼于宗庙之诗。

诗一章六句。诗写漆沮鱼数量之多、品种之繁,以之祭祀,明赞漆沮风物,暗颂先祖功德。《史记·周本纪》载,公刘"自漆、沮渡渭,取材用,行者有资,居者有畜积,民赖其庆。百姓怀之,多徙而保归矣。周道之兴自此始。""鱼""余"谐音,颇见匠心。"鱼本二季皆可荐,而诗云'潜有多鱼',下并举六鱼以实之者,是冬令鱼潜不行而肥美,凡鱼皆可荐之时也。故总举六鱼,随荐皆可,用以为乐。"(方玉润《诗经原始》)"诗言漆沮,明得地也。漆沮之从,天子之所取兽于此,取鱼亦于此也,是不伤稼而害物也,是君举有常而纳民于轨物也。言潜,明得时也。冬月水寒,故鱼性定而深潜,是水虫成也,是取时物以荐新,昭诚孝也。言多鱼,明有制也,是数罟不入,而水族蕃滋也,是物产盛而民得养也。顺天之时,因地之利,行王之制,蕃庶物,养民人,而后致敬于神,介以景福,职是故也。"(傅恒、孙嘉淦等《诗义折中》)

雍

有来雍雍①,至止肃肃②。相维辟公③,天子穆穆④。於荐广牡⑤,相予肆祀⑥。假哉皇考⑦,绥予孝子⑧。宣哲维人⑨,文武维后⑩。燕及皇天⑪,克昌厥后⑫。

绥我眉寿⑬，介以繁祉⑭。既右烈考⑮，亦右文母⑯。

【集释】
①有：语助词。雍雍：和睦。②肃肃：恭敬。④相：助祭人。维：是。辟公：诸侯。④穆穆：庄重盛美。⑤於（wū）：赞叹声。荐：进献。广：大。牡：雄牲口。⑥相：助。予：周武王自称。肆：陈列。⑦假：大。皇考：对已故父亲美称，指周文王。⑧绥：安。⑨宣哲：明智。⑩后：君主。⑪燕：安。⑫克：能。昌：大。厥：其。⑬绥：赐。眉寿：长寿。⑭介：助。繁祉：多福。⑮右：以右为尊。烈考：先父，指周文王。⑯文母：有文德之母，指太姒。

【缵绎】
《毛诗序》："《雍》，禘太祖（即后稷）也。"朱熹《诗集传》："此武王祭文王之诗。言诸侯之来，皆和且敬，以助我之祭事，而天子有穆穆之容也。"朱郁仪《诗故》："武王克商，归祀于周庙。"姚际恒《诗经通论》："此武王祭文王彻时之乐歌。"笔者以为武王祀文王撤馈之诗。

诗四章，章四句。首章诸侯肃肃，恭敬助祭，天子穆穆，庄严祭祀。次章祭品丰盛，陈列供奉，祈求文王，保佑后人。三章赞文王以文治武功，安定天下，使后人蒙福。末章祈文王赐佑长寿多福，使自己长来祭祀。"来言雍雍者，中心和悦，非强之也；至言肃肃者，敬谨将事，不敢怠也；穆穆深远，天子之容也。雍雍、肃肃、穆穆，皆文王之貌，而天子诸侯法之，所谓秉文之德也；荐广牡而相肆祀，合万国之欢心，以祀其先王也。降福者天也，天眷者民也，治民者人也，用人者君也，君能允文允武以用人而安民，则安及于天矣，故天亦安其后人也。然而嗣王之心，则不以天子为荣，而惟以孝子自勉，并不以己之得寿为幸，而惟愿常伸其孝思于父母也。文王之为父，武王之为子，可谓各尽其道矣。"（傅恒、孙嘉淦等《诗义折中》）《论语》"以《雍》彻"，则是武王祭撤俎之诗，明矣。

载 见

载见辟王①，曰求厥章②。龙旂阳阳③，和铃央央④。鞗革有鸧⑤，休有烈光⑥。率见昭考⑦，以孝以享⑧。以介眉寿⑨，永言保之⑩，思皇多祜⑪。烈文辟公⑫，绥以多福⑬，俾缉熙于纯嘏⑭。

【集释】

①载：始。辟王：君王。②曰：发语词。章：法度。③旂（qí）：画有交龙之旗，旗杆头系铃。阳阳：鲜明貌。④和：铃。轼前曰和，旂上曰铃。央央：和谐。⑤鞗（tiáo）革：马缰绳。有鸧（qiāng）：鸧鸧，金饰盛美貌。⑥休：美。烈光：光明。⑦率：带领。昭考：此指周武王。⑧孝、享：均献祭义。⑨介：求。眉寿：长寿。⑩言：语助词。⑪思：发语词。皇：大。祜（hù）：福。⑫烈文：光明而有文德。辟公：诸侯。⑬绥：安。⑭俾：使。缉熙：光明。纯嘏（gǔ）：大福。

【缵绎】

《毛诗序》："《载见》，诸侯始见乎武王庙也。"朱熹《诗集传》："此诸侯助祭于武王庙之诗。"朱郁仪《诗故》："祭礼告成，诸侯咸来受命，武王率之再见文考，而颁爵于庙庭也。"姚际恒《诗经通论》："成王朝诸侯，始来助祭乎武王庙之诗也。"笔者以为诸侯来朝，成王率祀于武王庙之诗。

诗一章十四句。前八句极言助祭诸侯来朝，声势浩大，氛围隆重。后六句写奉献祭品，祈求福佑。周代"宗庙制，太祖居中，左昭右穆。周庙文王当穆，武王当昭。故《书》称'穆考文王'，而此诗及《访落》皆谓武王为'昭考'。"（朱熹《诗集传》）"盖以成王新即政，率是百辟，见于昭庙，以隆孝享，一以显者定之大烈弥光，一以彰万国之欢心如一。有丕承王业，畏怀天下气象，故曰始也。若泛言诸侯助祭，则烈祖有功德之庙多矣，何独诣武王一庙而作此歌乎？"（王鸿绪等《诗经传说汇纂》）"诸侯来朝，将以享受法度也。而我乃率之以祀武王，何也？盖先王者，法度之所从出；而宗庙者，又礼法之所由施也。"（朱善《诗解颐》）是诗之微旨。

有 客

有客有客①，亦白其马②。有萋有且，敦琢其旅③。
有客宿宿④，有客信信⑤。言授之絷⑥，以絷其马。
薄言追之⑦，左右绥之⑧。既有淫威⑨，降福孔夷⑩。

【集释】

①客：指箕子。箕子，名胥余，殷商末期人，纣王叔父，官太师，封于箕，商周政权交替之际，因其道不得行，其志不得遂，"违衰殷之运，走之朝鲜"。②亦：语助词。③有萋有且（jū），敦琢其旅：《诗义折中》："所献之礼也。何楷曰：萋与缕通。《说文》云：缕，白文貌。盖言帛也。尚白，故帛亦白也。且《说文》云：荐也，所以荐帛也。敦与雕通，敦琢，盖言玉也。旅，陈也。《礼器》曰：束帛加璧，尊德也。有萋有且，所谓束帛，敦琢其旅，所谓加璧是也。"④宿：住一宿。⑤信：住二宿。信信，谓住了几天。⑥言：语助词。絷（zhí）：绳索。⑦薄言：语助词。追：饯行。⑧左右：指王之左右臣子。绥：安。⑨淫：盛，大。威：德。⑩孔：很。夷：大。

【缵绎】

《毛诗序》："《有客》，微子来见祖庙也。"历来多从之。朱郁仪《诗故》："微子来朝周也。"方玉润《诗经原始》："箕子来朝见祖庙也。"笔者以为此箕子来朝见祖庙之诗。

诗三章，章四句。首章写箕子朝见祖庙；二章周王留箕子之殷勤，礼遇甚隆；三章写箕子临去，周王尤为不舍而再眷留之；末乃祝箕子必以厚德得天大福。"《小序》谓'微子来见祖庙'，向从之。唯邹肇敏曰，'愚以为箕子也。《书》武王十三祀，王访于箕子，乃陈《洪范》。此诗之作，其因来朝而见庙乎？'"（姚际恒《诗经通论》）"愚谓此诗切合箕子。……盖'絷马''追绥'等等句，非箕子不足以当武王之眷顾如是也。盖武之访于箕子者为道，箕子之见武王者亦为道，两圣相投，自有来之不能不来，亦即有去之不能不去者。故一宿不已，必曰'信宿'；信宿不已，欲絷其马而不使之去；即使或去，亦必追还而安留之。……若微子则纵极贤德，不过宠以封赐，俾承殷祀足矣，何必眷顾羁留若是？且前惩武庚之祸，后尤当警以戒词，乃为得体。故《振鹭》愚信其为微子发，此诗愚尤信其为箕子咏也。"（方玉润《诗经原始》）

武

於皇武王①，无竞维烈②。允文文王③，克开厥后④。嗣武受之⑤，胜殷遏刘⑥，耆定尔功⑦。

【集释】

①於（wū）：叹词。皇：大。②竞：强。无竞，莫之能强。烈：功业。③允：信。文：文德。④克：能。厥：其，指周文王。⑤嗣：后嗣。武：指周武王。⑥遏：制止。刘：杀。⑦耆：致，做到。尔：指武王。

【缵绎】

《毛诗序》："《武》，奏大武也。"此诗无异议。《左传·宣公十二年》载：武王克商，作《武》，其卒章曰"耆定尔功"。《武》即述武王克商之诗。

诗一章七句。首二句极颂武王功烈。次二句追颂文王盛德泽及后人。后三句陈武王继承文王遗志，伐商除暴功绩，以应"无竞维烈"。"言克商之功业实最为强也，所以能致此业而得为强者，由于信有文德者之文王以圣德受命，能开其后世子孙之基绪，故武王继而受之，胜此殷家，止于杀人之害，以致安定。"（孔颖达《毛诗注疏》）"文王有文德以开其后人之基绪，然殷虐未除，武王伐纣以止杀，然后致定其功，所以归重武王之功。明非武王之武，无以成文王之文也。"（严粲《诗缉》）"于胜殷见其义，于遏刘见其仁，此大功之所由定而大业之所由成也。"（朱善《诗解颐》）"一戎衣而天下定，自此民免于水火之虐，故知武王之用杀，乃所以止杀，而世称其烈，与文王等，有由也。"（姚舜牧《重订诗经疑问》）"《礼记》：'总干而山立，武王之事也；发扬蹈厉，太公之志也。《武》乱皆坐，以象周召之治。'言《大武》之舞，其始则持盾正立以待诸侯，既而战斗，既而又使行列皆坐，以见其为止戈之义也。《大武》之舞，在于止戈；《大武》之诗，在于止杀，其类一也。"（李樗《毛诗集解》）全诗一波三折，吞吐从容，气势宏大，言简意丰，堪称颂中上品。

【臣工之什小结】

《臣工之什》十篇。《臣工》，王者春耕籍田以敕农官。《噫嘻》，康王春祈谷。《振鹭》，微子来助祭。《丰年》，秋冬大报。《有瞽》，成王始行祫祭。《潜》，周王冬荐鱼于宗庙。《雍》，武王祀文王撤馔。《载见》，成王率诸侯祀于武王庙。《有客》，箕子来朝见祖庙。《武》，奏大武也。有武王时诗，亦有成王、康王时诗。而重农本，继绝世，蕃庶物，养民人，文德开其基绪，武德遏刘见仁，而成、康继之，则周之为周，其义亦可谓深且大矣。

周颂·闵予小子之什

闵予小子

闵予小子①,遭家不造②,嬛嬛在疚③。於乎皇考④,永世克孝⑤。念兹皇祖⑥,陟降庭止⑦。维予小子,夙夜敬止。於乎皇王,继序思不忘⑨!

【集释】

①闵:通"悯",怜念。予小子:成王自称。②造:成。不造,指遭凶丧。③嬛嬛(qióng):同"茕茕",无所依怙。疚:哀病。④於(wū)乎:同"呜呼"。皇考:指武王。⑤克:能。⑥皇祖:指文王。⑦陟降:升降。止:语气词。⑧皇王:兼指文王、武王。⑨序:绪,事业。

【缵绎】

《毛诗序》:"《闵予小子》,嗣王朝于庙也。"朱熹《诗集传》:"成王免丧,始朝于先王之庙,而作此诗也。"何楷《诗经世本古义》:"武王既葬,而祔(按:祔,奉新死者之木主于祖庙,与祖先之木主并祭。)主于庙。"朱郁仪《诗故》:"成王免丧,周公作此以启诲于王,勉之使法祖也。"笔者以为祔武王主于祖庙之诗。

诗一章十一句。首三句武王崩,成王嗣位,嬛嬛无依。四五句赞武王恪尽孝道,即颂即箴,亦以化众。六七句追忆文王擢拔贤士之德,意在言己继业守成。后四句明继武前辈之志。"姚氏曰:'何玄子引殷大白《副墨》曰:"武王既丧而祔主于庙",似为得之。此正其时诗也,何云"似"耶?盖以首三句方在丧中,下又将有事朝政,故知其为既葬而祔主于庙之时耳。然诗似祝辞,非《颂》体,而亦列之《颂》者,《颂》之变也。"(方玉润《诗经原始》)

访 落

访予落止①，率时昭考②。於乎悠哉③，朕未有艾④。将予就之⑤，继犹判涣⑥。维予小子，未堪家多难⑦。绍庭上下⑧，陟降厥家⑨。休矣皇考⑩，以保明其身⑪。

【集释】

①访：访问。指向群臣谋政。落：开始。止：语气词。②率：遵循。时：是，这。昭考：指武王。③悠：远。④朕：成王自称。艾：尽。⑤将：助。就：接近，趋向。⑥犹：同"猷"，图谋。判：分。涣：散。⑦多难：指遭武王之丧及管叔、蔡叔、武庚叛乱和淮夷之乱。⑧绍：继。⑨陟降：升降。厥：其。⑩休：美。皇考：指武王。⑪保：安。明：勉。

【缵绎】

《毛诗序》："《访落》，嗣王谋于庙也。"朱熹《诗集传》："成王既朝于庙，因作此诗以道延访群臣之意。"朱郁仪《诗故》："成王述咨政所得，而思所以率昭考也。"傅恒、孙嘉淦等《诗义折中》："成王祀武王也。武庙初成，致新主而祀之也。"姚际恒《诗经通论》："此成王既除丧，将始即政而朝于庙，以咨群臣之诗。"笔者以为成王即政告庙，咨政于群臣之诗。

诗一章十二句。"言问予小子，将何由有成乎？惟有率循昭考之道耳。昭考之道远矣，予未能有至也。进而勉以就之，偶至之矣，继犹觉其判涣而不合也。以予之凉德，遭家多难，实不能堪。昔者皇祖陟降庭止，今皇考绍皇祖之神，上下于庭，因以陟降于家，予小子在庙在宫皆见之矣。惟望皇考降休保予之身，使不罹于危难；明予之身，使不至于昏愚，庶间有所至而有所成也。"（傅恒、孙嘉淦等《诗义折中》）"名虽延访，而意实属望昭考，盖家学原有素也。故'於乎'以下，一往追维皇皇如有所求而弗获之心，所谓学如不及，犹恐失之者，其慕道而谓切矣。至'维余小子'而下，忽觉焄蒿悽怆，若或见之，则又孝思之感动不能自已。此初靠近庙时景象。末乃以保身收住，仍归重学术上。言三代圣君治道本乎学术，事业始自宫庭，不此益信然哉？"（方玉润《诗经原始》）姚际恒《诗经通论》："多少宛转曲折！"

敬 之

敬之敬之①，天维显思②，命不易哉③。无曰高高在上，陟降厥士④，日监在兹⑤。维予小子⑥，不聪敬止⑦。日就月将⑧，学有缉熙于光明⑨。佛时仔肩⑩，示我显德行⑪。

【集释】

①敬：通"儆"，警戒。②显：明。思：语助词。③命：天命。易：变更。④陟降：升降。士：通"事"。⑤日：每天。监：察，监视。兹：此，下土。⑥小子：周成王自称。⑦不、止：皆语助词。聪：听。⑧就：近。将：进。⑨缉：续。熙：明。⑩佛（bì）：通"弼"，辅助。时：通"是"，这。仔肩：责任。⑪显：明。

【缵绎】

《毛诗序》："《敬之》，群臣进戒嗣王也。"朱郁仪《诗故》："周公既作文王在上之诗，以述文德所宜配天，此则成王刺取其诗之要以自戒也。"李光地《诗所》："成王自儆之诗也。"姚际恒《诗经通论》："此群臣答访落之意而成王又答之也。"笔者以为成王自箴之诗。

诗一章十二句。首六句以敬天起始，言天道甚明，命不易保。莫道天高难极，而其聪明实常升降，无时不临鉴于我。后六句言己不聪不敬，只于时日积累中渐明天道。需群臣辅佐，以显示己之德行，期于光明。"敬者，戒惧慎独之事，所以诚身也。明者，学问讲习之事，所以明善也。群臣以敬而进戒，欲成王之诚之也。成王以明而自勉，谓必先有以明之而后可以诚之也。既有以致其明之之功，复有以致其诚之之力，则圣贤之事业可以训致矣。"（朱善《诗解颐》）"《大学》言'敬止'，而继以道学自修；《中庸》言'慎独'，而归于明善诚身，皆是道也。然则成王之于学，所得有深焉者矣。《敬之》《小毖》，皆戒勉之词，而列于《颂》者，意成王平日常诵此以自警，故后之祀成王者，歌于其庙，以妥神，非通用之乐也。"（傅恒、孙嘉淦等《诗义折中》）"维予小子"勾连前后，"机神一片。"（方玉润《诗经原始》）

小 毖

予其惩①,而毖后患②。莫予荓蜂③,自求辛螫④。肇允彼桃虫⑤,拼飞维鸟⑥。未堪家多难⑦,予又集于蓼⑧!

【集释】

①惩:有所伤而知戒。②毖:慎。③荓(píng):使。蜂:小物而有毒者。④辛:苦。螫(shì):毒虫刺人。此句比使管叔监殷而致叛。⑤肇:开始。允:诚,信。桃虫:鸟名,即鹪鹩。⑥拼:合。此句喻武庚其始甚微,臣服后聚而为乱。⑦多难:指武庚、管叔、蔡叔之乱。⑧蓼(liǎo):草名,生于水边,味辛辣苦涩。此句喻陷入困境。

【缵绎】

《毛诗序》:"《小毖》,嗣王救助也。"朱熹《诗集传》:"此亦访落之意"。朱郁仪《诗故》:"盖成王诲听流言而迎复,周公赋此以答《鸱鸮》也。"姚际恒《诗经通论》:"此为成王既诛管、蔡之后,自惩以求助群臣之诗。"方玉润《诗经原始》:"成王惩管蔡之祸而自儆也。"程俊英《诗经译注》:成王既诛管蔡、武庚,自惩戒并求助于君臣也。笔者以为成王惩管蔡之祸而自儆之诗。

诗一章八句。诗名《小毖》,谨之于小,意实大戒,盖深自惩也。首二句以惩毖后患起。其后四句用微物作比,言小患者不意成大祸。末二句言已未堪,家遭多难,而陷于辛苦之地,亦是深自儆意。"成王初信二叔而疑周公,忽武庚而不为之防,妨危王室,今始悟而悔之,归诚于周公也。毖而言小者,毖之于小也。既已辛螫,悔之何及?当于其荓蜂之时而谨之也。拼飞成鸟,则不可制,当于其桃虫之时而防之也。"(傅恒、孙嘉淦等《诗义折中》)"惩者,惩其既往;毖者,毖其将来。成王惩始信二叔之流言而疑周公,几妨王室,故毖其后来之患,虽小而不敢忽也。"(范处义《诗补传》)朱公迁《诗经疏义会通》:"《闵予小子》之思念文武,《访落》之专法武王,《敬之》勉于学问以敬天,《小毖》惩其往事以谨患,皆有皇皇不及之意焉,盖一时诗也。"姚际恒《诗经通论》:"愤懑、蟠郁,发为古奥之辞。偏取草虫等等作喻,以见姿致,尤奇。"方玉润《诗经原始》:"自《闵予小子》至此,凡四章,皆成王自作。若他人,则不能如是之亲切有味矣。然除《闵予小子》一篇似祝辞外，余皆箴铭体，非《颂》之正也，不可不知。盖箴铭体近《颂》，故附乎《颂》耳。至于笔意清矫，思致缠绵，四诗实出一手，故知其为成王作。至今读之，令人想见其忧深虑远，道醇术正气象，非太平有道明王而能若是哉！"

载 芟

载芟载柞①，其耕泽泽②。千耦其耘③，徂隰徂畛④。侯主侯伯⑤，侯亚侯旅⑥，侯强侯以⑦。有嗿其馌⑧，思媚其妇⑨，有依其士⑩。有略其耜⑪，俶载南亩⑫。播厥百谷，实函斯活⑬。驿驿其达⑭，有厌其杰⑮。厌厌其苗⑯，绵绵其麃⑰。载获济济⑱，有实其积⑲，万亿及秭⑳。为酒为醴㉑，烝畀祖妣㉒，以洽百礼㉓。有飶其香㉔，邦家之光。有椒其馨㉕，胡考之宁㉖。匪且有且㉗，匪今斯今，振古如兹㉘。

【集释】

①芟（shān）：除草。柞（zuò）：砍树。朱熹《诗集传》："除草曰芟，除木曰柞。"②泽泽：湿润貌。③耦：二人并耕。耘：除草根。④徂（cú）：往。隰（xí）：低湿地。畛（zhěn）：田畔。⑤侯：语助词。主：家长，古代一国或一家之长均称主。伯：长子。⑥亚：仲叔。旅：众子弟。⑦强：民之有余力而来助者。以：能随主人左右者。⑧嗿（tǎn）：众饮食声。馌（yè）：送到田间之饭菜。⑨思：语助词。媚：顺。⑩依：倚。一说通"殷"，强壮貌。士：指男子。⑪略：锋利。耜（sì）：犁头。⑫俶（chù）：始。载：通"菑"，翻草。⑬实：种子。函：含。斯：乃。活：生。⑭驿驿：亦作"绎绎"，连绵不断貌。达：长出土。⑮厌：受气足。杰：特出，先长者。⑯厌厌：苗齐貌。⑰绵绵：详密貌。麃（biāo）：穗。⑱济济：众多貌。⑲实：满。积：在露天堆积粮谷。⑳亿：十万。秭（zǐ）：一万亿。㉑醴（lǐ）：甜酒。㉒烝：进。畀（bì）：给予。祖妣：祖父、祖母及以上祖先。㉓洽：合。㉔有飶（bì）：飶飶，飶通"苾"，芬芳。㉕椒：与俶、淑通用，香气浓郁。㉖胡考：长寿，指老人。胡，遐。㉗匪（fēi）：非。且（zū）：此。二句谓非独此处有此稼穑之事，非独今时有此丰年之庆。㉘振古：自古。振，起。

【缵绎】

《毛诗序》:"《载芟》,春籍田而祈社稷也。"朱熹《诗集传》:"此诗未详所用。然辞意与《丰年》相似,其用应亦不殊。"傅恒、孙嘉淦等《诗义折中》:"腊祀也。《月令》:孟冬之月腊先祖五祀(按:古时岁终祭祀)。"方玉润《诗经原始》:"春祈社稷也。"笔者以为春祈社稷之诗。

诗一章三十一句,《周颂》中最长篇。一二句言垦土,三四句言治田,五至十二句言男女长幼齐力于始耕,十三、十四句言苗生,十五、十六句言苗生之盛,十七、十八句言耘苗,十九至二十四言收入之多以供祭祀,二十五至二十八句言可以待宾养老,末三句追言田事之所由来者远矣。"《小序》曰:'《载芟》,春籍田而祈社稷也;《良耜》,秋报社稷也。'朱子俱以为报诗,亦不相远。但言祈则章中耕耘、收获、祭祀、尊贤、养老诸事皆预言之,冀望之;言报则直述其已然,以昭神贶耳。"(沈守正《诗经说通》)"此诗但言农事之勤,所获之多,可备百礼之用,未尝言祭报而获福也,则非报之乐章明矣。若以类诸《豳》之《七月》,《雅》之《大田》,则当次于《风》《雅》。今次于《颂》,则为王者之乐章明矣。"(王鸿绪等《诗经传说汇纂》)"古人文字质简,不似后人曲折分明。此等诗歌又不得以后世文法相拘。且《噫嘻》春祈,亦无甚祈意,不能不以之为祈谷用,则此诗之用于春祈社稷也,亦何疑哉?"(方玉润《诗经原始》)姚际恒《诗经通论》:"写一家及工作人俨然在目。"

良 耜

畟畟良耜①,俶载南亩②。播厥百谷,实函斯活③。或来瞻女④,载筐及筥⑤,其饟伊黍⑥。其笠伊纠⑦,其镈斯赵⑧,以薅荼蓼⑨。荼蓼朽止⑩,黍稷茂止。获之挃挃⑪,积之栗栗⑫。其崇如墉⑬,其比如栉⑭。以开百室⑮,百室盈止,妇子宁止。杀时犉牡⑯,有捄其角⑰。以似以续⑱,续古之人。

【集释】

①畟畟(cè):快利貌。耜:犁头。②俶(chù):开始。载:"菑(zī)"假借。菑,初耕一年之土。③实:种子。函:含,指种子播下后孕育发芽。斯:乃。活:生。④瞻:视。女:通"汝",指耕地者。⑤载:背。筐:方筐。筥

(jǔ)：圆筐。⑥饷（xiǎng）：送饭食。⑦笠：笠帽。纠：编织。⑧镈（bó）：古代锄草农具。赵：刺。⑨薅（hāo）：除草。荼：陆地秽草。蓼（liǎo）：水田秽草。⑩朽：腐烂。止：语助词。⑪挃挃（zhì）：割禾声。⑫栗栗：众多。⑬崇：高。墉（yōng）：城墙。⑭比：排列。栉（zhì）：梳子。⑮室：指仓库。⑯时：这。犉（rǔn）：黄牛黑唇曰犉。⑰捄（qiú）："觓"假借，兽角弯曲貌。⑱似（sì）：通"嗣"，继续。续：指续先祖以奉祭祀。

【缵绎】

《毛诗序》："《良耜》，秋报社稷也。"古来无异议。

诗一章二十三句。前十二句写春耕夏耘：一二句始耕，三四句苗生，五至七句饷田，八至十句耘苗，十一、十二句苗盛。次七句写秋季丰收：十三至十六句收获之多而齐，十七至十九句乐丰稔。篇末四句则田事毕而祭祀，秋冬报赛也。"此诗为报社稷，必陈农功之本末，故当秋时而追述春耕，预言冬获也。"（严粲《诗缉》）"《月令》：'孟冬之月，天子乃祈来年于天宗，大割祠于公社'是也。'杀是犉牡'，所谓大割也；天子祭社而言农事者，为农报也。"（傅恒、孙嘉淦等《诗义折中》）"苏氏曰：'圣人之为诗，道其耕耨播种之勤，而述其岁终仓廪丰实，妇人喜乐之际，以感动其意。夫诗之可以兴者，所以感发人之善志故也。先言勤劳，后言逸乐，使夫勤者有以自忘其勤劳，怠者亦知以自奋，则天下之人趋事赴功，而其心未尝惰于三农之务也。'"（李樗《毛诗集解》）"此诗当秋祭而预言冬获，则前诗当春祭何不可以预言秋成？是《载芟》为春祈无疑矣。盖二诗皆举农工本末而言。"（方玉润《诗经原始》）

丝　衣

丝衣其紑①，载弁俅俅②。自堂徂基③，自羊徂牛；鼐鼎及鼒④，兕觥其觩⑤，旨酒思柔⑥。不吴不敖⑦，胡考之休⑧！

【集释】

①丝衣：祭服。紑（fóu）：洁。②载：戴。弁：爵弁。大夫以上祭服谓之冕，士祭服谓之弁，其首服弁，则衣用丝。俅俅（qiú）：恭顺貌。③徂：往，到。基：门侧之堂谓之塾，其下则基。④鼐（nài）：大鼎。鼒（zī）：小鼎。

⑤兕觥（sì gōng）：犀角制酒杯。觩（qiú）：弯曲貌。⑥旨酒：美酒。思：语助词。柔：和。⑦吴：喧哗。敖：通"傲"，傲慢。⑧胡考：长寿。休：福。

【缵绎】

《毛诗序》："《丝衣》，绎宾尸也。高子曰：'灵星之尸也。'"（郑玄《毛诗传笺》："绎，又祭也。天子诸侯曰绎，以祭之明日。卿大夫曰宾尸，与祭同日。"）朱熹《诗集传》："此亦祭而饮酒之诗。"李光地《诗所》："此则养老之诗也。"程俊英《诗经译注》：周王祭神之歌舞诗也。笔者以为绎祭之诗。

诗一章九句。首二句言祭祀时穿丝衣，戴爵弁。次四句言祭祀之准备，自堂至门，祭器陈列，极为隆盛。末二句祭者恭敬祈福。丝衣载弁之士，恭顺执事，自堂以至于基，定位次也；自羊以至于牛，定品味也；自鼐以至于鼒，以告洁也。然后以兕觥旨酒，致其敬也；无有喧哗怠傲，见其谨也。以是行之，则寿考得福也。"宗庙正祭之明日又祭曰绎，绎礼在庙门，而庙门侧之堂谓之塾，今诗云'自堂徂基'则基是门塾之基，盖谓庙门外西夹室之堂基也，其为绎祭明矣。"（王鸿绪等《诗经传说汇纂》）

酌

於铄王师①！遵养时晦②。时纯熙矣③，是用大介④。我龙受之⑤，蹻蹻王之造⑥。载用有嗣⑦，实维尔公允师⑧。

【集释】

①於（wū）：叹词。铄（shuò）：盛。②遵：循。时：是。晦：暗。③纯：大。熙：光明。④是用：因此。介：甲。⑤我：祭者自称，成王。龙："宠"假借，光荣。⑥蹻蹻（jué）：勇武貌。造：为。⑦载：乃。用：以。有：助词。嗣：继承。⑧实：是。尔：指武王。公：功。允：信。师：师法，榜样。

【缵绎】

《毛诗序》："《酌》，告成《大武》也。言能酌先祖之道以养天下也。"朱熹《诗集传》："此亦颂武王之诗。"李光地《诗所》："此东都文王庙之诗。"方玉润《诗经原始》："美武王能酌时宜也。"笔者以为美武王能酌时宜之诗。

诗一章八句。前五句颂武王遵时养晦，一旦用兵则立定天下，而使国运隆昌,子孙荫福。后三句言武王功烈实为后人楷模,必当师法"武王之师盛矣,然时止则止,时行则行,动静不失其时,是以武功之成如此。我既受此武功矣,一有用武而继其事,则将如之何哉?亦曰必以其时,如武王耳。"(朱公迁《诗经疏义会通》)"以'酌'名篇,其所言皆颂武王能酌时宜之意,义旨极明。朱氏善曰:'方其遵养时晦,圣人非忘天下也;及其是用大介,圣人非利天下也。圣人无忘天下之心,亦无得天下之心,此所以为圣人之武也。'数语颇得诗中要义。"(方玉润《诗经原始》)"此篇重在'时'字,《武》颂止杀,《酌》颂适时,盖穷兵黩武不足以为武,违天悖时不足以成功,可谓颂所当颂矣。"(朱公迁《诗经疏义会通》)"此《酌》颂言武王,初则遵养,继则蹻蹻,酌其时措之宜也。左氏《传》以《武》为《武》之卒章,以《赉》为《武》之三,以《桓》为《武》之六。朱氏谓《桓》《赉》二篇皆《大武》篇中之一章,然则《酌》与《赉》《般》一体,亦《大武》篇中之一章明矣。"(严粲《诗缉》)陈子展《诗经直解》引孙鑛评:"始如处女,敌人开户;后如脱兔,敌不及拒。"语极雄健,大声鞺鞳,气势堂堂,有不可一世之概。其间以天下为己任者,非明王不能胜也。(按:篇名《酌》,说者不一。朱熹《诗集传》:"'酌'即'勺'也。《内则》'十三舞勺',即以此诗为节而舞也。然此诗与《赉》《般》皆不用诗中字名篇,疑取乐节之名。"王质《诗总闻》:"寻诗无'酌'字,亦无'酌'意。恐'酌'是'灼'字……《说文》:'铄,销也';'灼,炙也。'皆是火意。"聂石樵《先秦两汉文学史稿·先秦卷》:"'酌'字本为'灼',当为'酌'字之误。'灼'即'於铄王师'之'铄',皆火意。"陈奂《诗毛氏传疏》:"至蔡邕《独断》,应劭《风俗通》皆言'酌先王之道',知《序》意之来古矣。"可供参考。)

桓

绥万邦①,娄丰年②,天命匪解③。桓桓武王④,保有厥士⑤。于以四方⑥,克定厥家⑦。於昭于天⑧,皇以间之⑨。

【集释】

①绥:安。②娄(lǚ):同"屡"。③解(xiè):通"懈"。④桓桓:威武

貌。⑤保：拥有。士：犹事，指武功。⑥于：于是。以：用。⑦克：能。家：周室。⑧於（wū）：叹词。昭：光明。⑨皇：大。间（jiàn）：参并。之：指天。

【缵绎】

《毛诗序》："《桓》，讲武类祃也。桓，武志也。"（按：郑玄《毛诗传笺》："类也，祃也，皆师祭也。"孔颖达《毛诗注疏》："《桓》诗者，讲武类祃之乐歌也。武王将欲伐殷，陈列六军，讲习武事，又为类祭于上帝，为祃祭于所征之地，治兵祭神，然后克纣，至周公、成王大平之时，诗人追述其事，而为此歌焉。"）朱熹《诗集传》："此亦颂武王之功。"朱郁仪《诗故》："盖述武王既克商而有天下也。"李光地《诗所》："祭武王庙之诗。"傅恒、孙嘉淦等《诗义折中》："《大武》六成之乐歌也。"方玉润《诗经原始》："祀武王于明堂也。"笔者以为祀武王于明堂之诗。

诗一章九句。"绥万邦"者，武王之本志也；"娄丰年"者，上天之嘉应也。有是志则有是应，先天而天弗违也。"天命匪解"者，天命之无厌也；"桓桓武王"者，武王之无怠也。天命之无厌，乃武王之无怠也，后天而奉天时也。天命武王不闲毫发，保有厥士，于以四方，克定厥家，此武王之武所成就也，是以其德上昭于天，可参天矣。"《小序》谓'讲武类祃'，亦未尽非，但不若邹肇敏云'祀武王于明堂'之说为较切耳。……不然，何云'皇以间之'耶？盖间天即参天之意，德可参天，故祭用配天，与文王并祀于明堂也。"（方玉润《诗经原始》）（按：《桓》，朱熹《诗集传》："《春秋传》以此为《大武》之六章，则今之篇次盖已失其旧矣。又篇内已有武王之谥，则其谓武王时作者亦误矣。《序》以为'讲武类祃'之诗，岂后世取其义而用之于其事也欤？"）

赉①

文王既勤止②，我应受之③。敷时绎思④，我徂维求定⑤。时周之命，於绎思⑥！

【集释】

①赉（lài）：赐予。②既：尽。止：语助词。③我：武王自称。④敷（pǔ）：铺，布。时：是，这。绎：连绵不断。思：语气词。⑤徂：往。⑥於

（wū）：叹词。

【缵绎】

《毛诗序》："《赉》，大封于庙也。赉，予也，言所以赐予善人也。"（郑玄《毛诗传笺》："大封，武王伐纣，时封诸臣有功者。"）朱熹《诗集传》："此颂文、武之功，而言其大封功臣之意也。"傅恒、孙嘉淦等《诗义折中》："《大武》三成之乐歌也。"方玉润《诗经原始》："武王克商，归告文王庙也。"笔者以为武王克商归告文王庙之诗。

诗一章六句。前四句言我承文王之勤，并将之扩大而布泽海内，伐纣以定天下。后二句自箴，言将此上天大命，永为承续。"盖武王初克商，归祀文王庙，大告诸侯所以得天下之意耳。"（方玉润《诗经原始》）"武王之封赏功臣，人见其为武王之恩也。自武王之心言之，乃是文王功德之在人心而可思绎者耳，非己之恩也。以是而往，求天下之安定，则庶乎其可矣，然则受其封赏者，又可以不思绎文王之德哉？'时周之命'，此又提起来说，以兴起人心也。"（辅广《诗童子问》）"此篇与下《般》诗皆武王初有天下之辞，二篇皆无'武王'字，故知为武王；又以诗中皆曰'时周之命'，是武王语气也。此篇上言'文王'，下言'我'者，武王自我也。"（姚际恒《诗经通论》）陈子展《诗经直解》引孙鑛曰："古淡无比，'於绎思'三字以叹勉，含味最长。"

般①

於皇时周②，陟其高山③，隳山乔岳④，允犹翕河⑤。敷天之下⑥，裒时之对⑦，时周之命。

【集释】

①般：意未详。一说"游"，一说"盘旋"。②於（wū）：叹词。皇：大。时：是。③陟（zhì）：登。④隳（duò）：山之相连者。乔：山之特起者。⑤允：实。犹：同"与"。翕：合。河：黄河。⑥敷：普。⑦裒（póu）：聚。时：是。对：答。

【缵绎】

《毛诗序》："《般》，巡守而祀四岳河海也。般，乐也。"（郑玄《毛诗传笺》:"於乎美哉,君是周邦而巡守,其所至则登其高山而祭之,望秩于山川。小山及高岳,皆信案山川之图而次序祭之。河言'合'者,河自大陆之北敷为九,祭者合为一。")朱郁仪《诗故》:"盖克商之后,列爵为五,分土为三,班瑞群后,改物革命也。"李光地《诗所》:"武王因盘游而望三途岳鄙,顾瞻河洛之间,有定都是之志,故作此诗。其后成王与周召成之,而武王庙乐亦以此诗歌焉。"傅恒、孙嘉淦等《诗义折中》:"《大武》四成之乐歌也。"笔者以为武王巡守祀山川之诗。

诗一章七句。武王巡守,登山临河,以祀山川,"高""乔""敷""裒",表空间辽远,喻周室伟大,天下一统,尽显恢宏气势。"《小序》谓'巡守而祀四岳、河、海',近是。此亦武王之诗,《时迈》亦武王巡守。意彼之巡守,封赏诸侯;此则初克商,巡守柴望岳渎,告所以得天下之意,固在《时迈》之先也。诗原无次第,不得拘求之。"(姚际恒《诗经通论》)"得天下必告于名山大川,礼也。舜受天下于尧,犹必望于山川,遍于群神受命之始,不得不然也,而况武王革命之主乎?故此诗首末皆言是周之受命也。"(黄櫄《毛诗集解》)姚际恒《诗经通论》:"写得精彩。"有气吞山河之雄,包举宇内之壮。(按:篇名《般》,说者不一。朱熹《诗集传》:"般义未详。"郑氏康成曰:"般,乐也。"孔氏颖达曰:"经无般字,《序》又说其名篇之意,'般,乐也,为天下所美乐。'"又曰:"《般》诗者,巡守而祀四岳河海之乐歌也。谓武王既定天下,巡行诸侯所守之土,祭祀四岳河海之神,神皆享其祭祀,降之福,助至周公、成王太平之时,诗人述其事而作此歌焉。"苏氏辙曰:"般,游也。"曹氏粹中曰:"《说文》云:'般,旋也,象舟之旋,从舟,从殳,殳所以旋也。'今名篇曰般,取盘旋之义。巡守而遍乎四岳,所谓盘旋也。"范氏处义曰:"《周颂》言'时周之命'者再,其一《赉》也,其一《般》也。意谓周之受命,明则赖善人之助,幽则赖百神之助,故申言之。"可供参考。)

【闵予小子之什小结】

《闵予小子之什》十一篇。《闵予小子》,祔武王主于祖庙。《访落》,成王即政告庙咨政于群臣。《敬之》,成王自儆。《小毖》,成王惩管蔡之祸而自儆。《载芟》,春祈社稷。《良耜》,秋报社稷。《丝衣》,绎祭。《酌》,美武王能酌时宜。

《桓》，祀武王于明堂。《赉》，武王克商归告文庙。《般》，武王巡守祀山川。此什多述成王，咨政为义，箴儆为仁，祈报社稷，斟酌时宜，重绎祭而敬明堂，以武王巡守岳渎为殿，则周之受命，明赖善人之助，幽赖百神之助，上合天意，下顺民心，小惩而知大戒，诚足为万世法也。

鲁　颂

"鲁，少皞之墟。在《禹贡》徐州蒙羽之野。成王以封周公长子伯禽，今袭庆、东平府沂、密、海等州即其地也。成王以周公有大勋劳于天下，故赐伯禽以天子之礼乐。鲁于是乎有《颂》以为庙乐。其后又自作诗，以美其君，亦谓之《颂》。"（朱熹《诗集传》）鲁国在今山东东南、南部，如枣庄、菏泽、济宁等地。其都城在今曲阜。

"夫'颂'者，所以颂功与德耳。非天子则功德非不盛，故《颂》惟天子有之。倘使诸侯盛德隆功，则何不可颂之有？既可颂君、即可告庙，又安见庙颂惟天子之有，诸侯不得有耶？鲁无大功德而有《颂》，且变为颂君而非告庙，则其无大功德堪以告庙，不得不变而为颂君之辞也可知。然未免近浮而夸矣。此《颂》之变也。《颂》既变为此体，编《诗》者虽欲删而除之，其可得乎？是编《诗》而存《鲁颂》，非存鲁之《颂》，乃存《颂》之变者耳。"（方玉润《诗经原始》）

駉

　　駉駉牡马①，在坰之野②。薄言駉者③：有驈有皇④，有骊有黄⑤，以车彭彭⑥。思无疆，思马斯臧⑦。

　　駉駉牡马，在坰之野。薄言駉者：有骓有駓⑧，有骍有骐⑨，以车伾伾⑩。思无期，思马斯才。

　　駉駉牡马，在坰之野。薄言駉者：有驒有骆⑪，有骝有雒⑫，以车绎绎⑬。思无斁⑭，思马斯作⑮。

　　駉駉牡马，在坰之野。薄言駉者：有骃有騢⑯，有驔有鱼⑰，以车祛祛⑱。思无邪，思马斯徂⑲。

【集释】

①駉駉（jiōng）：腹干肥张貌。②坰（jiōng）：邑外谓之郊，郊外谓之牧，牧外谓之野，野外谓之林，林外谓之坰。③薄言：语助词。④驈（yù）：黑马白胯。皇：《鲁诗》作"騜"，黄白色马。⑤骊（lí）：纯黑色马。黄：黄赤色马。⑥以车：驾车。彭彭：盛貌。⑦思：语助词。臧：好。⑧骓（zhuī）：苍白杂色马。駓（pī）：黄白杂色马。⑨骍（xīn）：赤黄色马。骐：青黑相间马。⑩伾伾（pī）：有力貌。⑪驒（tuó）：青色鳞斑马。骆：黑身白鬃马。⑫骝（liú）：赤身黑鬃马。雒（luò）：黑身白鬃马。⑬绎绎：不绝貌。⑭斁（yì）：厌倦。⑮作：奋起。⑯骃（yīn）：浅黑杂白马。騢（xiá）：赤白杂色马。⑰驔（diàn）：黑身黄脊马。鱼：两眼眶有白圈马。⑱祛祛（qū）：强健貌。⑲徂：行。

【缵绎】

　　《毛诗序》："《駉》，颂僖公也。僖公能遵伯禽之法，俭以足用，宽以爱民，务农重谷，牧于坰野，鲁人尊之，于是季孙行父请命于周，而史克作是颂。"（郑玄《毛诗传笺》："季孙行父，季文子也。史克，鲁史也。"）后多从其说。季本《诗说解颐》："盖美伯禽牧马之盛也。"傅恒、孙嘉淦等《诗义折中》："考牧（谓牧事有成）而祭马神也。"方玉润《诗经原始》："喻育贤也。"笔者以为借考牧以颂育贤之诗。

　　诗四章，章八句。一章写"马之德"，二章写"马之力"，三章写"马精神",四章写"马志向",皆以马写人耳。"此诸家皆谓'颂僖公牧马之盛',愚独以为喻鲁育贤之众,盖借马以比贤人君子耳。其为颂鲁何公不可知,但观每章'思无疆''思无期''思无斁''思无邪'句,必非呆咏马者。上四'思'字当属马言,下四'思'字乃属牧人言。意谓德之良者,其智虑必深广而无穷也;才之长者,其干济必因应而无方也;神之王者,其举动必振动而无厌也;心之正者,其品行必端向而无曲也。此虽駉马歌,实一篇贤才颂耳。不然,牧马纵盛,何关大政,而必为之颂,且居一国颂声之首耶?窃意伯禽初封,人才必众,故诗人假牧马以颂育贤,为一国开基盛事。其后东山、泗水间果多英贤,甲于列邦。编《诗》者追溯其原,实由于是,故以此篇冠《鲁颂》之首,未必无所取意。……或谓'颂僖公',或谓'美伯禽',都无所考,焉有定论?颂体本告成功,用之效庙;此独虚颂马德,以喻贤才,于朝庙无所用之,故又为《颂》中变体,已开后世《天马歌》《白马篇》等诗之先,故又不可不存,以备《颂》中一体也。"(方玉润《诗经原始》)"每章之意,惟在第七句。无疆者广大也,无期者不苟于近利也,无斁者持之能久也,惟所思者如此,故久而有富盛之效,其富盛非特马也,因马可以见其它尔。然思之无疆、无期、无斁,犹未知其所思者当耶否耶?至其卒章辞曰'思无邪',则见其心之正取于民者,有制其富盛皆所当得,非掊克苛敛以致之者也。"(许谦《诗集传名物钞》)"各章上'思'字讯就平日立心言,下'思'字则思及于马,凡畜之而不枉其性,用之而不穷其力,食之而必以其道,防之而曲尽其材,皆是也。"(邹泉《诗经约说》)"《鲁颂》首《駉》,重本也。思无邪,政本也。思无疆、无期则大,无斁则久,无邪则贞。"(邓元锡《诗绎》)

有 駜

有駜有駜①,駜彼乘黄②。夙夜在公③,在公明明④。振振鹭⑤,鹭于下。鼓咽咽⑥,醉言舞。于胥乐兮⑦!

有駜有駜,駜彼乘牡⑧。夙夜在公,在公饮酒。振振鹭,鹭于飞。鼓咽咽,醉言归。于胥乐兮!

有駜有駜,駜彼乘駽⑨。夙夜在公,在公载燕⑩。自今以始,岁其有⑪。君子有穀⑫,诒孙子⑬。于胥乐兮!

【集释】

①駜（bì）：马肥壮貌。②乘（shèng）黄：四匹黄马。一车四马曰乘。③公：官府。④明明：明辨以治。⑤振振：群飞貌。鹭：鹭羽，舞者所持。⑥咽咽：鼓声深长。⑦于：通"吁"，感叹词。胥：相。⑧牡：公马。⑨骃（xuān）：青骊马，又名铁骢。⑩载：则。燕：通"宴"。⑪岁其有：岁有丰年。⑫穀：福善。⑬诒：留。

【缵绎】

《毛诗序》："《有駜》，颂僖公君臣之有道也。"朱熹《诗集传》："此燕饮而颂祷之词也。"季本《诗说解颐》："美伯禽君臣相庆乐之辞。"朱郁仪《诗故》："诸侯相见宴会之诗。"傅恒、孙嘉淦等《诗义折中》："蜡而饮酒也。"汪梧凤《诗学汝为》："孟冬大饮之诗。"方玉润《诗经原始》："颂鲁侯燕不废公也。"笔者以为颂鲁侯孟冬大饮之诗。

诗三章，章九句。一章群臣乘马而来，相与饮酒，舞者持鹭羽，如鹭鸟群飞而起，翩然而落，君臣夙夜为公，今随鼓而舞，其乐何极。二章舞者持鹭羽散去，舞宴结束，饮宴者带醉而返。三章既写鲁侯与宴群臣同乐，又示祭祀以祷丰年，福泽传之子孙；亦喻鲁国福泽绵长，享祚长久。"《豳风·七月》之诗曰：'十月涤场，朋酒斯飨；曰杀羔羊，跻彼公堂；称彼兕觥，万寿无疆。'此诸侯之诗也。其礼举于十月与月令孟冬大饮烝之礼合，故郑玄以为颂大饮之诗，谓十月农功毕，天子诸侯与其群臣饮酒于太学，以正齿位。孔颖达云：'知大饮在太学，亦正齿位者，以国君大饮与党正饮酒皆农隙而为，俱教孝弟之道。党正于序学，知国君于大学；党正饮酒为正齿位，知国君饮酒亦正齿位也。'黄子道周云：'孟夏之酎则序爵于朝，孟冬之烝则序爵于学，所以正功德，奠天地之义也。尊尊而卑卑，则天为政于上。长长而弟弟，则地为政于下。故天者所以教敬也，地者所以教让也，敬让立而民不争。'按：古者凡养老皆在太学，太学在郊，天子曰辟雍，诸侯曰泮宫，所以知此诗为饮酒太学者，以'振振鹭'之语，意之鲁固有泮宫也。所以知此诗言饮酒为孟冬大饮烝者，以'自今以始，岁其有'之语，意之'岁其有'者，有谷也。"（何楷《诗经世本古义》）全诗不过为"自今以始"以下四句作章本，而极尽逶迤绮丽之致。方玉润《诗经原始》："又开后世柏梁燕享、赋诗献颂之渐，与前虚颂良马喻贤材，别为一体。"

泮 水

思乐泮水①,薄采其芹②。鲁侯戾止③,言观其旂④。其旂茷茷⑤,鸾声哕哕⑥。无小无大⑦,从公于迈⑧。

思乐泮水,薄采其藻⑨。鲁侯戾止,其马蹻蹻⑩。其马蹻蹻,其音昭昭⑪。载色载笑⑫,匪怒伊教⑬。

思乐泮水,薄采其茆⑭。鲁侯戾止,在泮饮酒。既饮旨酒⑮,永锡难老⑯。顺彼长道⑰,屈此群丑⑱。

穆穆鲁侯⑲,敬明其德⑳。敬慎威仪㉑,维民之则㉒。允文允武㉓,昭假烈祖㉔。靡有不孝㉕,自求伊祜㉖。

明明鲁侯㉗,克明其德。既作泮宫㉘,淮夷攸服㉙。矫矫虎臣㉚,在泮献馘㉛。淑问如皋陶㉜,在泮献囚。

济济多士㉝,克广德心㉞。桓桓于征㉟,狄彼东南㊱。烝烝皇皇㊲,不吴不扬㊳。不告于讻㊴,在泮献功。

角弓其觩㊵,束矢其搜㊶。戎车孔博㊷,徒御无斁㊸。既克淮夷,孔淑不逆㊹。式固尔犹㊺,淮夷卒获㊻。

翩彼飞鸮㊼,集于泮林。食我桑黮㊽,怀我好音㊾。憬彼淮夷㊿,来献其琛㈤¹。元龟象齿㈤²,大赂南金㈤³。

【集释】

①思:发语词。泮水:水名。②薄:语助词。芹:水芹菜。③戾:临。止:语尾助词。④言:语助词。旂(qí):绘龙纹之旗帜。⑤茷茷(pèi):飞扬貌。⑥鸾:通"銮",车铃。哕哕(huì):铃和鸣声。⑦无:无论。小、大:指大小官员。⑧公:鲁公,指诗中鲁侯。于:往。迈:行。⑨藻:水藻。⑩蹻蹻(jué):马强壮貌。⑪昭昭:洪亮。⑫载:又。色:容颜和蔼。⑬伊:语助词。⑭茆(mǎo):莼菜。⑮旨酒:美酒。⑯锡:同"赐"。难老:长寿。⑰长道:远路。⑱屈:征服。丑:恶,指淮夷。⑲穆穆:恭敬庄重貌。⑳敬:诚。威仪:礼仪举止。㉒则:法则。㉓允:信。㉔昭:明。假:格、至。烈祖:指鲁国有功先祖。㉕孝:同"效",法。㉖祜(hù):福。㉗明明:气宇堂堂貌。㉘作:

建筑。㉙淮夷：淮水流域不受周王室控制之民族。攸：乃。㉚矫矫：勇武貌。㉛馘（guó）：割下敌尸左耳以计功。㉜淑：善。皋陶（yáo）：尧时有名的刑狱官。㉝济济：众多貌。㉞德心：善意。㉟桓桓：威武貌。㊱狄：同"逖"，远。东南：指淮夷。㊲烝烝：光明。皇皇：正大。㊳吴：喧哗。扬：高声。㊴告：严厉治罪。讻（xiōng）：争辩。㊵觩（qiú）：如角弯曲貌。㊶束矢：五十矢为一束。搜：多。㊷孔：很。博：宽大。㊸徒：徒步行走，指步兵。御：驾驭马车，指战车上武士。斁（yì）：厌倦。㊹淑：顺。逆：违。㊺式：用。固：坚定。犹：通"猷"，谋。㊻获：克。㊼鸮（xiāo）：鸟名，即猫头鹰，古人视为恶鸟。㊽黮（shèn）：通"葚"，桑葚。㊾怀：答。㊿憬（jǐng）：觉悟。(51)琛（chēn）：珍宝。(52)元龟：大龟。象齿：象牙。(53)赂：通"璐"，美玉。南金：南方出土之金。

【缵绎】

《毛诗序》："《泮水》，颂僖公能修泮宫也。"朱熹《诗集传》："此饮于泮宫而颂祷之辞也。"季本《诗说解颐》："美伯禽之治，惟于泮水讲学，而服远之功皆本于此也。"方玉润《诗经原始》："受俘泮宫也。"笔者以为颂伯禽修泮宫，服淮夷之诗。

诗八章，章八句。前三章述鲁侯前往泮水情形。一章以旗飘銮声，随从众多，托鲁侯尊严与声势；二章鲁侯来临，乘马健壮，声音嘹亮，面容和蔼而带微笑，自具威仪；三章在泮饮酒，既祝鲁侯万寿无疆，又示凯旋及征服淮夷功绩。四、五章颂美鲁侯德性。先写文治：举止庄重，神情肃穆，为臣民仰望准则，以其能承先祖余烈也；次写武功：作泮宫而修明德性，恢复旧制，将士战之能胜，在泮献俘。六、七章写伐淮夷鲁军。先写出征获胜，武士以鲁侯仁德化敌，将士以不争献功；次写军队武器极精，师徒甚众，虽克敌有功，但士无骄悍，不为暴虐，故败者怀德，淮夷卒获。末章以恶鸟鸮喻淮夷，言其虽食我桑葚，因怀我好音，故感悟归顺，贡献珍宝。"《费誓》曰：'徂兹淮夷，徐戎并兴。'《书序》曰：'鲁侯伯禽，宅曲阜，徐夷并兴，东郊不开，作《费誓》。'今此诗曰：'既作泮宫，淮夷攸服'，是作泮征淮后先继举，其为伯禽之诗无疑也。"（傅恒、孙嘉淦等《诗义折中》）"是诗以为'颂伯禽'者近是。至泮宫为学之说，未可尽非，当日作宫泮水，未必有意于学也；后世振兴学校，或即其地以开讲堂，遂至相沿以为典制，更袭其名而不能更者，大都如是。……鲁侯既作泮宫，而征淮适来献馘，故奏凯书勋，饮酒受俘。其地若已建学，则岂献囚献功处哉？"（方玉润《诗经原始》）陈子展《诗经直解》引孙鑛："大体宏赡，然造语却入细，叙事甚精核有致。前三章近《风》，后五章近《雅》。"

閟 宫

閟宫有侐①，实实枚枚②。赫赫姜嫄③，其德不回④。上帝是依⑤，无灾无害。弥月不迟⑥，是生后稷⑦。降之百福⑧，黍稷重穋⑨，稙稚菽麦⑩。奄有下国⑪，俾民稼穑⑫。有稷有黍，有稻有秬⑬。奄有下土，缵禹之绪⑭。

后稷之孙，实维大王⑮。居岐之阳⑯，实始翦商⑰。至于文武⑱，缵大王之绪，致天之届⑲，于牧之野⑳。无贰无虞㉑，上帝临女㉒。敦商之旅㉓，克咸厥功㉔。王曰叔父㉕，建尔元子㉖，俾侯于鲁。大启尔宇㉗，为周室辅。

乃命鲁公，俾侯于东。锡之山川㉘，土田附庸㉙。周公之孙，庄公之子㉚。龙旂承祀㉛，六辔耳耳㉜。春秋匪解㉝，享祀不忒㉞。皇皇后帝，皇祖后稷。享以骍牺㉟，是飨是宜㊱。降福既多，周公皇祖㊲，亦其福女㊳。

秋而载尝㊴，夏而楅衡㊵。白牡骍刚㊶，牺尊将将㊷。毛炰胾羹㊸，笾豆大房㊹。万舞洋洋㊺，孝孙有庆。俾尔炽而昌，俾尔寿而臧㊻。保彼东方，鲁邦是常㊼。不亏不崩，不震不腾。三寿作朋㊽，如冈如陵。

公车千乘，朱英绿縢㊾。二矛重弓㊿。公徒三万㊶，贝胄朱綅㊷。烝徒增增㊸，戎狄是膺㊹，荆舒是惩㊺，则莫我敢承㊻。俾尔昌而炽，俾尔寿而富。黄发台背㊼，寿胥与试㊽。俾尔昌而大，俾尔耆而艾㊾。万有千岁，眉寿无有害㊿！

泰山岩岩㊶，鲁邦所詹㊷。奄有龟蒙㊸，遂荒大东㊹。至于海邦，淮夷来同㊺。莫不率从，鲁侯之功！

保有凫绎㊻，遂荒徐宅㊼。至于海邦，淮夷蛮貊㊽。及彼南夷㊾，莫不率从。莫敢不诺㊿，鲁侯是若㊶！

天锡公纯嘏㊷，眉寿保鲁。居常与许㊸，复周公之宇。鲁侯燕喜㊹，令妻寿母㊺。宜大夫庶士㊻，邦国是有。既多受祉㊼，黄发儿齿㊽。

徂徕之松㊾，新甫之柏㊿。是断是度㊶，是寻是尺。松桷有舄㊷，路寝孔硕㊸，新庙奕奕㊹。奚斯所作㊺，孔曼且硕㊻，万民是若㊼！

【集释】

①閟（bì）：深闭。閟宫，鲁庙，非姜嫄庙。侐（xù）：清静貌。②实实：稳固貌。枚枚：细密貌。③姜嫄：周始祖后稷之母。④回：邪。⑤依：助。⑥弥月：满月，指怀胎十月。尽：拖延。⑦后稷：周之始祖，名弃。后，帝；稷，农官之名，弃曾为尧农官，故曰后稷。⑧百：言其多。⑨黍：糜子。稷：谷子。重穋（tóng lù）：两种谷物，通"穜稑"，先种后熟曰"穜"，后种先熟曰"稑"。⑩稙稺（zhí zhì）：两种谷物，早种者曰"稙"，晚种者曰"稺"。菽：豆类作物。⑪奄：包括。⑫俾：使。稼穑：指务农，"稼"为播种，"穑"为收获。⑬秬（jù）：黑黍。⑭缵（zuǎn）：继。绪：业绩。⑮大（tài）王：即太王，周之远祖古公亶父。⑯岐：山名，在今陕西。阳：山南。⑰翦：灭。⑱文武：周文王、周武王。⑲届：诛讨。⑳牧野：地名，殷都之郊，在今河南淇县西南。㉑贰：二心。虞：误。㉒临：监临。㉓敦：治服。旅：军队。㉔咸：成，备。㉕叔父：指周公旦，周公为武王之弟，成王叔父。王，指成王，武王之子。㉖元子：长子。㉗启：开辟。㉘锡：通"赐"。㉙附庸：指诸侯国之附属小国。㉚周公之孙、庄公之子：均指鲁僖公。㉛承祀：主持祭祀。㉜辔：御马之嚼子和缰绳。古代四马驾车，辕内两服马共两条缰绳，辕外两骖马各两条缰绳，故曰六辔。耳耳：和顾貌。㉝解：通"懈"。㉞享：祭献。忒：变。㉟骍（xīn）：赤色。牺：纯色牺牲。㊱宜：肴，享用。㊲周公皇祖：即皇祖周公。㊳女：同"汝"。㊴尝：秋季祭祀之名。㊵楅衡（bì hēng）：防牛抵触用横木。古代祭祀用牲牛须无损伤，秋祭牲牛在夏设楅衡，防触折牛角。㊶牡：公牛。刚：通"犅"，小牛。㊷牺尊：一种酒尊，形为牺牛，凿背以容酒。将将：同"锵锵"。㊸毛炰（páo）：带毛涂泥燔烧，此指烧小猪。胾（zì）：大块肉。羹：指大羹，不加调料肉汤。㊹笾（biān）：竹制献祭容器。豆：木制献祭容器。大房：大盛肉容器，亦名夏屋。㊺万舞：舞名，常用于祭祀活动。洋洋：盛大貌。㊻臧：善。㊼常：长。㊽三寿作朋：古代常用祝寿语。三寿，《养生经》："上寿百二十，中寿百年，下寿八十。"朋，并。㊾朱英：饰矛红缨。绿縢：捆扎两张弓在一起之绿绳。縢（téng）：绳。㊿二矛：古代每辆兵车上有两支矛，一长一短，用于不同距离交锋。重弓：古代每辆兵车上有两张弓，一张常用，一张备用。㉛徒：步兵。㉜贝：贝壳，用于装饰头盔。胄：头盔。綅（qīn）：线，用于编

缀固定贝壳。(53)烝：众。增增：多貌。(54)戎、狄：指西、北两非周王室控制之民族。膺：击。(55)荆：楚国别名。舒：国名，在今安徽庐江。(56)承：抵抗。(57)黄发台背：皆高寿象征。人老则白发变黄，故曰黄发。台，同"鲐"，鲐鱼背有黑纹，老人背有老人斑，如鲐鱼之纹。(58)寿胥与试：意为"寿皆如岱"。胥，皆。试，通"岱"。(59)耆、艾：皆指年老。(60)有：通"又"。(61)眉寿：高寿。(62)岩岩：山高貌。(63)詹：至。(64)龟、蒙：二山名。(65)荒：同"抚"，有。大东：指最东之地。(66)淮夷：淮水流域不受周王室控制之民族。同：会盟。(67)保：安。凫、绎：二山名，凫山在今山东邹县西南，绎山在今邹县东南。(68)徐：国名。宅：居处。(69)蛮貊（mò）：泛指北方周王室控制外的民族。(70)南夷：泛指南方周王室控制外的民族。(71)诺：应诺。(72)若：顺从。(73)公：鲁公。纯：大。嘏（gǔ）：福。(74)常、许：鲁国二地名。(75)燕：通"宴"。(76)令：善。(77)宜：适宜。(78)祉：福。(79)儿齿：高寿象征。老人牙落后又生新牙，谓之儿齿。(80)徂来：也作"徂徕"，山名，在今山东泰安东南。(81)新甫：山名，在今山东新泰西北。(82)度：通"剫"，伐木。(83)寻、尺：皆度量单位，此作动词用。(84)桷（jué）：方椽。舄（xì）：大貌。(85)路寝：指庙堂后寝殿。孔：很。(86)新庙：指閟宫。奕奕：美好貌。(87)奚斯：人名，鲁国大夫。(88)曼：长。(89)若：善。

【缵绎】

《毛诗序》："《閟宫》，颂僖公能复周公之宇也。"（郑玄《毛诗传笺》："閟，神也。姜嫄神所依，故庙曰神宫。"）朱熹《诗集传》："閟，深闭也。宫，庙也。……时盖修之，故诗人歌咏其事，以为颂祷之词，而推本后稷之生，而下及于僖公耳。"方玉润《诗经原始》："美僖公能新庙祀也。"笔者以为颂鲁僖公能承祖业，兴鲁国，修宗庙之诗。

诗九章，一、二、三、五章章十七句，第四章章十六句，六、七章章八句，八、九章章十句，系三百篇中最长诗。首二章由姜嫄而后稷，推本溯源；三章郊祀而落到僖公，乃入正题；四章禘祀周公；五章征伐荆楚；六、七章东扩至海，南服徐淮；八章言复常许，总束"周公之宇"；九章言作庙取材，重臣监修，规模崇焕，呼应篇首。"陈氏栎曰：'僖公修閟宫，以其新修，故又曰新庙，而路寝即庙中之正寝也，毛、郑以閟宫为姜嫄庙者，固非。毛又以新庙为闵公庙者，尤非也。"（王鸿绪等《诗经传说汇纂》）"诗首尾皆以庙言，是颂为庙祀作也,复土宇仅诗中一端,何以能赅全诗耶?'閟宫','新庙',当是一事,但不知为鲁何庙。新之云者,或以为作新之,或以为修旧而新之,似皆可通。……窃意閟者,闭也,严肃之谓。凡庙皆然,不必姜嫄庙始称'閟宫',则其为鲁旧有之庙可知。……诗洋洋巨篇,词虽多复,法实整饬。……愚谓此诗褒美失实,制作又无关紧要,原不足存。其所以存者,以备体耳。盖《颂》中变格,早开西汉扬、马先声,固知其非全无关系也。"(方玉润《诗经原始》)"王氏安石曰:'《周颂》之辞约,约所以为严,盛德故也;《鲁颂》之辞侈,侈所以为夸,德不足故也。'章氏俊卿曰:'《駉》诗言牧马之事,《有駜》言君臣宴饮,《泮水》言其修泮宫服淮夷,所褒之事犹为可褒也。至于《閟宫》则毁誉失真,且如言姜嫄、后稷至于文、武与夫郊天之祭,鲁以诸侯而乃盛称以示夸耀,不亦过乎?'"(王鸿绪等《诗经传说汇纂》)

【鲁颂小结】

《鲁颂》四篇。"《駉》实近雅,《有駜》则兼风,《閟宫》不惟体类大雅,且开汉赋之先,是《诗》变为《骚》,《骚》变而为赋之渐也。又况《駉》本虚颂,《有駜》徒饮酒,《泮水》虽受俘,《閟宫》亦祭祀,而皆以新宫告成,不免虚张,褒美失实。其所谓'美盛德之形容,以其告成功于神明者',果安在哉?然后世之所谓'颂'者,又专学此体而未至焉者也。则何怪编《诗》者取以嗣《颂》声之末,而犹仿佛于文、武、成、康之遗意哉!"(方玉润《诗经原始》)孔子曰:"齐一变,至于鲁,鲁一变,至于道。"观《鲁颂》所及,一为育才,一为君臣上下交孚,又泮宫服淮夷,末则修宗庙,虽颂有虚夸,亦不废向道之实,其编《诗》者变而复正之意乎?至若后世专学此体而至于阿谀者,又下此一等,何足道哉!

商　颂

"契为舜司徒而封于商,传十四世而汤有天下。其后三宗迭兴,及纣无道,为武王所灭。封其庶兄微子启于宋,修其礼乐,以奉商后。其地在《禹贡》徐州泗滨,西及豫州盟猪之野。其后政衰,商之礼乐日以放失。七世至戴公时,大夫正考甫得《商颂》十二篇于周太师,归以祀其先王。至孔子编《诗》而又亡其七篇,然其存者亦多阙文疑义,今不敢强通也。商都亳,宋都商丘,皆在今应天府亳州界。"(朱熹《诗集传》)商初在亳(今河南商丘)定都,至盘庚而迁都殷(今河南安阳),在此建都达二百七十三年。

"《颂》之编,不始于孔子。《颂》之名,自商始有之。……愚谓《颂》之体始于商,而盛于周。鲁,其末焉者耳。然必合三诗其体始备,亦犹后世之论唐诗有盛、中、晚三唐之分,此三《颂》之体所由辨也。而乃先周而后商者,何哉?盖先周者,尊本朝;后商者,溯诗源,编《诗》体例应如是耳。至《雅》《颂》得所,存乎章节,不在此例。"(方玉润《诗经原始》)

那

猗与那与①，置我鞉鼓②。奏鼓简简③，衎我烈祖④。汤孙奏假⑤，绥我思成⑥。鞉鼓渊渊⑦，嘒嘒管声⑧。既和且平，依我磬声⑨。於赫汤孙⑩，穆穆厥声⑪。庸鼓有斁⑫，万舞有奕⑬。我有嘉客⑭，亦不夷怿⑮。自古在昔，先民有作⑯。温恭朝夕⑰，执事有恪⑱。顾予烝尝⑲，汤孙之将⑳。

【集释】

①猗（ē）：盛。那（nuó）：多。与：同"欤"，叹词。②置：陈。鞉（táo）鼓：一种摇鼓，似今之拨浪鼓。③鼓：大鼓。简简：鼓声和大貌。④衎（kàn）：乐。烈祖：功业显赫之祖，此指商开国君成汤。⑤汤孙：商汤之孙。奏假：祭享。奏，进。假，格、致。⑥绥：赠予。思：语助词。成：成功。⑦渊渊：鼓声深远貌。⑧嘒嘒（huì）：管声清亮貌。管：竹制吹奏乐器。⑨磬：玉制打击乐器。⑩於（wū）：叹词。赫：盛。⑪穆穆：和美庄肃。⑫庸：通"镛"，大钟。有斁（yì）：即"斁斁"，乐声盛大貌。⑬万舞：舞名。有奕：即"奕奕"，舞蹈场面盛大有序貌。⑭嘉客：先代之后来助祭者。⑮夷怿（yì）：怡悦。⑯作：指行止。⑰温恭：温文恭敬。朝夕：早晚。⑱执事：行事。有恪（kè）：即"恪恪"，恭敬诚笃貌。⑲顾：顾念。烝尝：冬祭为烝，秋祭为尝。⑳将：奉。

【缵绎】

《毛诗序》："《那》，祀成汤也。微子至于戴公，其间礼乐废坏，有正考甫者，得《商颂》十二篇于周之太师，以《那》为首。"历来几无异说（按：成诗年代一说商代；一说东周宋时，即《史记·宋微子世家》及齐、鲁、韩三家诗所谓"襄公之时，……其大夫正考父美之，故追道契、汤、高宗、殷所以兴，作《商颂》"，迄无定论）。张松如《商颂研究》：所谓《商颂》十二，以《那》为首，此祀成汤及商之烈祖迎神曲也。笔者以为祀成汤之诗。

诗一章，二十二句。《礼记·郊特牲》："殷人尚声，臭味未成，涤荡其声，乐三阕，然后出迎牲。声音之号，所以诰告于天地之间也。"诗所叙祭祀仪式合此：先鼓再管，继而击磬，再钟鼓齐鸣，颂歌万舞，末则献享而礼成。"陈氏际泰曰：'商人尊鬼而尚声。声者，所以昭诰于天地之间。声召风，风召气，气召神。聚其杂而集焉，则有汤孙之思矣。思者，气之精者也。鬼神非其类也，不至，必有精气而借声以召之，神无不格矣。'"（方玉润《诗经原始》）"'汤孙奏假，绥我思成'，始焉，人固因乐以致其感格之效也。'於赫汤孙，穆穆厥声'，终焉，乐复因人而成其和声之美也。至于镛鼓之戁戁然而盛也，万舞之奕奕然有次序也，则不特幽有以感乎神，而嘉宾在位，亦无不夷怿者矣。"（朱善《诗解颐》）"《那》至'绥我思成'，总言奏乐，期格乎汤也，'鞉鼓渊渊'以下言和也，'自古在昔'以下言敬也，可谓礼乐具至矣。"（吕柟《毛诗说序》）"是故审音以知乐，观乐而知德。非汤盛德，孰克当此？故《商颂》以《那》为首者，此尔。"（方玉润《诗经原始》）陈子展《诗经直解》引孙鑛："商尚质，然构文却工甚，如此篇何等工妙！其工处正如大辂。"

烈　祖

嗟嗟烈祖①，有秩斯祜②。申锡无疆③，及尔斯所④。既载清酤⑤，赉我思成⑥。亦有和羹⑦，既戒既平⑧。鬷假无言⑨，时靡有争。绥我眉寿⑩，黄耇无疆⑪。约軧错衡⑫，八鸾鸧鸧⑬。以假以享⑭，我受命溥将⑮。自天降康，丰年穰穰⑯。来假来飨，降福无疆。顾予烝尝⑰，汤孙之将⑱。

【集释】

①嗟嗟：叹美词。烈祖：功业显赫之祖，此指商开国君成汤。②秩：常。祜：福。③申：再、又。锡：同"赐"。④斯所：此处。⑤载：陈设。酤：酒。⑥赉（lài）：赐予。思：语助词。成：成功。⑦和羹：调制好之汤。⑧戒：指调制合乎法度。平：指味道中正。⑨鬷（zōng）：同"奏"。鬷假：祭祷。⑩绥：赠予。眉寿：高寿。⑪黄耇（gǒu）：高寿。黄，老人发白复黄。耇，老人面冻梨色。⑫约軧（qí）错衡：用皮革缠绕车毂两端并涂上红色，车辕前端横木用金涂装饰。错，金涂。⑬鸾：通"銮"，车铃。鸧鸧（qiāng）：铃声。⑭假（gé）：同"格"，至。享：祭。⑮溥（pǔ）：广。将：大。溥将，广大。⑯穰穰（ráng）：多。⑰顾：念。指先祖之灵光临。烝尝：冬祭为烝，秋祭为尝。⑱汤孙：指商汤后代子孙。将：奉。

【缵绎】

《毛诗序》："《烈祖》，祀中宗也。"朱熹《诗集传》："此亦祀成汤之乐。"笔者以为祀成汤之诗。

诗一章，二十二句。开头四句点明祭祀原由。下八句写主祭者献"清酤"、"和羹"，作无言无争之祷，以"绥我眉寿，黄耇无疆。"气氛隆重肃穆，主祭者恭敬虔诚。次八句以助祭者所坐车马奢豪华丽，衬主祭身份之尊贵。末两句祝词，点明汤孙作祭。"《小序》谓'祀中宗'，本无据。第取别于上篇，又以下篇而及之耳。然此与上篇末皆云'汤孙之将'，疑同为祀成汤，故《集传》云然。然一祭两诗，何所分别？辅广氏曰：'《那》与《烈祖》皆祀成汤之乐，然《那》诗则专言乐声，至《烈祖》则及于酒馔焉。商人尚声，岂始作乐之时则歌《那》，既祭而后歌《烈祖》欤？'此说似有文理。"（姚际恒《诗经通论》）"周制，大享先王凡九献；商制虽无考，要亦大略相同。每献有乐则有歌，纵不能尽皆有歌，其一献降神，四献、五献酌醴、荐熟，以及九献祭毕，诸大节目，均不能无辞。特诗难悉载，且多残缺耳。前诗专言声，当一献降神之曲；此诗兼言酒酤和羹，其五献荐熟之章欤？不然，何以一诗专言声，一诗则兼言酒与馔耶？此可以知其各有专用，同为一祭之乐，无疑也。"（方玉润《诗经原始》）姚际恒《诗经通论》："多夹五言见姿。"诗三换韵。自"黄耇无疆"至"汤孙之将"，阳部韵十一连韵，为后世"柏梁体"之滥觞。

玄 鸟

天命玄鸟①，降而生商②，宅殷土芒芒③。古帝命武汤④，正域彼四方⑤。方命厥后⑥，奄有九有⑦。商之先后⑧，受命不殆⑨，在武丁孙子⑩。武丁孙子，武王靡不胜⑪。龙旂十乘⑫，大糦是承⑬。邦畿千里⑭，维民所止⑮，肇域彼四海⑯。四海来假⑰，来假祁祁⑱。景员维河⑲。殷受命咸宜，百禄是何⑳。

【集释】

①玄鸟：燕子。玄，黑色。燕子黑色，故名玄鸟。②商：指商始祖契。《毛传》："玄鸟，鳦也。春分玄鸟降，汤之先祖有娀氏女简狄配高辛氏帝，帝率与之祈于郊禖而生契，故本其为天所命，以玄鸟至而生焉。"契建商（今河南商

丘）。③宅：居住。殷土：商地。殷在盘庚迁都前称商，盘庚迁殷（今河南安阳小屯村）后称殷。芒芒：同"茫茫"，广大貌。④古：从前。帝：上帝。武汤：成汤自号武王。⑤正：治。域：封疆。⑥方：通"旁"，普遍。后：君，指商汤。⑦奄：包括。九有：九州。传说禹划天下为九州。《尔雅·释地》："两河间曰冀州，河南曰豫州，河西曰雍州，汉南曰荆州，江南曰扬州，济南曰兖州，济东曰徐州，燕曰幽州，齐曰营州。"⑧先后：先王。指商汤。⑨命：天命。殆：通"怠"，懈怠。⑩武丁：即殷高宗。武丁孙子，即孙子武丁。⑪武王：即武汤，成汤。胜：胜任。⑫旂（qí）：画龙形竿头系铜铃之旗。乘（shèng）：四马一车为乘。⑬糦：同"饎"，酒食。承：供奉。⑭邦畿：王畿。⑮止：居住。⑯肇域四海：开始拥有四海之疆域。四海，《尔雅》以"九夷、八狄、七戎、六蛮"为"四海"。肇，开。一说肇，通"兆"。兆域，即疆域。⑰假（gé）：至。来假，来朝。⑱祁祁：众多貌。⑲景：景山，在今河南商丘（古称亳，为商都所在）。一说大。员：周围。⑳何（hè）：通"荷"，承担。

【缵绎】

《毛诗序》："《玄鸟》，祀高宗也。"（郑玄《毛诗传笺》："祀当为祫。祫，合也。高宗，殷王武丁，中宗玄孙之孙也。有雊雉之异，又惧而修德，殷道复兴，故亦表显之，号为高宗云。崩而始合祭于契之庙，歌是诗焉。"）朱熹《诗集传》："此亦祭祀宗庙之乐，而追叙商人之所由生，以及其有天下之初也。"笔者以为祀殷高宗武丁之诗。

诗一章，二十二句。前十句追本溯源，写商祖承天命诞生，商汤立国，征伐四方，开创事业；汤之后人能继承先烈遗志，落到武丁。后十二句写武丁中兴，拓土千里，肇域四海，疆域至广，四夷来归，朝觐祁祁，曲终奏雅，点明作旨。全诗数字点染，承转从容，神圣庄严，气势雄壮。"此诗历言殷之先祖，其实为高宗设也。高宗中兴之主也。商之先祖能正四方，故奄有天下。其政中微，则诸侯必有不服者。高宗既兴之后，能'肇域彼四海'，是以四海之诸侯，莫敢不服，此诗大抵言奄有天下之由，而发扬高宗能绍祖宗之旧，服诸侯之心也。祀高宗而指武丁者，盖以讳事神者，周人之制也。自周以前则未尝讳之也。"（李樗《毛诗集解》）姚际恒《诗经通论》："古人为文定不肯平淡，必借事以见异趣。"方玉润《诗经原始》："诗骨奇秀，神气浑穆，而意亦复隽永，实为三《颂》压卷。《周诗》所不能及，况在《鲁颂》？"

长 发

浚哲维商①，长发其祥②。洪水芒芒③，禹敷下土方④：外大国是疆⑤，幅陨既长⑥。有娀方将⑦，帝立子生商⑧。

玄王桓拨⑨，受小国是达⑩，受大国是达。率履不越⑪，遂视既发⑫。相土烈烈⑬，海外有截⑭。

帝命不违，至于汤齐⑮。汤降不迟⑯，圣敬日跻⑰。昭假迟迟⑱，上帝是祇⑲，帝命式于九围⑳。

受小球大球㉑，为下国缀旒㉒，何天之休㉓。不竞不絿㉔，不刚不柔。敷政优优㉕，百禄是遒㉖。

受小共大共㉗，为下国骏厖㉘。何天之龙㉙，敷奏其勇㉚。不震不动，不戁不竦㉛，百禄是总㉜。

武王载旆㉝，有虔秉钺㉞。如火烈烈，则莫我敢曷㉟。苞有三蘖㊱，莫遂莫达㊲。九有有截㊳，韦顾既伐㊴，昆吾夏桀㊵。

昔在中叶㊶，有震且业㊷。允也天子㊸，降予卿士㊹。实维阿衡㊺，实左右商王㊻。

【集释】

①浚（jùn）哲：明智。浚，深。商：指商始祖。②长：常。发：兴发。③芒芒：同"茫茫"，水盛貌。④敷：治。方：四方。⑤外大国：外谓邦畿之外，大国指远方诸侯国。疆：疆土。⑥幅陨：今作幅员，疆域。长：广。⑦有娀（sōng）：上古国名。此指有娀氏之女。将：大。⑧帝：传说中简狄丈夫高辛氏。子：指有娀氏之女简狄。商：指契。契既大，为尧司徒，封于商，被奉为商始祖。⑨玄王：商契。契生前并未称王，下传十世至太乙（汤）建立商王朝，追尊契为王。《国语》《荀子》都称契为玄王。桓：威武。拨：《韩诗》作"发"，明。⑩达：通。⑪率履：遵循礼法。履，"礼"假借。⑫视：巡视。发：施行。⑬相土：契之孙。契生昭明，昭明生相土，为商先王先公之一。烈烈：威武貌。⑭海外：四海之外，泛言边远之地。有截：截截，整齐划一。⑮汤

成汤，帝号天乙，以武力推翻夏桀统治，建立商王朝。齐：齐一，一样。⑯降：出生。⑰跻：升。⑱昭假（gé）：向神诚敬祷告。迟迟：长久貌。⑲祗（zhī）：敬。⑳帝：上帝。式：法。九围：九州。㉑球：玉器，小者尺二寸，大者三尺；一说通"捄"，法制。㉒下国：指诸侯方国。缀旒：表率、法则。㉓何：同"荷"，承受。休："庥"假借，庇荫。㉔絿（qiú）：急。㉕敷政：施政。优优：温和宽厚。㉖遒：聚。㉗共：一说通"珙"，璧；一说通"拱"，法；一说通"供"，为祭名或祭物，均可通。㉘骏厖（páng）：《通释》："骏与恂，厖与蒙，古并声近通用。……为下国恂蒙，犹云为下国庇覆耳。"㉙龙："宠"假借，恩宠。㉚敷奏：施展。㉛戁竦（nǎn sǒng）：恐惧。㉜总：聚。㉝武王：成汤之号。载：始。斾：旌旗。㉞虔：敬。秉：执。钺：大斧。㉟曷（è）：通"遏"，挡。㊱苞：本，指夏桀。蘖（niè）：枝。三蘖：指韦、顾、昆吾三国。㊲遂：草木生长貌。达：苗生出土之称。本句指遂肆其恶，达行其志。㊳九有：九州。㊴韦：夏桀盟国，在今河南滑县东南。顾：夏桀盟国，在今山东鄄城东北。㊵昆吾：夏桀盟国，在今河南许昌市东。㊶中叶：商朝中期。叶，世。㊷震：惧。业：危。㊸允：信。㊹降：天降。㊺实维：是为。阿衡：伊尹官号。汤大臣，名挚，辅成汤建商。㊻左右：辅佐。

【缵绎】

《毛诗序》："《长发》，大禘也。"（郑玄《毛诗传笺》："大禘，郊祭天也。《礼记》曰：'王者禘其祖之所自出，以其祖配之。'是谓也。"）朱熹《诗集传》："今按大禘不及群庙之主，此宜为祫祭（按：祫，合祭祖。）之诗。"笔者以为大禘之诗。

诗七章，首章章八句，二至五章章七句，第六章章九句，末章章六句。首章追述契受天命生而立国，商蒙天赐吉祥。二章契建国施政，使国兴盛，及先祖相土拓疆武功。三章汤承先祖功业，明德敬天，受天命为九州主。四章汤温厚施政，刚柔适中，为诸侯表率。五章汤以武力安抚天下，庇护诸侯。六章汤伐桀及其从国，平定天下。七章颂天子成汤，帝赐伊尹，辅建大业。《礼记》曰："王者禘其祖之所自出，以其祖配之。""诗明言'有娀方将，帝立子生商。'娀子者，契也。契所自出者，娀氏女也。言娀女即言帝喾也。诗固有意到笔不到者，此类是已。……朱氏善曰：'有商受命之祥，虽在于濬哲相继之时；

而有商受命之基，实定于有娀生商之日。必言有娀者，以契固商人之所由生，而有娀又商人之所自出也。'……至篇末，兼颂功臣，实维阿衡，《书·盘庚》篇曰：'予大享于先王，尔祖其从与享之。'此非大禘证乎？"（方玉润《诗经原始》）全诗除末两句外，句句用韵，每章换韵。句式整饬，排比对偶，变化多姿，为后世诗词对仗之先声。

殷　武

　　挞彼殷武①，奋伐荆楚②。罙入其阻③，裒荆之旅④。有截其所⑤，汤孙之绪⑥。

　　维女荆楚⑦，居国南乡⑧。昔有成汤，自彼氐羌⑨。莫敢不来享⑩，莫敢不来王⑪，曰商是常⑫。

　　天命多辟⑬，设都于禹之绩⑭。岁事来辟⑮，勿予祸适⑯，稼穑匪解⑰。

　　天命降监⑱，下民有严⑲。不僭不滥⑳，不敢怠遑㉑。命于下国，封建厥福㉒。商邑翼翼㉓，四方之极㉔。赫赫厥声㉕，濯濯厥灵㉖。寿考且宁，以保我后生㉗。

　　陟彼景山㉘，松柏丸丸㉙。是断是迁㉚，方斫是虔㉛。松桷有梴㉜，旅楹有闲㉝，寝成孔安㉞。

【集释】

①挞（tà）：疾貌。殷武：即殷高宗武丁，殷中兴之主，任傅说为相，在位五十九年。②荆楚：即楚国。③罙（shēn）：同"深"。④裒（póu）：通"俘"，俘获。旅：众。指兵士。⑤有截：整齐划一貌。⑥汤孙：指商汤后代武丁。绪：功业。⑦女（rǔ）：同"汝"。⑧乡（xiàng）：通"向"。⑨氐羌：古代两个少数民族，散居在今甘肃、青海一带。⑩享：奉献。⑪来王：来朝见。⑫常：服从。⑬多辟（bì）：诸侯。⑭绩：通"迹"，禹之绩，指禹治水所经处。⑮来辟：犹言"来王""来朝"。⑯祸：音义同"过"，罪过。适：音义同"谪"，谴责。⑰解（xiè）：同"懈"。⑱监：视察。⑲严（yǎn）：同"俨"，敬谨。⑳僭（jiàn）：赏之差。滥：刑之过。㉑怠：懒惰。遑：闲暇。㉒封：大。㉓商邑：指商都西亳，在今河南偃师。翼翼：整齐繁盛貌。㉔极：准则。㉕赫赫：显盛貌。

㉖濯濯：光明貌。㉗后生：后代子孙。㉘景山：在今河南偃师县。㉙丸丸：圆直貌。㉚断：砍伐。㉚方：是。虔：砍削。㉛桷（jué）：方形椽子。梴（chān）：木长貌。㉜旅：众多。闲：大。㉝寝：寝庙，祭祖庙。古时寝庙分前后两部分，后面放牌位及先人遗物，曰寝；前面祭祀，曰庙。孔：很。

【缵绎】

《毛诗序》："《殷武》，祀高宗也。"魏源《诗古微》："《春秋》：'僖四年，公会齐侯、宋公伐楚。'此诗与《鲁颂》'荆舒是惩'，皆侈召陵攘楚之伐，同时同事同词，故宋襄公作颂以美其父（桓公）。"方玉润《诗经原始》："高宗庙成也。"笔者以为高宗寝庙落成之祭颂之诗。

诗六章，一、四、五章章六句，二、六章章七句，三章五句。前五章写殷高宗武丁中兴之事。一章高宗伐楚；二章述戒楚之词；三章诸侯来朝；四章述受命中兴之故；五章极言其德之盛。末章以安其灵，写寝庙落成之状。方玉润《诗经原始》："《閟宫》为颂僖公修宗庙而作，《殷武》为宗武丁特立庙而作，故《閟宫》所以颂僖公，服夷蛮，享福寿者，皆未然之期望；而此诗所以颂武丁，服夷夏享福寿者，皆已然之实事。卒章则皆述其作庙之事以结之。"又曰："或疑商时无楚，……殊不知《禹贡》荆及衡阳为荆州，楚即南荆也。……又况《易》称'高宗伐鬼方，三年克之'，与此诗'罙入其阻'者合。鬼方，楚属国也。……可见高宗之功，当以此为最，故诗首述之。郝氏敬曰：'荆楚之国，天下有道则首善焉，文王之《二南》是也；无道则首叛焉，商、周之中叶是也。继世之王，有能中兴者，则天下视此为向背焉。高宗之《殷武》，周宣之《采芑》是也。'然则高宗有庙，子孙所以酬报者，不亦宜哉？"故《殷武》殿《三百篇》之末，岂编《诗》者之微旨乎？

【商颂小结】

《商颂》五篇。"风华高贵，寓质朴于敷腴，运清缓于古峭，文质相宜，允为至文。孰谓商尚质耶？妄夫以为春秋时人作，又不足置辨。虞廷赓歌，每句用韵，《商颂》多为此体，正见去古未远处。"（姚际恒《诗经通论》）

"司马迁言，宋襄公修仁行义，欲为盟主，其大夫正考父美之，故追道契汤高宗，殷之所以兴，作《商颂》。其说盖出于《韩诗》，近世学者因此诗有奋伐荆楚，则以襄公伐楚之事当之，遂以韩婴之说为信。予考《商颂》五篇，皆盛德之事，非宋之所宜有，且其诗有'邦畿千里，维民所止'，'肇域彼四海，命于下国'，'封建厥福'，此类非复诸侯之事无可疑者。襄公伐楚而败于泓，几以亡国，此宋之大耻，既非其所当颂；而《长发》之诗，谓汤武王，苟诚襄公之颂，周有武王，岂复以命汤哉？"（苏辙《诗集传》）